民国学者论冯友兰

王仁宇 编

人民出版社

责任编辑:李之美

图书在版编目(CIP)数据

民国学者论冯友兰/王仁宇 编. —北京:人民出版社,2019.5
ISBN 978－7－01－020584－7

Ⅰ.①民…　Ⅱ.①王…　Ⅲ.①冯友兰(1895-1990)-哲学思想-研究
　Ⅳ.①B261.5

中国版本图书馆 CIP 数据核字(2019)第 055223 号

民国学者论冯友兰

MINGUO XUEZHE LUN FENGYOULAN

王仁宇　编

人民出版社 出版发行
(100706　北京市东城区隆福寺街99号)

中煤(北京)印务有限公司印刷　新华书店经销

2019 年 5 月第 1 版　2019 年 5 月北京第 1 次印刷
开本:710 毫米×1000 毫米 1/16　印张:42.75
字数:700 千字

ISBN 978－7－01－020584－7　定价:158.00 元

邮购地址 100706　北京市东城区隆福寺街 99 号
人民东方图书销售中心　电话 (010)65250042　65289539

目　录

第 一 编

冯友兰芝生先生

郑朝宗

　　如果世界上真有所谓"学者态度"的话，冯芝生先生的态度可说是十足的学者的了。我向来迷信学者。我以为凡是号称学者的，一定都是具有虚心、和蔼、浑厚、严肃等德性的人物。可是自从北来后，眼中所见的、耳中所闻的一些所谓学者，却都多半与此相反。他们依然同我们不学无养的青年人一样的轻浮、躁急、尖刻、儇薄，有时且较我们为甚。其能完全合乎我的理想的，芝生先生要算是第一人了。

　　我和芝生先生初次见面是在考入清华那年。那时，我因为很羡慕他的学问，所以大学一年外国语文系选修课程中大家所最喜欢选的中国文学史，我倒不选，而选他的中国哲学史。但那时我的理想中的芝生先生，却还不是我后来见到的芝生先生。我的理想中的芝生先生，是一位穿西服革履，态度很活泼，说话很流利的"摩登"先生；因为那时我所能梦想的芝生先生，还不过是出过洋，得过哲学博士的人物啊！然而我后来所见到的芝生先生，却大大的与此不同了。记得那日——我和芝生先生初次见面的一日——哲学史班快要上课的时候，我坐在三院五号教室里，目光时常往外望，静候着和我所多年渴慕的学术界名流冯芝生先生一睹风采。可是铃声响后，走进来却是一位我所料想不到的人物。他，冯先生——四十上下年纪——穿的是褪了色的自由布大褂，蓝布裤，破而且旧的青布鞋——毫无笑容地登上了讲台——坐下——一对架着玳瑁边眼镜的眼睛无表情地呆望着我们约有一二分钟，案此系冯先生的习惯，每次上课皆如此——开始说话了。他——这时略带笑容——教我们先把注册部里领出来的选课学程单交给他，然后满口河南腔的告诉我们：这学期用的课本是他自己编的《中国哲学史》，堂上并无讲演，大家可先把指定参考书看好，如有不明白的，可以在班中讨论。不像别的教授立即宣布下课了，他却翻开他的大著——《中国哲学史》上卷——的后面，把金岳霖先生所做的"审查报告"念了一遍，又解释了一遍。案此文前面尚有"审查报告"一篇，系陈寅恪先生做的，其中多赞许冯书之语，冯先生从未对我们念过。然后随着铃声下课了。

这一次的见面，芝生先生所给我的印象是一个具有俭朴、静穆、和蔼等德性的学者的印象。但同时我也发现了一件极不愉快的事，那就是芝生先生口吃得厉害。有几次，他因为想说的话说不出来，把脸急得通红。那种"狼狈"的情形，很使我们这班无涵养无顾虑的青年人想哄笑出来。我常想：像芝生先生那样的严肃端正的人，会有这样的可憎恶的毛病，真是太不合适。因此，便也时常想到《论语》上的一节："伯牛有疾，子问之，自牖执其手，曰：'亡之命矣夫！斯人也而有斯疾也！斯人也而有斯疾也！'"像芝生先生那样的有威仪的人，而会有这样的"不漂亮"的口吃，真要教我们敬爱他的人大呼："斯人也而有斯疾也？斯人也而有斯疾也"！

以上说的，不过是芝生先生的外表而已。其实，芝生先生值得我们赞颂的地方，大部分还不在于他的严肃端正的仪容，而在于他的审慎公正的态度。我跟芝生先生上一年的课，敢十二分负责地说一句，从来没有听他说过一句不大合理的话，也从来没有听他说过一句很随便的说出来的话。他说话时，老是那样的审慎，那样的平心静气。他，我可以说，才算是完全地理性的动物。——我平生只看见过两个完全地理性的动物：其一是我的母亲，其二便是芝生先生了。芝生先生因为教的是中国哲学史，所以有时也批评胡适之先生。但他的批评胡适之先生和时下一班人的批评完全不一样。时下一班人的批评，不是恶意的攻击，便是盲目的谩骂，很少会使我们旁观的人为之心折的。芝生先生不是这样。他是站在学术的立场来批评的。他说："适之先生的病痛，只是过于好奇和自信。他常以为古人所看不出的，他可以看得出；古人所不注意的，他可以注意。所以他常抬出古人所共认为不重要的人物来大吹大擂，而于古人所共认为重要的，则反对之漠然。这是不对的，因为人的眼光不能相去那样的远啊！"——他的话大概如此，我不敢担保有无记错——这个批评对不对，不必我来断定；但我相信芝生先生的态度是公正的。有一次，他竟替适之先生当起辩护人来。他说："现在批评适之先生的人真多，有的竟著起一部书来批评他。但他们的态度多欠公允，因为他们常把适之先生二十多年前说的话来攻击。这如何可算是公允的呢？"我在清华所听到的批评适之先生的话，可算不少，但大概都带点酸性。其能完全以光明磊落的态度出之者，芝生先生，真的，要算是独一无二的了。

写到此处，我又想起芝生先生严肃端正的面容来了。我很抱憾：我和芝生先生虽有一年的师生关系，却从来没有和他说过一次的话；因为我第一年来到北平时，一句话也不会说，所以只好静坐在班里边听他们一问一答的议论了。但我相信，校内许多教授中影响我最深的，还是芝生先生。每回，当我看到他的寂寞沉重的脸孔时，我辄感觉到人生的严重和苦恼。有时我也想：像芝生先生那样的人生，实在太枯燥了，太无趣味了。然而从他的严肃端正的面容上，我感觉到人生的伟大和高尚的时候，却也不少。记得有一次，我因为和一位忘恩背义的朋友闹了决裂，心中烦闷，好几天不能念书。有一个下午，我独自在化学馆前散步，徘徊脑海中的还是那件事情。正在难以排解时，迎头看见芝生先生从对面缓步而来。我那时看见他安闲恬适的样子，深深地感觉到我自己才是一个没有出息的东西，为了一件小小的事，纷扰到这样田地，真是不值得。这一次芝生先生给我的印象，直到现在，我还清清楚楚的记得。但不知他老先生曾梦想到有这么一回事否？

末了，我再郑重地说一句：世界上尽有比芝生先生学问还深、人格还高的人；但是，具有芝生先生那样的完全态度的人，恐怕是很少很少的罢。

原载《人间世》第三十五期，1935 年 10 月

冯友兰教授

鲁 孚

——青年人的良师——美国哲学博士——中国哲学史——口吃的毛病——讲话的幽默——烛照千古的中国哲学史——魂兮归来哀江南——论青年必须求学——如何写的中国哲学史——冯先生的读书方法——第二部伟大著作

细想从前读书成功的人，多看重在"良师益友"的两件帮助上，甚至有的书生为了寻求"良师"，不惜跋涉山川，可见"良师"之为"良师"的可贵了。近代，这件事似乎不太注意，不过假使有人经过良师益友的辅导，受过教益，那他一定要像发现一件密藏似的满意欣悦。古人所谓"如坐春风"，或者"如春风化雨"等等的形容，恐怕都是为这个而说的。想到良师，就联想到冯友兰先生，从冯先生素日的讲学、生活、对青年学生等等，就愈知道冯先生实在能够称得起青年人的"良师"。

从冯先生说话的口音上，便知道他是中州人氏，河南唐河县人，和现任教育部长王世杰同乡。早年在河南省中学读书，后来到上海中国公学就读，二年半卒业，考入北京大学。一直在北京大学卒了业，做过一年教师，在民国八年，获得了河南省政府的官费赴美国读书。冯先生一向是研究中国哲学的，在美国的哥伦比亚大学研究院，专门研究中国哲学，兼西洋哲学思想。获得了博士学位之后，便返国执教。先在河南大学，继在广东大学（今改为中山大学）、燕京大学，民国十七年到清华做教授，现任清华大学文学院长，兼哲学系主任。冯先生的家世，也是一件颇值得说的事，他自幼秉承家教，对中国古籍，均有研读。他的家也是宦家，父亲是戊戌年进士，曾任湖北崇阳县知县，因此幼年的教育，已经决定了他将来的成功。

他有位弟弟，景兰先生，现任清华大学地质系主任，他是留美的学生，历任地质调查所、河南大学、北洋大学等地地质方面的教授，他的相貌和冯先生也差不多，说话的声调也多和冯先生相像，真是见了乃弟，就是见了乃兄一样，这二位先生，真可够得"双璧"之称，不特此也。在中国现代文坛上，大家都很熟悉一位女作家的名字，常发表小说，而"冯沅君"女士，这位便是冯先生的胞妹，真使人奇怪呵！怎么一代的杰士，都生在冯家了呵？

冯先生过去的一件学术研究工作，便是人人皆晓的《中国哲学史》一书，这部书可称为中国哲学史上一部空前的杰作，这部伟著，也就奠定了冯先生在中国现代学术史上的伟大地位。在这部书里，他清结了中国数千年来的哲学各派思想，每派都归纳出极精到原质地的中心思想，并且详细加以解说。对于周秦诸子的思想，剖论到更精确，几乎大部分成了定案。虽然哲学思想是因了哲学家的观点不同，而有各派说法的不同，但是人情、心理、眼光多是不能相去很远，那么冯先生的这部《中国哲学史》，在中国学术史上，一定会烛照千秋的。最近，冯先生的这部书，已经由一位美国哈佛大学研究院的哲学研究生布达先生（Bodde）译成英文，由 French Book Store 出版，中国哲学史又将在西方发光了。

提起冯先生在西方学术界的地位，这里，我们可以尽去虚浮夸大的地方，就完全讲确实的事情来说。在 1933 年冯先生乘休假之便，赴欧美游历考察，所到十数国家，莫不备受欢迎，敦请演讲。在英国各大学、各学术团体作重要演讲二十余次，末后道经苏联考察。返国之后，不到一个月，就被请到保定，但是在保定住了一天就又被优待的送回学校来。其实冯先生是一位纯粹的学者，他的言论、学术上的成就，从不抵触任何方面，诚如冯先生所说"万物相行而不相害"，他的中心总是有一个世界大同的唯一的崇高的理想，这确是哲学家的本身。他从欧美回来后，就有一位美国哈佛大学哲学博士，请求入清华哲学研究院研究东方哲学，可见冯先生在异邦人士眼目中的地位了。

他做学问方法，多着重在创新见地，必须有自己的见解，树立自己的系统。如黄梨洲所云："学问之道以各人自用得著者为真，凡依门傍户，依样葫芦者，非流俗之士，则经生之业也……以水济水岂是学问？"因此，他的学问和研究，都是卓见，他的《中国哲学史》为世所称之故，也就是为此。冯先生的著作，大部著称的有《一种人生观》、《人生哲学》等书。另外的文章都是发表在《清华学报》、《东方杂志》和《西洋哲学杂志》上。

冯先生现年 43 岁，平时的衣装非常朴素，总是长袍短褂，很少时候穿西服。长而整齐的头发，似乎无暇修梳的样子，布鞋布裤、扎腿，看来真有些像一位乡绅。不过冯先生患近视眼，宽边的胶质眼镜里，总是射出一道闪动的亮光，当他回答学生问题的时候，他眼睛射流出来的智慧之光，总是启发了学生，在任何难题上，都豁然开朗，如睹晴天。冯先生说话略有口吃毛病，讲到要紧处，常有时候口吃到一分钟时间以上，堂下学生有的没有受过这种"训练"的都会笑出来，但是冯先生脸红一红以后，依然讲下去。到底冯先生的讲话，毫不因了他的口吃病，而减少了他说话的幽默，更进一步说，他的言辞简直是最美而中肯。他的话语句句确实，句句有用，毫没有虚词、废言。如果将冯先生的话，随时录起来，简直是一篇玉珠似的文章。有人称道冯先生在《中国哲学史》内的文章，他的文笔雄厚，讲理清楚，分辨明晰。其实何独冯先生文笔如此，就是他日常的口语，也莫不是如此。他讲到墨子思想时，用了庄子的话批评墨家学说："歌而非歌，哭而非哭，乐而非乐，是果类乎，其生也勤，其死也薄，其道大觳，使人忧，使人悲……反天下之心，天下不堪。墨子虽独能任，奈天下何，离于天下，其去王也远矣。"

近来国势颓衰，冯先生常是怵然而忧，最明显的，他的《中国哲学史》第二编出版时，那正是热河长城时候，在他的书中序文里，有一段忧国愤时的名言："此第二篇稿最后核对时，故都正在危急之中，身处其境，乃真知古人铜驼荆棘之语之悲也。值此今日吾人默思吾先哲之思想，其感觉当如人疾痛时之见父母也。吾先哲之思想，有不必无错误者，然'为天地立心，为生民立命；为往圣继绝学，为万世开太平'，乃吾一切先哲著书立说之宗旨，无论其派别如何，而其言之字里行间，皆有此精神之弥漫，则善读者可觉而知也。'魂兮归来哀江南'，此书能为巫阳之下招欤，是所望也！"每读此文，均有同感，恐怕冯先生《中国哲学史》的全体读者也有些同悲罢。

冯先生近来是对青年多有注意，这恐怕他的做哲学的精神，也是如先哲的"为天地立心，为生民立命；为往圣继绝学，为万世开太平"之故罢。现在他常是接待找向他去的求助青年，他也是任了青年人的导师，他对每一个青年，都是那（拿）出真挚如亲心的感情来，循循善诱，自从去年以来，他的姿影常出现在青年的集会中间，他的主张是青年永久应该学习的，最低在做学生时期，应该学，这也就是'求学'。他绝不赞成青年学生丢了书本或者学生的本分，去空喊口号，在他的一篇重要告诫青年的文章里，有这样的话："读书不忘救国，救国不忘读书，这是一句老话，但不一定是错的话。不过其中读书二字，颇可有所谓读死书的误解，所以应该改为求学二字。求学不忘救国，救国不忘求学，这话对于学生说，是不错的。"

冯先生举出实例说："七学术团体在本校开会的时候，学生会张贴的标语，有'建设科学的中国'，'树立国防科学'等等。如果这些话不只是客气话，则这些任务不只是落在中国科学家的肩上。中国须要更多将来的科学家。那些将来的科学家，是要在现在求学的学生中出来的。大家想到这里，就知求学即救国不是假话了。科学家们不能凭空生在什么地方的，科学家不是可以不学而能的。我们听见一个口号，我们应当试一想其含义。例如'武装民众'是一个流行的口号，我们试想武装全体民众，那些武器需要多少？是从哪里来的？若说制造，则需要多少原料？多少技术人员？若说去买，钱从哪里掏出？如此一问，我们便可知道国家需要各种的专门人才，是如何急切，而那些人才，不是天上可以掉下来的。"冯先生的这一段求学为重的名言，颇值得现代每个青年玩味的。

最近笔者访问冯先生，在他的温暖安静的书房里坐下，周围都是古色古香的书籍。冯先生讲到他怎么把《中国哲学史》写成的经过。他说，原先在各大学担任中国哲学史功课，课本是感到缺乏的，因此冯先生逐期自己书印成讲义分发学生。这些讲义就是《中国哲学史》的前身。每次写的时候，比如写《泛论子学时代》一章，都是将所有凡关于此的书籍，都详加研究，最后融合所有的思想，前后会合，末后再分头证以各家原书，于是才下笔成章。这样（不断）地写下去，一直写完。这些讲义曾蒙了许多师友加以添增，才印成今日的书型。其次冯先生述说他自己读书的方法，冯先生说他从前读书，一点也没有像今日学生读书的方法，比如写札记、书明（名）卡片等等，他说他那时读书完全是博览、博读，凡读过的书，都只通其大意，然后再仔细研究。

他家住在清华园里，靠近梅贻琦的住宅。说起冯先生和清华的关系，也颇有可说的。他曾任过清华的秘书长，从（民国）十七年到现在都未曾离开清华。他的家庭生活很安适，每日晨八时后才提了皮包到办公室，或上课去，晚上多在书斋里从事写作。他已经有了两个公子，贤良的冯夫人除了外边的宴会之外，不大好出来的。冯先生家还蓄养着一只狼狗，名字叫"加利"，对生人很凶横，但是在冯先生的膝下，又是那么温文知礼。

在清华园里，学生们都是十分地崇拜冯先生，除了冯先生的学术成就以外，他的人品道德，也是为一般青年学生所景仰，他总没有生过气，脸色总是那样冲淡、温和，对一切难题都是有清楚的分析，末后连难题也不成为问题了。很有青年请他指导。他对一切人都是温文、谦恭、有礼，到他府上拜访过他的人，都会知道。他送客人都是送到大门之外，谦恭地行礼才转身别室，他的学生有这样的话说冯先生："同样的话从别人口里说出，便平淡无奇，经冯先生慢慢道来，便觉风趣横生，真是老牌幽默，因之使我们鄙视论语①的所谓幽默文章！"的确如某君所说，冯先生的言辞与其说话的技术，是使一般青年所仰钦的。再如某君所说："当我看到他的寂寞沉重的面孔时，我辄感到人生严重和苦恼，又感到人生的伟大和高尚。"真的，如此一位老师实在是人人做梦所想望的，怪不得有人说："我梦想，梦想着在冯先生的指导下读书的情景。得斯人而师事之，其于幸运也为何如？论人生，欣赏人生，人生是有意味的。"冯先生得为青年人的"良师益友"，真是一件极幸福的事呵！

近来冯先生正从事写一部书，书的内容是中国哲学应用到社会、人生等等现实的问题上。冯先生早说过，中国哲学和西洋哲学不同，中国哲学是前古的思想，对现代切实的问题少有关联，写这本书的宗旨，也是为此罢。冯先生说："这本书至迟在明年暑期前就脱书。"我们在等着这部著作，也希望这本书可与《中国哲学史》前后辉映，在中国学术史上，是一声空前的巨响。

原载《北平晨报》1936 年 12 月 10—12 日

---

① 林语堂等人办的杂志，以风趣幽默著称。——编者注

冯友兰先生的三篇讲演

张聿飞

在这次来到陪都刚刚半年的时间，就很幸运地听到现代我国第一位哲学家冯友兰先生的讲演，这该是多么出于我意料的事。

当我在文化会堂的听讲人丛中，发现了冯先生站在讲台上时，我心里顿时感到"惊奇"。"他竟有那么长的胡子了！"所以他使我几乎不敢相信他便是冯先生。我认识冯先生（虽然他未必认识我）是民国二十四年在北平召开的第一次中国哲学年会中。当时的冯先生并没有胡子，而且是健壮的标准中年型。这次见面，只过了七八年光景，我们的哲学家就更老大了。读者莫认为我的这些话是赘辞，实在是当我想到也看到我国近代哲学的贫乏时，我不禁注意到我们哲学家的健康，或许有些人在以财物货利为珍宝，而我则视哲学家为珍宝呢。因为我晓得如果一个国家民族没有哲学家的话，这个国家民族的优秀性质，我们就难以想象。好在我们中国今日有这一位年岁精神和身体并不怎样衰老的冯先生，怎么不值得我们民族国家特别庆幸呢？

我且把我对于近代中国哲学界贫乏的感念截住，这里，我就根据冯先生这次所讲的三篇讲演：（一）新旧道德，（二）道德与功利，（三）一元与多元，各问题来观察冯先生的哲学思想。

怎么说他是第一个成熟的哲学家？

我们怎么说冯先生是现代中国第一个哲学家呢？这不是由于哪个人任意决定的，而是根据它所以然的条件的。我们无论是中国的或者西洋的哲学史上看，每一个伟大的哲学家都有他们自己的思想概念，有他们自己的理想意境，有他们自己的哲学方法和用语。而且，这些概念、意境、方法和用语，又往往都是独创的，至少也变更了其中的意蕴。综合以上诸条件来观察冯先生的三篇讲演，我们是很明显地看出了他是具备了那些大哲学家所有的条件。就是说，在他讲演的内容之中，有他自己的概念，有他自己的意境，有他自己的方法，并且也是有他自己的用语。总而言之，就是有他自己的思想系统。"持之有故，言之有理"，成一家言的近代中国哲学家，冯先生自然是头一位。当然我不是说他的哲学思想已经圆满无误，而是就他本人的思想系统来观察，他确乎是当前我国的第一个哲学家。

"中国型"的思想——中国思想的系统化

当我听到冯先生的演讲时，很自然地观察出他的哲学思想是"中国型"的。怎么说？就是所谓中国型的思想，它的出发点是矗立于"以伦理为基础"的思想之上。"中国型"的思想不是偶然的，而是由于中国农业社会的家庭本位作背景，并且，由于家庭本位的农业社会之时间，延长到了两千年上下，所以形成了"中国型"的哲学系统。子夏的"贤贤易色，事父母能竭其力，事君能尽其忠，与朋友交而有信"，以及曾子的三省："为人谋而不忠乎，与朋友交而不信乎，传不习乎"，固然是伦理思想。孟子的"五亩之宅，树之以桑"的经济对策，还不亦是基于伦理思想？再者修身齐家治国平天下的中国政治学说，又何尝不是根据伦理思想？推而至于张太岳所谓"通天地人而后可以谓之儒"，那更是"中国型"思想的一句结论。姑且不说今天的中国是否由农业社会走到工业社会，由家本位走到个人本位，然而这个以伦理为基础的传统思想，却是一个事实，是我国思想在世界文化上的一个特色。冯先生在他的三篇讲演中，论道德，释五常，谈功利，说境界，好像都没有离开这种范畴。

展开中国的思想史来看，虽然各时代都有好多思想的类型和思想的派别，并且，各时代亦有各时代的思想，比如简单来说，在春秋战国时代的代表思想家如孔孟老庄和杨墨，西汉时代有贾谊，宋朝有周、程、张、朱、陆、邵，以至明清两代有王学和朴学。但其中都有一条连接绵延的线索，这条线索便是伦理的基础。我觉得冯先生是找到了这条线索了。同时，我更想到冯先生是懂得了"参乎，吾道一以贯之"的人。因此，他把中国思想再系统化。系统化的工作是一个哲学工作，成熟的哲学家就在于使思想为系统化，建立较高的创新的理想概念。不知冯先生以为然否？

"太阳下面没有新的东西"

"太阳下面没有新的东西"，这句大哲学家黑格尔氏的名言，已被我们当代中国的哲人所理解所运用了。冯先生说道德无所谓新旧，大概就是运用了这种观点的。虽然说冯先生说明他对于道德的意见之先，就提出了道德的背景——社会——之分析。他的分析是：一种是"某个社会"，一种是"某类社会"，还有一种就是"社会"。同时，他认为道德的变与不变，或者说道德的新与旧，是以社会背景为前提。如果道德是属于某个社会或某种社会的，那是变的，如果道德是属于"社会"的，那便是不变的，无分新旧的。他曾举出中国的五种道德五常，证明道德的不变性。这里，令人对于他的分析，不能不赞佩。因为他对于道德的看法，不同于单就道德的本质论道德，而就道德的背景论道德，这一个观点，似乎比一般道德论又进了一步。

他说，社会的性质不变，道德的性质亦不变，而这一种不变的社会，不是整个"社会"，却是指某个社会或某种社会。说到整个"社会"，即不变更，从而道德亦无所谓新与旧。但是他说这话，可不是无条件的，是要人们遵照着一种社会共同的规律走，不能说今天我是遵照这一种道德，明天又遵照另外一种道德。在他看来，道德就是人类对于人类全体所共同遵守的规律。那么，这种规律要被破坏了时，人类就有毁灭的危险，所以这种"社会"道德是不变的，亦无分新与旧。但我们如要问，这"社会"是什么？不亦就是"太阳下面"的人类社会吗？

从全体到个体、从共相到个相

我又看到冯先生哲学思想的又一点，就是他运用了从全体到个体、从共相到个相的原则，说明了"道德与功利"的一致性。他曾把握了董仲舒的两句话："正其谊不谋其利，明其道不计其功。"在讨论这个问题的中间，他仍然根据了他所规定的社会分析。他说孔孟诸儒并不蔑视功利，同时，孔孟对于道德与功利的观点亦是一致的，并没有冲突。在个人的修养上，应该是"正其谊不谋其利，明其道不计其功"，但对于社会全体却须要讲功利，而且这种求获社会的功利却正是合乎道德，即道德与功利一致。这亦就是说，从全体来观察，道德与功利是一致的，从个体来观察，道德与功利，有差别。比如说站在自己的私利上来讲功利是不对的，如果为社会事业而求功利，却是应该的。这里，他引用了梁惠王和孟子"叟不远千里而来，亦将有以利吾国乎"的对话。这一种看法当然是对的。而且，这一种看法正是一个新观点，一种新哲学概念，值得我们特别注意。

统一于"宇宙"之下

唯心与唯物这对惹人头疼的命题，在冯先生的哲学概念中，似乎是轻轻地解决了。他说他对于心物的问题，不是希望去解决，而是想"取消"。不过我们晓得既然想取消，当然就得有取消的理由，可是有理由的取消，不亦就等于解决了吗？他对于我们这种推测，亦是肯定的。那么，他怎么取消心物的问题呢？他抬出了"宇宙"，即他用"宇宙"把心物问题都统一起来。我们要问这是不是可能的？且看他的结论。他说宇宙是无所不包的无限之大，大到"无外"，所有心物等等问题的冲突，矛盾的对立，都可以在宇宙之中统一起来。这样，宇宙只是一个大命题，其中的内涵，都可以定于"一"。他的意思，或者就是说宇宙是"一"，亦是"全"，"一"与"全"包括了"多"与"分"，换句话说，就是包括了一元与多元。同时，心与物等个别部分的命题，亦就成为不必要的命题了。

这里，我们当然不能忘记了冯先生对于科学与哲学问题的界说。同时，我们亦了解所谓心，所谓物，是一元是多元，这统统属于肯定的命题，即科学之狭隘的命题，而不属于哲学的命题。为什么？因为心物两者，在他看来都是无法证明的，都可以统一于宇宙之中。

我不愿推测冯先生用宇宙统一心物的意义，亦不打算问他所指的宇宙是指常识的宇宙或形上的宇宙，我只对于他用"一"与"多"而统一了"多"与"分"的哲学概念是赞同的。哲学的主要问题就是企求用"一"统摄"多"的问题。从前的西洋哲学家，曾这样努力过。同时，我们还晓得黑格尔氏就是想用精神一元统一宇宙的一个哲学家。

"境界"和"高境界"

最后，我更提到冯先生所讲的哲学之功用问题。我总觉得我们的哲学概念应同科学的概念一样，都是把它看成为假定的。或许有人要怀疑到哲学概念也是假定的话，那么，肯定的真理不就没有了吗？我想这种怀疑是无须的。因为在许多许多哲学概念之假定中间，自会发现若干真理而被"留住"，这亦同科学的原则原理一样，虽然说后来的原则原理有时把过去的否定，但是，过去被否定的其中真理部分，仍然存在。这一段插曲，就是说哲学的功用，不是没有的。冯先生提到这个问题时，他说宇宙不可说，不能说，也不可思议，而哲学只是形式概念而已。那么，哲学不就成了一种空洞无物的学术了吗？那还有什么用处？这一点，正是冯先生这次三篇讲演的中心所在，亦是他的哲学观点之所在。我曾把他的结论用文言文简译如下：

> 或问于予曰，依子所言，哲学"空"乎？曰，然。然则子何为而治哲学者？曰：非哲学之空而无用也，乃哲学之用非科学之用耳。然则哲学亦有用乎？曰，然。哲学之用何？曰，在境界，在止于最高境界。何谓境界？曰，境界其惟人兽之间乎。人知为所为而为，曰自觉，曰了解，统曰觉解。意义生于觉解，故不同之意义由于不同之觉解。因构成各人之人生观与宇宙观，亦构成各人之境界。而禽兽则无之。何谓高境界？曰，境界有四：曰自然，曰功利，曰道德，曰天地。超越个人与社会，功利与道德，而充溢吾浩然之气，与天地为一，万象等观，其惟天地境界乎。此吾之所谓最高境界也。

冯先生的这种哲学思想，不亦就集纳了中国哲学传统的大成吗？是的，他的这种思想，不但象征了我民族气魄与精神之高洁与伟大，而且给我们今日的青年沉重地种下了一个高洁伟大的意识。

原载《文化先锋》第二卷第六期，1934 年 5 月

现代中国哲学界之解剖

孙道升

　　现代中国哲学界的情形，实在复杂万分。有的人在努力介绍西洋哲学，有的人在竭力提倡中国哲学；有的人来作别的人的哲学之钻研，有的人在作自己的哲学之创造；有的人要会通古今，有的人要调和中外；有的人主张这种新主义，有的人宣扬那种新学说；真可以说是五花八门，无奇不有。这样复杂的情形，若不予以详密的分析，他所含的各种派别，若不予以详密的区辨，则我们对于中国现代哲学，很难说能有深刻的认识。为满足此种需要起见我才不自量力的来作这篇文章。现代中国的哲学，可说十有八九是来自西洋的。所以西洋现代有某派哲学，中国现代也有某派哲学，我们把中国这样一系的哲学，叫做纯宗西洋哲学。中国现代哲学，也有一些是糅合中西两面哲学而组织成功的，我们把这一系的哲学叫做兼综中西哲学。两系各有四派，总计起来，共有八派，如下表所示：

		一、实用主义
		二、新实在论
	（一）纯宗西洋哲学	三、新唯物论
现代中国哲学		四、新唯心论
		五、唯生论
	（二）兼综中西哲学	六、新法相论
		七、新陆王派
		八、新程朱派

　　兹分别考核此八派哲学于下，借以明示现代中国哲学界之真实情形。

"不敢言备，思过半矣"。行文仅以各派分布之情势及其新贡献为限，至于近二十年内，西洋哲学典籍之翻译，中国古哲典籍之整理，则为篇幅所限，恕不涉及。

一、实用主义

中国的实用主义是英美实用主义之分支。英美这派哲学，在民国七八年倾，由胡适之先生一手介绍到中国。所以这派哲学在中国应以胡适之先生为唯一代表。这派哲学，初入中国时以北京大学哲学系为根据地，曾经风行一时，民国十二三年以前都是它的黄金时代。现在呢？它在北大哲学的地盘，业已为新唯心论所侵占；他在思想界之势力，业已为新唯物论所代替；无论就哪一方面，都可以看出他的地位，一落千丈，式微不振来。那也就是说，实用主义在目下中国哲学界之势力，远不及十年以前他在中国哲学界之势力，据此，可见胡适之先生移植过来的这派哲学，在中国哲学界不惟没有"结实"，而且没有开花；不惟没有开花，而且没有生芽。若果在他这奄奄一息，生命垂危的时候，再没有人来浇灌一下，恐怕他在中国哲学界要有"绝种"的危险哩！我很希望有人来重整旗鼓，继胡适之先生之后，再把这种主义，振刷一番。

二、新实在论

中国哲学的新实在论也当然是英美的新实在论之分支。这派哲学是由陈大齐、冯友兰、张申府、邓以蛰、傅佩青、金岳霖诸先生协力移植于中国的，继起而加入此派中的健将，则有沈有鼎、王钧宪、任华等等。目下清华大学哲学系是此派哲学的势力范围。其中张申府先生之罗素、邓以蛰先生之美学、沈有鼎先生之逻辑，皆称一时独步，而首领则当推金岳霖担任。金先生的头脑简直是西洋的，其分析法运用之娴熟精到，恐怕罗素见了也得退避三舍。有人称他为中国 G.E.Moore，实非过誉。金先生的著作最多，大半是在《哲学评论》及《清华学报》上发表，如《论事实》、《知觉现象》、《外在关系》、《思想律与自相矛盾》、《不相融的逻辑系统》等等专篇论文，实在可以说都是篇篇美玉，字字精金。他最近又在清华印刷所印行了一部普通逻辑，该书全长二十余万言，除批评传统的形式逻辑以外，又提出关于逻辑系统的种种问题加以细密的讨论。其思想之深刻，分析之细密，措辞之严谨，不但中国哲学出版物中少有其匹，即求之西洋哲学的出版物中亦不多了。中国的实在论能得这样一个富有思考力的哲学家出来领导，我们可以预见其"方兴未艾"、"五世其昌"哩！

（注）黄子通不主张有绝对真理，只主张有相对真理，未信客观事物可以离概念而如实存在，其说近似于实在论。故将其移置于新实在论之下。

三、新唯物论

新唯物论亦称辩证唯物论，马克思、恩格斯、伊里奇所倡导之哲学是也。这派哲学移植于中国，亦是近二十年来的事。当初主其事者，实为一般共产党的党员，但近来亦有不是共产党的党员而从事于此派哲学的发扬者。这派哲学，一入中国，马上就风靡全国，深入人心。他的感化力实在不小，就连二十四分的老顽固受到了他的熏染，马上都会变为老时髦。平心而论，西洋各派哲学在中国社会上的势力，要以此派为大，别的是没有一派能够与他比肩的。这派哲学的势力既是这样大，我们绝对不应坚持门户之见，说他不是哲学，把他排斥在哲学界以外，我们且得进一步去窥测他的内容，看看他到底蕴藏着一些什么。这一派哲学的哲学家为数最多，如陈独秀、李大钊、李季、叶青、陈豹隐、李石岑、张申府、张季同、吴惠人等诸先生都是。这一派哲学的著作，为数亦不少，有名的则推李季的《辩证法还是实验主义》、陈豹隐的《社会科学方法论》、张季同的《关于新唯物论及辩证唯物论的知识论》、吴惠人的《马克思的哲学》、叶青的《张东荪哲学批判》等。这许多新唯物论者又因仁智见异而分为截然不同的两派，一派是想把解析法输入于新唯物论中去的，另一派是沿袭俄国日本讲马克思学说的态度的。前者可称为解析法的新唯物论，此派具有批判的、分析的精神，其作品在新唯物论中，可谓最值得注意的、最有发展的。张申府、张季同、吴惠人等先生可为代表。后者可名为非解析法的新唯物论，大体上说，这一派讲新唯物论的人，似乎多趋于武断。陈豹隐、李季及转变后的李石岑等属之。至于此派的代表人物，则不得不推叶青先生，叶青在他的《张东荪哲学批判》及《胡适批判》二书中，确曾略为表示了一个新的意见，可惜不甚伟大。但我们所钦佩他的却不在此，而在他的报告西洋哲学不是囫囵的生吞活剥，而在他的求系统、爱整齐、敢批评的精神。只是这些精神表现的有些过火，使人感觉到他不脱感情用事的宣传家之口吻耳。

四、新唯心论

新唯心论是与新唯物论正相反对的一派哲学。中国哲学界的新唯心论当然也是来自西洋。把西洋这派哲学移植到中国来，不用说也是近二十年中的事。张东荪、林宰平、瞿秋农、张君劢、张真如、徐旭生、黄子通、魏嗣銮、贺麟、郑昕、彭基相、王光祥、张抱横、周辅成、南庶熙及为转变前的李石岑等诸先生，可以说都是此派的中心人物。

这派哲学，自移植到中国以后，确曾干了一些伟大的事业，他敢明目张胆的抵抗新唯物论；他敢明目张胆地遏抑新实在论；他敢一往无前的反对科学代替哲学，宣扬用哲学保障科学；他更敢鼓其锐气征讨实用主义，取其在北大哲学系地位而代之。这是一段何等光荣的历史啊?! 贺麟先生最近在《思辨》上发表一文，题目叫《近代新唯心论浅释》，很能把中国哲学界这派哲学的真正面目表示出来，欲知此派的内蕴者不可不一读此文。

中国新唯心论的领袖，无异议的当推张东荪先生。中国研究西洋哲学的人，不可谓不多；说到能由西洋哲学中引申出来新的意见，建设新的哲学，恐怕只有张东荪先生一人。关于此点，不惟赞成他者如此称许，就连反对他者也如此赞扬。叶青在《张东荪哲学批判》序中说：

> 中国在五四时代才开始其古代哲学底否定，现在固没有坚强的近代体系，然而已在建设之中了。作这种企图的，首先要算张东荪。他读欧洲过去和现在的哲学著作很多，不像五四胡适那样只读一点美国书，失之浅薄。如果我们说梁启超和陈独秀是中国近代哲学的启蒙运动者，那么张东荪就是中国近代哲学底系统建立人。

反对他的人尚这样称许他，可见他对于哲学是实有新的贡献了。他的著作很多，总在一百二十万言以上。如《新哲学论丛》、《人生观 ABC》、《道德哲学》及《认识论》等，都是近二十年来中国哲学出版物中第一流的著作，就中尤以《认识论》一书是他的精心杰作。著者个人认为张先生在这部杰作中有三点最大的贡献：一是条理部分认识论，二是名理绝对独立论，三是普泛架构主义。其详这里没有叙述的必要。

五、唯生论

唯生论是国民党的哲学，创此论者是陈立夫（唯生主义一词，创始于胡石青先生，陈氏盖由彭某之媒介，而始获得此概念也）。陈氏此论只是孙中山先生民生主义之引申，他创造此论之目的，即在为民生主义找一个形上学的根据，为三民主义建立一哲学的基础。组成他这种理论，显然有两个要素。这两个要素，一个是中国的，一个是西洋的；中国的如"唯生"之"生"等，西洋的如电子原子等。陈先生这种唯生论，很明显的是以中国《易传》的思想为骨骼，以西洋科学结论为材料；以中国《中庸》、《大学》的思想为灵魂，以西洋社会科学之形式为筋肉而组织成功的，这有他自己说的："所谓太极者，就是指原子已入于各种均衡状态而有动静之气象"云云可证。所以我说他这一种哲学是一种兼综中西哲学。陈先生著的这本《唯生论》的确算是近年来中国哲学界的名著，因为他在这部书里确曾有些新的意见提出故。他所提出的新意见，便是他所主张的唯生的宇宙观、人生观、社会观及道德观等。陈先生在这部书中对于这些见解，颇能持之有故，言之成理。自从有了这部书以后，国民党才真正有了哲学，三民主义才算真正有了形上学的根据。不过现代哲学以认识论为中坚，形上学须要经过认识论的洗礼而始能确立；陈先生的唯生论则未曾注意及此，他不能免于"戏论"之消，其故恐怕在于此吧。

六、新法相宗

新法相宗是对旧法相宗而言。他们的不同点，就在前者是中西思想的混合，后者是中印思想的混合。惟因新法相宗是中西思想混合以后之产物，所以我们把他列入兼综中西哲学一系中。这派哲学，在现代中国哲学的势力最小，地位最低，而知道他的人亦最少。他的创造者是梁漱溟先生，继承此种倾向而做进深一步的研究者则有景幼南先生和熊十力先生。梁著《钩玄决疑论》，景著《哲学新论》，熊著《新唯识论》，三书皆甚有名。梁、景、熊三氏虽同是此派之钜子，但其立说则各自不同；此实因他们所取于中西思想的各自不同之所致也。关于此点，凡读过三氏之书的颇能熟知，用不着多述。梁氏中途转变方向，提倡陆王哲学，于斯派大师，就仅余景、熊二人。景氏造诣尚浅，难当首选；领袖群伦，应推熊氏。熊氏的《新唯识论》，张东苏曾许为中国哲学界近年来一部奇书。著者个人则感觉到他的立说颇似柏格森，恒转照比 Duration 翕辟对勘张弛，可作佐证。其全书宗旨，则在"站在本体论底领域内，直探大乘空宗骨髓，而以方便立说"。一言以蔽之，"诸行无常"，反复引申，"翕辟成变，刹那生灭"八个字可以尽之。这便是熊氏对哲学的新贡献，详述其内容，则非此短文所能及。

七、新陆王派

这一派的哲学也是由梁漱溟先生一手所创造（张君劢先生亦曾一度竭力提倡此派哲学）。梁先生由新法相宗转变，即转变成此派。此派哲学最风行于民国十年左右，梁氏在当时能够与胡适之氏分庭抗礼，就全恃此。《东西文化及其哲学》一书，即其新陆王哲学的精神之所托命者也。截至现在，西洋人尚以梁氏为中国的唯一哲学家，其所以能取得这种地位，也只是因为他所缔造的这种哲学，而不是因为他创造新法相宗与研究乡村自治，可惜梁氏所创造的这种哲学，虽曾开花，却未结果，自从梁氏转变方向去研究乡村自治以后，这种新陆王派也就不得不及身而亡。

八、新程朱派

冯友兰先生对于现代中国哲学界之最大贡献，不是他所著足以划时代的《中国哲学史》，而是他所创造足以划时代的新学派。他所创造的足以划时代的新学派，就是所谓新程朱派。他为建立这种新程朱派起见曾经提出一种新理学。他这种新理学，共由三种要素所组成：一是程朱的学说；二是新实在论的类型（或共相）；三是新唯物论的史观。把这三种东西合一炉而冶之，就成为他的新哲学之体系。程朱学说是已经死去的东西了，冯先生的贡献，就在把新实在论和新唯物论的生气，灌入于程朱学说中，使之还魂、复活、再生。这种复活的程朱学说，便是新程朱派的学说，也即是冯先生个人的学说。冯先生曾著有很多文章，表示他这种思想，单篇则有《世界思潮》上发表的《新对话》及去年演讲的《新三统五德论》与今年中国哲学年会中所宣读的《历史演变之形式与实际》等；专著则有《新理学》（尚未出版）一书。在这些著作里中，冯先生提供了一种宇宙的类型，提供了一种人生的类型，提供了一种历史的类型，更提供了一种认识的类型。他并用此宇宙的类型去说明宇宙，历史的类型去说明历史，人生的类型去说明人生，认识的类型去说明认识，见解极其新颖，论证也甚严密。这样的哲学体系，才是冯先生对于近代中国哲学界的真贡献。

现代中国哲学界中，除上述八大派以外，尚有三种倾向不可不附带一说。一是企图用自然科学的结论来解放中国哲学，从事于此种运动的有胡石青先生和吴稚晖先生，胡著《我们如何认识宇宙》，吴著《一个新信仰的宇宙观及人生观》，均有精彩；一是企图用中国美学之见地来解放中国哲学，从事于此种运动的则有李望溪先生，他所拟作的《礼乐一元论》，多有独到；一是企图用实证主义的精神来解放中国哲学，从事于这种运动的则有张荫麟先生，他在《大公报·世界思潮》与冯友兰先生辩论的几篇文章中，业已略露端倪。这三种倾向的前途，皆甚光明，不难蔚为大国。

（注）胡石青先生著有《人类主义初稿》与《普产主义大纲初草》二书，体大思精，得未曾有。《易·系辞传》云："夫易彰往而察来，而微显阐幽，开而当名，辨物正言，断辞则备矣。其称名也小，其取类也大。其旨远，其辞长，其言曲而中，其事肆而隐，因贰以济民行，以明失得之报……广大备悉，有天道焉，有人道焉，有地道焉……其道甚大，百物不废，惧以始终，其要无咎，此谓易之道也。"正是此二书之最好写照。特志于此，聊表其向往之私云耳。

近来常见一些哲学家，接二连三地做文章大喊着为中国哲学找寻出路。如果中国哲学能有出路，则我以为冯友兰先生所创造的新程朱派便是最好的一条出路。何以故？因为这种新程朱派的新理学共有三个优点故。他不全是中国死灰之复燃，他也不全是西洋货物之舶来，他尤其不违反现今时代之精神。新程朱派既有这三个优点，所以著者个人以为他就是现代中国哲学一条最好的出路。

原载《国闻周报》第十二卷第四十五期，1936 年

五十年来中国思想之演变（下）——冯友兰

郭湛波

中国近五十年思想可分为三个段落：第一个段落，自"甲午之役"——1894 年，至民国成立——1911 年，是代表中国农业宗法封建社会的思想。其代表人物为康有为、梁启超……这个时代的特征是尊孔。因为孔子是中国农业宗法封建社会思想的中心：礼教、伦理、道德、风俗的渊源，同时菲薄科学及西洋文明——所谓"物质文明"。

第二个段落，自辛亥起义至北伐成功——1928 年，是代表工业资本社会的思想。其代表人物为陈独秀、胡适、吴敬恒……这个时代的特征，是反对孔子及一切旧的、传统的思想、学说、礼教、伦理、风俗、习惯，同时崇拜科学及西洋文明。这个时代思想的冲突，是中国思想与西洋思想的冲突，换言之：就是农业宗法封建社会思想与工业资本社会思想的冲突。

第三个段落，自"北伐成功"至今日止。这个时代的思想，既不是中国旧有的宗法封建社会的思想，也不是西洋工业资本社会的思想，而是由工业资本社会自身的矛盾产生的社会思想。代表这个时代的思想人物可以冯芝生、张申府、郭沫若、李达为代表；这个时代的特征，以马克思体系的辩证唯物论为主要思潮；来反对第二个段落的思想学说，如《读书杂志》、《二十世纪》，都可代表这个时代的精神。如叶青的《胡适批判》、《张东荪批判》，李季的《评胡适中国哲学史大纲》、郭沫若的《中国古代社会研究》，都是这个时代下的产物。这个时代思想的冲突，不是中国思想与西洋思想，而是世界思想的冲突；不是农业宗法封建社会与工业资本社会的冲突，而是资本社会思想与社会思想的冲突。

近五十年中国思想之第三阶段，以马克思的"唯物史观"为主要思潮，以辩证法为方法，以辩证唯物论为基础，以中国社会史为解决中国问题的锁钥。这马克思体系的学说，在中国倡之最早，就算陈仲甫、李守常两位先生，不过到了这个时代，一死于非刑，一囚于囹圄，思想学说无由发挥光大。现在先述冯芝生先生的思想学说：冯先生名友兰，字芝生，河南唐河人，现年41岁，民国七年毕业于北京大学哲学门，后留学美国，得哥伦比亚大学哲学博士。归国后，任河南中州大学、广东中山大学及燕京大学教授；现任清华大学文学院院长兼哲学系主任，著有《中国哲学史》、《人生哲学》、《人生与理想之比较研究》（英文）、《中国哲学小史》、《庄子》（英译）等书。冯先生系当代中国著名哲学家，对于中国西洋哲学思想都有深刻的研究和心得，并融会贯通而自成一体系，其思想初受美国思想影响甚大，但自前年出游英法俄等国，归国后，思想大为改变。综括冯先生的思想到今日，可分为三个阶段：一是"实用主义"时期，可以他的《柏格森的哲学方法》来代表；一是"新实在论时期"，可以他的《人生哲学》中一个《新人生论》来代表；一是唯物论时期，也就是他现在的思想。现在先说他第一时期的思想。他解释哲学说：

> 哲学并不是一件稀罕的东西，他是世界之上，人人都有的。人在世上，有许多不能不干的事，不能不吃饭，不能不睡觉，总而言之，就是不能不跟着这个流行的大化跑。人身子跑着，心里想着，这个"跑"就是人生，这个"想"就是哲学。因为没有一个活人不能不跑，所以没有一个活人能没有他自己的哲学……"不偏之谓中，不易之谓庸"，"中则不偏，庸则不易"，这几句老生常谈的话，实则很是精确。天下至精的道理，往往都是很平常的道理。所以哲学科学上的发明，猛一听说，是很奇怪；一转想，却是极平淡的。（《柏格森的哲学方法》，《新潮》三卷一号）

这是冯先生对于哲学的见解，说哲学并不是什么高深而超乎人生的学问，是很平淡的，是合乎实用的学问。他说柏格森的哲学方法是"直觉"，从他的"变"的哲学而来。这种方法，只是对于"知识主义下一转语。"冯先生说：

> 世上要有一件东西，要先有半件，要先有半件，须先有四分之一

件……如此类推，执著概念，就有这般结果。岂知天下事物是活的，是糖可以同时是甜，是白马可以同时是马。哀琪来斯不跑则已，一跑就是一整步；水不滴则已，一滴就是一整珠；造化不造物则已，一造就是一整个。要知道"真实"是个活动不可分的全体，那就没有困难了……但智识以"分析"用事，把活东西都变为死概念。人执着了死概念，便不能了解全的"真实"。哲学以全的真实为对象，所以哲学方法，不是以智识为根本的"分析"，是以本能的"直觉"……柏格森说：如果矢真定在一尺的每一点上，那他真是不动；其奈实际上他动的时候，永远没有定在一个点上。一言以蔽之，真实只是叫人从真实向概念，不从概念向真实……柏格森说："至少有一样真实，是我们人人都能不用分析，而用直觉，而自内得到的。这就是我们自己的人格，在那里流着穿过时间。我们的'我'，在那里绵延。"……但是科学的发明，也都是从直觉来咧。凡是发明，都不是从死概念得来，都是从知觉得来，这是人人所承认的，发明家的步骤，第一是把具体的事例合得拢来，第二是定"假设"，第三证那个假设，这是一定的。其中以第二步为最难，因为具体的事例上面，没有贴条子，说他是属于什么定律……柏格森只叫人不可执着概念，不可忘记他是一个方便的法门，而把他当成究竟的实在，并不是叫人不要概念。（《柏格森的哲学方法》，《新潮》三卷一号）

这是冯先生所讲的柏格森的哲学方法，他的方法是直觉，反对"知识主义"，只重概念，而忽略实在，只重分析，而忽略直觉；所以哲学成了空疏而不切实用的概念游戏，但哲学的目的在解决人生当前的切身问题。科学的发明，不是从死的概念而来，从具体的事物直觉而来，这是冯先生对于柏格森哲学的见解，也就可以代表他第一时期的思想。现在再讲他第二时期的思想——"新实在论"。他解释实用主义与新实在论观点之不同道：

　　实用主义的说法，谓科学所能知，不过世界之一方面。科学不过人之理智之产物，而宇宙有多方面，人所用以接近宇宙之本体者，除理智外固有别种官能也。如康德、海德格尔、詹姆士、柏格森皆用此方法，以缩小科学所能知之范围，而另一所谓道德的意识及直觉，为能直接接近宇宙本体之官能。一新实在论的说法，此种说法完全承认科学之观点及其研究之所得，但同时亦承认吾人所认为"高"者之地位，不以"不过"二字取消之。如斯宾诺莎及现代所谓新实在论者，皆持此说法者也。（《人生哲学》二七十五页）

这是实用主义与新实在论不同之点，冯先生这一时期的思想，就是融合此两派思想而成，现在先述他的宇宙观：

> 宇宙本为一切事物之总名，当然可分化为所以构成宇宙之诸事物。由斯而言，则所谓宇宙者，不过一无实之名而已。然自别一方面言，则宇宙又必有其所以为宇宙而以别于他物者。由此方面观察，则宇宙间诸事物虽万变，而宇宙之为宇宙自若。犹之长江之水，滔滔东逝，迄不暂停，所谓"逝者如斯，不舍昼夜"，而长江之为长江自若……即长江黄河，吾人亦可设想其有不存在之时。独宇宙既无始无终，所以其间诸事物，不常在生灭变化之中，而宇宙，就其全体而言，乃不变而永存；此不变永存的宇宙，即斯宾诺莎所说之上帝也。（《人生哲学》二八四页）

这是冯先生的宇宙观，说宇宙是"往古来今"、"上下四方"一切事物之总名，人是宇宙中的一种物，人生是宇宙中的一种事。所谓"物"，虽有唯心唯物之不同，但宇宙中最后的原料，不能谓为物，亦不能谓为心，而只是世界之事情，相似的事情联合为复杂的组织，即成吾人平常所谓"物"。凡"物皆是事情"，"为实有而为发生事情之原因"。现在再说他的人生观。他说：

> 盖人生即人之生活之总名，人生之当局者即人，吾人之生活即人生也。吾人之动作行为，举措设施，一切皆是人生。故"吃饭"，"生小孩"，"招呼朋友"，以及一切享乐受苦，皆人生也。即问人生，讲人生，亦即人生也。除此之外，更不必别求人生之真相，亦更无从别求人生之真相。若于此实际的具体的人生之外，别求人生真相，即真宋儒所谓骑驴觅驴者矣……宇宙间之所以有人，亦系因缘凑合，自然而

有耳。人类之生，既无所为，则人生亦当然无所为矣……吾人不能所谓人生有何目的，正如吾人不能谓山有何目的，雨有何目的……天然界及其中之事物，吾人只能说其是什么，而不能说其为什么……"动吾天机，而不知其所以然"，正是普通一般人之生活方法。一般人皆不问人生之何所为而自然而然的生。其所以如此，正因其生之目的即是生故耳……有人以为吾人若寻不出人生之目的，则人生即无价值，无意义，即不值得生……佛教之无生的人生方法，只从理论上，吾人亦不能证明其为错误……无生的人生方法，固亦是人生方法之一种，但非多数人之所能行耳。（《人生哲学》二九〇页）

以上是冯先生的对于人生的见解，亦即他的人生观。现在再说他对于社会主义的见解，他说：

社会主义的社会制度，比资本主义的社会制度为较优。所以者何？正因有许多社会主义的社会制度所能满足之欲，资本主义的社会制度不能满足。而资本主义的社会制度所能满足之欲，社会主义的社会制度多能满足。社会主义的社会制度较优，正因其所得之"和"较大。故一学说或一制度之是真或好之可能之大小，全视其所得之和或通之大小而定。（《人生哲学》三〇三页）

现在再说他对于道德风俗的见解，他说：

无论何种社会，其中必有道德制度，所谓"盗亦有道"，盖若无道，其社会即根本不能成立矣。历史上所有之道德的、政治的、社会的革命，皆不过以新道德制度代旧道德制度，非能一切革去，使人皆随意而行也……凡道德制度，除下所说能包括一切欲者外，盖未有不吃人者……风俗之在社会，犹如空气，使人涵养其中，不有意费力而自知诸种行为之规律，何者为所应作之事，何者为所不应作之事；其维持社会安宁及秩序之力，盖较道德制度为尤大。（《人生哲学》三〇九页）

现在再说他对于"人生"反面"死"的见解，他说：

> 凡有死者皆尽其力之所能，以求不死。此目的只可以新陈代谢之法达之，生殖即所以造"新吾"以代"故吾"也。男女之爱，即是求生殖之欲，即所以使吾人于有死中得不死者。故爱之功用，在使有死者不死，使人为神。（《人生哲学》三三八页）

综上所述：是冯先生第二时期的思想，代表"新实在论"的思潮。但自前年出游欧洲，归国后，思想为之大变，代表"辩证唯物论"的思潮，但是融会贯通而自成体系，非同流俗趋时者可比。其巨著《中国哲学史》即用新的方法，他说："吾亦非海德格尔派之哲学家，但此哲学史对于中国古代史所持之观点，若与他观点联合观之，则颇可为海德格尔历史哲学之一例证。海德格尔谓历史进化常经'正——反——合'三阶级。前人对于古代事物之传统的说法，'正'也。近人指出前人说法多为'查无实据'，此'反'也。若谓前人说法虽多为'查无实据'，要亦多'事出有因'，此合也。"（《中国哲学史自序》）冯先生于一九三四年在北大哲学会讲《新三统五德论》，最可代表他近日的思想。他说中国汉代是历史哲学最发达的时代，可分三派，一是邹衍派的五德说。二是三统说，以董仲舒为代表。三是三世说，以何休为代表。他从这三派寻出与今日适合之点，第一点说"历史是变的"。他说：

> 各种社会政治制度，行之既久，则即"穷"而要变。没有永存不变的社会政治制度。《周易》所谓"穷则变，变则通"之言，很可以拿来说明这个意思。（《哲学评论》六卷，二三期，《秦汉历史哲学》）

第二点说"历史演变乃依非精神的势力"。他说：

> ……依照唯物史观的说法，一种社会的经济制度要一有变化，其他方面的制度也一定跟着要变。例如我们旧日的宗法制度，显然是跟着农业经济而有的。在农业经济中，人跟着地。宗族世居其地，世耕其田，其情谊自然亲了。及到工业经济的社会，人离地散而之四方，所谓宗族亲戚，有终身不见面的，其情谊自然疏了，大家庭自然不能

维持了。由此例看来，我们就知唯物史观的看法，以为社会政治等制度，都是建筑在经济制度上的，实在是一点不错。而且说穿了，也是很平常的道理。说到这里，又有一个问题。社会政治等制度，固然是靠经济制度，人不能以意为之；但是经济制度，人是不是能以意为之呢？也不能。因为一种经济制度之成立，要靠一种生产工具之发明，例如若没有耕田的工具之发明，人即不能有农业经济；若没有机器之发明，人即不能有工业经济。而各种发明之有无，又需看各方面之环境机会，不是人想有就可有。有些人论历史离开了环境机会，专抽象的论某个人或某民族之努力不努力，聪明不聪明，以为人可以愿怎么样就怎么样。我们觉得这种看法，是不对的。话虽如此说，我们并不忽视人的努力及其智慧，以及领袖人物的重要。历史的大势所趋，这不是人力所能终究遏止或转移的，但是人力可以加快或延缓这种趋势……历史如真一条大河一样，他流的方向是他源头的形势所决定的。人力所能作的，就是疏通他以加快他的流，或防范他以延缓他的流。所以我们不忽视人力及领袖，不过我们反对那专就人力及领袖的力量来看历史的说法。（《人生哲学》一一三页）

第三点说"历史中所表现的制度是一套一套的"。他说：

　　……现在唯物史观对于历史的见解，亦有这个意思。一切社会、政治等制度，都是建筑在经济制度上。有某种经济制度，就要有某种社会、政治制度。换句话说，有某种所谓物质文明，就要有某种所谓精神文明。这都一套一套的。比如下棋，你手下只有象棋盘、象棋子，你就只得下象棋。你要下象棋，你就须得照着象棋的一套规矩……假若你不照他的规矩，你棋就下不成。关于这一点，我们只看上所说大家庭制度与农业经济制度这关系，即可概见。现在人已经离开地四方乱跑。大家庭制度一定须改，这是很清楚的……现在我们也说，一种的社会政治制度，都是为适合一种的经济制度。在其与经济制度成一套的时候，即是好的；不然，就是坏的。就其本身是，没有绝对的好坏……（《人生哲学》一一三页）

第四点说"历史是不错的"。他说：

　　现在我们若用唯物史观看历史，我们也可以有同样的主张。关于这一点，我们可以从两方面来说，第一，我们不能离开历史上的一件事情或制度的环境，而单抽象的批评其事情或制度之好坏。有许多事情或制度，若只就其本身看，似乎是不合理的；但若把他与他的环境联合起来看，则就知其所以如此，是不无理由的。例如大家庭制度，有很多人说他是不合理，以为从前的人何以如此的愚，但我们若把在家庭制度与农业社会合起来看，就可以看出大家庭制度之所以成立，是不无理由的了。再就历史演变中之每一阶段之整个的一套说，每一套的经济社会政治制度，也各有其历史的使命。例如资本主义的社会的历史的使命，是把一切事业集中社会化，以为社会主义的社会的预备。在资本主义的社会完全成功的时候，也就是他应该而且必须让位的时候。正是从前持五德说者所谓"四时之运，成功者退"。他退并不是因为他错，是因为他已经尽了他的使命，已经成功。有些人好持一种见解，以为以前的人全是昏庸糊涂，其所作的事全是错的，只有我们才算对了。另外一种见解，以为现在及将来的人，都是"道德日下"，其所作的事全是错的，只有古圣先贤才对。这两种见解，可以说一样的不对。(《人生哲学》)

第五点说"历史之演进为循环或进步的"。他说：

　　……五德说及三统说，以为历史之演变，乃系循环的。此二说皆以为五德或三统之运行，"如顺连环，周而复始，穷则反本"。三世说则以为历史之演变，由据乱世升平世而至太平世，乃系进步的。我们若把他联合起来，我们就可以说历史之演变是辩证的。我们把循环及进步两个观念合起来，我们就得辩证的观念。所谓辩证的意思，说穿了也很容易明白。比如我们写字，小孩子写字没有规矩胡写，胡写不能成为书家，必须照着规矩写。但是仅照规矩写，也不能成为书家。大书家之写字，要超规矩，所谓超规矩，就是不照规矩，而又不离乎规矩，所谓"神而明之"。就其不照规矩说，似乎是小孩子的胡写；但他是用过守规矩的工夫的胡写，与原来小孩子的胡写大不同了。我们评诗论画，有所谓神品逸品者，就是指那些超规矩的作品。若不能超规矩的作品，顶好也只能算个能品。这些意思，在中国思想中很普通。所以康有为、谭嗣同虽没有看过海德格尔及马克思的书，而已经把这个意思来说历史的演变。他们都是讲春秋三世及《礼运》的，他们以为在原始的社会中，人是无父子、君臣、夫妇的。后进而有父子、君臣、夫妇。再进则至《礼运》大同之世，人"不独亲其亲，不独子其子"，又是无父子、君臣、夫妇之世界。但这不是退步，而是进步之极。谭嗣同在他的《仁学》里，说：有人拿《易》之乾卦来讲这个意思。乾初九为太平世，指太古人之初生，浑浑噩噩，不识不知之状况。九二为升平世，指人已有国家等组织时之状况。九三为据乱世，指各国相争，天下混乱之状况。此谓之逆三世。九四仍为据乱世。九五为升平世，指国界渐泯，世界渐归一统之状况。上九为太平世，指无国界，无家庭，人人平等自由之世界。此谓之顺三世。此顺三世中之太平世，人"不独亲其亲，不独子其子"，是有点像原始的社会，在其时人不知亲其亲，不知子其子，大同社会，是有点像野蛮；但实不是野蛮，实是大文明或超文明。我们现在的世界，就一方面说，实有"返朴还淳"的趋势。就西洋说，在政治方面，从前的民主政治、自由主义，现在不行了，替他的是共产党及法西斯党的专制。在经济方面，自由出产、自由竞争，也不行了，替他的是统制经济。在艺术方面，从前的华丽精工的建筑，逼真活现的图画雕刻，现在也不行了，替他的是直上直下四方块的建筑，用笔乱涂用刀乱砍的图画雕刻。从前西洋的画，是要越像真越好；现在是要越不像真越好……总之，在历史的演进中，我们不能恢复过去，也不能取消过去，我们只能继续过去。历史之现在，包含着历史的过去，这就是说，历史的演变，所遵循之规律是辩证的。（《人生哲学》）

第六点说"在历史之演变中，变之中有不变者存"。他说：

> ……人类的社会虽可有各种一套一套的制度，而人类社会之所以能成立的一些基本条件是不变的。有些基本条件，是凡在一个社会中

的人所必须遵守的，这就是基本道德。这些道德，无所谓新旧，无所谓古今，是不随时变的。究竟我们所常行道德中，哪些是跟着某一种社会而有，所以可变的；哪些不是跟着某一种社会而有，而只是跟着社会而有，所以是不变的，是很难说。不过有些道德是只跟着社会而有，不是跟着某一种社会而有，所以是不变的，这一点似乎可确定地说。照我们现在想起来，例如"信"之道德，似乎即是一种基本道德。因为社会之组织，靠人之互助；而人之互助，靠一个人能凭别人之话，而依赖他……如果一个社会中，各个人皆说话不当话，那个社会就不能存在。人没了社会，就不能生存。越是进步的社会，其中的人越是须说话当话。人的生活越是进步，人越离不开社会。孔子说："自古皆有死，民无信不立。"初看这句话的人，说孔子多么残酷，多么不讲人道，叫人不吃饭也要有信，这真是吃人的话。实则人吃饭固是要紧，但是吃饭的条件如果不具备，人是没饭可吃的，或是有饭不得吃的。（《人生哲学》）

这是冯先生的"新三统五德论"，实则是他的历史哲学。后又在"哲学年会"宣布他的《历史演变中之形式与实际》一文，也是他历史哲学最重要的一篇论文，今引于下：

朱熹与陈同甫在哲学年会中之对话

陈：晦翁，自从我们对于王霸异同之问题，有过一次热烈的辩论以后，转眼之间，已竟将过一千年了。在这将及千年之间，我们的见闻又已广了许多。到现在，我们见了许多不同的社会组织。现在的政治家好像是巴黎女人衣服店的裁缝，把人类之政治社会组织，也像法国女人衣服一样，变得千奇百怪，花样层出不穷。观察了这种情形，我们可以说，人类之政治社会组织，并非一成不变之物，对于政治组织，也并没有什么一定的公式。晦翁，你原来所持之政治社会哲学，恐怕要塌台吧。

朱：为什么要塌台？

陈：因为你以为政治社会组织，是照着一定的公式，而这公式是你所谓"亘古亘今，常在不灭"的，这即你所谓理，你的意思是不是如此？

朱：如此。

陈：既是如此，你还不承认你的政治社会哲学之塌台吗？

朱：我承认我以前的见解需要若干修正，但其根本还是很稳固的。

陈：你真可算是固执极了。让我举一个实际的问题问你，看你如何答复。

朱：请举。

陈：你现在是不是还以为臣对于君、妻对于夫之守节，是天经地义？对于臣，对于妻，你是不是还说"饿死事小，失节事大"？你要注意，为了这句话，你们道学家已不知背了多少骂了。

朱：笑骂由他笑骂，哲学我自讲之。

陈：也需讲得有点道理。

朱：当然有道理。

陈：什么道理！你还以为臣对于君、妻对于夫之守节是天经地义？

朱：是天经地义。

陈：我真佩服你的固执。依你的看法，在你的眼光中，近来的人，一定是"无道"极了。你的世道人心之感，想必是很大了。

朱：我并没有什么世道人心之感，在我的眼光中，现在的人，也是"有道"的，至少不比以前的人更"无道"。

陈：那么，你的见解，我就不懂了。即以臣对于君、妻对于夫之守节说吧，以前的人，如对于此等"大节"有亏，即不能立于天地之间。现在之人既已无君臣之大伦，而女人改嫁，且有人特意夸奖，古今人之不同如此，你怎么都说他们是"有道"呢！

朱：古今之人，各道其道，孔子说："道不同，不相为谋"，他们的行为，是不可用一个标准批评的。

陈：你现在认为有许多道了。

朱：也可以说是有许多道，可也可以说只有一个道。

陈：你的新学说我很不了解，请你把你现在对于政治社会的见解概括说一下。

朱：照我现在的看法，现在的政治社会组织，虽有许多新花样，但仔细看来，这些新花样是代表许多类型的。犹之人之病虽有许多，但是医生看来，人之病也是代表许多类型的。若不是代表许多类型，则医生即不能说某病用某药，因之医学也即不能成立了。

陈：这似乎与你以前的见解，有点不同。

朱：是的。我从前的错误，即在以为政治社会组织，只有一个类型，即是我们当时的政治社会组织所代表者。方才我说我的见解需要若干修正，即是指此。

陈：但同时你还说你的见解根本上是稳固的。

朱：是的。我还是以为这些类型，都是"亘古亘今，常在不灭"。实际上有没有某一类型之具体的代表，对于某一类型之有无，也是没有关系的。每一类型皆有其自己的一套原理原则。这些原理原则，若实现出来即是某种具体的政治社会组织中之道德制度。在此种社会组织中，他是天经地义。照这种说法，每一套的政治社会组织，各有其自己的天经地义。这些许多套的天经地义，皆"亘古亘今，常在不灭"。照这个意思说，他们真都是天经地义。不过那时候的人用那一套天经地义，这是个事实问题，不是可预先决定的。

陈：请你举一个比喻。

朱：比如在算学中，有尤可立的几何，有非尤可立的几何，恐怕还可以有别的许多套几何，每一套各有他的原理公式。又比如下棋，有几种的棋，例如围棋、象棋，各有其原则规矩。你如下围棋，你必须用围棋的一套原则规矩。你如下象棋，你必须用下象棋的一套原则规矩。

陈：因此你说"道"可以有许多。

朱：正是。

陈：不过照你这种说法，世界上就不能有不道德的人了。

朱：我倒不是这样乐观。

陈：照你的说法，应该是如此。

朱：那倒不必然。

陈：为什么？

朱：有些人的行为是反社会的。他不遵守任何社会组织的法则，这些人当然是不道德的。还有些人虽自以为是用某一套社会之原理原则，而有时却为别的方便起见，改照别一套社会之原理原则了。这些人也是不道德的。例如讲非尤可立几何的人，本应只照着他那一套几何讲。若先用了非尤可立几何的原理，后来又用尤可立几何的公式，他必致错误不通。又如一个下围棋的人，若忽把围棋子当象棋子走，那即没有人能同他下棋。从这方面看起来，有些人对于现在的人有世道人心之感，也不无理由。

陈：为什么又不无理由？

朱：因为现在是从某一套社会组织变到另一套社会组织之过渡时期。在这种过渡时期，有两个或更多的行为标准，同时行着。有些人即就私人之便利，任意忽此忽彼的取其行为标准，这些是不道德的。这种人在这种过渡时代，容易有。所以我说有些人对于现在的人有世道人心之感，也不无理由。

陈：以上你算说明了道为什么可以是多，再请问道为什么也可以说是一呢？

朱：许多政治社会组织，每一种都有他的类型。这是以上说过的。在这些许多类型之上，还有个社会组织之总类型。其中所包含的原则原理，乃一切社会类型所必共同具有者。这些原则原理若实现出来，即为一切社会组织之共同道德，若我们所谓道是指这些公共原理原则，那么道就只是一而非多了。

陈：我再问你一个问题。

朱：请提出。

陈：你是不是以为人有自由意志可以随便选用哪一套的社会组织？

朱：我以为不能。

陈：为什么不能？

朱：因为一种社会组织之实现，必有其物质的根据，这就是我常说的理不能离乎气。此物质的根据，虽大半是人选的，但却不是随人之幻想而造的。例如人若不能制造农具，即不能实现农业社会，人若不能制造机器，即不能实现工业社会。农具及机器，虽也是人制造，但并不是人今天的制造，明天即可制造出来的。所以照我的说法，一切社会组织之类型是亘古亘今常在不灭，但其实现在待因缘俱足。此因缘中最重要的，即某一种社会组织所需要之物质根据。

陈：你这话的下半截很有点唯物史观的味道，不过上半截理性主义的味道太浓厚了。

朱：唯物史观中理性主义的味道也不见得比我稀薄多少。

陈：这倒闻所未闻。

朱：请问你看过讲唯物史观的书，或用唯物史观讲历史的书没有？

陈：也稍看过一点。

朱：其中他们最常用的字是什么？

陈：我看恐怕是"必然"、"必然地"这一类的字眼了。他们这些书中，每页都有这些字眼。

朱：对了，他们好用必然命题。必然命题是理性主义的哲学中用的。若经验主义的哲学，则很少用必然命题。因为从经验得来的知识，我们只能知其或然，而不能断其必然。例如我们若只从经验得知太阳在已往皆从东方出来，我们只能说太阳明日或也从东方出来，但不能说他必从东方出来。从经验得到的知识，没有必然性及普遍性，若有必然性及普遍性的知识，虽初得亦必靠经验，但其是真则不靠经验。现在讲唯物史观的人，对于其所讲之公式等之必然性及普遍性，是不怀疑的。则其所讲之公式等之是真，定是不靠经验的了。

陈：不靠经验靠什么？

朱：靠他们对于社会组织类型之知识。他们必先知道某种社会组织类型之原理原则，所以见一社会之是属于某一种类型，即断定其必然如何。不必问此一社会是白人，或黑人，是古人或今人所组织。

陈：你这话虽似有理，但讲唯物主义的人恐未承认。

朱：他或者不承认，不过他若不承认这一点，他就得取消他所讲之公式等之必然性与普遍性。

陈：这恐怕他也未必愿意。

朱：那我们学哲学的，走到他跟前就闻见他的理性主义的味道。

以上所述，是冯先生的历史哲学，由此可见冯先生近日的思想：他根据这新的观点、新的思想来观察中国的历史和思想，来重新估价，1935 年在师大讲"墨学之起源"，他说：

在先秦诸子及汉人书籍中，往往以儒墨相提并论，到汉武帝时，尊崇儒术，罢黜百家。此后墨家学说，遂逐渐衰微。在春秋、战国以前，是一种贵族政治，当时社会上有两种阶级：（一）百姓（即贵族），（二）庶民（即平民）。一切学术，完全为贵族所独占。贵族本身虽不一定皆有学问，而在贵族门下，养有许多专家。后来贵族政治崩溃，庶民逐渐抬头，从前许多豢养于贵族的专家，因而失业，以至流散于民间。此即所谓"官失其守"与"礼失而求诸野"，这些失业专家，依其所有的技艺以谋生：儒家的技艺以知识与礼乐——可谓"文专家"，墨家技艺恰与儒家相反——可谓"武专家"。韩非子说："儒以文乱法，侠以武犯禁。"所谓侠，即指墨家而言。儒家系出自中上层社会阶级，墨家则多半来自下层阶级，儒家学说带有很浓厚的贵族色彩，而墨家学说则为平民化的。如墨家的兼爱即是江湖所谓"有福同享，有马同骑"的思想的扩大，而"天志"、"明鬼"、"尚同"、"短丧"、"节葬"、"非乐"等，都充分地表示着下层阶级的意识形态……总之，孔子与墨子在当时齐名，是不无原因的，因为他们都有很雄厚的社会基础。后来之所以儒盛墨衰，是由于历代统治者全是贵族或者说是由于（平）民变成的贵族，从平民阶级中间产生的墨家学说，必然会逐渐衰微了。（廿四年五月十二日《世界日报》）

这是冯先生讲"墨学之起源"的要意，其详见于《原儒墨》（《清华学报》）。近又发表《原名法阴阳道德》一文，说"名家者流，盖出讼师"，"法家者流，出于法术之士"，"阴阳家者流，出于方士"，"道家者流，出于隐士"，都是用新的方法、观点得出的结论。1935 年又在师大讲"中国近年研究史学之新趋势"，他说：

许多人皆谓近年中国一切皆无长进，其实在学术研究上，如历史、地质、生物等学，确有人在时时努力，而成绩方面，亦有长足之进步。今天讲中国近年研究历史之趋势，从其研究之观点，可分为三个派别：（一）信古，（二）疑古，（三）释古。"信古"一派，以为凡古书上所说，皆以为真，对之并无怀疑。"疑古"一派，推翻"信古"一派对于古史之信念，以为古书所载，多非可信。"信古"一派，现仍有之，如提倡读经诸人是。"疑古"工作，现亦方兴未艾。"释古"一派，不如"信古"一派之尽信古书，亦非如"疑古"一派之全然推翻古代传说。以为古代传说，虽不可尽信，然吾人颇可因之以窥见古代社会一部分之真相。今举出历史上众所聚讼之问题数则，以作此三派研究态度之说明。如关于诸子起源之学说，在《汉书·艺文志》谓："诸子出于王官。"如"儒出于司徒之官，墨出于清庙之守"。自"信古"者之观点，以为此说出于《汉书》，其为可信，绝无问题。而在"疑古"者则以为《汉志》所说，纯系虚造。一种学说之起，皆一时聪明才力之士所倡，以应当时社会之需要。战国诸子之兴，亦系如此，与"王官"有何关系？在"释古"者则以为在春秋、战国之时，因贵族政治之崩坏，原来为贵族所用之专家，遂入民间。诸子之学，即由此民间之专家中出。故《汉志》之说，虽未可尽信，然其大概意思，则有历史根据。又如孟子所谓"井田制"八家分田百亩，中为公田，八家共耕。在"信古"者以为上古社会制度真系如此。在"疑古"者则以为此等制度，绝对不能为古代所已行，而纯是所谓理想的制度。从"释古"者的观点来看，则以为井田之制，非如"信古"之认为真的历史事实，亦非为全出于孟子的梦想。"释古"者对此问题的解释是：在周朝贵族政治，一国之君兼为庶民之政治的及经济的领主。农民即为君之佃户（或农奴），君主即为农民之地主。孟子所谓井田，即君主分田与大夫，大夫分田与农民，此种分田而耕，其原意非为农民之利益，乃出于地主之剥削佃户的方式。如信孟子所讲，谓"井田制"全为农民利益，固属非是，若认"井田制"为全然离开事实之空想，则亦不尽合理。此种井田制，固大都属孟子之理想，然吾人须信在事实上一定有相当的暗示，孟子方能有此种理想。又如"古书真伪问题"，从传统的"信古"说法，则认为古书之真，大都毫无问题：如《庄子》即为庄子所作；《管子》即为管子所作；《墨子》即为墨子所作。在"疑古"者，对于此诸书之真伪，发生疑问，谓《庄子》、《管子》诸书，大部分系虚伪，乃后人所造。在"释古"的观点，认为此"信古"与"疑古"之二观点，皆属非是。如《庄子》与《管子》诸书，本未注明为庄子、管子所作，在事实上即无所谓假。先秦文字皆欲表现真理。只求将真理传诸后世，至作者为谁，则认为无关重要（西洋中古时亦如是）。如《庄子》等书，最初皆为零碎之篇章，经汉人整理，始成为"书"。刘向、刘歆父子，即为从事整理先秦诸子之学术者。逮经整理后，讲"庄子"之学之书，即称为《庄子》；讲"管子"之学之书，即称为《管子》，并不以为其书，系庄子、管子所手著也。乃后来不察当时情形，误认为《庄子》即为庄子所手著，《管子》即为管子所手著，因启疑古者之疑。若此种误会一经解释，则亦无疑古之必要矣。所谓"妄既不存，真亦不立"也。"信古"、"疑古"、"释古"为近年研究历史学之三个派别，就中以"释古"为最近之趋势。吾人须知历史旧说，固未可尽信，而其"事出有因"，绝不可一概抹杀，若依黑格尔的历史哲学来讲，则"信古"、"疑古"与"释古"三种趋势，正代表着"正"、"反"、"合"。即"信古"为"正"，"疑古"为"反"，"释古"为"合"。（此系冯先生所改之原稿）

以上是冯先生对于中国近年史学趋势的见解，实则是冯先生唯物辩证法研究学术的应用，由此可见冯先生的治学方法及近日思想之转变。

总之，今日中国之时代，已非前日之时代了。所谓前日——新文化运动时代——的思想家已成为历史上的人物，他的思想、学说失掉了社会的信仰和权威，已成了今日时代的障碍；但是这个大的时代中，只有少数先知先觉，不怕危险、艰难，来做时代的引导者。我们知道冯先生是中国的有数的学者、思想家；对于中国、西洋各家学说、思想都有深刻研究和独特的见解。望冯先生在这"风雨如晦"的时代中，做我们一个思想的领导者。

摘自郭湛波著《近五十年中国思想史》（北平人文书店 1936 年版）

第二编

冯友兰《中国哲学史》审查报告之一

陈寅恪

　　窃查此书，取材谨严，持论精确，允宜列入"清华丛书"，以贡献于学界。兹将其优点概括言之：凡著中国古代哲学史者，其对于古人之学说，应具了解之同情，方可下笔。盖古人著书立说，皆有所为而发；故其所处之环境，所受之背景，非完全明了，则其学说不易评论。而古代哲学家去今数千年，其时代之真相，极难推知。吾人今日可依据之材料，仅为当时所遗存最小之一部；欲借此残余断片，以窥测其全部结构，必须备艺术家欣赏古代绘画雕刻之眼光及精神，然后古人立说之用意与对象，始可以真了解。所谓真了解者，必神游冥想，与立说之古人，处于同一境界，而对于其持论所以不得不如是之苦心孤诣，表一种之同情，始能批评其学说之是非得失，而无隔阂肤廓之论。否则数千年前之陈言旧说，与今日之情势迥殊，何一不可以可笑可怪目之乎？但此种同情之态度，最易流于穿凿附会之恶习。因今日所得见之古代材料，或散佚而仅存，或晦涩而难解，非经过解释及排比之程序，绝无哲学史之可言。然若加以联贯综合之搜集，及统系条理之整理，则著者有意无意之间，往往依其自身所遭际之时代，所居处之环境，所熏染之学说，以推测解释古人之意志。由此之故，今日之谈中国古代哲学者，大抵即谈其今日自身之哲学者也。所著之中国哲学史者，即其今日自身之哲学史者也。其言论愈有条理统系，则去古人学说之真相愈远；此弊至今日之谈墨学而极矣。今日之墨学者，任何古书古字，绝无依据，亦可随其一时偶然兴会，而为之改移，几若善博者能呼卢成卢、喝雉成雉之比；此近日中国号称整理国故之普通状况，诚可为长叹息者也。今欲求一中国古代哲学史，能矫附会之恶习，而具了解之同情者，则冯君此作庶几近之。所以宜加以表扬，为之流布者，其理由实在于是。至于冯君之书，其取用材料，亦具通识，请略言之：以中国今日之考据学，已足辨别古书之真伪；然真伪者，不过相对问题，而最要在能审定伪材料之时代及作者，而利用之。盖伪材料亦有时与真材料同一可贵。如某种伪材料，若径认为其所依托之时代及作者之真产物，固不可也；但能考出其作伪时代及作者，即据以说明此时代及作者之思想，则变为一真材料矣。中国古代史之材料，如儒家及诸子等经典，皆非一时代一作者之产物。昔人笼统认为一人一时之作，其误固不俟论。今人能知其非一人一时之所作，而不知以纵贯之眼光，视为一种学术之丛书，或一宗传灯之语录，而断断致辩于其横切方面，此亦缺乏史学之通识所致矣。而冯君之书，独能于此别具特识，利用材料，此亦应为表彰者也。若推此意而及于中国之史学，则史论者、治史者皆认为无关史学，而且有害者也；然史论之作者，或有意，或无意，其发为言论之时，即已印入作者及其时代之环境背景，实无异于今日新闻纸之社论时评，若善用之，皆有助于考史。故苏子瞻之史论，北宋之政论也；胡致堂之史论，南宋之政论也；王船山之史论，明末之政论也。今日取诸人论史之文，与旧史互证，当日政治社会情势，益可借此增加了解，此所谓废物利用，盖不仅能供习文者之摹拟练习而已也。若更推论及于文艺批评，如纪晓岚之批评古人诗集，辄加涂抹，诋为不通。初怪其何以狂妄至是。后读清高宗御制诗集，颇疑其有所为而发。此事固难证明，或亦间接与时代性有关，斯又利用材料之别一例也。寅恪承命审查冯君之书，谨具报告书，并附著推论之余义于后，以求教正焉。

原载《学衡》第七十四期，1931 年 3 月

冯友兰《中国哲学史》审查报告之三

陈寅恪

此书上卷寅恪曾任审查。认为取材精审，持论正确。自刊布以来，评论赞许，以为实近年吾国思想史之有数著作，而信寅恪前言之非阿私所好。今此书继续完成，体例宗旨，仍复与前卷一贯。允宜速行刊布，以满足已读前卷者之希望，而使"清华丛书"中得一美备之著作。是否有当，尚乞鉴定是幸！寅恪于审查此书之余，并略述所感，以求教正。

佛教经典言："佛为一大事因缘出现于世。"中国自秦以后，迄于今日，其思想之演变历程，至繁至久。要之，只为一大事因缘，即新儒学之产生，及其传衍而已。此书于朱子之学多所发明。昔阎百诗在清初以辨伪观念，陈兰甫在清季以考据观念，而治朱子之学，皆有所创获。今此书作者，取西洋哲学观念，以阐明紫阳之学，宜其成系统而多新解。然新儒家之产生，关于道教之方面，如新安之学说，其所受影响甚深且远。自来述之者，皆无惬意之作。近日常盘大定推论儒道之关系，所说甚繁（东洋文库本），仍多未能解决之问题。盖道藏之秘籍，迄今无专治之人，而晋南北朝隋唐五代数百年间，道教变迁传衍之始末，及其与儒佛二家互相关系之事实，尚有待于研究。此则吾国思想史上前修所遗之缺憾，更有俟于后贤之追补者也。南北朝时，即有儒释道三教之目（北周卫元嵩撰《齐三教论》七卷，见《旧唐书·经籍志》下）；至李唐之世，遂成固定之制度。如国家有庆典，则召集三教之学士，讲论于殿廷，是其一例。故自晋至今，言中国之思想，可以儒释道三教代表之。此虽通俗之谈，然稽之旧史之事实，验以今世之人情，则三教之说，要为不易之论。儒者在古代本为典章学术所寄托之专家。李斯受荀卿之学，佐成秦治。秦之法制实儒家一派学说之所附系。《中庸》之"车同轨，书同文，行同伦"（即太史公所谓："至始皇乃能并冠带之伦"

之"伦"），为儒家理想之制度，而于秦始皇之身，而得以实现之也。汉承秦业，其官制法律亦袭用前朝。遗传至晋以后，法律与礼经并称，儒家《周官》之学说悉采入法典。夫政治社会一切公私行动，莫不与法典相关，而法典为儒家学说具体之实现。故两千年来华夏民族所受儒家学说之影响，最深最巨者，实在制度法律公私生活之方面；而关于学说思想之方面，或转有不如佛道二教者。如六朝士大夫号称旷达，而夷考其实，往往笃孝义之行，严家讳之禁。此皆儒家之教训，固无预于佛老之玄风者也。释迦之教义，无父无君，与吾国传统之学说，存在之制度无一不相冲突。输入之后，若久不变易，则决难保持。是以佛教学说能于吾国思想史上发生重大久长之影响者，皆经国人吸收改造之过程。其忠实输入不改本来面目者，若玄奘唯识之学，虽震动一时之人心，而卒归于消沉歇绝。近虽有人焉，欲燃其死灰，疑终不能复振。其故匪他，以性质与环境互相方圆凿枘，势不得不然也。六朝以后之道教，包罗至广，演变至繁，不似儒教之偏重政治社会制度，故思想上尤易融贯吸收。凡新儒家之学说，似无不有道教，或与道教有关之佛教为之先导。如天台宗者，佛教宗派中道教意义最富之一宗也。（其创造者慧思所作《誓愿文》，最足表现其思想。至于北宋真宗时，日本传来之《大乘止观法门》一书，乃依据《大乘起信论》者，恐系华严宗盛后，天台宗伪托南岳而作。故此书只可认为天台宗后来受华严宗影响之史料，而不能据以论南岳之思想也。）其宗徒梁敬之与李习之之关系，实启新儒家开创之动机。北宋之智圆提倡《中庸》，甚至以僧徒而号中庸子，并自为传以述其义（孤山《闲居编》）。其年代犹在司马君实作《中庸广义》之前（孤山卒于宋真宗乾兴元年，年四十七）。似亦于宋代新儒家为先觉。二者之间，其关系如何，且不详论。然举此一例，已足见新儒家产生之问题，犹有未发之覆在也。至道教对输入之思想，如佛教摩尼教等，无不尽量吸收，然仍不忘其本来民族之地位。既融成一家之说以后，则坚持夷夏之论，以排斥外来之教义。此种思想上之态度，自六朝时亦已如此。虽似相反，而实足以相成。从来新儒家即继承此种遗业而能大成者，窃疑中国自今日以后，即使能忠实输入北美或东欧之思想，其结局当亦等于玄奘唯识之学，在吾国思想史上，既不能居最高之地位，且亦终归于歇绝者。其真能于思想上自成系统，有所创获者，必须一方面吸收输入外来之学说，一方面不忘本来民族之地位。此二种相反而适相成之态度，乃道教之真精神，新儒家之旧途径，而二千年吾民族与他民族思想接触史之所昭示者也。寅恪平生为不古不今之学，思想囿于咸丰同治之世，议论近乎（曾）湘乡（张）南皮之间，承审查此书，草此报告，陈述所见，殆所谓"以新瓶而装旧酒"者。诚知旧酒味酸，而莫肯售，姑注于新瓶之底，以求一尝，可乎？

原载冯友兰《中国哲学史·附录》（商务印书馆 1934 年版）

冯友兰《中国哲学史》审查报告

金岳霖

对于中国哲学，或在中国的哲学，我是门外汉，不敢有所批评，有所建议。但读了冯先生的《中国哲学史》，有一点感想胡乱写出来。

我很赞成冯先生的话，哲学根本是说出一种道理来的道理。但我的意见似乎趋于极端，我以为哲学是说出一个道理来的成见。哲学一定要有所"见"，这个道理冯先生已经说过，但何以又要成见呢？哲学中的见，其论理上最根本的部分，或者是假设，或者是信仰；严格的说起来，大都是永远或暂时不能证明与反证的思想。如果一个思想家一定要等这一部分的思想证明之后，才承认他成立，他就不能有哲学。这不是哲学的特殊情形，无论什么学问，无论什么思想都有，其所以如此者就是论理学不让我们丢圈子。现在的论理学还是欧克理"直线式"的论理学，我们既以甲证乙，以乙证丙，则不能再以丙证甲。论理学既不让我们丢圈子，这无论什么思想的起点（就是论理上最根本的部分）总是在论理学范围之外。则一部分思想在论理上是假设，在心理方面或者是信仰。各思想家有"选择"的余地。所谓"选择"者，是说各个人既有他的性情，在他的环境之下，大约就有某种思想。这类的思想，就是上面所说的成见。何以要说出一个道理来呢？对于这一层，冯先生说得清楚，可以不必再提。

各人既有各人的性情，又有各人的环境，有些人受环境的刺激就发生许多的问题。有些问题容易解决，有些不容易解决，这些不容易解决的问题有种种不同的关系可能，而问题的总数可以无限。在这样多的问题里面，有些是已经讨论过的，有些是未曾讨论过的；有些是一时一地的，有些是另一时一地的；有些是一国所注重的，有些是另外一国所注重的。哲学的问题也是这些问题中的问题。欧洲各国的哲学问题，因为有同一来源，所以很一致。现在的趋势，是把欧洲的哲学问题当作普通的哲学问题。如果先秦诸子所讨论的问题与欧洲哲学问题一致，那么他们所讨论的问题也是哲学问题。以欧洲的哲学问题为普遍的哲学问题当然有武断的地方，但是这种趋势不容易中止。既然如此，先秦诸子所讨论的问题，或者整个的是，或者整个的不是哲学问题，或者部分的是，或者部分的不是哲学问题；这是写中国哲学史的先决问题。这个问题是否是一重要问题，要看写哲学史的人的意见如何。如果他注重思想的实质，这个问题比较的要紧；如果他注重思想的架格，这个问题比较的不甚要紧。若是一个人完全注重思想的架格，则所有的问题都可以是哲学问题；先秦诸子所讨论的问题也都可以是哲学问题。至于他究竟是哲学问题与否？就不得不看思想的架格如何。

谈到思想的架格，就谈到论理学。所谓"说出一个道理来"者，就是以论理的方式组织对于各问题的答案。问题既如上所述有那样多，论理是否与问题一样呢？那就是问：有多少种论理呢？对于这一个问题，当然要看论理两字的解释。寻常谈到论理两字，就有空架子与实架子的分别。如果我们以"V"代表可以代表任何事物而不代表一定的事物的符号，"V_1"是最先的符号，我们可以有以下的表示：

(1) $V_1 \to V_2 \to V_3 \to V_4 \to \cdots\cdots V_n \to \cdots\cdots$

如果我们以甲、乙、丙、丁等代表一定的事物的符号，我们可以有以下的表示：

(2) 甲→乙→丙→丁→……

前一表示是空架子的论理，后一表示是实架子的论理。严格的说，只有空架子是论理，实架子的论理可以是科学，可以是哲学，可以是律师的呈文，可以是法庭的辩论。如果我们把论理限制到空架子的论理，我们是有多数论理呢，还是只有一种论理呢？对于这个问题有两个看法：一是从论理本身方面看，一是从事实方面看。从论理本身方面看来，我们只能有一种论理，对于这一层，我在《哲学评论》讨论过，此处不赘。事实方面，我们似乎有很多的论理。各种不同的论理学都各代表一种论理，即在欧美，论理的种类也不在少数。先秦诸子的思想的架格能不能代表一种论理呢？他们的思想既然是思想，当然是一种实架子的论理。我们的问题是把实质除开外，表现于这种思想之中的是否能代表一种空架子的论理。如果有一空架子的论理，我们可以接下去问这种论理是否与欧洲的空架子的论理相似。现在的趋势是把欧洲的论理当作普通（普遍）的论理。如果先秦诸子有论理，这论理是普通的，还是特别的呢？这也是写中国哲学史的一先决问题。

哲学有实质也有形式，有问题也有方法。如果一种思想的实质与形式均与普遍哲学的实质与形式相同，那种思想当然是哲学。如果一种思想的实质与形式都异于普遍哲学，那种思想是否是一种哲学颇是一问题。有哲学的实质而无哲学的形式，或有哲学的形式而无哲学的实质的思想，都给哲学史家一种困难。"中国哲学"，这名称就有这个困难问题。所谓中国哲学史是中国哲学的史呢？还是在中国的哲学史呢？如果一个人写一本英国物理学史，他所写的实在是在英国的物理学史，而不是英国物理学的史；因为严格的说起来，没有英国物理学。哲学没有进步到物理学的地步，所以这个问题比较复杂。写中国哲学史就有根本态度的问题。这根本的态度至少有两个：一个态度是把中国哲学当作中国国学中之一种特别学问，与普遍哲学不必发生异同的程度问题；另一态度是把中国哲学当作发现于中国的哲学。

根据前一种态度来写中国哲学史，恐怕不容易办到。现在的中国人免不了时代与西学的影响，就是善于考古的人，把古人的思想重写出来，自以为是述而不作，其结果恐怕仍不免是一种翻译。同时即令古人的思想可以完全述而不作的述出来，所写出来的书不见得就可以称为哲学史。

如果我们把中国的哲学当作发现于中国的哲学，中国哲学史就是在中国的哲学史，而写中国哲学史的态度就是以上所说的第二个根本态度；但这不过是一种根本的态度而已。我们可以根据一种哲学的主张来写中国哲学史，我们也可以不根据任何一种主张而仅以普通哲学形式来写中国哲学史。胡适之先生的《中国哲学史大纲》就是根据于一种哲学的主张而写出来的。我们看那本书的时候，难免一种奇怪的印象，有的时候简直觉得那本书的作者是一个研究中国思想的美国人；胡先生于不知不觉间所流露出来的成见，是多数美国人的成见。在工商实业那样发达的美国，竞争是生活的常态，多数人民不免以动作为生命，以变迁为进步，以一件事体之完了为成功，而思想与汽车一样也就是后来居上。胡先生既有此成见，所以注重效果，既注重效果，则经他的眼光看来，乐天安命的人难免变成一种达观的废物。对于他所最得意的思想，让他们保存古色，他总觉得不行，一定要把他们安插到近代学说里面，他才觉得舒服。同时西洋哲学与名学又非胡先生之所长，所以在他兼论中西学说的时候，就不免牵强附会。哲学要成见，而哲学史不要成见。哲学既离不了成见，若再以一种哲学主张去写哲学史，等于以一种成见去形容其他的成见，所写出来的书无论从别的观点看起来价值如何，总不会是一本好的哲学史。

冯先生的态度也是以中国哲学史为在中国的哲学史；但他没有以一种哲学的成见来写中国哲学史。成见他当然是有的，主见他当然也是有的。据个人所知道的，冯先生的思想倾向于实在主义；但他没有以实在主义的观点去批评中国固有的哲学。因其如此，他对于古人的思想虽未必赞成，而竟能如陈先生所云："神游冥想与立说之古人处于同一境界。"同情于一种学说与赞成那一种学说，根本是两件事。冯先生对于儒家对于丧礼与祭礼之理论似乎有十二分的同情，至于赞成与否就不敢说了。冯先生当然有主见，不然他可以不写这本书。他说哲学是说出一个道理来的道理，这也可以说是他主见之一；但这种意见是一种普遍哲学的形式问题而不是一种哲学主张的问题。冯先生既以哲学为说出一个道理来的道理，则他所注重的不仅是道而且是理，不仅是实质而且是形式，不仅是问题而且是方法。或者因其如此，所以讨论《易经》比较辞简，而讨论惠施与公孙龙比较的辞长。对于其他的思想，或者依个人的主见，遂致无形地发生长短轻重的情形亦未可知。对于这一层，我最初就说不能有所批评或建议。但从大处看来，冯先生这本书，确是一本哲学史而不是一种主义的宣传。

原载冯友兰《中国哲学史·附录》(商务印书馆 1934 年版)

冯著《中国哲学史》的内容和读法

张季同

一

　　这实在是一本最好的中国哲学史，在许多方面，都有独到的精彩，为别的中国哲学史所不能及。如说这本书在中国哲学史书中是空前的，实非过甚其词。这实在是近年来出版的一本极有价值的巨著，的确能对于中国哲学思想之发展演变，作一个最清楚的最精审的最有系统最有条理的叙述。读了这本书便可以对于中国哲学思想之发展演变，有一种整个的明确的了解。

　　这书把中国哲学思想之发展分为两期，即子学时代与经学时代。子学时代始于孔子终于《淮南王书》，经学时代始于董仲舒终于康有为廖平。普通中国哲学史书都把中国哲学思想的发展分为三期，即上古、中古、近古，此书著者则谓中国尚无近古哲学。这实在是一种卓见。著者说："西洋哲学史中，所谓中古哲学与近古哲学，除其产生所在之时代不同外，其精神面目亦有卓绝显著的差异。……在中国哲学史中，自董仲舒至康有为，皆中古哲学，而近古哲学则尚甫在萌芽也。"（本书四九一、二页[①]）认为中古哲学与近古哲学在性质上是不同的。中古哲学系以上古哲学为根据而加以推衍或加以新的解说，总不敢越过上古哲学之限际，不敢创立完全新的系统，即有新见解，亦倚傍古人，并以古人之名词表述之。著者以"以旧瓶装新酒"喻之。近古哲学则是独立的，完全不受以前哲学的限制而自创新学说。中国的哲学，自汉以后，在大体上总不能越出周秦哲学的范围，总以旧经典为依归，至多不过加以新解说，有新见解也要在经典中找出其根据，以经解的形

---

① 本书指《中国哲学史》，下引仅注页码。——编者注

式，表示其新哲学。隋唐时代的佛学，则虽非依傍中国经典，却又是依傍佛经，以为其思想皆推衍佛经所说。其根本态度都与周秦诸子完全自创学说自立系统的态度不同。自汉以至清末，所有思想家差不多都保持这种态度，所以著者通名之为经学时代，而谓中国尚无近古哲学，这点实表现著者的犀利的眼光。

这书论上古哲学为子学时代之时期，也与一般不同，一般都以为上古哲学终于秦之统一。著者则以为秦不过是欲统一思想，并非欲尽灭一切学说，并且秦的年代很短，在此短期内也不可能扫荡尽所有思想。况汉初时各家之学仍然存在，史有明证。所以古代哲学并非终于秦而系终于汉武帝之罢黜百家。著者说："董仲舒之主张行，而子学时代终；董仲舒之学说立，而经学时代始"（四○页），这也是一种很客观的看法。

在子学时代，著者以孔子为中国哲学之开山祖，但对于孔子以前的思想，亦略加叙述。著者把老子的时代移后，移在孟子后惠施庄子前。孔子之后，此书依次述墨子、孟子、杨朱、许行、宋牼、慎到等百家之学；《老子》、惠施、公孙龙、庄子、《墨经》、荀子、韩非、秦汉之际之儒家；《易传》及《淮南鸿烈》。在经学时代，本书述西汉董仲舒等之今文经学、扬雄、王充、魏晋南北朝玄学、隋唐佛学、宋明道学、清初反道学的道学及清末今文学派。本书范围如此。

二

此书优点极多，现在只举出较重要者。第一，最可注意的一点，即此书是很能应用唯物史观的。并且此书之应用唯物史观，不是机械的应用，而是活的应用。著者很倾向于唯物史观，在书中有明白的表示，如说："盖人之思想皆受其物质的精神的环境之限制。"（四三九页）所以书中述哲学思想之变化，常先述其社会的根源。如论子学时代哲学所以大盛的原因，此书所说显然与梁任公胡适之等所说不同。此书把子学时代思想大盛之原因归于当时政治社会经济上之大变动。著者以为春秋战国时代为中国社会进化史上之一大过渡时期，政治制度、社会组织、经济制度上皆有根本的大变动；贵族政治崩溃，农奴解放，商人抬头。所有旧制度都被破坏，形成一个大解放时代，所以思想极呈蓬勃灿烂之气象。此大变动始于春秋，完成于汉之中叶。

到汉之中叶，此大变动乃渐停止，政治上定有规模，社会经济各方面之新秩序亦渐安定，于是大过渡时代终结，而一时蓬勃之思想亦至是而衰。自此而后，直至现代以前，中国之政治经济制度及社会组织，未尝有根本的变动，所以近古哲学亦未能发生。这样来讲上古哲学兴盛及终结之原因及中国尚无近古哲学之原因，可以说是纯从唯物的观点来立论的。

惟因其能采唯物的观点，所以各章中，在叙述一个哲学家的思想以前，常先述其环境。如讲孔子先述鲁国文化情形，讲墨子先述墨子与鲁及宋的关系，讲老庄先说明楚国文化情形及楚人精神。著者更甚注意一个哲学家对于当时政制的态度，常说某哲学家为某一制度找理论上的根据。如说孔子、孟子系与周制以理论上的根据，法家系与当时之由贵族政治到君主专制政治之现实趋势以理论的根据。这也是一种唯物的看法，因为明了了一个哲学家对于当时政制的态度，便能明了此哲学家的社会地位，而此哲学家学说之社会的根源也就显然了。

第二，此书最注意各哲学家之思想系统。著者说："讲哲学史之一要义，即是要在形式上无系统之哲学中，找出其实质的系统。"（一四页）这点本书是完全做到了的。书中对于一个哲学家的思想，善能加一番清理工夫，寻出其中心观念及其条理伦次，以显出其思想系统。这项工作不是容易做的，而此书却做得非常圆满。讲得最好的如讲墨子，先找着其中心观念为功利主义，于是墨家各学说之伦次厘然显见；又如讲老子，找着老学根本观念为道与反，于是老学思想之逻辑程序划然清晰。此外讲孟子、荀子、惠施、公孙龙、庄子以及董仲舒、隋唐佛学、宋明诸子，莫不能表出其思想系统；而讲朱子的思想系统尤为精透。从中国各家哲学之表面散漫无条理中整理出一个条理，的确是此书最大贡献之一。

第三，此书最能客观，且最能深观。此书善能写出各家哲学之本来面目，能领会各家思想之精微幽隐之处而以明白透彻的文字表述出之。这实在大非易事。许多哲学史，常失之肤浅；更有依一个观点写成的，结果为此观点所蔽，常不能领会古哲学家思想之隐微处。人总难免有偏好，所以写哲学史亦最易有所偏倚，如喜儒家的人便看不出墨家之深切处，喜墨家的人便领悟不到儒家道家之精妙义。此书则不然，可以说，此书写某一家时即以某一家的观点为观点；如写儒家哲学是以儒家的观点来写的，写墨家哲学是以墨家的观点来写的，写道家写辩者亦然。乃至写佛学，则依佛家观点，写宋明道学则又依道学的观点。然而本书并非四分五裂，本书仍有其一贯的观点，这即是客观。唯其如此，故本书对于各家，皆能通其隐微，会其幽深，能窥透各家之本来面目，尽如实摹状之能事。对于一种哲学，可以说有内观与外观之不同。内观即以同情的态度观察之，外观则只观其表面。对于一个哲学，不以同情的态度来观察之，是绝不能了解其精髓的。此书则的确能以同情的态度观察各家哲学而无所偏倚。

第四，此书最注意思想发展之源流。对于每一学派之前缘后果，某思想在何时萌芽何时成熟，以及各家之交光互影变迁演化之迹，此书都能有明确显豁的说明。所以读了这书后，便可对于中国哲学思想发展之源流有一清楚的了解。书中讲儒、墨、道的源流及其交互影响既讲得极明晰，而最详备莫若讲宋代道学之来源，既述明佛教思想道教思想之趋势与影响，又指出韩愈李翱为道学的前驱，谓"宋、明道学之基础及轮廓，在唐代已由韩愈、李翱确定矣"（八一一页）。可谓明审透彻至极。书中对于每一哲学根本观念之发生与发展，亦每特意加以叙述，最显著的莫若讲道学中理的观念之发展，理的观念萌芽于濂溪横渠，成立于伊川，圆熟于晦庵，前后演进之迹，本书讲得很明白清晰。

第五，此书极注意历史上各时代之特殊面目。这在讲经学时代，尤为显著。经学时代虽只是一个大时代，而里面却包含若干小时代，每一小时代亦各有其特殊面目。本书所以讲董仲舒哲学及纬书中思想甚详细，意即在表示西汉时代思想之特殊面目。又讲魏晋南北朝玄学也很详细，尤其讲《庄子注》中的思想最周密，意即在写出魏、晋、南北朝思想之特殊面目。又讲隋唐佛学亦详，意即表出隋唐思想界之特殊情势。至于清末，此书讲廖平之学亦甚详细，并非因廖平之学特有价值，乃因廖平之学表示经学时代之终结最为显明。这些地方，著者是煞费了苦心的。

第六，此书取材极其精严有卓识。本书选择史料，极有眼光，与一般不同，可以说很有别裁，很有史识。在周秦诸子的叙述，此书可以说是无一段是以伪书为根据的。在经学时代，本书选择人物，尤具特识。许多中国哲学史常随便讲述，每每讲些本不是哲学家的人的非哲学的思想，而隐而不著的真正哲学家，反不见称述。此书则一反此弊，所讲的人都是有其自己的哲学系统的哲学家。

三

以上总论全书之主旨及优点，兹更就各章内容大要及精华所在，大略说一说。

第一篇子学时代，第一章绪论：述哲学之内容与方法及哲学史之性质、取材标准等。此章中论中国哲学形式上虽无系统，而实质上实亦有系统；又论历史是进步的，汉以后哲学虽表面上是述古人成说，实际上则较古人学说为明晰清楚，都极有见地。叙述式的哲学史与选录式的哲学史一节，述明哲学史之两种体裁，而本书则是兼取两种体裁的，这点，读本书者确应注意。

第二章泛论子学时代论：上古哲学之开始与终结，及上古哲学发达及衰歇之原因。认为子学时代始于孔子而终于汉武崇儒。论子学时代兴衰之原因，纯从唯物史观的见地立说，极为精澈。章末论古代著述体裁，以为古代子书非一人之书，皆一派之书，当视为一学派之论集，不当视为一人之著作，甚有眼光。

第三章孔子以前及其同时之宗教的哲学的思想：孔子以前无私人著作，至孔子乃有有系统的思想；然孔子以前也有各种思想之萌芽，此章即是搜集而综述之。先述春秋前之鬼神术数天帝等思想，次述一部分人较开明的思想及人之发见，最初人皆以为一切皆神造，及春秋时乃有与各种制度以人本主义的解释者。

第四章孔子及儒家之初起：述孔子哲学。首论孔子在中国历史中之地位，认为孔子是中国第一个使学术民众化的人，开讲学游说之风，为士阶级之开创者。次论孔子对于传统的制度及信仰之态度，认为孔子是拥护周制的，对于传统的信仰亦是守旧的。次述孔子的政治思想为正名主义，人生思想为直仁忠恕，认为仁即是人之性情之真的及合礼的流露而即本同情心以推己及人。末论孔学之根本态度为讲义不讲利，只问应当如何不问结果。

第五章墨子及前期墨家：首考证墨子之年代及思想渊源，次论墨子哲学为功利主义，以为儒墨根本不同，在墨学重功利而儒家反功利，此点最有特识。次述墨子以为天下之大害在于人之不相爱，天下之大利在于人之相爱，故墨子主兼爱非攻；为推行兼爱之道，墨子又设宗教的制裁及政治的制裁，讲天志明鬼及尚同。

第六章孟子及儒家中之孟学：先述孟子对于周制之态度及孟子政治思想，以为孟子对于周制仍是拥护的，但将周制理想化理论化，孟子在政治上经济上之根本观点与传统观点大不同，而认一切皆为民而设。次述孟子之性善论及反功利的思想，以为孟子皆从人之所以为人立论。末述孟学中之神秘主义，最精湛，许多讲中国哲学的人皆见不及此。此章创解甚多。

第七章战国时之百家之学：述杨朱、陈仲子、许行、告子、尹文、宋牼、彭蒙、田骈、慎到以及驺衍之学说。章中论杨朱、宋牼、田骈、慎到诸节最精澈。认为杨朱为独善其身之士之有思想系统者，宋牼思想为杨墨之综合。著者特辟此章，最具卓识，盖战国时有许多思想家，其书不传，现只知其学说之片段，各立专章则不必，遗而不述则有缺，最好的办法实莫若合为一章而综述之，由此可以见当时思想界灿烂隆盛之情形。

第八章《老子》及道家中之老学：以为《老子》一书乃孟子后之作品，乃李耳之书非老聃之书，李耳、老聃非一人。老子哲学之根本观念为道与反复，老子观察事物而得反复之原则，即以应用之于处世、政治社会等。反复原乃老学之心核，把握着此点，则老学之幽晦处皆迎刃而解，老学系统亦彰然大显。此章实能表述出老学之精髓，讲得精审而有条理，为以前所有讲老学者所不能及。

第九章惠施、公孙龙及其他辩者：此章亦精彩至极。首述辩者学说之大体倾向；次考惠施与庄子之关系，认为庄子受惠施影响很大，其思想相同之处甚多，今可以根据庄子书来解释惠施之片段思想，或能得其原旨；于是即就庄子书以解释惠施十事，解释得极其明晰透彻。次述公孙龙之《白马》、《坚白》、《指物》、《通变》诸论及辩者二十一事。认为公孙龙所讲之"指"即名之所指，亦即今所谓共相或要素。这实在是一个大创发，精确不移。以此义解《公孙龙子》各篇，于是皆得其解，更无疑滞。此章又比较惠施与公孙龙，认惠施之哲学为合同异，而公孙龙之哲学为离坚白；一注意于个物，一注意于共相；惠学是变之哲学；公孙学则是不变之哲学，立论精辟无匹。

第十章庄子及道家中之庄学：首论庄子哲学中道德天等观念及其变之哲学，次述庄子的平等齐物、适性自由之思想；及万物一体、绝对逍遥之神秘主义。甚周详缜密，读此可以对于庄学有整个的了解。

第十一章《墨经》及后期墨家：此章最有条理又最周密。先讲《墨经》中之功利主义，次讲《墨经》中的知识论、辩说，及《墨经》中同异之辩、坚白之辩。末论《墨经》对于其他辩者之辩论，《墨经》对于兼爱之说之辩护，以及对于当时其余诸家之辩论。可谓一切方面都讲到，毫无缺漏，而各节讲得都极精审明晰，实在是一篇不可多得的文字。

第十二章荀子及儒家中之荀学：首述荀子之为学及对于孔子孟子之意见，与对于周制之意见；次述荀子之天论性论，心理学，社会国家起源论，礼乐论，政治理想；最后述荀子之名学。此章讲荀子之性恶论与心理学最精，以为荀子之心理学中只有心与情欲，以此义讲荀子之性恶论，乃得其确解。讲荀子之社会国家起源论、名学，皆有新见。

第十三章韩非及其他法家：首述法家与当时社会政治经济各方面之现实趋势之关系，次述法家之三派，一重势，一重术，一重法；而集其大成者为韩非。继论韩非关于法、术、势的思想，及其性恶说、无为的理想。

第十四章秦汉之际之儒家：述孟荀后儒家关于礼、乐、孝之理论，认为儒家对于祭祀等之态度，是艺术的而非宗教的，是诗的而非迷信的。这的确是一新创发新解说，极为透辟。又述《大学》、《中庸》之思想，认《大学》为荀学，《中庸》为孟学。

第十五章《易传》及《淮南鸿烈》中之宇宙论：此章中讲八卦阴阳等观念之来源与意义，《易传》中之反复思想及易象之意义，均透辟。末附述《淮南鸿烈》中之宇宙发生说。

第十六章儒家之六艺论及儒家之独尊：此章论儒家所以能独尊之原因，亦从唯物的观点来说，认为当时思想统一乃自然之趋势，非一二人之理想，极精辟。

第二篇经学时代，第一章泛论经学时代：论经学时代之性质，用"以旧瓶装新酒"作喻，并论中国尚无近古哲学之原因。

第二章董仲舒与今文经学：论今文经学之性质及董仲舒之思想系统。今文经学为儒家思想与阴阳家思想之混合，多非常可怪之论，董仲舒为其最大代表。章中述董仲舒阴阳五行四时等说、天人合一观、三纲五纪之说与其三统五德说等。

第三章两汉之际谶纬及象数之学：述纬书中所讲象数之学与天人之道等。上章与此章都极有条理，把西汉的混淆的思想整理得这样清楚，是不容易的。

第四章古文经学与扬雄、王充：古文经学为今文经学之反，一扫非常可怪之论，在此趋势之思想代表为扬雄、王充：王充哲学为自然主义，其方法颇有科学精神。

第五章南北朝之玄学上，第六章南北朝之玄学下：述何晏、王弼、阮籍、嵇康等之思想。伪《列子》中之机械唯物论思想与放情肆志的人生观，以及向秀、郭象《庄子注》中之哲学。此章述何晏、王弼节及述《庄子注》中哲学最精。《庄子注》虽系注《庄》，而其中很有些独立的见解，与《庄子》不同，实为庄学之进一步的发展，极有价值，一般多不能认识之，本章中述之特详。

第七章南北朝之佛学及当时人对于佛学之争论：首说明中国佛学之性质，次述南北朝之六家七宗、僧肇、道生之思想，末述南北朝时之神灭论战。

第八章隋唐之佛学上，第九章隋唐之佛学下：述隋唐佛家思想之发展，先述吉藏之二谛义，次述玄奘之《成唯识论》，次华严宗法藏之《金师子论》，并比较唯识与华严之思想，认为一为主观唯心论，一为客观唯心论，次更述天台宗之《大乘止观法门》及禅宗之思想。这两章把艰涩幽晦的佛学，讲得明白显豁，极为精彩。

第十章道学之初兴及道学中二氏之成分：述韩愈、李翱之思想及道学与佛教道教之关系。认为韩愈、李翱为道学之前驱，实确定宋代道学之倾向，甚有见地。

第十一章周濂溪邵康节：述周濂溪之思想，与邵康节之象数之学。以周子之《太极图说》与《通书》比较研究，甚精切明审。讲邵子之象学与数学，讲得极明晰有条理，把晦涩难明的先天学讲得这样清清楚楚，实在是难得的。

第十二章张横渠及二程：述张子之唯气的宇宙论及所说宇宙间之条理规律，及其天人合一的人生观。次比较论述程明道伊川兄弟之形上形下说、性说、修养方法等。此章论横渠之宇宙论及二程之修养方法论，最好。横渠言气又言太虚，其关系许多人弄不清楚，此章则以数语说明之。二程所说修养方法，实有独到处，此章最能显出其精义微旨。

第十三章朱子：述朱子之理气论、性论、道德及修养论、政治思想等。极精密有条理，多新见。许多人讲朱子，每不免有误会，此章则确能写出朱子思想之真面目，读此可以解除许多误会。

第十四章陆象山、王阳明及明代心学：首述陆象山及杨慈湖之思想，次论朱陆之根本不同，认为朱主性即理而陆主心即理，乃两家根本不同处。次述王阳明之思想系统，以为心学到阳明方大成。讲阳明之学，甚简要明晰，注意阳明所讲爱之差等、恶之起源、动静合一之说，实有异于一般讲王学者。

第十五章清代道学之继续：述颜、李之学及戴东原之思想，以为颜、李、东原与理学不同处，在理学家以为理在事先，而颜、李、东原则主理在事中。并以为东原思想与荀子有相近处。

第十六章清代之今文经学：述康有为、谭嗣同、廖平之思想。以为清末受西洋潮流之影响，发生立教改制运动，以新知识新理想附会入经学，将经学之范围扩大至于极度，终于经学旧瓶扩大至极而破裂，于是经学时代告终。

四

至于此书的读法，可分二点来说。第一，读此书，对于引文与本文，须并加注意，引文有难解处，须翻检各该原书，读其注释。此书是兼取叙述式与选录式两种体裁的，所以引原文的地方，不只是引证而已，实更是选录；所以实应细读，不可轻易放过，如轻易放过，则读此书后不会得到深切的大益。周秦诸子书差不多都已有好的注释，可以翻阅，汉以后书则比较容易懂，只要细心体会即可。读古人语，不虚心体玩是不成的，古语多简，每须再三推想，方能领悟其中之义，此点须注意。

第二，读此书须观察每章之条理系统，更须观各章之脉络贯通处，以求对中国哲学之发展源流，得到一种整个的了解。各家各有其系统，各有其中心观念，各有其特殊精神，此书都表述得很清楚，读一章后，须回溯一遍，观其大略，注意其条理伦序，作一整个的观察。又各家有异有同，一派学说有源有流，各派更有交光互影之处。历史是一发展之流，前后脉络相关，须能有一整个的观察，方能有深切的了解。这也是读此书应该注意的。

此书是不易读的，因此书质重而量巨，范围甚广，又极充实，更每有言简意深之处，不虚心领会是不能了解的，所以读此书切不可求速，求速必不能了解其中好处。

总之，此书是近来的一本极有价值的大著作，内容充实精深，读者不可以平常书籍视之。

原载《出版周刊》二十四—二六号、一二七号，

1935 年 4 月 27 日、5 月 4 日

《中国哲学史》

张岱年

这可以说是现在比较最好的一部中国哲学史。

通观全书，至少有四点是旁的中国哲学史所不及的。第一点便是谨严。这本书在鉴别史料上，在诠释讨论上都极其谨严审慎。其选料上的谨严，在厘定《墨经》等六篇的时代，《老子》一书的时代，讲孔子以《论语》为据，辨《易传》是战国秦汉之际之书，证明《中庸》实成自时代不同的两部分上，即可概见。然这些还有许多是沿自别人的，在论释上的谨严，乃尤为本书的特色。如论惠施公孙龙之辩，必先讨论了辩者的大体倾向，次考明惠施与庄子的关系，然后就《庄子》书中寻求惠施十事的解释；再察出公孙龙学说的根本义，然后就此根本义来诠释公孙龙的其他学说。再辩明当时辩者的两派，然后就此两派的根本义来诠释《天下篇》所载的二十一事：这是何等的"找到证据才说话"，何等的客观！论孟子浩然之气一段，说"万物皆备于我，上下与天地同流等语，颇有神秘主义之倾向，其本意如何，孟子所言简略，不能详也"，又是何等的虚心，证据到什么程度，就说到什么程度，不肯作超乎恰当程度的断语。论《墨经》一章，也极表现这种精神。第二点是深观。现在颇有许多人，不肯勤勤思考就随便衡论，自己看不懂的地方，就认为古人是在说胡话说吃语，又每每只看到了一点皮毛，就说古人真是浅薄得可笑；同时又有一班与此恰相反对的人，也是看不懂，就说古人真是深奥微妙，深到不可思议的地步，其实都是没有懂而已。此书则不然，著者确曾下过一番深求穷讨的苦工夫，他实在领会古代思想之精旨，透察了诸子哲学之隐微，不诬古亦不附会，实见了古代哲学之"全"，而能用清楚明彻的话，如其实的描述出来。太史公所谓好学深思，心知其意，此书实已做到了。的确是曾用同情的态度，把古哲学家的思想再思想一过，因得探其精髓，会其幽微。著者的力求不诬古的态度，在辨孟子骂杨墨的话在孟子的观点上非无理由，荀子讲性恶又说途之人可谓禹非自相矛上看，尤足见之。第三点是条理系统。中国哲学，在文字上漫无条理，但正如冯先生所说，实有其实质上的系统，然而这种系统，非深观不能显然，但如不能显见其系统之层次及整个，则亦必不能了解一家学说之要髓。冯先生对于哲家思想的条理系统的注意，可说已到了家。看他讲任何一家的学说，都不是一堆一片，而是一套一串。这点在讲《墨子》、《孟子》、《老子》、《庄子》、《墨经》及《易传》诸章，尤其可见。第四点是不偏。冯先生对于各派都无偏倚。他讲儒家时就好像一个儒家在说话，他讲墨家，就好像一个墨家在说话，他讲道家，也就好像一个道家在那里说话，至于名法，亦莫不然，所以他讲儒墨名法道，都讲得圆满亲切。他更不曾用近代西洋某派哲学的眼光来讲，他完全抛弃了一切观点，而用各家本来的观点来讲。这一点也最不易及。他在各章都不曾下评语，只老实的描述，乃更见客观。

著者说他自己不是个历史家，不过我们从书中的章次、标题等看，他确很有"史识"。而在讲古代哲学发达之原因一段，尤见正确的历史认识。不过对于考证，终嫌稍忽略，致使本书不算十分完备。此外，就全书看，还有两项重要的缺点，即第一对于当时学术的大势及学派源流交互影响，似乎缺少点充分的叙述；第二，似乎缺少一个"哲学史论"。（套历史哲学的名词来说，可以说"哲学史的哲学"。辩证唯物论分别布尔乔亚的哲学劳动阶级的哲学，就是把唯物史观应用到哲学上，不过讲得未免稍偏；至于用心理学生理学上的知识，来分别哲学家的类型，也似乎是一种哲学史论，不过严格地说，那只是哲学论。哲学史论这个名词是我杜撰的，未知当否。）古代哲学，似乎可再分为几期，如开创时期即孔子首出独唱之时期，儒墨并峙时期即墨家大盛之时期，再后则各学派纷争时期即惠施、慎到、孟子、庄子、公孙龙时期，最后是荀子、韩非、《墨经》、《易传》的时期，可以说是实际趋向及缜密趋向的时期。可说前二期学者救世心切，后二期乃渐渐有纯学术的研究。期段分开，则时代观念可比较清楚些，不然但以人为纲，一个一个讲下去，所得到的印象总觉得孔、墨、惠、杨、孟、庄、荀其间的距离差不多；其实前百余年是疏的，孔子当时更只是他一个；后百余年是密的，差不多同一时期出了一大帮的学者，这种年代的观念，对于学哲学史的人似乎也不为不重要。而各学派间的交互影响，更似宜加详说。著者对于这一点也不是不曾注意，他论惠、庄、慎的关系，论荀子所受道名法诸家的影响，论法家与其余诸家的关系，都各有特殊贡献处，惜乎没有独辟一节作一个系统的源流说明，而如孟子也曾受杨墨的影响，则又不曾提及。关于决定各派学说的特殊面目的社会因子以及各派的社会意义，似也应加以充分的讨论，不过这点为历来作哲学史的人们所忽视。冯先生对于这点也曾间偶论及，他论孔子的环境，论法家与当时政治的关系，都有向这方面走的倾向，惜乎论得尚不充分。用唯物史观用阶级的观点来解释诸子学说，近来似乎颇有人向这方面努力，不过其结果则每每可笑。只有讲儒家法家及许行一派的社会作用还稍中肯，讲墨家及道家，尤其是墨家，真只说了些可笑的话。他们失败的一个原因就在哲学素养太差，对于诸子学说本无了解，再则是太机械地应用唯物史观了。

假若把全书各章，就其精彩的程度，来比较一下，我们可以说孟子、老子、惠施、公孙、《墨经》诸章及大小戴《礼记》及《孝经》一章的前四节最精、最可赞美；庄子、墨子、荀子三章次精，而以孔子以前及同时的宗教的哲学的思想、孔子二章及大小戴《礼记》及《孝经》一章的后三节最逊，比较难令人满意。全书虽说极其谨严，极能深观，极为不偏，到底还有几个地方不大正确，（见下）这大概是任何书任何名著所"必"不能免的。

在绪论中，冯先生讲中国哲学的弱点之所以讲得极其中肯，这既足以为今后我国研究哲学者之借鉴，亦足以鼓励今后我国研究哲学者之勇气，中国哲学较诸西方诚有逊色，而非在能力上弱，实乃态度上的原因所致成。今后我们应如何摆脱目前的实用目的而从事纯智的探讨啊？冯先生说中国哲学无系统，是无形式上的系统，有实质上的系统，这又是何等的明观精言？许多人看不到中国哲学中的内容的系统，而说中国哲学漫无条理，其实只是他自己不明而已。

冯先生论中国哲学的历史是进步的，亦一创见。今人多谓秦火以后完全是一个堕落时代，种种方面停滞不进，其实只是知二五不知一十的话。中国中古以来许多方面，都有显著进步，尤以艺术方面绘画雕刻文学瓷器等，远非先秦所及；而如笔纸印刷等，也还不是后来才发明的，思想方面也同样非无进展。不过只说中国哲学的历史是有进步的，也不无毛病。我以为中古以来，实以在思想方面的进步最逊，虽是进步，却非进步的进步，即是说不是直进的进步而是曲折的片面的进步，即有进有退、退中有进、进中有退。

只说中国思想自秦后无进步，或只说中国思想自秦后真有进步，都不对。在条理的明晰与推论的细察上，是有进步的，而在更重要的点上，如问题的具切及广多和伟大的明见（insight）上，则不惟不进，且有退步。（宋明理学所讨论的问题有许多是虚妄的，更无创发的天才。）

泛论上古哲学一章中，论古代哲学发达之原因，极为适当得要。又谓古代哲学之终结在汉之中叶，尤是一个极重要极确切的创见。以前人总以为暴秦一火，给中国文化史划了一道鸿沟。其实古代哲学的终结不是突骤的，乃是渐缓的，秦火以后，思想仍在发展着，并不曾停止，不过经这一次大创，力量已渐渐衰退下来，并且伟大天才也不出现了；到董仲舒之学立，诸家学说乃不得不停止发展。但不止如冯先生所说，《易传》及《礼记》中有汉人著作，其实《庄子》外杂篇中，也包含有西汉初人做的。（而如《汉书·艺文志》中所载的那许多子书，尤恐不见得都是战国之作。）

冯先生以孔子为中国哲学的开山祖，自是具有大的特识，而把孔子以前及其同时之宗教的哲学的思想提出讨论，尤见卓识。但可惜这一章的内容不大充实丰富。一则没有把诗人思想单提出来论列，二则对于当时的隐者之流不曾加以注意，三则对于当时的政治家及贵族学者的思想虽曾注意，却不曾作系统的论列。《诗经》里所发现的诗人思想，很有许多带革命气味，带新的趋向的，这些诗在当时的智识情态上实占有重要的位置。春秋初的隐者，如《论语》中所表现的，似乎也占重要地位，《论语》说过"天下有道则庶人不议"，可见当时庶人议已是一件惹人注目的事了。而当时政治上了不得的名人，为后来诸子所常称道的，如管仲、晏子、柳下惠、叔向、子产之流，他们的思想似应分别地叙述一下。当然这三种人的思想，够不上有系统，够不上说是哲学思想；有系统的哲学思想家，自以孔子为第一人，但孔子前已有了思想的萌芽，是不容否认的。这些萌芽，为了解孔子以后的思想的发展，似乎颇有详加考察的价值。冯先生只讲了一部分人较开明之思想，及人之发现二节，似乎颇嫌不足。

论孔子的一章，我觉得比较着颇不丰美。但其中所说的"以述为作"，实是一个确切不过的主张，可以解释许多事实；许多人以为孔子说过述而不作，就证明孔子毫无创新，另一派则讲托古改制，又把孔子说成专门创新而托古欺世的人，冯先生标出以述为作，才发见了真正的事实。原来演绎古说与以新意义，而因崇古的缘故，觉得这点好的意思一定就是古人的原意，这本是中国人遗传的脾气，这种脾气在战国诸家最盛，而儒家尤为特甚，自己创新了却不觉得自己是在创新。

这一章里，我觉得似乎有三点是很可讨论的。第一，冯先生讲孔子在中国历史上的地位，大体甚为允切，惟结论说孔子不过是一个老教书匠、一个教授老儒，似乎有点毛病。就老教书匠教授老儒的字面的原始意谓上说，本也颇对。不过现在一般所谓老教书匠教授老儒者，已取得一种特殊的意谓，一种含有鄙视倾向的意谓，专指那一班只会背书本除照书本讲话以外毫无所能更毫无思想尤谈不到创作的人们。这样说孔子是老教书匠教授老儒，便觉得去真颇远了。我们可以说孔子是中国最早一个学者，最早一个教育家，比较近实。孔子在中国的影响，利害各半功罪相当，但在中国学术史上不能不说他是个开山，并非毫无创发的教书匠。第二，冯先生认为孔子所谓天就是一个有意志的上帝，我也不敢十分赞同，我觉得孔子所谓天，也就如孔子对于鬼神的态度差不多，都是模模糊糊的，意谓不甚固定的，孔子似乎也不否认有意志的上帝，但又似乎不加断然的肯定，他说过"天何言哉，四时行焉，百物生焉"，似乎天并非有人格的上帝。我认为孔子的天是有人格的上帝之天，与自然之天之过渡，也即二种意谓之混合，正如孟子的天是上帝之天义理之天自然之天之一混合一样。原来孔子、孟子论天，不过当作一个最后的倚靠，几时要用基本假设的时候，几时就拿这个天字来应付，所以弄得意谓不显明一致。

第三，冯先生讲孔子的仁，似乎没有讲得好。冯先生说"仁者即人之性情之真的及合礼的流露，而即本同情心以推己及人也"，我觉得这个定义的前半"人之性情之真的及合礼的流露"，似乎不能说即孔子的仁的意思，并且所谓"性情"之"流露"，似乎在《论语》中并无明文即无直接的证据，似乎孔子不曾想到"性情"流露上去（至于孔子重直，骂乡愿骂令色足恭，自是事实）。这定义的后半颇与仁之谊相近，但也不能说即仁之全。（又冯先生在这定义的两半截中间加"而即"二字，最令人难解，我们实难看出这两半截有相等关系。）原来仁字的意义，自汉以后即无人晓得，汉人如郑康成谓仁为相人偶，许叔重谓仁为亲也，虽不中尚不远，到宋儒用道家思想讲仁，就远失了本旨。清儒如阮元、焦循，重发见汉人对于仁的解释，所以他们对于仁的诠说，在根本上并不误，虽未完全得之，不过只差一步。假若民国以来的学者们，根据他们的解释，再对照着《论语》全部，做进一步的阐发，仁之本义，就不难显然了。哪知自蔡孑民、胡适之、梁任公、梁漱溟诸先生他们一讲，反倒走入歧途，把仁字又送入五里雾中去了。蔡胡用全德成人来解说，其实对于仁的真谛毫无领会，《论语》在仁上面还有圣字，圣可谓全德之符，仁则何有？《论语》于问仁外又有问成人，并且答问成人的话丝毫不牵连到仁，可见仁与成人无干。并且孔子又说"好仁不好学，其蔽也愚"，更见仁非成人之谓。梁任公借西洋同类意识同情心的名词，梁漱溟用印度的思想借寂感二字来说仁，不知认仁为一种心境一种心理状态，便是根本错误，仁是一种行为，假若仁是一种心境，那么说仁者必勇，称管仲为仁，又说"能行五者于天下，可以谓仁矣"，就不可解了。不料冯先生也没有完全脱离他们的窠臼，不过是他们的见解之集成，之一进展，仍没有捉着仁的心核。冯先生说仁有两种意义，也是错的。仁实无全德一意谓。然则孔子的仁到底是什么？一句话说来，孔子的仁即"我自己要努力求进同时并帮助着旁人一齐努力求进"，也就是"与人共进，相爱以德"的意思，这也即"己欲立而立人，己欲达而达人"的真谛。拿这个界说来讲《论语》中的仁，没有一条通不过，没有一条不得深解。所谓克己复礼，即自己努力修养而同时同化了旁人的意思。所谓出门如见大宾使民如承大祭，即对于人民对于同侪如何尊重，态度如何好，自己又谨敏的意思，其实也即克己复礼之义。这都是所谓仁的一部分一阶段，也即实践仁的基本工夫。拿此界说来解刚毅木讷近仁，巧言令色远仁，更可得深解，刚毅木讷即对人朴诚恳切而自己能老老实实努力前奔的意思。巧言令色一则欺人施诈一则自己不知修养向上，所以远仁。仁者其言也切，正谓真实努力不作空言浮夸的意思；仁者先难后获，正谓要脚踏实地的下工夫不肯苟且取巧。管仲为仁，是说他既存治齐之心（他不死），又有利众之实，所以很够得上仁的条件。要之，仁是由一种心情，发为一种行为，充满了向上与爱与互助的气息，自己训练，实践"爱的事业"。孔子讲爱，注重爱之能勿劳乎，异于宗教家的慈爱。这样讲来，孔子的仁，即是把英国卜德乐（Butler）的自爱（Self-love）与利人（Benevo lence）二谊融结为一的一个基德。仁不只是利人，因为"仁者能恶人"，"不使不仁者加诸其身"。至于所谓"有杀身以成仁，勿求生以害仁"，"求仁而得仁，又何怨"，也即"君子无终食之间违仁，造次必于是，颠沛必于是"的意谓，虽有莫大的牺牲，也总要作"爱之事业"的努力。孝亲忠君，皆为仁之基本工夫，亦为仁之一部分；勇为仁的基础条件。唯智与仁并立、仁不必智（所谓陈文子"未知焉得仁"的语意，是不知怎样可算作仁的意思）。而圣在仁之上。

但《中庸》又说"仁者人也，义者宜也"，似乎是谓发展人之所以为人者则为仁，正其谊行其是（Ought）则为义。不过所谓"人之所以为人者"的观念，似为《论语》所未有，以此解《论语》之仁，似不为恰切。

冯先生说仁即忠恕，则颇为得之。冯先生解孔子的忠，是一项重要的贡献。宋人解忠为尽己，其实大误。忠即对人负责之谊。更不一定是臣对君。忠恕是一事之两方面，一积极的一消极的。

论墨子一章，标出墨学为功利主义，确是灼见。今人讲墨，或谓墨子中心之义在宗教，或谓在兼爱，或谓在实用主义，其实《墨子》各篇每每以求天下人民之大利为论辩的基据，可见墨子中心思想自是在人民之大利一点。此章又以宗教的制裁、政治的制裁来提示墨子明鬼天志尚同诸义，更极有卓识。首节论墨学为宋学，是一发见。现在有人怀疑墨子产生在中国似觉奇怪，只怕不是中国人，今冯先生特揭墨学乃根据宋人精神而来，了无异奇，足破某些人的疑怀。惟此章引原文处太长，读时颇感不便，且把文章的脉势都割截了，似为遗憾。

孟子一章，作得最为精彩。孟子的各方面的思想的精旨，冯先生可谓都窥透无遗，并能以精细的有条理的文字宣述出。我如说，自宋以来讲孟子的思想虽已讲了快一千年，但实以此篇为首屈一指，大概无人反对罢。这的确是一篇极可赞美的文章。

冯先生提出战国时之百家之学一章，实具特识，惜乎此章内容还嫌不丰美。第一，在当时似乎也算是一派显学的关尹列子及其他道家如环渊、接子之徒，似乎也应提一提。第二，讲杨朱许行，都不曾详细宣阐其思想的含义。我觉得"为我"固是独善，但还含有一层深的意思，即不可兼善，兼善的结果只是兼害；拔一毛以利天下，心固欲利天下，终必成害天下。以为"爱之适所以害之"，所以只有"为我"。这种思想《庄子·外篇》中表现得颇显明，恐即杨朱为我的本旨。许行的思想，似乎有重大的意义，因他反对不劳而食的治者阶级。第三，论彭蒙、田骈、慎到一节，讲得颇好。惟讲他们的学说和老庄的学说之异点，似乎尚未得要。慎到与庄子的行径，初无不同，但他们对自己行为的解释，则有天渊之殊。慎到否定知识，结果为无知，庄子却自命为真知，反谓别人的知识是虚幻的。慎到不积极的去生活，自谓像块石头，庄子却说他那才是最有意义的生活，才算真活。觉得世人浑浑浊浊而他乃是超一切而峀存。可以说慎到是降一步，庄子是超一步，慎到要完全被动，庄子要完全自动。此外还有一点小的错误。在章首说"孟子盖亦曾居稷下"，这是错的。原来孟子很有他独特的气概，他是合则留不合则去，让他不治而议论，他是不肯的，他是非要参政不可。所以齐王想"我欲中国而授孟子室，养弟子以万钟，使诸大夫国人皆有所矜式"，他也不答应，又焉肯入居稷下呢？

论老子一章，甚为圆满精妙。捉着了老子全部思想的锁钥，阐绎下去，处处妙合符节，左右逢源，了无疑滞。有如庖丁之解牛。由明解老子思想的心核在反，所以对于老子中欲取先与之说，寡欲之说，反对知识之说，理想社会之说，都能得到深一层的解释。此外解道德二字之谊，也最精当。说道亦无又非无，亦确。原来无有二谊，一等于没有，一等于抽象（非具体而有），道是抽象之无而非没有之无。又说老子处世态度是处于合，甚精，但此应加说明即老子实无合的观念，不过实质上像合，他本意只要守其不极。但，我还觉得《老子》书中还有两点重要的意思，似乎也当一提。一即"常善救人故无弃人，常善救物故无弃物"，"人之不善何弃之有"，"善者吾善之不善者吾亦善之，得善；信者吾信之不信者吾亦信之，得信"。他认为没有要完全摒斥的恶人，都可教化。二是老子认民有罪过，一切皆是由在上致之的学说，人民为盗为奸，不治好乱，一切由于治者之故。这大概是受孔子的影响，不过比孔子更显明。这两条都带自由平等的意味，革命的气息，是颇值得注意的。

论惠施、公孙及其他辩者一章，极见精审严饬。首提出辩者学说的大体倾向及惠施与庄子来讨论，尤具卓见，并见客观虚心。冯先生从《庄子》书中寻求惠施十事的本谛，结果可谓臻于高巅。但庄子虽是受惠子的影响而再进一步的，但未必是把惠子的学说都接受了来然后才加以进展的，恐怕只是接受了一部分。这样，惠子十事的解释，要完全在庄子中求，就未必可全得了。这个，于冯先生对于"连环可解也"及"我知天下之中央燕之北越之南是也"二条下的解释，不能令人满意上，便可见到。可见冯先生虽那样至极客观虚心，因了固守一法，所以结果终稍有不满。但这两条也许是今人不可懂的了。

论公孙龙的几节，精义谛解甚多。从名之所指，从共有性质上来解白马非马说，较一般对于白马非马说的解释，实深一层。解公孙龙所谓指为共相的是妙解，虽尚无文字训诂上的佐证。讲公孙龙之坚白说，谓即证说坚及白乃两个分离的共相，甚谛。又解藏之谊谓与新实在论讲潜存之说相通，亦妙。

冯先生讲《指物论》，妙谛虽多，但仍似不免有几点难安之处。最著者在未注意原文以未可作结之两段盖皆龙设为客难之辞，而直解为龙之说。并将"物无可以谓物"，"物不可谓指"之"谓"，均读为"为"，亦觉可商。次则先对于"非指者"一语既无解，后解"指与物非指也"，亦似未得其解。最后说"'非指'即物也"，是以原文末段所云非指即为物之代名词，恐尤不安。

案：近来解释指字的，尚有就指字之本义谓指就是指（云谓字）因而解作"符微""记号"者，长兄申府曾为此说（见《所思》）。取公孙龙此篇全文来勘，似比共相一解更可通得多。且有训诂的根据（《尔雅》指示也，《墨子经说指》谓）。庄子《齐物论》有"天地一指也，万物一马也"，此指固即彼指；据吾兄说，马亦即筹马算马之马（今误作码，《礼记·投壶篇》可证），果然则指马对言，意尤显豁。

冯先生以合同异、离坚白为辩者两派，甚对。解《天下篇》二十一事，先分为两组，亦是最适切的辩法。惜于卵有毛，山出口，马有卵，似仍未得其确解，这里只用合同异之理来讲，终有点难满意。对于龟长于蛇，及白狗黑的解释，则精确至极，破千年不懂之谜。

离坚白一组中，冯先生多用共相之说来解释，有极成功处，便也有颇失败处。以共相之说来解火不热，矩不方，孤驹未尝有母，都得到意外的成功，尤其孤驹一条，非如此不能解释。但也用共相来解凿不围枘，目不见，都未免失败，弄得索然无味。用共相解轮不辗地，亦未成功，尚不如一般的解说。

论庄子的一章，作得精妙圆活，极能表现庄周的精神，尤以讲自由平等、死与不死、绝对的逍遥诸义，最胜。惟说"故亦以为凡天下之物，皆无不好，凡天下之意见，皆无不对"；"若不执一以为正色，则四者皆天下之正色也"。则似不然，似乎庄子已把好坏的名言分别取消，固非彼好此坏，亦非一切皆好，他是要取消好坏的范畴。庄子的主张是如此，但他在事实上实已作了好坏的分别，不作分别，也就不能说分别不好。又第六节以"纯粹经验"之名词来解说庄子的万物一体的思想，我觉得恐不大适合。我觉得庄子所谓天地与我并生、万物与我为一、及坐忘等，并非无知识之经验，乃无如平常的知识而有所谓真知之经验，也即无价值区别之经验，非自物观之之经验，而是自道观之之经验，拿 That 和 What 的区别来诠说，终有未合。如庄子所说"梃与楹，厉与西施，……道通为一"，不过是通为一而已，无高下之别而已，而仍知其为梃为楹为厉为西施。则是有 What，不过取消了其价值意味。但庄子又说"古之人以为未始有物者矣"，则我物不分，一切皆忘，内外齐泯，并 That 亦无。盖庄子所说之经验有此阶级之别，彼云"其次以为物矣而未始有封也，其次以为有封矣而未始有是非也"，似乎自己已明揭出。冯先生也说过"有经验而不知有物，不知有封，不知有是非，愈不知则其经验愈纯粹"，固不误，但这恐已不是近代所谓纯粹经验了。

又对于庄子的知识论未加详说，似是缺欠。庄子的知识论不是怀疑说，他是刚有了怀疑说的萌芽，而就否认了超过了怀疑说，达到了不可说主义。他承认宇宙大理是可知的，只须不守小成，不囿于物，超出人我的对立而照之于天，并须有真人的态度，"不逆寡不雄成"，去掉一切好恶喜憎，然后即能知道，却不可言，言则必失之。这即《齐物论》篇的主旨。外篇说过"知道易，勿言难"，亦是一样的意思，唯又说过"无思无虑则知道"，则是极端的直觉主义了。

论《墨经》一章，不但诠释多精谛，且钩玄提要，分列条项，尤见苦心。把《墨经》中所说要义，分列为八节，每节又分为数条，前后厘然，为难得的系统整理。后半以《墨经》与惠、庄、公孙之说比较，阐明当时学派论争的情形，尤精。惟讲"效"一段，取胡适之先生说，似尚嫌不明彻圆满。讲"推"一段，亦取胡适之先生一说，好则甚好，惟首谓"譬如吾人谓凡人皆死，人若询其理由，吾人当谓"，似颇未确。我觉得《墨经》所谓推，实颇有与西洋逻辑不同的特点，其义是：不说"凡人皆死，孔子是人，故孔子必死"，也不说以前的人都死，故可证"凡人皆死"，而只是说"以前的人都死，现在某人与以前的人无殊，故某人必死"，推字的意义恐是如此，非根据一个全称肯定的大前提去推，也非归纳成全称肯定的断案，只是就已知推到未知。

讲荀子一章，也颇能阐明荀子学说之精髓，尤以解法后王，途之人皆可为禹二义最当。讲荀子之心理学及逻辑，亦好。惜对于荀子的知识论，未特提出讨论。荀子老老实实承认"以知，人之性也；可以知，物之理也"，足表现中国哲学的特色。他请求真理（解蔽）的方法，尤有特殊贡献。

讲法家一章，把当时政治之趋向及法家之精旨，都窥见无遗。

大小戴《礼记》及《孝经》一章，讲儒家关于礼乐的理论，最精透圆满。惟论婚礼一节，提出不朽的问题，并拿冯先生自己对于不朽的见解来诠说，似恐失之不客观了，儒家是不是曾注意到不朽问题，是不是拿不朽说作婚礼及孝论的基础，我觉得都无显明的证据。儒家论孝，固重种族之延续，但恐于"生物学的不死"实无所知。

讲《大学》、《中庸》，说《大学》是荀学，《中庸》是孟学，亦似不允切。冯先生以《大学》修身必先正心之说与荀子必知道及虚壹而静之说对照，但我觉得所谓正心是就道德的意谓上说，荀子所云，是就知识论上说，二者实不相谋。《大学》所谓"心有所忿懥"等，亦与荀子"微风过之"等，并不相关。又以荀子所谓"独"讲大学之"慎独"，其实慎独乃不欺室漏即闲居亦为善的意思，与荀子专一之独，大不相同，非只"小异"。盖《大学》曾受荀子影响与其曾受孟子影响一样，似乎还未可命为荀学。冯先生引证荀子，目的在求格物之真解，但最后仍似乎没有把格物之义说透。我以为格物古义，已不可知，但无论如何，总是谓要和物发生真实关系，要真实接触物，非独坐空想。讲《中庸》一节，考证《中庸》时代分两半最精不可易。又谓原始《中庸》系就孔子学说加以发挥，亦最确。至于说后来一半的《中庸》，系发挥孟子之义，则恐未安。说《中庸》与反功利的人生态度以形上学的根据，原文实未显然，不过极发挥义理的及自然的天观而已。冯先生又说"至诚之人，既无内外之分，人我之见，则已至万物一体之境界矣。既与万物为一体，故能赞天地之化育而与天地参也"。亦有未安。《中庸》所谓与天地参，恐即与荀子所谓与天地参同谊，有"加入天地的创造中"之谊，与道家之万物一体不同。盖儒家思想，总有点积极精神。要之，《大学》、《中庸》似是后来兼受孟荀二家思想者所作，似未可分为两派。

讲《易传》一章，条理极佳，说"讲周易者之宇宙论，系以个人生命之来源为根据，而类推及其他事物之来源"，确极。惟讲《易传》的宇宙现象变化规律之说，虽有三节，尚嫌稍简。末了附《淮南鸿烈》中的宇宙论一节，我最不赞成。《淮南》所说，详则固详，实无精义，不免陋浅，比之《易传》的宇宙论，差得颇远。《易传》稍简而有所见，《淮南》虽翔实无所见，似不当认为是一种发展。

最后一章，讲儒家之六艺论及儒家之独尊，简洁得要。

总之，统观全书，不安之处虽亦还有，但甚少，而精彩的地方，则极多极多，可说是直探古代哲学之隐秘，宣明诸子学说之精旨，看见了诸子思想之"全"，实不能不说是一本很可赞美、不可多得的书。

原载《新月》第四卷第五期，1932 年 11 月

评冯友兰《中国哲学史》上卷

张荫麟

　　《哲学史》顾名而知其负有两种任务：一是哲学的，要用现代的语言把过去各家的学说，系统地、扼要地阐明；一是历史的，要考查各家学说起源，成立的时代，作者的生平，他的思想的发展，他的学说与别家学说的相互影响，他的学说与学术以外的环境的相互影响等等。这两种工作，有同等重要。这部书的特长是在对于诸子及大部分之经传，确曾各下过一番搜绎贯穿的苦功，而不为成见所囿。他的重述比以前同类的著作精密得多，大体上是不易摇撼的。惟关于历史方面，则未能同样令人满意。所以我的评论，也大抵从此方面着笔。

　　除了我下面提出讨论的细节外，觉得此书有两个普通的缺点：第一，是直用原料的地方太多，其中有好些应当移到附注或附录里去（例如书中讲尹文、宋钘，讲彭蒙、田骈、慎到，皆首先把所有的材料尽量罗列起来，然后解说，这似乎是不很好的体例），有好些若非用自己的话来替代或夹辅，则普通读者不容易得到要领的（例如第七章讲五行之直用《洪范》；第八章讲老庄别异之直用《庄子·天下篇》中极飘忽之语而仅加以"此《老》学也"，"此庄学也"便了；又如第十二章讲荀子心理学所引《解蔽篇》文，其下半自"虚壹而静"以下至今无人能解得透，而冯先生把它抄上便算了事。这类的例还不止此，恕不尽举了）。直用原料而没有消化的例，有一最坏的如下：第三章第二节开首说："宇宙间事物既皆有神统治之，故人亦立术数之法，以探鬼神之意，察祸福之机。"以下便直用《汉书·艺文志》文来说明六种术数。依冯先生的话似乎此六种术数，都与鬼神之观念有关，都是用来"探鬼神之意"的。而所引《汉志》文有云"形法（六种术数之一）者，大举九州之势，以立城郭室舍。形人及六畜骨法之度数，器物之形容，以求其声气贵贱吉凶。犹律有长短，而各徵其声，非有鬼神，数自然也。"这岂不是与冯先生的话相矛盾吗？其实古代许多迷信，与人格化的鬼神观念无关。它们的根本假设，也与现代科学一样，为自然之有规则性；不过它们根据不完全的归纳，以偶然的遇合，为经常的因果关系罢了。第二，书中既没有分时期的提纲挈领，而最可异者书中涉及诸人除孔子外，没有一个著明其生卒年代或约略年代（无论用西历，或中国纪年）。故此书的年历轮廓是很模糊的。试拿此书与胡适的《中国哲学史大纲》和梁启超的《先秦政治思想史》或任一种西洋哲学史一比，便知道作者的"历史意识"之弱了。

以下便说到我要提出讨论的细节：

（一）冯先生以为晚周哲学特别发达的主因是社会组织的根本变迁，这是我们可以承认的；他推测周代的封建制度：在上者是世袭统治者而兼地主的贵族，在下的庶人只是附田的农奴，这也是我们可以承认的。但关于农奴制一点，他没有举出充分的证据。我们应当分别地主与农奴的关系。佃者对于地主，对于所赁耕的田有选择迁改的自由，农奴却没有，他是生在哪里，便被禁锢在哪里，老死在哪里。因为这缘故，地主对于佃者的威权是有条件的，而地主对农奴的威权是绝对的。贵族可以同时为统治者而兼地主，而在他底下的"庶民"不一定就是农奴。冯先生所举的证据只能证明贵族是地主，而不能证明庶民是农奴。农奴制在中国的存在，古籍上有证据吗？我以为有，就在《左传·昭公二十六年》。晏婴与齐景公言陈氏将为后患，齐景公问他有什么法子可以防范。他答道：

> 惟礼可以已之。在礼家施不及国，民不迁，农不移，工贾不变，士不滥，官不滔，大夫不收公利。

后面他又说：

> （礼），先王所禀于天地以为其民也。

由此可见，在春秋时士大夫的记忆中的传统的制度，是农民没有移徙的自由的。上引的话固然不必在昭公二十六年出于晏子之口，然周初之曾有此制，则当可信。孟子所主张开井田制度中的人民"死徙，无出乡，乡田同井"，老子所悬想的"邻国相望鸡犬之声相闻，而民老死不相往来"，都是古代农奴制度的反映。以上是一点小小的补充，并不是什么纠正。但这一点与下节所讨论却很有关系。

（二）春秋时的旧制度，冯先生所承认的，即如上述。那么，在当时守旧的人，真正"从周"的人必须是上述制度的拥护者，这是冯先生的主张的不可免的结论。冯先生说："在一旧制度日即崩坏的过程中，自然有倾向于守旧之人，目睹世风不古，人心日下遂而为旧制度之拥护者；孔子即此等人也。"（第二章第二节）这是他关于孔子的中心见解。于此，我们不禁要问：孔子是拥护贵族世官制度和农奴制度的吗？如其是的，则冯先生的见解不差。如若不然，则我们不能不说冯先生的见解是错误的了。我们讨论这个问题要注意的有两点：第一，我们不能因为一人的社会理想与传统制度有多少相同的地方便断定他是传统制度的拥护者，因为从没有一个人能够凭空制造出一种与传统制度完全相异的理想。是否守旧者的标准，只在乎他所拥护的是否旧制度的主要部分。春秋时传统制度的主要部分，自然如冯先生所指出的，是贵族政治和农奴经济了。第二，我们不能因为一个人自称是遵守某某，继承某某，便断定他真正如此。这不必因为他会有意或无意的"托古改制"，因为一个人对于自己历史地位的判断，不必正确；他所遵守继承的也许是比较的小节而他所要变革的也许是大体。因此我们对于"吾从周"、"吾其为东周"一类孔子的话，是不能用它们的"票面价值"的。冯先生说得好，"中国人立言多喜托之古人……论者不察，见孔子讲尧舜；董仲舒，朱熹，王阳明讲孔子，……遂觉古人有一切，今人一切无有。但实际上，董仲舒只是董仲舒，王阳明只是王阳明……"（第一章第八节）但我很奇怪，为什么冯先生不在"论者不察"之下改作"孔子讲周公"，并在"但实际上"之下加上"孔子只是孔子"！以上都是枝节的话，我们现在的问题是：孔子是拥护传统制度的主要部分——贵族世袭的政治制度，以及农奴的经济制度的吗？

孔子的政治主张有两点，在现在看来是平平无奇，而在当时传统的政治经济背景下却有重大的意义的。这两点是："来远"和"尊贤"。这两点《论语》内屡屡讲及，《中庸》里更定为"口号"。我们且撇开《中庸》不谈，单引《论语》为证。

（甲）关于"来远"者，《论语》里有下列的话：

叶公问政，子曰："近者悦，远者来。"

上好礼则民莫敢不敬，上好义则民莫敢不服，上好信则民莫敢不用情。——夫如是，则四方之民襁负其子而至矣。……

远人不服，则修文德以来之。

"来远"的主张的大前提，便是对农奴制度的否认。因为在"民不迁农不移"的古礼之下，庶民一生被锢在特定的田舍里，一国或一方的统治者无论怎样"修文德"谁能"襁负其子而至"呢？以我的推想，春秋时农奴制度已大大崩坏，耕者私有土地的事实这时已经存在否，我一时找不到很明确的证据（《诗经》上有"人有土田，汝反有之"之语，但我们不知是否指农民私有的土田）。但大多数有食邑的贵族其与农民的关系，乃地主与佃户的关系而非地主与农奴的关系，这是我们可断言的，视晏婴之感觉有复古的需要而可证。孔子是承认这种新情形为合理而不主张复古的：他并想利用这种情势来鼓励统治者去修明政治。盖春秋时黄河流域可耕的土地还没有尽辟，几乎任何地方的统治者都感觉有增加人口的需要，因为增加人口即是增加租税。"邻国之民不减少，寡人之民不加多，"直至战国时依然是统治者的通患。儒家对当时的统治者说："你们这种需求是合理的；不过想达你们的目的，非行仁政不可。"孔子是这样说，孟子也是这样说。

（乙）关于"尊贤"，《论语》上有下列一段重要的话：

樊迟问仁，子曰："爱人。"问知，子曰："知人。"樊迟未达，子曰："举直错诸枉，能使枉者直。"樊迟退，见子夏曰："乡也，吾见于夫子而问知，子曰：'举直错诸枉，能使枉者直'，何谓也？"子夏曰："富哉！言乎！舜有天下选于众举皋陶，不仁者远矣；汤有天下选于众举伊尹，不仁者远矣。"

此外还有"举善而教不能则劝"、"举贤才"一类的话不少。这些话现在看来，简直是不值称说的老生常谈。但拿来放在贵族世官的政治背景里，便知其"革命性"了。若承认贵族世官的制度，则何人当任何职位，早已如命运一般的注定，还用得着"选"、"举"吗？"尊贤"主张的极端的结论，也许孔子还没有看到（后来孟子却明明看到了），但这个和贵族世官制的精神根本不相容的原则，是他所极力倡导的。从上面所说看来，冯先生以孔子为周朝传统制度拥护者的见解，似乎是一偏的。

（三）冯先生谓"自孔子以前，尚无私人著述之事"（第二章第一节），此说似不能成立。固然，《汉书·艺文志》所著录，名为孔子前人所著的书，无论存佚，吾人都不能信其非出依托。但《左传》记春秋时士大夫屡引及所谓"史佚之志"（僖十五年，文十五年，宣十二年，成十一年，襄十四年），此似可为孔子以前有私人著书之证。此所谓志，不一定是史书。《左传》中屡引"军志"，从所引考之，乃兵法书也。又观《左传》所引史佚之文皆为"格言"性质，与《论语》内容极相类。《论语》盖非语录体之创始。我知道灵敏的读者一定会质问我：先生何从知道《左传》所引是出诸春秋时士大夫之口，即尔，又何从知道所谓"史佚之志"果出史佚之手呢？这里便涉及史法上一个重要问题。老实说吧，我们研究先秦史所根据的资料，十分之九是间接的孤证，若以直接见证之不谋的符合为衡，则先秦史根本不能下笔。就哲学史言，例如孔子一章便成问题，因为《论语》一书至早是孔子的再传弟子所编，而且到了汉代才有定本，其中有伪托和误羼的部分，崔东壁已经证明。我们又何从知道伪托和误羼的仅是崔氏所指出的部分呢？即其中原始的部分，我们又何以证实其为孔子的话呢？凡治先秦史的人大都遇着这个困难：于一大堆作者人格，时地很模糊的间接孤证，吾人既不能完全不信，又不能完全相信，到底拿什么做去取的标准呢？我以为只有用以下的标准：（甲）诉诸历史的绵续性。我们遇到一宗在问题中的叙述，可把它放在已知那时代的背景下，看其衬配得起否？把它与前后相类的事比较，看其"接榫"否？如其配得起，接得上，则可取。（乙）诉诸作伪的动机。在寻常情形之下，一个人不会无缘无故而说谎的。我们对于一宗在问题中的叙述，宜审查在这叙述背后有没有可能的作伪动机——例如理想化古代以表现个人学说之类，若没有则比较可取。试拿这两个标准去绳《左传》所记春秋时人引"史佚之志"。作伪的动机，这里似乎没有。这一点并没有积极的证据力量，最重要的还是以下的问题：孔子以前史佚私人著书事，在历史上的或然性如何？我们从《左传》、《国语》及诸子书里可考见史官在春秋时的"知识阶级"的主要分子，是君主所尊崇的顾问。这种情形绝不是春秋时乃突然开始有的，我们从《尚书》及周金文（例如散氏盘铭）里都可以证明他们是掌司典策的阶级。因为这缘故，自然他们有特殊的闻见为君主所要咨询的了。这些对国家大事常常发言的人，其有意见及教训遗留于后，或有人记录其意见及教训，那是很自然的事。反之，若当这"郁郁乎文哉"的时代，操智识的秘吘的阶级，在四五百年之内（由周初至孔子），却没有一人"立言"传世，那才是很可怪异的事哩！以我的推测，孔子以前，私人的著书恐不止"史佚之志"一种。《论语·季氏篇》引及周任的话，《左传》里也有引他的话。似乎他也有著作，如"史佚之志"之类。

（四）老子的年代问题，自从梁启超在《评胡适之中国哲学史大纲》一文中提出以后，在国内曾引起了不少的辩论，现在应当是结算的时候了。冯先生是主张《老子》书（以下称《道德经》）应在《孟子》书之后的。但依冯先生说，著《道德经》的李耳到底与孟子同时呢，抑或在孟子后呢？如在孟子后到底后若干时呢？这些问题冯先生都没有注意到。他在《孟子》一章内引《史记》云：

孟轲……游事齐宣王，宣王不能用，适梁，梁惠王不果所言。

后来他在《庄子》一章内又引《史记》云：

庄子……与梁惠王齐宣王同时。

是他承认庄子与孟子同时了。但著《道德经》的李耳到底在庄周之前抑在庄周之后，抑与庄周同时呢？冯先生也没有明白告诉我们。他书中把老子放在《庄子》之前，在《庄子》一章中又没有否认庄学受老学的影响。那么他似乎承认李耳在庄周之前。而庄周与孟子同时，则李耳当亦在孟子之前，这岂不与上引《道德经》应在《孟子》书后之说相矛盾吗？

依我看来，《孟子》书当是孟子晚年所作的（如若是孟子所作的话），《道德经》如出《孟子》书后，而又隔了一个著作体裁变迁所需的时间，则其作者必不能与孟子同时。换言之，即不能与庄子同时。而《庄子》书所称述老聃的学说及精神却与《道德经》相合，其所称引老聃之言几乎尽见于《道德经》。这事实又如何解释呢？依冯先生的立足点，只能有两种说法：（一）在庄子、孟子之前，已有一派"以本为精以末为粗，以有积为不足，澹然独与神明居……以懦弱谦下为表，以空虚不毁万物为实"的学说，其创始者据说为老聃；其后李耳承其学而著《道德经》。（二）李耳是作者而非述者。《庄子》书或至少其中称及老聃学说诸篇皆不出与孟子同时的庄周手，而为李耳以后人所依托。但我们从学说演变的程次观之，庄学似当产生于老学之后。如果老学出孟子后，则《史记》所载与孟子同时的庄周，即非乌有先生，亦必非庄学的创始人。这两种说法，不知冯先生到底取哪一种？如若取第（一）种的话，则有以下之问题：李耳以前，"老学"的创始者到底属何时代，传说中的老聃是否即是其人？《道德经》中，李耳述的与作的部分如何分别？

我对于老学的历史观却与冯先生不同，我以为：

第一，现存的《道德经》其写定的时代，不惟在《孟子》之后，要在《淮南子》之后。此说并不自我发，二十多年前英人翟理斯（H. A. Giles）已主之。他考证的方法是把《淮南子》以前引《老子》的话搜集起来，与现存的《道德经》比对。发现有本来贯串之言，而《道德经》把它们割裂者；有本来不相属之文，而《道德经》把它们混合者；有《道德经》采他人引用之言而误将引者之释语羼入者。他举出《道德经》由凑集而成的证据很多，具见于其所著 Adversaris Sinica（1914 Shanghai）第一册中，我这里恕不重述了。

第二，因此我们绝不能据这部书的体裁，来推考其中所表现的学说的产生时代。

第三，我们没有理由可以推翻《史记》所说庄周与庄学的关系，和所记庄周的时代；我们也没有理由可以把老学放在庄学之后；故此我们应当承认老学的产生乃在庄子之前，亦即孟子之前。

第四，老学的创始者和其正确时代已不可知。但汉以前人称引此学者多归于老子或老聃。其言及老子或老聃之时代者，皆以为他是孔子的同时人。《礼记·曾子问》所记的老聃，孔子适周从之问礼者，或确有其人，或即《论语》里的"老彭"亦未可知（马叙伦说）。但这人是拘谨守礼、"信而好古"的，不像是《道德经》所表现的学说的倡始者。但大约他是富有"濡弱谦下"的精神，提倡像《论语》所举"以德报怨"一类的教训，这一点却与后来老学有一些近似，故此老学遂依托于他。对于老学的真正创始人，我们除了知道他的时代在庄子之前，他的书在庄子时已传于世外，其余一无所知。他大约是托老聃之名著书而把自己的真姓名隐了的。所以秦以前人引他的话时，但称老子或老聃，而没有用别的姓名。他的书经秦火以后，盖已亡佚或残缺。现存的《老子》，乃汉人凑集前人所引并加上不相干的材料补缀而成。

以老学的创始者为李耳，始见于《史记》，那是老学显后二百多年的孤证，秦以前人所不知者。至史迁始知之，那已足令人疑惑了。史迁与"李耳"的八代孙相去不远，所以《史记》载李耳后一长列的世系，若非出妄造或根据误传，当是直接或间接得诸其家。如若彼家知道李耳与老聃非一人，则《史记》不当有此误；如若彼家不知李耳与老聃非一人，则其"家谱"根本不可靠。以吾观之，"老学"的创始者其真姓名殆已早佚，战国人疏于考核，即以所依托之老聃当之。当初有一家姓李的人，把老聃攀做祖宗，加上姓名，著于家谱，史迁信以为真，采入《史记》。那就无怪乎梁启超把《史记》所载老子后裔世系和孔子后裔的世系一对比，便发现大大的冲突了。那姓李的人家何以要攀老聃作祖宗呢？我们看《史记》的话便明白。《史记》载"李耳"的七代孙"假，仕于汉孝文帝，而假之子解为胶西王卬太傅"。那个时代，黄老之学得汉文帝和窦太后的推崇于上，盛极一时。无怪乎有人要攀老聃做祖宗了。说不定他们因为攀了老聃做祖宗而得做大官也未可知。以上关于老子时代的话，自然大部分是假说。但我相信这假说比较可以满意地解释一切关于"老子"的记载。

第五，旧日讲老庄者多着眼于其所同而忽略其所异。冯先生侧重其相异之处，是也。然于老庄之重要相同处却不免忽略。盖矫枉每流于过正也。上面已指出《老子》是一部杂凑成的书。以我观之，其中实包含有两系思想。其一系根据"物极必反"的原则，而建设出"去甚，去奢，去泰"的人生哲学。本书《老子》章中所详述者是也。就此系而论，其与庄子相同之处极少。然其二《老子》书所包含的人生哲学另外尚有一系，大前提是人道与天道是合一的。人的行为若能仿效天道则所得结果为幸福，为好。故曰："人法地，地法天，天法道。"又曰："侯王若能守之（道），万物将自化。"其结论是：我们应当复归于婴儿。老子所谓"天道"的特质是什么？总言之是"自然"（道法自然）；用现在的话译出来，便是，任一切事物循其自己的途径，不加干涉（Let things take their own course without interference）。分析言之，老子所谓天道，至少包括下列三项：

（1）无欲。（"大道氾兮其可左右。……常无欲，可名于小。"）——并无什么欲求，待于满足。

（2）无为。（"道常无为而无不为"等等。）——不预存一计划去营谋造作，不立一标准去整齐划一。

（3）无私。（"大道汜兮其可左右，万物恃之而生不辞，功成不名有，衣养万物而不为主。""道生之，德畜之，物形之，势成之……生而不有，为而不恃，长而不宰。""天地所以能长且久者，以其不自生，故能长生；是以圣人后其身而身先，外其身而身存。"）——没有人己物我的计较。

以上三者，同时就是行为的准则、人生的理想。因为法天道的无欲，所以圣人"常使民无知无欲"，"镇之以无名之朴；无名之朴，夫亦将无欲"。因为法天道的无为，所以圣人"处无为之事，行不言之教"，"致虚极，守静笃"。因为法天道的无私，所以圣人"生而不有，为而不恃，长而不宰"，所以圣人"后其身……外其身"，"贵以身为天下若可寄天下，爱以身为天下若可托天下"。总之，人道与天道合一的结果，便是无物我的界限，绝智识与欲望，任环境之变化，而不加丝毫干涉。便是"泊兮其未兆，如婴儿之未孩"，"沌沌兮，俗人昭昭，我独昏昏；俗人察察，我独闷闷；澹兮其若海，飂兮若无止；众人皆有以，而我独顽似鄙"的境界。就这一点而论，老子与庄子是极相近的。这种境界盖即是庄子的"心斋"，所谓"坐忘"，所谓"玄德"之所从出（"玄德"一辞亦见《道德经》第十章）。

冯先生没有看出《道德经》中两系不同的思想，故混之为一，也有不能贯通的地方。例如他说《道德经》："三章及三十七章皆言无欲，然无欲实即寡欲。"（第八章第八节）夫无欲明明不是寡欲，强而一之，岂非"指鹿为马"吗？

第六，书中对于学说之解释，成问题最多的要算《庄子·天下篇》惠施十事及辩者学说二十一事的解释。我以为解释这些文句时，有一条原则应当遵守：凡一种解释，若将原文主要字眼改换而仍能适用者，则此等解释应当舍弃，若不能依此标准解释毋宁阙疑。讲到这些学说时但取可解者述之，其不可解者附入小注可耳。冯先生之解释违反上述原则者有下列各条。

（1）"连环可解也。"冯先生解云："'其分也，成也；其成也，毁也。'……连环方成方毁，现为连环，忽焉已非连环矣。故曰连环可解也。"照这样说来则万物皆可为其反面，何必连环？愚意此条毋宁阙疑。（第九章第三节）

（2）同章十一节所举辩者学说"合同异"组"卵有毛"等六条，冯先生统释之曰："此皆就物之同以立论。因其所同而同之，则万物莫不同；故此物可谓为彼，彼物可谓为此也。"若理由是这样简单，则"万物毕同"何必特举这六种呢？

（3）同节"飞鸟之影，来尝动也"及"镞矢之疾，而有不行不止之时"，冯先生采用司马彪的合解"形分止，势分行。形分明者行迟，势分明者行疾"云云。老实说，我觉得这些话比原文还难解。我只好怪自己愚笨，但我很希望冯先生能把它们译成现代的话，使愚笨的人受益。后面冯先生说："亦可谓动而有行有止者，事实上之个体的飞矢及飞鸟之影耳。若飞矢及飞鸟之影之共相，则不动而无止，与一切共相同。"这些话我却明白。但如果冯先生解得对，则这两条中有一条是无谓的重复，因为这种重复可演至无穷的。而且照冯先生的解法，"飞鸟未尝动"便可，影字竟成了赘疣，既说共相"不动无行止"，又说有"飞矢及飞鸟之影之共相"，一句之内便自相矛盾。试问不动不行的共相怎样飞法呢？我觉得飞鸟一条，原文本来是很容易解的，飞鸟每刹那易一位置即每刹那投一新影。我们看来好像有同一的影自甲地移至乙地，实则无数的影继续生灭于甲乙之间而已。《墨经》中有"景不徙，说在改为"一条，意即如此。解释"镞矢"一条，我们应当着眼在"不行不止"四字。原文说"有不行之时"，可见意思是在疾飞的镞矢，有一个时候既不是行，又不是止。这怎么解呢？比如我们说镞矢当 t1 时在 A 处，及 t2 时则在 B 处。那么镞矢在什么时候开始移动了呢？说在 t1 时吗？不，那时它正止在 A。说在 t2 时吗？不，那时它已止在 B。如果动是事实，它必定在刹那开始动。这个刹那必在 t1、t2 之间，让我们说是 t。在这个刹那说矢是动吗？它却占一定的位置。说它是静止吗？那么它便没有开始移动的时候。因此这镞矢必得有一个时候，既不能说是动，又不能说是止。

此外冯先生的解释，我认为可以补充的有三事：其一，惠施第五事"大同而与小同异，此之谓小同异；万物毕同毕异，此之谓大同异。"冯先生解云："天下之物若谓其同则皆有相同之处，谓万物毕同可也。若谓其异则皆有相异之处，谓万物毕异可也。"（第九章第三节）我以为此只解得原文下半。更正确地详细地应当说："所谓同异有两种意义：从一观点言，若甲与丙大同，乙与丙小同，则甲与乙相异。这种同异，谓之小同异。从另一观点言，则万物皆相同（如同是东西，同时占时空），皆相异（如不能占同一位置）。这种同异，谓之大同异。"

其二，施惠第九事"我知天下之中央，燕之北，越之南是也"。冯先生释云："……执中国为世界之中，以燕之南、越之北为中国之中央，复以中国之中央为天下之中央，此真《秋水篇》所谓井蛙之见也。"按惠施此则，似不在否认燕之北及越之南皆可为天下之中央，而在证明二处皆为天下之中央，以成其 Paradox。因为当时人的想象中，相距最远的莫如燕之北与越之南——简直是世界的两端，断不能同时为天下的中央的了。但就惠施看来，宇宙是无穷大的。在无穷的空间里，任便一处其上下四方皆是无穷，故任何处皆可为宇宙之中央也。

其三，惠施第六事"南方无穷而有穷"。关于这一条冯先生的解释，并没有什么可批评的地方。但我要在此提出一个有趣的问题：惠施何不举东方、西方或北方，而偏举南方呢？而且不独惠施为然，似乎先秦人说及世界无穷时大抵仅举南方为言。例如《墨经》下："无穷不害兼，说在盈否。"《经说》下曰："无，南者有穷则可尽，无穷则不可尽，有穷无穷未可知，则可尽不可尽未可知。"……此所引经说是重述对于兼爱说之诘驳，意思是说：若南方有穷则人可尽爱，若南方无穷则人不可尽爱。南方之有穷或无穷不可知，则人之可尽爱与否不可知。若事实上人不可尽爱，则兼爱（尽爱一切人）之主张不能成立。照理此处应作"天下有穷"云云，何以也如惠施一样，但举南方呢？我们更仔细一想，便将古代一个久已淹没的世界观钩掘起来。原来在惠施及《墨经》的时代，中国学者公认这世界在东西北三方是有穷的。惟对于南方之有穷与否，则尚怀疑，有些人却相信南方是无穷的。为什么不怀疑东、西、北三方是无穷，而只怀疑南方是无穷呢？这很容易明白，在当时所知的世界，东面有海为限，西、北两面有大山为限，人们的想象，从没有超越过这界限，以为这界限就是世界的尽头了。惟在南方既没有碰到洋海或大山脉，但见无涯的林莽薮泽，为蛮夷所盘踞不能深入以探其究竟，故于南方之有穷与否只能存疑。

以上把作者读冯先生的书时，偶然想到的拉杂写出，算不得系统的批评。而且行箧乏书，无从稽勘，有好些地方只得从略。此外冯先生书有许多好处，未及详细指出，也是作者所觉得抱歉的。

原载《大公报·文学副刊》第一七六、一七七期，

1931 年 5 月 25 日、6 月 1 日

评冯友兰《中国哲学史》下卷

张荫麟

　　冯先生的《中国哲学史》上册初出版的时候，我曾对它发表过一些意见（见二十年五月廿五日及六月一日的《大公报·文学副刊》）。最近此书全部出世，学报编者以书评见属，不免对下册补说几句话，虽然可说的话并不多。下册出版之前我曾有预读的荣幸，当时读后的感想，曾和冯先生说过的，现在不想再说，因此可说的更少。

　　冯先生的书分为两篇并不是偶然的，这根据于他对于中国哲学史的一种看法。他以为中国哲学史天然地可分为两个时代：子学时代和经学时代；换句话说，即大体上不以传统的权威为依傍的时代和根本上依传统的权威为依傍的时代。他以为子学时代相当于西洋哲学中的上古期，经学时代相当于其中的中古期。"中国实只有上古与中古哲学，而尚无近古哲学也。"但这"非谓中国近古时代无哲学也"；只是说，在近古时代中国哲学上没有重大变化，没有新的东西出现，其"精神面目"无可与西洋近古哲学比论的。"直至最近中国无论在何方面皆尚在中古时代，中国在许多方面不如西洋，盖即中国历史缺一近古时代。哲学方面，特其一端而已。近所谓东西文化之不同，在许多点上，实即中古文化与近古文化之差异。"这些见解虽平易而实深澈，虽若人人皆知而实创说。

　　在搜集材料的方法上，冯先生从表面依傍成说的注疏中，榨出注疏者的新见，这种精细的工作，是以前讲中国哲学史的人没有作过的。这种工作最显著的成绩乃在第六章讲向秀与郭象的一长段。最有趣的，他从注文的勘核竟发现了一个复沉千古的冤狱，郭象盗窃向秀《庄子注》的冤狱，而得到平反的证据。此外在这下册里，我国所谓象数之学和希腊毕达哥拉斯学派的类似第一次被指出，董仲舒的学说第一次得到新观点的详细分析，扬雄、韩愈、李翱在我国思想史上的地位第一次得到正确的新估定，宋学中的理气说及其演变第一次得到正确的了解，朱陆的异同第一次得到较深澈的认识，这些都是读者所不容忽略的。佛学在本书中占了三章又一半（第七、八、九及十章之半），可惜我对中外的佛学及其历史完全是门外汉，除了下面一小点外，竟不能赞一辞。本书页八一二说："及乎北宋，释氏之徒亦讲《中庸》，如智圆自号为中庸子，作《中庸子传》，契嵩作《中庸解》。盖此类之书已为儒佛二家所共同讲诵者矣。"释氏之徒讲《中庸》，似乎不自智圆始，也不自北宋始。那舍身同泰寺，并且屡次升法座为"四部众"说经的梁武帝就著过一部《中庸讲疏》（见《梁武帝本纪》及《隋书·经籍志》）。更可注意的前乎梁武帝，晋、宋间曾"述庄周大旨作《逍遥论》的有名玄学家戴颙，亦注《礼记·中庸篇》"（《宋书》本传），似乎《中庸》可以说是中国民族的思想，释道之徒均莫能自外的。这一小节的补充无关宏旨，我愿意拉杂提出和冯先生讨论的乃在以下各点：

（1）冯先生讲《太极图说》（以下省称《图说》）的时候，拿《通书》的话去互释，这个步骤的合当，很成问题。"《太极图说》与《通书》不类，疑非周子所为，不然则或是其学未成时作；不然则或是传他人之文，后人不辨也。"去濂溪不久的陆象山已有此说（《与朱元晦书》），这应当使得想替《图说》和《通书》作合解的人预存戒心。假如我们能将二者互释得通，象山的话，固可以不管。但冯先生的互释，果无困难吗？我觉得在《图说》中濂溪并没有而且也不能把太极看作是"理"。冯先生在《图说》与《通书》一节中引《通书》"二气五行，化生万物，五殊二实，二本则一，是万为一，一实万分"的话，以为"《通书》此节题理性命章，则所谓一者，即理也，亦即太极也。太极为理，阴阳五行为气"。（页八二五）这里所谓太极，至少应当包括《图说》里的太极。但《图说》里所谓太极若是理，则"太极动而生阳，动极而静，静而生阴，静极复动"等话又怎讲呢？形而上的、超时空的、永久不变的理自身怎会动起来，又怎会生起东西来，生起形而下的"气"来？这个生究竟怎样生法？冯先生也知道这些问题是不能答的，所以后来他在九〇七页的小注里说："周濂溪谓：'太极动而生阳，动极而静，静而生阴'，此言在朱子系统中为不通之论。……濂溪之太极，依朱子之系统言，盖亦形而下者。"（我疑惑这小注是 Aher-thought。当冯先生写此时，已忘却"《太极图说》与《通书》"一节里的话了。）但如冯先生的解释，把

《图说》中的太极认为是"理"，那几句话在《图说》中就非"不通之论"了么？濂溪之太极，依其《图说》中之系统言，难道就不是形而下的而是形而上的吗？我看不然。最奇的，朱子把《图说》中的太极解释作总天地万物之理，却不悟照这样解法，上引周濂溪的话，是不可通的。朱子在《语类》中也说："太极之有动静是天命之流行也"；又说："静即太极之体也，动即太极之用也。"冯先生以为《图说》中的太极与《通书》中的"一"或"理"相通，恐怕是不自觉地受了朱子的话的暗示。

更使我们糊涂的，冯先生释《图说》中言动静一段时，又引《通书》"动而无静，静而无动，物也；动而无动，静而无静，神也"的话，跟着冯先生说明道："凡特殊的事物于动时则只有动而无静，于静时则只有静而无动。……若太极则动而无动，即于动中有静也；静而无静，即于静中有动也。"下面一段，即说明"太极为理"与特殊事物相对的理能够动，而且是动同时又非动，是静同时又非静。这在下愚观之，简直匪夷所思。除留待请教张天师外，再无别法。而且上引《通书》文中与"物"（冯先生解作特殊事物）相对的是"神"。我们须知这个"神"的历史背景是《易传》里"阴阳不测之谓神"的神。（观《通书》下文"神妙万物"的话可证，此语本《易传》"神也者妙万物而为言也"。）这样的神，是无论如何不能被认为与"太极为理"的太极相同或相等的。这个神，添上周濂溪所附加"动而无动，静而无静"的属性，简直是不受逻辑统御的魔鬼。我们相信逻辑（谁能不？）的人，除了指出它是胡说的结果以外，更不能替它作什么解说。

（2）关于朱陆的异同，冯先生的认识，自然比过去任何讲宋学的人为深刻，但似乎还有未尽之处。我的问题如下：在修养方法上，朱子注重"道问学"，象山却不注重此，而侧重内心的自知，这是一般人所知道朱陆表面的差别。冯先生指出来朱陆哲学上的重要差异在：朱子言性即理，象山言心即理。但从这个差异如何推演出他们修养方法上的差异？这一点似乎在冯先生看来没有什么问题，其实颇有问题。象山以为心即理，这句话的含义之一，是"心皆具有是理"，这个理至少包括"行理"，人之所应然的理。晦庵以为性即理，但这个性就是心中之理（依冯先生说），虽得于天却具于心的，这个理也包括"人之所应然"的理。那么朱陆同以为"人之所应然的道理"是具于各人心中。那么，他们应当同以为：欲知道怎样做一个理想的人，欲明"心之全体大用"，反求诸其心就够了。何以朱子于此更注重"道问学"

呢？更注重对外物"用力之久"呢？而且朱子还有理由比象山更不重"道问学"。朱子以为一切理之全体具于各人之心中"人人有一太极"（象山似不如此主张，他以为"道……在天曰阴阳，在地曰刚柔，在人曰仁义。故仁义者，人之本心也"。似乎他以为人心中之理只包括仁义），那么，即使穷理为正心修身的必要条件，欲穷理，反求诸其心也就够了，何必对外物"用力之久"呢？若说心中之理原为气禀所蔽，欲去此"蔽"，有待于"格物"（指朱子之所谓格物）；（冯先生似如此说，看页九一七至九二〇）到底"格物"与去蔽有没有必然的关系？欲明心中本有之理，是否非穷究外物之理不可？我们知道，象山也承认，人心之理（或人之本心）通常是被蔽的："愚不肖者不及焉，则蔽于物欲而失其本心；贤者智者过之，则蔽于意见而失其本心。"但他却甚且不承认"格物"是去欲的有效方法。我们不能说象山的主张是自相矛盾，也就不能说"格物"是"复性"的必要手段，也就不能说注重"道问学"的修养方法，是朱子哲学上主张的必要结论，也就不能说朱陆在修养方法上之差异，是基于他们哲学上之差异。这是我要请益于冯先生的。

（3）理气说之阐发，自然是宋儒在哲学上的一大贡献。关于理气说的起源，我近来在一部大家不甚注意的书里发现一段颇出人意料，却来历至今未明的记载，愿意附带提出来，供给我国治哲学史的人考察。明末李日华（一个博学的画家）的《紫桃轩杂缀》卷三（页一一四下一一五上，有正书局影印本）里说：

> 太极之理，人知本于《易》，而发明于周元公，以为元公之说与伏羲画卦同功。然考东汉张遇则已先之矣。遇字子远，余干人。常（尝？）侍其师徐稚过陈蕃，时郭泰，吴炳在坐，稚曰：此张遇也，知《易》义。蕃问遇。遇对曰：《易》无定体，强名曰"太极"。太者至大之谓，极者至要之谓。盖言其理，至大至要，在混沌之中，一动而生阴阳。阴阳者气也，所谓强生气，而气寓夫理者是也。蕃顾炳曰：若何？炳良久曰：遇得之矣。观遇之言甚精切，不曰动生阳，静生阴，而曰一动而生阴阳，更自有理会处。宋人好抹杀前古而伸其所宗。若此类者，不能不为拈出。

这一段的记载若可靠，的确是中国哲学史上很重要的新材料。可惜原不记出处。但我们有理由去相信这似非作者的杜撰。明人编的《尚友录》（卷八）里有这样的一条《张遐小传》（《图书集成》及《人名大辞典》中的《张遐传》皆本此）也不记出处：

> 张遐，汉，余干人，幼聪明，日记万言，举孝廉，补功曹，不就。十九从杨震，震语人日：张遐当为天下后世儒宗。建宁间，召为五经博士，爵以疾还教授。诸葛瞻、陆逊等皆其门人。卒赠族亭侯。所著有《五经通义》、《易传》、《筮原》、《龟原》、《吴越春秋》等书。

《后汉书》无《张遐传》。遍捡上记与张遐有关诸人在《后汉书》及《三国志》中的本传，也没有提及张遐的地方。再捡汪文台所辑的七家《后汉书》和惠栋所辑的《汉事会最人物志》（集两《汉书》以外，关于两汉人物的记载），也不见张遐的影子（也许我有疏忽，值得复捡的）。因上面引文所记张遐著作的提示，我查《经义考》内果有张遐《五经通义》一条，引据的是《江西饶州府志》。文曰：

> 张遐，字子远，余干人，侍徐稚过陈蕃，稚指之日：此张遐也，通《易》理。所著有《太极说》、《五经通义》。

又捡现有三种《补后汉书·艺文志》，其提到张遐的地方，除转引《经义考》外，又引有《江西余干县志》。《余干县志》关于张遐的记载除了说他撰有《吴越春秋外记》与《尚友录》所记不同外，没有什么特别的地方。以上探索的结果，是不能令我们满足的。我们至少要得到宋以前关于张遐尤其是他的理气和《太极说》的记载。因为我目前没有许多工夫花在这问题上，只好借这机会把这问题提出来，希望有人代为解决。

原载《清华学报》第十卷第三期，1935 年 7 月

评冯著《中国哲学史》

李世繁

这书在中国哲学史中是一本比较完善的著作，在许多方面都有其独到处，关于此点，张季同先生已有一篇论文名曰《冯著中国哲学史的内容和读法》（注一）详加述说，本文不再讨论了。但我读了这书以后，仍有几个疑问要请教于冯先生，想冯先生素来对于青年循循善诱，当不吝于赐教的。今分条陈述于后：

第一，叙述的详略。

在纵的方面，这书对于各时期思想的叙述是多寡悬殊，详略不均。有的时期，冯先生的叙述是特别详尽；有的时期，冯先生的叙述是特别简略的。今将这书的各章，各时期和各时代所占的页数列表于下，对于这种情形，便可以一目了然。

各章各时期和各时代所占页数表

册数	章次	章名	每章的页数	时期	每时期的页数	时代	每时代的页数
上册	第一章	绪论	27	春秋战国	408	子学时代	462（绪论除外）
	第二章	泛论子学时代论	18				
	第三章	孔子以前及其同时之宗教的哲学的思想	20				
	第四章	孔子及儒家之初起	40				
	第五章	墨子及前期墨家	33				

册数	章次	章名	每章的页数	时期	每时期的页数	时代	每时代的页数
上册	第六章	孟子及儒家中之孟学	28				
	第七章	战国时之百家之学	43				
	第八章	老子及道家中之老学	29				
	第九章	惠施公孙龙及其他辩者	38				
	第十章	庄子及道家中之庄学	30				
	第十一章	《墨经》及后期墨家	42				
	第十二章	荀子及儒家中之荀学	34				
	第十三章	韩非及其他法家	26				
	第十四章	秦汉之际之儒家	48	秦汉之际与汉初	81		
	第十五章	《易传》及《淮南鸿烈》中之宇宙论	25				
	第十六章	儒家之六艺论及儒家之独尊	8				
下册	第一章	泛论经学时代	6	两汉（从董仲舒到王充）	105（泛论经学时代除外）	经学时代（从董仲舒到康有为廖平）	551
	第二章	董仲舒与今文经学	49				
	第三章	两汉之际谶纬及象数之学	28				
	第四章	古文经学与扬雄王充	28				
	第五章	南北朝之玄学上	30	南北朝	100		
	第六章	南北朝之玄学下	29				
	第七章	南北朝之佛学及当时人对于佛学之争论	41				

册数	章次	章名	每章的页数	时期	每时期的页数	时代	每时代的页数
下册	第八章	隋唐之佛学上	49	隋唐	118		
	第九章	隋唐之佛学下	49				
	第十章	道学之初兴及道学中二氏之成分	20				
	第十一章	周濂溪邵康节	68	两宋 叙陆象山	161 17		
	第十二章	张横渠及二程	43				
	第十三章	朱子	33				
	第十四章	陆象山王阳明及明代之心学	46	明	29		
	第十五章	清代道学之继续	36	清	68		
	第十六章	清代之今文经学	32				

从上面的表看来，我们可以知道这书对于思想的叙述以春秋战国为最详，明清为最略。冯先生叙述中古时期的思想已比较上古的简略（如王充在汉代哲学家中是特出者，他恢复了道家的自然主义，对于当时迷信的儒教予以彻底的评论，并开后来魏晋自然主义的先河。而冯先生叙述王充的思想很是简略。又阮籍、嵇康、刘伶等人的思想，在南北朝时也有相当地位，但冯先生叙述他们的思想尤为简略），叙述明清的思想却又比中古时期更为简略了。

明代思想在中国哲学史中另放一种新色彩，创造一个新时期，形成冯先生所谓"心学时代"，以与宋代之"理学"抗衡。但冯先生叙述这时期的思想并不另辟专章，只附属于宋代陆象山的一章里（参看上表下册第十四章）。虽以王阳明的显著，冯先生曾说："与朱子对抗之人物……为二百五十年后之王阳明"（注二），也不够唤起冯先生的注意来单章叙述他的思想。

清代是"古学的昌明时代"，这时期思潮的主要运动是反明、反宋、反汉而复古。王船山、颜习斋、李恕谷、戴东原等是这期里的主要哲学家。按事实说来，冯先生当分章叙述他们的学说，来表白这期里思想的特点和他们的思想本来面目。但冯先生只在一章里（参看上表下册第十五章）分段述说他们的思想，仅占了36页的篇幅，似乎有点简略。

总括起来说，在纵的方面，这书于各时期思想的叙述是详略不称的，叙述上古多至 408 页，叙述明只有 29 页，叙述清只有 61 页，岂不是详古略今，忽略了通史的体裁？不知冯先生以为如何？

我觉得中国人做哲学史当特别注意近代，其原因有三：（一）中国人素有重古轻今之风。他们著书多喜记古事，好谈古人的思想。王充曾说："……述事者好高古而下今，贵所闻而贱所见。辩士则谈其久者，文人则著其远者。近有奇而辨不称，今有异而笔不记。"（注三）这真是他的超见。他的这些话虽是评论汉儒著书的毛病，实则一直到了千余年后的乾嘉学派也多患此病。梁任公说："乾嘉以后，上流人才，集精力于考古，以现代事迹实为不足研究。此种学风及其心理，遗传及于后辈专喜扫扯残编，不思创垂今录。呜呼！此则乾嘉学派之罪也。"（注四）我觉得这种重古轻今之风当极力删除的。（二）中国人以为中国的极盛时期，当推上古时代，所谓"唐虞盛世"。宋神宗曾问王安石为治所先？安石答道："择术为先。"神宗说："唐太宗何如？"安石答道："陛下当法尧舜，何以太宗为哉？尧舜之道，至简而不烦，至要而不迂，至易而不难。但末世学者不能通知，以为高不可及耳。"安石在中国思想家中是最激进和革新的，他犹以尧舜时代为"尽美""尽善"，"末世学者不能通知"。邵康节在他的《皇极经世表》中以为唐尧时代阳臻全盛，如乾卦（☰）所表示。人的文明亦以此时为最盛。（注五）这种说法可以代表中国人的退化论的观念。所以近人著述思想史多详古略今，以为今者不足述。其实思想是进步的，创造的；是由简入繁的，由不清晰至于清晰的。所以我们做史不当详古略今，最低限度也当古今并重。不然，这种退化论的观念将何时消灭呢？（三）现代是东西思想融会的时代，以中国的固有思想和西洋的思想结合，产生一种新的思想。因为近古的思想与我们最近，关系也是最为密切的，所以我们应当特别注意它。冯先生曾经说过："研究哲学须一方面研究哲学史，以观各大哲学系统对于世界及人生所立之道理；一方面须直接观察实际的世界及人生，以期自立道理。"（注六）这些话是很中肯的。

第二，取舍的主观。

在纵的方面，这书对于同时期的哲学家取舍未免主观；有的叙述很详，有的叙述很略，有的一字不提。在汉代里，冯先生叙述儒家董仲舒的思想极为详尽，但对于他以前的儒家如陆贾和贾谊则未提及一字。最使我们惊奇的是冯先生对于当时的道家竟付阙如，即使集道家思想大成的名著《淮南鸿烈》，冯先生也以为"杂取各家之言，无中心思想"（注七），而未作系统的叙述。在宋代里，主要的学派有三：一是"理学"派，一是"心学"派，一是王安石的政治思想和南宋的功利派。朱子是"理学"派的集大成者，陆象山是"心学"派的代表，陈龙川和叶水心是南宋的功利派。冯先生对于"理学"派的叙述颇详（参看上表下册十一、十二和十三章）；对于"心学"派的叙述很略（参看上表下册第十四章）；而对于王安石的学说和南宋的功利派竟弃而不论。在清朝里，黄宗羲和王船山都是当时第一流的哲学家，可与颜李、东原等人并列。宗羲对于政治哲学殊有新见，船山对于心理学大有贡献。冯先生于宗羲未提及一字，于船山也并未有系统的叙述，岂不是取舍过于主观吗？

为什么冯先生对于同时期的哲学家取舍这样主观？我以为这是由于冯先生对于中国哲学的一种看法。冯先生以为中国的玄学、道学、义理之学，堪与西洋的哲学约略相当，而可称为中国的哲学。玄学家、道学家、义理之学家是可称为哲学家的。冯先生说："西洋所谓哲学，与中国魏晋人所谓玄学，宋明人所谓道学及清人所谓义理之学，其所研究之对象，颇可约略相当。"（注八）又说："所谓中国哲学者，即中国之某种学问或某种学问之某部分之可以西洋所谓哲学名之者也。所谓中国哲学家者，即中国某种学者，可以西洋所谓哲学家名之者也。"（注九）故哲学史之主要任务如冯先生所说："即就中国历史上各种学问中，将其可以西洋所谓哲学名之者，选出而叙述之。"（注一○）从此看来，冯先生所以在宋代哲学里，不叙述王安石和南宋功利派的思想，大概冯先生以为他们都不是道家，不是正统派。冯先生曾说："此书第一篇出版后，胡适之先生以为书中之主要观点系正统派的。今此书第二篇继续出版，其中之主要观点尤为正统派的。此不待别人之言，吾已自觉之。"（注一一）冯先生承认道学是中国的哲学，道学家是中国的哲学家；但冯先生不把一切道学家都看作正统派。在宋代里，道学可分为两大派：一是"理学"，一是"心学"。朱子的学说是理学，象山的学说是心学。冯先生以为朱子的学说是"集其以前道学之大成"；（注一二）"所谓心学，象山慈湖实只开其端，其大成则有待于王阳明"。（注一三）所以"宋元为理学最盛时代"，"明为心学最盛时代"。（注一四）这显然是承认"理学"是道学的正传，朱子是道学的正统；"心学"不是道学的正传，象山也不是道学的正统了。所以冯先生叙述朱子的哲学特别详尽，叙述象山的学说则颇为简略。再进一步说，明为心学最盛时代，乃是这书叙述最简略的一部分，便是最显著的一个例。

冯先生于王安石、南宋功利派和黄宗羲的思想没有一字的叙述，我觉得这是冯先生的忽略。冯先生以为西洋哲学包括三大部：即宇宙论、人生论和知识论；而人生论又分二部：一部是心理学，一部是研究人究竟应该怎样者，此即伦理学（狭义的）政治社会哲学等所考究。（注一五）冯先生既以为道学所"研究天道之部分，即约略相当于西洋哲学中之宇宙论，其研究性命之部分，即约略相当于西洋哲学中之人生论"（注一六）；然则王安石、黄宗羲的政治哲学和南宋功利派的思想岂不与西洋哲学中的人生论相当？更进一步说，假设冯先生以为哲学史中不当叙述政治哲学和功利思想，但冯先生在上册中何以详细述说孟荀的政治哲学和墨子的功利思想？

我觉得哲学史（指通史）不当只详述正统派而略于他派。因为哲学史可分为两类：一是通史，一是专史。专史是专治一个学派的（如理学史、禅学史），或专治一个时代的（如秦汉哲学史），或专讲一人的学说的（如王充的哲学），或专讲哲学的一部分的历史（如人生哲学史、伦理学史）。通史是说明哲学整个思想演变的情形和因果，故当各派兼述、古今并重。盖专史贵专述，通史贵兼包。今冯先生的中国哲学史乃是通史，那么冯先生似乎不当仅述所谓正统派了。

第三，分期的失宜。

这书把中国哲学史思想的发展分为两期，即子学时代和经学时代。子学时代始于孔子终于淮南王，经学时代始于董仲舒终于康有为、廖平。冯先生以为子学时代的思想相当于西洋哲学史中的上古哲学，经学时代的思想相当于西洋哲学史中的中古哲学，中国的近古哲学尚在萌芽。冯先生以为西洋的中古哲学与近古哲学在性质上是不同的。中古哲学系以上古哲学为根据，而加以推衍或加以新的解释，总不敢越上古哲学的限度，不敢创立完全新的系统，既有新见，也依傍古人，并用古人的名词表述出来。近古哲学则是独立的，完全不受以前哲学家的限制而自创新学说，自造新名词。中国的哲学，自汉以后，大体上不能越出周秦哲学的范围，既有新见，也要在旧经典中找出其根据，以解经的形式，表示其新哲学。隋唐时代的佛学，虽非依傍中国经典，却又是依傍佛经。自汉以至清末，所有的思想家差不多都保持这种态度，所以冯先生通名之曰经学时代，而谓中国尚无近古哲学。冯先生以

为中国从汉中叶一直到清末政治经济制度和社会组织没有根本的变动，所以近古哲学也未能发生。（注一七）

冯先生把近古哲学未能发生的原因，归罪于中国一千几百年来政治经济制度和社会组织没有根本的变化，这是纯从唯物观点来立论的；但冯先生忽略了文化的沟通。当两种不同的文化接触以后，经过相当的时期，必产生一种新的文化。后者我名之曰创出品或突创品（emergent）。这种新的文化虽由于前二者融合后创造出来，但不等于前二者之和，而是另一种新的东西。如中国自与欧洲文化接触后，产生了中国现代文化；但后者既不等于中国的固有文化，也不完全等于欧洲的文化，也不等于二者之和，乃是另一种新的文化。但有一点我们应当注意：两种文化接触后，假设外来的文化是特长于精神文明的，则所产生的新文明必偏于精神与思想方面；假设外来的文化，其物质文明高于固有的文明，而精神文明亦有其特长，则所产生的新文化，必全盘变化，全盘更新。后者如中国的现代文化，前者如宋明的思想。

隋唐两代是佛学最盛行的时期。到了宋代佛教的思想和中国固有的思想结合起来，产生了宋明两代的新思想，即所谓道学。这可以说是中国的近古哲学。胡适先生说："自东晋以后，直到北宋，这几百年中间，是印度哲学在中国最盛的时代。印度的经典次第输入中国，印度的宇宙论、人生观、知识论、名学、宗教哲学，都能于诸子哲学之外，别开生面，别于光彩。此时凡是第一流的中国思想家，如智颛、玄奘、宗密、窥基，多用全副精力，发挥印度哲学。……这个时期的哲学，完全以印度系为主体。唐以后，印度哲学已渐渐成为中国思想文明的一部分。譬如吃美味，中古第二时期是仔细咀嚼的时候。唐以后便是胃里消化的时候了，吃的东西消化时，与人身本有的种种质料结合，成了一些新质料。印度哲学在中国到了消化的时代，与中国固有的思想结合，所发生的新质料，便是中国近世的哲学。"（注一八）我是很赞成他这种说法的。

中国的近古哲学和中古哲学不同之处有三：

（一）中古人的治学态度，大都信仰权威，依傍经典的。如两汉人是推崇孔子，以他为判断是非的标准。孔子的地位，在春秋战国时，一般人看来，不过是一时的大师。孟子是最崇拜他的，尊他是圣人，也只说他是"仁且智"。到了汉代，孔子的地位，在《公羊春秋》里，由圣而进为王，在谶纬书里，更由王而进为神。王充说："儒者论圣人，以为前知千岁，后知万世，有独见之明，独听之聪，事来则名，不学自知，不问自晓，故称圣则神矣，若蓍龟之知吉凶，蓍草称神龟，称灵矣。"（注一九）到了魏晋的时代则崇尚老庄，在此时期的思想，以老学庄学为依归。隋唐时代，佛学盛行。当时第一流的学者，又偏重于研究佛典，解释佛经了。这种治学的态度到了近古则完全改变，由信仰权威一转而为尊崇自己的理智。伊川和朱子所讲的"格物"、"致知"、陆象山所说的"知本"、王阳明所说的"致良知"，都是以自己的理智为主体，去寻求真理，而不依赖于权威了。

（二）中古人的解经纯以经典为主体，而以自己的意见补益之。如两汉今古文学家之解经（即五经）；魏晋人之注释老庄；隋唐人之推衍佛说。大体都是依傍经典，不能跳出经学的圈外。到了近古根本推翻了以往解经的态度，大都以自己的学说为主体，而以经学为附属。陆象山所谓"学苟知本，六经皆我注脚"（注二〇）；王阳明所谓"证诸五经四子，沛然若决江河而放诸海也"（注二一）。故宋明道学家的解经，已经跳出经学的圈外，另产生一种新思想。如他们所说的"太极""天理""人欲""静""敬""致知""格物""知本"是纯粹一种新思想，表现他们的新哲学。

（三）中古人讲学的目的大都为来世或出世。如汉代道家的代表名著《淮南鸿烈》之"主旨所在实是神仙出世的理论"（注二二）。魏晋的玄学更是出世的论调了。至于隋唐的佛学则是追求来世。近古学者的讲学目的，由出世主义而变为现实和淑世主义了。如横渠所谓："天地之塞，吾其体；天地之帅，吾其性；民吾同胞，物吾与也。……尊高年所以长其长，慈孤弱所以幼其幼，圣其合德，贤其秀也。凡天下疲癃残疾，茕独鳏寡，皆吾兄弟之颠连而无告者也。"（注二三）明道所谓："博施济众，乃圣人之功用。"（注二四）王阳明所谓："明明德者，立其天地万物一体之体也；亲民者，达其天地万物一体之用也。故明明德必在于亲民，而亲民乃所以明其明德也。……君臣也，夫妻也，朋友也，以至于山川神鬼鸟兽草木也，莫不实有以亲之，以达吾一体之仁，然后吾之明德始无不明，而真能以天地万物为一体矣。"（注二五）由此可知，宋明道学家的讲学目的是纯以救世为归宿。至于王安石和南宋功利派的哲学家更以经世致用为最高的目标了。

由上边的三点看来，可知中国中古哲学和近古哲学是有显著的不同，我们应当把它分开。不知冯先生以为如何？又冯先生"以旧瓶装新酒"来喻中古哲学之依傍上古哲学。冯先生说："自董仲舒至康有为为经学时代。……

此时诸哲学家所酿之酒，无论新旧，皆装于古代哲学，大部分为经学之旧瓶内。"（注二六）这种辩论在逻辑里为类比（analogy）。所谓甲和乙之关系如丙和丁。冯先生的辩论若推演为逻辑的形式，则成为"中古哲学之装于古代哲学里，犹新酒之装于旧瓶"。这两个命题的关系是不一样。新酒和旧瓶之关系是外在的（external relation），不起新变化；中古哲学和上古哲学的关系是内在的（internal relation），产生新变化。后人依傍经典而加以推衍或新的解释，并非后人的思想装于经典内，犹新酒之装于旧瓶内；乃是后人思想和古人思想的调和，另产生一种新思想。例如戴东原的《孟子字义疏证》，乃代表他个人的哲学，虽非孟子思想的旧观，然不是丝毫不受孟子的影响。在逻辑里，类比的辩论，其中命题的关系若不完全一样，则所得的推论（inference）是无价值的。今冯先生的辩论，其中命题的关系是不一样，若按逻辑说来，这种推论是不能成立。冯先生以为如何？

第四，原料和解释。

这书的体裁是选录式和叙述式并用的。（注二七）其弊有二：（一）原文选录有时过多，（二）解释有时太略。张素痴先生在他的《评中国哲学史（上卷）》（注二八）一文里，曾指示出这书在体裁方面的第一个普通缺点是"直用原料的地方太多，其中有好些应当移到附注里去，有好些若非用自己的话来替代或夹辅，则普通读者不容易得到要领的"，真是他的慧眼。冯先生答辩道："素痴先生所说我的书之第一普通缺点，是直用原料的地方太多。关于这点我在我的绪论里写了一段，说明此书系兼用叙述式与选录式的两种体裁，原文见原书第一九页（神州国光社本），现在不必钞他了。素痴先生只看见我的讲义，其中是没有增加这一段的。"（注二九）按素痴先生所指示出的是这书所用的体裁产生的流弊，而冯先生所解答的，只是这书所用的是什么体裁罢了。今我再举出这书在这方面的流弊例子于下：

这书引用原料过多的例子，莫过于上册第五章第六节讲墨子的兼爱，直选录了墨子《兼爱下》一文里一大段（共三十五行），而冯先生的解释只有五行，这使普通读者读了以后，仍然不知兼爱真义之所在。至于这书所选录的原料而需要解释或申述的地方还很多。今举数例于下：如上册第十五章第六节讲《淮南鸿烈》中之宇宙论曾引原文四段（共三十四行）而无解释。如下册第四章第三节讲王充的自然主义，冯先生选录了《论衡·自然篇》的"天地合气，万物自生，犹夫妇合气，子自生矣。……"的一段，而仅加以"此道家之自然主义而王充述之者也";又如同节讲"王充对于鬼神有无之辩论",冯先生选录了《论衡·论死篇》的"世谓死人为鬼,有知能害人。……"的一段,而仅加以"此王充之自然主义的生死观也"便了。又如下册第五章第三节讲阮籍对于礼法的观念,冯先生选录了《大人先生传》一文里的一段(共十三行),而仅加以"此攻击'君子之礼法',亦老庄之言";又如同节讲嵇康的主张,冯先生选录了《释私论》里的一段(七行),而仅加以"君子不以是非为念,但虚心率性而行,自然不违道,此亦老庄之言"便了。直用原料而解释最简单和不清楚的例子是下册第十四章第六节讲王阳明的根本观念,冯先生选录了《大学问》里的一大段(共十九行),而仅加以四行的模糊解释,真是使普通读者得不到要领的。这类的例子太多了,兹不尽举。

第五,孟子思想的讨论。

(一)孟子并非"反功利"——冯先生以为孟子只注意人性的扩充,而不注意人性扩充的结果。冯先生说:"孟子以为人皆有恻隐、羞恶、辞让、是非之四端。扩而充之,则为仁、义、礼、智之四德。四德为人性发展之自然结果,而人之所以须发展人性,因必如此方为尽'人之所以为人者',非因四德为有利而始行之也。四德之行,当然可生于社会有利之结果,此结果虽极可贵,然亦系附带的。"(注三〇)故冯先生以为孟子是反对利而主张义的。冯先生说:"孟子虽主张义,反对利,然对于义利之辨,未有详细说明,亦未将公利私利公开讨论,故颇受后人的驳诘。……"(注三一)

我觉得孟子在人生哲学方面,并非不注意人性的扩充结果;在政治哲学方面,是极端赞成公利主义的。

不知冯先生以为如何?孟子是性善论者,以为善乃人性所固有,若扩充起来,则发展为良好的德行。把恻隐、羞恶、辞让、是非的四端,扩充起来,则为仁、义、礼、智的四德。四德是人与人间的沟通要素,是社会的建筑栋梁。四端若扩充完善,发展为良好的四德,不仅有利于人群,有益于社会,亦是有利于自身;否则,不独无益于社会,而且有害于自身。所谓"人之有是四端也,犹其有四体也。有是四端而自谓不能者,自贼者也;谓其君不能者,贼其君者也。凡有四端于我者,知皆扩而充之矣,若火之始然,泉之始达,苟能充之,足以保四海;苟不充之,不足以事父母"(注三二)。所谓"仁则荣,不仁则辱"(注三三),"不仁不智,无礼无义,人役也"(注三四）。我们读了这些话，可知孟子是何等注意人性扩充的结果。他所最渴望的是善于自修，而以天下为己任的人；所最切齿的是"自暴自弃"不"居仁由义"的人。

孟子的政治哲学，我们可从两方面来观察：一是孟子所说的仁政实施大纲；一是推行仁政的动力。在仁政的实施大纲里，孟子是特别注重公利的，注重人民的"欲""恶"。孟子论性虽只承认恻隐、羞恶、辞让、是非的四端；而不与告子一致，将食色包括在性内；但他并不轻视食色，主张去欲。他曾对齐宣王说道，你好色也不妨，好货也不妨。但你好色时，须念国中有怨女旷夫；你好货时，须念国中的饥寒。这是何等重视食色——他以为君主欲得天下，须先要得民心；而得民心的最好办法，是重视人民的"欲""恶"。人民所欲的是"饱食暖衣"，所恶的是"饥寒冻饿"。故君主当"所欲与之聚之，所恶勿施尔"（注三五）。孟子以为充实人民的生活，使他们足衣足食，是政治上的重要问题。他说："民非水火不生活。昏暮叩人之门户，求水火，无弗与者，至足矣。圣人治天下，使有菽粟如水火；菽粟如水火，而民焉有不仁者乎？"（注三六）又说："明君制民之产，必使仰足以事父母，俯足以畜妻子，乐岁终身饱，凶年免于死亡。然后驱而之善，故民之从之也轻。今也制民之产，仰不足以事父母，俯不足以畜妻子，乐岁终身苦，凶年不免于死亡。此惟救死而恐不赡，奚暇治礼义哉？"（注三七）故孟子所说的仁政实施大纲，初步是改革人民的生活状况，推行井田；次之是建设学校，训教道德。他说："五亩之宅，树之以桑，五十者可以衣帛矣；鸡豚狗彘之畜，无失其时，七十者可以食肉矣；百亩之田，勿夺其食，数口之家，可以无饥矣。（以上是物质建设）谨庠序之教，申以孝悌之义，颁白者不负戴于道路矣。（以上是精神建设）"（注三八）由此可知，仁政是始于物质建设，而终于道德建设。我们若从这方面来观察，孟子所说的仁政，岂不是谋人民最大多数最大幸福的公利主义？但若从另一方面来观察，推行仁政的动力是推恩，即人君用"不忍人之心"来推恩于百姓，而与他们表同情。孟子说："人皆有不忍人之心。先王有不忍人之心，斯有不忍人之政矣。以不忍人之心，行不忍人之政，治天下可运之掌上。"（注三九）又说："老吾老，以及人之老；幼吾幼，以及人之幼；天下可运于掌。……故推恩，足以保四海；不推恩，无以保妻子。……"（注四〇）我们若从这方面来观察，孟子所说的仁政是仁义。今冯先生以为孟子反对利而主张义，可知冯先生只见孟子所说推行仁政的动力，而疏忽了仁政的实施大纲。

冯先生曾说："论者多谓……孟子所说王政，亦注重人民生活之经济方面，故儒家非不言利。不知儒家不言利，乃谓各事只同其当否，不必问其结果，非不言有利于民生日用之事。"（注四一）其实孟子谈政治是特别注意其结果的。如孟子对齐宣王说："无恒产而有恒心者惟士为能。若民则无恒产，因无恒心，苟无恒心，放辟邪侈，无不为己。及陷于罪，然后从而刑之，是罔民也。焉有仁人在位，罔民而可为也。"（注四二）这就是说君主当注意人民的生活问题，为他们预先打算。若不为他们打算，则结果必不能入于正轨，于是放辟邪侈无不为己。

（二）浩然之气——我觉得孟子所说浩然之气，在他的人生哲学中占一个重要的地位。冯先生讲浩然之气，略而不详。（注四三）今把我的意见，写在下面，请冯先生指正。

孟子既以为人性都是善的，故他有一种人格平等论。他说："彼丈夫也，我丈夫也。吾何畏彼哉？""舜何人也，予何人也。有为者亦若是。"（注四四）人既都可做尧舜，都可做圣人，所以当以天下为己任，来改造社会，救济民生。他说："待文王而后兴者，凡民也。若夫豪杰之士，虽无文王犹兴。"（注四五）又说："夫天，未欲平治天下也。如欲平治天下，当今之世，舍我其谁也。"（注四六）这是何等气节！何等魄力！但欲大有作为，来做一番轰轰烈烈的事业，非有大勇不可。大勇怎样培养，怎样熏陶，是孟子浩然之气里讨论的问题。

孟子所谓浩然之气，渊源于曾子所谓大勇。陈沣说："曾子述夫子自反而缩数语，即孟子所谓浩然之气也。"（注四七）孟子说道："昔者曾子谓子襄曰：'子好勇乎？吾尝闻大勇于夫子矣。自反而不缩，虽褐宽博吾不惴焉。自反而缩，虽千万人吾往矣。'"（注四八）可知曾子所谓大勇并非全出于情感，轻举妄动无所恐惧；乃是情感和理智的配合，经过精密的思考，正确的判断，然后以大无畏的精神去做。

由此可知，行为的要素有二：即理智和情感。丰富的情感而配合以高深的知识，然后才能发为完善的行为。孟子说道："我知言，我善养吾浩然之气。"（注四九）朱子解释这两句话道："盖惟知言，则有以明夫道德，而于天下之事无所疑。养气则有以配夫道义，而于天下之事无所惧。此其所以当大任而不动心也。"（注五〇）所谓知言是属于知，养气是知与情的配合。养气的方法是："配义与道"，"集义所生"。（注五一）朱子注解"集义"道："集义，犹言积善。盖欲事事皆合于义也。"（注五二）可知孟子所谓浩然之气是伟大的情感，刚直的态度，而配合以道义；然后才能临事勇决，无所畏惮。这便是孟子行为论的主知主义，也就是所谓大勇。

冯先生以为："孟子派的儒家，以神秘境界为最高境界，以神秘经验为个人修养之最高成就。"（注五三）"孟子所谓浩然之气，即个人在最高境界中之精神状态。"（注五四）我有一点疑问的，孟子所谓浩然之气，乃"集义所生"。知与情的配合，即曾子所谓大勇。有何"神秘经验为个人修养之最高成就"，有何"神秘境界"？

第六，儒家的大同思想非受道家的影响。

冯先生说：后来之儒家哲学，颇受有道家哲学之影响。一部分儒家之政治社会哲学之受道家影响者，可以《小戴礼记》中之《礼运》首段所说代表之。（注五五）我觉得《礼运》首段所说的政治社会哲学与道家无关，似受墨家的影响。不知冯先生以为如何？

（一）大同思想与道家无关。道家最显著的是老庄，而老子的政治哲学，是不主张尚贤，主张弃智，主张不贵难得之货；而他的最后理想是"小国寡民，使有什伯之器而不用，使民重死而不远徙。虽有舟舆，无所乘之；虽有甲兵，无有陈之。使人复结绳而用之。甘其食，美其服，安其居，乐其俗。邻国相望，鸡犬之声相闻。民至老死不相往来"（注五六）。可知老子的理想国是小国寡民，人民各过个人的生活，彼此间不发生密切的关系，所谓"民至老死不相往来"。至于《礼运》首段的政治思想是提倡尚贤任能，如"选贤与能"：贵货重力，所谓"货恶其弃于地也，不必藏于己。力恶其不出于身也，不必为己"。其理想的政治组织，则是超国家的集团，以全世界为政治的对象，所谓"天下为公"。在这个大集团里边，人民彼此间发展密切的关系，如"……故人不独亲其亲，不独子其子。使老有所终，壮有所用，幼有所长。鳏寡孤独废疾者，皆有所食。男有分，女有归"。从上看来，可知老子的政治思想和《礼运》的首段思想，全然不同，毫无关系了。

庄子是辨别自然和人为最甚的，以为自然和人为对立。自然是尽美尽善，人为是有缺欠的。人为不独无益于人类，而且有害于人性。人为多一分，则人性加一分约束，增一分伤害。他说："天在内，人在外。……牛马足四是谓天；落（同络）马首，穿牛鼻是谓人。"（注五七）又说："无以人灭天，无以故灭命。"（注五八）又说："凫胫虽短，续之则忧。鹤胫虽长，断之则悲。故性长非所断，性短非所续。"（注五九）故他以为一切社会上的礼法和制度都是有损人性的。人当超出礼法，过适性的生活，逍遥于天地之间。因此他的政治思想是主张"在宥天下"，而不主张"治天下"。他说："闻在宥天下，不闻治天下也。在之也者，恐天下之淫其性也。宥之也者，恐天下之迁其德也。天下不淫其性，不迁其德，有治天下者哉。"（注六〇）又说："夫子若欲使天下无失其牧乎？则天地固有常矣，日月固有明矣，星辰固有列矣，禽兽固有群矣，树木固有立矣。夫子亦放德而行，循道而趋，已至矣。又何偈偈乎揭仁义，若击鼓而求亡子焉？噫！夫子乱人之性也。"（注六一）他这种顺性循德的政治思想，和《礼运》首段所主张的人当在全世界社会大集团里边，过着有计划的整齐划一的生活，全然不同。

总上两段看来，可知《礼运》首段的社会政治思想是与老庄的政治主张，全然不同，毫无关系了。

（二）大同思想似受墨家影响。我觉得《礼运》首段思想似受墨家影响。墨子的学说在秦汉之际，并未中绝。《吕氏春秋》曾数次提及墨家，即罢黜百家，推崇儒家的功臣董仲舒也受墨子思想的影响。董仲舒对于"仁"字的解说，和以前儒家大不相同。他说："仁者所以爱人类也。"（注六二）又说："王者爱及四夷，霸者爱及诸侯，安者爱及封内，危者爱及旁侧，亡者爱及独身。"（注六三）他又以为天以爱利人为意，王者当法天。他说："仁之美者在于天。天，仁也。天覆育万物，既化而生之，又养而成之。事功无已，终而复始：凡举归之以奉人。察于天之意，无穷极之仁也。……天常以爱利为意，以养长为事，春秋冬夏，皆其用也。王者亦常以爱利天下为意，以安乐一世为事，好恶喜怒而备用也。"（注六四）他这种爱以人类为目的，又主张天以爱利人为意，王者当法天，完全是与墨子的"兼爱"和"天志"的主张相同。可见墨子思想在汉初尚未中绝。

墨子的政治学说，在社会生活方面，主张废除"私人团体"，而以"公共团体"为生活对象；在政治组织方面，主张超出国家集团，而以天下大集团为目标。他说："视人之室若其室，谁窃？视人之身若其身，谁贼？视人之家若其家，谁乱？视人之国若其国，谁攻？"（注六五）这与《礼运》首段所说的"天下为公"相当。在领袖和战争方面，他主张"尚贤"和"非攻"。这又与《礼运》首段所说的"选贤与能，讲信修睦"相符合。在经济生活方面，他主张余力相劳、余财相分的完全互助的社会。他说："有余力以相劳，有余财以相分。"（注六六）"疾从事焉，人为其所能以交相利。"（注六七）这更与《礼运》首段所说"货恶其弃于地也，不必藏于己；力恶其不出于身也，不必为己"相一致。从此看来，可知《礼运》首段的思想颇与墨子的政治思想有关。不过我们当特别注意的，是墨子的政治思想以"兼爱"为中心，《礼运》首段的思想则以泛爱为出发点。《礼运》首段所说的"人不独亲其亲，不独子其子。使老有所终，壮有所用，幼有所长，鳏寡孤独废疾者皆有所养"。这与孟子所说的"老吾老，以及人之老；幼吾幼，以及人之幼"（注六八）相一致。这是一种爱以家族为出发点的泛爱论，和墨子的爱以个人为出发点的兼爱论不同。可知《礼运》首段的思想，虽受墨家影响；但其主要观点，仍以儒家思想为中心。故《礼运》首段的思想是儒墨两家思想的混合产品了。

为什么《礼运》思想产生于秦汉之际呢？因为秦汉大一统以后，当时的思想界亦有统一的趋向。当时的政治哲学最主要的问题是怎样产生一种政治理想来与当时政治现象相调和；于是儒者乃以儒家的思想为中心，并采取了墨家的思想，《礼运》的首段思想遂产生了。可知社会环境对于思想的影响的重要。

第七，王充的贡献和他在中国哲学史上的地位。

冯先生说："王充《论衡》一书，即就道家自然主义之观点，以批评当时一般人之迷信。《论衡》一书，对于当时迷信之空气，有摧陷廓清之功；但其书中所说，多攻击破坏，而少建树，故其书之价值，实不如近人所想象之大也。"（注六九）冯先生以为王充在思想上的贡献：多攻击破坏，而少建树。前者是我所同意，后者是我所怀疑的。胡适先生说道："王充的哲学是中古思想的一大转机。他不但在破坏方面打倒迷信的儒教，扫除西汉的乌烟瘴气，替东汉以后的思想打开一条大路；并且在建设方面，提倡自然主义，恢复西汉初期的道家哲学，替后来魏晋的自然派哲学打下一个伟大的新基础。"（注七○）这些话我是很赞成的，他以为王充在思想上的贡献有二：在破坏方面，打倒迷信的儒教，扫除西汉的幼稚信仰；在建设方面，提倡道家自然主义，开后来魏晋自然派哲学的先河。我以为王充的贡献，除上述两项外，还有第三项，即他的哲学的方法。今分述于下，请教于冯先生：

在思想的破坏方面，王充的贡献，是冯先生极端所承认的。冯先生说：

"书中所说，多攻击破坏。"故我不加述说了。

在思想的建设方面，冯先生以为王充的贡献是"少建树。故其书之价值，实不如近人所想象之大"。这是我不敢同意的。道家一系的哲学（如老子、庄子、慎到、淮南子），无论内容怎样不同，欲有一相同之处，就是信仰自然主义的宇宙观，不承认天是有意志、有目的。自从《淮南子》后，这种自然派的哲学，被迷信的儒教所压倒，埋没了二百余年，直到了王充才将它恢复起来。胡适先生说道："直到二百年后伟大的王充出来，自然主义才得从那阴阳灾异符瑞感应的垃圾堆里被爬梳出来，刷清整理，成为中古思想界的唯一炬光。"（注七一）王充不仅恢复了道家的自然主义，并且建立了一种有系统的唯物的宇宙观。他以为天地是自然、是物质，无感觉、无意志和无为的。他说："何以天之自然也？以天无口目也。案有为者，口目之类也。口欲食而目欲视，有嗜欲于内，发之于外，口目求之，得以为利欲之为也。今无口目之欲，于物无所求索，夫何为乎？何以知天无口目也？以地知之。地以土为体，土本无口目。天地，夫妇也；地体无口目，亦知天无口目也。使天体乎？宜与地同。使天气乎？气若云烟，云烟之属，安得口目？"（注七二）天地既是无意志的、无目的的，故不会有意生人，也不会有意生万物。一切物的生死变化都是自然的，都是由于"天地合气"，自生自有的。他说："天之动行也，施气也：体动气乃出，物乃生矣。由（同犹）人动气也，体动气乃出，子亦生也。夫人之施气也，非欲以生子，气施而子自生矣。天动不欲以生物，而物自生，此则自然也；施气不欲为物，而物自为，此则无为也。"（注七三）又说："天地合气，万物自生，犹夫妇合气，子自生矣。"（注七四）因此他发明偶生论来替代当时儒教的"天地故生人"的目的论的天道观。他说："儒者论曰：'天地故生人'，此言妄也。夫天地合气，人偶自生也。犹夫妇合气，子则自生也，夫妇合气，非当时欲得生子；情欲动而合，合而生子矣。夫妇不故生子，以知天地不故生人也。然则人生于天地也，犹鱼之于渊，虮虱之于人也，因气而生，种类相产。万物生天地之间，皆一实也。……天地合气，物偶自生矣。"（注七五）这是推翻了当时儒教的目的论的天道观。推翻了目的论的天道观，即是打倒了儒教的灾异符瑞感应的迷信的根基。

由上段看来，自王充恢复了道家的自然主义和建立了唯物的宇宙观，并且发明偶生论，来给儒教的目的论的天道观根本攻击以后，迷信的儒教乃一蹶不振，老庄的自然哲学乃渐渐抬头。故王充在中国哲学史上占一重要的地位。他的哲学是中古思想的一大转机，结束了西汉的迷信儒教，开后来新老庄哲学的先河。

我觉得王充的哲学方法，在中国哲学史上亦放一新色彩。西汉时代是信仰盛行、理智衰落的时代。当时儒教的学者大都舍弃自己的感官和理智而不用，不仅被灾异符瑞感应的迷信所笼罩，并且是极端信仰权威的。阴阳家的思想，到了西汉的时候，差不多完全与儒教混合，"天道"人事，互相影响的观念，弥漫于一般人的思想中。汉儒喜谈灾异，君主也多遇灾恐惧。故三公的任务，除治政事外，尚须"调和阴阳"。陈平与文帝说："宰相者，上佐天子理阴阳，顺四时，遂万物之宜者也。"这是何等迷信！至于汉儒信仰权威的情形，由孔子在当时地位的逐渐增高，便可证明（参看本文第三项第四段）。由此看来，这个时代真是信仰流行的时代了。直到了王充出来，才由信仰的迷雾里脱逃，而创造了他的伟大哲学方法。

他的方法论与汉儒不同之处，是他特别推重于理智和感官，主张利用自己的理智去思索真理，利用自己的感官去观察真实。他说："论则考之以心，效之以事。浮虚之事，辄立证验。"（注七六）他这种理智和感官并用的方法论，不独在汉代是出类拔萃，即便在中古时期也是另放异彩的。

第八，刘伶的超逸思想和列子杨朱篇中的极端纵欲主义。

冯先生以为刘伶《酒德颂》的思想是代表当时一般放情肆志的人生观，并和《列子·杨朱篇》中的放情肆志的人生观相同。（注七七）这是我所怀疑的。刘伶《酒德颂》的思想是蜕形于老庄的自然主义，不受名教礼法的限制，利欲的缚束；无思无虑，一任自然，而逍遥于天地之间。他说："有大人先生，以天地为一朝，万期为须臾，日月为扃牖，八荒为庭衢。行无辙迹，居无室户，幕天席地，纵意所如。……无思无虑，其乐陶陶。兀然而醉，豁然而醒。静听不闻雷霆之声，熟视不见泰山之形。不觉寒暑之切肌，利欲之感情。俯观万物，扰扰焉若江海之载浮萍；二豪侍侧焉，如蜾蠃之与螟蛉。"（注七八）这种思想是代表当时一般逍遥主义超脱思想的人生观。阮籍所谓："夫大人者，乃与造物同体，天地并生。逍遥浮世，与道俱成。……今吾乃飘摇于天地之外，与造化为友。"（注七九）嵇康所谓："情不系于所欲"，"越名教而任自然"。（注八〇）可见他们两人的思想，完全与刘伶相符合的。

至于《杨朱篇》中的思想是代表一种极端的纵欲主义，以极端纵欲为理想生活，和刘伶《酒德颂》的思想是迥不相同的。刘伶的思想是超脱于利欲之外，所谓"不觉寒暑之切肌，利欲之感情"而与自然化合。《杨朱篇》的思想是为利欲所囿，恣情享乐，求肉体上欲望的满足。《杨朱篇》说道："晏平仲问养生于管夷吾。管夷吾曰：'肆之而已，勿壅勿阏'。晏平仲曰：'其目奈何。'夷吾曰：'恣耳之所欲听，恣目之所欲视，恣鼻之所欲向，恣口之所欲言，恣体之所欲安，恣意之所欲行。……'"（注八一）他既以为人生的目的只为享乐，所以非难名法，因为名法可以阻挡求乐。他说："人生之生也，奚为哉？奚乐哉？为美厚尔，为声色尔，而美厚复不可常厌足，声色不可常玩闻；乃复为刑赏之所禁动，名法之所进退，遑遑尔竞一时之虚誉，规死后之余荣，偊偊尔慎耳目之观听，惜身意之是非，徒失当年之至乐，不能自肆于一时，重囚累梏，何以异哉？"（注八二）由此可知，《杨朱篇》中所主张的脱离名法的缚束与刘伶《酒德颂》的超脱名教，显然不同。前者是怕失掉目前的快乐，不能自肆于一时，而恨名法；后者是对于自然的领悟，而轻视名教。这是当特别注意的。

由此看来，《杨朱篇》中的极端纵欲主义，并非道家之支裔，而是代表另一系统的思想；或是代表荀子《非十二子篇》中所说的魏牟的思想。荀子说："纵情性，安恣睢，禽兽行。不足以合文通治。然而其持之有故，其言之成理，足以欺惑愚众，是它嚣魏牟也。"（注八三）

第九，清代不是道学的继续。

冯先生以为清人所讲的哲学，完全与宋明道学之不同，当始自清代的今文学家。（注八四）在此时以前，清人所讲的哲学，乃系一部分宋明道家的继续。冯先生说："盖此时之汉学家，若讲及所谓义理之学，其所讨论之问题，如理、气、性、命等，仍是宋明道学家所提出之问题。其所依据之经典，如《论语》、《孟子》、《大学》、《中庸》等仍是宋明道学家所提出之四书也。就此方面言，则所谓汉学家，若讲及所谓义理之学，仍是宋明道学家之继续者。"（注八五）

冯先生这些话，我是有点怀疑的。清人所讨论的问题，如理、气、性、命等，仍是宋明道学家所提出的，清人所依据之经典，如四书，仍是宋明道学家所依据的。这只能证明清人讲学表面上是与宋明道学家相同。其实清人的讲学精神，完全与宋明道学家的不同。他们觉悟了以前道学家讲学的错误，另开辟一个新途径。其结果有三：（一）反对宋明道学家的解经，直接寻求孔孟的真义；（二）厌弃道学家的心性理气的玄学，主张经世致用的实学；（三）批评宋明的道学，建设新哲学。这三种趋势是代表清代哲学的新精神。今分述于下：

（一）在清代，有孔孟程朱之辨。清儒以为宋明道学家的解经，乃以他们自己的见解，附会经书，故经书的真义，晦而不彰。他们大都罢弃道学家的传注，直接寻求孔孟的真义。这种运动，在潘用微的《求仁录》和陈乾初的《大学辨》里已开其端。钱穆先生说："盖两人皆不喜玄虚渺漠之谈，而倡孔孟程朱之辨，罢弃传注之附会，直求本经，以探孔孟真义。"（注八六）所以用微有"不得看注，不得看诸贤语录"的话。自从顾亭林提出"经学即理学"以后，治经的风尚，乃逐渐弥漫于清代。梁任公说："自顾亭林高标'经学即理学'之徽帜以与空谈性命之陋儒抗，于是二百年来学者家家谈经，著作汗牛充栋。"（注八七）其中的名著，如胡朏明的《易图明辩》、焦里堂的《雕菰楼易学三书》、孙渊如的《尚书今古文注疏》、陈硕甫的《诗毛氏传疏》、焦里堂的《论语通释》和《孟子正义》、戴东原的《孟子字义疏证》等都是尽弃道学家的传注，来寻求经书的本义。这个时代真是古学昌明的时代了。

（二）清代真是一个新时代了。当时学者对于以前道学家的心性理气的玄学厌倦已达极点。陈乾初说："弟愚人也，何敢言学。唯是世儒习气，敢于诬孔孟，必不敢倍程朱，时为之痛心。"（注八八）又说："本体二字不见经传，此宋儒从佛氏脱胎来者。"（注八九）"周子无欲之教，不禅而禅。……人心本无所谓天理，天理正从人欲中见。人欲恰好处，即天理也。向无人欲，则亦并无天理之可言矣。"（注九〇）李恕谷记万季野自述说道："吾少从黄先生游，闻四明有潘先生者，曰：'朱子道，陆子禅。'怪之。往诘其说，有据。同学因轰言予叛黄先生，先生亦怒。"（注九一）顾亭林说："窃叹夫百余年以来之为学者，往往言心言性，而茫乎不得其解也。命与仁夫子之所罕言也。性与天道，子贡之所未得闻也。……今之君子则不然，聚宾客门人之学者数十百人，譬诸草本，区以别矣，而皆与之言心言性。舍多学而识以求一贯之方，置四海之困穷不言而终日讲危微精一之说。是必其道之高于夫子，而其门弟子之贤于子贡，……我弗敢知也。"（注九二）颜习斋道："予未南游时，尚有将就程朱附之圣门支派之意。自一南游，见人人禅子，家家虚文，直与孔门敌对，必破一分程朱，始入一分孔孟。乃定以为孔孟程朱，判然两途，不愿作道统中乡愿矣。"（注九三）李恕谷说："高者谈性天，撰语录；卑者疲精死神于举业。"（注九四）由此可知，道学的厌倦乃是当时一个普遍的趋势。他们大都以为宋明道学家杂禅道，并非传孔孟之真，"必破一分程朱，始入一分孔孟。"于是由于心性理气玄学的摆脱，转而入于经世致用的实学。他们以为人伦日用，实用实行，乃是孔孟的真传。潘用微说："学在人伦日用困勉中力行，慎毋蔑视困勉，妄希自然。"又说："知求仁之学脉者，身不容不修，家不容不齐，国不容不治，天下不容不平。学不容不谋，道不容不明。"又说："知求仁之学脉者，浑是平常，浑是平实，而异端之玄微高妙者，毫不及其万一。尽力于人伦，绵密于日用，而异端之超脱洒落者，毫不能测其影响。"（注九五）颜习斋说："必有事焉，学之要也。心有事则存，身有事则修，家之齐，国之治，皆有事也，无事则道与治俱废。故正德利用厚生曰事，不见诸事，非德非用非生也；德行艺曰物，不徵诸物，非德非行非艺也。"（注九六）又说："盖正谊便谋利，明道便计功，是欲速欲助长，全不谋利谋功，是空寂，是腐儒。"（注九七）这种事功思想，实用主义，与专尚读书、静坐、谈天道、论人性的道学思想，判然两途。后来李穆堂章实斋论学多采此说。这是清学一伏流。（注九八）

（三）胡适先生说："反理学的运动有两个方面：（1）打倒（破坏）。打倒太极图等等迷信的理学，——黄宗炎毛奇龄等。打倒谈心说性等等玄谈，——费密颜元等。打倒一切武断的，不近人情的人生观，——颜元戴震袁枚等。（2）建设。建设求知识学问的方法，——顾炎武戴震崔述等。建设新哲学，——颜元戴震袁枚等。"（注九九）由此可知，清儒一面破坏宋明的道学，一面建设新哲学。如王船山的心理学、颜李的实用和实习主义、戴东原的"求理之方法"、焦里堂的性善论，不但在清代哲学里是特殊，即便在中国哲学史上也应占相当位置。

由以上三点看来，可知清儒的讲学精神，是有其特殊面目的。他们由于对宋明道学的厌倦，而尊圣信古：一面罢弃传注的附会，直求本经；一面打倒道家哲学，建设新思想。可知清代不是道学的继续，而是古学的昌明了。

第十，颜李哲学的特别精神。

冯先生曾说："威廉詹姆士谓：若宇宙之一方面，引起一哲学家之特别注意，彼即执此一端，以概其全。故哲学家之有所蔽，正因其有所见。惟其如此，所以大哲学家之思想，不但皆为整个的，而且各有其特别精神，特别面目。"故冯先生以为："讲哲学史之一要义，即是要在形式上无系统之哲学中，找出其实质的系统。"（注一〇〇）这些话实为中肯。由此看来，可知哲学史的主要任务即是把在形式上无系统的哲学，找出其实质的系统；把片段的、散漫的思想，找出其中心观点；希冀将每个哲学家的特殊面目，特别精神表示出来，使读者知道他们的整个思想，和他们在哲学史上的新贡献和地位。

但我觉得在这书当中最不能完成上段所述的使命，最不能表示出来哲学家的整个思想和特别精神的，当推颜李哲学的叙述了。（注一〇一）今述于下，请冯先生指教。

冯先生是主张清代"义理之学"乃一部分宋明道学的继续，关于这点我们在本文第九节已讨论过了；故冯先生叙述颜李的哲学只将有关于宋明道学家所讨论的问题（如理气、性形）片段地、散漫地叙述出来，其间并插杂刘蕺山、黄梨洲、王船山等人的主张。真是使普通读者不易知道颜李哲学的整个观点和中心思想的所在。

颜李讲学的特别精神是什么呢？梁任公曾说："其间有人焉举朱陆汉宋诸派所凭借者一切摧陷廓清之，对于二千年来思想界，为极猛烈极诚挚的大革命运动；其所树的旗号曰'复古'，而其精神为'现代的'。其人为谁？曰颜习斋及其门人李恕谷。"（注一〇二）钱穆先生说："以言夫近三百年学术思想之大师，习斋要为巨擘矣。岂仅于三百年！上之为宋元明，其言心性义理，习斋既一壁推倒；下之为有清一代，其言训诂考据，习斋亦一壁推倒。"（注一〇三）故习斋反对读书、著书、穷理和静坐。他和宋代理学派朱子的最大不同处：是朱子喜欢纯理的追求，形而上学的检讨；而他则注重实用的知识和人生哲学。颜李特别注重处世的方法，不避粗，不避杂，以为做人当由粗杂中去求。这是和宋儒的根本不同处。习斋说："子臣弟友，道之归宿；礼乐射御等，道之材具。若无之，则臣子徒具忠孝之心，而无其作用。如明末死节诸臣，不可见乎？"（注一〇四）又说："学问无所谓精粗。喜精恶粗，此后世之所误苍生也。"又说："宋家老头巾，群天下人才于静坐读书中，以为千古独得之秘，指干办政事为粗豪为俗吏，指经济生民为功利为杂霸。究之使五百年中平常人皆读讲集注，揣摩八股，走富贵利达之场；高旷人皆高谈静敬，著书集文，贪从祀庙庭之典。"李恕谷《平书订》也说："天下当为不可不为者，皆正途，不可言杂。谓历象太卜考工歧黄为杂，犹是宋明书生习气，非古也。"他们既注重处世之法，注重政治和经济民生，故主张实习、实行和功利。这便是他们讲学的特别精神，特别面目。

注释：

注一：原载《出版周刊》新 126 号及 127 号。

注二：冯友兰：《中国哲学史》，第 944 页。

注三：《论衡》，《四部丛刊》本，卷十八，第 16—19 页。

注四：参见梁启超：《中国近三百年学术史》，明史之述作条。

注五：参见冯友兰：《中国哲学史》，第 848 页。

注六：参见冯友兰：《中国哲学史》，第 17 页。

注七：参见冯友兰：《中国哲学史》，第 477 页。

注八：冯友兰：《中国哲学史》，第 7 页。

注九：冯友兰：《中国哲学史》，第 8 页。

注一〇：冯友兰：《中国哲学史》，第 1 页。

注一一：冯友兰：《中国哲学史》，"自序"。

注一二：冯友兰：《中国哲学史》，第 896 页。

注一三：冯友兰：《中国哲学史》，第 94 页。

注一四：冯友兰：《中国哲学史》，第 948 页。

注一五：冯友兰：《中国哲学史》，第 213 页。

注一六：参见冯友兰：《中国哲学史》，第 7、491 页。

注一七：冯友兰：《中国哲学史》，第 7、491 页。

注一八：胡适：《中国哲学史大纲》，第 7 页。

注一九：《论衡》，《四部丛刊》本，卷二十六，第 1 页。

注二〇：《象山全集》，《四部丛刊》本，卷二十五，第 60 页。

注二一：《王文成公全书》，浙江书局本，卷三，第 58 页。

注二二：胡适：《淮南王书》第五章，"出世的思想"。

注二三：《全集》，《正谊堂全书》本，卷一《西铭》。

注二四：《二程遗书》，吕氏天盖楼刊本，卷二上，第 3 页。

注二五：《王文成公全书》，浙江书局本，卷二十六，第 3 页。

注二六：冯友兰：《中国哲学史》，第 492 页。

注二七：参见冯友兰：《中国哲学史》，第 22 页。

注二八：原载《大公报副刊》第 176 和 177 两期里，现载冯友兰：《中国哲学史补》，第 129 页。

注二九：冯友兰：《中国哲学史补》，第 102 页。

注三〇：冯友兰：《中国哲学史》，第 162 页。

注三一：冯友兰：《中国哲学史》，第 162 页。

注三二：《孟子·公孙丑上》，《四部丛刊》本，卷三，第 15—16 页。

注三三：《孟子·公孙丑上》，《四部丛刊》本，卷三，第 13 页。

注三四：《孟子·公孙丑上》，《四部丛刊》本，卷三，第 16 页。

注三五：《孟子·离娄上》卷七，第 718 页。

注三六：《孟子·尽心上》卷十三，第 14 页。

注三七：《孟子·梁惠王上》卷一，第 5 页。

注三八：《孟子·梁惠王上》，第 5 页。

注三九：《孟子·公孙丑上》卷三，第 14—15 页。

注四〇：《孟子·梁惠王上》。

注四一：冯友兰：《中国哲学史》，第 104 页。

注四二：《孟子·梁惠王上》卷一，第 15 页。

注四三：冯友兰：《中国哲学史》，第 166 页。

注四四：《孟子·滕文公上》卷五，第 1 页。

注四五：《孟子·尽心上》卷十三，第 4 页。

注四六：《孟子·公孙丑下》卷四，第 16 页。

注四七：《东塾读书记》，商务本，卷三，第 11 页。

注四八：《孟子·公孙丑上》卷三，第 5 页。

注四九：《孟子·公孙丑上》卷三，第 6 页。

注五〇：朱子：《孟子集注》，中华书局本，卷二，第 5 页。

注五一：《孟子·公孙丑上》卷三，第 6 页。

注五二：朱子：《孟子集注》，中华书局本，卷二，第 6 页。

注五三：冯友兰：《中国哲学史》，第 165 页。

注五四：冯友兰：《中国哲学史》，第 166 页。

注五五：参见冯友兰：《中国哲学史》，第 455 页。

注五六：《老子》下篇，八十章，武英殿《聚珍版丛书》本，第 42 页。

注五七：《庄子》卷六，《四部丛刊》本，《秋水》，第 21 页。

注五八：《庄子》卷六，第 21 页。

注五九：《庄子》卷四，第 4 页。

注六〇：《庄子》卷四，第 26 页。

注六一：《庄子》卷五，第 30—31 页。

注六二：《必仁且智》，《春秋繁露》卷八，苏舆：《春秋繁露义证》，宜统庚戌年刊本，第 23 页。

注六三：《仁义法》，《春秋繁露》卷八，第 19 页。

注六四：《王道通三》，《春秋繁露》卷一一，第 9—10 页。

注六五：《墨子》卷三，《尚同》上。

注六六：《墨子》卷六，《节葬》下。

注六七：《孟子》卷一，《梁惠王》上，第 12 页。

注六八：冯友兰：《中国哲学史》，第 588 页。

注六九：《论衡》序，载于大东书局出版的《论衡》本内。

注七〇：《淮南王书》，新月书局本，第 135 页。

注七一：《论衡》卷十八，《四部丛刊》本，《自然篇》，第 1 页。

注七二：《论衡》卷十八，《四部丛刊》本，《自然篇》，第 2 页。

注七三：《论衡》卷十八，《四部丛刊》本，《自然篇》，第 2 页。

注七四：《论衡》卷三，《物势篇》，第 19 页。

注七五：《论衡》卷二九，第 10 页。

注七六：参见冯友兰：《中国哲学史》，第 619—631 页。

注七七：《晋书》卷四十九，刘伶：《酒德颂》，第 18 页。

注七八：《阮步兵集》，《汉魏六朝百三家集》，光绪乙卯信述堂重刊本，《大人先生传》。

注七九：《嵇中散集》卷六，《四部丛刊》本，《释私论》。

注八〇：《列子》卷七，第 2 页。

注八一：《列子》卷七，第 1 页。

注八二：《荀子》卷三，《四部丛刊》本，第 12 页。

注八三：参见冯友兰：《中国哲学史》，第 1010 页。

注八四：冯友兰：《中国哲学史》，第 974—975 页。

注八五：钱穆：《中国近三百年学术史》，第 65 页。

注八六：梁启超：《中国近三百年学术史》，民志书店本，第 284 页。

注八七：《南雷文定》附录。

注八八：《南雷文定后集》卷三，陈乾初：《先生墓志铭》。

注八九：《南雷文定后集》卷三，陈乾初：《先生墓志铭》。

注九〇：《恕谷后集·万季野小传》。

注九一：《文集》卷三《与友人论学书》。

注九二：《年谱》习斋五十八时告恕谷语。

注九三：《恕谷集》书明刘户部《墓志表后》。

注九四：上三条见《求仁录》。

注九五：《存学编》。

注九六：《言行录教及门》。

注九七：参见钱穆：《中国近三百年学术史》，第 282—283 页。

注九八：《文存三集》卷二，《几个反理学的思想家》。

注九九：冯友兰：《中国哲学史》，第 13—14 页。

注一〇〇：参见冯友兰：《中国哲学史》，第 975—990 页。

注一〇一：梁启超：《中国近三百年学术史》，第 168 页。

注一〇二：钱穆：《中国近三百年学术史》，第 179 页。

注一〇三：《言行录·刁过之篇》。

注一〇四：《存学编》卷一。

原载《燕京学报》第二十六期，1939 年 12 月

书评《中国哲学史》[①]

徐 英

中国义理之学（群经诸子玄学道学皆可以义理一名统摄之不必强为分别）。近贤比附西说。谓之哲学。二十年来。学者有以治中国思想学术之史。据天下之大名者矣。然衷其所得。徒以震惑愚朦。识者相与病之。迄岁有冯友兰君。著中国哲学史一书。颇为时流所称道。或且以为近代中国哲学史中空前之作。予学殖久落。尤未皇读近贤书。徒人有持以询其得失者。偶一繙帛。不能周览。而巨缪笃误。固已夺目而入。谨搴其以一二。识之如下。

一曰分期无当而名实不符

标新立异。故作翻案。近贤通病。有纂中国诗史者。于唐宋诗派支流别分合。尚未能窥其端倪。乃悍然分书时代。曰此李白时代。此杜甫时代。冯书于此病。亦未能免。开卷一览。即有所谓子学时代经学时代之目。谓自孔子至淮南王为子学时代。自董仲舒至近时康有为诸人为经学时代。而为之说曰。

自汉武用董仲舒之策。诸不在六艺之科孔子之术者皆绝其道。勿使并进。于是中国大部分之思想。统一于儒。而儒家之学。又确定为经学。自此以后。自董仲舒至康有为。大多数著书立说之人。其学说无论如何新奇。皆须于经学中求有根据。方可为一般人所信受。经学

---

① 原文只有句读，没有标点。为保存原貌，收入本书时，仍依原稿，未做标点。——编者注

虽常随时代而变。而各时代精神。大部分必于经学中表现之。故就历
史上中国学术思想变迁之大概言之。自孔子至淮南王为子学时代。自
董仲舒至康有为。则经学时代也。

谨案此说，实不可据。且于淮南王以前。何以为子学时代。亦未有说
明。仅云：

> 古代哲学大部即在旧所谓诸子之学之内。故在中国哲学史中。上
> 古时代可谓子学时代。

今据此说。而正其误如下。

（1）子学二字不辞。

群经之学。可以谓之经学。经本所以名书也。诸子之学。不可谓之子
学。子非所以名书也。若循名而责实。则子者男子之美称。虽董相而后。孰
非子耶。此以名辞论。子学二字。盖有诗无达诂之嫌。

（2）自孔子至淮南王。不得谓子学时代。

冯氏谓此时期哲学。大部即在旧所谓诸子之学之内。予谓此说。实疏
于孔子以来学术之流别。苟儒家六经之学为经学。则此说即不攻自破。孔门
弟子。子夏为传经之儒。数传之后。孟子荀卿。并通诗书春秋之学。而荀尤
长于礼乐。其著书立说。皆依经起义。虽时持众说以与他家相訾应。而皆归
本于经学。今传礼经礼记。大氐邹鲁缙绅之士七十二子之徒之所论议。而皆
出淮南王以前。而其说皆本于六艺。皆能于经学中求有根据。持冯氏之说以
衡之。此儒家皆经学家。则此诸儒皆经学家也。则子学时代之说。为不可通
矣。如谓子夏以后，诸儒皆不治章句。宜仍属诸子之学。则董仲舒以后诸儒
之不治章句者。又不得别称为经学时代也。

（3）董仲书以后迄于近代。不得谓为经学时代。

冯书于其所谓经学时代之说明。其理实不可通。徒为整齐画一计。谓
此时代为经学时代耳。不知汉武帝从董仲舒议罢黜百家尊崇孔子为一事。立
五经博士为一事。海内学术是否一尊孔子又为一事。魏晋以后。三玄并盛。
王弼以道家之学注周易。李轨以道家之学注法言。下迄南北朝。凡著书立说
者。无论儒释。往往以道家之学为归依。皇侃著论语义疏。且须于玄学中求

有根据。其他玄学专门著作。如列子书及老子庄子诸注释。以及弘明集中之所采辑。无不蔚成巨观。下而至于辞章之学。亦大都有玄学之精神。（刘彦和所谓诗必柱下之旨归赋乃漆园之义疏是也）此非冯氏之所及知。然以冯氏释经学时代之通则例之。则魏晋迄于齐梁。直正名曰三玄时代。

当三玄盛日。佛氏往往挟道家之说以自重其学。齐梁以后。迄于李唐。而佛学大盛。唐室奉老子为玄元皇帝。并庄列之书。尊为经典。较之汉武之尊孔子为尤甚。孔颖达虽奉敕修五经正义。然比诸老佛之学。特附庸耳。韩愈辟老佛不得。直欲人其人而火其书。则老佛之盛可知。然海内奉儒者犹三之一。故自陈隋之际有三说。北周卫元嵩撰齐三教论。而唐世立三教学士。议国之大典。则此时代宜正名曰三教时代。

周程以后。理学大盛。虽原本六经。然参以二氏。多言性理天道。性与天道。孔子之所不言。是其与孔子之学。实大相悬异。喻若鸡出于卵。鸡之成分固须先备于卵中。卵中固必先有鸡之种种原质。始能成鸡。然世有谓鸡之时代即卵之时代。则必不可通矣。矧此鸡之成分。尚非一卵所能包孕乎。汉学止于章句训诂者。依经文而条理之耳。谓之经学可也。宋学则孕育三教。而自成系统。本不可以经学言也。宋史为立道学传。清四库提要仍列其书于子部。此真明于学术之流衍变迁者也。故自宋至明。宜正名曰道学时代。或曰理学时代。若以道佛之书。与六艺通以经名。而名之曰经学时代。予亦无所辩焉（分期之说本无是处三玄三教云云故以证冯书之妄耳）。

（4）自董仲舒迄于东汉之末。亦不得谓之经学时代。

自董仲舒之策行。四十博士立。浅尝学术者。以为西汉真经学独胜时代也。此由不知今古文学之脉理殊分。今文家学。多燕齐迂怪之士。阴阳五行。干支谶纬。自为怪说。而依托于孔子。此汉人之依古改制。非孔子之经学也。世有羊质而虎皮者。岂可当泽火九五大人哉。以今文学家说为经学者。何以异是。虽然此犹假托经学者。然此种假托之经学。不过朝廷功令之所迫。利禄之途之所归。非举天下之学术尽出于此一途也。汉世五经立博士。诸子亦广立于学官。汉人自撰之书。及为前人注释之书。见于汉隋两志诸子类者。都百五十余种。则汉代诸子学之盛行于民间。可以概知。且从来学术。由政府倡行者其势微。由民间流行者其势盛。譬如今日之白话流行于海内。而政府固未尝提倡白话。且有奖励文言文之势。官书所记。必不言白话之流行。异日依此官书而谓此时代为文言文之时代。冯氏必不以为然也。

今谓假托之经学之盛为经学时代。无乃为古人所愚。故凡考一时代学术之盛衰者。不可专据官书。冯氏大抵读时人所撰经学大纲国学概论之类太熟。遂以为两汉专经学时代耳。

近贤立说。好与人异。尤以能破除传统习说相夸耀诩高明。不知所谓传统习说。实非尽诬。往往为事实。或经多数学者之考辨而得。不可以其说之相习已久而悍然排之。往有著中国历史研究法者。见尧之子不肖。舜之子亦不肖。桀有妹喜。纣亦有妲己。桀为瑶台琼室。纣亦为璇室瑶台。遂谓古史为刻板文章。如照例程式。必非信史。一皆伪托。然不知汉内禅魏亦内禅。晋宋齐梁乃至于北朝亦无不内禅。西晋有怀愍。北宋有徽钦。唐有武皇后。清有那拉后。宋亡于胡。明亦亡于胡。此事实不可以相类而责为学者之伪托。且刻版文章者。历史之常。不刻版文章者。历史之变。然文章有变。而刻版无变。能变其文者。终亦不能不囿于刻版。若以宇宙为版。万象为文。则天且不违。而况于人乎。今以其为刻板文章。照例程式。而斥为伪。岂理也哉。近贤之好标新异。而不考学术之流变。不辨史事之是非。贸贸然矜独创者。皆此类也。

二曰读原书不熟而取材皆由临时翻检

昔人立言。期于不朽。其矜慎可知。故虽宏博之儒。渊颖之士。枕胙经史。寝馈百家。而终身所著。往往不过数卷。近贤好著书。求速售。朝有所作。夕布于市。才力所限。时日所迫。于古书未能熟读深思。目遇未周。便有论列。纰缪千端。不可理解。往有说楚辞者。引王逸著。高平曰原故父伯庸名我为平以下数语。误以高平为人名。高平曰者。高平谓如此也。原故父以下连读。谓故父者原皇考也。有讲文学史者谓束广微乃官名。犹广文耳。类多可笑，难更仆数。皆由不读原书。而取材皆临时检之。冯书较此类为贤。然多不免此病。谨条举如下方。

（1）读经书不熟。而尤疏于易。

近贤治中国哲学者。多不通周易。而冯氏尤甚。不通周易而治中国哲学。此天下之异事。冯氏以周易之难讲。遂援欧阳修疑十翼之说而斥为伪书。谓非孔子所作。然即使书非孔氏。而哲理实深。不得伪其书而并伪其理也。且冯氏何不用其述列子之例。详述易学于伪出之时。乃仅于述淮南王篇中略带数条。而又仅搴采断句。以与肤浅之宇宙论相附会。遂谓易理尽于是。而谓天下之人皆不读书乎。孔子读易。韦编三绝。犹曰加我数年。盖必非浅近者比。冯氏乃妄斥为伪。而弃置之。岂其既圣且哲踰孔子欤。古今言易有理教二宗。冯氏于言理。既浅陋如此。而于言数者如孟喜京房之说。易乾凿度诸书。连篇引录。全图备载。且理在数中。数亦在理中。心物同源。本不可。冯氏皆未能深究而熟詧之。而略彼详此。此岂得于理者浅而得于数者深欤。然观其所述。徒为陈说方位。比排数字。所引原文。又均未能消解。硬塞纸面。以饰观览。此无他。冯氏于周易一书。本未读熟。更何论乎理乎数乎。

(2) 于孔老学术。所得者浅。

春秋战国。为中国学术思想争竞激烈之时。争竞之后。优者胜而劣者亡。其原因綦繁。而要必精微至理。有当于人人之心者。而后能传诸万世。儒道二家之说。支配中国思想学术二千余年。迄未或衰。名墨之学。即身已不能行。不数世而亡。优劣之效。明白甚矣。且冯氏以董仲舒以后为经学时代。既自认此时期。受儒家思想之支配矣。而所述孔子哲学。仅十三页。老庄亦各十三页。(传略既无关学术者不计)易传及淮南王书仅十二页。墨家之说乃至前后四十页。惠施之学。仅见数条于庄周之书。公孙龙子之书。真者仅三数篇。而冯氏述其学。乃至二十页。董仲舒亦至二十六页。以诸家学术内涵之丰歉较之。勿乃重其所轻而轻其所重乎。此无他,冯氏于名家学略有根柢。名墨之学。无关义理。而时流治之者众。新编语浅。捋撦非艰。繁露阴阳五行之说。学本庸俗。眇旨既贫。陈述易富耳。至于儒道二家之绝诣。非熟读深思。心知其义者。难与道其本末。冯氏云。

若使周易离开系辞文言等。不过是卜筮之书。春秋离开公羊传等。不过是断烂朝报。仪礼离开礼记。不过是一礼单。在中国历史中。自汉迄清有大影响于人心者。非周易而乃带系词（词字应读辞）文言等之周易。(然此有大影响二千年人心之繁辞文言冯氏竟不能述其哲理何耶)非春秋而乃带公羊传等之春秋。非仪礼而乃有礼记为根据的仪礼。

由此观之。冯氏殆不知易与易传春秋与公羊仪礼与礼记之关系。而昧于学术之大源。其浅视孔老。故无足怪。且通观其书。大抵时流所能言者。

冯亦能言之。时流所不能言者。冯亦不能言也。徒以妄分时代。巧立名称。冀以新人耳目。饰其庸浅。时流有此通病。冯亦未能免耳。（断滥朝报之说安石持之安石初欲释春秋以行于天下而孙莘老之书已出安石一见忌之自以不能出孙书之右遂诋圣经而废之曰此断滥朝报也不列于学官不用于贡举此安石之私心也冯氏固不知之。）

（3）误解原书。或不通句读。

述而不作。信而好古。言敦古守旧。不为新创而已。本引老彭语。故曰窃比于我老彭。（老彭二语盖古诗之流作古叶均见严元照娱亲雅言）而冯氏谓其所述。仅于周礼。四体不勤。五谷不分。本荷蓧丈人自述之辞（吕本中张栻李塨姚鼐并同此说。）而冯氏以为责孔子之语。则并原书文理亦不甚憭然。吾非生而知之者。好古敏以求知也。本孔子自谦之辞。而冯氏以为孔子自负之语。又连环可解也。误以其分也成也其成也毁也释之。今日适越而昔来。亦不知昔即夕。又引荀子性恶篇。今人之性。生而有好利。顺是。故争夺生而辞让亡焉。连引以下数句。顺是二字。皆连下故字句为读。又论儒家六艺。谓荀子以后儒者始多言易。而不知易已屡见于庄子之书。此类甚多。不能详举。略示一二。以为征信云尔。

三曰封域不清或缺或滥

读原书不熟。而取材皆由临时翻检。故所述古人之学。多倚轻倚重之病。当述者或以不通其学而影响傅会以塞责。（如冯氏之于易）或以未见其书。而只字不提。不当述者。或以偶有会心。而言之独详。或以饰人观览。而遍抄原书。无不连篇累简。借耀宏瞻。而不知其无关哲学。徒为赘疣耳已。时贤有著雠校学通论者。竟不知章逢之为何人。又谓顾广圻字棟高。甚且不辨章实斋所言校雠与黄荛圃所治版本校勘之同异。而误为一途。其可笑诧。未易偻指。冯书虽鲜此巨缪。然亦未能免于斯患。仅略陈如下方。

（1）不当述而滥述者。

冯氏首论哲学之内容。曰宇宙论人生论知识论。宇宙论复分二部。一曰研究存在之本体及其真实之要素者谓之本体论。（案：冯氏原文甚拙此略删润下同。）一曰研究世界之发生及其历史及其归宿者。谓之宇宙论。人生论亦分二部。一曰研究人生究竟如何者。即心理学之所考究。一曰研究人生究应如何者。即伦理政治社会哲学等之所考究。知识论亦分二部。一曰研究知识之性质者。谓之知识论。一曰研究知识之规范者。谓之论理学。审是。则取材论学。允宜准此。而冯氏乃于阴阳五行四时律历人副天数灾异谶纬象数方位卦气占验月令配卦音律配卦及诸纬书所言四始五际干支演孔图握诚图礼纬乐纬诸非常可怪之论。略无关于义理者。连篇述之而不休。又不能释其含义。直录原文。不知原书具在。无烦抄胥。且若诡为隐语。预决吉凶诸怪书。而可画诸哲学封域之内。则医卜星象堪舆。诸术数之学。或为初民哲学之始基者。又不当在遗。董仲舒终身精义。在天人三策。及正其谊不谋其利数语。冯书于此不能有所发挥。人副天数。以人体小节三百六十六副日数。大节十二副月数。五脏副五行。四肢副四时。视暝副昼夜。刚柔副冬夏。哀乐副阴阳。心计副度数。伦理副天地。又谓身之有性情。若天地之有阴阳。又谓性有善恶。若天地之有阴阳。皆极无道理。而冯氏不厌详述。又陈仲子许行陈相在诸子之中。均无闻学术。廖平经学诸变。康有为新学伪经考。孔子改制。考皆考据之学。无关义理。而冯氏亦不厌详述。皆不可解。凡此皆在哲学封域之外。而皆著于哲学史中。虽有善为辞说者。吾恐其说之终不可通也。

（2）当轻者重。而当重者轻。

董仲舒在汉代哲学家。本不足重。冯氏拥为巨擘。已如前条所述。他如扬雄本文家之雄。太玄法言。皆以艰辞文浅义。王充以评论见称。然能破而不能立。又所摧陷廓清者。皆世俗之谈。小人牙慧。浅薄已甚。冯氏均特详之。以为汉代哲学正宗。且既详述汉代无关哲学之书如前条所述。而于宋明儒者。仅述周邵张程朱陆杨王诸人。何轻重之倒置邪。

（3）当述者阙而不录。

依冯氏所定哲学之含义而言。则其所阙者固甚众。贾谊以法家而兼综儒术。桓宽盐铁论以儒家言折当时之言功利者。刘向之学。为扬雄诸人之先驱。而高深过之。王符仲长统荀悦徐干。俱汉世儒者。其学术均在扬雄王充之上。魏晋之间。王何而外。如傅嘏钟会阮武刘邵之才性论。裴頠之崇有论。均能续名家之绝绪。葛洪为出世哲学之宗。鲍敬言无君无政之论。迄后孙绰之儒佛并重。张融周颙之儒释道并重。顾欢之道佛同体异用说。范缜持神灭论与神不灭论相攻。论形质神用及精神所存诸说。皆綦精微之理。远非董仲舒王充辈庸浅之说。可同日语。而冯氏不提只字。岂皆未见其书耶。述宋代哲学之先声。而不及孙明复胡安定。程朱之间不及张栻。朱子之后不及真魏。尤可怪异者。与朱陆鼎足而立之永嘉学派。亦无一语及之。岂并宋元学案亦未检阅耶。永嘉功利之学。持之有故。言之成理。远非墨翟粗浅之说所可拟。水心之批评哲学。综核至当。名理之言。无让荀卿。较王充之以常识砭庸俗者奚啻江河之视沟浍。冯氏竟未见其书。何耶。又述清代道学。于清初仅及颜元李塨陆世仪。而不及黄宗羲顾炎武李颙。尤博大精微之王夫之。亦仅略述数语于颜李之间。清世中叶。仅述一学未通融之戴震。而于兼通儒释蔚成大宗之彭绍升汪缙罗有高。未能举其名。此恐不独未读其书。即读亦不能通也。凡兹所举。皆其著者。言中国哲学者断不能略。而冯书无之。岂孔子盖阙之意耶。（冯氏有补编予未见但于广告中观其目录仅原儒墨名法阴阳等三四篇而已。）

四曰不明历史而谙于学术之源流

近贤著书辄妄分时代。已为不通历史之一证。冯书不仅深中此病。而尤可怪异者。则冯竟大胆根据时人疑古者未能成立之历史观。以为己书叙述之次第。又不能自加说明。致使古来学术。晦其渊源。其谬误乃有不可胜言者。亦略陈如下。

（1）误信近人说。妄疑老子晚出。

考据者考而有所据之谓也。前人考订故籍。皆旁征博引。以十事证一事。不以一事证十事。单文孤证。尤所避忌。近人考诸子说者。袭崔述汪中之迹。谓老子书晚出于战国之世。而最要之依据。不过谓三十一章所言偏将军上将军等官名。非春秋所有。不应见于老子之书。（梁启超说）而不知此章王弼无注。后段文体尤与他文殊绝。明是后人窜入之语。通校勘者。已能知之。且自兵者不祥之器非君子之器以下。乃注文之误为正文者。以其文体类弼也。或为老子书中多激烈之语。不类春秋时人语。（亦梁语）而不知左传所载石碏庆郑叔向晏婴诸人愤慨之词。不可胜数。凡此缪说。自不可引为例据。以证老子书之晚出。而冯氏更谓孔子以前无私人著述。以证老子书出孔子之后。竟不知邓析著竹刑。范宣子著刑书。（晋赵鞅荀寅赋晋国以铸刑鼎而以范宣子所为刑书铸于其上知刑书范氏私人所著）并见于左氏之传。周任之言。史佚之志。（史佚非史官名佚者）并见春秋士大夫之所称引。梁启超之徒。考而不可以为据。冯氏无乃不考而妄据之乎。冯氏又谓老子非问答体。故应在论语孟子之后。而不知冯氏所奉为正宗之公孙龙。正在庄子之前。庄子与孟子同时。墨子且与孔子相接。得非孟子以前之私人著述乎。且非问答体之文。何以必出问答体之后。左传所载子家与赵宣子书及子产寓书于范宣子。皆非问答体也。冯氏又以老子之文为简明之经体。以证其书出战国之时。不知论语正亦简明之经体。且文之愈简明者愈为古代之文。而战国以后之文。绝无有简明如老子者。又文体衍变之次第。先有有韵之文。而后有无韵之文。竹简方策刻石以前。其文愈简。帛缣纸秦代兴以后。其文愈繁。此文章制作之通例。而冯氏反以文简而行韵之老子为后出之书。此由不识社会工具进步之程序而臆为之说耳。且老庄学说多相承之处。庄子实渊源于老子。所述老聃学术及索引老聃之言。无不与道德经合。老学一变而为庄学。犹孔学一变而为孟学也。又孔子言无为而治。实亦原本于老子。今谓老子出战国之时。在庄孟之后。不仅史实无据。直不审学术之流变矣。

（2）误信易传为晚出。而昧于老易之关系。

欧阳修疑易传。本臆测之辞。初无所据。宋人论学。往往如此。冯氏本其说疑系传晚出。又见汉书儒林传王同周王孙丁宽服生皆著易传数篇。遂谓今传十翼皆王同周王孙易传之类。而不知班志明言易经十二篇。十二篇者上下经及十翼也。王同诸人所传皆章句。不言义理。汉初儒者。拨古籍于灰烬之余。排比章句之不暇。而谓十翼出诸人之手。岂其辨章学术别有会心耶。且孔颖达以前治经学者。言必有据。汉学师法然也。冯氏不能深考。而误信宋贤以降臆必之谈。又既疑易传晚出而附于淮南鸿烈篇中。而书中称引文言。仍以为孔子之辞。则亦瞻前顾后。自迷其方。又谓易传采老子及阴阳家之说。盖不知老易同源。不知老本殷易。又不知阴阳家之渊源于老易也。（疑古非不可但须如清人考列子有铁证然后可。）

（3）误解楚人精神。而昧于江汉文化之来源。

冯于述老庄二章中。各有楚人精神一节。皆以论语所记隐者及屈原之思想。浅相比传。而实不解楚人之精神。冯谓楚人为新兴民族。本有较高之文化。引孟子南蛮鴃舌之人非先王之道一语。以为佐证。又引孟子所云陈良悦周公仲尼之道北学于中国。以证楚人须至北方留学。由是观之。冯氏盖绝不知南方江汉文化之来源。案江汉文化。远本神农。为中国古代文化三系之一。三系者。东方齐鲁文化。以伏羲为初祖。西北河洛文化。以轩辕为初祖。而神农兴于羲轩之际。三方民族之代兴也。（三系文化予别有专论）各具特长。虽南族自共工蚩尤之衰。无复争帝中原者。而唐（西北）虞（东方）夏（北西）商（东方）周（西北）之相禅。实兴倚南族以为重轻。共工蚩尤本神农之族并称炎帝者。唐虞之盛。去帝号而守南服。入夏为昆吾之国。入商为豕韦之国。入周为鬻熊之国。历据江汉之滨。屹然鼎立于羲轩两大民族之间。虽易姓而王者屡见于北方。固毫无所影响于江汉也。其民族倚其天产之富生计之裕。其思想遂尚空虚。好鬼神。轻理智。重情感。疑古昔。说怪异。故通天文。明历算。喜巫祝。好夸饰。擅寓言。长辞赋。思想既异。史传亦殊。故凡楚人之言史。及庄周屈原之所陈。合于山海经。而异于北方之所传者。皆三坟五典八索九丘之遗说也。（旧谓三王五帝八方九州之书盖不可信）征之共工蚩尤之所治。而贵柔挫坚知雄守雌之说可以知。征之羲和重黎之所能。而有物混成负阴抱阳之旨有所本。征之江汉泽国之地。而上善若水为天下谷谷神不死大国下流大道氾兮。凡诸以水为寓之说可得而推。（本师林公铎先生云老子全书以水为喻以楚本泽国也大国下流大国即指楚而言以与齐晋秦诸国为对耳）征之天产之富生计之裕。而众人熙熙如登春台之喻为不诬。尚空想而好鬼神。故重神仙养生之事。则载营魄抱一深根固柢和光同尘绝圣弃智之说。与夫屈子远游之所述。及接与詹何隐者之徒。本皆南族固有之思想矣。盖南族思想学术。自有其一贯之体系。而皆渊源于太古。以民族发展次第言。且较轩辕一族为先。冯氏以楚为新兴民族。本无较高之文化。盖昧于民族文化史者之臆谈。若孟子既云有为神农之言者许行。又斥许行非先王大道。本不能自圆其说。而其所谓先王者。盖指尧舜禹汤文武之徒。皆羲轩之族。本非楚之先王。北学于中国之陈良。本楚学之异派。非楚人必学于北也。钟仪操南方之音。孔子曰南方之强。南族思想学术之体系。由来旧已。固非率而操觚者所能知也。

（4）不明宋学之渊源。

中国经学自啖助赵匡陆淳以后。为一巨变。言春秋大义。考三传得失。议论大与先儒异。程子称其绝出诸家。有攘异端开正途之功。盖舍传求经。实导宋人之先路。四库提要言之已详。他如成伯璵言诗。则下启苏辙。而刘敞之七经小传。春秋权衡。亦远本啖赵。大抵宋儒之学。言经学者。多本之唐人。二氏之说。则渊源魏晋。而冯氏以为渊源出韩愈李翱。则空言而无当矣。

（5）其他时代排比之缪误。

史者以年为经。冯氏尽于老易既不明其时序。而漫为之说。其他所述诸人。惟孔子引史记明其生。孟子本诚复心年谱著其生卒。其他先秦诸子。下逮淮南王安。竟无一人著其生卒之年。而战国百家之学一章。所述稷下诸人及杨朱陈仲许行告子尹文宋牼彭蒙田骈慎到驺衍之伦。推驺衍后孟子。余人均见于孟庄之书。皆孟庄之先辈。其学已行于天下。时为孟庄之所称道。而冯氏述之次于孟子之后。又既称老子出孟子之后。而仍述老子于庄子之前。亦知孟庄同时。复自乱其例。又坚白同异之辨。见于庄周之书。而以为后期墨学。大小戴记。本汉武帝以后之学。而述之秦汉之际。此皆时代排比之误。知冯氏于史学疏也。

五曰取材不辨真伪

冯氏既依近人疑古派之历史观。自谓能辨真伪矣。然通览全书。多有为伪书所欺者。略说如下。

（1）不知春秋繁露之伪。

汉志春秋类。有公羊董仲舒治狱十六篇。儒家有董仲舒百二十三篇。不闻有春秋繁露之书。前汉书于百二十三篇之外。更称有说春秋得失。闻举玉杯蕃露清明竹林之属。复数十篇。亦不言有春秋繁露之书。而晚出之隋志。始有董仲舒春秋繁露十七卷。其百二十三篇者。又不见著录。汉志颜注谓闻举玉杯以下皆书名。而今本春秋繁露中又有玉杯竹林二篇。皆与史传不合。欧阳修所见本。已多错乱。程大昌取通典及太平寰宇记索引繁露语校绍兴间进本。谓其体致全不相似。今书非真本。又谓其辞意浅薄。间掇取董仲舒策语杂置其中。不相伦比。非董氏本书也。胡应麟曰。隋志西京诸子。往往具存。独仲舒百二十三篇略不著录。而春秋类突出繁露十七卷。今读其书。为春秋者。仅十之四五。其余王道天道天容天辨等章。率泛论性术治体。至其他阴阳五行之谭尤众。皆与春秋不相蒙。盖不特繁露冠篇为可疑。并所命春秋之名亦匪实录也。今案春秋繁露。书名已不可通。灾变之说。盛于元成以后。官制象天。人副天数。类后世术数家言。其编次错乱。文理乖迕。盖宋人献书者取他书杂凑而为之。绝非西汉之书也。冯氏不能考其真伪。而据以述董仲舒之学。宜其不可通矣。

（2）其他所用伪书。

他如大戴记。孔颖达已云文多假托。陈振孙已考定为后人好事者采获诸书为之。驳杂不经。绝非本书。礼运孝经。皆西汉中叶之书。自随志史通诸书及司马贞刘肃晁公武朱熹马端临王应麟黄震吴澄以下诸人。多疑其伪托。以为出于陈隋之世。而冯氏皆据以为真。述于秦汉之际之儒家一章中。又刘子新论。本不知何人所作。诸家咸以为刘书。唐志以为刘勰。或曰刘歆刘孝标。皆莫可考。冯氏于老子一书。且慎之不敢云老聃。而慢谓新论出刘勰。无亦自迷其途欤。又不知太极图说之伪。详加解释。而终于不通。亦劳以拙矣。

凡不明历史。不辨真伪。皆由读原书不熟。本时贤之通病。不足为冯氏一人咎。特冯氏既用疑古者之说。疑所不当疑。而当疑者。反信以为真。则疑所不当疑者徒随人俯仰。当疑者不能疑则识不足以驳之耳。

六曰著述不明义例

著述不明义例。亦近贤之通病。往往标一书名。其义即不可通。有著清代通史者。既限以清代。而曰通史。直不解通史二字之义例。有著群经专论者。既括举群经。而又名专论。不知其何所专。又有著中国哲学史概论者。既曰史。又曰概论。不知其为哲学史欤哲学概论欤或哲学史之概论欤。类此纰缪。不遑枚举。观其标名。已预知其书之不佳。又或多抄原书不与解说。又或名实不符。如书名通论。而概述本末。则纵横莫辨。书名戴震哲学。而偏详其师友渊源。仕宦出处。又且广征附录。蔚成巨册。去首去尾。身无余几。则主客不分。至于书内题目。或失轻重。引征先后。或乖次第。或偏征群说。莫所折衷。或首尾横决。略无主旨。或分章裁节。小大失度。不明古人著述之义例。其蔽何可胜言。兹就冯书。略举数条如下。

（1）标题不明。

凡标题须使意旨明豁。不生塞碍。词语尤宜简洁。如第一篇第二章泛论子学时代第二节子学时代哲学发达之原因。宜去时代哲学四字。书名哲学史。中分子学经学两时代。本章又泛论子学时代则此子学自属哲学。时代哲学四字。徒疣赘耳。第四章孔子及儒家之初起。宜作儒家之初起于孔子。盖儒家有初起。孔子不得言初起也。今置孔子二字于及儒家初起之上。几疑孔子亦有初起再起矣。第七章第一节杨朱及道家之初起同。第八章第七节。政治及社会哲学。政治下宜加哲学二字。第十一章第四节题曰论辩。辨字上虽加附号。究属不通。第十二章第一节言荀子里籍仕宦。而题云荀子之为学。法家之学。不始于韩非。而第十三章题云韩非及其他法家。皆误。第二篇第二章。董仲舒与今文经学。宜曰今文经学与董仲舒。第六章第四节。天然及人事之变化。天然宜作宇宙。天然二字非名词。不得与人事二字对举也。凡此。常人视之以为无足轻重。然通著述之义例者。必不苟也。

（2）钞原书逾量。或未与解说者。

凡述古代学术。虽须根据原书。然直钞原书处。宜有制裁。不可逾量。所钞原书之后。宜详为解说。则义始完足。读者憬然。方不负此一钞。若但钞原书。未能解说。则亦无劳于钞。冯氏钞原书处太多。不与解释处亦太多。如第一篇第五章第五节。论何谓人民之大利。直钞墨子节用节葬非乐公孟诸篇之文。同章第六节论兼爱。直钞兼爱下非攻中两大篇。而以寥寥数语案之。其意不毕。第七节论宗教。直钞天志明鬼公孟非命之文。第七章第三节。论许行陈相。直钞孟子一段。同章第五六两节。论尹文宋轻彭蒙骈慎到。皆先钞孟子庄子荀子吕氏春秋韩非子刘向诸家之文。而后释其义。亦失体例。第七节论五行。直钞洪范。不加说明。又钞管子四时篇水地篇吕氏春秋有始篇数段。而均无详释。第八章第二节。论老学与庄学。直钞天下篇论老聃庄周闻其风而悦之两大段。而绝无辩证。第十二篇第五节。论荀子之心理学。直钞正名篇两大段。而释焉不详。又钞解蔽篇一大段。不加解释。但云总观以上所云云。其实此段文理。由来解者甚罕。钞氏亦徒以一钞了之。第十三章第三节。论法家之三派。直钞韩非子难事篇管子明法解韩非子定法篇各一段。亦以一钞了之。同章第十节。论法家与当时贵族。直钞韩非子孤愤篇问田篇各一大段。亦以一钞了之。第十四章第二节。论关于乐之普通理论。直钞荀子乐论篇一段乐记四段。第十五章第六节。论淮南子之宇宙论。直钞淑真训天文训精神训诠言训四大段。第二篇第二章第六节。论人副天数。直钞春秋繁露人副天数为人者天立元神各一大段。但为之说曰。人在宇宙间之地位。照此说法。可谓最高大。同章第十节论灾异。直钞必仁且智同类相助天地阴阳各一大段。第三章第六节。论京房孟喜。直钞唐僧一行卦议两段及卦气图。第五章第三节。论阮籍嵇康刘伶。直钞阮籍达庄论大人先生传嵇康释私论刘伶酒德颂。第七章第四节论僧肇所讲世界之起源。直钞僧肇宝藏论一大段。第十一章第一节论周濂溪。直钞宋史道学传一段。太极图及太极图说一大段。第十二章第二节第二条。论二程对于佛氏之批评。直钞遗书三条。第六条论阴阳善恶之消长。直钞二程遗书五条。第十四章第六节第一条。论王阳明大学问。直钞大学问原文一段。第十六章第三节第三条论谭嗣同大同之治。直钞仁学两大段。均不加解说。此类不能更仆数。姑弗尽举。

（3）序述不明。上下节文理。往往交代不清。

自白话盛行以来。学者昧于文理。操觚著书。往往文理不通。虽文章本专家之事。然亦立言之要具。著书立说。而文理不通。亦学者之大病。冯书每于上下两节交代处。有突起顿接之势。令人莫名其故。第一篇第三章第四节论开明思想。首句即云但至春秋时。同章第五节论人之发现。首句即云至于社会中之种种。第六章第三节论孟子理想之政治及经济制度。首句即云在此方面观之孟子仍是述而不作。同章第五节论孟子反功利。首句即云于此亦可知孟子所以反对功利之故矣。第十章第三节论变之哲学。首句即云然物之形体。同章第九节论庄学与杨朱之比较。首句即云观乎此可知之云云。第十二章第五节论荀子之心理学。首句即云此点观荀子之心理学云云。第十三章第九节论韩子无为。首句即云若君主能用此。道则可以无为而治矣。第二篇第二章第九节论政治哲学与社会哲学。首句即云惟因人之性未能全善云云。第四章第二节论扬雄。首句即云此等古文经学家。第六章第一节论向秀与郭象。首句即云此注虽标郭象名。同章第八节论齐物。首句即云然人之所患。第九节论至人。首句即云至此境界之人谓之至人。第七章第六节论僧肇之物不迁义。首句即云更进一步而言之。同章第七节论僧肇所说之圣人。首句即云故现象世界可谓云云。第八节论僧肇之般若无知也。首句即云在此心理状态中。皆极荒谬不可通。此类不胜偻指。亦姑弗尽举。

上述六端。悉就著述之原则以论冯书之纰缪。所谓大本不立。枝叶何传。至其所论各家学术之是非得失。尚未皇偻指而详道之也。然仅此六端二十条之误。冯书实不足以言成书。谓之哲学史稿或哲学史长编则可。谓之哲学史则去之弥远。虽然。冯书犹高出时流之上。惜乎冯氏不能不自限于时流之竟耳。冯书末附陈寅恪审查报告一文中。述及宋明理学与道教之关系有云。

关于道教方面。如新安学说。其所受影响。甚深且远。自来述之者。皆无惬意之作。盖道藏之秘籍。迄今无专治之人。而晋南北朝隋唐五代数百年间道教变迁传衍之始末。及其与儒佛二家相互关系之事实。尚有待于研究。此则吾国思想史上前修所遗之缺憾。更有俟于后贤之追补者也。

又述及儒家之法典有云。

儒者在古代。本为典章学术所寄托之专家。李斯受荀卿之学。佐成秦治。秦之法制。实儒家一派学说之所附系。中庸之车同轨书同文行同伦。为儒家理想之制度。而于秦始皇之身实现之。汉承秦业。其官制法律。亦袭用前朝。传至晋后。法律与礼经并称。儒家周官之学说。悉采入法典。政治社会一切公私行动。莫不与法典相关。而法典为儒家学说具体之实现。故二千年来。华夏民族所受儒家学说之影响。最深且钜者。实在制度法律公私生活方面。而关于学术思想方面。或转有不如佛道者。

陈氏此说。实深晓吾华思想学术之源流。虽未明言冯氏之误。而弦外之音。已阴斥其非。陈氏为冯书审查者。深知其诬。而不欲明言。则今日友道之不讲。而直谅多闻之士。或见疾于当时也。然冯苟熟昧陈氏之言。亦宜自知其所分时代之误。而于三教相关相变之迹。尚有所不知也。虽然。著述之事。亦难言矣。吾又何责于冯氏。独怪冯氏以长编史稿未成之作。高自标置。与其朋侪。私相赞叹。以为可以权衡今古而表立天下。而不自知其之术已疏。然则予之此篇。岂独为冯氏一人发哉。世有识者。倘论著述之体要。当亦有览于斯文。

载《制言》（半月刊）第四十二期 1936 年

读冯著《中国哲学史》

瞿世英

友人冯芝生先生近著《中国哲学史》，已成上古哲学一篇。我觉得这是近年来发表的一本好著作。

凡读过冯先生所著《人生哲学》的，就可以知道他对于过去的哲学家的研究，最注意于他的思想的条理，与他独到的见地。虽亦注意于考证校释的工作，而所特别注意的还是对于一派或一家思想的理解。

哲学史的研究，总是对于从前的一派或一家思想的理解或重新理解（reinterpret）。也可以说是重新将各派或各家的思想再思想一过，为构成一比较容易理解的系统。哲学史不是呆板地叙述各派各家的学说，那是账簿或记事录，而不是哲学的历史。冯先生这本书的最重要之观点，就是，这是一部哲学家著的哲学史而不是历史家（尤其是所谓客观的历史家）著的哲学史。

随便取几本西洋的哲学史来比较一下。文得而班的《哲学史》，费勃的《哲学史》，倭伊铿的《大思想家之人生观》，是哲学家的哲学史。铁莱的《哲学史》，去年出版的杜列色（dresser）的《近代哲学史》，就不一定是哲学家的哲学史。冯先生的著作是前一类的。

因为是哲学家的哲学史，所以这本书表现以下几个特点。

研究哲学的目的，还是要"自立道理"。所以研究哲学史，重要的不在记得许多年月名辞之类，而在了解一民族一时代的精神；了解"各大哲学系统对于世界人生所立之道理……以期自立道理"，这是冯先生著《中国哲学史》的立场，在这种立场下所产生的著作，是哲学家的哲学史。

冯先生注意的是思想的脉络源流与独到的见解。关于史料则不一定斤斤于文字之考证校勘，对于所谓真伪问题，则将某一时代之思想归之于某时代。更引章实斋所谓"援述于前而附衍于后者，未尝分居立言之功"之说，主张"现在所有多数题为战国以前某某子之书，当视为某某子一派之书，不当视为某某子一人之书。如现在题为《墨子》《庄子》之书，当认为墨学丛书及庄学丛书"。这种办法，我很赞成。在这种地方很表现著者的气魄。近来有许多哲学史家，未始不吃没有这样气魄的亏。好比一天一天的磨刀，却始终不能割肉。

中国古代哲学家年代的先后，很有许多聚讼莫决的问题。一个方法——在研究哲学的立场之一方法——是注意思想发生的时代，而将哲学家依其思想的时代性安放他们。例如此书置《老子》一书之思想于孔子思想之后，即其一例。

现代研究西洋哲学的，喜欢与中国哲学或印度哲学对比；研究中国哲学的，亦喜欢与西洋哲学相比。比较而能互相发明，原是极重要的。但如其仅以结论互相比照，则所得有限，还容易引起误解。哲学上最要紧的，不是结论而是如何达到此结论的前提，如何达到此断案的论证。我常以为要治比较哲学是极困难的事。因为一则如前所言，结论之比照或对照，不是比较。唯一的比较哲学的方法，也许只有以问题为标准。冯先生这本书里，与西洋哲学相比较的地方不少，用西洋哲学作比较解说的地方亦不少，并且真是理论上的比较。例如以新实在论者存在与潜存之说解说公孙龙之"指物论"，以边沁之说与《墨经》中之功利主义比较，以实在论与唯名论之说与公孙龙一派及《墨经》比较均是。

从哲学的立场看中国的古书，一个很困难的问题，是一篇中有若干结论。此种结论实在是对于问题的答案。但问题不清楚，只有答案，是没有多少意义的。此书之又一长处，即为此种答案，找出题目来。书中所有章节之标名，大半是此类，使读者知道某书某篇某段是对某一问题的答案。又一哲学家之哲学学说常有若干基本概念，能明了此若干基本概念之推论与含义，即可明了其学说系统，此书对此点极注意。例如孔子之直、仁、忠、恕，孟子之天与性，老子之道与德，公孙龙所谓"指"均是。

以上几点，系就此书大体衡评。至冯先生对于某家思想的解说，也有若干点，不敢完全赞成。例如论《墨经》"知：闻、说、亲、名、实、合、为"谓"闻、说、亲，谓吾人知识之来源。名、实、合、为，谓吾人知识之种类"。我以为闻、说、亲、名、实、合、为，为取得知识之行历，或者说从发生的论理上说明知识。不一定是以前三项为解说来源，后四项为解说种类。然此亦不过一种了解而已。

就此书内容论，论礼乐、丧礼，确有新意，论"惠施公孙龙及其他辩者"更表明著者对于论理研究之有规律（discipline）。这两段是特别精彩的地方。

闻此书不日由国光社出版，很希望能引起许多人从纯粹的哲学见地研究中国诸子思想的兴趣。

原载冯友兰《中国哲学史·附录》（商务印书馆 1935 年版）

第 三 编

论冯友兰先生贞元之际所著书①

郭湛波

一

在抗战八年中，思想上的贡献，无论从质，从量，都要以冯先生为最了。他在《新原人》自序说"世变方亟，所见日新，当随时尽所欲言，俟国家大业告成，然后汇此一时所作，总名之曰贞元之际所著书，以志艰危，且鸣盛世"。著书共有六种，分述于下：

（1）《新理学》。二十八年，商务版，除绪论外，共十章：理，太极；气，两仪，四象；道，天道；性，心；道德，人道；势，历史；义理；艺术；鬼神；圣人。他在《新世训》自序说："《新理学》讲纯粹哲学"。贺麟先生说："他以西洋新实在论的共相说，去解释朱子的'理'，这可以说是他后来的'新理学'的滥觞"。（《中国五十年来的哲学》）

（2）《新世训》。二十九年，开明版，又名《生活方法新论》，十篇：尊理性，行忠恕，为无为，道中庸，守冲谦，调情理，致中和，励勤俭，存诚敬，应帝王。他说："新世训，论生活方法"。（《自序》）

（3）《新事论》。二十九年，商务版，又名《中国到自由之路》，十二篇；别共殊，明层次，辨城乡，说国家，原忠孝，谈儿女，阐教化，评艺文，判性情，释继开，论抗战，赞中华。他在《新世训》自序说："《新事论》，谈文化社会问题"。又说："讨论当前许多实际问题，名曰《新事论》。事者对理而言，论者对学而言；讲理者谓之理学，说事者谓之事论"。（《自序》）

---

① 该文个别地方与后来出版的《贞元六书》（华东师范大学版）及《三松堂全集》中的有关内容不一致，为保存原貌，编辑时仍以最初发表的文章为准。——编者注

以上三书，又名"贞元三书"。他在《新世训》自序说：

> 承百代之流，而会乎当今之变。好学深思之士，心知其故，乌能已于言哉？事变以来，已写三书，……书虽三分，义则一贯。所谓"天人之际"，"内圣外王之道"也。合名曰"贞元三书"。贞元者，纪时也。当我国家民族复兴之际，所谓贞下起元之时也。我国家民族方建震古烁今之大业，此三书者，或能为其壁间之一砖一石欤，是所望也。

（4）《新原人》。三十三年，商务版，十篇：觉解，心性，境界，自然，功利，道德，天地，学养，才命，死生。他说："为继《新理学》之作"。（《自序》）他又概括以上四书说：

> 为天地立心，为生民立命，为往圣继绝学，为万世开太平。此哲学家所应自期许者也。况我国家民族，值贞元之会、当绝续之交，通天人之际、达古今之变、明内圣外王之道者，岂可不尽所欲言，以为我国家致太平、我亿兆安心立命之用乎？虽不能至，心向往之。非曰能之，愿学焉。此《新理学》、《新事论》、《新世训》及此书所由作也。（《新原人》自序）

（5）《新原道》。三十四年，商务版，又名《中国哲学之精神》，十篇：孔孟，杨墨，名家，老庄，易庸，汉儒，玄学，禅宗，道学，新统。他说：

> 此书之作，盖欲述中国哲学主流之进展，批评其得失，以见新理学在中国哲学中之地位。所以先论旧学，后标新统。异同之故明，斯继开之迹显。庶几世人可知新理学之称为新，非徒然也。近年以来，对于旧学，时有新解，亦藉此书，传之当世。故此书非惟为《新理学》之羽翼，亦旧作《中国哲学史》之补编也。（《新原道》自序）

贺麟先生评说：

> 中国哲学之精神一书，多少采取了辩证发展的方法，对陆王哲学

也似有了新的认识，于儒、墨、老、庄、程、朱之外，他并指出先秦
的名家、魏晋玄学、禅宗、陆王心学以及他自己的新理学，皆是代表
中国哲学之精神的正统哲学，而分析出各派哲学的过渡或他所谓"转
手"的过程。(《中国五十年来的哲学》)

此外还有《新知言》，但是还未出版。以上是"贞元之际所著书"的
内容。

二

冯先生在这抗战八年中，虽始终未离开学校的生活，但他所在的学
校——清华，后称西南联大，因战事南迁，由长沙而南岳，由南岳而蒙自，
而昆明。颠沛流离，个人也是一样。况且后来任中央训练团高级班讲师，每
次到重庆授教，并参加国民党六全代会，任主席团。出了学校生活的范围。
可见他这些著作，都是八年抗战伟大时代的思想产物，他说：

去年中日战起，随学校南来，居于南岳。所见胜迹，多与哲学史
有关者，怀昔贤之高风，对当世之巨变，中心感发，不能自己，……逐
成此书《新理学》。……以期对于当前之大时代，即有涓埃之贡献。(《新
理学》自序)

又说：

此书《新理学》成后，事变益亟，因另写一书，以讨论当前许多
实际问题。名曰《新事论》。(《新事论》自序)

他又在《新世训》自序说："事变以来，已写三书，……名曰'贞元
三书'。贞元者，纪时也。当我国家民族复兴之际，所谓贞下起元之时也。"
《新原人》自序说："我国家民族，值贞元之会，当绝续之交。……世变方亟，
所见日新，当随时尽所欲言。以志艰危，且鸣盛世"。这是"贞元之际所著
书"产生的时代背景，现再看他的自负，《新原道》自序说：

书凡十章，新统居一，敝帚自珍，或贻讥焉。然孔子曰："文王既没，文不在兹乎"？孟子曰："圣人复起，必从吾言"。其自信若是。即老氏之徒，濡弱谦下，亦曰："知我者希，则我者贵"，亦何其高自期许耶？盖学问之道，各崇所见，当仁不让，理固然也。

《新原人》自序说："为天地立心，为生民立命，为往圣继绝学，为万世开太平。……通天人之际达古今之变，明内圣外王之道者，岂可不尽所欲言，以为我国家致太平，我亿兆安心立命之用乎"？他说贞元三书，是"书虽三分，义则一贯，所谓天人之际，内圣外王之道也"。这是冯先生对他"贞元之际所著书"的自信。

三

在抗战前，冯先生的思想，可以分三个阶段（请参阅拙著《近三十年来中国之哲学》）。抗战以后，他的思想也随伟大的时代而转变。自然以"贞元之际所著书"来代表，但是从抗（战时）期中国思想的演变看，要以《新事论》一书为最重要，影响也最大。《新理学》、《新原人》、《新原道》三书同，讲纯哲学。《新世训》亦较逊于《新事论》，分述于下：

（1）从文化来解释中国：在抗战前，有所谓"东西文化论战"，要拥护"科学与民主"，全盘接受西洋文化，喊"往西走"的口号，可以胡适先生和吴稚晖来代表。同时反对者，喊"往东走"的口号，说中国文化是精神的，西洋是物质的，可以梁任公梁漱溟为代表。到了后来（一九三五年）有所谓"中国本位文化"说，即所谓"十教授宣言"。

在抗战期，冯先生给文化以新的解释，说文化可从特殊、类两方面说，例如"西洋文化"、"中国文化"是个体，是特殊的，历史的。说"资本主义底文化，社会主义底文化"是从类来说，是科学的。说汉人有"五德"、"三统"、"三世"等说，是从类来说，有科学精神。一直到清末康有为说欧美文化，白统，俄国回教，黑统；说文家质家之分，中国是文，西洋是质，都是从类来看。民初的人主全盘接受西洋文化，是从特殊来看，反对说：

民初人之知识，知清末人之错误，而不知错误在于何处，遂并其不错误者而亦弃之，这是民初人的错误。专从特殊的观点，以看所谓西洋文化，是一个"全牛"，学西洋亦发生问题，一个个体是一个特殊，他是不可学底，正如一个"全牛"不可吃。一个国家或民族所有之文化，是特殊底文化，是很复杂底，可以同时属于许多类，有许多性。自民初以来有些人说"科学"及"民主政治"是西洋文化，有些人说基督教或天主教是西洋文化，从特殊来说，提倡西洋化，即引起许多纠纷，近数年来，有主张所谓，全盘西化论者，部分西化论者，中国本位文化论者，俱是说不通，亦行不通底。所谓西洋文化者实是指近代或现代文化。仍古今之分，非中西之异也。(《新事论·别共殊》)

他说当时的见解：

从前人常说我们西洋化，现在人常说我们要近代化或现代化，这表示近来人的一种见解上底改变，我们的文化是中国底，中古底，这一个觉悟是很大底。不过还是从特殊的观点，以观事物。从类的观点，西洋文化，而是一种文化的类型，其主要底是我们所必取者，其偶然是我们所不必取者。中国文化而是一某种文化之类型，其主要底是我们所当去者，其偶然是我们所当存者，至少是所不必去者。(《新事论·别共殊》)

中国文化的改变，要从一类转入另一类，是从中古的文化转为近代或现代的文化说：

照此方向以改变我们的文化，自一类转另一类，完全底彻底，所以亦是全盘底。又是部分底。自一类转入另一类，并不是将我们的一个特殊底文化，改变为另一个特殊底文化。我们的文化之与此类有关之诸性，当改变必改变。但其与此类无关之诸性则不当改变，或不必改变，又是中国本位底。……各类文化本是公共底，任何国家或民族俱可有之，而仍不失其为某国家或某民族。照此改变中国文化，则所谓中国本位文化自亦不成问题。(《新事论·别共殊》)

从一种文化变为另一种文化，仍是要行中国先圣之道，与康主张同说：

> 在民初人的心目中，康有为是一个国粹论者，是一个"老顽固"；在清末人的心目中，康有为是一个维新论者，是一个叛徒。他是从类的观点以观文化，知各类文化都是公共底，任何国家或民族均可有之。而此各种文化又是中国先圣所已说明者，所以中国虽自一种文化变为另一种文化，而仍不失其为中国，仍是行中国先圣之道。康有为之说，其一半为我们所不以为然，但其一半却是我们所赞同者。（《新事论·别共殊》）

（2）从历史来解释中国：冯先生从历史方面来看中国的地位、中国的革命和中日战争。中国是一个半殖民地国家，是一个被压迫的民族；对于列强，好像乡下人对城里人一样，可是从历史看，中国向来是居城里人的地位。他说：

> 城里人比乡下人享受好，因为比乡下人有钱，是从乡下人身上盘剥来底，如利息地租等。乡下可以说是城里的殖民地。……中国自周秦以来，向来处于城里人的地位，四围是乡下，就殊的方面说，夷夏之别，即是中国人与别底民族之别。就共的方面说，夷夏之别，即是城里人与乡下人之别。在清末以前，中国人是唯一底城里人，城里人即中国人，用夏变夷，用城里人变乡下人，中国人的城里人底资格保持了一二千年，不意到了清末，中国人遇见了一个空前底变局，城里人忽然变为乡下人了。在现在底世界中英美及西欧等处是城里，人是城里人，其余是乡下。印度成为英国人的"庄子"，特定殖民地，中国的地位，是一"土"财主，无形中受城里人的支配，不过尚不特别为某人所管，是普通底殖民地，亦即所谓半殖民地。中国人之所以是"愚""贫""弱"者，因为中国人是乡下人。英美及西欧等国，取得城里人地位，因产业革命，舍弃以家为本位底生产方法、经济制度，用了以社会为本位底生产方法、经济制度。工业革命，使乡下靠城里，使东方靠西方。城里是社会的中心。乡下所以必须靠城里，而城里所以对乡下占优势的缘故。所谓中国人用西洋人的制成品者：实即乡下人

进城里办货而已。乡下人如果想不吃亏，惟一底办法，把自己变为城里人，产业革命，以机器替代人工生产，文化都以城里为中心，中国之所以流为乡下，因未近代化，或现代化。（《新事论·辨城乡》）

他论中国革命说：

一新性，一方面不合旧情，是开来，又一方面须根据旧情，是继往。革命亦须根据旧情。建立中华民国底辛亥革命，一方面是，中国近代化所经底步骤，开来，又一方面是明末清初以来汉人恢复运动的继续，继往，革命初起口号"驱除鞑虏，恢复中华，建立民国，平均地权"，发展为三民主义，而当时的民族主义则是确切对满清而发。卢梭的《民约论》，黄梨洲的《明夷待访录》，风行一时，可看出革命方向，在"驱除鞑虏"，很短时间解决，"建立民国"，在种族革命以后，政治革命站不住，民主政治，即是政治社会化，必在经济社会化底社会中，才能实行。……共产党暴动，在中国旧情上有根据，如汉高明太及黄巢张献忠李自成之乱，……中国现在最大需要，还不是政治上行什么主义，而是在经济上赶紧使生产社会化。现在走的路，重要矿产，重工业，交通工具，都是国营，这是中国三十年来底进步，前途甚有希望。（《新事论·释继开》）

他论这次中日战争说：

现在中国与日本打仗，是中国在近代处境最危底时候，但不是最劣底时候。（劣时）已在二十年前过去了。我们的时代是中国中兴的时代，而不是中国衰亡的时代。旧说"否极泰来"，在近代，中国否极的时候是清末民初，现在是泰来的时候。清末民初，中国人殖民地的心理，自卑心理，西洋一切，以"文明"二字加之，"百姓怕官，官怕洋人"，出洋留学，引某国教授曰，夹杂些外国语，都是殖民地心理，听说西洋人称孔孟，受宠若惊。二十年来，大有进步。日本比中国进步快，少一次种族革命，中国的进步，大部分人脱离殖民的生活。（《新事论·论抗战》）

他说中日战争原因：

> 世界上大部分底乡下人，对于城里人反抗，——世界革命。……现在谁要想压制中国，叫中国永远当乡下人，他非派大量军队不可，只有日本能如此，这是中日冲突的根本原因。日本与中国与别底城里人国家不同，在历史、地理、文化上，中国本来是东亚的主人，日本脱离殖民地早，以"东亚安定力"自命，若中国完全成为城里人，中国天然是东亚主人，别底国家可放过，日本不能，又是中日冲突的根本原因。日本对中国要经济合作，中国为农业国，日本为工业国，日本人为城里人，中国人为乡下人。但中国脱离乡下，殖民地的地位，与日本起了直接冲突，是历史的"势所必至"，无法避免。同日本"经济合作"，中国一切前途没有，中日根本上底不平等，是日本是个城里人国家，中国是个乡下人国家，乡下人想变城里人，等于想造反。不说中日战争，而说"中日事件"，抗战，以下违上，城里人是上，乡下人是下，这是革命，这次战争，是中国进步一个必经阶段，是中国人成为城里人过程中一个阶段，抗战与建国，是一件事情两方面，先哲说"生于忧患，死于逸乐"，说"无逸"，中华民族四千年底生存，就靠此。(《新事论·论抗战》)

以上是以历史方面来解释中国的地位——半殖民地，国民革命和这次的抗战。

(3) 从道德来解释中国：冯先生说他的《新事论》要说明中国五十年的趋势，是由乡变城，是复兴革命，主要在中国有一贯的国风，即道德价值高于一切，这种精神由儒、墨、道三家而来，要保存中国固有道德，同时要采取西洋技术工业。先看他论近五十年中国趋势说：

> 好贵古贱今，近数十年来，贵远贱近，中国人不如外国人，"中国不亡，是无天理"。……我们的《新事论》里，想指出中国近五十年来底活动的大体轮廓。主要的趋势，是从乡下变为城里，从半殖民底地位，恢复以前东亚主人的地位，是复兴，从乡下变为城里，是革命。复兴性，"民族复兴"，"自力更生"。革命性，"民族革命"，中国革命是

世界革命的一部分。（《新事论·赞中华》）

论中国国风——道德价值高于一切说：

中国自商周以来有一贯底一种国风，是在中国社会里道德底价值高于一切。中国民族成为世界上最大底民族靠此。眼前这不平等底战争中，还靠这种国风支持下去。道德是维持社会存在的规律，中国尊重道德的传统底国风，与中国社会组织的坚固，民族永久，有密切关系，三不朽，立德立功立言，中国传统看法，有学问而无道德底人，不能十分为人所重视。如颜真卿的字比赵子昂的字有价值。西洋人，立功，立言，立德。道德是无所谓新旧底，是因社会之有而有的。中国人名之曰"常"，不变也。五常，仁义礼智信，"天不变，道亦不变"。忠孝以家为本位社会之有底道德。对国家尽忠，对民族尽孝，新道德。中国重有德的影响，人人都向有德这一方面走，社会坚固，民族长久，"五世同居""不孝有三，无后为大"，中国人多。家外，江湖上底各种组织，大一统的组织。二十四个月的战争可证明，溃，组织崩坏，中日战争，虽退而不溃，败而不破。（《新事论·赞中华》）

他说这种国风，由儒墨道三家所养成：

国风，巩固家组织道德，儒家学说。巩固"帮"组织道德，墨家学说。"满不在乎"的态度，道家学说。儒墨教人负责，道使人外物，负责严肃，外物超脱，有儒墨家严肃，道家的超脱，才真正是从中国国风养出来底人，才真正是"中国人"，但不必于"肉食"者中求，一位军人，往河北游击，对于中国最后胜利，有确信。徐州撤退，日本兵………放礼炮送行，杭州老板，"没有什么，再来一回"，如此严肃超脱，是数千年国风养出底真正"中国人"，过去，将来，都靠他。（《新事论·赞中华》）

他说中国应走的道路：

组织社会的道德，是中国人所本有底，现在须添加者是西洋的知识技术工业，正是新事论的意思，若把中国近五十年底活动，一整看，道德，继往，在知识，技术工业，是开来。中国人的精神力量，以庄严静穆，抵御大难，是道德力。儒墨家"在乎"道家"满不在乎"，真正"中国人"造成伟大中国，新中国，深信不疑。(《新事论·赞中华》)

(4) 从经济来解释中国：冯先生从经济生产来看，可以把社会，也可说是文化，分为两种。一是生产家庭化，一是生产社会化，中国以往是生产家庭化底文化，现在是由生产家庭化转入生产社会化的过渡时代。他说：

两种文化：生产家庭化底文化，生产社会化底文化。以家为本位底生产方法、制度、社会制度、组织，均以家为中心。五伦关于家底伦已占其三，余二，拟君于父，拟朋友于兄弟，在生产家庭化底社会里，他的一生，都在他家里。……民初人对于中国人之以家为一切的出发点、集中点，他们持别攻击，认为此是"中国人"的大短处、大坏处，他们不知凡是在生产家庭化底社会底人，都是如此。旧所谓国者，实则还是家，在生产家庭化底社会里，家是一个经济单位。"中国人只有家族观念，没有国家观念"，不错，是因为生产家庭化，只知忠君，不知爱国。(《新事论·说国家》)

这是生产家庭化的社会，也就是以往中国的社会。再看生产社会化的社会：

产业革命，用机器生产，大量，不工作于家而工作于工场，分工，工业革命，不但在工业，农业亦有。在生产社会化底社会里，他的一生，大半不在他家里。在现在世界中，国是经济单位，小家庭，不是一经济单位。……到现在，中国虽尚未完全成为生产社会化底社会，而中国人对于国底观念，已经大变了。十四个月以来，中国大众爱国不只空洞理想而是活底道德。中国现在所经之时代，是自生产家庭化底文化，转入生产社会化底文化之时代，是一个转变，过渡时代。(《新事论·说家国》)

以上是冯先生从文化、历史、道德、经济，来解释中国社会保存、发展中国人所本有底同时再添加西洋的知识技术、工业。

四

冯先生是从民族立场，解释抗战时期中的中国文化社会各种问题，同时发表"国家至上"的理论，说国家主权高于一切，现在，在国之上无层次较高之团体组织。国在天然状态中，以力维持，自私自利，现在的人，虽是文明的，而国却是野蛮的，俄国仍以国为本位，是国家社会主义，国家若不以自己为本位，争生存，很难立足了。他说：

> 中国人不守时间，暂时把他自己除外，把他自己放在一个较高底层次中，暂以中国人的最高裁判者自居，不但逻辑中有层次论，即道德学中亦应有层次论。人非作道德底事不能达到大不道德底目的，不道德底事中之事，却是道德底。……国之行为，持国之主权高于一切之说者，即不承认国之行为，可以是不道德底，不承认在国之上，可有层次较高底团体组织也。就国之层次说，国是在天然状态中，一国之疆土权益，全凭其力维持，他能维持许久，他的强土权益即有许久是他的。达尔文赫胥黎的天演论，"有强权无公理"，所谓"国际联盟"，只是一种空气，西洋底人或者讲自由、平等、博爱，或者有侠义精神，或者富于同情心，但西洋的国，则绝不是如此底。实则国对于国之关系，尚在所谓天然状态之中，除了自私自利之外，没有别底目的。人对于人之关系，是在一层次中，国对于国之关系，是在另一层次中。在现在底世界中，人是文明底，而国是野蛮底，野蛮底国却是文明底人所组织者，我们若"明层次"，则知此话，人与人应该互助，但国与国则不互助而斗争，以"小人之心，度君子之腹"，却是一个最稳当底办法。(《新事论·明层次》)

像德国、俄国虽以社会主义相号召，但仍以国家为本位，是国家社会主义，他说：

假使有一国或民族，已行了社会主义，但此国或民族仍可以其自己为本位，剥削别底民族。此即所谓国家社会主义，德国以此为号召，苏联虽以真正底社会主义相号召，而其所行者，却似即是国家社会主义。他的行为，亦是以保全他自己的利益为目标，他的行为是以国为本位底。总之，在国之上尚没有一个较高层次社会组织之时，无论哪个国或民族，都须以其自己为本位，"竞争生存"，不然，他是一定不能存在底。（《新事论·明层次》）

这是冯先生的"国家论"，是在这八年抗战所产生的精辟之见。

五

冯先生是哲学家、思想家，不是文学家，但他从民族的立场，讲文学与艺术，却有独到的见解。他说：

就文化类的观点，不说东方、西方文化，只说生产家庭化底文化、社会化底文化。除类的性质外，其余性质不主要，自个体观点，共余性质是重要底，各民族中间，有人种上的区别，从文化上来看各民族的异，各民族有各民族的艺术文学，从文化区别各民族，艺术文学最需要注意。（《新事论·评艺文》）

现在先讲文学，他说：

英国文学，用英国语言底，他有许多底妙处，不能翻译，无论哪一民族的文学，都是如此。中国文学中"对仗"，别底语言，不能有"对仗"，文学跟他的语言来底，只有一民族内底人，能充分了解，语言乃一民族整个历史，整个生活所成，文学作品不能翻译，不翻附带引起意义，"寒雨连江夜入吴，平明送客楚山孤，洛阳亲友如相问，一片冰心在玉壶"，非中国人不能欣赏这首诗。某种情形、情感，只有一个最好底表示。"眼前有景道不得，崔颢题诗在上头。"（《新事论·评艺文》）

他从这个观点来评新文学，和所谓"普罗"文学，说：

民初，所谓新文学，主新文体，欧化底文学。不写"某某先生大人"，而写"亲爱的某先生"，站在民族立场说，欧化要不得底，新文学作品，新诗，成绩不佳，乃语言的关系。普罗文学，宣传无产阶级革命，载道。平民文学——"普罗"，中国平民不能感动。诗经楚辞宋词元曲，在某一时候，都是中国平民文艺。只有从中国人的历史、中国人的生活中，生出来底文艺，才是中国底，亦惟有这种文艺对于中国人才可以是活底。中国人的生活现代化了，所以中国底文艺亦要现代化，现代化可，欧化不可。（《新事论·评艺文》）

现在讲他的艺术论，他说：

艺术亦可有某民族底房子，希腊式、中国式底建筑，是花样上底差别，花样不同，可以守旧，以保民族的特色，中国底建筑有一种特别美，感觉到端正、庄严、静穆、和平，里面有电灯、汽管，这即是新中国象征。在新中国里，有铁路工厂。中国人仍穿中国衣服，吃中国饭，说中国话，唱中国歌，画中国画，看见中国之为中国。文化可用"文""质"二概念，生产方法、经济制度，质；艺、文学，文。从民族观点，文是重要底。歌舞，取各种情感所发之声音动静而去其乱，为之节。各民族有各民族的歌舞。必须宝贵他自己的文学艺术，养育培植，生长发展。（《新事论·评艺文》）

以上是冯先生文学艺术论。

总之，在中国抗战八年中的思想，无论在质、量，都以冯先生贡献为最大，在这"贞元之际所著书"中，以《新事论》，影响为巨。主要观点，要从民族、国家立场上，给在抗战期的中国，实际问题，以新解释。

原载《文艺生活》第一卷第二期，1946 年 5 月

《新理学》评论

孙雄曾

　　冯先生在本书中发表了一个哲学系统，这可说是程朱理学在新理学烛照下之重光。就其为程朱理学之重光一方面看，冯先生是替我们写了一部空前底好书；但就其为发表一个哲学系统一方面看，则似乎冯先生是太爱惜了他的系统，以致未能完全忠于他的方法。以下批评底话就是对于新理学之为一个哲学系统说底。在未批评之先，请对本书内容略作介绍。

　　本书除绪论外，分为十章。绪论系就新理学释名，实为全书眉目。第一章"理，太极"及第二章"气，两仪，四象"说明新理学哲学系统之根本原理，为一书骨干；其余诸章是这原理在各方面底推演和应用，为一书肢体。第三章"道，天道"阐述宇宙发展底一般法则。第四章"性，心"讨论人性善恶问题，从心理底方面立论。第五章"道德，人道"亦讨论善恶，却从社会即伦理方面立论。第六章"势，历史"诠释历史的意义。第七章"义理"讲学问；第八章"艺术"谈艺术；第九章"鬼神"辨宗教；第十章"圣人"论修养。

　　依冯先生的解释，新理学可以说是最哲学底哲学。哲学与科学不同：哲学自纯思之观点出发，对于真际只是形式地有所肯定；科学则不能离开实际经验，其所肯定必有事实的存在。真际与实际不同：真际指凡可称为有者；实际指有事实底存在者。譬如这个那个方底物是属于实际之实际底事物，但"方"与"方之理"则不属于实际，而属于真际，是真际中之"理"。纵使事实上并无方底物，我们仍可思及"方"，仍可说"有方"，"方有四隅"，此即是对真际形式地有所肯定。真际中唯一重要底是理。理者，一切事物所以然之故及其当然之则。未有实际底事物就先有理，必先有了某理然后才有依照某理之实际底事物。故理之有是形上底，本然底，所谓"冲漠无朕，万象森然"已具。实际底世界就是这本然底理之实现而已。但理只是理，形上之理不能自行实现而为形下之物。换言之，某理之有并不涵蕴依照某理之实际底事物之有。我们讲理，只讲了事物之所以然，并未讲何以有事物之存在。故实际底事物，除必须依照理之外，当另有所依据。此所依据者，可名之为"气"，即理之实现有待于气。实际底世界就是气之动而依照理以成者。气本身不依照任何理，无任何性，而可以依照任何理，有任何性。气本身只是绝对底料，不可思议，不可言说，极端地混沌，即是"无极"。与气相对者为理。理则只许思议，为名言之所从出，极端地清晰，众理之全即是"太极"。气动而依照理，以成实际底世界，即是"无极而太极"。其依照某理以成某物之气之动者，对于此物说，名曰"阳"。与此动者相对之气之静者，对于此物说，名曰"阴"。一物之阳，即其物之建设底积极底成分；一物之阴，即其物之破坏底消极底成分。"万物负阴而抱阳"，阴阳消息，变化出焉：阳生阴克是物之由"成"而"盛"；阴生阳克是物之由"衰"而"毁"。阴阳为两仪，成盛衰毁为四象。由阴阳之生克而有四象之变化，是谓"两仪生四象"。此四象之代迁即宇宙万化之法则，即所谓"天道"。

以上便是冯先生的新理学哲学系统之梗概。以下则是我的批评，分四点说：

一、理之有无问题

冯先生认为一切事物皆有其理，某事物之理即某事物之所以为某事物者，而且理是纯思之对象。我以为不能这样概括。我以为如"红""甜"等感觉概念不应与"方""三"等理智概念毫无分别，而谓有"红之理"与"甜之理"一如有"方之理"与"三之理"。盖诚如冯先生所谓理是极端地清晰而确定底，则惟理智概念能有其理。若感觉概念则不过是感觉印象之心理底简括，并非有清晰底内涵或确定底外延。"完全底方""完全底三"我们可以说，但"完全底红""完全底甜"不可说。我们根本就不能界说红与甜，如算学上之界说方与三。譬如我说"这是方底"，若有人问何以知道这是方底，我可以告诉他如何如何所以是方底理由。但若我说"这是红底"，而有人问何以知道这是红底，我却不能同样地告诉他如何如何所以是红底之理由。故有方之理，而方之理可说；若有红之理，则红之理不可说——不独不可说，抑亦不可思，即红之所以为红者不能为思之对象。纵令我们由思而得知有红之所以为红者，但红之所以为红者本身究竟不可思。冯先生似乎误以知有红之所以为红者之思，即为对于红之所以为红者本身之思，遂以为有红之理一如有方之理。殊不知方之所以为方者固可思（几何学上方之界说即是对于方之所以为方者之思），而红之所以为红者则不可思。对于方，我们不独在见方底物时知此物是方底，即离方底物时亦知方之所以为方者；但对于红，我们只在见到红底物时知此物是红底，离红底物时便不知红之所以为红者究竟为何。故相当于方之概念能有方之理，相当于红之概念似无红之理。

同此理由，我以为能有本然义理及本然命题（原书第七章"义理"），而不能有本然艺术及艺术作品之本然样子（第八章"艺术"）。盖义理及命题是理智底，故清晰而确定。有本然底义理，一如有完全底方。但艺术及艺术作品则是具象而带感情底，究其极只是蕴蓄底意象之黑漆一团。艺术是泛指这黑漆一团底蕴蓄底意象之表现，艺术作品就是表现之实际地存在者。表现是直接底，未表现只是意象，已表现就是作品，就是实际地存在底作品，此外别无所谓本然样子，可以为创作家所依照，为批评家所凭准。作品底好坏只是表现之真切与否底问题。真切是对意象而言，不是对所谓本然样子而言。无本然样子一如无完全底红，无绝对底甜。

二、理与气之关系问题

冯先生认为理无能，气无性，只有理，不能产生实际底世界；只有气，也不能成其为实际底世界。必"气之依照理者即成为实际底事物"。但气怎能依照理呢？冯先生说："'依照'是一事，亦即是一动，故气于依照任何理之先，必须依照动之理，然后方能动，而有依照之事。"这却包含一个解不开底循环底矛盾。盖依照动之理底依照亦是一依照，亦即是一动，故不独依照涵蕴动，而动又涵蕴依照，这样辗转相待，便永远不能动，亦即永远不能依照。否则，就应如佛家之说，"无明"为忽然念起，真元之气亦忽然而动，即动即依照，动与依照不可分。现在冯先生已把它们分开，则便产生动与依照纠缠不清底问题。

三、真际之看法问题

冯先生把事实上存在底与思想上可能底混为一谈，概称为"有"，即以凡可称为有者总成一类，名曰真际。此谓类底观念看真际，我以为这至少有逻辑上所谓 confusjon of type 底毛病。盖如冯先生所谓有，其含义是很空泛不确定底，它是否可以做成一个类，很有问题。最显然，若真际果能以类底观念看为一类，则此类便是一个有；而此有已随真际而生，即不在真际中故不能谓真际已包括凡可称为有者。否则，真际即永远不能以类底观念看为一类。

类似这种底混淆底情形，在冯先生论"鬼"之存在时也显现出来。冯先生说："过去底事物虽不存在，而曾有过去底事物之事实，即过去底事物之尝然则存在，而且永远存在……如李鸿章之人已不存在，但曾经有李鸿章之人之事实，即李鸿章之尝然则存在，而且永远存在。"（第九章"鬼神"）这里对于"存在"如前面之对于"有"，毫不确定底滥用起来，是很危险底。盖"李鸿章"与"曾经有李鸿章之人之事实"在逻辑上讲是很不相同底东西。对于"李鸿章"能说存在不存在，但对于"曾经有李鸿章之人之事实"无所谓存在不存在，只有真实不真实。李鸿章生时，"李鸿章"诚然存在；但李鸿章死后，"曾有李鸿章之人之事实"无所谓存在，不过我们可以说它，永远可以说它而已。可以说底不就是存在底。

四、真际与实际之关系问题

依照冯先生的看法，实际底事物属于实际，实际属于真际，只属于真际而无事实底存在底则属于纯真际，其关系如（原书用图形表示，见十一页）：

	实际（实际底事物）
真际	纯真际

诚如是，则理之有事实底存在底，其在真际中之地位便发生问题。盖

理不是实际底事物，当然不属于实际；而现在之理却是有事实底存在底，故又不属于纯真际。然则，理之有事实底存在底，压根儿不能在真际中。这当然不是冯先生的本意，但是依照冯先生的逻辑，却要推到这样结果。

原载《星期评论》第三十八期，1941 年 11 月

冯 友 兰 论

——论《新理学》及其他

曹聚仁

"……以夫子'义则窃取'之旨观之，故将纲纪天人，推明大道，所以通古今之变而成一家之言者，必有详人之所略，异人之所同，重人之所轻，而忽人之所谨；绳墨之所不可得而拘，类利之所不可得而泥；而后微茫秒忽之际，有以独断于一心；及其书之成也，自然可以参天地而质鬼神，契前修而俟后圣；此家学之所以可贵也。"

——章实斋：《文史通义·答客问》

一、从宋明理学到新理学

偶读胡秋原兄论新理学一文（见重庆中央报专论），窃有许多不敢苟同的微见；因作冯友兰论，也来谈谈对于"新理学"的看法。

胡先生的意思以为"近来谈理学或新理学，几乎渐成风气。这是可了解的，但是不可鼓励的。我们研究哲学，当然要研究理学；但如果要特别提倡理学，就大可不必。今日若干人所谓新理学，其内容只是'旧理学'。……哲学自可有各种讲法，但在古人书中，翻来覆去，绝无结果，则可断言。今日我们为学治国，必须解决当前问题，向前开创。……我们应开张我们的心胸，学习现代科学知能，如果再回到宋明理学，那真是一个反动。但今后中国的学术伦理，一定是适合于工业和民族斗争时代的，否则必受历史的淘汰。所以我也相信，今日所谓新理学虽为一种时尚，但迟早亦必如整理国政之类，放在他应该放的地方，只是一般青年，不免浪费一时心力而已"。这是纯功利的看法，从冯先生的观点说，是不值一驳的；我呢，也并不想和胡先生来辩论，因为我们不如把新理学放在他应该放的地方去。

我个人自幼对宋明理学有深切的反感，一因先父服膺程朱之学，很早就叫我们读《近思录》，不自觉地对朱熹的主张起了反感；二因我的思想接近浙东学派（也是功利派），所以看不起性理之学；三因我们是五四时代的人物，为世界各种社会主义学说所震动，有一段很长时期，觉得一切问题非从唯物史观的角度看不清楚。直到民国二十七年秋冬之间，才懂得朱熹的精深博大处，年来渐有所悟知，才敢离开唯物史观来独自散步；从这一面说，我也是不必和胡先生来辩论的。

开头，我们先看看冯先生自己对新理学的看法如何？冯先生的《中国哲学史》下册出版时，其"自序"中曾有这样一段话："此书第一篇出版后，胡适之先生以为书中之主要观点系正统派的。今此书第二篇继续出版，其中之主要观点尤为正统派的。此不待别人之言，吾已自觉之。然吾之观点之为正统派的，乃系用批评的态度以得之者。故吾之正统派的观点，乃海德格尔所说之'合'，而非其所说之'正'也。"此中"吾之观点之为正统派乃系用批评的态度以得之者"一语，最可寻味。孙雄曾先生说他"在这本书里发表了一个哲学系统，这可说是程朱理学在新理学烛照下之重光"。冯先生"颇愿引以自勉"，他说："一个哲学系统，若能成为一个社会的社会力量，它必是从一个社会的历史生出来底。必须是如此，它才能有鼓舞群伦的力量，而不仅是研究室里讨论底义理。然而他又须不仅是历史上底一个系统。若果如此，它又只是历史上底陈迹，亦不能有鼓舞群伦的力量。我希望新理学能一方面是程朱理学的重光，一方面又是一个现代底哲学系统如孙先生所说者。它是最新底，同时亦是最旧底。惟其如此，它才可以继往开来，鼓舞群伦。"（《新理学答问》）这段话，更可寻味。

※　　　　※　　　　※

陈寅恪先生说："佛教经典言：'佛为一大事因缘出现于世。'中国自秦以后，迄于今日，其思想之演变历程，至繁至久；要之，只为一大事因缘，即新儒学之产生，及其传衍而已。"他对于宋明理学及程朱学派的评价，可说是十分确当的儒家的哲学思想，那位最伟大的圣人孔丘，依所流传下来的文献看，还找不出一个完整的体系（依传说推想，像他那样到达了'从心所欲不逾矩'的化境，定有其完整的哲学体系的）。不过到了战国后期，在荀卿及其弟子韩非手中，已经完成了井然的哲学体系，那是无疑的。旧的儒学，是透过了先秦诸子百家的思想层，以批评的态度建立起来的，其持之有故，言之成理，粲然可见了。西汉以后，阴阳五行说渗入儒家之学，可以说从宇宙论出发，重新开始；这一股伏流，从西汉今文家大师董仲舒、刘向、扬雄、东汉古文家马融、郑玄，到两晋南北朝的葛洪、崔浩，直到五代宋的陈抟、张载、邵雍，可说是呼吸相通的。同时，印度佛学这一股外来文化的洪流，先后冲荡了一千多年，对每一阶层的生活、思想都发生了影响。（天台宗即为在中国成熟的佛学。）从朴素的儒释道三教合流论，到梁肃、李翱、宗密的引佛入儒与引儒归佛，其倾向是相同的。周敦颐、程氏兄弟都曾用佛道二家的烛光来照明儒家的思想，建立了新儒学，必待朱熹出来，才完成了这件胜业。程朱的儒学，也可说是儒家的正统派，但他们的儒学，亦系用批评的态度以得之，并非孔孟荀的旧儒学。（到了新儒学手中，儒家才建了宇宙论。）

朱熹的同时代学者，如陆九渊、吕祖谦、叶水心，都有独到的"见地"，但比不上朱熹的博大精深；后继的，如黄干、真德秀、王应麟，只有一枝一节的成就；即便明代王阳明，清代戴震、焦循，都卓荦有所建立，也跳不出朱熹的范围。黄干谓："道之正统，待人而后传。由孔子而后，曾子子思继其微，至孟子而始著。由孟子而后，周程张子继其绝，至熹而始著。"这倒不是阿私之言。清史学家章实斋论著作之学，要"纲纪天人，推明大道，所以通古今之变而成一家之言"，要"微茫秒忽之际，有以独断于一心，契前修而俟后圣"，秦汉而后，惟朱熹之学足以当之。（朱子之学，如何博大精深，待下一节再行详论。）

※　　　※　　　※

儒家有一治学态度，说是"述而不作"；因此，我们虽知道儒家的思想体系是完整的、井然有条理的，但"载"这份"道"的著述本身，除了荀子，都是不完整的。两宋理学家，尤其着重在"述"字上，我们细看朱熹所辑的《近思录》，张伯兴所辑的《续近思录》以及朱熹一生精力所贯注的《四书集注》，可以明白他们有着怎样一个思想系统，但要举出代表他们的思想体系的著作，我们就无法推荐。我们可以承认朱熹的学问，已经能"纲纪天人，推明大道，通古今之变"，比孟荀还高一筹，但他并未"写成一家之言"，予后人以完整的著作，这是宋明理学史上未填补起来的大缺恨。冯氏的新理学未出，则此一大事因缘终未圆满完成；我们所以看重这一部著作，便在于此。章实斋谓："诸子百家之言起于徒思而不学，世儒之患起于学而不思。"其能"学于形下之器而自达于形上之道"，章氏茫茫求索而未得者，现在我们可以从冯氏的贞元三书得知了，我们所以看重冯氏的学问也在于此。（《新理学》绪论第七节论哲学之新与旧，谓："哲学家是自己真有见者，注疏家是自己无见，而专转述别人之见者。自古以来，无全新底哲学，但虽无全新底哲学，而却有全新底哲学家。……一时代虽不能有全新底哲学，而可有全新底哲学家，较新底哲学。一时代之哲学家之哲学，不是全新底所以是'上继往圣'；但其哲学是较新底，其力量是全新底，所以可以下开来学。"）我们把新理学当作较新的哲学，把冯氏当作全新的哲学家，则其人其书的真价值便可以看见了。

冯氏说："读无字天书，需要天才的程度，因事不同。在道德行为方面，大多数人都可以读'无字天书'，心学一派以为人人都有良知，'满街都是圣人'，其说的根据，大概即在于此。在新底方面，如事功艺术等方面，则需要很大底天才，方能读'无字天书'。英雄才子之所以为英雄才子，即在其能读无字天书而常人不能。"此说颇好。宋明理学家所读的都是"无字天书"？但佛之"说法"正为普度众生，它要引导众生从"有字天书"去领会"无字天书"，我们把新理学当作有字天书可，当作无字天书亦可。他又说："道德境界与天地境界，不是随随便便可以得来的。……哲学能扩大我们的心胸，广大我们的眼界，给我们以高的境界，有这种高的境界的人也就见古人所谓的圣贤了。"这话也对。笔者认为这便是冯氏和他的著作应该放的去处。

二、朱熹之胜业

冯氏于理学的绪论中，自谓："照我们的看法，宋明以后底道学，有理学心学二派。我们现在所讲之系统，大体上是承接宋明道学中之理学一派。我们说，'大体上'，因为在许多点，我们亦有与宋明以来底理学，大不相同之处。我们说，'承接'，因为我们是接着宋明以来底理学讲底，而不是'照着'宋明以来底理学讲底。因此我们自号我们的系统为新理学。"此处有两点值得交待：甲，他所"接着"的部分，是不是有其本身的价值？时代的意义？因此得溯源去批判他所依据的"理学"部分，即对朱熹的学问重新估定价值。乙，我们不仅要着眼那大体上和宋明道学相同的部分，还得着眼那"大不相同"的许多点，这是"新理学"的本身价值与时代意义。

这里，我们先谈他所承接的部分。胡秋原先生论新理学，曾先解释什么是旧理学。依他的看法，"第一，理学乃是儒学采取释道以抵抗释道之新儒学。（孔子罕言性与天道，释道二氏对此能言之成理；在乱世大家要问究竟，而哲学到了一定时期，亦必对此要求解决。儒门不起来抵抗，有被消灭可能。二氏对于儒家几乎成了一种狐狸精，既爱之，又畏之，……于是儒家中就有一派人出沟通二氏之性，道和儒家的纲常，此即所谓理学和道学。）第二，理学在材料上和方法上，都是科学以前的，因此其全部理论，虽力求完整而终不完整。（他们治学的方法，因为不知归纳法，也无法得到新的理论。……理学家之语录皆有内病。这不仅由于他们没有科学的明确观念，也由于他们以圣经贤传及太极图说为既成真理，只想去解释得通，而结果终无法以自圆的。近来讲理学的人，无非将许多简单而不明确的词翻来覆去。）第三，宋人理学的究极，仍是一种人生哲学；这种人生哲学虽有扶持名教之功，然因简抱陋，在过去没有用处，现在更无用处。（甲，夫人欲之言，律己则可，用以律人，律一般民众，亦可便于民贼独夫。乙，道德不是消极说教可了的。真正理学之士，自贤于醉生梦死一筹，然正人心厚风俗，非理学所能为力，是很明白的。）第四，理学原是一种政治派别，我们还应由政治的功过判断其价值。（他们的政治专业坏于两点：第一，以单纯的家庭伦理是非为政治标准，没有政治政策，甚至轻视富强；第二，以学派的是非为政治的是非，自命是孔孟正统，门生故吏都是贤人，宋代党争不过是门户之争而已。）"原文洋洋万言，即"不干涉"从这四点来批评旧理学之缺漏，不足以为依据；从某一角度说，原是"言之成理"的。

但，我们从另一角度看，就会来另一不同的结论：第一，朱熹之学，确确实实是集大成的。（朱子之形上学，系以周濂溪之太极图说为骨干，而以唐节所讲之数，横渠所说之气，及程氏弟兄所说形上形下及理气之分融合之。）集大成乃是一种建设性的工作，并不仅是对二氏的消极抵抗。朱氏及北宋朱理学家所依据的本原，原是破碎的，但经过他们贯穿以后的体统是完整的。他们用旧瓶装新酒，说的依旧是"太极"、"无极"、"理"、"气"这些字眼，但他们的看法是崭新的；他们先做好了美酒，再去找酒瓶来装，我们不能专着眼旧瓶上的灰尘，便派定瓶上之酒一定不"美"。这份美酒上市，把佛家那份印度酒全部打倒，佛学时代一变而为理学时代，这意义自不平凡的。（能读无字天书的，自能化腐朽为神奇，旧理学即算是支离破碎，仍无碍于作新理学的依据。）第二，胡氏所谓"理学在方法上，都是科学以前的"，这句话，颇有语病。科学与"迷信"，也只有程度上的差别；科学史上明明写着科学出于迷信的大字，何谓"科学以前"？实在无从划分起。理学家的思想系统，散见于"语录"、"集注"、"与师友书"中，没曾写成完整的著作，已如上节所述，然无碍于其思想体系之完整。冯氏明说他所依据的是"理学"，而非"心学"，我们就该从朱子的方法论下批判。朱子的修养方法，始于格物，谓："大学始教，必使学者即凡天下之物，莫不因其已知之理而益穷之，以求至乎其极，至于用力之久，而一旦豁然贯通焉，则众物之表里粗精无不到，而吾心之全体大用，无不明矣。"（《大学章句补·格物传》）这一方法，并非如胡先生所说，"全是演绎的"。章实斋谓："朱子求一贯于多学而识，寓约礼于博文，其事繁而密，其功实而难，虽朱子之所求，未敢必谓无失也；然沿其学者，一传而为勉斋黄榦九峰（蔡沈），再传而为西山（真德秀）鹤山（魏了翁）东发（黄震）原斋（王应麟），三传而为仁山（金履祥）白云（许谦），四传而为潜溪（宋濂）义乌（王祎），五传而为宁人（顾炎武）百诗（阎若璩）则皆服古通经，学求其是，而非专己守残空言性命之流也。"我们若承认清代经学家所用的方法是科学的，那就该承认他们所"源自"的朱子格物之学是科学的。第三，以往谈宋明理学的，太看重他们的人格修养部分，却把他们的"事功"部分忽略掉了。钱穆先生论北宋士大夫的自觉精神，谓"宋朝的时代，一天一天的严重，而一种自觉的精神，亦终于在士大夫社会中渐渐萌出，所谓自觉精神者，正是那辈读书人渐渐自己从内心深处涌现出一种感觉，觉到他们应该起来担负着天下的重任。范仲淹为秀才时，便以天下为己任。他想出两句最有名的口号来，说士当'先天下之忧而忧，后天下之乐而乐'，这是那时士大夫社会中一种自觉精神之最好的榜样。范仲淹并不是一个贵族，亦未经国家有意识的教养，它只在和尚寺里自己读书。在断荠尽粥的苦况下，而感到一种应以天下为己任的意识，这显然是一种精神上的自觉，然而并不是范仲淹个人的精神，无端感觉到此，这也是一种时代的精神，早已隐藏在同时人的心中，而为范仲淹正式呼唤出来"。这一点，实在非常重要。宋明理学家，不讲出世，亦不在狭义的门第上讲功业礼教，他们要找出一个比较接近平民性的原则来应用于宇宙人生国家社会入世出世等各方面。"这一个原则，他们称之曰道，或称天理，天理的对面是人欲，天理人欲的分辨，只在公私之间。公私的另一名称则为义利。这一个公私义利之辩，从外面客观的来讲，即是道理；从各个人的内省审察，则为心术。他们实在想拿他们的一套理论与态度来改革当时的现实。"我们不能不承认其有时代的意义，耐得我们的严格检讨的。（他们热心讲学的目的，固在开发民智，陶育人才，而其最终目的则仍在改进政治，创造理想的世界。）

胡秋原先生对旧理学的批评，还有一大缺点，即过于注重宋以前即朱熹以前的理学，而不十分注重元明以后即朱熹以后的理学。笔者觉得钱穆先生把明末东林之学，上接理学余绪，下开清代经学先河，那是不错的。顾宪成谓："宫辇毂念头不在君父上，官封疆念头不在百姓上，至于水间林下，三三两两，相与讲求性命，切磨道义念头不在世道上，即有他美，君子不齿。"既是范仲淹先忧后乐之意，亦即是顾亭林"君子之为学以明道也，以救世也"、"天下兴亡，匹夫有责"之意，即后来曾国藩所谓"不问收获，但问耕耘"，也就是这一种精神。胡先生于"论新理学"的尾上，说我们需要创造自己的哲学，要"继承中国先哲的经世精神"，假使经世精神该继承的话，则旧理学的时代意义仍在，还是不容一笔抹杀的！

不过胡先生对于一般恋旧者的忠告，还是值得注意的；他何尝不知道冯氏的新理学的真价值，他所怕的，社会上本有"扶得东来西又倒"的倾向，新理学若带了一些人钻牛角尖去，那又未免成为时代的罪人了。（胡先生说："我们为学治国，必须解决当前问题，向前开辟。我们因为过去遗产甚厚，常有一种惰性，拖住我们前进。"此语当切记不忘。）

三、冯友兰氏之"无字天书"

胡秋原先生批判"新理学"，停留在批评旧理学的线上，那是出乎我们的意想之外的；胡氏之意，或者以为新理学的依据在旧理学，攻破了旧理学，使新理学失去了凭借，则新理学的壁垒，不攻自破。事实上却并不如此，新理学自有其井然的体系，它并非从旧理学中引申出来；我们即撤去它所依据的旧理学，而新理学的体系自在。正如清代经学家，攻击宋明理学，也从其所依据的经典着手；后来宋明理学所依据的"张本"是被撤去了，而宋明理学的完整体系自在。所以不从冯氏的《新理学》着斧，这段批评的工作是不曾完了的。(其从《新理学》下批评的，曾有朱孟实、孙雄曾二先生的评介，都着眼他的哲学体系，许为"确是对于当前之大时代底一种可珍贵底贡献"(朱语)。"替我们写了一部空前底好书。"对于他以旧理学为依据，并不引以为病。)

冯氏自有其"无字天书"的，他所写的《贞元六书》，乃是他指引凡人通到"无字天书"的桥梁。何谓"无字天书"呢? 他说:"自道德底观点，或自事业底观点来看，每一种事，均有一种本然底至当办法。在知识方面，每一实际命题，如其是普遍命题，均代表或拟代表一个本然命题。每一种艺术，对于每一题材，均有一本然样子。此诸本然办法、本然命题或本然样子，可以说均是在'无字天书'之中。""无字天书"可不可以读呢? 他说:"无字天书，有人能读之，有人不能读之;能读无字天书，而见本然办法，本然命题，本然样子，或其仿佛者，我们称之曰才人。"(《新理学》第十章)又说:"'无字天书'是可读底，至少对于有些人是如此。为什么又说不可读? 因为即能读'无字天书'底人，其读亦只仿佛能读，不过其仿佛的程度有不同而已。惟其如此，所以人的知识，时常改进，而'有字人书'亦时常须重写。"(《新理学答问》)

冯氏已经告诉我们，他所读的"无字天书"，和宋明理学家如朱熹所读的，大体上是同一底本，所以说"大体上是承接理学一派";但又非是一模一样的底本，所以说"吾之观点之为正统派的，乃系用批评态度以得之者"，"在许多点，我们亦有与宋明以来底理学，大不相同之处。"(第一节中已交代过。) 既是同一底本，何以有此"不大相同之处"呢? 此即时代环境所造成的，用以照明的真不相同之故。汉代经学家手里拿的是阴阳家的烛光，魏晋清谈家拿的是道家的烛光，宋明理学家拿的是佛道的烛光，其所读的"天书"已不相同，现在冯氏所拿的是西洋科学与哲学的烛光，自必有其大不相同之处，而其精力所贯注处亦即在于此。

补说一句，一切"天书"，都是"玄之又玄，众妙之门";落入文字障中，便得打折扣;然而我们非从"有字人书"入手，即无从讨论，则吾人虽"仿佛能读"，仍不能不读者以此。

※   ※   ※

从冯氏的"有字人书"看来，他所读的"天书"中，有甲，"真际"与

"理"。他认为哲学与科学不同：哲学自纯思之观点出发，对于真际只是形式地有所肯定；科学则不能离开实际经验，其所肯定必有事实的存在。真际与实际不同：真际指凡可称为"有"者；实际指有事实底存在者。真际中唯一重要的是理；理者，一切事物所以然之故及其当然之则。未有实际底事物就先有理，必先有了某理然后才有依照某理之实际底事物。故理之有是形上底，本然底，所谓"冲漠无朕，万象森然已具"。实际底世界就是这本然底理之实现而已。乙，"气"、"无极"，与"太极"；他认为理只是理，形上之理不能自行实现而为形下之物。换言之，某理之有并不涵蕴依照某理之实际底事物之有。我们讲理，只讲了事物之所以然，并未讲何以有事物之存在。故实际底事物，除必须依照理之外，当另有所依据。此所依据者，可名之为气。即理之实现有待于气。实际底世界就是气之动而依照理以成者。气本身不依照任何理，无任何性，而可以依照任何理有任何性。气本身只是绝对底料，不可思议，不可言说，极端地混沌，即是无极。与气相对者为理。理则只许思议，为名言之所从出，极端地清晰，众理之全即是"太极"。丙，"阳"、"阴"、"两仪四象"、"天道"。他认为气动而依照理以成实际底世界，即是"无极而太极"。其依照某理以成某物之气之动者，对于此物说，名曰阳，与此动者相对之气之静者，对于此物说，名曰阴。一物之阳，即其物之建设底积极底成分；一物之阴，即其物之破坏底消极底成分。万物负阴而抱阳，阴阳消息，变化出焉：阳生阴克是物之由"成"而"盛"；阴生阳克是物之由"衰"而"毁"；阴阳为两仪，成盛衰毁为四象。由阴阳之生克而有四象之变化，是为"两仪生四象"；此四象之代迁，即宇宙万化之法则，即谓"天道"。

这一套东西，对于我们现代人有什么用处呢？一方面说，是一种会通的工作，他建立了"最哲学底哲学"，把中国、印度、欧洲的哲学，儒家、道家、佛家的思想打通了，实现了孔子所谓"道一以贯之"，也就把朱熹所读通的天书翻译给我们看，使我们对于哲学有了边际。另一方面说，它的本身，也就是一支烛光，使我们照见哲学上一切问题，能用一套术语来名言。读了他的新理学，再来看庄、列、老、易，就头头是道，有所会心。他真的把"金针"度与人了。又一方面，我们知道还可以用别一套术语来翻译，但以已有的哲学体系，他这套术语，可以说是最完整的。

读完了他的"贞元三书"以后，我曾闭目细思：他这套东西，是不是落入"唯心"的窠臼呢？我自己也承认有一长段时期，以为唯心是落后的，而唯物是前进的。对于这一点，冯先生另有交待，他说："我们听人说'唯心''唯物'或者说'一元''多元'，这都是对于事实有所报告、有所肯定了，对事实有所肯定，这便不是哲学命题而是属于科学一类的命题了。……哲学给我们的命题是形式的命题，所以给我们的观念，也是此形式的观念。……所以我们的说法，既不是唯心，也不是唯物，更不是唯心唯物之外的另一种什么。"依我个人的看法，这是天台宗以后中国哲学史最高深的成就了。

※   ※   ※

"贞元三书"中，我尤爱他的《新事论》与《新世训》。因为新理学在哲学体系上和宋明理学相同之处少，《新事论》、《新世训》则推之于行事，与宋明理学家大不同之处多。宋明理学家，处处用道德的标准来量度人，期望人人为圣贤；其蔽也，一变而为"吃人的礼教"，过犹不及，"太道德的"行为，有时比"不道德"的行为，还要坏得多。冯氏于"道德底"、"不道德底"之中，提出"非道德底"，这是最有意义的"不大相同之点"。他说："我们以为人的行为或思念，不一定都可分为是道德底或是'不道德底'；所以我们所讲底生活方法，在有些方面，亦可以是'非道德底'……一个最完全底人，即是圣人，我们也可以说，能完全照着生活方法，生活下去底人，即是圣人，所以希贤希圣，亦是我们所主张者，不过学圣人并不是社会中一种特别底职业，天下亦没有职业底圣人。"这些话，可说是最近人情的，依我个人看来，也是颜之推家训以后未有的好书。吾乡朱一新氏生于满清衰末，叹末学之破碎，与友人书云："学之精者，在乎天人之际，性命之微；其大者，在修齐治平之实。"假使他生在现代，得"贞元三书"而读之，必抚掌赞叹，且幸绝学之得其传也欤。

原载《周报》第十一——十三期，1945 年 11—12 月

评《新理学》

李长之

一、"贞元三书"

冯芝生先生的"贞元三书",到现在已经街谈巷议、家喻户晓了。不过普通人最喜欢的多半是《新事论》,因为其中的看法,有许多正是和流行的唯物史观相合的;其次是《新世训》,因为其中主要的特色,也合乎一般人的所谓"理智"。《新理学》,因较专门,热心读下去的人便远不如前二者之多了。

我的爱好却相反。我最爱《新理学》。其中的精彩处和贡献处,真是美不胜收。我觉格格不入的地方当然有,然而少。《新事论》,《新世训》,我就难以完全苟同了。亚里士多德说:"吾爱吾师,但吾尤爱真理。"我不能不把我所见到的写出来。说得不对,还请冯先生和读者教我!

二、《新理学》优于其他二书之故

《新理学》、《新事论》、《新世训》,明明是如著者所说,"书虽三分,义则一贯"(见《新世训》自序),为什么说对《新理学》则令我觉得格格不入处少,而其余二书则难以完全苟同呢?这是因为冯先生的书的特色是逻辑的、辨析的、偏于形式的观点,而忽略文化的内容故。因为是逻辑的、辨析的、偏于形式的观点,所以论到"不着实际"的方面,以及整理前人的学说的方面,都有它的独到处;但是因为它忽略文化的内容,所以论到"当前许多实际问题"时,却不免有许多破绽了。

三、《新理学》一书出现的重要意义

为说明我上面这观察起见，我要先指明《新理学》这部轰动一时的伟著之意义、精神和贡献。

冯先生说："我们现在所讲之系统，大体上是承接宋明道学中之理学一派。我们说承，因为我们是接着宋明以来底理学讲底，而不是照着宋明以来底理学讲底。"（页一）接着而不是照着，这就是本书出现的意义之一，而且是重要的意义之一。

接着者，是它有所继承；不是照着者，是它有所发现。这和著者的历史观有着关联。他讲他的历史哲学时曾说："历史上每一个革命之后所建设之新社会，当较革命家所想象者、所宣传者，旧得多。当然有些只是社会制度，而不是某一社会制度，此当然是不可改者。但有些亦是某种社会制度之制度，如此国家或民族所旧有者。但因其无碍于新制度，故仍继续存在。就此方面看，一新底社会之出现，不是取消一旧底社会，而是继承一旧底社会。社会中任何事，如思想、文学、艺术等，均是如此。"（页二一六）他的新理学，也就恰是，一方面是新的，一方面是有所继承的。这其中一方面是代表新中国人的创造发明，一方面是代表新文化和传统文化在前些时所不能渡过的鸿沟之填补。假若这本书出现的意义之一，而且是重要的意义之一时，我们觉得真该珍视这个意义，为之欣慰，为之鼓舞！

孙曾雄先生批评这本书说一方面是程朱理学之重光，一方面又是一个现代哲学系统（《星期评论》第三十八期），我们同意这句话。不唯我们同意，冯先生自己也同意，他正希望能如此（冯先生有文答孙先生，见《星期评论》第四十二期）。

新理学之有所继承，是宋明道学中之理学一派，也如作者所说。它之代表一个现代哲学系统处，则是这样：

实际底事物蕴涵实际，实际蕴涵真际。我们平常日用所有之知识、判断及命题，大部分皆有关于实际底事物。哲学由此开始，由知实际底事物而知实际，由知实际而知真际。（页二七、二八）

自道德底观点，或事业底观点看，每一种事，均有一种本然底或至当办法。在知识方面，每一实际命题，如其是普遍命题，均代表或拟代表一本然命题。在艺术上，每一种艺术，对于每一题材，均有一本然样子。此诸本然办法，本然命题，或本然样子，可以说是均在无字天书之中。无字天书，有人能读之，有人不能读之；能读无字天书，而见本然办法，本然命题，本然样子，或其仿佛者，我们称之曰才人。（页二九○）

此种精神境界，在所谓圣域中有之。才人只于其创作之俄顷，能至此境界。才人虽能入圣域而不能常在圣域，虽有圣域中之一种境界，而不能有其全境界。能常在圣域，能有圣域之全境界者，是圣人。（页二九四）

四、《新理学》之精神

说到它的精神，可说有九点：

第一，它是在怀疑主义流行，又特别以中国为甚的世纪中而重新有所肯定者。在现代，颇有些人觉得知识的标准没有了，道德的标准也没有了，艺术的标准也没有了，人是没有力量的，时而是不可捉摸的。这些情形很像苏格拉底未出世以前，为诡辩派所充斥的希腊一样。怀疑主义是在任何思想衰微时代所不可免的。但这时代终不会长久，总会有思想家出来重新有所肯定。冯先生的著作，正代表这个征兆，这成为它的第一个特色。

第二，它的确尽了继承的使命，是前人学说之更进一步的发展。表现得最为明显的，一是性之扩大，从前人讲性善性恶，只是人性，现在推到一切事物之性之善恶（页一二三）；二是指明有一种本然哲学系统，即作者所说："照宋儒的哲学，尤其是程朱一派底哲学，他们应该还有一种站在实际底一家一家底哲学之上，对于哲学之看法"（页二三九）。这二者都是旧的哲学能推论到，而未能推论到的。冯先生把它发挥得更彻底了，像加上了显像液一样，使那轮廓格外清楚起来。就这一点看，它有浓厚的民族色彩。书中的西洋哲学术语，也从不附注原文，而用音译，这也是同一表现，处处表示其为中国的。

第三，它虽然有所肯定，但仍维持了像康德那样的不可知论的立场。这就是如他所说："如问：我们的思，何以能知三或方？此正如问：我们的眼，何以能看见红色？此二问题，同一不可解答"（页四四），"我们只可说：我们有能感之官能，对于实际底事物，能有感觉。我们有能思之官能，对于真际中之理，能有概念"（页四五）。换言之，即它仍有所保留，所以不是独断论。

第四，它是形式的逻辑的，而且是新的形式逻辑的。本来，任何哲学，都不会离开逻辑，不过有轻重之不同而已。冯先生对哲学的看法，除了说是"自纯思之观点，对于经验作理智底分析，综括及解释"外，更说须是"以名言出之"（页四）。只是冯先生所运用的逻辑，是新的形式逻辑，如在旧普遍命题中并不肯定其主词之存在是。旧式"凡人皆有死"之命题，在新逻辑中之形式则为"对于所有底甲，如果甲是人，甲是有死底"（页九）。必了解此点，然后才可知道冯先生所谓哲学，何以对于真际，只形式地有所肯定，而不事实地有所肯定（页一〇）。

第五，它是辨析的。凡是哲学，也没有不是辨析的，然而因为哲学素养之不同，辨析能力之不同，辨析色彩中有浓淡。本书则是十分辨析的。著者不惟说自己的话时，是字斟句酌，就是用别人的话时，也是同时即作了一番代为厘清的工作。他的作风，绝不是像尼采式的，而是像罗素式的。

第六，它采用了辩证法。在运用形式逻辑惯了的人，往往不能用辩证法，但著者则二者兼之。在其论哲学只形式地肯定真际，而不实际地肯定真际时，是根据的形式逻辑：在其论历史时，说"个中虽有旧性，而不即是旧性：此个体经此一周期，入于次一周期时，已入于一较高底类矣"（页一一九），根据的便是辩证法了。

第七，它是综合的。它不是一偏。这在论归纳法，和论经验与知识时，最为显然。他说："我们是人，人的知识都是从经验中得来底"（页一二）。又说："哲学中之观念，命题，及推论，我们之所以得之虽靠经验，但我们既得之之后，即见其并不另需经验以为证明"（页一三）。又说："用归纳法虽并不能得到必然命题，但归纳法最后之目的，总在于找出事物所循之公理，如公律是公律，则必须是义理；如其是义理，则必须是必然底。专靠归纳法不能证明义理之为义理。但我们之开始寻义理，必始于归纳法"（页二二五）。这都让人有一种平实而近人的感觉。又如，他说："一时一地之行思想者，如果他是有思想者，必不是为拥护其时其地之社会制度有而有其思想，不过历史家于事后观之，可以见其如此而已"（页二〇二）。这是一方面承认一种唯物史观，一方面却也不抹杀思想家的人格，这也是代表一种综合的平易近人的精神。也就因此，作者自称他的哲学与机械论有别，他的史观是："一种势只能使一种事物可有，而不能使其必有。就社会说，有一种势，即可有一种社会，但一团体之能否变为此种社会，则仍须此团体中人之努力"（页二二一）。我们看全书中非常善于用旧的成语或术语，这也是由于作者之善于综合使然了。

第八，它有社会的观点。换言之，著者也采取了唯物史观，而且运用得相当彻底。"一切道德底行动之所同然者是：一社会内之分子，依照其所属于之社会所依据之理所规定之基本底规律以行动，以维持其社会之存在"（页一六六）。又说："用一种社会之理所规定之规律为标准，以批评另一种社会的分子之行为，这种看法，是不对底。一种社会的分子之行为，只可以其社会之理所规定之规律为标准而批评之"（页一七一）。这都特别加上了一种社会的观点，和以前人泛论道德或风俗习惯者是大不相同的。关于这一点，在《新事论》中说得更明显。这就是他所谓："生产方法随着生产工具而定，社会组织随着生产方法而定，道德随着社会组织而定。生产方法不是人所能随意采用者，所以社会组织及道德也不是人所能随意采用者。这即如下棋然：围棋有围棋的规矩，象棋有象棋的规矩"（《新事论》，页六六）。

第九，作者虽然很辨析，很理智，但是仍有一种把哲学与艺术同视的态度。"哲学家与艺术家，对于事物之态度，但是旁观底，超然底。哲学家对于事物，以超然底态度分析，艺术家对于事物，以超然底态度赏玩。哲学家对于事物，无他要求，惟欲知之。艺术家对于事物，亦无他要求，惟欲赏之玩之。哲学家讲哲学，乃欲将其自己所知者，使他人亦可知之。艺术家作艺术作品，乃欲将其自己所赏玩者，使他人亦可赏之玩之。"（页二四五）冯先生的哲学，有一种超脱精神，"超乎经验，则即不为经验所囿，但又不离乎经验而对于实际有所肯定，则即不妄有所立，如宗教家然"（页二九九）。这种精神也可说是《新理学》的根本精神，乃是近于艺术的。

以上九者之中，形式逻辑和辨析二点，关系全书尤大。因为太重形式逻辑之故，遂留下了《新事论》和《新世训》中的许多破绽；因为辨析之故，《新理学》中却也便有不少的特殊贡献。

五、《新理学》之贡献

说到《新理学》的贡献，可分两方面。一方面是关于新的哲学观念之提出者，一方面是关于旧的哲学观念，亦即哲学史之整理者。

在新的方面，最可称者有：（一）理是不肯定实际的。（二）哲学或最哲学底哲学，不以科学为根据，故不随科学中理论之改变而失其存在之价值（页一六）。（三）理之全体是太极。太极是极端地清晰，绝对底料是真元之气，真元之气是极端地混沌。气是一个私名。理为实际的事物所依照，气为实际底事物所根据。（四）依照某理以成某物之气之动者，对于其所成之一某物说，名曰阳；与此气之动者相对之气之静者，对于此物说，名曰阴。（页八七）（五）性善性恶不专就人说。论人性时，则先分别人之性及人所有之性之不同。从真际之观点，人之性无善无恶；从实际之观点，人之性善从实际底事物之观点，人之性善；从社会之观点，人之性亦善。人之性，可说无不善（页一四三）。（六）著者亦承认辨别善恶之良知，不过谓须经相当底思考（页一五六）。（七）著者亦说穷理，但以为哲学的活动只是对于理之有之知识，而每一事物之理之内容，则须另有学问。例如方之理之内容，则靠几何学始能知之（页二九七、二九八）。（八）艺术之追求理想，并非其所咏或所画之自然界中之物，而是一最好底对于自然界中之物之诗或画（页二六二）。（九）关于宗教，著者认为神是一类事物之完全底典型，鬼是过去的造化之迹，但一般人在将理作实际底个体而想象之时，为不致落空起见，往往寻在一实际中近乎其理之事物，于是以鬼为神。一般所谓神，都是以鬼为神（页二八一）。宗教的意义，在因对于完全底典型之思念，应得到一种超乎个体超乎自己的境界（页二八八）。（十）新理学的系统亦讲大全，特以致知为入手，故其对于大全的关系是清楚而不是混沌的。（十一）承认社会有许多种，因此有社会之理，又有各种社会之理（页一六八）。（十二）哲学之一类物，亦有其理，因此可以有一哲学之本然系统（页二三七）。

在旧的方面，那最可称的是：（一）指明了先秦道学所谓无，是指的道，并不是真正的无（页三四）。（二）道家所谓道，几乎真元之气，即绝对底料，是极端地混沌的（页七一）。（三）道家所说之道，是形下底，故其所说德，或性，或命，亦是就形下方面说的（页一二八）。（四）老庄所理想之社会，亦是一种社会，但此种社会所因而有之势，在先秦时久已过去，故老庄对于社会之主张是开倒车的（页二一〇）。（五）道家之得大全，以反知入手，故其对大全之关系是混沌的（页三一〇）。（六）郭象所谓有，则非指一件一件地实际底事物，而指的是实际，其所谓无，也是真正底无（页三四）。（七）郭象认为事事有其必然的趋势，助之无益，阻之亦无效，这看法是机械论的（页二一一）。（八）《易传》所说阴与阳之关系，乃是新理学中所说理与气之关系，而不是新理学中所说阴与阳之关系（页九四）。（九）孟子所说之性，亦是形下的，程朱所说性则系形上的（页一二七）。（十）宋儒对于理之为非实际底，亦有时看不清楚，或说不清楚。"理之在物者为性"，"心具众理而应万物"，都可以误解为理是"如有物焉"的，这错误即便在朱子也不能免（页五三）。（十一）一实际的事物所依照之理是很多的，但究竟与一切理相差尚远，朱子所说"物物有一太极"，是不能成立的（页五九）。（十二）朱子说："未有无理之气，亦未有无气之理"，上句是可说的，下句则须修正。因如此则凡理皆有实际底例，亦即无只有真而无实之理了。那修正语是："必有些理有气"，或"未有所有底理皆无气"（页七五）。（十三）朱子注意到社会有许多种（页一七一）。（十四）程朱一派的哲学，应该有一种站在实际底一家一家底哲学之上，对于哲学的看法，但是没有，却只以为自己的系统是正宗的，这是错的（页二三五）。（十五）朱子所谓穷理，是就对于理之内容之知识说，但这不是专靠思所能知者。其错误正在以为理在我们心中，王阳明于此见朱子之误，而未见其所以误（页二九八）。（十六）朱子之系统与周濂溪之系统本不同，濂溪是老学，其太极是形下底，故能动，能静，能生。朱子不觉，妄为辩护，故有不通处（页七三）。（十七）理气先后之问题，是一个不成问题底问题，亦可说是一不通底问题，因为如其成为问题，则须先假定理与气均在时间之内，或其一在时间之内；又须假定二者可有在先或在后之关系，或其一可有此等关系；又须假定二者是有始底，或其一是有始底。但这假定是错误的，故理气先后根本不成问题（页八三）。（十八）王船山有道器先后之说，以为"无其器则无其道"，故"未有弓矢而无射道"。《新理学》中以为此言如系谓未有弓矢，即无射道，则自无可争论，如系谓未有弓矢，即无射道，而所谓道，若是就理之实现说，则亦是新理学所主张者。但如所谓道，乃指理之本身说，则无其器即其道之说，是新理学所不能承认者（页七八）。（十九）颜习斋诸人说性，以为不必要义理之性与气质之性之分，这是错误的。因如不论义理之性则没有完全之标准，而所谓实际底事物之不完全，不但不能说，且亦不能知（页一三〇）。（二〇）戴东原反对宋儒理欲之辩至是误解，宋儒并未反对戴所谓欲，宋儒反对者正是戴所谓欲之私者。（二一）旧理学之讲理，没讨论到理与时空有无关系之问题（页七八）。（二二）从真际或本然之观点看，实际世界是不完全的，是恶的；但若从实际或自然之观点看，则各类之实际底分子，各依照其理，各向其完全的标准以进行，故吾人对于实际，可不必悲观。中国儒家对于实际所采的看法，即系后者（页一三九）。

我们认为《新理学》在哲学史上的整理方面的贡献或者更大过它自己的发明。在哲学史的整理中，关于宋儒的厘清之处，尤为精彩。冯先生重新把前人的观念和命题代为斟酌了，使那意义得到补充、修正或者更进一步的发展。这些贡献都是哪里来呢？就是出于我所谓的辨析。辨析正是哲学的精髓呢。

六、《新理学》中可议之处

但《新理学》不是没有可议之处的。不过这些可议之处并不多，而且对于新理学的系统也不至有大的动摇。这些可议之处即：

（一）哲学既是"只对于真际有所肯定，而不特别对于实际有所肯定"（页一〇），但何以又肯定绝对底料，或气之存在？

（二）道有六义，一是应行之路，二是真理全体，三是真元之气，四是动底宇宙，五是无极而太极之"而"字，亦即阴阳变化之程序，六是天道，即一切事物变化所依照之理（页一〇二）。但就新理学的系统言，此中三四五各条是不能用的。事实上，作者也很少用三四两条之道。只是不知为什么对于"无极而太极"之"而"；即并不肯割爱（页九九）？"而"既是指程序，自是形下的，何如不以道称之，而把道只限制在形上方面？

（三）料有绝对底料与相对底料之分（页一一六），前者为本来即有，后者为不必本来即有，这样一来，二者的分别很大，难道还可以同称为料吗？

（四）人之定义为道德的，因为这是人之所以异于禽兽者之一重要方面，因此，人之性是善的（页一四四）。这未免有丐词之嫌，既先以道德为人异于禽兽者之重要方面，指为人性之内容，又说人之性是善的，假若人不行道德，岂不是可以"不是人"了之？我们认为，若从人的定义出发，而论道德，是很不巩固的。因为道德并不能算是人异于禽兽之重要方面。人们也很可从人异于禽兽之非道德方面而推断人之性是非道德的。究竟人和禽兽的不同，是量的不同，还是质的不同，究竟在哪一方面的不同是重要的，这不是容易解决的。这不容易解决，即不容易马上给"人"下定义，于是也不易由此而论道德。

（五）有社会，有各种社会；有社会之理，有各种社会之理。照新理学上说，道德就是一社会内的分子，依照其所属于之社会所依照之理所规定之基本底规律以行动，以维持其社会之存在者。又说：我们不能以一种社会之理所规定之规律为标准，以批评另一社会的分子之行为。可见道德是以某种制度为条件的。然而假若一种社会之理和各种社会共同之理有冲突时怎么办呢？到那时究竟依何者为标准呢？假若那时依各种社会共同之理为标准，则岂不是道德标准仍为绝对的了么？假若仍为绝对的，又何必提出以某种社会制度为条件呢？

（六）著者说："一种行为，无论其为个人底或团体底，若不站在其所属于之社会之观点看，则无所谓道德底或不道德底。"（页一七四）因此国家的行为，不入于道德底判断，盖国之上并无更高的社会。但作者又说超乎国家之上更高底社会之观点，已渐为一般人所承认。其实这种观点何尝是现在始有？在春秋时，国家对于自己之行为，已不会只说"我所以如此，只因我愿如此"了。可见是非之心，人皆有之，并不得以层次之不同为借口。《新理学》此处所说，与后来《新事论》所说，都是流弊，而且不合实际的。

（七）著者说哲学之活动是一类事，因其有一类之理言，有一本然系统。但这类事中又可分为若干别类，故又有各哲学派别所拟代表之各种本然哲学系统。在这里，就不能不令人生疑，到底理是一个系统，还是多个系统呢？倘若前者，似乎只能有一个本然哲学系统；倘若后者，始可说有各种本然哲学系统。但假若理是多个系统，理还可靠吗？理岂不成了人们的空中楼阁，岂不是仍由人心所造了？

（八）在论艺术的一章里谈到风格，著者说："好底艺术作品，不但能使人觉其所写之境而起一种与之相应之情，且离开其所写，其本身亦可使人觉有一种境而起一种与之相应之情。"（页二四七）这本是论到艺术中精微处的话，但似未能探其本，而且与新理学的系统也似乎没有什么相干。论风格，似乎也该论到本然风格，但是文中并未提到。再则风格是有人的成分在内的，但作者一则说："每个艺术家对于此题材，用某种及某种风格所作之作品，都是想合乎这个样子。"（页二五〇）风格岂能"用"？风格是艺术品的生命的一部分，是美术家人格的自然分泌，工具可用，风格只能流露，不能"用"。二则说："汪伦送李白之题材，与春思、闺怨、从军行等题材，均是某类事之某性。关于一某类之事，如欲特别表示其某性，用一种言语，一种风格，作一首诗，则自有一最好底，为此种言语，在此种风格下，所能表示者。"（页二五二）作者似乎重在某类之事，而风格随之，实则风格在一人是不变的，某类事在艺术上却是次要的。著者在此等处，实在都忽略了艺术家的人格在创作上之重要（这才是风格之本）。

（九）著者在论艺术时又说："任何一种艺术，皆可有教育底功用，皆可以作为教育的工具。用美底艺术作品，以引起道德底行为，此之为美善相乐。"（页二六八）在论宗教时更说："宗教特设一种环境，使人对于此境界，有所感觉。寺庙之建筑，必极庄严；其中陈设必极华贵；其仪式必极威重，人可对事物之完全底典型，仿佛有所感觉；对于超乎个体，超乎其自己之境界，有所感觉。"（页二八八）这和美善合一之说，相去不过一间，但是竟未提到，不免令人觉得有些不满足。

（十）著者说："人生如打牌，而不如下棋。善打牌者，其力所能作者，足将已来之牌，妥为利用，但对于未来之牌，则只可靠其牌运。"（页二八三）我们认为这话有问题，而且也有流弊。牌是不可选择的，但是人生终可选择。牌的输赢，只限于一方面，人生则是多方面的。这多方面之中的许多方面，是人可以操持的。所以，人生有所谓"有志竟成"，绝不会像只靠牌运那样渺茫。假若青年真听了这话，岂不会消极或侥幸！

（十一）著者说："道家之至人，于觉浑然一体之大全时，自觉其觉浑然一体之大全。至于动物，虽处浑然一体之大全中，但并不觉之，或并不自觉其觉之。"（页三〇七）这话恐不能让道家首肯。假若道家的理想是一面浑然大全，一面又自觉，开自觉此自觉，就未免太苦了。道家所希望，正是像动物一样，不，甚至像无生物一样，所以说"形如槁木，心如死灰"！

（十二）作者一方面承认"只于思中行之"的分析，综括，及解释，一方面又拘泥于唯物史观，以为"人的知识，恰如人的眼睛，人的脚走到那一点，眼睛才能看到那一点。眼睛所看到者，自然比脚所走者远一点，但亦远不许多。"（页二〇二）这二者似乎冲突。人既然可以想到理，想到太极，为什么不能想到各种未来的制度？为什么不能构成一种社会的理想，或人生的理想？纵然这种理想是和某种之势相去很远！

（十三）作者巧于用已有的名字及成语，固是一长，但因此也容易生出混淆和牵强之处。即如道有六义，作者即有时采取此义，又驳斥彼义，几乎每次说，每次注，在这种地方，何如直接用新术语？作者一方面袭用旧语，但另一方面又常说"此话之本来的意义，我们可以不管"（页一四〇），但既为旧语，自有上下文所关联之意义，有时管，有时不管，也是徒多一层魔障。更如义理一词，在著者的意思乃是"理之义"（页二一八），这样的话，则应该称为理义，而不是义理。我觉得这似乎由于作者有意地要接着宋明人的理学讲，遂作了许多字面的工夫，其实反而是害事的。

七、《新理学》中之智慧及归宿：总结

《新理学》中虽然有几点可议，已如上述，但它毕竟是一部有智慧的书。因为各人的智慧的深浅不同，所欣取者恐怕也不一致。我所欣取的，则在其中论无常及未济：

> 一事物之阳包括许多成分，其中固有许多不是必需底，但其大部分则是必需底。虽都是必需底，而却不是充分底。所以必需此诸成分会合无关，然后此事物方成为实际底有。若此诸成分中，有不备者，则此事物即不能成就，其已成就者，即归毁坏，佛家所谓缘关不具也。就一事物之阴说，则不必其所有之成分，完全具备，始能与一事物之成就以阻碍。其每一成分，即为阻碍。所以事物难成易毁，即极牢之事物，亦无永久存在者。佛家所谓无常，即有见于此。（页九三）

> 我们的实际世界，是半清楚半混沌，亦是半完全半不完全。无极而太极，即如此一直"而"下去。此"而"是无终底，亦总是不完全底。无论自何方面看，它总是"未济"。（页一二三）

凡所谓智慧仅靠书本或推理是不能得来的，必须有其深的体验而后可，此中所论到的无常及未济，也便是有甚深的体验在内。归根到底，世界上最可贵最意义的东西还是生命本身，体验者乃是生命最有关之物，所以能令人觉得深切有味如此。

新理学虽是以逻辑及辨析见长，但它的最后归结，似乎仍是一种神秘主义。你看作者说："无论在何方面之人才，若见本然办法，本然命题，本然样子，或其仿佛，而将其成为实际底，此等工作我们称之为创作。本然办法，本然命题，本然样子等，既均是本然底，均非感官所能及，所以创作者，于创作时，皆以神遇而不以目视，官知止而神欲行。创作之工作，即是将本然底成为实际底"（页二九二）。可见哲学的最高活动，已绝不是逻辑及辨析所能济事，所谓"见道"，也只可能如艺术家之灵感然。这不是神秘主义是什么？不过遽以此语说此书，一定是作者所不许的。

最后，我们对于新理学的感觉是：（一）它之对古人的辨析处，其贡献大过于自己的发明；（二）它已尽可能地运用了现代哲学的各种方法和各种观点；（三）它的书中最可议的地方乃是关于道德和艺术的，这一方面似乎还没有到太透彻的地步；（四）它已到了逻辑和辨析的边沿，和神秘主义只隔一层纸；（五）它尽可能地要和中国传统的哲学取得联系，但现在所作到的，有时太拘泥于表面；（六）在这一个时代中，它虽不是唯一的最高的收获，但已是希有的最高的收获之一了。

原载《文化先锋》第一卷第七期，1942 年 10 月

新理学的形上学系统

王 浩

一

本文的目的是讨论新理学这一个形上学系统是否能够成立，所用的办法则是选取批评形上学最力，认为形上学不能成立的说法，先把这些说法论点弄清楚，然后表示这些说法不能推翻新理学这一形上学系统。这里之所以采用这种办法，是因为建立一个正面的肯定，往往十分困难，因为要兼顾到各方面，毫无遗漏，十分困难；而检讨一种或多种既有的说法，表示其不能推翻我们正面的肯定，则是比较地容易。例如要建立实在论，就从推翻观念论下手，比较方便；而要推翻观念论，肯定观念论者的基本主张不能成立，仍十分困难。我们只能说，某些有名的论证，例如巴克莱的论证、新黑格尔学派的论证，不能建立他们的主要命题，所以有些命题"大概"不能成立，因为我们不能保证，以往没有，将来也不会有，任何论证，可以建立观念论者的主要命题。同样，我们也不能，且不想，表示新理学这一形上学系统永无任何说法，可以推翻，因为研究学问，只是人类一种行为，在人类行为领域内，没有绝对必然的事，我们既然认清这一点，就不必自欺欺人。

另一方面，虽然指明了某些已知的论证不能推翻某一说法，并不就已建立了这一说法；然而如果我们确能表明已有的论证都不足以推翻这一说法，这一说法，就已有很高的价值，因为他既越过了人欲推翻它而没有推翻它的反对说法，又越过了这种反对说法所已推翻的说法。要检讨已有的反对论证，我们可以只选取其中最有力量的讨论，这样可以事半功倍。反对形上学最有力的，是维也纳学派，所以我们的讨论，就限于表示维也纳学派的说法不能推翻新理学这一形上学系统。在开始我们讨论之先，也许应该先表示一下，维也纳学派的力量，但是这方面的讨论已经很多，他们的讨论，或者仍未得到确定的结论，不过本书的作者并不能有任何新的意见，所以就承认维也纳学派确实有相当的道理，不对这点做进一步的探究。

维也纳学派的说法不能推翻新理学这一形上学系统，这一命题，至少包含了两个命题，即是"新理学的系统是一个形上学的系统"，及"维也纳学派的说法不能推翻新理学这一系统"。我们似乎应该把这两点分开讨论，可是关于前一点，问题比较少，因为新理学是一形上学系统，大概不容置疑。问题倒是，新理学是不是一个学问系统，或者是不是一个有意义的命题的系统？对于这一问题，我们将在讨论第二点时，给一个肯定的答复。事实上，如果我们做不到这一点，只说新理学不能被推翻，并无多少意义，因为我们好像不难说《离骚》经，乃至《老子》、《庄子》，不会为反对形上学的说法推翻。无论如何，我们要建立第二点，一定要先建立"新理学是一学问系统"这一命题，而既然关于第一点的主要问题，实在是关于这一命题的问题，所以我们可以不讨论第一点，只讨论第二点，即是："维也纳学派不能推翻新理学这一系统"。要建立这种主张，做一件工作，应该先把维也纳学派的主张叙述清楚，然后再检查他们的说法，以及如果有毛病，其毛病何在。

维也纳学派主张：（一）有意义的命题可分为穷尽而且不相容两类，即分析的和综合的；（二）分析命题都是言语命题，其真完全靠其所包含的符号的定义，而定义则只是人的一种约定，所以这类命题之真，全靠有人的某种约定；（三）综合命题都是经验的设定（Empirical Hypothesis），所以都是概然的。以上一共三点，对于每一点都有很多的争论，这里不拟讨论；不过维也纳学派认为必然命题和分析命题、概然命题和综合命题是一而二、二而一的，所以如果我们在他们主张中，把"分析命题"改称"必然命题"，把"综合命题"改称"概然命题"，他们不会反对，至多不过认为不必多此一举。这样改过之后，第一点即为：命题可分为必然命题和概然命题。这不但是大家所能承认的，且也免掉因为用"分析"、"综合"字样而引起的许多不相干的联想。第三点成为有肯定经验设定和概然命题的统一，问题似乎也减少了：因为经验所能建立者，经验亦能推翻之，所以经验的设定不能不是概然的；而且如果一命题的真假，不与某些特殊经验的有无相干，这命题也就不能只是概然的。所以在采用了"必然命题"和"概然命题"两词之后，所有的问题和争论就集中在第二点，即是：必然命题都是言语命题。要想推翻维也纳学派取消形上学的学说，似乎也以先推翻此点的主张为唯一出路。

因为形上学如果要成为一种学问，它所包含的语句一定要表示有意义的命题，所以要想表示形上学是一门学问，只有三种办法：（一）承认形上学命题是概然的经验设定；（二）承认形上学命题是言语命题，所以是靠有人之某些约定在才真的命题；（三）否认必然命题都是言语命题，并且指明形上学的命题，都是必然命题，而不是言语命题。用第一种办法，似乎把形上学作为一门经验科学；用第二种办法，好像表示我们不能跳出言语的圈子，就在形上学也不是例外。都似乎不能令人满意。无论如何，我们现在讨论新理学所要用的办法，是第三种。

要达到我们的目的，首先我们当然该指明新理学这一系统的命题是必然命题。但这样还不够，我们还得指明它们不是言语命题。如果能表明所有的必然命题都不是言语命题，当然某些特殊的必然命题不是言语命题，也可以成立了。否则如果能把必然命题分作言语命题和非言语命题，然后表明新理学的命题属于后者，也可以。无论如何，我们一定要对必然命题作较详尽的讨论，而且要把新理学的命题，仔细检查一番。按照我们的题目，似乎应该特别注重后者，可是因为我们希望我们的讨论，不只可用于新理学的系统，而且可用于一切好的形上学系统，乃至逻辑系统，所以我们以下的讨论，反特别注重一般的必然命题，尤其平常认为有重大意义的必然命题，即是，逻辑命题、数学命题，以及我们所要特别提出的好的形上学的命题。

二

平常有许多命题，其真似乎是不容怀疑的，像："二加二等于四"，"人是动物"，这一类的命题，有时被称作必然命题。所谓"必然"，就是在任何形下皆"然"皆真，所以必然命题都是普遍命题，亦即是普遍真的命题。但是普遍命题是否都是必然命题，也许还有问题。例如康德讲发现先天命题的标准时，认为"严格的普遍性"和"必然性"可以相互代替，并不说"普遍性"和"必然性"可以互相代替。可见他觉得"必然性"比"普遍性"还要多些含义。不过，单就一个命题的真假而论，它或者是普遍真，或者不是，无所谓严格或不严格；如果它普遍真，就毫无例外，它也就严格地普遍真，如果它不严格地普遍真，就必有例外，也就根本不普遍真。康德的意思，显然不是说"严格的普遍性"就是"普遍性"，如果他是这样的意思，大概他就不会引进"严格的"几个字。事实上，我们一般的感觉，也认为"必然"不只是"普遍"而已。我们就要更仔细些检查"必然性"是不是比"普遍性"多些含义，如果是的，究竟多些什么。

有一种可能的说法，是认为历史的总结有普遍性而没有严格的普遍性。亦即是说：历史的总结，虽是普遍命题，却不是必然命题，除掉历史总结外，其余的命题，如果是普遍真的，就也是必然的。这种说法，没有认清要点：例如"民国三十三年生存在中国的人都有头发"，我们不承认是必然命题；但是这并不因为它是历史的总结，因为像"凡人都有头发"，虽不是历史总结，我们也一样不承认它是必然命题。另一方面，像"民国三十三年生存在中国的人都是动物"这样的命题，虽也可以当作历史总结，但是仍然不失其为必然命题，原因是"凡人都是动物"是必然命题，而这不过是它一个直接的后果。

也许有人说，必然命题是我们已知其为普遍真的普遍命题，例如"凡人都有头发"或许是普遍真的，但我们不认之为普遍命题，因为我们不知道它普遍真。这种说法，有点混乱，因为我们是否认一命题是必然命题，和它是否是必然命题，是不同的两件事；我们因为不知其为普遍真而不认之为必然命题，那并不表示不知其为普遍真的命题就不是必然命题，所以也不能因而说，必然命题都是我们已知为普遍真的命题。或者说者原来的意思是说，像"凡人都有头发"这样的命题，即令其是普遍真，也不是必然命题，不仅我们现在不认之为必然命题而已。这等于说，有些命题虽是普遍真，而其为普遍真只是一偶然之事，所以尽管普遍真，仍不必然。普遍真是否有偶然的，不易说。无论如何，要分别必然的普遍真和偶然的普遍真总非易事。所以这种说法，不大能帮助我们弄清楚"必然性"的含义。

或者说，必然命题乃是会为将来经验所推翻的普遍命题。可是"会"的含义，又嫌不清楚，如果说，将来确有某事发生，这事便是"会"发生的，否则就是不会发生的。那么若是将来确有一事实发生，和一普遍命题冲突，则这一命题不仅不是必然的，也不是普遍真的；如果一命题是一普遍真的命题，它也就不"会"为将来的经验所推翻。"会"字也许还有别的用法，这里不预备讨论。不过由以上的几节，我们大概会觉到，必然命题和一般普遍命题如果有分别，它们的分别恐怕不在命题本身，而在我们提到它们时的态度。或者在我们相信一个命题是必然命题时，我们主观方面，像是有一种保证，担保这一命题不会为将来的经验所推翻。

关于必然命题，自来有许多严重的命题。顶容易想到，也许是顶重要的问题，是："先天知识是否可能"或"我们是否能知道某些命题是必然命题"。

一个是必然命题的命题，和一个我们相信是必然命题的命题，对我们的意义当然不同。有些命题本不是必然命题，我们却相信它是必然命题，另外有些命题本来是，我们却不相信它们是。我们所要讨论的是必然命题，所以那些不是必然命题的命题，无论我们是否相信它们是必然命题，都可以不论。对于是必然命题的命题，单只相信，也不足以构成知识，因为我们可以凭依一个错的理由来相信一个真的命题。所以尽管一个命题是必然命题，而且我们也相信它是，仍不足以表示我们知道它是必然命题。我们最大的希望，应该是找出一种好的理由，使我们可以正确地相信一切事实上是必然命题的命题是必然命题，而且不是必然命题的命题，不会信其是必然命题。如果这一层作不到，我们至少应该找出一种理由来，表明关于我们现在确信其为必然的命题，我们的相信，都有好的理由。

我们的问题也还可以分成不同的两点：第一，给了一个命题，有什么标准或办法，决定它是否是必然命题？第二，当我们肯定了一个命题是必然命题之后，如何表示我们的肯定是有好理由的？或说何以知道那一命题确是必然的？这两个问题显然不同：例如，自明性也许可以作决定命题是否是必然命题的标准，却不能作说明必然性的理由。因为自明至多不过是必然命题的一个属性，我们不能说，一命题，因为自明所以必然。如果我们说必然命题是穷尽一切可能的，所以为经验所不逃，也许给我们一个命题，我们不易决定它是否是必然命题，不过如果它是这样一个命题，我们却有很好的理由，说它有必然性。不同的命题，我们应该用不同的办法处理，可是如果可能，我们当然更希望能把两个问题同时解决。

以前有人认为，一个命题是必然命题，必须且只须它是自明的。关于这种说法，我们已知道，自明性至多是必然命题的一个标准，不能是必然性的理由；不过如果自明性真是一个可靠的标志，我们至少解决了"决定必然命题之标准为何"的问题，解决了这一个问题，解决另一个问题也比较容易。现在就要检查自明性是否是必然性的一个可靠的标志。

自明性早已被人攻击得体无完肤，而且现在一般公认自明这种心理的必然靠不住。反对自明性的主要理由大约是：自明是主观的事，没有客观的标准，事实上，有许多在历史上被认为自明的命题，以后被证明是假的。而且对所有发现了的真理，无论是否必然，我们都有一种非相信不可的感觉，所以用自明性作标准，必然真理和别种真理的界限也泯灭了。历史上笛卡儿首先提出自明性。他的名言："我思故我在"，认为可以证明我之存在。其实"我思"并不自明，因为没有我，就不能说"我思"，而"我思"正是待证的；如果把"我思"解释作"现在有一个思想"，就不能推出"我在"，因为"我在"需要一串足以构成一个自我的思想：从一个思想的存在，怎能推到别的一串思想的存在呢？无论如何，现在至少已不公认这一命题是必然的了，这就足以表示自明性靠不住，因为以前认为自明的，现在已不认为自明了。

不过从另一方面看，有时我们似乎确不得不求助于自明性，例如在作一证明时，我们如果追根问底，就非有一个无可再推的出发点不可，对于这种出发点，我们只能说它们是自明的。而且自明性恐怕也确有相当可靠，如果我们觉得一命题是自明的，大概我们觉得自明的那一命题，确是必然的。困难之处，是我们往往弄不清楚自己的意思，又有些地方会随时改变自己的意思。例如我们觉得"我思故我在"自明时，我所了解的那一命题，也许确是必然的，但是"我思故我在"并不能恰切地代表我的意思，而且究竟我所视为自明的那一命题是怎样的一个命题，也许根本就不易表出。此外，也许在以"我思"为自明时，"我在"是一种意思，在以"我思故我在"为自明时，"我思"是另一种意思。由于这些麻烦情形，所以我们总避免求助于自明性。

也有人不用自明性，而用反面不可思议性。如何是可思议，如何是不可思议，颇不易说。如果不可思议就是不可相信，那么我们说，虽然和必然命题冲突的事不可能发生，和必然命题冲突的命题，我们却仍可能相信。而且关于自明性的许多批评，都可用来批评这种说法。有的人说，一个命题的反面不可思议，就是说，如果假设，这一命题的反面是真，我们就得一矛盾。"矛盾"是一逻辑概念，所以这一说法，是因逻辑的必然代替心理的必然。

依照这种说法，我们可以说"二加二等于四"是必然命题，因为如果我们不承认"二加二等于四"，一定要说"二加二等于五"，或类似的话，那么"二加二"和"五"之中减去"三"，我们就会得到一个矛盾的结果，即是"三等于二"。又如矛盾律，也是必然的。因为如果说"甲同时是乙，又不是乙"，用（p.q⊃p）我们可以得到"甲是乙"，然后用（P.⊃~~P）又得到"'甲不是乙'是假的"，再用（~P⊃~（q.q））就得到"'甲同时是乙，又不是乙'是假的"。所以由否定矛盾律，又重新肯定了矛盾律。

在两个证明中，前一个用到"（二加二）减二等于二"、"五减二等于三"、"二不等于三"等命题，这些命题的性质，和"二加二等于四"一样，如果后者的必然性是待证的，它们的必然性也是待证的。所以证得不好，矛盾律的必然性的证明，似乎并没有漏洞，而且所用到的全是最简单的逻辑命题，应该说证得很好。然而事实上，问题完全一样，因为如果说简单的逻辑命题，就可以承认其有必然性，那么矛盾律，本身就是一个简单的逻辑命题，根本可以不必多此一举。其实这种证明既是一种证明，就总要有出发点，如果我们拿定主意用坏逻辑，很容易造出一个系统来，在这里从（p.~p）也得不到矛盾，而且所谓"矛盾"，本身就先假设了有一个系统摆在那里，在那个系统里，如何如何的情形是"矛盾"，已经先知道。而我们现在所要做的，并不是用某一个已经安排好的系统做准备，来衡量所有别的系统，而是先检查哪一个系统可以作我们的标准，并且说明何以这个系统可以作我们的标准。所以用反面不可思议性，也仍不能解决我们的问题。

再有一种说法，认为科学命题中的真和日常生活命题中的真，以另一类命题的真为先决条件，这类命题就是必然命题。这种说法，显然不能说，因为必然命题真，科学命题和日常生活命题才能全部真，所以必然命题必然真。因为科学命题和日常生活命题，有很多是不真的，乃是众所周知的，而且我们觉得必然命题要可靠得多，用比较不可靠的来证比较可靠的，显然不能令人满意。或许这种说法，原意是说，总有某些科学命题或日常生活命题是真的，而这些命题的真，以必然命题的真为先决条件，所以必然命题一定真。但是平常我们说，讲物理学的时候，需要假设数学，意思实在是说，有了物理学的若干基本定律后，我们可以利用数学把全部推演出来，亦即是说，数学命题之真，是数学命题用于物理学领域时真的充分条件。例如"二加二等于四"真是"两个电子加两个电子等于四个电子"真的充分条件，即是，如果前者真则后者真。但是知道后者真，显然不能推论到前者真则后者真。但是知道后者真，显然不能推论到前者真。所以在这种意义下，从物理学命题有一些是真的，不能推论到数学命题必然真。

或许说，数学命题的真是科学命题及日常生活命题为真的必要条件，所以非有前者，不能有后者，一定要数学命题真，别的命题才可能有真的。但是一个命题为真，所需的必要条件极多，如果必然命题之真，只是这些必要条件的一个，不免令人对必然命题的重要性失望。也许我们可以表示必然命题之真，是一个特别重要的必要条件，那虽然没有什么不可以，只是牵连的麻烦问题也许更多，我们这里不讨论。在有了以上的说法之后，我们预备表示约定说是一个解决我们的问题的很好的办法，并且经过了适当的解释后，一般所认为约定说不能避免的困难，都可以免掉了。但是讨论约定说的效用之前，我们先要检查约定说的限制，看是否有些问题为它所不能解决。下一段，就想提出关乎必然命题的另一个重要问题。

三

讨论必然命题的性质时，应该分别"如何发现或证明必然命题为真"和"必然命题的必然真靠什么"，两个不同的问题。借检查约定来发现或证明必然命题，大约是很可靠的办法，也许是唯一可靠的办法。例如"一个东西不能同时在两个地方"，其是否真，要看我们如何用"东西"和"地方"这些字。这里，我们甚至可以说，对字的用法做合适的约定，乃是它必然真之必要条件：即是若有合适之约定，因而它不复是必然之真，那个在合适约定下为必然真的命题仍有。如果我们把命题当作语句所表示的来分别语句和命题，就可以把这一点讲得更清楚。因为约定只及于符号的用法，所以只有语句之是否必然真，离不开人的约定；命题则独立于约定之存在而有，而真。在不同的约定下，同一语句可以代表不同的命题，语句之所以为必然，乃是因为其所表示的命题为必然。约定改变，这一语句可以不再表示一必然命题，然并不是说，原来的必然命题变为不必然了，而只是说，这一语句所表示的换成一个新命题。命题本来必然，便不会变成不必然；如果约定不在，表示一必然命题的语句没有，就是少了一个必然语句，这一语句在有合适约定时所表示之必然命题，没有被表出，如是而已，和必然命题之为必然，全不相干。所以约定说只能说明必然语句，不能说明必然命题。然而所谓一个语句，不过是一套符号的组合，本身无所谓必然不必然。我们说某一语句是必然语句，意思无非是说，在某语言系统中，这一符号组合表示一必然命题。所以不仅这一符号组合不是必然，且用这一符号组合表示一必然命题，也并非必然。

对这种说法的答复或反驳很多。一种反驳是：我们可以不论命题，只论语句，因为命题是不是有颇成问题，而且无论如何，我们对命题所说的话，都可以换成对语句说的话，而所肯定的并无增减。命题只是语句的类，是由语句得来的逻辑虚构（Logical Construction），理论上尽可以取消。不仅如此，哲学史上所谓真理问题，并不是找真理的形式定义，乃是找真理的标准。所谓真理的标准，就是判断所与语句真假的标准。如果把真的语句的依据推到不可知觉到的命题，或理之关联上去，碰到语句，要决定其真假，固是束手无策，而我们之所以能知命题，又全借语句，所以对命题更是一筹莫展。若说于语句的必然与否，我们仍可以借检查约定来断定，而命题之必然与否，可以由表示此命题的语句之必然与否来断定，那么上节的说法，虽假设了许多东西，其所用的标准仍是约定说的标准，关于必然命题并不能多给我们一点知识，所以这些多余的假设，不如去掉。并且上节的说法，和平常用字的习惯，似乎也不合。平常都认为"凡人皆有死"不是必然命题，并且说，如果有肯定这一命题是必然，不过是暗度陈仓，把人的定义改过罢了。但是依上节的说法，也许不必改人的定义，"凡人皆有死"就已是一必然命题，因为也许"人"和"有死性"的理，确是如是关联着。如果如此，我们平常认为不会是必然命题的命题，依上节的说法，就也许是必然命题，只是我们没有知道，而且也不会知道它是必然的罢了。"没有知道"还没有关系，因为我们至少还可以安慰自己说，以后可以知道。但是如果说，可能有些命题，是必然的，而我们却永远不能发现其是必然的，还有何趣味可言？说阿嚏是必然或不是必然的，又有何相干？按照约定说，就没有这些命题，因为不另假设"理"，所以如果一命题是合乎约定的，它就是必然的，否则不是。不会有永不能发现其是必然的必然命题。如果平常不认为必然的一命题，持约定说的人认为必然，哀叹可以从检查约定来说服那些人。约定说的对手，就没有这种方便。

要回答这些说法，我们可以直接争论"知识"二字的用法，表示我们的学说，可以给我们更多的知识。不过我们可以用别的办法。约定说主要的论点，是说借检查约定可以确知某些命题，例如数学命题是必然命题，所以当然也可以证明有必然命题。我们费了许多力气，假设许多东西，也不过表明了有必然命题而已，这在约定说却只是一简单的后果，足证我们的力气全是白费。然而如果我们指明约定说也不能使我们确知某些命题是必然的，因而要想表示有必然命题，我们不得不另觅途径，而且我们实在不能觅得别的途径。那么，至少可以表示我们的力气并没有白费。而且必然命题之"有"是值得力争的，因为我们平常都相信有必然命题，如果一种说法不能代我们这种信仰找好的根据，它至少在这点是失败了。从以往经验派的因不能圆满解释必然命题而失败，以及维也纳学派大声疾呼，表示他们可以证明有必然命题，也可以看出。

严格说来，我们没有办法证明一个命题是必然命题，因为一个证明必是一个命题的集合，其中的命题之必然性，也还是待证的。我们终不能得到一个合适的出发点，除非我们承认某些命题是自明的，或采用别种类似的说法。但是所谓自明，乃是一种信仰，信仰也许有用，也许不易推翻，但终不足以构成它本身，是必然的理由。不过我们并不想采用这种说法，因为无论如何，终有许多命题，是我们所不能心口如一地怀疑其必然性的。所以我们也不追问，何以约定之后，就不能不承认约定的后果？我们仅仅想指明，如果必然命题之所以为必然，乃是因为它们只是关于我们用字法的约定记载，那么虽然也许有若干命题是必然命题，然而"说一个命题是必然命题"的命题，不是必然命题。它是一个经验的设定，因为一个命题是一个记载，一个记载总是一个经验的设定：像"秦始皇焚书坑儒"，乃至"我方才看见一片红色"和"我们合作如何如何之约定"，至少就其为经验设定而言，情形并无二致。

而且维也纳学派也承认"'p'是真的和 p 等值"，如说"'孔子作春秋'是真的"，无非如说，"孔子作春秋"。如果"孔子作春秋"，那么"'孔子作春秋'是真的"；如果"'孔子作春秋'是真的"，那么一定"孔子作春秋"。一命题若与其所描述的"实在"符合，便是真的；不相符合，便是假的。不过他们认为这种说法太粗浅了些，要进一步分析这一命题的含义，才能解答真理问题。他们认为假设一理世界的说法，是一不生产的说法。然而既承认命题要与"实在"符合才能真，他们就不能不承认有一"实在"。如果不承认有"实在"，他们也许可以说某些命题是必然，然而不能说任何命题必然"真"，因为"符合"必是"符合"某些东西，关系和关系者在理论上也许可以分开，然我们不能说有没有关系者的关系。但是如果"符合"必是"所符合者"，那么既然我们在必然命题中所用的都是共名，所符合者应是共相或理。所以依维也纳学派的说法，只能说必然命题是"必然"，而不能说必然命题是必然"真"。然而我们平常所谓"必然"，实即是说"必然真"，说一个命题仅仅是必然，而无所谓真假，实在是废话。

约定说取消命题只讲语句的办法，也说不通，因为如果说是命题语句的类，那么一类的分子必是其共同之点，不然我们就没有办法解决两个分子是否同属一类。如果我们承认有命题，我们就可以结实这一共同之点，例如说，表示同一命题的语句属于同一类。如果我们不承认有命题，就得承认些别的东西，才能说得通。是不是有些别的东西可以代替命题，可以不论。然而说命题只是一逻辑虚构总是不可通的，因为如果命题只是一逻辑虚构，我们就可以取消它，而且不用加添任何新东西，就可以把有它时所能有的话，都说出来。然而我们已看到，这是作不到的，因为如果取消了命题，而不加别的新东西，我们就不能说同属一类的命题的共同之点何在。所以命题不能取消，而且所代表的命题的真假到底还是语句真假之依据。

四

在上段中，我们自认已表明了必然命题不是言语命题。这里想表明新理学的命题是必然命题。讲新理学的命题，我们应该分别它的出发点，和它系统内的命题。出发点也是一个或数个命题，然而其为必然是和系统内诸命题之为必然不同的，因为它是说到事实的。系统内诸命题，就其本身言，是和别的必然命题系统中的命题，没有本质上的差异的，但是其出发点却是形上学系统所独有的，唯有形上学系统才有这种出发点，也唯有这种出发点的系统才有形上学系统。所以讨论新理学命题的必然性，我们应该分别形上学的出发点和系统内的命题。

形上学所根据以为出发点的，是："有些事物存在"。然而，如果有些事物存在，必有某种事物存在，所以我们也可以从而得到"有某种事物存在"。我们可以说，认为事实存在，是"共许"的，讲形上学不必证明事实的存在。如果不承认有事实存在，不但形上学不能讲，任何学问也不能讲，任何话也不能讲。这句话是自明的，没有人能不承认这一命题，因为我们必先假设了它，才能说有必然命题。如果有人怀疑这一命题，他们只是把这一命题误解作别的命题。所以我们需要做的，而且能够作的，只是把这一命题究竟肯定什么，表示清楚，同时也就指明了它的必然性。

有一种说法，是说肯定一物或一种物存在的命题，总不是必然的。例如说"有某物存在"，显然不是必然命题，我们很容易设想不存在的世界。又如"有人存在"，也一样的不是必然命题。上帝好像是最有权利存在的，事实上，历史上"上帝存在"的证明，也多得很，但我们现在很少人承认"上帝存在"可以证明。依康德的说法，那些认为"上帝存在"是可以证明的，实在是把"上帝存在"和"三角形有三个角"误认为同样的命题。在后一命题中，如果保留主词，而否定谓词，则得一矛盾，所以我们说它是必然的；但是在前一命题，否定谓词，主词也被否定了。没有了主词，就不会有矛盾，因为说"三角形有三个角"是必然的，实在是说"三角形存在，而没有三个角"是一个矛盾，对于三角形的存在并无肯定。我们只是说，如果三角形存在，它就不能没有三个角。但是在"上帝存在"一命题中，我们不能先假设了上帝存在，然后再检查上帝是否存在。事实上，"存在"并不是一谓词，因为说一事物存在，并不在这一事物的概念中加入新的概念，否则存在的一物的概念也将存在了。无论如何，"上帝存在"或者是一分析命题，或者是一综合命题。如果它是一分析命题，那就等于说，上帝之概念中已包含了存在性，可是一物之概念中怎能包含存在性呢？例如我们的橘子的概念，是由如何如何之色、香、嗅、味、形状、大小构成，那个存在的橘子，是我们的概念的对象。如果说概念中即有存在性，我们也许要说一有存在性及一些其他别的性质的事物存在，因而我们的概念中也有存在性的存在性，至于无穷，那当然不是我们所乐于承认的。如果"上帝存在"是一综合命题，它显然不是先天综合的，因为它既非直观的条件，亦非经验的条件。所以它也不能是必然的。

这种说法，不管对与不对，都和我们不相干，因为我们说"有某种事物存在"，并没有说有哪一种事物存在，只是说"有"而已。我们只是说，因为"有些事物存在"，而且一事物必是某一种事物，所以"有某事物存在"。例如"某方的事物存在"这一命题，并不自明，而且也许不真，因为世界上也许没有方的事物，也许我们平常视为是方的事物的事物，都不恰恰是方的，也许它们都是长方的，也许它们都是形状不规则的。但是否认"有方的事物存在"并没有否认"有些事物存在"，正相反，我们先是承认了有些事物存在，然后说这些事物不是方的。或许也没有事物是圆的，也没有事物是长方的，等等。或许我们的正面概念都找不到实例，但这仍然不足以表示没有事物存在。正相反，我们乃是先肯定了，有些事物存在；然后说我们已有的正面概念，不能收容这些事物。

要正面地表示"有些事物存在"是必然的，我们可以先证明经验中有所与成分。譬如我们可以说，在认证经验中，总有些成分是我们的主观所不能改变的，例如有时我们会错误，但是我们大概不致把桌子误当作铅笔，这些为我们主观所不能改变的成分，便是存在的所与。我们也可以绕着桌子，作较仔细的考虑。例如我觉得我看见一个橘子的时候，我可怀疑说，我看见的也许只是蜡做的假橘子；也可以怀疑，认为我只是忽然产生一种幻觉，那里并没有什么物体。可是有一点我不能怀疑，就确在此时此地，也有某种圆的、红的东西。这东西是不是在这一瞬之前，曾经存在，或者这一瞬之后，会不会存在，我们不能确说，可他是现在存在，而且我意识到现在存在，是不容怀疑的。我意识到它的存在，并不需要什么推理过程，是直接就呈现于我的意识。这样直接呈现于意识的，就是"所与"，不承认经验中有所与成分的，有许多似是而实非的说法。有人说，我们不能意识到任何事物而不意识到它的某些性质和关系，出现于经验中的，总也有我们思想的对象，所以经验中绝对没有干干脆脆是"所与"的成分。对于这种说法，我们可以回答，没有可以被我们单独经验到的所与，并不表示没有所与。我们不能因为甲和乙总是连在一起的，就说甲不存在；也不能因为所与的也总是被我们想到的，就说所与不存在。也有人说，不管有没有所与，我们事实上总不能发现所与，因为我们所讲所与，总是经过我们解释了的所与。对此，我们说，一种解释必有其所解释的材料，这材料就是所与；而且我们提到解释，就要说某些成分是依于我们的解释的，那就不免表示另外的那些成分是不依于我们的解释的，这些不依于我们解释的，就是所与。

上节的说法，大概有相当重要。可是它证明得太多了，因为我们并不需要先证明"经验中有所与成分"，才能说"有些事物存在"。肯定得太多，可靠性就要比较地降低，如果可能，我们应该不依靠这一论证。事实上，我们可以借检查人类探究和怀疑的行动，来表明"有些事物存在"的必然性。例如，有许多哲学家会看到桌子，而仍然怀疑桌子的存在。这种怀疑在常人已经认为太过分了，可是，即令我们承认他们的怀疑有好的理由，我们仍可以说，当哲学家们怀疑"这桌子存在"一命题时，他们并不否认这桌子存在，乃要追问所谓"这桌子"究竟是什么，或者说，并不否认这里有东西存在，而只是要追问那存在的究竟是什么。仍是承认了有些事物存在，然后问这些事物是什么。如果还有人认为我们的论证不能使他满意，我们最后的办法是说，"有些事物存在"是一必然命题，而且新理学这一系统的出发点，是无法怀疑的。

五

以下我们应该继续讨论新理学系统以内的命题，可是因为在证明这些命题的必然性的时候，我们所用的办法，是约定说的办法，所以在本段里，我们预备先对约定说作较详尽的讨论。

依照约定说，必然命题不会为经验所推翻，因为它们对经验世界无所肯定；它们是必然的，因为它们只不过记载我们决定如何用字的方式而已，除非我们不作约定，如果我们作此约定，我们的记载就是必然的。对于这种说法，我们说，就一个必然命题之为必然而言，它也许可以对经验世界无所肯定，因为我们如果说某一语句代表一必然命题，我们大约总可以指出一种约定，依照这种约定，我们的语句是代表一必然命题，然而就一必然命题之为必然"真"而论，它既不能不对经验世界有所肯定：因为它既是一记载，它就必要符合其所记载的事实才能是真，肯定它是真，就肯定了它所记载的事实的存在，肯定了我们确曾作如何如何之约定。如果我们说某一个语句表示一必然命题，并且要大家都承认我们的说法，那么我们不仅肯定我们曾作如何如何之约定，并且肯定大家都曾作如何如何之约定。

这当然并不是说，我们不能用新的符号，或者给旧的符号以新的定义，并不否认人有用约定符号的自由，而只是说，如果我们承认知识是可以传达的，而且我们要传达我们的知识，那么在我们引进新的符号，或与旧的符号以新的定义时，我们就不得不把我们的用法表示清楚。要表示清楚就是让别人了解，在表示时我们不能不用到符号，如果这些符号的用法，我们和别人仍不一致，别人就至终不能了解我们。所以在做这种向别人表示自己的用意的工作时，我们是在假定有某些符号，我们大家的用法一致，先暗地肯定了我们已经对这些符号做过如何如何之约定。那也就是说，我们有意无意之间，已经对经验世界做了不少的肯定。

所以以我们的意思，肯定一命题是必然真的命题，固，果然没有什么不可以，可是却不能说我们作这一肯定时所用的命题也是必然真的命题。一个必然真的命题，其所以为必然，是由于各人的约定，其所以为必然"真"，则是由于它符合"我们曾作如何如何之约定"的一事实。如果两个人争论一个命题是不是必然命题，他们就要先检查一下各人用字的方式是否相同；如果一个人要向某一集合的人表示一语句表一必然命题，他就要先自信别人关于那一语句中的符号的用法，和他有同样的习惯，或者设法表明，根据他们平常用符号的习惯，他们对这些符号的用法，应该和他的用法一致。□□□□□□□□□□□□□□□□□□□□。①

当然有人会说，依照我们的说法，等于承认没有必然命题，或者即使有必然命题，我们也不能先验地发现或证明之。因为一个记载是否符合事实，要赖经验决定。我们的答复是必然命题之有，若我们在第三段中自认已证明了的。至于必然命题之发现和证明，并无绝对可靠的办法，这也是我们前面已经表示过的。如果有一件伟大的事业，我们能力不能完成，我们就应该承认这一事实，不必用些模糊不清的说法，便说我们可以完成这事业。而且我们应该说，约定说的办法实在可说是最可靠的、最容易的办法，因为约定到底是我们主观方面的事情，主体与主体之间的交通，究竟比主体与客体之间的交通，不知方便了几许。

如果承认我们对约定说的解释，我们可以看出来，约定说的许多困难，都解决了。

第一，必然命题系统既只是约定成立的，似乎不应该更有令人惊奇的新发现，因为人在约定之初，应该已知他所约定的。然而事实上，如在数学系统中，奇异的新发现，都是层出不穷的。以前□□□□□，是说这由于人智的限制。例如在象棋中，棋盘的式样是约定的，但是如果人问，马是否可以走到棋盘□□□□□□□□□□□□□□□□□□□□□。可是别人可以追

---

① 字迹模糊，无法辨认，以此符号代替。下同。——编者注

问，在上边的例中，如若我们不用到逻辑，我们就推不出究竟，是否马可以走到棋盘的每一个位置，因而也得不到我们的"发现"，所以使我们惊奇的新发现，实在不来自我们的约定，而来自逻辑。自人所约定的规律中不能得出人在约定时没有预期到的后果，所以逻辑系统不是约定成立的。我们现在可以回答说，因为我们作如何如何之约定，乃是一些事实。虽然这些事实是在我们主观方面的，对于他们，我们仍只是理论上可以有完全之知识；而且我们的约定，究竟所约定者为何，往往不清楚，我们需要去发现我们自己的约定的正确意义。而且无论如何，对于事实，我们只能有不完全的知识，所以数学是进步的。只不过数学命题所记载的，是主观方面的事实，所以我们觉得它们特别可靠。我们会有新的发现是很自然的事，因为对于事实的知识增加是自然的事。何况事实也在增加。

第二，如果约定说成立，人似乎可以随意建立逻辑系统、数学系统，因为人可以随意对符号作约定。而事实竟不如此，约定说很难说明。对于这种说法，以往有两种答复。第一，所谓随意，总是在某种条件之下随意，毫无限制的随意，颇难设想。例如在建立逻辑系统或数学系统时，大概至少要求我们的命题有一致性，那等于说，在作约定时，不能自相矛盾。这一点，在日常生活中的约定，也不能不遵守，例如汉高祖入关后，约法三章，如果他的约定是好的，就不能同时约定"凡杀人者皆死"和"功臣杀人不死"，如果他这样约定，遇到功臣杀人，就将无所适从。第二，在承认了作任何约定时，非有不可的限制后，我们确可以随意建立系统。例如几何学的系统，就是很多，黎曼氏甚至表示，我们可以作无穷多的集合系统，所以并没有何以不能随意作系统的问题。对于这种回答，别人仍可质问，既然约定仍不能没有限制，那么在每次作约定时，究竟当如何决定其应有之限制？有人曾尝试计算适合某些条件之几何系统的确切数目为何，以后也许我们可以计算所有可能有的几何系统的数目，乃至所有可能有的逻辑系统及数学系统的数目，那么这样的计算，又依靠什么可以得到结论呢？如果回答是依靠逻辑，那么这"逻辑"的系统，必是一而非多，其成立也不能是由约定的，因为约定多少总包含有任意的成分。对于这种反驳，我们可以用第一点里的说法答复，即是，这一唯一的逻辑系统，就是我们在事实上所作的约定的系统，在作一约定之前，我们也许可能有不同的办法，可是既在事实上作了某一约定，这一约定就是一个固定的事实。所以如果推到最后，有一个屹立不动的系统，也并不奇怪。

第三，如果必然命题只是主观约定的产品，那么为什么逻辑系统和数学系统会有实用呢？对于这一点，我们说，并不是所有必然命题系统都有实用，或者至少各系统的实用价值之高低，有显著不同。现在一般象棋中所作的约定，也当作是和数学系统类似的系统，可是如像象棋和围棋的系统，就很不易说是有任何直接的实用，有的人固然可以拿下棋作职业，不过很难说这就是棋的实用，至少和数学应用于物理或工程的情形，颇不相类。又如欧氏几何系统，远较非欧几何系统更有实用。对于本点的困难，我们可以答复说，因为我们之作某些约定，乃是事实，而且在作了这些约定之后，我们以后在用符号时，就依照这些约定，所以记载这些约定的系统，用实用价值，且为经验所不可逃。另外有些系统，没有实用价值，或者实用价值很低，就是因为那些系统所记载的约定虽然在，事实上我们却永不，或许至少很少，用它们。所以我们说依照我们的说法，约定说主要的困难，就可以解除了。

假若我们要讨论到的系统的好坏，除掉实用价值需要考虑外，我们还要留意系统表示能力的强弱，或者系统的丰富与否。事实上，有许多人因为不同的系统可以来往翻译，各人尽可自由用符号，造系统，认为理论上，判定系统高下的唯一标准，即为丰富性。丰富性的定义颇不易下，大概如果甲系统中的概念和真的命题，乙系统全有，或者至少对于甲系统的每一个概念或真的命题，乙系统中都有相对应者，同时乙系统中有些概念或真命题为甲系统所没有的，那么我们说，乙系较甲系统为丰富。例如传统之逻辑系统中，关于"或者"有排中律，在布罗维系统中，排中律则不能成立。大约在数学中应用，有时"或者"之意义，可用排中律，有时则不能；如果我们与两种"或者"以不同之符号，并且将两系统中包含"或者"之基本命题同时包容于一系统，则我们可以得一比较丰富之系统。关于系统之丰富性，理论上虽稍饶有趣味，但平常应用之系统，多相当丰富而不极丰富，对其丰富性可以不加讨论，而遇于丰富之系统，往往因为构造太复杂，应用时反不方便。无论如何，关于系统丰富性之讨论，牵扯太广，这里不拟提出。

现在我们可以回头讨论新理学系统以内的命题。在对一般必然命题作过较为详尽的讨论之后，一方面我们很容易看出新理学的系统是一好的必然命题系统，因为它的命题既是我们用字习惯的忠实记载，它的概念又是我们最熟悉的概念；另一方面，因为讨论一般必然命题时，所说太多，单提出新理学系统来讨论，反觉没多少话可说。大致我们可以说，新理学系统内的命题共有四组，分而言之，各组都有其独特之重大意义，合而言之，则构成一圆融之系统。以下我们拟先论四组命题之共同之特征，以后再分别检查四组命题之必然性。

我们可以把新理学的系统看作与数学一类的系统。所以系统以内的命题之为必然，毫无问题，因为我们可以说，我们的约定就是如这些命题所记载的。例如，"有理"一命题，乃是记载我们用"有"字和"理"字的约定：必适合"有理"这一命题的，我们才称之曰"有"，曰"理"；如果我们所了解的"理"或"有"，不适合这一命题，那不过表示你用字的习惯，和我们的约定不合而已，一点也不能推翻我们的命题。

但是新理学的命题中所出现的字，都是我们常见的，如果希望大家都承认这些命题是必然命题，我们不但要求这些命题是必然的，还要求它们是真的；不但要求会有一种约定为这些命题所符合，还要要求这些命题所符合的约定，就是大家在事实上所作的。我们不得不要求这一点，因为如果这一要求不满足，我们的系统不复有人问过，因为我们尽可说"OX"是一必然命题，不见得就不及我们的系统好。但是我们的系统确能适合这一要求，例如"存在是一流行"，除非不是"存在"，如果是"存在"，我们大概不能不承认它是一"流行"。

不仅如此，如果一系统中的符号，用法虽和我们公认约定不冲突，然而系统里的概念和符号都是平常不大遇到的，那么这一系统也没有多少趣味，没有多少实用，所以也可以说不好。可是新理学系统内的命题，并没有这种问题，因为新理学的概念都是最常遇到的，都是最该为人熟悉的。因为"事物"乃是大共名，涉及一切，当然是我们总要遇到的，而新理学系统内各组内容都是就一切事物立言，当然也是我们总要遇到的，也是我们最该熟悉的。所以新理学系统内的命题是必然命题，而且是有重大意义的必然命题。以下我们对四组命题之必然性，分别略加讨论。

新理学系统内的第一组命题是"有某种事物，则有某种事物之所以为某种事物者"。从这一命题，可以推出"有理"一命题。我们大概都承认"有理"，因为像"人之所以为人者"一类词，通常都承认其有意义，也就是有所指，这"所指"便是理。一般经验派的人，不承认有理，认为理或共相只是一个名字。我们要问他们，如果没有"红"的理，"绿"的理，我们不能说，"这是红的"，"那是绿的"？他们大概要答复说，因为拿它们和以往经验到的红的事物、绿的事物比较，发见其相似而知。那么我们就要追问，如果没有"相似"的理，我们如何可以知道这次所见的颜色和上次所见到的颜色相似呢？我们是不是要说"这次的相似"和"上次的相似"相似呢？他们将发现，如果我们不承认有"相似"之理，总不能停止我们的问题。

第二类命题是："事物必都存在，存在的事物必都能存在，能存在的事物必都有其所以能存在者"，所以可以得到"有气"。就一个一个的个体论，其各种属性，常在改变中，大概我们能够说到的性质，例如"深红色的"、"椭圆的"等等，我们都不能担保其在个体之生命史中，不生改变。然另一方面，个体则延续存在，而且，言变，必有能变者，如说此变之中不变，是现象背后之实在，或者是一种本体，则因为"实在"和"本体"在情感上与我们的印象太深，会引起许多不必要的麻烦，所以显得肯定太多。我们说"有气"，则只是说"能存在的事物必都有其所以能存在者"，这"所可以能存在者"就是气，我们并不说气是心，气是物，或者气是事，等等，我们也可以说，如果在一个体中，把共相或理层层抽去，抽之又抽，终有不可抽尽者，既然我们不能抽无穷多次，就应该有一个打住的所在，这个所在就是"气"。总之，这种说法，是一种形式的说法。关于新理学系统内容各组命题之形式的说法，《新理学》一书中，有很好的表示，所以我们可以省去详细的讨论。

第三组命题主要的是："存在是一流行"。存在的事物，就是实现某理的气，事物的存在，则是其气实现某理。实现是一动，动是一流行。另一方面，事物如果存在，就必继续存在，继续就是流行，所以也可以得知存在是一流行。

第四组命题，主要的则是："总一切的有，谓之大全"。这显然是一定义。一个定义似乎不会不必然。可是我们前面已表示过，必然命题可以看作是约定的记载，因而也可以看作是一些定义。所以对必然命题的考虑，也可以用于这一定义。我们固然不得不承认"大全"这一名字，在日常生活中并不常用到。可是如果我们说，总一切的有，谓之大全。那么，可说因其是一切的有，故谓之全。此全非一部分的全，非如全中国、全人类之全，所以谓之大全。所以依照我们平常用字的习惯，我们可以承认"大全"这一名字可以这样用，同时"大全"这一概念，也非平常人所熟悉，因为平常人所熟悉的全，都是"小全"，如全中国、全人类，乃至物理学上的全宇宙。但是我们说，"大全"虽不是平常人所熟悉的概念，却是人人所应该熟悉，尤其是谈形上学的人所应该熟悉的概念。因为除非我们不谈形上学，如果谈形上学，我们就不能不谈事物，而且不能不做概括，而"大全"便是最能包容万有的一个概念。所以第四组命题，也是好的必然命题。

至此我们认为已表明了必然命题不只是言语命题，且新理学的出发点及系统内的命题都是必然命题，所以可说已用我们前面说到的第三种办法，指明维也纳学派不能推翻新理学这一形上学系统。

原载《哲学评论》第九卷第三期，1944 年

冯友兰先生的《新理学》

朱光潜

近一二十年来，关于中国哲学方面，我还没有读到一部书比冯友兰先生的《新理学》更好。它的好并不仅在作者企图创立一种新哲学系统，而在他有忠实的努力和缜密底思考。

他成立了一种系统，这对于中国哲学底功劳是值得称赞的。我们一般浅尝中国哲学和西方哲学底人们尝感觉到这两种哲学在精神和方法两方面都有很显著底差异。就精神说，中国民族性特重实用，哲学偏重伦理政治思想，不着实际底玄理很少有人过问；西方哲学则偏重宇宙本体和知识本身的性质与方法之讨论，为真理而求真理，不斤斤计较其实用。就方法说，西方哲学思想特长于逻辑底分析，诸家哲学系统皆条理井然，譬如建筑，因基立柱，因柱架顶，观者可一目了然于其构造；中国哲学思想则特长于直觉底综合，从周秦诸子以至宋明理学家都欢喜用语录体裁随笔记载他们的灵心妙悟，譬如烹调，珍味杂陈，观者但能赏其美而不必能明白它的经过手续，它没有一目了然的系统。这见解大概是普遍底。读过冯先生的《新理学》之后，我们对于这种粗浅底印象至少要加几分修正。他很明白地指点出来：西方哲学家所纠缠不清底宇宙本体和知识性质诸问题在中国也是向来就讨论得很热闹底。我们从前读旧书，固然也常遇到"理""性""气""道""太极""无极""阴阳"等等字样，但是这些字样对于我们门外汉颇有几分神秘气息，"玄之又玄"也很可能是"糟之又糟"。经过冯先生解释以后，我们才恍然大悟这些不可思议不可言说底还是可思议可言说，而且我们的哲学家所求之理与西方哲学家所求之理根本并无大别，所得底结论也差不多。其次，中国哲学旧籍里那一盘散沙，在冯先生的手里，居然成为一座门窗牖俱全底高楼大厦，一种条理井然底系统。这是奇绩，它显示我们：中国哲学家也各有各的特殊系统，这系统也许是潜在底，"不足为外人道"底，但是如果要使它显现出来，为外人道，也并非不可能。

看到冯先生的书以后，我和一位国学大师偶然谈到它，就趁便询取意见，他回答说，"好倒还好，只是不是先儒的意思，是另一套东西"。他言下有些歉然。这一点我倒以为不能为原书减色。冯先生开章明义就说："我们现在所讲之系统，大体上是承接宋明道学中之理学一派。……我们说'承接'，因为我们是'接着'而不是'照着'宋明以来理学讲底。因此我们自号我们的系统为新理学"。他在书中引用旧书语句时尝郑重地声明他的解释不必是作者的原意，他的说法与前人的怎样不同。这些地方最足见出冯先生治学忠实的态度，他没有牵强附会底恶习。他"接着"先儒讲而不"照着"先儒讲，犹如亚里士多德"接着"柏拉图讲而不"照着"他讲，康德"接着"休谟讲而不"照着"他讲，哲学家继往以开来，他有这种权利。

要明白冯先生的系统，必须读原书。粗略地说，他的系统基于"真际"（即"本然"）和"实际"（即"自然"）的分别。"真际"包涵超时空底一切"理"，"实际"之最后底不可分析底成因为"气"。此如说，"这是方底"，"方"的理存于真际，"这"是实际中一个方底物。实际底方底物"依照"真际底方的理而得其方底性。只有性不能成物，方底物必有其所"依据"以成为实际底方者，这叫作"料"，料近于"物质"，不过物质尚有其物质性，将一切性抽去而单剩一极端混沌底原素，则得"绝对底料"，此即"真元之气"（简称为"气"）亦即"无极"。真际所有理之全体为"太极"。"极"有二义：一是标准，每理对于依照之事物为标准；二是极限，事物达到标准亦即达到极限。"太极"理之全，"无极"物之基础，由"无极而太极"，即由气至理，中间之过程即我们的事实底实际的世界。理为"未然"，为"微"，为"体"，为"形而上底"；物为"已发"，为"显"，为"用"，为"形而下底"。形上底理是思之对象，是不可经验底；形下底物是感之对象，是可经验底。哲学所研究者为形而上底理。

这是冯先生的基本原则，从这些基本原则出发，他解释天道、人道、历史、宗教、艺术以至于哲学本身当作一个实际事物看。篇幅只容许我讨论他的基本原则，虽然原书引人入胜的地方并不仅在基本原则。我接受冯先生的立场，来审查他的系统是否完整无漏或"言之成理"。为清晰起见，我把我的意见分作三个问题来说。

一、真际和实际是否有范围大小的分别？

冯先生似肯定地回答此问题，他说：

属于实际中者亦属于真际中，但属于真际中者不必属于实际中。我们可以说，有实者必有真，但有真者不必有实；是实者必是无妄，但是真者未必不虚，其只属于真际中而不属于实际中，即只是无妄而不是不虚者，我们说它是属于纯真际中，或是纯真际底。如以图表示此诸分别，其图如下：

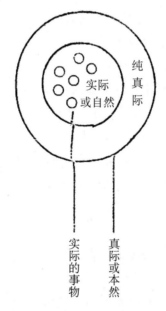

就此图所示者说，则对于真际有所肯定者，亦对于实际有所肯定。但其对于实际所肯定者仅其"是真际的"之方面，……我们说哲学对于真际有所肯定，而不特别对于实际有所肯定，特别二字所表示者即此（十至十一页）。

就图及解看，冯先生以为实际与真际的关系，犹如实际底事物与实际的关系一样，同是范围大小底关系。真际大于实际，犹如实际大于每个实际底物，犹如动物类大于人类，但是大者与小者都同在一平面上。依形式逻辑，对于全体有所肯定者对于其所含之部分亦有所肯定，所以冯先生说："对于真际有所肯定者亦对于实际有所肯定。"于此我们向冯先生说，你这个人是实际底人，绝无疑问；要是说你这一个实际底事物亦属于真际中，和你所谓形而上底理在一块儿站班，那就大有问题，因为属于实际中者即不属于真际中，固然，你是人，有人性，而人性所"依照"之理仍在你所说底"太极"圈里。其次，你假定真际有纯真际和不纯真际的分别，其实，是理就是纯理，真际都是纯真际。惟其"纯"，总是"极"。实际事物"依照"纯理为准而至其"极"者，依冯先生的看法，亦属罕见。真际有"极"圆而实际不必有；真际有"凡人皆有死，若泰山为人，则泰山有死"之假言判断所含之理（如罗素和怀特海在《数学原理》中所说者），而实际不必有此事实。所以对于真际有所肯定者，对于实际不必有所肯定。所以然者，真际和实际并不在一平面上，而有一部分范围相叠合，它们并不是一平面上范围大小底分别，而是阶层（order）上下底分别。真际是形而上底，实际是形而下底。实际事物的每一性与真际中一理遥遥对称，如同迷信中每人有一个星宿一样。真际所有之理则不尽在实际中有与之对称或"依照"之者，犹如我们假想天上有些星不照护凡人一样。冯先生自己本来也着重形上形下的分别，而有时却把真际和实际摆在一个平面上说，拿动物和人的范围大小来比拟真际和实际的范围大小。此真所谓"比拟不伦"。就这一层说，冯先生似不免自相矛盾，而这矛盾在冯先生的系统中是不必有底。

二、真际和实际如何发生关系？

真际是形而上底理，实际是形而下底事物，这个分别是从柏拉图以来两千多年一般哲学家所公认底。如果冯先生的贡献只在说明这个分别，那就可不用谈。哲学家所纠缠不清底是这两种截然不同底"际"如何合拢起来，成为我们所知道底形上又形下底宇宙。一种哲学系统能否成立，这问题是一个试金石；每个大哲学家的企图都在打通这个难关。冯先生打通这个难关没有呢？他提出"依照"和"依据"两个观念来讲。物"依照"其类之理而得性（如圆），"依据"本身无性底气而成为实际底物（如圆物）。气是"无极"而理是"太极"，由"无极而太极"，即由气而理，"中间之过程即我们的事实的实际底世界"（七十四页）。此"而"即是道。宇宙大全是静底，道是动底，"宇宙是静底道，道是静底宇宙"（九十八页）。动依"一阴一阳"之公式。"依照某理以成某物之气之动者，对于所成之某一物说，名曰阳。与此气之动者之气之静者，对于此物说，名曰阴。"（八十七页）阳是动底，生长底；阴是静底，消毁底。比如房子，砖瓦工匠之助其存在者是房子之阳，风雨炮火之阻碍其存在者是房子之阴。物物都有阴阳，而阴之中与阳之中又各有阴阳，如此循环不止，阴阳消长乃有成（☳）盛（☰）衰（☵）毁（☷）四象。易卦即为事物变化公式之象。这是对于易学及道家哲学底一种很有趣底新解释，但是冯先生似尚有未能自圆其说处，现在分六点来说：

（一）气本身无性，但冯先生承认它为"物存在之基础"，"至少有存在性"。此"存在性"为在真际有理为其所"依照"呢？为在真际无理为其所"依照"呢？如其有，则气仍非"绝对底料"，仍非"无极"；如其无，则宇宙中可有无理之性，此在冯先生的系统中说不通。

（二）理超时空，据冯先生说，"真元之气亦是不在时空者"（八十二页）。他没有告诉我们，不在时空者如何有"存在性"？它是否仍是"太极"中一因素？他更没有告诉我们，两种都无时空底"理"与"气"如何生出有时空底事物？

（三）由"无极而太极"，此"而"字冯先生甚看重，认为即是"道"，亦即是"实际底世界"，这不啻说，道即实际底世界，但这又似不是冯先生的系统所能允许底。此"而"字我们也甚看重，但如何"而"法，我们读过冯先生的书之后，仍不甚了了。就他所举底例来说，房子由砖瓦工匠造成，由风雨销蚀，是房子的阳与阴，但是这种阴阳消长，仍是形而下底事，并没有由"无极而太极"，"而"来"而"去仍"而"不出"实际"底圈套。

（四）依冯先生的系统，实际事物皆"依照"真际底理。实际有阳消阴长，真际也应有一个阴阳消长底理为它所"依照"。这就是说，实际有动，有大用流行；真际也就有动，有大用流行。冯先生却说，宇宙大全是静的，"宇宙是静底道。道是静底宇宙"，这似乎承认真际原来是静止底，不生不变底，不能运行底。这"静底道"又如何"动"起呢？

（五）冯先生对于实际和真际的关系，实有两个不同底说法：一是"依照"说，一是"无极而太极"说。据"依照"说，物"依照"其类之理而得性，是本有理而后依照之；据"无极而太极"说，由气至理，是本有气（物存在之基础）而后达到（所谓"而"或"至"）理。照这种看法，不但理可独立，气也可独立。两种独立者之合拢则有两种看法，一是从理看，一是从气看。从"理"看，似为真际产生实际；从"气"看，又似实际附不上真际。这两种看法如何调和，也颇费解。

（六）冯先生于"阴阳"一个观念之外又提出"势"一个观念。"某种事物能为实际底有，则必先有一种势"（一九六页）。"势亦可说是实际中某一时之某种状况"（一九八页）。"势"与"阳"相似而不同。"我们说阳，是就一件事物之实际底有说；我们说势，是就一类事物之实际底有说"，因为"一类事物之相同，在于其有同性，至于其类各个分子所有之阴阳，则可各不同"（一九七页）。这"势"的观念可议之处甚多。势与阳分别甚牵强。一类事物不能就同性一点上有阴阳么？从前人以阴阳说"君子道长，小人道消"，还是就类说，此其一。冯先生以"势"说历史，而历史底事实大半是一件而非一类。这个道理亚里士多德在拿诗和历史比较时说得很明白，"历史表现个别的……例如亚尔岂比底司做了什么事或遭了什么事"（《诗学》第九章）。"势是就一类事物之实际底有说"，也不很妥当，此其二。阴阳对于一事物说，为正负两种因。正负两因相合（或用黑格尔的术语来说，"正""反"两端和冲突），即为新有事物（黑格尔所谓"合"）之势。势必至于一事物之有，则势应为该事物的一切因之总和，应包含阴阳两面说，不只相当于阳，此其三。有因必有果，此为逻辑定律。势为一事物的一切因之总和，则"势有必至"，确无疑义。冯先生却说，"一种势只能使一种事物可有，而不能使其必有"（二一一页），如使其必有，则需要"人之努力"。"人之努力"即亚里士多德所谓"力因"，而冯先生所谓"阳"的一成分，还不是一种"势"么？无论是从科学底命定论看，或是从冯先生颇表同情底唯物史观看，冯先生的"势"底观念都不很恰当，此其四。谈到此点，我们可附带地说到冯先生所反对底"物物有一太极"说（"道家如郭象主张实际中每件事物皆与整个底宇宙有关系"）。这个说法本未可厚非。事必有因，因又有因，辗转无穷，一事物可牵涉到全宇宙。如果任何一事物不为其现状，则整个宇宙必须另是一个样子。所谓"物物有一太极"，是中世纪哲学家的"小宇宙见大宇宙"底看法，是莱布尼兹的"原子论"底看法，是近代黑格尔派名学家的"融贯说"（Coherence Theory）的看法，不独中国道家为然。它有它的道理，冯先生似未看出这道理。

三、我们如何知实际与真际?

这问题的答案就是全部知识论，所以在哲学中特别重要。它的难点仍在真际与实际的区别。真际底理形而上，可思议而不可以感官经验；实际底事物形而下，可以感官经验，如思议之仍必借助于理。感思异能如何融会，真实异际如何接触，两个是哲学的最重要底问题。真实接触问题已如上述，现在讨论感思融会问题。就大体说，已往哲学家有专从理着眼，而用形式底逻辑底方法推演理之所以然者，柏拉图、莱布尼兹、斯宾诺莎以及近代数学逻辑学者尽管主张彼此不同，而大体上都采取这个立场；也有专从感官经验着眼，主张一切知识都从经验实际事物来者，哲学任务就在分析实际经验而归纳结论，亚里士多德偏重这种看法，洛克休谟底经验派哲学几全取这种看法。粗略地说，形而上学（冯先生所谓"最哲学的哲学"）大半从真际着眼，注重形式底逻辑底推论；科学大半从实际着眼（我说"大半"，因亦未尽然，如数学即可为例外），注重经验的分析与归纳。冯先生自谓其所讲的系统是"最哲学的哲学"。这种哲学据他自己说，"对于真际有所肯定而不特别对于实际所有肯定"，其"命题并不需要许多经验底事例以为证明"，它"只对于真际有所肯定，但肯定真际有其理而不必肯定其理之内容"。对于"最哲学的哲学"作如此看法是无可非议底，真正底哲学家大抵都作如此看法。但是冯先生同时又说："人的知识都是从经验中得来底"。哲学"始于分析解释经验。……由分析实际底事物而知实际，由知实际而知真际"（十二页），"就我们之知识言，我们之知形而上者必始于知形而下者"（四十八页）。这显然是放弃他的"最哲学的哲学"的立场，而堕入一很浅薄底经验主义。"由知实际而知真际"，冯先生说这话如同说"由无极而太极"一样容易，却未曾仔细思量这"由……而"是如何"由……而"地出来。知道实际底一切圆，我们能由此知真际底"极"圆么？要知道"A 不为非 A"，我们必须借经验证明么？"人的知识都是从经验中来的"，"我们之知形而上者必始于知形而下者"，科学家或许可如此说，"最哲学的哲学"家绝不应如此说。纵然科学家如此说，我们也很容易证明他的错误。举一个很简单的例：勾方加股方等于弦方。这个几何学公式表示一个真际底理。这个理可以用代数学推演出来，可以用几何学证明出来，绝对用不着感官经验的分析与归纳。当初毕特哥腊司发见这道理时也并不曾测量许多三角形而后归纳到这个结论。我们知此真际并不由实际。这只是一例。罗素和怀特海合著的《数学原理》要从几个定义和"自明公理"把全部数学原理推演出来，丝毫不着实际，更可以见出"知真际不必由实际"的道理。冯先生自己的"新理学"谈真际，虽偶用实际事例说明，也并不曾根据实际经验。

冯先生的知识论还有一点使我们很茫然。实际事物都"依照"真际底本然底义理。说本然底义理之理论叫作"说底义理"，而这"说底义理"又分"实际底说底义理"与"本然底说底义理"。这"本然底说底义理"如果不是一个自相矛盾底名词，对于"本然底义理"也是一个赘瘤。"说"是实际底事实，既为"说"就是"实际底说"，义理之在本然而尚未"说"者只是"本然底义理"。"新理学"第七章最难读，而在其中作祟底就是这玄之又玄底"本然底说底义理"。冯先生的用意我明白，他要"从宇宙看哲学"。每一实际事物既都依照真际底一种理，哲学当作一种实际事物看，自然也就应"依照"真际中一种"本然底哲学系统"，一种"本然底说底义理"，一种"无字天书"。这"无字天书"在冯先生的心中是一个很大底法宝。"自道德底观点看，或自事业底观点看，每一种事均有一种本然底至当办法。在知识方面，每一实际命题，如其是普遍命题，均代表或拟代表一本然命题。每一种艺术，对于每一题材，均有一本然样子。此诸本然办法，本然命题，或本然样子可以说是均在无字天书之中。无字天书有人能读之，有人不能读之"（二九〇页）。

这"无字天书"的读法正是我们所渴望知道底，因为依冯先生说，它是评判道德、哲学命题和艺术的标准。"各类事物所依照之理，是其类之完全底典型，是我们所用以批评属于其类之事物之标准"。换句话说，要评判一件行为的善恶，我们要拿它来比"无字天书"中此行为的"本然底至当办法"；要评判一哲学上或科学上普遍命题的是非，我们要拿它来比"无字天书"中此命题所代表底"本然命题"；要评判一件艺术品的美丑，我们也要拿它来比"无字天书"中此类艺术品的"本然样子"。读此"无字天书"之重要于此可知。冯先生说："有人能读之，有人不能读之。"不能读之者是否就不能评判一行为的善恶，一哲学命题的是非，一艺术作品的美丑呢？我们知道，事实上我们天天在做这些活动，我们这一群不能读无字天书的可怜虫！冯先生说，"有人能读之"，其实也还是夸大之词。因为据他自己的看法，"若有一全知全能底上帝，站在宇宙之外，而又全知宇宙内之事，则所有实际命题及所有本然命题以及所有事实，皆一时了然于胸中"（二二三页）。我们是人，显然没有这副全知。"我们或者永不能有一是底实际命题，或者所以为是底实际命题，皆不过是我们以为如此，所以皆是相对底可变底"（二二四页）。照这样看，我们人（指一切人）很可能地就永不能读"无字天书"，就无法断定实然是否与本然相合，无法有真知识。"无字天书"究竟能读不能读呢？冯先生在这问题前面踌躇、徘徊，以至如惊鼠乱窜。他仍说，"我们必须用种种方法方能知之"，所谓方法仍是归纳法。"用归纳法虽或不能得到必然命题，但归纳在找公律，如公律是公律，则必须是义理，如其是义理，则必须是必然底"（二二五页）。我们何以知道"公律是公律"呢？归纳结论是必然底呢还是非必然底呢？冯先生又说，"是底实际命题之最大特色即在其通。凡一是底命题，在消极方面，与别底是底实际命题必无矛盾；在积极方面，必可互相解释"。这是老话，完全不错，不过只可应用于有字天书，不可应用于无字天书。这里"是"字的定义是无矛盾与可互释，显然不是冯先生所说底"实际命题与本然命题相合者为是"之"是"了。就无矛盾可互释两点而言，凡是一部好底小说都能做到这两点，在书中所写底小天地之内，没有一个命题和其他命题互相矛盾，而所有命题又可互相解释。但是内部无矛盾可互释不能保障一部小说不全盘是假。谁能断定我们所知底世界，用冯先生的是非标准来说，不全盘是假呢？不只像一部伟大底小说呢？谁能说它是"依照"真际中底无字天书呢？这些问题值得我们思量，也值得冯先生思量。

写这篇文章原来底动机是在批评冯先生的艺术论，因为要批评这一项，不能不审查他的出发点，他所根据底哲学。一讨论到哲学基本原则，艺术就变成一个枝节问题，在篇幅分量上不能占到过重底位置。我现在姑且提几个要点来说。一、"无字天书中底本然样子"近于假古典主义底"典型"（Type），艺术"依照"无字天书底说法，又近于希腊哲学家的"模仿"（imitation）说。这些观念的是非在文艺批评史上已有许多人讨论过，冯先生似乎忽略了这方面底文献。二、无字天书，像上文已经讨论过，事实上只有上帝能读而凡人是不能读底，如果艺术凭仗这个渺茫底东西，不但批评无根据，连创作也不能有根据。三、冯先生承认历史没有无字天书，他说，"没有本然底历史，亦没有本然底写底历史，因为具体底个别底事实不是本然底"（二二七页）。他应该知道，艺术成为作品时，也是具体底个别底事实，一种历史底成就。承认历史没有无字天书而坚持艺术有无字天书，也似乎是自相矛盾。

我开头已声明过，本文立论是接受冯先生的立场而指出其系统中之破绽。如果站在另一种哲学系统的立场上，话自然又不是这样说。我个人早年所受底一点肤浅的符号逻辑底训练和一向对于柏拉图和莱布尼兹底爱好，也许使我偏向于唯理主义。但是这种偏向和冯先生的"最哲学底哲学"的立场并不很冲突，我相信我对于冯先生底态度是同情底、公平底。我承认，冯先生的系统在我的脑里绝不会有在他自己的脑里那样清楚，偶有误解是不可免底。冯先生的系统，在我看，颇有些破绽，如上文所说明底。但是这种白璧微瑕也无伤于原书的价值。任何哲学系统都不免有破绽，哲学是注定地不能完全底，所以可以使人继续探讨。"新理学"确是"对于当前之大时代"底一种可珍贵底"贡献"（见"自序"），不但习哲学者，就是一般知识阶级中人如果置它不读，都是一个欠缺。

二十九年耶诞节写于嘉定

原载《文史杂志》第一卷第二期，1941 年 1 月

论《新理学》的哲学方法

洪　谦

一、问题之所在

我们如列举中国现代富于学术性而且有普遍影响的哲学著作，那么自然不能不推冯芝生先生的名著《新理学》了。冯先生去年在《哲学评论》第八卷第一、二两期中又发表一篇谈他的《新理学》的哲学方法的文章。这篇文章名为《新理学在哲学中的地位及其方法》。在这篇文章里有许多地方谈到现代欧洲一个新兴的哲学学派——维也纳学派。冯先生在这篇文章里之所以谈到维也纳学派的原因，主要的是在于借维也纳学派对于玄学的批评来证明他个人的玄学（先生称他的新理学的哲学系统为"真正的玄学"）在理论上的根据以及在哲学中的地位。因为如冯先生所言：一切似是而非的传统的玄学，已被"现代批评玄学最力的维也纳学派""取消"了，但是他的玄学不但没有被"取消"，反而它的本质因之"益形显露"。所以维也纳学派对于玄学的批评，不但与真正的玄学无关，而且对于真正的玄学有"显正摧邪"的功用。由此方面说：维也纳学派不但不是玄学的罪人，而且是玄学的功臣。

本文所引为问题的对象，就在于冯先生这种对于维也纳学派对玄学批评的看法，是否从维也纳学派立场所能承认的、所能解释的。具体点说：本文所欲提示的问题，就在于维也纳学派只能"取消"传统的玄学，而不能取消冯先生的玄学么？冯先生的玄学不但不能被维也纳学派"取消"，反而把它的本质因之"益形显露"么？假如我们对于这些问题有了答复，那么冯先生的玄学能否借维也纳学派证明这个问题也能同时明白了。

二、传统的玄学与冯先生的玄学

冯先生所谓维也纳学派只能"取消"传统的玄学而不能"取消"他的玄学的主要理由，是在于他认为这是两种根本的玄学。这两种玄学的根本不同点，就如冯先生所言：传统的玄学是以"对于事实为积极的肯定"的综合命题为根据，他的玄学则以"对于事实为形式的解释"的分析命题为根据。"对于事实为积极的肯定"的综合的玄学命题，就是哲学上所谓"上帝存在"、"灵魂不死"、"意志自由"一类的命题。"对于事实为形式的解释"的分析的玄学命题，则如冯先生所谓"山是山，水是水。山不是非山，水不是非水。山之所以是山而不是非山，水之所以是水而不是非水，必因山有山之所以为山，水有水之所以为水"一类的命题。

所谓"对于事实为积极的肯定"的综合命题者，就是一种对于事实有所传达（mitteilen，communication）的命题。自然科学、社会科学以及日常生活中的经验命题，都是此一综合命题。综合命题既然在原则上必须对于事实有所叙述，有所传达，于是这一类命题之为真为伪以及有无实际的意义，就不能不以它所叙述所传达的事实在实际上之有无，为之标准，为之根据。假如一个综合命题名虽对于事实有所叙述有所传达，而实际上我们根本就不能证实这样的事实之有无，那么这样的综合命题只有综合命题之名，而无综合命题之实了。属于这类的命题无论其本来意义如何的动人视听，无论对于我们的感情方面如何的刺激，但是对于事实总不能为客观的叙述、真实的传达。它们只是一些名为综合命题而实非综合命题的一种命题，是如维也纳学派所谓"似是而非的命题"（die Scheinausmee）而已。

维也纳学派之所以必须"取消"传统的玄学者，即因传统的玄学命题如"上帝存在"、"灵魂不死"、"意志自由"一类的命题，虽然在感情方面具有深厚的意义，但是严格地分析起来，是一种变相的所谓"桌子是爱情"、"炮台是道德"的命题，是一些如维也纳学派所谓"似是而非的命题"。传统的玄学既然以这样无实际意义的"似是而非的命题"为之根据，既然是一个这样命题的理论体系，那么它如何能对于事实有所叙述有所传达呢？它如何能成为一种关于实际的知识理论的体系呢？

冯先生认为维也纳学派之所以不能"取消"他的玄学的唯一理由，即在于他的玄学根本就不是一个这样的综合命题的理论体系，而是一种所谓"对于事实的形式的解释"的理论系统。所以维也纳学派既不能以"取消"传统的玄学的理论根据而"取消"它，同时也不能因它之为分析命题如数学逻辑以及一般的分析命题，根本就无实际方面的意义，而摈诸玄学范围之外了。

三、维也纳学派与冯先生的玄学

冯先生认为维也纳学派只能"取消"传统的玄学而不能"取消"他的玄学的理由，大体上是如此。不过这个问题从维也纳学派立场而言，则就根本不同了。从维也纳学派立场而言：它的"反玄学"（antimetaphysik）的主要点，并不是如冯先生所言将玄学从哲学上加以"取消"，只想将玄学在哲学中的活动范围加以指示，在哲学中的真正地位加以确定。换句话说：维也纳学派虽然否定玄学之为一种关于实际的知识理论的体系，但并不否定它在人生哲学方面的伟大意义。所以某种玄学之能被"取消"或不能被"取消"，与某种玄学之以某种命题为根据，毫不相关。某个玄学家视他的玄学是否为一种关于实际的知识理论的体系，才是其唯一的标准了。冯先生的玄学虽然与传统的玄学有上述的不同，但是冯先生亦如其他的玄学家视他的玄学亦是一种关于实际的知识理论的系统。而且在冯先生所谓人类四种知识（一）数学逻辑、（二）玄学、（三）科学、（四）历史中，冯先生所代表的玄学还身居其第二位呢。

从哲学史上看到玄学的发展，最易于感觉到无论古今中外的玄学家，无论他们的玄学理论如何的不同，但总同样的对于科学知识有所歧视：他们不是对于科学之为关于实际的知识理论的体系表示怀疑，就是表示不满意。欧洲著名的玄学家无论为叔本华、黑格尔、卢梭、柏格森甚至于哈德曼、海德歌尔，虽然各有各的思想方法和玄学系统，但无一而不假定了一个特殊的知识对象和实际范围，以与科学的知识对象和实际对象相对立。这个特殊的玄学的知识对象和实际范围，他们或者以实际的"那一边"（Jenseits der Wirklichkeit）或者以经验的"那一边"来区别科学的实际和科学的知识。冯先生这位玄学家虽未如欧洲一般的玄学家假定了在实际"这一边"（Diesseits der Wirklichkeit）之外还有所谓实际的"那一边"或经验的"那一边"。但是他认为在"这一边"实际之内有两方面的实际知识。冯先生称这个两方面的实际知识为"积极的实际知识"和"形式的实际知识"。所谓实际的积极方面的知识，就是一些"对于事实为积极的肯定"的综合知识。所谓实际的形式方面的知识，则是如冯先生所谓"对于事实为形式的解释"的分析知识，就是冯先生所主张的玄学知识了。

由此而论，我们即不难明了玄学之所以产生以及玄学家对于玄学的要求，不只是对于实际得到理解和认识，此外还想从中得到感情上的满足和内心中的安慰。难怪乎创立划时代的"批评哲学"的哲学家康德曾慨乎言之：我们对于玄学问题是无能为力的，因为"人类根本未具有解决玄学问题的理性"。不过这个康德视为非人类理性所能解决的玄学问题，到了冯先生所誉为"现代批评玄学最力"的维也纳学派，则就得到新的解决方法和途径了。我们之所以称维也纳学派对于解决玄学问题有新的方法和途径者，即因它认为玄学问题在哲学上的对象，并不在于某种"玄学的客体"（metaphysisches Objekt）在实际上之有无的确定，而在于基本的玄学命题在实际上有无意义的分析。维也纳学派认为所谓玄学问题确为一个关于实际的问题，那么它必须从分析上而能了解其在实际上的意义，假如它根本未具有任何关于实际的意义，那么它就不成其为一个实际的问题，只是一种如维也纳学派所谓"似是而非的问题"（die Scheinfaage）了。

我们以上曾经说过：一个关于实际的命题在原则上必须对于事实有所叙述，有所传达，同时它对于事实所叙述所传达的对象，就是这个命题唯一的实际意义的根据。所以一个关于实际的命题对于事实有无叙述，有无传达，或者说有无实际上的意义，就不能不以这个命题之有无证实方法（Methode der Verifikation）为之标准。所谓证实方法者，就是指示我们对于某个命题与实际的比较手续，了解某个命题在实际上的事实根据；换句话说：就是说明某个命题在某种实际条件之下是真的，在某种实际条件之下是伪的。因为一切关于实际的命题既然在原则上必须对于事实有所叙述，有所传达，那么这样的命题之为真为伪，之有无实际上的意义，自然有与实际比较的可能，自然有实际上的证实的必要。假如一个关于实际的命题无论在任何实际条件之下，不能证实其为真的，无论在任何实际条件之下，不能证实其为伪的，那就等于说这个命题之为真为伪，之有无意义，与实际毫不相关，那么这个命题自然对于事实既无所叙述，也无所传达，自然是一种无任何实际上的意义的命题，是一种如维也纳学派所谓"似是而非的命题"了。

固然维也纳学派所谓实际命题的证实方法，有原则上和事实上的两种。凡是具有原则上的证实方法如"月球反面有三千米高的山"一类的命题，虽然我们不能立时从事实上证实它之为真为伪，之有无实际上的意义，但是这一类的命题的证实方法，在原则上是能够想象的，能够捉摸的。可是一个未具有原则上证实方法的命题如"电子内有一种无任何外在现象的核子"一类的命题，我们对之不只不能从事实上证实它之为真为伪，之有无实际上的意义，就是这一类的命题的证实方法，在原则上亦无法想象无法捉摸了。因为我们对于这个命题的与实际的比较手续以及它在实际上的事实根据，只能以那个核子及在电子中的"外在现象"为之标准；我们只有根据这一点才能确定它在实际上之有无，它是否具有实际的意义。但是这个证实方法的唯一可能性，从那个核子的定义中就完全被否定了。所以我们对于这样命题所叙述的所传达的对象，在原则上就无法加以肯定或否定，所以未具有实际意义的命题，或者说是一种"似是而非的命题"了。

维也纳学派之所以能"取消"传统的玄学而认为玄学问题不成其为关于实际的问题者，即因传统的玄学命题如"上帝存在"、"灵魂不死"、"意志自由"一类的命题，都是些未具有原则上证实方法的命题，都是属于"电子内有一种无外在现象的核子"一类的命题。我们对于这些玄学命题既不能知其与实际的比较手续，亦不能知其在实际上的事实根据，我们只知其在感情方面似有所叙述，似有所传达，但并不知其在实际方面所叙述的所传达的如何？我们只知其在信念中似有这样的问题，但并不知在实际方面之为问题何在？我们对于这一类的命题不只是不能知其事实上与实际的比较手续和在实际上的事实根据，就是在原则上对于这样的命题与实际的比较手续和实际上的事实根据的可能性，也是无法想象的、无法捉摸的。传统的玄学命题既然是属于这一类命题，那么它自然不能对于事实有所叙述有所传达，自然不能具有任何实际的意义，自然是些"似是而非的命题"。传统的玄学既然以这样"似是而非的命题"为之根据，既然为一种"似是而非的命题"的理论体系，那么它就不能成一种关于实际的知识理论的体系，就是所谓"非人类理性所能解决的玄学问题"之为关于实际的问题，也毫无事实根据和逻辑意义可言了。

不只是"对于事实为积极的肯定"的综合玄学之不能成其为一种关于

实际的知识理论的体系，是由于传统的玄学命题根本未具有实际上的意义，是由于这些命题都是一种似是而非的综合命题。就是冯先生的"对于事实为形式的解释"的分析玄学之不能成其为一种关于实际的知识理论的体系，也是由于这样的玄学命题亦无法对于事实有所叙述有所传达，它一如传统的玄学命题都是一些空洞无实际上的意义的命题。固然冯先生的玄学命题之无实际上的意义，并非如传统的玄学问题因其为"似是而非的命题"而不能有实际的意义，而是因为"重复叙述的命题"（tautalogische Aussage）而不能有实际的意义。一个所谓"重复叙述的命题"之所以不能有实际上的意义者，即因这一类的命题与一个关于实际的命题，在原则上就不相同。我们曾经说过：一个关于实际的命题原则上必须对于事实有所叙述有所传达。同时这个命题所叙述的所传达的事实对象，就是它之为真为伪之有无意义的标准。但是一个"重复叙述的命题"对于事实所叙述的所传达的事实对象，我们根本从事实方面就无法加以肯定或否定，同时它之为真为伪之有无意义亦无须有从事实方面加以肯定或否定之必要。这一类的命题之为真为伪之有无意义是在一切实际以外的，是有其独立性的。这一类命题既然在一切实际以外而能真或伪而能有其意义，那么它自然与一切实际无关，自然是一些空洞无任何实际的意义的命题了。

冯先生的"对于事实为形式的解释"的玄学命题如"山是山，水是水。山不是非山，水不是非水。山是山不是非山，必因有山之所以为山，水是水不是非水，必因有水之所以为水"，在原则上就是一些对于事实无所叙述无所传达的"重复叙述的命题"，因为这样的命题对于事实所叙述的传达的对象，我们从事实方面亦不能有所肯定或否定的，同时这样的命题亦不因其在事实方面不能有所肯定或否定而失去它的真性，而失去其原有的意义的。换句话说：我们只知一个对于"山"或"水"有所叙述有所传达的命题，是"山是什么或不是什么"、"水是什么或不是什么"而不是"山是山"、"山不是非山"、"水是水"、"水不是非水"一类的命题。我们从"山是什么或不是什么"、"水是什么或不是什么"中，就能推论"山是山不是非山，必因山之所以为山"，"水是水不是非水，必因水之所以为水"。可不能借"山是山不是非山，必因有山之所以为山"、"水是水不是非水，必因有水之所以为水"一类命题，对于"山之所以为山"、"水之所以为水"还有所了解还有所认识了。所以假如我们称传统的玄学命题是一些变相的"桌子是爱情"、"炮台是道德"或者"电子内有一种无外在现象的核子"一类无事实根据的"似是而非的命题"，那么我们亦可称冯先生的玄学命题是一些变相的"今天是星期三就不是星期四"、"今天是晴天就不是雨天"、"戴有色眼镜的人就不是戴无色眼镜的人"一类根本对于事实无所叙述无所传达的"重复叙述的命题"（"今天是星期三"就包含了"不是星期四或星期二"，"今天是晴天"就包含了"不是雨天或雪天"，"戴有色眼镜的人"就包含了"不是戴无色眼镜的人或不戴眼镜的人"，这还有什么可说，这分明是无所说是"空话"（1eeres Wort）。不过这就是我们所谓对于某种意义以重复的叙述，就是我们所谓重复叙述的分析命题。康德对于这一点已经有完善的说明了）。

冯先生的分析的玄学命题之不能有实际上的意义，就是我们从一个对于实际命题的证实方法方面，亦不难说明的。我们曾经说过：一个实际命题的有无意义，是在于其有无原则上的证实方法。不过一个无原则上证实方法的命题不只是如传统的玄学命题在任何实际条件之下不能真或伪，就是在任何实际条件之下，永不失其真或伪的命题，也是同样的无原则上的证实方法的。因为所谓证实方法者，在原则上不外是指出某个命题在某种实际条件之下是真的，在某种实际条件之下是伪的，假如一个命题无论在任何实际条件之下是不能真或伪的，那么就是表示这个命题永远与实际无关。这个命题既然与实际毫不相关，那么对于它自然不能从事实上加以肯定或否定，对于它自然无所谓证实方法可言了。但是假如一个命题无论在任何实际条件之下是永不失为真或伪，那么这个命题就是一种重复叙述的命题。这个命题既然是一种"重复叙述的命题"，那么它自然在证实方法以外而能真或伪，那么对于它在原则上亦无所谓证实方法可言了。属于前一种无原则上证实方法的命题，自然是似是而非的传统的玄学命题；属于后一种无原则上证实方法的命题，则是重复叙述的冯先生的玄学命题了。

固然一个为真或为伪的命题未具有原则上的证实方法与一个不能真或伪的命题之未具有原则上的证实方法，是具有了不同的逻辑意义的。我们曾经说过：所谓证实方法者，在原则上只是指出某个命题在某种实际条件之下是真的，在某种实际条件之下为伪的，但不能指出在任何实际条件之下是真的，在任何实际条件之下为伪的，或者无条件的真的或伪的。传统的玄学命题之无原则上的证实方法，是因其无论在任何实际条件之下不能真或伪的，但是一个有原则上的证实方法的命题，是必须在某种实际条件之下是真的或伪的，绝对不能在任何实际条件之下既不能真或伪的。冯先生的玄学命题之无原则上的证实方法，则因其无论在实际条件之下是永不失其为真的，这就与证实方法之为指出某个命题在某种实际条件之下之为真为伪冲突了，这就是一种在任何实际条件之下为真的了，这就是一种无条件的真的了。这两种不同的逻辑意义的无原则上的证实方法的命题之不同点，我们亦可称为似是而非的综合命题与重复叙述的分析命题之为无实际的意义的命题的不同了。

综以上所言而论：无论传统的玄学或冯先生的玄学之为一种关于实际的知识理论的体系，从维也纳学派立场而言，都是根本不可能的。关于实际的知识，在原则上既无所谓"这一边"的科学知识和"那一边"的玄学知识，也无所谓如冯先生所指"这一边"实际之内有积极的科学方面的知识和形式的玄学方面的知识，只有一种关于实际的知识，这就是科学知识。只有科学知识才是真正的关于实际的知识，只有科学才是真正的关于实际的知识体系和真理系统了。传统的玄学和冯先生的玄学之为一种关于实际的知识理论的体系或真理系统，总而言之，都是原则上充满了矛盾的。因为无论某一种关于实际的知识必须对于事实有所叙述，有所传达，但是传统的玄学家不只想对将根本不能叙述的不能传达的，加以叙述加以传达，而且还以为对于事实已有所叙述，已有所传达了。于是乎传统的玄学命题都成了无事实根据的"胡说"（sinnleer）了，玄学都成一种"胡说"的理论体系了。冯先生的玄学虽然不包含任何"胡说"成分，但是冯先生的玄学命题根本就对于事实一无所叙述一无所传达，而冯先生这位玄学家也认为对于事实已有所叙述已有所传达，于是乎冯先生的玄学命题都成了与实际毫不相关的一种"空话"（sinnleer）了，冯先生的玄学也成了一种"空话"的理论系统了。

四、冯先生的玄学在哲学中的地位

冯先生的玄学在理论上的根据，从维也纳学派而言，已经如上面所说。现在我们对于它在哲学中的地位，还须加以说明。我们曾经说过传统的玄学之所以不能从哲学上加以"取消"，即因它虽不能成为一种关于实际的知识理论的体系，但在人生哲学方面则具有深厚的意义和特殊的作用。所以维也纳学派中人就说："玄学家所能引为自慰的：玄学虽不能成为一种关于实际的知识体系或真理系统，但对于生活方面感情方面则具有科学所未有的作用。就是我们能从玄学的体验中和玄学理想中确能得到内心中的满足和精神上的安慰，确能弥补生活上的空虚，扩张我们体验中的境界。所以人称玄学为'概念的诗歌'，同时它在文化上的意义和作用，我们亦只能以艺术诗歌譬之了。"

冯先生的玄学虽与传统的玄学同样不成其为一种关于实际的知识体系或真理系统，但对于生活方面感情方面的意义和作用则并不同。我们从传统的玄学命题如"上帝存在"、"灵魂不死"、"意志自由"中，可以得到在理想上的许多丰富的感觉、优美的境界，得到许多满足、许多安慰。但是我们从冯先生的玄学命题如"山是山，水是水"、"山不是非山，水不是非水"、"山是山不是非山，必因有山之所以为山；水是水不是非水，必因有水之所以为水"中不仅无有如此的感觉境界、满足和安慰，甚至于似乎有点"无动于衷"之感。所以维也纳学派假如欲"取消"玄学，那么冯先生的玄学之被"取消"的可能性较之传统的玄学为多。因为传统的玄学虽不能成其为一种关于实际的知识理论的体系，但有其在人生哲学方面的深厚意义。但是冯先生的玄学似乎是两者俱无一借。虽然冯先生的玄学也如传统的玄学一样，想对于"人生境界"方面有所贡献，不过事实上传统的玄学已经有了收获，冯先生的玄学似乎须有新的努力，须有待于将来了。

五、结 论

现在将本文的主要点作一概括的结论，同时将它分作三点：

第一点，冯先生想借维也纳学派对于玄学的批评以证明他的玄学在理论上的根据以及在哲学中的地位，从维也纳学派而言，与冯先生的看法是完全相反的。我们可以说：传统的玄学经此一批评不但未被"取消"而且它的本质因之"益形显露"，但是冯先生的玄学则有被维也纳学派"取消"之虑了。

第二点，冯先生认为从形式主义的玄学上能建立一个从"觉解"上达到"最高的人生境界"的玄学。从维也纳学派而言：他的玄学在这一方面的贡献，不但不能超过传统的玄学，而且远不如传统的玄学之既伟且大。

第三点，关于玄学的方法问题：从维也纳学派而言，只有应用直觉主义的方法，才能保持玄学在人生哲学方面的伟大意义。但是应用冯先生所谓形式主义的方法，则似乎有失去玄学这个伟大意义的危险了。

附记：

本文作者于本年十一月十一日在中国哲学会昆明分会第二次讨论会中一个讲演，不是为一般读者而写的。读者如对于这个问题有兴趣，则请详阅冯友兰的《新理学》、《新原人》，尤其是《新理学在哲学中的地位及其方法》这篇文章。还有拙作《维也纳学派与玄学问题》（《哲学评论》第八卷第三期），《维也纳学派的基本思想》（《学术季刊》第四期），《维也纳学派与现象学派》（《思想与时代》第三十五期），程衡的《现代哲学的新趋势》（《学术季刊》第一期），也都有参阅的必要的。

原载《哲学评论》第十卷第一期，1946 年 12 月

《新理学的趋势》之商榷

朱守一

两个月以前，在《改造评论》二卷四期上，读到冯友兰先生的《新理学的趋势》一文，使我非常兴奋。姑无论这个问题的本身有无何种价值，只是在常常看到某书某注的定型八股之下，发现一个不常见的问题，也够使人兴奋的了。

关于《新理学》的价值，我不知道，我与冯先生的见解有无何种出入，暂时不作为讨论的题材。只是他有两点很宝贵的意见，我非常赞同。一是，他认为新逻辑学的进步，应该产生新的形上学。二是，他说："哲学是可以使人得到最高境界的学问，不是使人增加对于实际的知识及才干底学问。""哲学可能使人于洒扫应对中尽性至命，亦可能使人于开飞机放大炮中尽性至命，但不能使人知道怎样洒扫应对，怎样开飞机，放大炮，就这方面说，哲学是无用的。"

我所想讨论的，既不是《新理学》的该不该提出，也不是《新理学》的该不该存在；而是对于《新理学的趋势》一文中，所蕴涵的"新理学"的内容的商讨。也已没有什么主奴之见，主要之点，只不过想把不同的看法叙述出来，以便请教。我对于此文的意见，可分为三点叙述出来：一是知识与境界的问题；二是有无的概念；三是理、气、道、大全等四个主要的概念。其中第二点的差异最大，第一点较小，但作进一步的明确的分析。

一、知识与境界问题

在我国的历史上，有一大段时间，学术与利禄功名常常联在一起。对于这种"不是使人增加对于实际的知识及才干的学问"，亦不免仅把他当成一种增加知识或文章辞藻的材料来看，虽间有不以功名利禄为念的"古之学者"，亦无形中落此窠臼。或者套用成一种八股式的"口头禅"、或者以为是一堆糊涂的概念、或者甚至因此而毁弃一切人类的秩序公益，反而至于"残生损性"、"祸国殃民"。很多自命为救世的学者，才用尽方法来"非""辟"这种学术，视之与毒蛇猛兽同科。实际上闹到这种地步的主要原因，却非常简单。这是一般人没有把知识与境界的关系弄清楚。现在，既然提出"新理学"来，这一个问题如能弄清楚，对于某一部分人，当然有不少的帮助。假若我们说得严重一些，知识与境界的概念不弄清楚，形而上学便无地自容，也许，很多人认为形而上学已不存在于今日的关键也在此。

冯先生对于境界与知识（或技术）已能分为两事，诚如所谓的高出阳明"犹是一两之金，比之万镒"的见解之上。但这种纯知识的分析，很以为憾的，就是这种知识中，找不出境界底意味的成分。至于所说"新底形上学，须是对于实际无所肯定底；须是对于实际，虽说了些话，而是没有积极地说甚么底"。似乎界于二者之间，实际上仍仅是"不清楚的概念"。举个实例来说，如道家中的庄子，初步的看法，他那遗留的三十三篇，只是一些知识和概念，进一步说，也可以说"虽说了些话，但是没有积极地说甚么底"。即如王船山先生所说的"自说自扫"。但这种概念，既不能增加实际的才能，又不能帮助我们进入境界，故出不了"不清楚的概念"的范围。假如我们作如下的看法，似乎较与境界有关。

1. 此书仍是书，此文字仍是文字，此知识仍是知识，说了些什么，真说了些什么。

2. 此书、此文字及知识，如钟之被击而应，非如躁者之强为而发。故可以说，虽说了些什么，却没有要说些什么；虽说了，也没有要说。即此又可以说，他没有说什么或没有说。

3. 我们要滞于这些文字和知识来研究，我们所得到的仍只是文字和知识的范围以内的东西。

4. 我们要说这些文字和知识，非文字和知识，不只是犯了逻辑上的错误，而且走入了似是而非的形上学的魔境。

5. 这些文字和知识，可以帮助我们进入境界，但这境界并不是由此知识延伸而至，因为二者之间，还有一段空白，我们不要犯了执着于文字和知识以求境界，或以为是境界的毛病。

6. 这些文字和知识，不一定全部了解，才可以进入境界。而全部了解后，也不一定能进入境界。并且进入的过程，并非舍此莫属。

7. 这些知识，皆有所由而发，亦可以因所而异，其功用不变。

8. 这些知识，若由外入，只能因此而"博闻强记"，若用来证验自己的看法，或因此而有所觉悟，则与境界有关。

9. 知识可以影响行为，行为可以养成境界，境界的表现又以行为为主。

10. 由自己的生活与生存中体验到的东西，并能自然的永不与其生活与生存分开，这要叫知识的话，这种知识就与境界有关。要是用语言文字告诉别人，或由别人依样葫芦，则失以千里，若别人以同样的东西来相印证，则仍不失其与境界的关系。

11. 以知识之范，来批评有关境界的指示，不但无用，而且徒劳，但若用以与境界或行为相印证，则不无帮助。

12. 知识有有关境界的与非关境界的，非关境界的不在形上学范围内，用研究非关境界的知识底方法来研究有关境界的知识，是错误的。

二、有无的概念

冯先生对于有无的概念，有两特点：（1）是把有分作真际的有（潜存）与实际的有（存在）。（2）是认为形上学即是玄虚，玄虚高于实际。所以他认为要"完全地经虚涉旷"，从前的道学"则是说他还不够玄虚"，他要"成立一个完全不着实际的形上学"。他认为真际的可以包括实际的，并以真际的为形上学的范围。所以新的形上学，须是"不着实际的"，"对于实际无所肯定底"。因此，他所说的玄虚，又似乎就是真际。

我们认为真际与实际的分别，最便讨论，在知识的范围内，真际高于实际，所以在逻辑上，真际大于实际或包括实际，也是正确的。但这真际与实际，乃人所感觉的范围，此外还有未受人的概念所范围的真际，比受人的概念所范围的真际，更大得无可比拟。而真际则永远存在于人的概念范围以内，故不能扩大，同时逻辑上的真际，纯属知识的范围，不能说他是玄虚，不能以他为玄学或形上学。

非人的概念所范围的实际，不存在于逻辑上及一切思议中，所以，有无、非有非无、即有即无诸概念都还没有，他是一种境界，就是形上学的境界。形上学的形，包括了有形之物与无形之物。形上就是所谓"物之初"，所谓物之初、物之先或无极等等名词，不是指星云以前的历史状况，乃是指人的思议感觉所未发的那种境界，无以名之，借以举其所指。不得已更用些徜恍迷离，说了未说，所说皆错的那些话来，相互以明。关于这一点，也有很多人没注意到，常常把这种有关境界的语言文字，认为诡辩或逻辑的矛盾，不过他们认为其中没有知识的蕴藏却是真的，要是因此，而批评其有没有价值，也只由他去罢。在另一方面，虽然此所谓的"形上学"的境界不存在于逻辑的范围，但说明他的语文，却应不出于逻辑的范围。同时我们更应于逻辑的进步上发展新形上学外，还要在新形上学的发展上发现逻辑的新领域。

过去有很多说法：所谓"不着迹象"、"不落言诠"、"羚羊挂角，无迹可求"，很使许多人误解，以为这些都是指导我们进于虚无的知识，并且证之于佛道诸家的文字意义，也都相合。为了解释这些概念，他们假借了多少"有""无""真""假"等字面，他们自己着了"不着迹象"的迹象，落了"不落言诠"的言，梗塞了"羚羊挂角"的迹象。他们从实有的挂碍中，避向虚无的实境，其挂碍的程度也到了无可或免的情景，这一个亏真吃得不小，今且分述如下：

1. 我们本存在于实际之中，虽然对于实际不免"拖泥带水"，但也不失其与实际的一部分相配合，总算是有得有失，这是一般正常的人底境界。

2. 离开了实际，虚造了一个"空"或"虚"或"无"或"真"的圈套来把自己套上，则对于实际的好处，完全没有得到；对于实际的坏处，一样不能避免；同时还多增加了一层自己所造的那个"空"或"虚"或"无"或"真"的一种障碍。这真是误解境界，或以知识为境界的人所自造的魔境。推其原因，何以会这样呢？

（A）人生本有实际的痛苦。

（B）有人想解除这种痛苦，悟到了不黏滞于所觉实际的妙境。

（C）为了解除他人的痛苦，必须使其不黏滞于所觉的实际。

（D）为了使人能不黏滞于所觉的实际，乃为之说"空""虚""无""真"之法。

（E）"空""虚""无""真"乃对症之药，并不指境界，若误以之为境界，即入魔境。

（F）如人之患在"空""虚""无""真"，则必反而为之说
"实""满""有""假"之法。

（G）此一正一反譬之于药之凉药与热药，人之病寒者用热药可复健康，
病热者用凉药可复健康，原无一成不变之药，而良药或热药更非健康。

（H）人本有实际的痛苦，譬之病热，医生偶用凉药，致使很多人，以
凉药为健康，或以代替米麦而求正常营养，遂有此弊。

由上述病案看来，有无的意义亦因以之以明，虚无与实有两不相高，
可因其所然而有所然；不可因其所然而强所不然，或因其所不然而强所然。
故所为分别的：非心非佛高于是心是佛，极高明高于高明，反入滞境。欲不
"拖泥带水"，而反拖泥带水。欲"经虚涉旷"，反滞于虚旷的实地。欲"极
玄虚"，而反造成玄虚的实物。欲"不着实际"而反着于虚的实际。其原因
皆在此，综上所述约有如下数点：

1.逻辑上的真迹，不是玄虚，不能用以代替玄虚的学问。

2.有无的本身非境界，但为医病对症之药。

3.某种境界中，一切皆无所谓，有无诸概念无存在余地。

4.关此境界的学问，不能避免用有无诸字，但绝对不能沾染丝毫有无
的意念。

三、理、气、道、大全四个主要的概念

根据冯先生的说法，其交互关系，略如下述：

气——存在的事物所以有能存在者——无名——无极。

理——某种事物之所以为某种事物者——有名——太极（秩序之所以
为秩序者——理世界——逻辑上先于实际世界）。

道——一切流行的程序——无极而太极的程序。

大全——一切的有——宇宙——真际的（包括实际的）。

理	为理智分析所得的观念——物之初——故为无——为分——为先——为
气	小不可分。
道	为理智总括所得的观念——有之全——故有为——为全——为后——为
大全	大而无外。

在另一方面，道为无极而太极之程序，则间于气理之间，大全为一切的有，依其说又在理气之后，则其顺序或关系又似如下所示：

本来不落知识的东西，无论用任何方式以表现之，皆系错误，而又可因任何方式以表现之而不必计其错误。但要在各种表现方式中求其差异，则"因任何方式以表现之"之"因"遂为其关键，"因"之中，则境界之差异存。其至与不至间，故有可得而言者。

这四个概念的构成，若是由无量数的概念综合而成，自不可能，况且，可不可在综合，也成问题，虽然他说道和大全是综合来的观念，但，道和大全都是未分，不是已合，很明显，我们可以说，未分的"大全"是"大全"，未分的"道"叫作"道"，却不能说有某些某些原素就合成"道"，有某些某些元素就合成"大全"。由此我们可以决定，这四个主要的概念中，所谓综合而成的，却非真正综合而成。在另一方面，若说是由历史发展的过程中得来的结论，则"大全"尚属新借用的名词，理气与道，亦说明与前人有出入，亦可断定非由历史的途径。这两种方向皆不可能，也许是由分析而来，但这种分析，如若像冯先生那样，先假定有了理和气，再来分析理和气已有后的种种问题，那算是另外一种研究方向的努力，并不足以说明他的来源是分析而来。我们应该凭理性的推断，自一个假定的、不可知的东西分析起。现在我们且从这一问题来讨论。

这个不可知的东西，我们若假定其为"一"，这个"一"，若是纵的，我们可以分成上下；若是横的，我们可以分成左右或前后。若是个面，我们可以分成底面或内外；若是立体的，我们更可以有若干分别。但，这些都不可知，我们无法利用这些概念，也无法说不用这些概念，若是凭空把它剖成四份，它本没有外面的边与内面的中心点，也无法确定其任何一部分的部位，我们从何处下手，何处住手，我们做了些什么，岂全非是一篇糊涂账吗？但是原有的这个"一"是不在思议语以内的，我们既假定了这个"一"，这便可分，这便是下手处，这种下手的地方既不利用上述任何一种概念，又不抛弃上述任何一种概念。而采用的，却是两分法。以任何一种东西皆具备的对称的两方面而言，名之曰阴阳；以对称的动静而言，名曰体用；以人的感觉而言，曰有无或虚实；以概念的构成来说，名之曰名实。所以，我们可以分之为阳的一与阴的一，或静的一与动的一，或虚的一与实的一，或一之体与一之用，或一之名与一之实。这些都是两分，任照何种分法，可以包括其他种分法，故在最初的分法只有二，或者由所分之二与未分时的一合而为三，这就是庄周所谓的"一与言为二，二与一为三"，或者由此所分之二，再各二分之以至于四，都是我们认为最合理的形式，可是现在这气、理、道、大全四个基本概念，却不是由此而来。

再说具体些，照我们的分法，原有的那个实然的，不可思议的，算是"一"。我们或者另给它一个符号叫作"天"、"大全"、"宇宙"、"本体"都可以。分出来的就是其所以如此者（包括冯先生所说的道、气、理等及其他），也算是"一"。我们或者另给他一个符号，叫作"道"、"理"、"气"等名称也可以，这是"一"的两分。我们姑且以大全与道来做符号，这大全与道重新合拢起来，他这实然如此之本体，我们仍可单谓之大全或道。试再分之，其本实然如此者是"一"，姑名之曰"道"。我们概念中的实然如此者又是"一"，我们姑且谓之曰"物"。由此概念而形诸语言文字之实然如此者又是"一"，我们名之曰"名"，这又是知识与境界有关的基本概念。形上学的含义，不该在所谓"物"之后，故我们的思想，初步的分析，应该只有"道"与"大全"两个基本概念，气与理都该统属于"道"的下面。

道与大全所代表者，为不可思议，至于理和气，则恰到已可思议的范围以内。也就是剖道以为物的开始，这种办法，开始于儒家的剖道以为"元"、"生"、"仁"、"亲"。又复之为道。所以横渠的讲"气"及其以后的"理学"，仍不失儒家的本色，虽然他们精研了道佛两家的学说，却仍是一归本于儒家之言，所以，我们并不认为他们讳言佛老，更不认为他们讳言的是怕把剽窃的渊源找出来。我们的看法与冯先生的认为他们"不够玄虚"相近，认为他们没有讲到那未分的"一"，够不上是形上学。

冯先生说："易传所谓道，是我们所谓的理的不清楚的观念。""道家所谓道，是我们所谓的气的不清楚的观念。"我们觉得，这是费了精微的思索而得的结论。因为，《易传》在即用明体，所以，"某种事物之所以某种物者"的属于原因的"理"的痕迹很显然，故觉其近于所谓"理"。道家中，如庄周，乃在即体持用，故那种"存在的事物所以有能存在者"的近于本体的"气"的迹象容易看出，故觉其近于所谓气。而这两种学说中原不失其与"非人所知之实际"的关系，所以以纯知识的方法来看他，觉得不很清楚。

原载《再生杂志》第二三一期，1948 年 5 月

《新理学》研谈

曹汗奇

　　冯友兰先生的《新理学》是近年不可多得的著作。为了感谢著者给我们这样的好书读，特意写出一点意见。这点意见与著者的主张，颇不相同，但这不同是本着著者思想的本身来思考、分析及解释而产生的，并不是以某一家的思想为标准来衡量的。假如不是著者在他的哲学定义中说过"哲学是以纯思的观点对经验作理智的分析、总括、解释而又以名言出之"的话，这篇讨论便不应写也不能写。他既说对经验如何如何，则所写的必仍然离不开经验，必还是以所经验的为对象为材料。既对经验没有特别加以范围，或加以特殊解释，则所对的经验必是普通的一般的并且还是人的。有了这个根本，才有讨论的可能。因为"哲学靠人之思与辩"，而思与辩的材料必为共同的才可辩，才可大家一齐思，才能应用普通的理，才能肯定地说有理或无理。譬如有人说"我一天吃一千碗饭"，我说这句话不合理，因为一个人一天吃一千碗饭是一种经验，这种经验虽是"我的"，但吃饭的经验似为人所共有，故必自然而然有一个"吃饭量"的可能性的理。离开这个理便是背理，虽然加个"我的"也不能把不合理变成合理。假若他辩说："我所用的碗十分小，只能装一个饭粒，所以我吃一千碗就等于吃一千个饭粒，难道这不合理么？"我们说，仍不合理，因为既然说饭碗，便要是一个一般所公认的合乎饭碗之理的方是饭碗，所以装一个饭粒的不是饭碗，除非他在先声明："我的饭碗只装一个饭粒"，然后再说"我用这个饭碗一天能吃一千碗"，才合理。但这个人的吃饭论仍是他自己的，而不能为他人所接受。因此，在讨论新理学时，即使著者说"在我们的系统"如何如何，但他仍然承认他的哲学是"对经验"不是对非经验，超经验，或无经验；同时在说他的理论之先不但并未声明他的经验不是一般的经验，并且还特别说"我们以为理学是讲理之学"（一页），所以他所讲的理仍然必为普遍的理，决不是"我的饭碗只装一个饭粒"的理。把这一点扣住，我们才能讨论出一个是与不是！

本文所讨论的有四点：

一、哲学与科学。

二、无极，太极。

三、常，无，有与太一。

四、真元之气。

这四点都是《新理学》的根本观念。该书哲学与科学一节所讲的是著者的哲学观，也可说是他对于哲学的根本认识。无极太极，据著者说"无极而太极之'而'字即众妙之门"（七四页），又说："众妙即实际底一切事物"，可见其在本书中所占的重要性。常、无、有、太一，是与无极太极有密切关系的。"真元之气"是全书一套哲理的根，是著者的创见。以上几点的理论如能成立，则这一套哲学自然健康，否则，便难免有如沙上的楼台！但这里有一点希望读者注意，即，即使如我们所商讨的说某几点或有不妥当处，而《新理学》的伟大仍然存在，它引进了一个新的途径，对我国这一套宝贵的东西给一个新的灵魂。真理是永远待发掘的，本着这个观点，写出了以下的意见。这个意见难免错谬，但愿经过讨论研究使我们真正地走入真理的神圣宝殿。

一、科学与哲学

著者说："照我们的看法，乃自纯思的观点，对于经验作理智的分析、总括及解释而又以名言出之者"（四页）。这是哲学定义中比较好的一个，可是细一推敲，仍不能使我们明白科学与哲学的区别。我们为什么不可以说科学也是如此呢？哲学家要思，难道科学家不要反思么？纯思是什么？是指思想力的尖锐明纯照鉴是非？是指只是思而不夹杂思以外的其他呢？还是指为思而思呢？如果是前者，则科学所用之思谁敢说它不纯？如果是后者，这句话便不能成立，因为空无所依之思，及丝毫不杂思之外的其他的思，是绝对不会有的。著者也说过："思之活动为对于经验作理智的分析、总括及解释"（六页）。可见思之活动必离不开经验，故不能说它是纯思。那么著者或者是指为思而思。为思而思，为艺术而艺术，为什么而什么，分析到最后都还只是听着好听，但是说不通的。就以冯先生自以为纯思的观点写这部最哲学的哲学来说吧，他不也是"怀昔贤之高风，对当世之巨变，心中感发不能自已"（原书序）么？既"心中感发不能自已"，则岂能自纯思的观点站得牢？况且他又说："此书虽'不著实际'，而当前有许多实际问题，其解决与此书所论不无关系，故虽知其中必仍有须修正之处，亦决早印行，以期对于当前之大时代，即有涓埃之贡献。"为思而思的象牙塔里既然没有"以期对于当前之大时代有所贡献"的神位，那么我们也想对大时代有贡献的不为思而思不也可以进去吗？

再进一步说，即使自纯思的观点是可站得牢的，那么这个观点也不是哲学特有的。科学中也有纯粹科学，其目的也在研究真理，也不在实用。他从试验所得到的也是经验，对于这些经验也是做理智地分析、综合、解释，并以名言说出之。我们不也可说他们自纯思的观点以理智对经验如何如何吗？

也许有人要问笔者对于哲学与科学这个问题有什么具体的主张？回答这个问题我觉得最好不用定义式的说法，我们可以用以下的方式来分析科学与哲学的不同：

第一先看它们的同点：

一、都是本于对实物的感觉与观察。

二、都是本于由感觉与观察所组成的经验。

三、将经验作精密的分析、解释或讨论。

四、以名言说出之。

第二它们的不同点：

一、科学家将实物放在望远镜前或实验室里观察、计算……及作各式各样的试验。并将所得的结果实验，得到验证。虽然也有一时无法证明的假说，但其目的终在要证实它。而哲学家则不用什么望远镜、实验室，他只是将经验用司思的机关清理，思索，追探其所以然的道理，及其最后所以然的道理而说出之。他说出的名言只是"说之成理，持之有故"，不必实验，并且有时超过了实验的可能。庄子说："物得之以生谓之德，未形者有分，且然，无间，谓之命。"（《天地》卷五）这段名言无法计算，无法上天平称或用其他方法证实，只是"说之成理"，这就是科学与哲学不同的第一点。

二、科学研究出来的结果是不能辩的，也不是辩的，更不是能辩出来的。而哲学的结论则是可辩的，杨朱说："保生全真，不以物累形"，我们也可以说："保生全真，利物以养形"。两说均有理，均可成立。而科学便不可如此。虽然科学界对某一问题有许多学说，如对原子便有 Rutherfordbhor、Heisenberg、Sehrodinger 等人的学说，但他们仍是根据计算实验得来的。他们的是非及假说仍是定于对辐射周率及量子能等等的计算，试验，而不是只靠思与辩的。

我们说哲学的论断是可辩的，并不是说真理是可辩的。理就是理，科学与哲学都在找它，不过找它的方法与描述它的方式不同罢了。

三、科学家将实物或一个单体做研究对象，譬如研究蛙的心，便把它剖出，并放在凌戈儿溶液中，然后解释蛙心是如何如何。而哲学家所研究的便不是蛙的心、细胞、电、力等的原理。譬如黑格尔他提出"理"（begriff）的理论，说一件东西必与它应具之理相符合的，才是正确的它。例如一个酒杯必与酒杯应具之理相合的方是真正的酒杯。至于酒杯是怎样，他便不研究了。科学家研究原子、原形质等等；而我们研究哲学的人只是说宇宙的一切都是由物质的最根本的单位顺着自然之理所组成的。至于如何组成，不去研究。物质的根本单位究竟怎么长、怎样短也不去研究。

用以上这个方式，或者可以把我们的哲学的面目看得稍微清楚。把脸儿认清之后，才可以知道"它是个什么东西"，然后才可以讲理。孔子说："必也正名乎"，我想正名也就是认清张三李四的意思，必也正名就是以免张冠李戴的意思。先把哲学的嘴脸闹清楚，再谈其他。

二、无极太极

对于无极太极的解释很多，具有若干还带着神秘难解的色彩。但著者说："由无极至太极中间的过程，即我们的事实底实际世界。此过程我们名之曰无极而太极。"（七四页）著者既说到事实底实际世界，我们便以事实的道理来看。据事实的世界一切事物演变过程来看，我们觉得无极太极本是极浅薄的道理。所谓无极者应该是最初，所谓"无"并不是空空没有（其实空也是有），乃是指推到最初，初到无可再初，到了这个极度就是"无极"。我们把它译成白话："无极就是无可再极"，就如同"无及"可说成"无可比及"是一个样子。"太极"就是由这个"无可再极"的东西，生出"多到极多的多"，多到极限的多，或者发达繁滋到极点。科学家把最初的东西给它一个名字：原子、电子等，并且还研究他们的性质等等。而我们的哲学家只说有这么最初的现象，探到无可再探，无以名之，名之曰"无极"。他们为什么不给这个"无极"起一个像"其小无内"的名字呢？不，不，因为电子及"其小无内"等等都是指一个特定的东西，而无极则是指一切，连现象以及那个特定的东西都在内。并且更进一步，无极并不是专指所谓开天辟地时的那个最初，而是直到今日我们还是有许多无极，以后仍有许多无极。譬如拿望远镜来说，由把望远镜应具有的功用都发明出来，那一刹那起，那就是望远镜的无极。所以我们的哲学家用"无极"一辞表现这种现象，这种境地，真是深刻到极点了！而冯先生说"无极即道"（七三页），我们想是不对的。

所谓"太极"者，可以解释为由这个"无极"的根，生出的一切，这一切能多到极点，能变到极点，故曰"太极"。

著者又说："在我们系统所讲的宇宙，有两个相反的极，一个是太极，一个是无极，一个是极端的清楚，一个是极端的混沌。"（七四页）我们认为无极太极不是相反的，而是一个由少到多由最初到最后的化生的程序。两者不但不相反而且相成。老子说："道生一，一生二，二生三，三生万物"（四二章），庄子说："无，一之所起，有一而未形，……流动而生万物"（《天地》），都是这个意思。著者说相反，也许指"无"与"太"两极端而言，果系如此，那似乎更不妥当了。因为无极之中有太极，太极之中有无极，如母生子子生孙的不断繁衍，就如管夫人说"我泥中有你，你泥中有我"，如何相反？又如何反得来？无极是所有的理及所有的物之可能有的最初母体。它如鸡蛋，凡毛、骨、鸣、飞及其他鸡的一切都为其所涵蕴。蛋在某种情形之下就成为鸡所必有的一段一段的样子，以至于最后。此处所用的"一段一段"的字样也是假借的，真的鸡的形成并不是可分为段的。由蛋而鸡是不间断的演变，从不是蛋那时起，时时都有个鸡，直到最后还是一个鸡。并不是此时有个蛋彼时有个鸡，由鸡到蛋有个"'而'的半清楚半混沌的中间，并且永不能十分清楚"。由蛋而鸡是没有中间的，"无极而太极"用了一个"而"字不用"到"字便是不含有如冯先生所说的中间的意思。宇宙一切永远在变，而每变都是清清楚楚，著者似乎太以人为主了，认为人所一时不明白的便是混沌，其实宇宙何时有过混沌？从前，天打雷我们不明白其中道理，那只是我们人混沌，而自然本身有什么混沌？至于说"永远不能十分清楚"更不妥当了。我们认为宇宙的一切其本身永远是清楚的，无极起了"一"的时候，便有了"太极"，那个"一"便是"一"时的太极之全；一成二，那个"二"便是"二"时的太极之全；二成三，那个"三"便是"三"时的太极之全；三成四，那个"四"便是"四"时的太极之全；如此下去，直到最后。所以朱子说："人人有一太极，物物有一太极"（《语类》卷九四），是容易明白的，而冯先生认为"是一种神秘主义的说法"（五九页），他把太极解错了，故以为神秘，其实哪里有一点神秘呢？

在说话的逻辑方面，著者也有一些未留心的小错误。他承认太极是极端的清楚，又承认由无极经过"而"的中间，可至太极。也可说由于极端的混沌经过"而"的中间可以达到极端的清楚。但他并未说明由无极永远不能到达太极，便突然下了结论说"永不能十分清楚"（七四页）。在这个结论之前，似乎需要加以说明的。否则我们便不明白了。为什么永远不能十分清楚呢？按著者的逻辑来讲到了太极不就是十分清楚了吗？

三、常，无，有，太一

著者说："《庄子·天下篇》谓老子'建之以常无有，主之以太一'。常无有即无极，太一即太极。"（七三页）

把"常无有"当作像"无极"一类的一个名词，我们也认为是不妥当的。"建之以常无有，主之以太一"，是庄子形容老子全部哲学的话。常无有及太一是什么意思呢？在此地我愿意就着老子把常无有与太一这几个词提供出一点意见。我认为庄子这话似应解释为："老子的学说建立在三方面：一是'常'，一是'无'，一是'有'；而以'太一'主之。"我的这个解释看着新奇，其实平常。请以《老子》原文作证。《老子》一书中谈到常，谈到无，谈到有的地方很多，而在第一章中更把这三方面作成有系统的总说。他说：

> 道可道，非常道。名可名，非常名。无，名天地之始；有，名万物之母。故常，无，欲以观其妙；常，有，欲以观其徼。此两者，同出而异名，同谓之玄。玄之又玄，众妙之门。

对于这章书，我们这样想：

可说出的道，并不是自然的道的本身；即使可以给它起个名字，可是这个名字并不是自然的本名。但无论如何，我们是要给它起个名字的，因为没有名字便无法说。但给它们怎样起名字呢？我们把天地之始叫作无，把万物之母叫作有。但为什么名之以无呢？因为无是代表自然的本然如此，是自然而然有其奥妙的，并只有以完全客观才能看出它的妙处。所以以自然本身言它是素白到无的境地，以我们的态度而言我们也应持无主见的态度。为什么另一面又名之为有呢？有是积极的。因为它有积极的活动所以才生出万物。同时从我们的方面看，我们从它的活动方面才可看到它的边际，才可知道它是怎么一回事。

我们可以说自然（即常）有两方面：一是它的本身，是自然而然的，无所谓，无所有，无所持，就是那么一回事。但它是元始的始。一是它的作用，有所谓，有所有，有所持，因而生了万物。我们想宇宙间一切东西都有体用两方面。把这两方面合在一块是个常。常经过体与用的种种着数，乃成为众妙之门。

到此际，我们要问：自然之体发挥它的作用有没有它的法则呢？老子说："孔德之容，唯道是从"（二十章），"大道汜兮，其可左右，万物恃之而生"（三四章），"道者，万物之奥"（六二章）。

什么是"太一"呢？我们说"太一"是"道"。《老子》说："有物混成，先天地生，寂兮寥兮，独立而不改，周行而不殆，可以为天下母，吾不知其名，字之曰道，强为之名曰大。"（二五章）又说："天得一以清，地得一以宁，神得一以灵，谷得一以盈，万物得一以生，王侯得一以为天下贞。"（三九章）

这个"大"、"一"，就是"道"，也就是"太一"。

把这整个的一套哲学，我们绘出图来，就成为：

自然（常）有二相	体（无）	通过理（道）→生万物
	用（有）	

《庄子》的《天下篇》是用极扼要的话来说明各家学说的要旨的。所以他把老子一部哲学归纳成为"建之以常，无，有，主之以太一"。这就等于说："老子的学说是由常、无、有建立起来的，而以道主之"，而冯先生说：

"常无有即无极，太一即太极"（七三页），又说："道是无极，一是太极，二是阴阳"，似乎走入魔道了。

并且，如果从冯先生的逻辑来看，他的说法也有毛病。请问：

常无有——是——无极。

道——也是——无极。

则常无有等于道，也等于无极。他又说"太一即太极"。那么庄子的这句话便应写作：老子之学"建之以无极，主之以太极"了！

又应写作："建之以道，主之以太极"了！

又应写作："建之以道，主之以道"了，因为老子自己说过："吾不知其名，字之曰道，强为之名曰大"。

能讲得通吗？

四、真元之气

什么是真元之气？著者说："今试随便取一物，用思将其所有之性，一一分析，又试用思将其所有之性，一一抽去。其所余不能抽去者，即其绝对底料。……此所谓绝对底料，我们名之曰真元之气。"（六四至六六页）

又说："气既无性，故不能对之做任何判断，说任何命题，亦不能对之有任何思议，任何名状，任何言说。"（六七页）

我们说著者既然对气说了这些话，便是对它有所思议，至少对其无性之方面有所思议。如果像著者说："不能对之有任何思议"，则这个真元之气便不能从著者的笔写出如何如何。著者又给气起个名字曰"气"，可见气是可名了！对它又写成一篇文章，不仅有所言说，且说之甚详，言之甚长，因此我们不妨仿墨子的口气说："关于真元之气之不能有任何思议云云之言，悖！"

这是就用字遣词方面来看。我们再看内容。

著者说："气完全是一逻辑的概念，其所指，既不是理，亦不是一种实际的事物。"（六七页）

又说："我们所说真元之气，……若依照'玄'之理，而实际中即有实

际底事物。"（七〇页）

气既然是"一个完全逻辑的概念，"但著者却又说："今试随便取用一物，……将其所有之性一一抽去，其所余不能抽去者，即……真元之气。"

从实体之物抽去抽象的一切性，则其所余不能抽去者应是无性之物，以逻辑的理来推，著者所说的，真元之气应是"无性之物"。无性之物仍是物，不过它无性罢了！但世间绝对无此物，故我们说这只是我们观念中的物。所谓观念中之物，是说在某某不可实现的条件下的物。这个物如果有，它是具体的，它可是明辉辉摆在我们面前的。它的本身并不就是观念，而是它的情境，条件由我们的观念来意会而已。这才是合乎逻辑的推理。著者只承认到它是观念，而不肯再进一步承认它是观念之中物，所以他便不能自圆其说了。这一点区别，其重要性在以下的话中更可看得出来：

"我们所谓真元之气，亦是不在时空者。"（八二页）

"气至少必依照动之理，……'依照'是一事，亦即是一动，故气于依照任何理之先，必须依照动之理，然后方能动而有依照之事。否则气若不动，即不能有'依照'之事。"（八五页）

试问，不在空间如何能动？所谓动乃是在空间的一种形态，无空间则无存在，无存在又怎能动？我说："我的思想一动便起身赴美"，这思想的一动仍是存在于我。至于说气不在时间而能动，更难以说得通了。凡动，无论快到什么地步也必有个时间。况且著者还说什么"先"，"以后"，气不在时间而能有先后么？

假如著者不特意想把"气"说成玄妙，这个"气"便很容易明白。譬如我们说"龟毛兔角"，兔本来没有角，但如果它按生角的条件而生长，它便可有角。那么这个"兔角"是我们观念中的东西，并不是实际有的。它是不在时空的，可是如果说："一只兔子，如果按着生角的条件而生长，它便是有角之兔了"，则这个有角之兔应是实在的，应是在时空之内的（请注意应字）。所以著者所说的气固然是观念的产物，但一应用，它便是"指"实物了。

再譬如说"我要打你"。这只是一个观念。可是把"我要打你"依照打的一切条件而使棒子打在你的身上，这便是实的了。"我要打你"这个观念，为什么能使棒子的打变成事实呢？就是因为"我要打你"这一套都藏在"我"这个物内，"我"不动则"我"是个空，抽象的；可是我一旦举棒打在你身上，这个"我"便是实在的了。所以著者似乎应该把气认为确"指"有其物，不过造成这个物的许多条件不是我们人力所能办到，故只能在观念中能有而已。这个观念中的物，它一旦依照什么理便变成了什么了。这个"它"便是应有的实物了。所以这气仍然应当是个确"指"有其物，不过不是人力所能实现之物。

再明白一点说：一种科学的发明，都是先有个观念中的物，然后再用实物来配合而使观念之物成为现实的物。我想发明一种眼镜，在夜间人人能看东西像白昼一样。这个东西有没有呢？我肯定的说"有"，但是我拿不出来。可是它确实有。不过这个确实有，并不是实有。乃是"指"其实有。冯先生说："气完全是一种逻辑的观念，其所指既不是理，亦不是一种实际的事物"（六七页），未免欠妥。

这篇文字是在后方一个山里写的，初稿刚完，便因病辍笔。今年元旦检得旧稿犹别来无恙，乃准备发表。其中若干点是笔者积思十余年乃至二十年的结果。因系匆忙于两天内写成，所以文字方面有许多未能将所思适当表达。我急于发表，便是诚心希望能引起讨论，以期闭门所思的结果能因师友之力而得到进步。

三十六年一月八日上海

原载《哲学评论》第十卷第三期，1946年

论唯理主义与冯友兰先生的"新理学"

王范之

一

人生在世对事物可有两面感觉。一方面，我们觉得事物是有究竟有条理；另一方面，我们觉得他是没究竟没条理。比如说，我们分明看见山是山，树是树，人是人，狗是狗，各是各的，清清楚楚，绝不相混。这不是眼见有条理，有秩序吗？但另一方面说来，山为什么不会无故缩小、树为什么不会忽然长大、人为什么不长尾巴、狗为什么不像人样？若这样问下去便得一团混沌。这分明是莫名其妙，哪会有什么秩序，哪会有什么条理？

如果世界是没有条理，没有究竟，那将会感觉世界是不可思议，毫无意义的了。如果世界是有条理，有究竟，那将会感觉世界是可以思议，有秩序的。天地间只有一个道理贯串着。

这问题看来很简单，说起来也复杂。因为，倘若把他分别来说，就有"理"的一多问题，"生"的价值问题，"知"的外铄内发问题，"事""理"的先后问题，等等。总而言之，凡承认世界是有条理、有究竟，在这上面所立的学问我们即称之为"理学"。反之，我们称他叫作偶然论，无价值论。

不过，我们既是生在世上，便处处要求目的，求价值。既要求目的，求价值，我们就一定要假定世界是有条理有价值才对。否则，便一切都归于无意义了。

关于"理学"这套学问发生甚早。在西洋方面，有古代希腊柏拉图和亚里士多德的"观念论"Theory of ideas——张东荪先生把他译作"理型论"，其本意在认为事物产生一定的道理中。"观念"、"训作"、"道理"，张先生的翻译甚当。——经白开莱（贝克莱）、休谟、康德，乃至黑格儿的承受与掀扬，便造成西方全部思想的重心。

在中国方面，最早发生于易的阴阳变动创造观。《系辞上传》说："夫乾（☰）其静也专，其动也直，是以大生焉；夫坤（☷）其静也翕，其动也辟，是以广生焉。"（第六章）所谓"乾""坤"就是阴阳的意思，他是万物创造之母。所以，他本一阴一阳的道理来说明万物变动的定则。孔子谈的"道"与"天命"，也都带有唯理主义的色彩。《学而》云："君子务本，本立而道生"。《为政》云："五十而知天命"。所谓"道"与"天命"，是指明人类不变道德根源的存在。老子却更把他说得透辟而有系统，他说："无名天地之始，有名万物之母"。（《老子》第一章）"无名"是天地之始，天地之始，才是绝对的常道。他对这绝对常道的称呼，叫作"一"或"大"，他说："一生二，二生三，三生万物"。（《老子》第四九章）是说明万物创化的程序，是一定不变的，这已可算是彻底的唯理主义说教。即至宋明，更拼合异教的谛观思想而成立的更周详细密的理学，这也是在中国思想中占有很重要的地位。

二

如谈中国的唯理主义，我们当以宋明为本。如是，又不得不附带说说他的渊源。刚说过，宋明理学是上继儒道之学，更兼异教的谛观思想而成。但究竟有什么线索呢？

（1）宋之理学导于范希文，而希文常以《易》和《中庸》来讲义理。周敦颐承范氏的遗绪，也拿《易》和《中庸》来讲义理。比如说，周氏《太极图说》的无极太极两仪之说，不是纯全取法易中"太极生两仪，两仪生四象"的说法吗？《通书》中的"中者和也"不是从《中庸》里的"致中和天地位焉，万物育焉"的话中抽出来的吗？这是指出与儒教的发生关系的线索。

（2）黄晦木曰："周子太极图创自河上公，乃方士修炼之术。河上公本图为无极图，魏伯阳得之以著参同契，钟离权得之以授吕洞宾，洞宾后与陈图南同隐华山，而以授陈，陈刻之华山石壁。陈又得先天图于麻衣道者，皆以授钟放。放以授穆修与僧寿涯。修以先天图授李挺之，挺之以授邵天叟。天叟以授子尧夫。修以无极图授周子"。（黄百家：《宋元学案》），并参见朱震

汉：《上易传进易表》）

晁以道云："有宋华山西夷先生陈抟图南，以易授终南徽君种放明逸，明逸授汶阳穆参军修伯长。向武功苏舜钦子美亦尝从伯长学。伯长青州李挺之，挺之授河南邵康节先雍尧夫。"（《嵩山集》卷十六）可见周敦颐的《太极图说》、邵尧夫的《先天图说》是同道教发生关系。这指明宋学与道教发生关系的线索。

（3）对浮屠发生关系的线索，我们暂举出几个人来说。

周子——晁氏云："元公师事鹤林寺僧寿涯，得有物先天地，无形本寂寥，能为万象生。"（《嵩山集》卷十六）濂溪志云："胡宿尝至润州，与濂溪游，或谓先生与濂溪同师润州鹤林寺僧寿涯。"

朱子——他早年的思想，就已经深受浮屠的影响。《语类》云："某年十五六时，亦尝留心于禅。"（《年谱》引）更在其答少师龙的话中说："弃近而求远，处下而窥高，驰心空妙之域者二十余年。"（《文集》三八卷）

陈白沙——更专事静坐内察，了悟心体上下功夫。他说："佛氏叫人说静坐，吾亦说静坐。说惺惺，吾亦说惺惺。"（《明儒学案五·陈白沙》）

凡上所举，都足以证明宋学对浮屠发生关系的重要线索。（并参见拙著《略论中国观念形态》）综上所说，算是说明中国唯理主义的思想渊源。

三

不过，唯理主义对事理问题的讨论，向来有两说。一说是主事理分裂，一说是主事理统一。前者，说事是依照理而存在。后者，却主张精神气质一元之说，本体与现象不可分裂之论。

前者，在古代希腊有华泰格拉斯的"物由模仿之而成"之说。苏格拉底、柏拉图的"物有分享理型而成"之说。——即殊相须参有共相而后存在。（参见亚里士多德的《物理学后编》一卷六章）

后者，有柏门尼德 Parmenide 与齐诺 Zeuon 的"真的存在单一说"。亚里士多德的"料"（Matres）"理"（Idea）统一说。（参见《物理学后编》）这样一来，便发展成后世的"名论"与"实论"的争执。

前者，在中国古代有老子"无名""有名"之说，所谓"无名天地之始，有名万物之母"。"有名"是依照"无名"而生的。

后者，有孔子的"仁道"一元之说，他认为"仁"是天命的，存于人类的心中，是万人所共通的。这是道德的根源，他也就是唯一的真理。我们只须把他扩充开，便可得到真理之全。

这样一来，便是发展成为后世宋学的"事""理"二元与"事""理"一元的争论。

关于"事""理"二元的主张，我们以张载、程颐作代表。关于事理一元的主张，我们拿程颢、陆九渊作代表。

张载云："太虚无形，气之本。"（《太和篇》）

又云："散殊而可象为气，清通而不可相为神。"

"太虚为清，清则无碍，无碍故神。"（《正蒙篇》）

言"太虚"为"神"，是"气"所本。所以分"神""气"为二物，他不承认"虚"能生"气"，又不承认"气"存于"虚"之中，而乃是承认后者依照前者而生，所谓"本天道为用"是。故曰："若谓虚能生气，则虚无穷，气有体。体用殊绝，入老氏'有生于无'自然之论。……若谓万象为太虚中所见之物，则物与虚不相资。……此道不明，正由懵者略知体虚为性，不知本天道为用。"（《太和篇》）

程颐讲"理""气"二元，更说得缜密。他说："离了阴阳更无道，所以阴阳者是道也，阴阳气也。气是形而下者，道是形而上者。形而上者，则是密也。"（《遗书》十五）黄百家言："'离了阴阳更无道'，此语已极真截。"（《学案》十五）其意盖言，舍"气"，则"理"无所依附。"所以阴阳者是道也"，即言舍"理"，"气"无所生之意。

"理"是一个而且是统摄万物的通则，"万物皆是一理，至如一事一物虽小，皆是有理"。但，一事一物各有殊异，淳漓明塞各有差别，类虽不齐，而其"理"一贯，此即程子所言的"理一分殊"。

程颢的"理""气"一元论，他认为"理"与"气"本非二物，故言本体与现象不能分离，曰："气外无神，神外无气，或者谓清者神，则浊者非神乎?"（《遗书》十一）："生之为性，性即气，气即性，生之神也。"（《全书》二）曰："论性不论气不备；论气不论性不明。二元之则不是"。（《遗书》）

陆九渊的唯"理"一元说，他说："心一心也，至当归一，精义无二。此心此理，实不容有二。"（《全集卷一·与曾宅之书》）又曰："人皆有是心，心皆具是理，心即理也。"（《全集卷十一·与李宰书》）再曰："此理本天所

以与我，非由外铄，明得此理，即是主宰。"(《与曾宅之书》)

极言"心"之"理"即宇宙之"理"，宇宙法则即"心"的法则。故曰："宇宙便是吾心，吾心即是宇宙"。是内发不是外铄。

不管主"事""理"二元也好，"事""理"一元也好，总而言之，他们仍是未超越"理"的外铄与内发的途径，仍然在真理的外在与内在的问题中争论。过去如此，现在如此，将来亦复如此。这话初听甚觉稀奇，将来的事何敢轻易断定。况且，若果如此，学问何以会有进步？

我所说的"理"的外铄内发问题，是指的逻辑方面。依冯友兰先生的术语，是说的形而上的"真际"方面。所谓学问的进不进步，是关涉的"实际"方面。"实际"，是依照"真际"而来。说到此处，又附带发生一个疑问。就是说，既"实际"是依照"真际"而来，则，"实际"应是"本有"的。那，怎么会有进步与不进步的差别呢？这话是这样说。固然，"实际"是依照"真际"而成。"实际"所有即"真际"所有，而"真际"所有，"实际"则未必有。原因是，实际乃是随人类生活复杂而复杂。换句话说，"实际"是随人类生活的复杂有次第的依照"真际"而出现，——如由人力劳动畜力劳动到机械劳动——这个次第，前者对后者说，就是进步。我们所说的进步就是指此。

如是，我们又回过头来问，真理何以会有外在内在的争论？我以为这种争论，只算是我们对"真际"的两种看法，是唯一的两种看法。除此，绝无第三种看法。但，就"真际"的本身说，仍不失其唯一的不变性。

然则，为什么会仅有此两种看法呢？理由很简单，因为万事万变，其变的方式，变的过程，只有"盈，虚，消，长"两种形态。因之，我们的认识，我们的思维，也只有"有""无"两个观念。所以，如果我们站在"有"的方面去看真理，则真理必是内在而存于事物之中。设使我们从"无"的方面去看真理，则真理必是外在而存于事物之外。所以，我们对真理的看法是绝无第三种看法。过去如此，现在如此，将来亦复如此。

四

冯友兰先生的《新理学》，自然也不能跳出这个范围。他现在所说的，仍是过去人常常提到的。现在讨论的，仍是过去讨论的。

比如，在他原书所讨论的。

（一）太极

朱子说："极是道理之极至，总天地万物之理，便是太极"。（《全书》四九）

冯先生也说："所有之理之全体，我们亦可以之一全而之。此全即是太极"。（原书五四页）

（二）气

程颐说："一阴一阳之谓道……所以阴阳者道，既曰气，则便是二，言开阖，已是感，既二则便有感。所以开阖者道，开阖便是阴阳，老氏言虚则生气，非也"。（《遗书》十五）

又说："人气之生，生于真元。天之气亦自然生生不穷"。

说明阴阳开阖是"气"的本身，"理"是"气"的原因。实际上程子所说的"气"，仍不是说的实际事物，而乃是构成实际事物的样子。朱子说："理无气则无掛搭处"。

冯先生虽口口声声声明，他所说的"气"与伊川不同。其实，他仍是照着伊川而说。不过，他把"气"之一词，换做"料"的另一名词。把"真元之气"，换做"绝对底料"罢了。他说："若抽去其一切性，则即成为无，更无有可以为绝对底料者。然若无绝对底料，则无以说明何以实际底物之能成为实际，若专靠所以然之理，不能有实际"。（原书六六页）"一种实际事物，是我们所谓气依照理而成者"。（原书六七页）

（三）阴、阳

张横渠说："无一物无阴阳者"。（《正蒙太和》）

冯先生也说："旧说所谓'物物有一太极'。我们以为不能说。但我们可用旧说：'无一物无阴阳者'，任何一事物皆有其阴阳；亦皆可为他事物之阳，或他事物之阴"。（原书九二页）

（四）道

吴澄说："以其天地万物之所共由也，则名之曰道"。

朱熹说："道者，兼体用，赅隐费，而言也"。

冯先生也说："无极，太极，及无极而太极，换言之，即真元之气，一切理，及由气至理之一切程序，总而言之，统而言之，我们名之曰道"。（原书九七）

（五）性、命

朱熹说："天所赋为命，物所受为性。赋者命也，所赋者气性也；受者性也，所受者气也"。（《语类》五）

冯先生也说："某一类中之事物所必依照于某理者，自其必依照而不可逃者，则谓之命。自其因依照某理而得成为某一类事物而言，则谓之性"。（原书一二五页）

此外，如"义理之性"、"气质之性"，无不依照程朱之说而说。

以上，算是略举出冯先生依照宋明理学而说之处。

（六）关于"无极而太极"的讨论

朱子说："无极而太极"，正所谓无此形状而有此道理耳。

"不言无极，则太极沦于一物，而不足以为万化之根；不言太极，则无极沦于空寂，而不能为万物之根"。

吴澄说："然则无极而太极何也？曰屋极，皇极，民极，四方之极，凡屋之号为极者，皆有可得而指名者也，是则有所谓极也。道也者无形无象，无可执着，虽曰极而无所谓极也。虽无所谓极而实为天地万物之极。故曰，无极而太极。"

冯先生说："自无极至太极中间之程序，即我们的实际底世界；此程序我们名之为无极而太极。"（原书九七页）

冯先生对此"而"字甚为看重，他说："无极而太极之'而'，即众妙之门。"（原书七四页）而旧来诸家亦莫不对此"而"字看得重要。但如何而法，冯先生亦未言明，只说："气至少必依照动之理。……'依照'是一事，亦即是一动，故气于依照任何理的先，必须依照动之理，然后方能动而有依照之事"。（原书八五页）则先有动之事而后有依照之事，则"无极而太极"之"而"是动的表示，至如何而法，冯先生只以依照二字来填充，如"物自然也"之类的解释，亦同样的没有对问题搔着痒处。

（七）关于性的善恶的讨论

朱子说："性善之善，不与恶对，……若乃善之所以得名，是乃对恶而言，其曰性善，是乃别天理于人欲也"。（《全书》四二页）

又说："性即理也。"

可见，朱子言"性"是指的"义理之性"，是无所不善的。其所以与恶对者，是别于人欲。

又说："如退之说三品等，皆是论气质之性，说得尽好。……如三品之说，便分将来，何止三品，虽千百可也"。（《语类》卷四）所以若言气质之性就不止三品。

冯先生说："各种事物之义理之性，均可说是无善无恶，亦可以说是至善底。……从真际之观点说，理亦是无善无恶的。"

"自实际之观点说，各类事物所依照之理，是其类事物之完全类型，是我们所用以批评属于其类之事物之标准，从每类事物之观点看，每一类事物所依照之理，皆是至善底"。（原书一三三至一三四页）

冯先生的意见，按照其所依照的系统，应该绝对承认义理之性是绝对至善的，方亦可说得通。否则，则实际依照真际而成，真际是无善无恶，实际应是无善无恶。无善无恶，即不可说。不可说即无标准，那没实际之类即无典型可言。自无全与不全可言。当然我所谓善与不善。所以，这点对冯先生依照的系统是说不通的。

所以，冯先生曾在他的原书绪论第一页，开明宗义地说道："我们现在所讲之系统，大体上是承接宋明道学中之理学一派。我们说'大体上'，因为在许多点，我们亦有与宋明以来底理学，不大相同之处。我们说'承接'，因为我们是'接着'宋明以来底理学讲的，而不是'照着'宋明以来底理学讲底"。

他说的承接宋明理学，是表明他是承继宋明理学的系脉，表明他是属于宋明理学的道统。所谓"在许多点，与宋明理学大不相同"，所谓"是接着而不是照着"，是表示他和宋明理学在形式上有差异。我以为这种差异是自然的。尤如一个儿子对于他的父亲在实际上是属于同一血统的递传，而在面貌上有许多差异一样。

学术，是随时代境遇复杂而复杂，是随人类生活内容丰富而丰富。冯先生之所以承接宋明理学而同时又有其大不同之处者，正是受着 20 世纪以来复杂的时代思想的影响结果。这是自然而然的事。

五

构成冯先生《新理学》的基本原则，就是他在书中常提到的"真际"与"实际"。"真际"，是指形而上的"理"。"实际"，是指形而下的"气"。"实际"，是依照"真际"而成。即，肯定"实际"必然肯定"真际"。但，肯定"真际"未必肯定"实际"。有实际的事物，必有"实际"。但，有"实际"不必有某一实际事物。

某一实际事物，除依照"真际"之"理"而成其"实际"之"性"外，（只有性不能成为物）更要"依据"其所以成为某一物而不是别一物之所以然者。其"所以成为某一物之所以然"者，为之"料"。若将"料"的一切性抽去，所剩下的一团无名的混沌元素，冯先生命为"绝对底料"，或称"真元之气"，简称"气"，即是"无极"。——他是构成物之机件。

"真际"是理，亦是"太极"。他是构成物的道理。由"无极而太极"就是由"气"到"理"。此过程，冯先生又认为是实际世界。

如今，我们对于冯先生这个原则，发生有如下的疑问：

（一）冯先生说，太极是极端清楚的，无极是极端混沌的，无极而太极的"而"是半清楚半混沌的——这即实际世界。（见原书七四页）言"由无极而太极"即言由"气"至理，此仅就义理上说。实际，"未有无气之理亦无未有无理之气"。若从义理上说，"无极而太极"就有先后之分。这样，是不是先有"理"后有"气"呢？如果如此，何以在义理上会承认"气"在"理"之先呢？

（二）冯先生谈的"真际"与"实际"，究竟是如何沟通不得而知。仅以"依照"二字联络，并非沟通的理由。如果，冯先生的目的，只是在分别"真际"与"实际"，则，冯先生的这种工作是无意义。……因为，这早被古人说得透彻。如果，冯先生以肯定"实际"，必然肯定"真际"。作为对"真际"与"实际"的沟通，则在冯先生的系统中说不通。正因为这样，便无形上形下的分别。

（三）"理"和"真元之气"。冯先生既都认为是超时空的，其存在自然该无先后。(参见原书八二页)但,是否有差别?如其有,则"理""气"绝无阶级等次上下之差。至多在同一位置上只能有范围的划别。如是,又何能达到实际的世界呢?如其无,则"理""气"无殊,"理"即"气","气"即"理"。那么,冯先生的"无极而太极"更加"而"得没有意义了。

(四)冯先生又说"绝对底料",或称"真元之气",是不可思议,因其无性故。(参见原书六六页)既不可思议,何以知其为无性?即使知其为无性,则又在冯先生的系统中起了矛盾。因,冯先生曾说:"一种实际事物,是我们所谓气依照理而成者"。(参见原书六七页)所谓"气依照理而成者",其所以能"依照"即是"气"的性。明明冯先生已经说出"气"的有性,何以又说"气"是无性呢?既说出"实际事物是气依照理而成",那么"气"就绝非"绝对底料"了。

以上,算是我站在唯理主义的立场上,对冯先生哲学系统所依据的原则,略略举出几点怀疑。

大体说来,冯先生的哲学系统,虽然不能脱逃旧来的老套,但他融合近人复杂的经验内容来叙述,这点上算是具有新的意义。学问的进步,也是在这点上说。

原载《时代精神》第七卷第二期,1942 年 11 月

论《新理学》

胡秋原

近来谈"理学"或"新理学"，几乎渐成风气。这是可了解的，然不是可鼓励的。

我们研究哲学，当然要研究理学；如果要特别提倡理学，就大可不必。今日若干人所谓"新理学"，其内容只是"旧理学"。要评判新理学的价值，先要知道旧理学是怎么一回事。

所谓旧理学者，是什么东西呢？

第一，理学乃是儒学采取释道以抵抗释道之新儒学。

东汉之末，经学已有途穷之势。执政者多言申韩，学界则盛言老庄，同时佛学东来。六朝完全是"二氏"世界。支学大刊，高僧辈出。此乱世使然，亦因"儒门淡泊"，收拾人才不住也。盖孔子罕言性与天道，二氏对此较能言之成理。在乱世，大家要问究竟，而哲学到了一定时期，亦必对此要求解决。儒门不起来抵抗，有被消灭的可能。儒家要与二氏争胜，也不能不讲性道。儒家书中言性道者，只有《易经》和《大学》《中庸》。隋末王通自比孔子，即言《老》《易》，著有《中说》。到了唐代，天台法相传入，思辨恢宏。而禅宗简易，传播尤盛。加之唐以姓李之故，道教亦盛流行。二氏之言盈天下。韩愈李翱，慨然做《原道》及《复性书》，力斥佛老。同时在《学》《庸》里寻觅武器。韩愈始为道统之说，以为尧舜禹汤文武之道传之孔子，"孔子传之孟轲，轲之死不得其传焉。"此三人者，可说是理学家先驱。但一本《中说》，一篇《原道》，三篇《复性书》，还不能打倒佛老。他们自己也了解这一点，所以韩愈和大颠高僧往来。李翱受知于梁肃。换言之，自知心有余而力不足也。然何以儒者不完全接受二氏的理论呢？这便是因为二氏与儒家有根本精神之不同。二氏是出世的，儒者是入世的。如是这"二氏"对于儒家几乎成了一种狐狸精，既爱之，又畏之。在思辨上不能不屈服二氏，在生活上不能不抵抗二氏。朱子说释氏"以君臣父子为幻妄"，这是理学家不能答应的。解决这种精神矛盾，在实际生活上有"居士"，在学问上乃有理学。

自五季到宋初，二氏继续扩大其势力。其间还有许多高僧援儒入佛，如密宗谓三教同归于治，唯佛最为决了。另一方面，到了宋初，范仲淹以大儒负一时之重任，同时胡瑗孙复讲尊王攘夷，讲纲常名教，发挥儒家的入世义。于是儒家中就有一派人出来，沟通二氏之性道和儒家的纲常。此即所谓理学和道学。

我们试看宋代道学家的传记，大都是经过这一精神过程，即"出入佛老，反求六经"。周敦颐、张载、二程、朱熹乃至明代的王阳明，无不与和尚道人来往，但后来觉悟了，反求六经，做圣人之徒。然如上所述，儒家典籍中近于性与天道者，只有《易经》和《学》《庸》，此外则《孟子》讲性比较多。所以宋朝道学家特别推崇这几本书，并将《学》《庸》与《论》《孟》合称《四书》，与《五经》并列。但理学家虽然时时刻刻表示自己与二氏不同，可是他们在内心无时不向往于二氏，特别二氏中的释。明道看见和尚吃饭的规矩，叹曰："三代威仪，尽在是矣。"而程门高弟，多流于禅。他们的语录，时刻流露与佛不同，间不容发。理学家中只有一个张载，虽然从释老过来，最能不为二氏所染。

但没有方士或道士的宇宙观，理学还不能成功。自战国之末，邹衍首先将阴阳五行联合起来应用到政治上。汉代刘安董仲舒也创造一套儒道混合的宇宙观。汉代讲《易经》的人，大多有点方士气息。三国时的魏伯阳、虞翻、管辂更加以推衍。到了六朝，道家的郭璞、葛洪利用简单的化学知识，言五行黄白。这在今天，我们不能因其幼稚苛责古人，但亦不能因系古人，讳言其幼稚。周敦颐的《太极图说》，是理学家的理论基础。这是方士《易》的产物。据《宋史·儒林传·朱熹传》云：曾有"汉上易解"授陈抟以先天图传钟放，放传穆修，穆修传李之才，之才传邵雍，又穆修以太极图传周敦颐。《宋元学案》引黄宗炎说："该图创自河上公，本名无极图，传于魏伯阳，魏以授吕冲宾，吕以授陈抟。陈又得先天图于麻衣道者，皆以授钟放。钟以授穆修，与僧寿涯。修以授李之才，之才授邵天叟及其子雍。周得无极图于修，又得先天图于寿涯。"故谓做易图明辨，也证明图书象数传自陈邵，与羲文周孔无涉。周氏的功劳，是把这一套东西引到人生，由无极而太极而人极。他说：

> 无极而太极。太极动而生阳，动极而静，静而生阴。阳变阴合而生水火木金土。二气交感，万物化生，唯人得其秀而最灵。圣人定之以中正仁义而主静（自注：无欲故静），立人极焉。立天之道，曰阴与阳；立地之道，曰柔与刚；立人之道，曰仁与义。大哉易也，斯其至矣。

所以理学是三套东西拼凑起来的，道家的宇宙观，佛家的心性论，儒家的伦理观。不过将《易经》来装点道家的宇宙观，以《学》《庸》粉饰佛家的心性论。理学家高谈道统，表示其排斥异端，也表示其心虚。有人说理学直接孟子心传。宋人虽讲孟子性善论，但宋人所谓气，不是孟子浩然之气而是阴阳怪气。孟子尊民，而宋人尊君；孟子无宗教气，宋人则一股宗教气。这是最大之不同。比较接近孟子的，不是正统的程朱，倒是反对派的陆王。

然理学之功劳亦在于此。假若没有理学，也许儒门无以自持，将都受到二氏的诱惑，那么，中国成了一个和尚国、道人国，也未可知。幸有理学也能讲一套性与天道，而又无须出世，孔子之徒才觉得有"安身立命"之地。

然正因此，理学在今天就没有提倡的必要。第一，如果韩愈对二氏主"剿"，宋代理学家是主"抚"的。但今天"二氏"不成问题，用不着剿，也用不着抚。第二，如果我们对孔子没有偶像观念，则其心性纵讲得不如二氏，亦不足使我们灰心。事实上现代哲学，其言心性，比二氏更为高明。我们生于古人之后，生于科学昌明之时，而在我们面前有各种问题待于解决。故理学之为学，早已失其意义了。

第二，理学在材料上及方法上，都是科学以前的，因此其全部理论，虽力求完整而终不完整。

哲学是"一套意见"。宋代理学家确有志创造一个体系，阐明天人一贯之理。他们想从宇宙到人生作一系统解释。可是中国过去为时代所限，对于宇宙，只知道五行与阴阳。但阴阳五行不足以给我们一个宇宙格式，这是不待说的。

而他们治学的方法，因为不知归纳法，也无法得到新的理论。有人将"尊德性""道问学"比之于理性论和经验论、演绎法和归纳法。这是不明程朱陆王，亦不明经验理性两派真义的附会之说。无论程朱陆王，都是演绎的，即都是根据圣经贤传立言的，归纳法是根据事实推求新理，这是现代学术之出发点，而陆王程朱都很隔膜。他们虽言格物穷理，然其所谓物，只是书本和人事，而所谓理，只是君臣父子之伦理。这和归纳法是相去很远的。老实说，程朱哲学在内容上方法上，没有超越希腊和中世哲学的阶段。

理学在中国哲学史上的最大功劳，是其接近心理学和认识论一步，并努力证明天地万物与我为一之理。汉儒直接由天道讲人事，宋人则由心性问题出发，来连贯天道和人事。可是，他们虽研究佛学，还不是法相，而是简易的明心见性的禅宗，加以对自然知识的有限，方法之不知归纳，虽然费尽匠心，并不能结果树立一套体系。例如他们对于所谓"太极""无极""理""气""性""心""情"并无一系统解释。《二程遗书》一面说"性即气"，一面有说"性即理"。朱子集理学之大成。但他的理气二元论，更是自相矛盾。他说："理也者，形而上之道也；气也者，形而下之器也。""当初皆无一物，只有此理。"这是说，理是先天存在。但又说："理气本无先后可言，必欲指所从来，须说先有是理"，这又是不定之词。"人物之生，必禀此理，然后有性；必禀此气，然后有形"，这是说"性即理"；但又说："人之所以生，理与气合而已"，这又是性为理气之合。至于"灵虑只是心，不是性"，又说"心统性，情者也"，"心譬水也，性水之理也"，都不易捉摸。而理学家之语录皆有此病。这不仅由于他们没有科学的明确概念，也由于他们以圣经贤传及太极图说为既定真理，即朱熹所谓"因已知之理而穷之"，只想去解释得通，而结果终无法圆通。理学家除《通书》《正蒙》以外，只有语录和法解。试翻宋书语录之中，随时可见其矛盾，也处处可见其弥缝。这就成为一种烦琐哲学（Complicated Philosophy）。近来讲新理学的，无非将许多简单而不明确的名词翻来覆去。古人如此，可说也；今人如此，不可说也。

第三，宋人理学到究极是一种人生哲学，这人生哲学还有扶持名教之功，只因其拘陋，在过去没有用处，现在更无用处。

如上所述，宋儒努力一套哲学，这哲学是由天地一直到人生。宋人所谓格物穷理归结于三纲五常。他们由"义理之性"、"气质之性"提出天理和人欲，于是就有义利之辩、王霸之分以及君子小人之辩。朱子说："圣人千言万语，只是教人'存天理，灭人欲'。"为了完成这一功夫，宋人有两套东西：一是原理，即"人心惟危，道心惟微；惟精惟一，允执厥中"之"十六字心传"；二是方法，即所谓居敬穷理。"十六字心传"出自伪古文《尚书》，为道家之说。朱子以道心即天理，人心即人欲。但天理人欲之说，本极不可知。朱子说理是善的，何以由至善之理生出的人欲，便是恶的呢？朱子将世界之恶推到气的头上，何以气便生恶呢？既然天地万物一理，则人欲何以如是之恶呢？至于居敬穷理，二程虽说不是"虚静"实在只是静坐读书而已。而朱子说："程先生说敬字，只是谓我自有一个明底物事在这里，则人欲自然不来。"然则这明底物事又是从何而来的呢？

程朱的理气理欲独立的学说，是无法自圆其说的。于是有两派的反对论。一是陆王，认为吾心便是宇宙，主张心即是理，吾心之良知即是天理。二是王船山，认为理即气之理，因此道也就是器之道。到了颜李，则将气具体解释为事物，李恕谷云："离事物何谓理乎。"刘蕺山、黄梨洲等亦有相同见解。他们认为人欲之正即天理。到了戴东原，以"有物有则"之则字释理，唯人有知，能知天下之理，故能达于至善。因此认为"天理即在人欲之中"，而"遏欲之害甚于防川"。所以宋人虽讲天人合一，结果将天人变为两样，而且将人的尊严也抹杀了。陆王颜李较程朱圆满，也能高抬人的价值。

宋人的一套规矩，虽然有难能可贵之处，但他们所谓敬，只为一种容貌的讲究。《宋元学案》说："明道言敬，只如泥塑人；而伊川则必曰：'严威严恪'。"而人一生天天在那里去人欲，不是变为变态人物，就是伪善比流。据当时沈仲固、周密等说："今道学辈曾行了不相顾。"于是反动一来，又有狂狷之辈，所谓门外雪深尺许，传为美谈，这为什么一回事？而程门高弟如杨龟山依附蔡京行为猥鄙者，不知凡几。更重要者，宋人不仅只知道去人欲而不知善导人欲，而且不知道人生还有更重要的大事。假若一个人光明正大，那有如许工夫讲什么天理人欲，将立身为学因于去人欲的工作，何其所见事者小？所以宋人只有一副忧谗畏讥之容，没有恢宏之气。他们以维护纲常名教自命，而最慷慨陈词者，每为皇帝朝廷之事，他们斤斤于君子小人之辩，然不过同党则君子，异党则小人。王荆公当政之时，理学家均目为小人，而后来洛蜀之争，又各以小人相责。甚至二程的门徒，对于张载亦颇加诋毁。盖急欲说明自己是陆稿荐，尽不能容人也。这只是一种学阀之陋风，而学阀利用政权相争，终至亡国，是很不幸的。

我们自不能完全抹杀理学的功劳。五季之世，廉耻道丧，是道德大大堕落之时。故宋太祖得天下即奖励名节，孙胡言尊攘，理学家讲纲常，始得稍挽颓风。而在世乱国危之时，亦幸有名节观念，稍保生人之气。但是第一，去人欲之言，律己则可，用以律人律一般民众，亦可便使于民贼独夫。第二，道德不是消极说教可了的。在汉唐盛世，没有人讲道德仁义，而世风淳厚，国家富强。而国家昏乱有忠臣，六亲不和有慈孝，世道衰微，斯有理学。真正理学之士，自贤于醉生梦死一筹，然正人心厚风俗，非理学所能为力，是很明白的。

第四，理学是一个政治派别，我们还应由政治的功过批判其价值。

中国学者，从来就和政治不大分开，孔子以来，即是如此。宋代理学家亦是如此。宋代理学家开书院讲学，固受和尚影响，也有点政党意味。而当时洛蜀朔，亦公然以党称。大家知道，理学家是反对王安石的。近人颇推崇王安石及其新法。我们赞成王安石，便不能赞成理学，赞成理学，便得反对王安石。以我个人而论，对荆公新政，不能完全赞成，主要缺点，即过于毛细，不知大体，遂便于官僚（其详当另论之）。但荆公终不愧一有主张有气概之政治家。熙宁之日，亦不失为宋代盛世。而理学家之反对新政，无论理由、动机和方法，都是不可赞成的。他们的理由是为政在无为而治，甚至以为荆公举措可"致怀疑"；动机是南北之见，不便士大夫；而方法则不择手段和意气用事。荆公执政之日，未尝逐反对者。及哲宗嗣位，所谓元祐正人君子，于契丹之祸，无所容心，惟汲汲于罢新法是务，尽除安石所用之人。王船山说得好："宋安得有天下哉？元祐诸公扬眉舒愤之区宇而已。……立乎今日，以履考哲宗之所为，其言洋溢乎史册，以实求之，无一足当人心。"因元祐诸人之立"党籍榜"，殆童蔡用事，又尤效之，乃有"元祐党碑"。交相报复，而宋以亡。北宋之亡，蔡京为祸首，然汲引蔡京者，则理学政治领袖之司马温公而非荆公。到了南宋，理学势益盛，朱熹自命承理学正统，而程朱门生，喜作笔记小说诋荆公是快。韩侂胄因与朱熹不合，称道学为伪学，遂犯文人深恶，而道学家遂千方百计以攻侂胄。关于荆公之讼，陆象山已为其讼冤。即韩侂胄在南宋，亦不失为男儿。颜习斋著《宋史评》为王安石韩侂胄申辩，谓韩仗义复仇，虽败犹荣。宋人杀以谢金，岂有人心。习斋有云："观《朱子语类》，秦桧爱与理学交，则当日理学为小人假者，固多矣。"又说："观《朱子语录》，见其于岳忠武也，虽纵天下之公，好而称之，有隐忌焉，曰，岳飞诛，岳飞亦愦，岳飞只是乱杀。于秦桧也，虽从天下之公而贬之，有隐予焉，曰秦老，曰士大夫之小人，何也。"

平心论之，宋人言尊攘，非无忠君爱国之思。然而他们的政治事业出于两点：第一，以单纯的家庭伦理是非为政治标准，没有政治政策，甚至轻视富强。例如二程之流只知道老者安之、少者怀之而已。南宋朱子未尝不切齿于靖康之耻，然而斤斤于义利王霸之辩，神往于三代王道，轻视汉唐霸道，而结果是亡国。此其为失，龙川水心已静之矣。王船山云："王非惟诺趋附可尊，夷非一身两臂可攘，两宋对于富国强兵，一概视为末事。"习斋云："两宋每论人，先取其不喜兵，能作文读书。不可疗之痼疾也。殃其一代君臣，流毒异世，伤哉！"又云："宋人但见料理边疆，便指为多事，见理财，便指为聚敛，见心计财武，便憎恶斥为小人。此风不变，乾坤无宁日矣。"第二，便是以学派的是非为政治的是非，自命是孔孟正统，门生故吏为贤人，宋代党争不过门户之争而已，颜习斋云："宋人之学，支离章句，沉痼释老，而自居于直接孔孟，此是的评。"

但在两宋，理学并未尊为正统。始尊理学者，是元人。大德八年（1304 年）置国学生，立《四书》《五经》为国学，不过专教汉人。皇庆二年（1313 年）诏周张程朱至许衡从祀孔庙。理学家所希望者，至是实现。而元代理学家所撰宋史，始立道学传，称为"圣贤不传之学"。一部《宋史》其"大旨以表彰道学为崇，余事不甚措意，故舛谬不能殚数"（《四库提要》）。到了清人入关，亦提倡性理，再配朱子于孔庙，此固由理学势力甚盛，然理学有便于统治者在，亦为原因之一。

上面我对理学作一个说明。理学自宋而元明，陈陈相因，无复生气。到了明成化间，出了一个人物，起来改革理学，此即王阳明。王氏也出入释老和程朱，到三十七岁，认为圣人之理，吾心自足，提出致良知说。以心即是理，故为心学。阳明以为真理即在良心，不假外求，又鉴于程朱之流毒，提出知行合一。较之程朱之破碎，实为完整，而也高抬人的价值，所以也有一种光明俊伟气象。

然因政治之颓废，新知之贫乏，王学到了末流坠入狂禅。而这时候，西方科学也逐渐输入。于是王学也有一种革新运动，这即是东林运动。当西学东来之时，东林党赞成西学，魏忠贤反对西学，这是很可注意的。明末诸儒的学问，梁启超认为只是王学之反动，其实这是不足解释当时的思潮。经世之志，新的知识，才造成这时期的光华。

但是明代的灭亡，清人的入关，使这新的学风开花然未结实。接着是在朝的宋学，在野的汉学。平心而论，清人的理学，还出了一些人才，而曾国藩最为杰出。清末之公羊，又为二者之综合，而多少带点外来色彩。以后我们介绍新知，但中国人还没有自己的哲学。

今天我们需要创造自己的哲学。但这决不是整理国故，或将理学新装。而是承继中国先哲的经世精神，运用现代科学知识，创一种指导原理，鼓舞人心，使中国能应付今日世局，并保证国家之富强，人民之安乐。这哲学自可有各种讲法，但在古人书中翻来覆去，绝无结果，则可断言。

今日我们为学治国，必须解决当前问题，向前开辟。我们因为过去遗产甚厚，常有一种惰性，拖住我们前进。清末以来，我们看见许多思想家少年锐意开创，一到晚年，回到故纸堆中。我们也有许多新文化运动，不久每为旧的东西同化。例如讲科学的五四运动，结果回到考据。于今我们从事空前未有的对外战争，世变如此之亟，我们应开张我们的心胸，学习现代科学知能，如果再回到宋明理学，那真是一个反动。

但今后中国的学术伦理，一定是适合于工业和民族斗争时代的，否则必受历史的淘汰。所以我也相信，今日所谓新理学虽为一种时尚，但迟早必如整理国故之类，放在他应该放的地方。只是一般青年，不免浪费一点心力而已。

原载《大公报》1943 年 6 月 13 日、14 日

事、理或事实

——关于"理"的讨论的谈片

张申府

芝生与素痴两先生关于"理"的讨论是很有意义的，不但他们的文笔之趣而已。我相信要使中国的哲学研究有点切实的进步，大有赖于这样的讨论。我本希望由这次的讨论可以引起公开的平心静气的讨论学理之风。可惜事实上注意这场讨论的竟不很多。这也许是由于问题使然，或时会使然。但也许是因为中国的哲学研究实在还太幼稚得很。

中国人自觉地研究哲学（由西方传来的哲学），不过是近十年的事，幼稚原是当然的。但如何由幼稚而到壮健，却非多经过几次的公开的讨论不可。由公开的平心静气的讨论乃可以使得大家博览而深思，有个切实的自得，知道自己的欠缺，而不复以偶来的一得自满。

而且中国人的一种习惯至今还是公私不分，容不下异己，虽在有知识弄学问者亦所不免，或且特甚。既未养成宽大的精神，更不懂得所谓谐默与容忍，除了对于强敌以外，这种情形，这种习惯，也许只是近来的，而非历来的。但因这种情形或习惯，却使得人常因见解而影响感情，或则反之，也常为感情而影响政见，在这样情形之下，公开的讨论当然是难的。但要克制这个，却仍非由公开的讨论迫着大家改变习惯不可。也特为这个，所以我极希望，就在哲学里，公开讨论之风也能实现。

诚然，哲学问题的讨论，常常难得正面的结果，决定的结论，这是因问题性质如此，现在还是无可如何的。将来哲学再进步，方法能改善，也许可以改变这种情形。但是就在现在，经过一场辩难之后，但令辩难者对于所辩难的问题本有相当的基础，至少辩难者自己在观念上总可得到一些清楚。

就是关于所谓理的讨论也是如此的。诚如芝生先生所说，要使这场辩论有结果，应该先把几个重要名词的意义弄清楚。既是关于理的辩论，第一个应该弄清楚的应然就是"理"字。究竟什么是中国历来所谓"理"？究竟中国这个"理"字与西洋现在的哪个字或哪些字相当？芝生先生不愿把这工作轻作，这自是一种极审慎极可佩的态度。不过在我的心意中，我却觉有两点要说，当然我并不是轻想把这个"理"的意谓弄清楚。第一，我觉得中国这个"理"字，最好除了戴东原所说的意思以外，就像希腊的 Nous、logos 一般，再不使它参入现代的讨论之中。这是一个最彻底、最革命的办法，同时也就是感情的。第二，"理"的意谓虽不能不说歧混，但在大家心意中却总有一个多少相当的意思。此所以对于它的意谓虽未能确切明了（或说规定），但也可以辩论这么久，来回往复有四次。所以发生问题当然也就在那个相当的"多少"上，或明了的"多少"上。许多哲学的辩论恐怕都是这样子引起的。假使一个概念或一个字，全明了，全相喻，自无问题发生；假使全不明了，全不相喻，也自无可说。但常常乃是似明了又非全明了，似相喻又非全相喻，结果终致争论不休。言语意谓研究的重要即在这上头。

关于所谓"理"，我还有一点愿说。在我的意思中，我是相信世界不过这么一回事，不过这么一个样子。但是哪个样子呢？在我的意思中，这个样子，便是所谓"理"。这样的所谓"理"，当然既不是西方平常所谓规律，也不是平常所谓共相。这样的"理"当然是不离事物的，但也不能全在随便那一个个体。

"理"之次，如芝生先生说，最应该弄明白的名词便是"事实"了。这个名词，在现在，其实是比理更常用，意思也更歧混。而且常为辩论者的最后堡垒。近年因为科学的哲学，或说自然哲学的研究，对于所谓事实也特别加了注意。但在现在有一事是必不能不承认者。但是不论讲什么，如要讲的在逻辑上能成系统，能一贯，至少必须有一个字或一个名词不界说。在我的意思，从各方面看来，现在最好还是把"事实"作为不界说。不过一个名词虽为不界说，或不可界说，却非不可以解释，或说明，或例示。但对于事实，例示虽易，解说则也难。

第一层须知者，现在所谓事实乃有种种。前些年邦嘉雷讲科学的哲学，已常提"粗野事实"与"科学事实"的分别。我所要说的还不是这个。至于平常所说的历史事实、宗教事实、社会事实、心理事实等等的不同，自更不足轻重。自我看来，广义言之，现在所谓事实，至少可有三种，即：常识（或感觉）事实、物理事实与逻辑事实。三者间并不必有划然不可变的界线，尤其物理事实习惯了便可成为常识事实。

事实是随系统而殊的，一个系统有一个系统所属的事实。因此讲事实，不能不管系统。现在在言语说话上可以分常识、物理、逻辑三个系统。所以事实也可以有三种之别。这里所谓物理的，也是用的最广的意思。

现在弄科学的哲学的最重视的尤在事实与学说，与规律的不同。因为近年来常有人把学说，尤其是新学说，错认为事实。关于这一点。剑桥学者黎奇 A. D. Ritchie 在其"科学法"第六章，论学说章，开端；及柏林科学的哲学家莱痕巴赫前年（1931 年）七、十两月在伦敦的哲学季刊发表的两封信中，均有所论列。要之，事实与学说与规律的不同乃在通性与概然的程度上。

对于事实的解说，近来很有一种流行的说法，便是说：事实是命题所表示。这当然是不中什么用的。如以为界说，则显犯循环兜圈的毛病。而且话也没说完全，必须修改为"事实是命题所表示或所要表示"，或"事实是真的命题所表示"方可，因为命题固有妄而不与随便什么事实相应者在。至于所谓循环兜圈，也有两层可说。自从亚里士多德以及斯多噶派以来，以至今日的数理逻辑家如罗素，或讲数理逻辑的非数理逻辑家如故博士约翰森 W. E. Johnson，对于命题本有一个共认的界说，便是说，命题是有真有妄者。或说，命题是可真可妄者，我觉得更好。而采取命题的这种界说的人，大概同时都又信命题的真就是与所要表示的事实相应，妄就是与所要表示的事实不相应或没有事实相应。如此，照现行界说的规则，说事实是命题所表示岂不等于说事实是与事实相应或不相应者所表示？再，在一种意思，命题本也是一种事实。如此，经过相当衍说之后，说事实是命题所表示便又等于说事实是某一种事实所表示了。是一个更显然的圈子。

维特根什坦在其奇书《名理论》里是讲了许多事实。劈头第一句说："世界是凡是情实者"。底下接着便注说："世界由些事实而规定，并由这就是一切的事实。"又说："世界分成些事实。"紧接着第二章主辞里，便又是更显地把事实等于"那是情实者"（Wasder Fall ist，英译 What is Case）。其实，如把事实界说为是情实者也等于不界说。因这等于说事实就是实，就是是者，有者，只须再加上说事实都是复杂者。故罗素为之引解时，便特说：

"世界里是复杂者就是事实。"在中国话里，当然"情实"比事实，实更难为人所喻。

罗素在其《人的外界知识》第二讲中，曾特就所谓原子事实，自说他说事实时，并不意味世界里的单简的东西，而乃意谓，某东西有某性质，或某些东西有某种关系。这本是很平常的意思，自也不成界说。但罗素所最注重者尤在事实永不是单简的，总有两个或两个以上的成分。这自是照应命题而言。但事实不是单简的，则差不多也成了现在公认的事实了。

不过，在德奥讲事实时又尝分为两层。一为 Fatsche，历来以与英之 fact、法之 fait、拉丁之 factum 相当，根谊皆为"所作"，皆由彼中"作"字而转成。二为 Sachverhalt，英法都无专门的相当语，中译或可暂作事态，或事体。有人说，Fatsche 是知觉的对象；Sachverhalt 是知识的对象。犹之乎在英美法也常有人说，事实是经验的今有（棣它 datum）；或详说，经验的今有离其为今有的经验而论者；又或说，以为经验的实在今有，思想可以为基者。这在今日都可说是过时的解释了。但现象论的宗师胡萨尔也多少同乎这种意思，谓"事态"就是妥当判断的客观相关者，"事态"含有"个体存在"者便都叫作事实。因为个体存在乃见与（见有）于知觉或记忆中，事实乃见与于知觉的或记忆的判断中，遂又谓，凡可以见与于经验或基本经验的"事态"都叫作事实，胡萨尔也说东西不是事实，则是也与罗素等同的一种常见。

但像这样地分别"事态"与事实，在德奥也并非一致。譬如维特根什坦的用法，就直相反，而以事实当所谓分子事实，事态当所谓原子事实。显扬维特根什坦的维也纳派的健者，卡纳普 Rudolf Camap（新近大宣扬所谓物理主义者），在他的名著《世界之逻辑的构造》中，所说事态，又当于泛言的事实。

复次，事实还有应与分别的，便是对于事，或说事情（event）。这层分别，虽是拉朗德的字汇（Lalande/Vocabulare）中也曾附及，其实也是这些年因为科学的哲学的研究，事字流行以来，才被重视。有人说，事是名字所名的，事实则如前说，是命题所表示的。事都是特殊的，事实则含着一般的成分。女博士斯太冰 L. S. Stebbing 则在这一点还能从罗素，认为事与物（东西）与事实根本不属一个类型。所以对于事所说的都是对于物，对于事实，所不可说的，反之亦然。我则以为事是可以直接接与者，事实不是可以直接接与者。维特根什坦所说，"世界分成些事实"，所谓世界应是照逻辑上的意思。

我虽信最好是不对事实下界说，但由上来所述说，照最广括的意思，假使知道了什么是系统，今有（棣它），与推证，似也未尝不可说，事实就是一个系统里，由那个系统所假定的今有，用那个系统所用的推证，所得到，或如此所得到的所表示者。那种推或证的规则自也是事实，但却许属于另一系统。数理逻辑的一种长处便在使其推证规则属于本系统之中。一个系统的今有则是不自觉的事实，或说不明说的事实。

事实本是与虚幻为对的。常识即认为是属于事物的本来面目者。凡事实原都是有客观性的。如此，便也可说，事实就是有客观性的复杂者。但这在现在却也仍不能算为界说，因为东西现在也认为复杂体，同时当然也有客观性。于此所需要的乃在把所谓复杂分成两种，因为事实的复杂与东西的复杂，显然不同。本来这地方原可利用德奥派 Object 与 Objective 的分别，但那样子不免又要回到说事实是命题所表示上去。

在谈理、事实、命题一类的问题上，我觉着还有一点，切不可不注意。这便是罗素所最重视，所常提起的，一种所谓"对于实在的壮健率直之感"。这也便是我所谓纯客观法的精神之所在。罗素在他的"数理哲学引论"里有一句最深切著名的话，便是说："只有一个世界，即'实'世界。"如不注意他那一段话的意思，不可免地会弄出许多是非。

在这次"理"的讨论中，素痴先生似乎未很注意"公孙龙子"的一切个体与任何个体的分别。这种分别本也是常识中所有的，随便找一本歧字辨异，便有的讲道：一切是集合着说，任何是分别着说。罗素重视这种分别，一个意思也不过是：类与个体不可相混。但我却觉得把这种分别用在"理"的问题上，并无多大相干，或且反增纷淆。但芝生先生由此一分别则似已改变了主张。照着"理"的一种共喻的意思，加上这种一切与任何的分别，在我的解释，一种最可能的解释，不过是说："理"不在个体，而在个体与个体间的关系；理可离个体，但不离个体与个体间的关系。但就是这样的说法，也还是含混的。一则个体常不是绝对的，必须在两个对句的第一"个体"上都加上绝对两字方合。再则，假使所谓理不同于共相，不仅是性质或关系（在前一层上已有此假定），那么说理在关系，也是不合的，应说乃在由些个体间的关系而成的结构。不过，若求简练，若搬弄字眼，则但说：

"理不在个体，也不离个体。"照我的解释，也尽够了。而且这样的说法也不大合乎辩证法。（一笑。）只是柏拉图的实在论，恐怕已不能保持；恐怕至少也要如舒尔慈教授所说的，该归到亚里士多德与唯名论了。

舒尔慈教授在其《逻辑史纲》末后讲数理逻辑的成就，一处说（页六二）："由对于高等存在型式，数理逻辑的解说，有名的唯名论与实在论之争，已照着确切规定的意思决定了，偏向了唯名论，所以也即反柏拉图而向亚里士多德：那种确切规定的意思即是，一个性质，只有在有一个东西存在，可以这个性质谓之时。才'存在'；同样，一个关系，也只有在有一系东西存在，可以这个关系谓之时，才'存在'。"这段话，由我的信念，我觉得，是很可以与罗素在"神秘主义与逻辑"美版新序中，及它处。根据现代物理现代心理等，所讲的柏拉图的天上的大"猫"，同样重视的。（可看《新哲学书》附录中所译引）

还有一点也可以于此说及。如果对于"理"，把一切与任何的分别过分地重视，充类至尽之，势非将归于一种"窟窿主义"（Holism之戏译）不止。即如杜里舒所说，全不同于和，全体超于各分的总和。如此，必又将弄成理先天地而生，弄成柏拉图实在论的重返。但这似乎不是芝生先生的意思。

素痴先生在这次语录，揭出"朱考亭"的一个明显的自牾，而以为还攻的一最大利器。我初看了很诧异。后乃发见自牾并非自牾，乃素痴先生不免把命题的表示与命题所表示混在一起了。大致即如芝生先生所说，命题的表示那桩事可以错误，命题所表示的那事实则不会错误。不过，我却不以为命题本身有对错。命题本身不但无对错，亦且无真妄。如前所界说，命题是可真可妄者。但一个命题却可一时真而另时妄。所以命题本身不能有真妄。如前说，一命题与事实相应，便是真的；人如宣陈之（是认之）便对了，否则便错了。一个命题不与事实相应，或无事实相应，便是妄的；人如否定之（否认之），便对了，否则便错了。是则命题本身无真妄，真妄在于命题与事实的关系，而对错则在人的否定或宣陈。我以为这也是最好如此分开的。不过，命题在逻辑上，现在虽至少有一个为一般数理逻辑派所同认的略说，但命题在本体论（即"有论"，存在论）上，究竟是什么，却还只能算是一个开着的问题。

上面所说，并不是有意参加作为"理"的讨论，特不过感于芝生、素痴两先生把他们有趣的辩论在世界思潮上发表的盛意，聊供一些可供讨论的资料而已。显然，我自己也是唯名论者，且是随着罗素由共相的实在论而归到那上头者。关于数学的唯名解说，我深信数学本不是一种随便可以假借的东西（东西二字用最广义）我虽仍是谨从罗素之所趋，对于希伯德一流的白纸黑道说或下棋说还不能相信，但却信数学的唯名说，在数学的应用上并没有不可超过的困难；如有这种困难，则佛勒格以前的所谓实在论也将不稍差。可是唯名之名尚足很有研究的余地的。这自也要用着数理逻辑，特别它对于"那什么什么"的那字的解析，即其摹状论，泛言之也即其不全记号论。既然如此，现在对于唯名论的称呼，自便不可刻求，或拘泥。

原载《大公报》1933 年 3 月 9 日

评冯友兰的《新理学》

孙次舟

　　我读了冯友兰的《新理学》之后，对他这由"无字天书"翻出来的"有字天书"很想写一点批评，兹对《新理学》的系统来源，先作一番探究。别的将来再说。

　　《新理学》之被冯友兰夸为是从"无字天书"抄下来的"有字天书"者，即恃其自有一个系统故。据冯友兰的意见，哲学作品只要自己有一个系统，这哲学便可成家，便是本来自己有的，便不可予以攻击。他说："自人之观点说，则我们所以能知其是正宗否，即在其是否能自圆其说，是否能持之有故，言之有理。"如果一个哲学家能够"自圆其说"了，"就宇宙或天人之观点说，则宇宙和天本有许多方面，因此本有许多可能底理论系统与之相应。此与之相应之许多可能底理论系统，对于哲学说，即是各种本然哲学系统……"（《新理学》页二三五、二三六）。我们实不明白冯友兰这种"武断"的定律根据什么论据构成的，单看他说凡能"自圆其说"的哲学系统便是"各种本然哲学系统"之一，我想这除掉像宗教上建立一个全智全能的上帝外，是无法证明其必然如此。固然由能够"自圆其说"的系统以产生的论断不能全属荒谬，但只凭一个能够"自圆其说"作根据便说这哲学系统是本然已有，是真实无伪，这只好去欺骗三岁童子，稍有识见的人恐怕不会笃信无疑。打官司的人，不论原告或被告的律师的辩护词，都能无中生有，或过甚其词的"自圆其说"，如果遇到一个聪明公正的法官予以判断，他会让一个"自圆其说"胜诉，只要他有坚实证据和本身真正有理的话。先秦诸子中的儒、墨、道各家，只就其系统中说，都能自圆其说，都是持之有故，言之成理的；然而孟子要批评墨家之误，墨家也要"非儒"，庄周也要批评儒墨及名家（"辩者"，即战国时"诡辩家"，冯友兰之所祖述），到后来荀子也作

《非十二子篇》、《解蔽篇》、《正论篇》，识为各家主张各有其缺陷。荀子《解蔽篇》曰："凡人之患，蔽于一曲而暗于大理。"凡是一个能读往籍，能观察世事，再加上一番思考的人，他对于自然之解释，人事之探究，总能有所主张，固然这主张只为真理之一面。只要他学会了讲话或写文，再把它写出或讲出，在别人骤然听来或读到，自也觉得"持之有故，言之成理"，足以"自圆其说"。因为在立论者只看到了一面的道理，翻来覆去，总跳不出它这"一曲"的圈子，矛盾和反例，他自看不见，所以在这"一曲"的理论里是"自圆其说"了！所可怪者，一般哲学家往往不肯以这"一曲之见"作为"一曲之见"看，他总认为他所见到的是"全体"，是整个的真理，于是"一曲"不安于"一曲"，他要扩大其"一曲之见"而推论大道，推论人事社会，推论道德伦理……甚且推论到一堆"干屎橛"……

真正的哲学家必然要有一个系统，然而配伴着系统的还要有真实的证据和真实的内容。真正哲学家的系统贵乎"创"绝不容出于抄袭与杂糅。先秦哲人有号为"杂家者流"的，就是因为他自己不能独创一个系统，只抄袭杂糅各家言论以成书，所以价值低。若墨子，若孟子，若庄周，若荀卿等等，他们皆各有系统，无一点抄袭之迹。不惟系统有异，就是争论也不尽同，甚且极端相反，这情形，就是在同属儒家同法孔子的孟荀二家也是如此。所以要作一个哲学家，光靠一个系统并不算数，而这系统还要是独创的，是个人观察研究宇宙人事而获得而构成的，才有价值。冯友兰恃他能自立一个哲学系统以自豪，这已经是庄子所谓"得鱼忘筌"的把戏，算不了什么！何况他这个系统，并不是他自己观察研究宇宙人事之所得，而是冒牌的美国货。是布头上贴着"完全国货"的舶来品。以下我要考察《新理学》系统的爸爸是谁，并希望聪明读者给我以指正！

冯友兰《新理学》内虽然偶尔举几个西洋哲学家的名字，但却不著一个西文，就是在第八章引过英文中称人之"蛮"和法文中之"欧姆"（页二五六），也只译其音，不著西文。个中三昧，颇使人久思而不得。最后我才恍然大悟，冯友兰或许怕人怀疑到他原来是学西洋哲学的，他的《新理学》在系统上或有贩自西洋之嫌疑罢！于是乃尽量避免引用西方人名和西方文字，作为掩盖，表示他《新理学》的系统乃道地的中国货，并且是"冯氏公司"的出品。于是他开宗明义便说：

哲学对于实际虽无所肯定，而对真际则有所肯定。晋人虽有"不著实际"之倾向，而对于真际并作有系统底肯定。所以晋人虽善谈名理，而未能有伟大的哲学系统。在中国哲学史中对所谓真际或系统真际，有充分的知识者，在先秦推公孙龙，在以后推程朱。他们对此方面知识，不是以当时之科学底理论为根据，亦不需要任何时代之科学理论为根据，所以不随科学理论之变动而变动。

冯友兰公然宣称，懂得他这个"真际或纯真际的"系统的，换言之即"新理学"系统之最高建筑者，在中国，前有公孙，后有程朱。他未提到西洋那个懂一点，既未提到，想来乃无一个人懂得了！其实大不然。由于冯友兰之提到公孙龙，不由使我想起金岳霖的冯氏《中国哲学史》审查报告末尾一段话来：

> 我们可以根据一种哲学的主张写中国哲学史，我们也可不根据任何一种主张仅以普通形式来写中国哲学史。胡适之先生的《中国哲学史大纲》就是根据一种哲学的主张而写出来的。我们看那本书的时候，难免一种奇怪的印象，有的时候简直觉得那本书的作者是一个研究中国思想的美国人：胡先生于不知不觉间所流露出来的成见，是多数美国人的成见。……冯友兰先生的思想倾向于实在主义；但他没有以实在主义的观点去批评中国固有的哲学。……冯先生当然有主见，不然他可以不写这本书。他说哲学是说出一个道理来的道理，这也可以说是他的主见之一；但是这种意见是一种普遍哲学的形式问题，而不是一种哲学主张的问题。冯先生既以哲学为说出一个道理来的道理，则他所注重的不仅是道而且是理，不仅是实质而且是形式，不仅是问题而且是方法。或者因其如此，所以讨论易经比较辞简，而讨论惠施与公孙龙比较辞长。对于其他的思想，或者依个人之主见，遂致无形的发生长短轻重的情形亦未可知。对于这一层，我最初就说不能有所批评或建议……

金岳霖于民国十九年受清华大学之嘱托审查冯友兰《中国哲学史》的时候，对冯友兰的思想曾作过如上之批评。固然是为了朋友的面子，谴词极为委婉，而我们也可由此窥见冯友兰的一些底细：（一）冯友兰的思想是倾向于实在主义的。（二）冯友兰写《中国哲学史》仍然不能免去成见，那成见便是"实在主义"。（三）冯友兰那时的"哲学是说出一个道理来的道理"，就是他后来写《新理学》时所说"最后哲学的学"。然而那是从"实在主义"脱胎出来的，那只"是一种普遍哲学的形式问题而不是一种哲学主张的问题"。（四）冯友兰《中国哲学史》"讨论惠施与公孙龙比较的辞长"，那适可证明冯友兰志趣之所倾向。惠施与公孙龙是战国时的"诡辩家"，他们所讨论的即是一种形式的问题，并没涉到哲学的实质。冯友兰对这两人发生着倾慕，所以在《新理学》内也充溢着"诡辩"的气味。

由于《新理学》之标榜公孙龙，又由于金岳霖说冯友兰的思想倾向于实在主义，颇可使人怀疑到《新理学》系统是中外合璧的混血儿。其实不然。《新理学》的系统只有一个洋爸爸，那系统是由"实在主义"出来的。至于冯友兰在《新理学》内只提出公孙龙来，那是别有用心。严格说起来，公孙龙的主张和"新实在主义"本风马牛不相及，不能混为一谈。而冯友兰之抓住公孙龙去代替洋爸爸者，那是冯友兰误解了公孙龙。他拿着"新实在主义"的理论去解释《公孙龙子》的《指物论》，认为是相合，其实并不合，这个不必详说。

冯友兰在其《中国哲学史》上解释公孙龙子《指物篇》的话，完全是用西洋"新实在论"者的话来附会的，公孙龙子的本旨实不如此。"新实在论"者，是西洋现代哲学中的一个新派别，它是承了西洋几千年的哲学遗产和自然科学上的一切新知识，糅杂调和，要想自创一个派别。"新实在论"的代表人物是中国久已悉知的罗素（B.Russell），固然在英美还有其他的人。像这样一个新的哲学派别，在现代英美的哲学界是异军崛起，颇为流行。则他的诡辩，绝不会流于浮光掠影，一知半解。以此而论说它某一部分理论却和中国两千年前的公孙龙子完全相同，不唯在思想的发展（即进化）上绝不可能，就是从接受哲学和科学的遗产上说，中国战国时代的公孙龙子也绝不会突然创出像"新实在论"者那一套现代化的理论。冯友兰误解了《指物篇》，他对中国的古籍本来涉猎有限，他只会断章取义并抄袭一套西洋理论去乱加附会。他不唯对公孙龙子的解释是歪曲本义，就是以后他在《新理学》中乱引中国古籍上的话以证明他所见与古人相合的，也大半是歪曲了古人的意思。

《新理学》的系统不是冯友兰所自创，也不是中国先秦哲人所曾有，它是抄袭于现代英美的"碧眼儿"。我们由罗素、孟海苟的著作中可以找到《新理学》系统的老家。现在让我把足以代表《新理学》系统的话转录于次：

　　哲学对于真际，只形式的有所肯定，而不事实的有所肯定。换言之，哲学只对真际有所肯定，而不特别对于实际有所肯定。真际与实际不同，真际是指凡可称为有者，亦可名为本然；实际是指有事实的存在者，亦可名为自然。真者，言其无妄；实者，言其不虚；本然者，本来即然；自然者，自己而然。实际又与实际的事物不同。实际的事物是指有事实底事事物物，例如这个桌子、那个桌子等。实际是指所有底有事实底存在者。有某一件有事实底存在底事物，必有实际，但有实际不必有某一件事实底存在底事物。属于实际中者亦属于真际中；但属于真际中者不必属于实际中。我们可以说有实者必有真，但有真者不必有实；是实者必是无妄，但是真者未必不虚。其只属于真际中而不属于实际中者，即只是无妄而不是不虚者，我们说他是属于纯真际中，或是纯真际底。如以图表示此诸分别，其图如下：

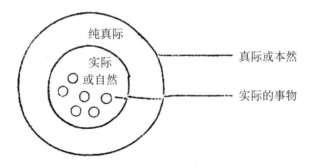

　　就此图所示者说，则对于真际有所肯定者，亦对于实际有所肯定。但其对于实际所肯定者，仅其"是真际底"之方面，而不及于其"是真际底"外之他方面。例如对于动物有所肯定者，亦对于人有所肯定。但其对于人所肯定者，只其"是动物"之方面，而不及于其"是动物"外之他方面。我们说哲学对于真际有所肯定，而不特别对于实际有所肯定，特别二字所表示者即此。

这一段话，很足以代表冯友兰系统的中心思想。自然《新理学》中的种种推论，不是这一段话所能尽，不过他的一切推论都是以这为根据推演出的。我们粗略的说，《新理学》的系统，是基于"真际"（或本然）和"实际"（或自然）的分别。"真际"包涵时空底一切"理"，"实际"之最后底不可分析的成因为"气"。比如说，"这是方的"，"方"的理存于真际，这是实际中一个方的物，实际底物"依照"真际底方的理而得有方底性。只有性不能成物，方底物必有所"依据"以成为实际底的方者，这叫作"料"，"料"近于"物质"，不过物质尚有其物质性，将一切性抽去而单剩一极混沌的原素，则得"绝对的料"，此即"真元之气"（简称为"气"），亦即"无极"。真际所有理之全体为"太极"。"极"有两义：一是标准，每理对于依照之事物为标准；二是极限，事物达于标准亦即达于极限。"太极"理之全，"无极"物之初，"由无极而太极"，即由气至理，中间之过程即我们的事实底实际世界。理为"未然"，为"征"，为"体"，为"形而上底"；气为"已发"，为"显"，为"用"，为"形而下底"。形上的理是思之对象，是不可经验底；形下之物是感之对象，是可经验底，哲学所研究者为形上底理（以上概括，系取朱光潜之词）。我在此不愿骤行批判《新理学》系统之合乎真理与否，或《新理学》系统有无矛盾，有无漏洞，若朱光潜所已经作过的工作。我只想把它这个系统简括地告诉给大家，然后再进一步地说明这系统和现代"新实在论者"的"知识论"的关系何在？大家便可知道它这系统的价值是如何？

　　冯友兰说的"真际""实际"那一套妙论，就是西洋哲学上自柏拉图开始讲过，到现代"新实在论"者又大讲而特讲的"共相"理论。冯友兰以此歪曲公孙龙子《指物论》，又改变名称造成他的《新理学》，就是他在另一名著《新事论》的第一篇《别共殊》中，仍是"新实在论"这一理论的重演。不过"新实在论"者持此以讲"知识论"，但到冯友兰手里却把它"公式化"。不论讲"本体论"（形而上学），讲"知识论"，讲道德伦理，讲文学艺术，讲人事社会，讲鬼神灵魂，讲历史教育，……皆用这"公式"硬套。宜乎其矛盾百出，谬论盈篇。孟海苟（Montague）《经验之途径》曰：

　　　　所谓共相乃是指那些用类名来表示的思想之对象，——如"马""人""三角形"等，或用抽象名词来表示思想之对象——如"人性""圆""红"等。现在我们虽然是普遍地说及马以及申说"凡马皆动物"，或"此马"，但是只能看见在特殊时空中，具有特殊大小和特殊颜色的马。同样的情形，我们虽然谈及与方相关的圆，和与黑相关的红，然而，"圆"与"红"之本身，是永远不能被经验的，只有圆物和红物特殊观相，才得经验到的。——钟译本页四。

在论理学上，共相是先于殊相，因为它（共相）是性复合体的成分，而这种复合体又各自构成殊相涵义和指示，并且殊相都是先于他们所构成的全体。我们叙述个别的对象比如桌子，它即有坚硬、平滑和圆形诸性质。如果不是先有这些性质，则此桌如何能够具有他们呢？用古典哲学家的名字来说，我们可以说一切事物的存在须先有他的"本性"或"本质"（Essence），或者说对象之真实性须先有它的可能性。我们能够提起某一事物是否存在问题，这种事实即可证明此点。当到一个人追问："在正要掘井的地点之下，有潜伏的地中流水吗？"则没有哪个人认他是无意义的询问。这个问题不仅是有一种意义，而且此意义是很重要的，如果对此问题的肯定答案是真实的，那么，这就是说"潜流"（Subterranean River）这两个字所包含的性质复体是表现于或存在于所要掘井于地点下。如查对此问题的否定答案是真实的，则这就是说那些性质复体是表现于或存在所要掘井的地点下。然而对于此问题的两个答案中任一答案是真实的，此问题的意义都预先含蓄了这种性质复体的意念，而视为有本性上潜在地位（An ontological status of Subsistence）存在于它自身中，以及为着它自身。简言之，任何可讨论的，都是某种事物（A somewhat）而完全可能的事物即是可讨论的事物，所以完全可能的事物也即是某种潜存对象（"共相的独立潜在性和客观潜在性"）。——钟译本页八二

现在有一种关于柏拉图派学说的误解，我们必须谨防以免坠入其中。我们不特为共相之潜在不与殊相（它可以表白共相或不表白共相）相关，这就是等于说：共相之存在是另一殊相，我们也不能认空间是充照了抽象的性质，和不相连缀的本质或可能性，有如幽灵一样地飘荡，为我们所看不见的，而只能用超人或脱离躯体的灵魂去体会它而视之如殊相。

我们可以把共相与殊相的关系和旋涡与流水中的关系来相比较，每一旋涡都为流水所环绕，但并非每一流水的体质，都环绕旋

涡。同样，每一殊相都表述共相，虽然是并非每一共相都表述于殊相中，真正存在于时空关系中的事物，其对于全体可思议的事物，好像一群小岛对于坐落的大海洋一样。人类以下的动物心理，只限于实现在（Actual Existence）的这些小岛，至于人的心理，则能想象和推理这种理想潜在（Ideal subsistence）的大海洋（"超殊相的共相是不存在的"）。——钟译本页八三

我们已经知道，共相之独立本体，不应当误解作它们（共相）之存在，是一种新的殊相，然而我们也必须反对这种误解，即误认共相是纯粹主观主义的情况。它们依赖于意义，如果离开了意义，它们就毫无意义或实在性。就成为我们所已说过的，当作殊相的成分之共相，在逻辑上是先于整个的殊相，共相的这种逻辑优先性，无论如何都不能用共相寓于心中的概念去解释。事物之形相并非由于心理所创造，乃是由抽象作用和认识注意作用所发见。出现于个别事象中的普遍性，只有当到它存在于心外可供思考时，才能被思考的。如果共相只有在心理中才是实在的，那么个别事象将不是由它们（共相）所组成，或者将不具有它们以当作属性，而是与它们相分离的。然而这是不可思议的。如果圆的性质只是主观的，则圆物即不能是客观的实在……简言之，普遍的和抽象的实体（即柏拉图所称为"观念"的），其知识的获得是由于将注意限制于感觉对象的含义方面（Connetative Aspects）。这种实体是像感觉对象地一样客观，并且是虽然没有一个实体完全存在于时空中。然而这些实体也能通过时间和空间而相交，这种相交点即构成被限制的存在的殊相（"共相并无主观性"）。——钟译本页八三

我们可以把殊相世界视为活动和变迁的体系，和那种具有不变理想及永久真理的世界，刚刚站在相对的地位，换言之，显在（Existence）并不是一种新性质，这种性质当到加之于一种可能对象的别些性质时，它即使此对象成为真实的。它乃是一件事物和别些事物的交互关系或时空联络作用。一个真正存在的洋钱并不具有出现于理想洋钱中的性质。二者的异点是关系的或外来的，并非性质的或固有的。真正的洋钱可以还债以及使衣袋损伤，至于想象的洋钱我们彼此无论绘描到如何活现的地步，都不能有上述两种作用。再者，真正的洋钱无论如何都占有空间的特殊地位，而纯粹的理想的洋钱则

完全不存在于空间中。说它是不存在的，即等于说它存在于乌有处（Nowhere）（"共相不适于构成显在殊相的整个本体"）。——钟译本页八五—八六

"新实在论"者之讲"共相"仅限于"知识论"。他们认为"共相"是潜藏于物自体中，它的存在，不是超殊相（事物）的存在，他非"如幽灵"样的飘荡，为我们所看不见的。每一殊相都表述共相，虽然是并非每一共相都表达于殊相中。共相"依赖于意识"而为人所知，"如果离了意识，它们即毫无意义或实在性"。"事物之形象并非由于心理所创造，乃是由抽象作用和认识注意作用所发见。"以此他们乃讲认识的"关系"，他们认为是一个特种的关系，即"一件事物和别些事物的交互关系或时空联络的作用"。对于这一种"关系"说宣讲，在罗素著作中已很详备，他的《哲学中的科学方法》和《哲学问题》中均有论证，不便烦征。美国的"新实在论"者大体上是和罗素一致的，而孟海苟又特别对于殊相与共相有所发挥。这个乃被冯友兰抄袭变换成了他的新系统。冯友兰所说："有某一件事实底存在底事物，必有实际，但有实际不必有某一件有事实底存在底事物。属于实际中者亦属于真际中的；但属于真际中的未必属于实际中。"这话孟海苟"每一殊相都表述共相，虽然是并非每一共相都表述于殊相中"演化而来。不过，"新实在论"者只就认识作用说，冯友兰却由"形而上学"起无所不说罢了！孟海苟不承认"共相"如"幽灵一样地飘荡，为我们所看不见的"，也不承认"共相"离开意识和物与物的关系会有它的存在，而冯友兰却翻作"真际"系本然而有，不以实际无依照真际者而丧失其存在，这又和孟海苟之意全违。因为他把人家"知识论"的学说来讲"形而上学"，自然不能尽通，没有好办法，只有出于颠倒人家的说法之一途。以颠倒旧说作为新创，在《新理学》中随地可以遇到。冯友兰说，他的"哲学中之观念，命题，及其推论，多是形式底，逻辑底，而不是事实底，经验底"。这是抄袭罗素学说和孟海苟的学说糅合为一造成他的奇妙的新系统。现在让我们先引冯友兰的话再引罗素的话比较一下便明白：

我们现在暂先举普通逻辑中所常举之推论之例，以明此点。普通逻辑中常说：凡人皆有死，甲是人，甲有死。有人以为形式底演绎逻

辑何以能知"凡人皆有死"？何以能知"甲是人"？如欲知"凡人皆有死"，则必靠归纳法，如欲知"甲是人"，则必靠历史的知识。因此可见形式底，演绎底逻辑，是无用底，至少亦是无大用底。其实这种说法，完全是不了解形式逻辑。于此推论中，形式逻辑对于凡人是否皆死，又甲是否是人，皆无肯定。于此推论中，逻辑所肯定者只是：若果凡人皆有死，若果某甲是人，则甲必是有死底。在此推论中，逻辑所肯定者，可以离开实际而仍是真底。假令实际中没有人，实际中没有是人之甲，这个推论，所肯定者，还是真底。不过若使实际中没有人时，没有人说它而已。……新逻辑中普通命题之形式与旧逻辑中不同。例如"凡人皆有死"之命题，在新逻辑中之形式为："对于所有底甲，如果甲是人，甲是有死底"。此对实际中有否是人之甲，并不作肯定，但肯定：如果有是人之甲，此是人之甲是有死底。上文说：哲学中之观念命题及推论，多为形式底，逻辑底，而不是事实底，经验底。我们必了解上所说逻辑之特点，然后可了解此言之意义。（《新理学》页九）

冯友兰所称之《新理学》并不是他个人的发明，实乃袭自罗素的，不过他不愿意说明白罢了！罗素说："惟此种形式乃真是哲学的论理学之对象。"又说："为要了解一句言语，必须知其成分与其形式。如此所以一句话能传达意思，因为这句话报告我们以事物是配合在一定的形式中的。还有些人不显然知道论理的形式，但日常所有言语中已隐然含有论理的形式。哲学的论理学之职务，就在从具体的东西中抽出此种知识，且使之更为显明纯净"。罗素的学说，仍是讲"知识论"的，冯友兰乃抄袭了来讲"形而上学"以及其他，所以我们在《新理学》中不断的遇到"就逻辑方面说……"或"是逻辑底"等语调，这都是他要持抄自罗素的"新逻辑"作为依据去解说一切的。自然时时流于妄诞，关于罗素的"新逻辑"的学说，读者可参考《哲学中之科学方法》中《论理为哲学之精髓》章，其书已有王星拱译本。我今根据张东荪所译转录与冯友兰的"新逻辑"有关的一节如下：

在一切推论上，只形式是重要的；其中特别的题材，除用以取得前提之真确已外，是无关的。这乃是理论的形式所以为重要之一理由。如我说，"苏格拉底是一个人，凡人都是要死的，故苏格拉底亦是要死的", 其前提与结论之联合并不在乎"苏格拉底""人""死"。所以推论之普遍形式可以表示如下："若一物有某性质, 凡具有此性质之物都另有某类性质, 则此物必具有另一某性质"。这样一改便没有了特别事物或特别性质, 言辞乃成为绝对的普遍了。一切推论, 若叙述其全, 都是有这样普遍性的。若这些推论似不仅关于前提之真确而系于其题材, 这乃是由于未曾把前提明白叙述出来。在论理上, 研究关于各个事件之推论是枉费时刻的; 我们只须研究完全普遍的与纯粹形式的涵义 (Implication) 就够了, 至于假定之是否真确, 即可让他种科学研究之。(《新哲学论丛》页二二八)

我们试持罗素的主张和冯友兰所创立的"新逻辑"一比较便可明白看出冯友兰的哲学之基础的"新逻辑", 完全是袭自罗素的。罗素这"新逻辑"的构成, 是出于他的认识关系说。而冯友兰则没头没尾地把这"新逻辑"搬来作为他的一切推论的根据, 由"形而上学"直到文学艺术, 好像这个"新逻辑"是万物发生, 宇宙构成以前已有的定律, 不论向那里运用都不会有错误。以此冯友兰乃根据这"新逻辑"而产生了脱袭于"共相""殊相"的学说之"真际""实际"了! 构成了他的伟大的真实的新哲学系统了! 又有谁知道这是由抄袭、颠倒、杂糅而成的一个系统, 没有确实的根据, 也没有经过苦心孤诣的研究与探讨, 那是出于抄袭编造, 一套骗人的家伙!

一九四六年十二月

原载《大学》第二卷第六期, 1943 年 6 月

《新理学》评论

王恩洋

一、新理学之思想

冯友兰先生作新理学，其基本的主张，以为世间实际的事物均依两种所依而成：一者其事物所依照，二者其事物所依据。其所依照者，即所谓理。其所依据者，即所谓料。理也者，方圆长短红黄白黑动静屈伸人禽犬马大炮飞机在上在下在前在后等等事物关系所以然之故。料也者，一切方物圆物红色白色乃至上下前后诸物之所依据之材料，可以名之曰气。气之极纯而不与理相合者，名之曰真元之气。

譬诸房屋，其所以成形成用者，必有其所依照之理，即房屋之理。然徒有此房屋之理，而无所依据之料若柱若梁若砖瓦等，则虽有真际之房屋之理，而无实际的房屋之物。然设徒有房屋之料梁柱砖瓦，而不依照房屋之理以成之，个个分散，或杂乱堆积，仍不成为实际的房屋也。此实际的事物所以必有二种所依，一理一气之证也。

然房屋所依之料如梁柱砖瓦等，仍为有形有用之物，乃气与理合而成者。分析之，则为土耳、木耳。再去其土木之性，乃至物质之性而亦去之，所余者乃纯离夫理之料，不可名言，不可思议，不可想象之气，而假名之曰真元之气耳，乃所谓真纯之料，为一切事物之所依也。

此真元之气既无形无象不可思议想象，故可名之曰无极。理也者，万物之所依照以成性者也。可名之曰太极。太极也者，一切理之极致为实际事物之标准者也。譬如真际之圆，用圆之极限，而为一切圆物之标准者也。——原书谓极有二义：一标准，二极限，以一名名，可曰极则。——凡料之得此圆理者即有圆性，为圆物。其得方理者即有方性，为方物。其得人理者有人性，名为人物。其得狗理者有狗性，为狗物。其得飞机之理者有飞机性，名飞机。乃至……故使有气无理，则无性无形，无用无名，黑漆一团，浑沌而无所成。有理无气，则无所挂搭，无靠无具，存于纯真际中，亦不能有所成也。气极其浑沌，理极其分明。万物既依照分明条理之理以成其性，又依据浑沌无名之气以成其"质"，而后万象著、万事成，实际的事物星罗棋布，相续生起而无穷焉。太极——理，与无极——气，皆本来即有者也。

依上所述，新理学者可谓理多元的、气一元的之二元论也。又单就气说，可曰中立的一元论。理虚无而极分明，太极冲漠无朕而万象森然已具。冲漠无朕以言其非实际的也。万象森然以言其具万理也。理非实故虚也，理而具万象以言其多也。故理为多元也。元也者，言其本有，非人所造，非物所生，常在而不增减也。气实有而极浑沌，为万事万物所据以为质，理从此显焉，故实有也。浑沌而无别，无像而难思，无自无他，非白非黄，真元一气，故为一元也。元也者，此亦本有，非人所造，非物所生，常在而无始终也。

由此二元的气与理互相配合，赋理于气，于是而无形者形，无性者性，形体既起、而自他以分，性情既见、而同异以成，于是而真元一气散为万事万物，而一者以多矣。秉气于理，于是而不实者实，无用者用，实体既具，功用既呈，于是而空虚之理著于实际，而虚者以实矣。无极而太极，而阴阳五行，百物生焉，万事起焉。此由理气二元而生万物而成世间也。

二、新理学之批判

（一）评理气之生万物

此理也，宋明理学家主之，而新理学承之。毕竟此说能成立否耶？曰甚难也！所以者何，依作者之论，即厘然判理气以为二元矣。所谓理者，万象森然而并包之，故凡方圆长短白黑红黄动静取舍人禽犬马在上在下之性皆自彼专之。理极其尊严矣，而又为万物之主宰。言万物不依照彼离彼缺彼即不能成形成性以为物为事也。然而理又虚而"无能"。虚故不得实际之物、而理不著。无能则虽有彼理不能使物必有此性也。是则万物之能得此理而具彼性者，赖彼万物之自为效法、自为依照、自行选择，非此理之自能实现其性于万事以创造世界。故虽有万理而不能自为。所以者何，理本无为，以无能故，以无实故。

既理不能自为，则有待于气之自效也。虽然，此亦极不通之事也。所以者何，凡物之能依照某理以成某事者，必有心智之性者也，必其具认识之能者也，必其有行动之用者也。而真元之气，混沌一团，方圆长短之未形，动静屈伸之未著，黑白红黄之未分，上下前后之未辨，奚有于心性，奚有于认识，奚有于行动也哉。

论者曰，房屋之成也，有房屋之理，有房屋之料，理与料合，房屋自成，彼理固无为，而材木等固无知也。既能成房屋，奚必待理之有为而气之有知哉！

嘻！是何言也。汝但知以房屋之材料依房屋之形式即能成房屋，而不知削构梁栋者有人，设计图案者有人，输运土石者有人，或用心，或用力，或用技能，而后此屋以成，而此屋有用。岂彼房屋之理能驱使结构梁栋土石等以成屋，岂彼梁栋土石等能依照房屋之理而成屋哉！今汝太极之理又非但如房屋图式之可想象者也。无极之气又非如土木瓦石之可营构者也。其所成者又非但一房屋而已矣。以彼至虚而备万象之理，及至混沌而无迹象之气，而造至繁至赜大之无外细之无内前之无始后之无终之宇宙万物，则非别有一如宗教家所奉之全知全能之造物主之上帝在，岂能依据此气依照此理以作宇宙间之唯一无上之大工程师哉。然而上帝之说，新理学家所当斥为迷信而不能许者也。吾亦谓为迷信而不可通者也。虽然，以此之理以此之气而欲化生万物，则有上帝司其创造犹可通，无上帝以司其创造而忽焉以成宇宙万物更为不可通矣。

或曰，子言过矣，失新理学者之本意矣。新理学者之言曰，一切实际的个体之物，必依照其所依照之理，必依据其所依据之气，以成其自身。如圆的物必依照圆的理以成圆，黑板上的圆圈必依据粉笔以成圆。其能依照依据者，乃谓实际的事物，岂谓理依据气而气依照理哉！

此之答辩益不成理。所以者何，若谓能依照能依据者乃实际的事物，则当先问：汝实际的事物之依据气依照理以成其为实际的事物也，为未成为实际的事物故乃依照理依据气以成实际的事物乎？为既成为实际的事物而后依照理依据气以成为实际的事物乎？若谓为未成时而依照依据之，则彼未成时尚无彼物，尚无彼性，尚无彼体，类为零类，例为空例，即是尚没有它。既没有它而说它已能依照依据若理若气以成实际的它，犹之乎说此工程师尚未生时已能修造鲁殿秦宫一般。此真不可思议也！又况说彼鲁殿秦宫于未有彼宫彼殿前便已自依照依据理气以成彼宫彼殿，或说彼工程师于未生以前便依照工程师之理之气以自造自生成为一工程师以突现于世一般，此又不可思议之至也。此说也，为神秘乎为荒悖乎？曰"其说悖"。

若谓实际的事物既生既成之后乃依理依气以成其性其体，则彼物既成矣，彼性既具矣，彼体既有矣，复何须依理依气以成以有乎？犹之乎儿已生矣、更求父母以生之，衣已穿矣、更买布请缝工以缝之，宫室已成矣、更求土木瓦石匠师以修之。同一不通，同一不须也。且依此说，则实物不后理气以起，离理气而本自独立，是又与作者之意矛盾者也。

由是可知：汝之理气不能生实际的事物，实际的事物不从汝之理气生。故如新理学者所说之理气全无用处，无关于宇宙之真实者也。

（二）评气之有无

复次，如新理学所说之无极之气、太极之理，果有之乎？于此尤当细加抉择。如所谓真元之气，即实物所依据之绝对的料者，乃本身无一切性。不可名状，不可言说，不可思议者也。著者谓科学中及唯物论中所谓"买特"，至少有物质性，是可名状、可言说、可思议者。如有性，即有两方面，所依照之理，所依据之气。有如所说之两方面，即非绝对底料。故真元之气，乃全不与理合全无有性者也。著者又说：在我们的系统中，气完全是一逻辑的观念，其所指既不是理，亦不是一种实际的事物，一种实际的事物是我们所谓气依照理而成者也。即说气也者，未与理合之单纯而独存之料也。凡气与理合，即成实际的物，而非真元之气也。

然著者又说：未有无理之气，亦未有无气之理。……就事实方面说，气至少必有存在之性。若无存在之性，它根本即不存在。气若不存在，则一切实际的物具无有矣。气若有存在之性，他即依照"存在"之理，他至少须依照存在之理。所以"未有无理之气"。

又说：气之依照存在之理是无始的，因为如其有始，则在此始以前气即不存在，气即是无，无变为有是不可能的。气之依照存在之理亦是无终的，因为如其有终，则有须变为无，此亦是不可能的。

吾人当知：凡事物之可分析为二者，必此二者有不同之性，又必各自独立存在而后可。如房屋之理与房屋之料，一是构成的形式方法，存于吾人的意想中。一是土木瓦石等，存于实际界。此二者，可以相合，合则房子成。亦可以相离而各自独立。以土木瓦石等之有之存在不因彼房屋之理而有而存在。故房屋虽拆散，此房屋之料之土木瓦石等固个个存在也。此二者合则成屋，散则理自成理，料自成料，故可说二者为二。倘此房子之理待房子之料而后有，则理即非独立的，即非本然的。既待房子之料而后有，则此房子之料有时离散时，即房子倒塌时，此房子之理亦即随之消逝，即非常存的矣。如此则理无独立性，无本然性，无常住性。其为物也，但依材料假合而有，非真有也。即彼独立本有常住之房子之理为绝对的无有也。今此气亦然，若不依照存在之理，即不能存在，即不能有，即是无。是则真元之气但依存在之理而后有，无存在之理即无真元之气，是则气不能独立，气亦无自性，先来非有，待理而后有。又此气亦不能依照存在之理而有，未依照前本无有故，何能依照。既依照后亦是无有，气与理合即非纯料，成实物故。又即此气当有其始，依照理时始能有故。亦有其终，与理离时仍非有故。如彼实物。若谓气既无始与理合，又永远与理合，故无终始。则尔实际的世界亦前无始而后无终，皆与理合，亦应为无始终的，即亦应是本然的。然许实际的物有始有终，此云何然。且气之无始无终是一义，气之无始即与理合，及气与理合永无终止又是一义，安得以气无始终与气理合之无始终并为一谈。故尔独立自存无始无终永久常有之真元之气绝对无有。

著者又云："气又至少必依照动之理，我们于上文说气之依照理者即成为实际的事物，依照某理即成为某种实际的事物，依照是一事，即亦是一动，故气于依照任何理之先必须依照动之理，然后方能动而有'依照'之事。否则气若不动，即不能有依照之事"。

若依此说，则气于依照存在之理之前，即当先依照动之理而动。既动而后依照存在之理而存在而有。是则气于未有之前已能动，且依照动之理而动之前已先能动，而且真动。奇怪！奇怪！气于未有之前已能动，未动之前先已动，如是乃至可以说气于未动已动之前先已动……然而未有者不能动，未动者即未动。是则气终不能动，以未有故，如龟毛。气终不能有，以无动故，如空华。或气非是气，以有故，以动故，如禽虫狗马。又汝自说气之依照理者即成为实际的事物，依照某理即成为某种实际的事物，是故但有实际的事物而无真元之气，汝气必与存在之理合故，必与动之理合故。

著者又曰：有依照动之理之气，即有依照静之理之气，因为动静是对待的，若无静，即无所谓动。犹如有依照"在上"之理为"在上"者，必有依照"在下"之理而为"在下"者……若不依照动之理固然是不动，但此不动亦不是静，此是无所谓动静。动与静是对待的，若无所谓动，亦无所谓静，若无所谓静，亦无所谓动。……就事实说，是"动静无端，阴阳无始"。

此一段话，甚是难解，一面似说有两种气，一种气依动之理而动，一种气依静之理而静，如在上在下，为夫为妻，划然二物，此则有似旧阴阳家之说。一面又似说即一种气有时依动之理而动，有时依静之理而静，此如著者下面所说阳者一物之生成，阴者一物之衰灭，物生必灭，生灭不停，故说动静无端，阴阳无始。一面又似说即此一气自于依照动之理而动时，亦即依照静之理而静。如下文举例，一物对此物为生存，对彼物即为摧毁，人坐舟上，舟行水中，人对舟为依静之理而静，即对岸为依动之理而动。故说仅依照动之理之气，或仅依照静之理之气，事实上是没有的。凡此种种，界划不清，真不知其所谓。然而依照动之理而动者，义谓依照即一动也。则依照静之理而静者，彼之依照仍一动也。则应静即是动，同一依照故，如动。或静即非依照。以不动故，如不依照。又气不能亦动亦静，静非动故，动非静故，如物不能亦黑亦白，又有又无。又气不应静，以常有故，常依照故，如常动之物。又汝若判气为动静两元，则不应说气时动时静，亦不应说亦动亦静，或即动即静。又汝若说气有时动有时静，即不应说即动即静，又汝若说即动即静，则应亦说气亦有亦无，亦存在亦不存在。种种矛盾，不可细说。

总观著者之意，气是无极，是无性、无体、无名、无相的。而同时又是依照存在之理而存在的，依照动之理而动的，依照静之理而静的。即有存在之性、动之性、静之性，而为存在的物、动的物、静的物矣。同时吾人更当了知，此依照存在之理而存在、依照动之理而动、依照静之理而静之气，必本为依照依照之理而有依照之性。能起依照之用之物也。何以故，依照是一事，此事必依照依照之理故。既依照依照之理，则有依照之性，即成依照之物矣。若然者，汝之真元之气必依照认识之理而认识，必依照思虑之理而思，必依照希望欲求之理而欲求。有认识之性，有思虑之性，有希望欲求之性，而为有认识、思虑、希望、欲求之物。何以故，能依照故。依照必依照认识思虑故。依照必有希望欲求故。无认识思虑，则不能了解其理，而乱依照。无希望欲求，则虽知其理，而不动不为，即不肯依照也。故汝之气，必能穷理，必能致知，必能尽性，必能事天。何以故，能依照故，能认识思虑故，能希望欲求故。是则汝之气，非气也、非物也，心也、神也、上帝也。故能依照理、了解理、运用理。以成实际之事事物物，万化以出，天地以成，人物生息，威力无穷。著者又曰：凡物皆能穷理尽性，但非自觉的。又曰：万物皆有心，但不能如人之太有心。著者表同情于唯物论者也，实则唯心论者也。非唯心论也，乃泛心论也。非泛心论也，乃唯神论也。著者自谓哲学家，非哲学家也，宗教家也。所以者何，气成一切物故，气依照理而成一切物故，气能认识希求故。依照一切理，全知也。成办一切物，全能也。非上帝天神孰足以当之！若谓宗教家之上帝非有，则汝真元之气绝对不能有。

（三）评理之有无

吾人已知纯料无极之气非有，次更审察纯真际之理为实有耶，为无有耶？

依著者之意，纯真际之理乃一切事物之所以然之故，及其当然之则，是本来自有，不待他成的。一切实际的事物皆依照其理以成其性。理是一切实际的物的标准与极限，理是无限量的，凡有无限量的事物，即先有无限量的理。实际的事物虽未发现，而其理则已先具。故虽无其事，可有其理。其实际的事物虽已灭亡，而其理依然存在。故乃平铺放着，永无增减的。理但可以心思之，而不可以想象之，或五官感觉。乃存于纯真际者，即超然于实际的，故非光辉辉地实有一物。理有几种，曰有三种：一物理，如桌子之所以为桌子之理；二事物，如桌子动之一事其所以动之理；三关系的理，如此物在彼物之上或在其下。在上在下乃二物之关系，有所以然在上或在下之理。类而推之，方圆也，白黑也，动静也，草木也，虫鱼也，山水也，屈伸也，进退也，思虑也，意欲也，情志也，前后左右也，一切一切皆有其所以然之理。

著者言理如是其广泛，如是其神秘，实际求之，逻辑推之，果有如是之理乎？余曰难也！

且如方圆物之所以为方圆者，必有其所以然之故，此可说者也。然此所以然之故，在事物乎，在理乎？譬之注水于方瓶之中则水成方，注水于圆瓶之中则水成圆，此水之所以成方成圆，其故可得也。以承受之器本来方、本来圆，而水又有遇物成形之性，故尔成方成圆也。于此可知：水非依照纯真际之方圆之理以成方成圆，乃依照其所遇实际之事物之形而又有遇物赋形之性，故成方成圆也。此水之所以方圆之故，即其所以方圆之理，皆依实际，而不依所谓纯真际也。

又如匠人执规以为圆器，执矩以为方器，执刀锯绳墨而方之圆之，而方桌一出，圆桌以成。此方圆之故可得而求也。一者由于匠人之心有智虑，二者由于规矩之器能画方圆之形，三者刀锯之用，手工之巧，用力之劳，而方圆之物成，而方圆之形著。此桌等方圆之所以方圆之故之理，咸依于实际的外缘之力，而不依纯真际的方圆之理也。

又如菜芥等之实、橘橙等之果，多成圆形。盐石等物之结晶体，多成方形。彼其所以成方成圆之故，菜橘等种，盐石等性，种子相生，本性自尔，不待外力，内自发生，内自变化，无其所以然而自然。依种依性，亦依实际而不依真际之方理圆理也。

如是以求方圆之故，所以方所以圆之理，可总答之曰，凡物之所以成方成圆者，或由外力之造作，如桌椅等。或由于种性之自尔，如果实结晶体等，或由于内性外缘之巧合，如水等。因非一因，理非一理，既无所谓纯真际之理，纵有亦不依照之也。

次论色等，黑人何以黑，白人何以白，种故尔。鹤何以白，乌何以黑，类故尔。雪何以白，煤何以黑，性故尔。此白黑之理之因之根于实际之物之本身者也。墙壁何以白，何以黑，涂故尔。此白黑之理之因出于外缘者也。若夫丝绵布帛之属，熏之漂之，黄黑者可使之白。染之煮之，则白黄者可使之黑。则以丝绵等既具可染可熏之性，又遇染之熏之，故尔或白或黑均可呈现。此白黑之理由于内外交互之故者也。理无一定，皆依实际。若夫离事物而但言白黑，而问白何以白，答曰白故白。黑何故黑，曰黑故黑。犹之夫问白人之子何以白，黑人之子何以黑，答之曰白人之子故白，黑人之子故黑。雪性何故白，雪性故白。煤性何故黑，煤性故黑。又犹之乎有问著者曰，依方之理何故方，依圆之理何故圆，亦唯答之曰此问不如理，依方之理故方，依圆之理故圆。其他一切，无不如是。必谓有白之理而后白，依红之理而后红，皆不如理之问。于此而曰白有白之理，黑有黑之理，皆非理之理，无理也。

形色如是，事物亦然。吾人若问事物所以然之故与其当然之则，则必实地求其因由与其结果。如有禾稼于此，吾人而问此禾稼所以然之故，则吾人可得其因由多种：如谷麦等种，一也。土壤，二也。人工，三也。肥料，四也。雨露，五也。空气，六也。日光，七也。故可答之曰，此禾稼之所以生长成熟者，乃以先有种子，由人工播植之于土地，施之以肥料，润之以雨露，动之以风，晒之以日，诸缘具足，故禾稼生长成熟也。此即一物所以然之故也。又如有问：假若吾人播种于地，雨旸以时，人工不失，则当得何结果？吾人即可答之曰：若然，则必得禾稼生长成熟。此即一事当然之则也。又如有宫室于此，吾人问其所以然之故，则可答之曰，有人欲得宫室之居以避风雨而立家室，以其资财，纠集人工，采买木石砖瓦，大匠设计，施之绳墨，小匠琢削，施之斤斧，众缘既合，而宫室成矣。吾人既得资财人工，众缘无缺，欲为宫室，诸事克谐，而求其当然之则，则必有宫室者随之出现矣。其他一切事、一切物，莫不可以此类推。此之谓事物之理。所谓理者，有其内容，有其因素，有其成果。无不依于实际的事物。宁有种子人工等不备，但依禾稼之理而禾稼成；工匠材料不备，但依宫室之理而宫室成哉！善哉作者之言曰：言空间者，就事物之并列说；言时间者，就事物之继续说。世无空头的空时，当知亦无空头的理，以为实际的事物之所依照也。

然而著者之言曰：凡方的物皆依照方的理以为方，圆的物皆依照圆的理以为圆，乃至人的物依照人的理以为人。狗等亦尔。世间有无量无边的物，皆依照其类之理以为其类之物。圆的物虽无量，而圆的理则一。乃至人虽无量，人理则一。世无绝对的方圆之物，故有甚方甚圆者，有不甚方不甚圆者，则以其所依照之程度之大小不一致故耳。然既同一类，则必皆依照于同一理。此之理，名曰极。极者，为众物之标准，又为其极限也。故圆理为圆物之标准，而又为其极限。以完全依圆之理，则为极圆之物也。然世无完全依圆的理以成完全的圆者。凡此所说，皆似以理为一种本有的模型，或样式、样子。如彼第五章中说："自道德的观点或自事业的观点看，每一种事均有一种本然的至当办法。"第七章中说："在知识方面，每一实际命题，如其是普遍命题均代表或拟代表一本然命题。"第八章中说："每一艺术，对于每一题材均有一本然样子。此诸本然办法，本然命题，或本然样子，可以说是均在无字天书之中。无字天书，有人能读之，有人不能读之。能读无字天书而见本然命题、本然样子，或其仿佛者，称之曰才人。"乃至谓文章本天成，妙手偶得之。一篇好诗好文，诗中文中稳当当用之文句皆是本然就有。君道臣道，父道子道，也都是本来平放著，不容人增减。圣人只是依照它做下去。如此说来，所谓理者，实在只不过是实际事物的标本、式样，并不是指一切事物所以生成的实际因素条件说，所以称为纯真际的，虽是一种式样，但彼不许为光辉辉地一物。他之避此光辉辉地一物，实在因其太近于光辉辉地一物。所以一切艺术家才人能心领而神会之。名为无字天书。实则无字天书者，正是有字天书，因无字则不名书，无形则不成样子也。然则所谓所以然之故、当然之则者，此故此则至为简单，不过依照其本有之样子而已。此其为说之难通有数点：一者，成物太易，但依照本然的理，便成其事物故。如依照房子的图样便成房子可不更用人力等。二者，物皆有心，物皆依照本然之理而成故，如前所说。三者，一切实际的事物应一时顿成，一切理皆本来具足，无欠无余故，不应次第渐成，而永无完成之日，或应一切不成。先时应成，理具故，如后，后应不成，理具故，如初。应一切皆成，理具故，如已成者。应一切不成，理具故，如未成者。四者，若谓理虽本具，待势乃成，势未至故，虽有其理而不成其事。所谓势者，著者以为即实际的条件也。若尔，势既具足，事物自成。弦竹既具，工巧既至，而弓成。机械既足，材料既备，人智既到，而飞机自成。岂待空头之弓之飞机之理哉！禾稼宫室之成亦尔。若谓人造飞机必照飞机之理，则当知造之者智也，非理也。若谓智必依理而后造，则草木之生，山之成，水之流，火之然等，皆有智也。以皆能依照理故。若尔，应草木土石山水等物，皆是才人，皆是圣人。何以故，以皆能依照本然之理故，以常常依照本然之理故。若尔，汝何故唯许才人能读无字天书，何故唯许圣人常在圣域。故彼所说，进退不成。

又著者谓理为事物之极，事物未有全依照其理者，故实际的事物未有全合其极者，故世无绝对的方物圆物等。然而又说每一事物皆具备若干的理。又云：要到某某的情势下，方能有某某的事物产生，以表现某某原有的理。吾人依著者的意思，可得如下的推论，即每一实际的事物，皆各依照其固有的理，而没有与之共同者。即说事事物物各有一极。所以者何，如同属生物。即生物为一极，而生物之中又有植物、有动物，即植物动物又各自为一极。所以者何。生物之极虽同，而动植之极各异故。如此植物动物中又各有若干种类，如爬虫类、哺乳类等，即又有一爬虫之理以为爬虫之性，而成实际的爬虫动物。另有哺乳之理以为哺乳之性，而成实际的哺乳动物。即此哺乳动物中有若干种类，如反刍类、非反刍类等，即又各有一反刍非反刍之理以为反刍非反刍之性，而成实际的反刍动物非反刍动物。非反刍动物中又有人、马、犬、虎等。人中又有黄种、白种、黑种、红种、棕种等。黄种中又有中国人、缅甸人、倭人等，即又应各有一中国人、缅甸人、倭人之理之性。中国人中又有张、王、李、赵等族姓，张姓人中又有张良、张飞、张九龄、张邦昌等，或文或武或忠或奸或智或愚等种种不同，即又各依文武忠奸智愚等等的理以成其性。吾人旷视万物，总有总类，别有别类，别类之中又有别类，以至单独的个体。既然总依总理，别依别理，则单独之物自亦依其个别单独之理。所以有总类者，以其大同，所以有别类者，以其小异。大同之极，既万有而皆同一有。小异之极，岂不一人一物一花一木皆有其单独固有之个性哉！既大同之中有一共依之极，即个体之中有一别依之极。故物物皆有一极。何以故，物物有其个性，无全同故。既物物各有一极，而此极为本来固有，如说飞机未成时已先有飞机之理，是则张三未生以前已先有一张三之理在等他生，李四亦尔，冯先生亦尔。冯先生未生以前，无始时来，已有一冯先生之理。又吾人再加观察详细分别，又可了知每一事物不但自有一极，且有无量极。何以故，每一物前后相续，性常变故。如人有少年壮年老年等不同，少年之性壮年之性老年之性即各异。而少年壮年老年中又年年有异。月月有异，日日有异，时时有异，分分有异，秒秒有异，刹那刹那亦复有异。既然刹那别异，即其所依之理刹那别异。是则张三李四者，非但张三李四一理之实现，实乃前后不同刹那别异的张三李四的无穷的理，依张三李四的生命以历史的方式而实现之也。故张三不依张三之一理而生，乃一串的张三之理以历史的而次第表现之于张三也。既然宇宙全体众理之和为一太极，应张三李四等亦为其前后众理之和而为一太极。故可以说物物有一太极，人人有一太极。宇宙事物众理之合为一大太极，一事一物众理之和为一小太极。吾谓宋儒物物太极之义应如此解。

在如此推论之下，吾人可得一结论，世间只有殊相之独存，别无共理之依照。所以者何，物物自有一极，则别无共依之极矣。即无大太极。刹那自为一极，则别无常依之极也。即无小太极。既世间无一物全同，亦无刹那之重现，重现实另一理事之现也。故舍别无总。但有别理，别无共理。若谓各种圆的物皆依圆的理，圆理为标准以为所依照，其不甚圆者以依照之程度差耳！方亦尔，人等亦尔，善等亦尔。必有共理，始有别相，此实不然。夫云圆之不甚圆者，或为椭圆，或为扁圆。所以云不甚方者，或为长方，或为棱方。不知圆固可为一极，椭圆岂非一极乎？正方固为一极，长方棱方独非一极乎？类而推之，圆而稍曲或呈一角者，彼圆而曲呈一角，即自为一极也。方而略斜或呈凹凸者，彼方而略斜面呈凹凸，自又为一极也。吾人画人面者，自必以微圆微方，文理凹凸，而后耳目鼻口之形现，乃为肖于人面之极。是知形形色色，圆方斜曲，各自成极，岂必极于方与圆哉！人之性宜能群，则以群性为人性可也，则群之理即人极也，合此者为善，故人性必善。然而有不善者，不能太合于人理故也。此著者之言也。然著者又承认善固是理，恶亦是理，太合于善理者为太好，太合于凶理者为太凶。如是，善人自合于善理，恶人自合于恶理。即善人自合于善人之理，恶人自合于恶人之理，顶善之人自合于顶善人之理，稍善人自合于稍善人之理，顶凶稍凶人亦尔，半善半不善人亦尔。各自为类，各自为性，即各自为极，各为太极，宁有共同之人理以为其所依照，又宁有一善理恶理以为其所依照哉！且善恶是非之标准，以其合理不合理而定也。今作者既谓恶有恶理，最恶顶凶之人最合于凶恶之理，则世间最不合理者乃其最合理者也。是则一切事物无不合理，各合其理。如此则共理推翻。不为一切事物所共依照也。共理既经推翻，别理亦不成立，物自独立，刹那不再，而谓未生一切人物之前无始来已本具有一切人一切物之性以待其实现依照，又只供其一物一次之依照，此其言为神秘乎，为戏论乎？与其说一切之物依一切个别之理而成，一刹那物依一刹那之理而成，何如说物物自生，刹那自成之为愈乎？吾人儿时，初弄笔墨，盛水于盆，滴一滴之墨汁于水面，稍加震动，速以白纸印之，则有种种形色，如山如水，如云如雾，虽善画之工不能如其迅速巧妙，又且千张万张无一雷同者。在冯先生必谓此亦依一固有之理以成形也。若然，则若水与墨，是真善读无字天书者，岂不大可笑哉！是故依此推论，实际事物各具自性，不依共理。刹那变坏，生生相续，前后不同，亦不依照个别之理。由是可知：但有殊相，无别共理。

（四）评真际与实际

著者在续论及余章中，极严事物实际与真际之分别。大意谓：常人见有某件某件的事物，若将此某件某件的事物类别而统摄之，则入于实际。如说牛，即不问其为此个牛彼个牛。马羊人草木等亦尔。既能知类，更进而知理。如说凡牛有角，马不反刍。不问其究竟有牛马否，但如果是牛，则有角。是马，则不反刍。此即由知实际而知真际。人之知识，虽必根本于经验，故必先知实际的事物后乃知实际。既知实际乃得知真际，然既知实际，则实际的事物可以不管。既知真际，则实际可以不问。即为超越经验而优入圣哉？又何以知有实际？则以为实际可以统摄实际的事物，而实际的事物不能统摄实际。如说这个牛，不能概全牛。而牛则可概此牛，故知牛大于这个那个牛。吾人何以知有真际？则以真际可以统摄实际，而实际不能统摄真际。如牛必有角之理必真，而有牛无牛不定。方有四偶必真，有无方物不定。故真际超于实际，实际高于事物。既高于彼而能超彼，故知必不限于彼，而独自存在也。真际本然，本来即然。实际自然，自然而然。事物者，依照真际以成形赋性者也。此一篇理论，在著者说得十分详尽，十分用力。唯以文辞冗杂，说义不畅，每令读者如堕五里雾中，以为神秘不可思议。今故略为贯串，揭示如下。吾人于此可以了知著者思想之入于迷途，根源即在于此。何以言之？自人之知识言，所谓实际者绝不能离实际的事物，所谓真际者亦绝不能离实际的事物而有。在著者之意，以达、类、私三种名可以代表真际实际事物。达为大全，为大一，即天、即物、即真际。则真际不过一大共名而已。类为别类，但统其类之所属而不能摄及余类，则实际者不过一小共名而已。二者皆为共名，故著者又说类即是理。若然，实际真际不可分，皆不过共名而已。而又以名即是理，真是难过。所谓实际的事物者，私名而已。实则离个别的事物更无所谓类。离类更无所谓总类。类也者，乃人对事物一一观其共相，于其共同处而觉其为一类，因而为之名。类之观念成，而后便于区别。名之施设起，而后呼召易。此皆人类知识用，而无与于事物之本身者也。所谓无与于事物之本身者，非谓物无共相，不可类分，乃谓此物之生灭有无，成形赋性，自有其内在之因，外缘之力，绝不因类之观念而后成。类也者，仅人就物与物相似之点，用理智抽象以出之，而立之以类名。类依事物之共相起，非事物形性由类起；由人所抽出，非离物而有客观独存之性者也。至于依类立名，名更假立。随时代、随地域，约定俗成，谓之为狗，或谓为 dog。谓之为人，或谓为 men，乃至一切。故类可是一，而名则有多。是假施设，何关于实际哉！小类别类如是，大类共类亦然。万物虽殊，必同为有。万物虽多，同一宇宙。故就此有性存在时空统名之曰万有，或宇宙万有焉。此则属说话之便，观察之便，非有其他奥义也。

盖凡言有者必有所有。凡言存在必有所存在。因有人有物有山有水有草木禾稼而后有有之概念。且此有之概念、实又由于无之相形而后来。无亦目有相形而来。先时室有人，后时彼人去，则虽同在一屋，而先后之情形大异。对此人在人去两不同之形势两相形，而室中有人室中无人之意义出焉。此屋有人彼屋无人亦尔。有人无人如是，有狗无狗等亦然。然后再就有人无人有狗无狗等中除去人狗等实际的事物，而单独的有无之概念成。此有无之概念之由来也。故有不能离事物，且不能离无之概念。设从来无有事物，则有之概念何由成。又使从来一切物常有尽有永无生灭过去之事实。则人常在有中，又何以知有有。有无如是，同异等亦然，凡是对事物而下判断分别之辞，皆必依待实体之存在与殊相之相违，而后有无可判，同异可分，是非善恶可决。宁有离事离物而有所谓大有也者！今既依事物而抽象得一有之概念，便谓一切事物之所以有，皆依于真际的有而有，物以有而有，有能有万物。则应万物以无而无，无能无万物。而有无又相待，同时而并存。即应宇宙间于一时中、于时时中，于一处、于处处，有相反不同之二种原理。一者有，二者无。有既有万物，无亦无万物，即应宇宙万物于一时处，又有又无、不有不无、即有即无，真成戏论。不但万物不能有，不能无，有亦不能有。无能无有故。无亦不能无，有能有无故。如是则有无亦俱不可立。结果唯有纯粹的无而已，不能有也。实则：非一切无有，但无"有之一原理"耳。此等思想，在印度之胜论已有之，即六句义中之大有是也。彼又别立同异和合等。其说明万象有无同异生灭之理，较之冯先生所说尤严密，佛家斥为外道，破之不复成立者也。何事坚执。若谓使真际实际如不能超事物而有，何以得为人所思虑，何以能统摄事物而事物不能统摄彼耶？此疑亦不难释。凡心之所思，不能实有其事而后可思，无亦能思。著者曾谓真际中不能有"无"之理也。然人仍可思维"无"。龟毛兔角空华皆尔，体虽非有，仍可思之。况乃错觉幻觉，杯弓蛇影，风声鹤唳，草木皆兵，皆非实有，何不能思？若谓此但想象而非是思，则当知感想与思并不全离。觉弓影为蛇，觉草木为兵，就其取像错误则属于感与想，判断彼为实蛇实兵，则正思之事也。因彼不但觉有蛇兵之貌，且断彼是蛇是兵故。一切梦相，则皆是想。于相起实执，则皆是思也。思岂不能思无有，又岂因思可得便为实有哉！吾人当知：思之所得，每非实有，即类与名是也。此在心理学或哲学上名为观念概念。执观念概念以为实际真际的有，是真唯心论之极者也。至于类名可以统摄事物者，当知类本自若干乃至无量的事物中抽象而出，本用之以统摄全体者。如士卒有若干，而统之以某某军、某某师。学生有若干，而统之以某某班、某某级。编排编队，此为人所有意造作之者。岂果先有一空头之理、空头之类，以待事物之来而施之以统摄哉！类既本为人造以摄全体者，何怪其能统摄。又如说一升米，一粒粟，当知除彼实际的米粟之个体外，绝无所谓一升一粒也。然而升斗之量固大于每粒之米粟，当知每粒之米粟是实有真有，而空头的一升一粒是假有也。类之说出者则为名。在著者以为名即是类。如云：培根说，上帝说宇宙间事物，人若能叫出它的名字，即可使用之，能叫出它的名字者即知其属于何类也。知其属于何类，即可用人己有对于此类之知识以统治之，利用之。即此愈知类是假。何以故？以名是假故。名何以假？人所施设故，约定俗成故，非本来有故。如小孩初生，未有名字，不便呼唤，因为之立名。其父母有好面子、有野心者，则立之佳名，如云良骥，云国宝。其父母有迷信、惧凶折者，则立之恶名，如云野狗，云猪娃。其实此子非狗马也，而狗马可以名之。既名之，则习成之。名之者，受名者，乃至一切人群，皆公认之。彼虽非狗马等耶，然而一呼良骥，而良骥应。一呼野狗，而野狗应，仍可使用而统治之。名之为假，彰彰矣。则类之为假，亦彰彰矣！则真际实际之皆假，亦彰彰矣！何以故？不过皆诸物之类名，达名故。或谓名类既假，何以吾人一知其类一知其名便知其物之性耶？曰，类之成也，先自事物中抽象出若干共同之性，又综合之以为某某之类，更标帜之以为某某之名，名也，类也，先自各别事物诸性组合而来，今既知其类与名，自己知其性矣。吾人依四蹄两角反刍体大力大者，立之牛类牛名，则一闻牛名而四蹄两角反刍体力俱大者诸性自至。虽然，此亦必先于牛之内容先有了解，对于牛名有习惯者，而后能之。否则深宫之孩提，素不知牛，则语之牛而茫然。外国之人不谙中国语言，则语之牛，而亦不解所谓。然则类也，名也，皆从经验来，仍从经验去。经验全无，而欲瞑目静观实际真际，超经验而入圣域，固知书生不可以用兵，顽空只足以见鬼而已。

吾人有一譬喻：一人生子，子大生孙，子孙渐能独立，则可以离开祖父自营生业，其后祖父老死，子孙犹存。于是便觉祖父无常，子孙常住。祖父幻有，子孙真实。便曰：吾之祖若父，皆我所生，我所长养，设无我者，彼尽非有也。冯先生之分别事物实际真际亦然。其言曰：吾人由实际的事物而知实际，由知实际而知真际，但既知真际，则可离开实际，既知实际，则可离开一切个别的实际的物。又曰：一切实际的事物，皆依照真际的理以成，真际者本然也，本然而然，实际者自然也，自然而然，独彼实际一件一件的事物则非本来既然，非自然而然，乃依据依照真际之理真元之气而后成者也。自知识之获得，则事物父也，实际子也，真际孙也。自妄想之拟议，则子孙本有，而自然事物乃其所生育长养者也。真是笑话！其实此喻不伦，盖人之生子，子之生孙，父子祖孙，皆实有者。依吾人之论，则事物为实有，实际真际皆非有，皆妄想而已。

著者曰："类必有实际的分子，因其如无实际的分子即无实际，亦即无'我'，一切经验均不可能。公孙龙说：'使天下无物指，谁径谓非指。天下无物，谁径谓指。天下有指，无物指，谁径谓非指，径谓无物指。'彼之言指，是纯真际的理。物或物指，是实际的物。若使仅有纯真际的理，则讲说指之人亦无。现讲指者其谁耶？故因有讲说指之人，即可知大共类必有实际的分子。"此一段话甚好。即是说：纯真际的理不能离实际的分子。然而他偏又说：真可无实，真未必不虚。真为本然，"冲漠无朕，万象森然已具。"机势到时，实际的事物乃依照之而产生。是则天地未辟，人物未生，而万理皆具。至今乃至无穷的未来，都代演不穷矣。又说：类有空类，空类者无物而有类者也。一切一切，皆自矛盾。奈何！

著者之论真际，一面以大共名大全总类等目之，其不合理已辩之矣！又一面著者则以为真际者乃事物所以然之故，如圆必有其所以为圆者，方必有其所以为方者。然著者对于方圆之理始终无所说，仅举一方有四隅为例。其实此方有四隅亦不成方之理。所以者何？人因见四隅之物而加之以方之名，故方本自四隅出。今问何以故方，曰以有四隅故方，反是问何故有四隅，还可答曰方故有四隅。考者老也，老者考也，走者行也，行者走也，实无多大理由。盖著者所谓真际之理原不过意想的事物之模型而已，别无理也。

又冯先生说真际实际的事物三个范畴，可谓括尽万有无余矣。然彼所谓真元之气者，自始至终不说归于何种。气极浑沌，理极分明，气当然非是真际的。然亦不是实际的。实际可以经验思议，彼气浑沌不可思议故。实际者，乃气与理合而成者，真元之气未与理合，乃单独存在故。既非实际，自更非实际的事物，故三者皆不可属。吾人甚为惊讶！冯先生立说其至精之范畴，乃不能赅括其至根本重要之法数。真元之气无有地位系属之，何也？

统观冯先生之理论，每每理事不分，名类混杂，因果倒置，思想矛盾，说不完的缺漏。统而言之，其所谓真际者非真，其所谓实际者不实而已矣！

（五）评两仪四象

吾人既将新理学的理、气、事物、实际、真际根本推翻，即新理学根本不能成立。次下更将其枝叶可批评处，再加批评。

一两仪。著者之意，两仪即阴阳。阴阳者，乃一事物之成因毁因。成因曰阳，乃其气之动者，毁因曰阴，乃其气之静者。一事物有其积极建设之分子，或在内，或在外，故能使之成。此诸分子可以相续，故可以维持某物于多时。但一事物既有积极建设之分子，亦即有其消极破坏之分子，故能使之毁。此亦是相续的，阳以助成事物，阴以阻碍事物。老子说："万物负阴而抱阳"，故"无一物无阴阳者"。一物之阳与一物之阴，各可以无量，有重重无尽，似华严宗所谓因陀维境界者。由此可以了解实际的事物之存在何以不是永久的。盖一事物之阳成分既多，必需会合无缺，然后此事物方能成为实际的有。佛家说：一切事物都是缘生，必诸缘和合方得成就是也。若此诸成分中有不备者，则此事物即不成就。已成就者，即归坏灭。佛家所谓缘缺不具也。就一事物之阴说，则不必其所有之成分完全具备始能与一事物之成就以阻碍，其每一成分即一阻碍，所以事物难成易毁。极坚牢之事物亦无永久存在者。佛家所谓无常是也。我们又可了解：何以实际的诸事物对于其所依照之理即其极说都是不完全的，盖一事物之阳皆受其阴之阻碍，其阴不但阻碍其阳以致其不能永远继续依照其所依照之理，且阻碍其阳以致其不能完全依照其所依照之理。

此一段话虽大体不错，但如作者之意谓有阳即有阴，相待而后立，同时而并存，则与诸事物生起之理不合。盖既同时并有，阳在使事物生存，阴复在使事物毁灭，即应此事物者生时不生，存时不存，有毁灭之者故。亦应毁时不毁，灭时不灭，有生存之者故。如此一事物阴阳并具，重重无尽，即无生存，亦无毁灭也。若谓生时无阴，灭时无阳，则又与阴阳并存之说不合，且亦与阴不但阻碍其阳以致不能永远继续依照其所依照之理且阻碍其阳以致不能完全依照其所依照之理之说不合，以此即是说事物生时仍有阴也。既生时有阴，使不能完全。亦应灭时有阳，使不断绝。若谓阳之生物也难而阴之毁物也易，则是阴阳之势力本不齐等，阴盛阳衰，则应万物有毁无成也。

二四象。著者依佛家成住坏空之意，立成盛衰毁之四象，以为一事物存在之阶段。以（—）符阳，以（--）符阴，以少阳（☳）、太阳（☰）、少阴（☶）、太阴（☷）表示成盛衰毁变化之理。（☳）有阴未克服，但阳正在增长，故事物以成。（☰）阴已完全克服，故事物以盛。（☶）阴对于阳之阻碍又显著有力，故事物以衰。（☷）阳已为阴所阻碍而消尽，故事物以毁。

此段所说，与阴阳并存之说不合。（☰）也者，有阳而无阴也。（☷）也者，有阴而无阳者也，即非并存，且不能并存。（☳、☶）也者，半阴半阳之候也。（☳）之时有阴未克服，万物何以得生。（☰）之时阴已尽克服，何以事物不能完全依照其理以致夫其极。（☰）之时即全盛矣，何以突有阴出乎其下而成（☶）以至衰。盖（☳）之时尚能拔除余阴使归消尽以成（☰）。（☰）既处极盛之势，阴已无有，乃不能防御保持而使一阴突起，以至于（☷）而阳气消尽。此亦最不合逻辑者也。若谓（☳、☰、☶、☷）者乃万有本然之现象，成已必盛，盛已必衰，衰已必毁，别无理由可说。则即阴阳亦不须立，彼自会成盛衰毁故。

详作者之误，乃以机械式的道理以观察阴阳，以观察物变。其实事理不如是机械也。盖物之生也。有其内因，有其外缘，有其障碍。譬如禾稼，种子其因也，雨水土壤人工等其缘也。天灾人害其障也。禾稼之生也，一待其内因（种子）发生之力，二待其外缘（雨等）资助之功，三必其障碍不现前，无之无害，不违其生也。宁有阴阳并存顺违俱起而有物生哉！至一物之不生亦有多因：一者因被损害，如种焦芽败，生机已失。二者诸缘不具，资助无功。三者违缘为障，令不得起。不全在障碍也。至物之生已而毁者亦有多因：一者效用已见，功成身退，果结而花自谢，秋至而叶自凋，无用则消，非由违缘也。二者生机已尽，别植余种，木老心空，渐至凋败，非由障碍也。三者恶缘为障，则雨打繁花，风折嫩条，人之忧伤成疾，纵欲亡身，及诸自杀，则违缘亦不纯在外也。总而言之，一物之生成也，有其内在生存之力，而此力之大小，随物类而不同。草木之生，久暂既殊，人兽之命，长短各异，果达到其顶点，则虽无阻碍必灭。虽具因力，无缘仍不能发展，故必待缘。因缘虽备，而障碍忽至，则虽未至于其所应成熟之境，而已有夭折凶终者，则成而不必其盛，而已消已虚，或盛而不必其衰，以至于灭。健夫暴终，伐木为栋，谁见其衰欤？故阴阳不足以概事物之成毁，四象尤不足以概事物之盛衰。且一物之具足四象者，全在生机内力发展之序，不关于外物之阻碍违损也。如有阻碍违损，在人必非寿终正寝，在物必非成熟坚老者也。故著者对阴阳之理既未尽，对四象之理尤未当也，对于四象既破，则后之十二辟卦，自复至乾自姤至坤之说之无当，准此类知。

吾人既知每一事物之生长老死重在内因生机势力之发展。吾人又当知：一事物之成形成性亦由其种性内因之自具。种瓜得瓜，种豆得豆，乃至一切。瓜之种芽茎枝叶花等，莫不有其固有之性、固有之形，随其生机之发展而次第表现，雨水等缘助其生长，亦助其成形成性，是皆本其固有之性自内发展，岂以虚无缥缈之空理以为其所依照哉！无生机而纯赖依待以成形者，唯机械之物，钟表飞机房屋等而然耳。彼既有所依据，又有其所依照，又有扶持之力使之成住，又有破坏之力使之坏空，故阴阳之气、四象之迹，皆可得而称焉。今以此机械之理概括万物，宁不谬哉。且既以机械说宇宙，乃不立造物主之上帝，亦与人造房屋之理违也。故新理学退则为机械的唯物论，进则当为武断的神造说也。

（六）评道及天道

昔者周濂溪作《太极图说》曰，无极而太极。所云无极太极者，可曰宇宙之本体，万化之源泉。无极者，言其储能无量，不倚一极。太极者，言其致用广大，靡所不周。由其无极，是以太极。故太极动而生阳，静而生阴，以至万化出焉也。虽太极图说多所难通，无极而太极义亦多诤。依如此解，——王船山有此解——文句未尝不通也。犹之老子曰：无为而无不为也。凡言甲而乙者，此甲乙若非一事之两性以而字联系之，如云良将勇而智，或云地球形圆而略扁。则必为一事之因果，以而字表示其相关，则老子之无为而无不为，及周子之无极而太极是也。今著者之论道也，曰无极者真元之气，太极者全体之理，无极而太极者，自无极至太极中间之程序，即我们的实际世界。统而言之，名之曰道。又曰：无极而太极，此"而"字即是道。此语真是难解。无极极浑沌，太极极分明，无极无一切性，太极具一切理，乃决不相同者。今以而字系之，既不可以表示其为一物之具两性，又不可表示其有因果关系，直等于说石头而飞机。此而字既已不通，乃即是道。天地间有如此不通之道而可以为大用流行造化不息之体也欤！故无极而太极之言，依意应改作无极太极合而生起万物，或无极依照太极而成万物，或太极依据无极而成万物，其语庶可通，然何以能依照依据，中有若干困难，则前已破之矣。

易曰：一阴一阳之谓道，继之者善也，成之者性也。易之所谓一阴一阳者，意谓宇宙万化，多缘共成，孤阴不生，独阳不长，故必天施地受，刚柔相摩，乾知大始，坤作成物，两相为用，而后天地变化万类繁殖，故曰一阴一阳之谓道。于六十四卦中泰之彖曰：泰、小往大来，吉、亨。则是天地交而万物通也。上下交而其志同也。内阳而外阴，内健而外顺，内君子而外小人。君子道长，小人道消也。泰之为卦（䷊），上坤而下乾。阳尊本居上位，今来居下。阴卑本居下位，今往居上位。所谓小往而大来也。此天气下降而地气上升之象，则是天地交而万物通也。于人事则民意上达而君恩下施，则是上下交而其志同也。志同也者，众志成城和衷共济之象也。于立身修德，则内阳而外阴。阳气以发扬为性，而其弊也，涣散而无节。内阳则涵蓄而有力。阴气以沉聚为性，而其弊也，停滞而无用。外阴，则受物而有功。健德刚强，过则横暴而不仁。内健，则自强不息，不以陵人也。顺德仁柔，过则颓靡。外顺，则宽容蓄众，而不自失也。君子好高名而傲物，小人重实利而贪权。内君子而外小人者，君子以礼下人，而不绝物，故入内而居下也。小人自揣无德，舍轻权利，而出居于外也。入内者，劳其心志。出外者，尽其筋力。各得其用，而互效其能。故曰君子道长小人道消。尽君子下人，而德足以化小人。小人尊贤，而耻其不为君子。长至于人人皆君子，消至于天下无小人。如此则在国而国治，在天下而天下平，于宇宙则为天地交泰之象。此乃阴阳融洽而成化，岂阳与阴争，逼阴居外，君子入朝，摒绝小人以为泰也。其否之彖曰：否之匪人，不利，君子贞，大往小来。则是天地不交而万物不通也。上下不交而天下无邦也。内阴而外阳，内柔而外刚，内小人而外君子。小人道长，君子道消也。否之为卦（䷋），上乾而下坤，本当其位也。然正以固处其位，天不施而地不受，两相隔绝，是以成乖否之象。故万物不通而天下无邦也。阴气内结，阳气外逸，志行柔弱，而对人刚暴，小人贪权利，而君子矜高名。于修己则德行不立，于处世则捍格不通，于家国天下则纷乱靡宁，于宇宙则天地闭而乾坤或几乎其息也。易曰：立天之道曰阴与阳，立地之道曰柔与刚，立人之道曰仁与义，言乎相交为用而和合成功也。如此乃有万物之化生，盛德之立，大业之成。今冯先生曰：阴者万物生长阻碍之分子也。阳者万物生长顺成之分子也。一为消极的破坏，一为积极的建设。故万物成盛由阳，而衰毁由阴。(==) 少阳者，阳气初生有力克服阴气而未尽也。(=) 太阳者，阳气独盛克阴已尽也。(==) 少阴者，阴初起而阻碍阳也。(==) 太阴者，阴独盛而消阳尽也。由是而万物以之成盛衰毁，故曰一阴一阳之谓道。又详而辩之，则有十二辟卦，复临泰大壮夬乾者，万物生长成盛之阶段。姤遁否观剥坤者，万物衰败毁灭之阶段。一切事皆经如是周期以成毁。依冯先生之易理，阴阳势不并立，刚柔常在斗争，如是则全部易经只有一否卦而已，何得有泰。六十四卦皆阴阳交争之卦，泰卦亦阴阳斗争之卦，亦否卦也。如是则焉得有天地变化生生不息之易耶？冯先生曰：一阴一阳之谓道。如冯先生之所谓阴阳，以易理正确之定理解之，只可曰一阴一阳之谓"不道"而已。道云乎哉！

如冯先生之所谓道，一、无极而太极，则缥缈而无根。所谓道："而"而已矣。真不知如何"而"法。二、一阴一阳之谓道，则矛盾而相违。所谓道："不道"而已矣。吾谓无极而太极之而，太玄学了。其一阴一阳之谓道，则波斯祆教有之，彼主张有善恶二神，常相斗争，一主生成，一主死亡故。又西洋之唯物辩证法有之，彼亦主张由矛盾而斗争，由斗争而变化故。然此一切均不可加上易学、加上理学之名，以其所谓易者非易，其所谓理者非理故也。

或谓：冯先生所论虽不与周易合，然还不防自成一部冯易。果能说明道体，亦何伤乎？答曰：如果冯先生之说说得通，或者比周易更通，则吾人正不防两者并存，或舍周易而取冯易。无如冯先生之说说不通也。何以不通，吾已于评两仪四象中评之。此姑不赘。不过对其反复日新一义，尚不能不略加批评。著者曰：物之成毁，阴阳为之也。成已必毁，毁已复成，如此反复而日新，故宇宙之大化流行，而天道不息也。若一事物既毁，其后即无继之者，则实际的世界可以说是"或几乎息矣"。若一事物既毁，无与之同类者继之，则实际的类亦要"几乎息矣"。事实上一事物既毁，不但另有事物继之，且有同类之事物继之。"无往不复"，"物极则反"，变化不已，反复日新，即是大化流行。又分此日新为四类：一、从类之观点以观其类中之实际的分子之生灭，则道体之日新是循环的。二、从理以观其实例之趣于完全或不完全，则道体之日新是进退的。三、从宇宙以观实际的分子之类之加减，则道体之日新是损益的。四、从个体以观其自一类以入于另一类之程序，则道体之日新是变通的。

如是分析，颇成美观。然而其不能成立者，以未能说明所以日新之故也。又其所说多与事实相反也。依作者以为事物成已复毁，毁已复成，生生灭灭，如此往复，而天道以日新者，必成已复毁，毁后复成也，故曰一事物既毁，即另有一事物且有同类之事物继之。然则此一事物不毁，即不更有另一事物继之矣。俗语亦云：长江后浪推前浪，世上新人逐旧人。意谓后浪之来，即前浪必去。新人既生，则旧人必死也。即通说宇宙间事物是互相矛盾：两不并立，以斗争之方式而生灭相续者也。自吾人观之，则恰与事实相反，且如生物之生灭，根芽苗生也，而种子坏。果实既成矣，而花叶坏。似为矛盾矣。然而根芽叶之生，即蓄能于种子。果实之生，即成长于花叶。相引生也，非克治也。后果既成，而前因随灭者，前因亦即储能于后果中，待后缘以续生，非断灭也。故生物之生也有因，其灭也有种。于其未灭，已备更生。生机不停，而后乃有继续日新之可能。岂如牛马践踏，违缘损害，苗坏稼伤，种子破烂，一毁无余，而复得有种类之反复以日新哉！又种之生芽要在正为种时，非种既毁芽乃生也。花之结实要在其正繁盛有力可受胎时，非残花摧毁而可结实矣。至于树木之属，则新实成而母木仍在，不妨与其子孙并生千年。人禽之属，则父母生子，抚育长养，待能成立，然后卸责，亦不妨父子同生岁月。至鸦有反哺之情，人有孝养之义，则不但同生，又且慈孝互养。此生物之所以嗣续不穷也。人类社会亦复如是，前一代之辛劳勤苦，已再为后一代谋。后一代继续前人之功，复以之传于后一代，智慧经验之授受，道德文章之教学，培之植之，辅之翼之，后一代人未能独立成长，则前一代人不可死也。由是而后国家以立，由是而后文明进步，由是而后种类繁殖，无处无时不见相生互助之义。岂果曰阴阳矛盾相攻相杀毁已而后生哉！故生物之生生不息，全视其生机之原未有停，非毁已复生也。无生之物，所以能相续不绝者，则风动水流，火然山峙，但有位置之转移，非有质力之成毁。机械宫室等之成唯待人造，其毁也或效能已过，或外遇摧残，生非自生，再生即永无望。设有人另造，则又是一事，与先屋无关也。循环关于物性，进退因于人智，损益随于外缘，变通者文物制度礼教政俗之因时地而制宜者也。孔子曰：殷因于夏礼，所损益可知也；周因于殷礼，所损益可知也。其或继周者，虽百世可知也。圣人因古之道，顺今之情，化而裁之，以成盛德大业者，别是一事，又与生物变化生灭不可一类谈之也。冯先生阴阳之说，生成已难，日新尤复无望。以绝对矛盾冲突之两种势力宰驭万物，而求天道之变化生养于不穷，难也！难也！

（七）评心性

宋之儒者，程朱之徒，谓宇宙有一太极，备众理而为万物之则，万物依之以成性，此理即性，所谓义理之性也。故曰性即理。此理至善而不妄，故为万事万物之则也。人亦秉此理以成性者也。人既秉人理以成人性，理无不善，即性无不善。然而人性乃有不善者何哉？于是宋儒别归之于物欲之蔽，气禀之拘，由是而别立气质之性，以异于义理之性。性无不善者，义理之性也。其有不善者，气质之性也。然而此气质之性何以会不善，冯先生曰，气质之性必依据于气质，由于气质或气禀之未能十分依照义理之性以成性，或止得似其八分七分，故有不甚善，实非不善也。又有时其所成之性不但不能合乎于本然之理，即普通实际的标准亦未能合，则亦可名之为坏，为不善也。又人既依人理而有人性矣，何以有物欲之私耶？冯先生于此又有一极善巧之解释，彼谓人虽为人而有人性，但同时复为物而有物性，为生物动物而有生物动物之性。依人性所发出之事，则有杀身成仁舍生取义等高等之行为。依生物动物之性所发出之事，则有贪生爱身之行为。此贪生爱身之行为，本为动物之常性，无所谓恶，且可云善者。在不与人性所发生之事冲突时，即饥食渴饮避危就安，亦为人正当之情欲、正当之行为也。不过在生我所欲义亦我所欲二者不可得兼时，不能从人性而作高等之行为，乃从兽性而作低级之行为，则不得不谓之恶也。其所以为恶者，非本性的恶，而对人性冲突时名之为恶耳。故云人性善者，当就人性以说，乃所以异于禽兽者之几希者耳。人既为人而皆有人性，皆可以为善，故人性皆善，且俱生即善。情欲之云不善者，亦但就其私，而与人性所发之事冲突时为然，本非不善也。此一种解释，最能补充宋儒之不足。吾昔年作《孟子新疏》亦如是说。不谓与冯先生相同。极喜！不过若依新理学之系统，此种说法，尚有可批评处。第一，性所依理不能成立故。如前已说。第二，从许此理成立，则应一切事物一切人类唯善而无不善者。所以者何？所依之理无不善故。即气质之性亦不必立。何以故，在真际界为理，依真际之理所成者为性。则性本实际的，凡云性皆即气质之性也，另无义理之性，以彼即理故。理为虚，性为实，虚理不能起实用。故必依据气而成性之性乃能有情志动作之用也。此性既据气依理以成，何以会不完全依或只依七分八分耶？曰，气为之拘耳。当知此气不能为拘，彼为全无性之物，亦无意志等，如何能不受理之主宰而任意不依乎？故不依即全不依，依即全依也。但说止依几分所以不十分善，而不能说明所以不全依之故，未为得也。若谓如飞机然，飞机之理虽全善，而造之者方法未善，气材不精，则机成坏机。此亦不然。飞机者，人造之物。机械也，非自然也。而一切生物乃至于人皆自然物也。自然之物其所以成形成性者，皆必适当其可，恰如其宜而生。宁有人智之巧拙，材料之美恶，得杂凑而成之哉！倘谓一切事物乃至人性皆亦有人智巧拙之得施，材料美恶皆可凑，则应别有一笨拙不善巧之上帝创造于其间也。

故依作者之系统，万事万物既皆依理以成性，即世间唯有善而无恶，且无不善者，且皆至善者。

至于一人之身虽具多性，彼多性既皆依理以成，即皆应是善，而且互相调和。其所发之事亦应皆善，而互相调和，而不应冲突。以皆善故，事亦各有所依之理故。但作者又谓有不善与恶，且谓有恶之理。其言曰：不合乎一标准者是不善，反乎一标准者是恶。就其不合乎标准说，不善只有消极的意义。就其反乎一标准说，恶亦有积极的意义。由此方面说，没有不善之理，而有恶之理。于是有好凶、好坏、好恶之事。所以世间善恶矛盾，是非杂陈。然则太极之中，亦本不纯一，本不清净，本有若干矛盾冲突之理，彼亦应不善且恶也。又世间一切恶事，一切罪过，一切残忍不仁刻薄寡恩之事，亦有依其事之理以成，其依照之程度愈高，则愈好愈善。如是则极恶大罪之人，乃最能完全于其恶理者，应即最善之人矣。如此则善固是善，恶亦是善，是固是是，非亦是是，好固是好，坏亦是好。俗语云：公有公的理，婆有婆的理，媳妇还有一片大道理。如此说来，诚可谓仁义之端，是非之途，纷然淆乱者也。所以纵许有一太极具备众理以为一切事物所依以成性成形，结果还是真际实际一塌糊涂，是非淆乱，全无道理。

宋明儒者既立理性以为万事之则，又立心以统之。其言曰：心统性情。又曰：性便是心所有之理，心便是理所会之地。又说性是理，心是包含该载，敷施发用的。又说人人有一太极，又说心之理是太极，又说物物皆有性情，更进则说有宇宙的心。其言曰：心之理是太极，心之动静是阴阳。唯心无对。心须兼广大流行的意看，又须兼生意看。仁者天地生物之心。只天地便广大，生物便流行。生生不穷。又说发明心字曰，一言以蔽之曰，生而已。心是个没思量的，只会生。其在陆王一派，则说宇宙即是吾心。吾心即是宇宙。天者，吾性中之象。地者，吾性中之形。又曰：人是天地的心。充天塞地只有这个灵明。人只为形体自间隔了，我的灵明便是天地鬼神的主宰。通观程朱陆王之意，在程朱则以为气质是呆的，理是虚的，绝不能依之据之以生物，故必有一团生意者充塞两间，以包载敷施而著其生物不息之用。此充塞两间之生意，即宇宙之心也。陆王一派则以为徒云生意，尚犹不足以定位成形司两间之造化。故必有灵明之心以司其用。乃能范围天地而不过，曲成万物而不遗。此一个灵明，实是天地之心，特寄著于人耳。人为形骸所囿，则将天地之心缩小以为自我之心，遂成其为小人。若人能打破形骸，则能通天人内外而一之，上下与天地同流，则人而复天也。故理学家穷理之极，必人于唯心论而后其学有著落。于以修身求仁，希圣希天，乃有入手处。今冯先生则又不然。取其理气之说，而遗其唯心之旨。其言曰：无论所谓心之性是生或是知觉灵明，我们不能承认有宇宙的心。心为实际的有，必依一种实际的结构，即所谓气质者以为所依据。但宇宙是万有的总名，它不能有实际的心所需要之实际的结构，故超乎事物之上有所谓宇宙的心是不可解的。从这一点说，我们同情于唯物论云云。我以为冯先生但要理学家的理与气，而不要他的心，这是绝对不可的。因为如没有心，便无敷施发用之具。无极而太极，是"而"不出来的。生生不息，是会不生而息的。此理我们已于首二三章批评了。自然我也不赞成宇宙的心的说法。不过既承认一切事物有共依照之理、同依据之气，则必有共同之心而后可，如不承认有共同的宇宙的心，也同时必取消此共依共据之理气而后可。理也，气也，心也，三者不可离者也。犹之图式、器材、工师一样。要则俱要，不要则俱不要。不可一要一不要。西洋宗教家唯心论者，诚有说不通处。但比较唯物论通得多了。今冯先生学理学、治理学，讲新理学，但取旧理学的理气，而去其心，而同情于唯物论，真可说是取其糟粕，去其精华，买椟还珠，用夷变夏者也。至于共心之不合理者何在，除去此共理共气共心之外尚有可以建立之宇宙学说否，在我是谓为有的。此理甚深，此话甚长，非此所能说矣。

（八）评道德人道

冯先生之论道德之理曰：社会为人所共成，人为社会之分子，人必依照其社会所依照之理所规定之基本规律以行动，其社会乃能成立及存在。一社会之人之行动合乎此规律者是道德的，反乎此者是不道德的，与此规律不发生关系者是非道德的。一社会之人其行动可以维持其社会之存在者为道德的，阻碍之则为不道德的，亦不维持亦不阻碍是非道德的。

一切道德行动之所同然者，是一社会之分子依照其所属之社会所依照之理所规定之基本规律以行动，以维持其社会之存在，此是道德的行动。

但社会可有多称，其所依照之理即多种不同，即其所规定之基本规律亦即不同。但各社会必有其所依照之理，而属于某社会之人必皆各依照其社会原理所规定之规律以行动，故行动各有不同，随时地而变，然就其能各依照其所属之社会规律以行，则俱是道德的。故社会可以有变，社会必有所依照之理不变。人之道德行为可以有变，但人必依照其社会制度以行动乃为道德之行动之理不变。

又其论不道德的行为曰，庄子："跖之徒问于跖曰：'盗亦有道乎？'跖曰：'何适而无道耶？夫妄意室中之藏圣也，入先勇也，出后义也，知可否知也，分均仁也，五者不备而能成大盗者未之有也。'由是观之，善人不得圣人之道不立，跖不得圣人之道不行。"照此说法，人可以作道德的事以达到不道德的目的，而且有些不道德的目的非作道德的事不能达到。照此说法，道德的事可以是不道德的，可以有不道德的道德。此说虽似奇突，但于道德之实际的用处则所见甚明。一社会如能组成，其中之分子必依照社会之理所规定之基本规律以行动。跖之团体亦是一社会，此社会如能成立，则其中之分子必有入先出后分均等道德的事。但于此社会既成之后，此社会可以作道德的事或不道德的事。正如科学发明可用以作利人的事，亦可作战争及盗贼的工具。但道德之本身即是道德的，何以能有不道德的用途，何以能有不道德的道德耶？则以社会有其理所规定之基本规律，为构成社会之分子所必依照以行动者。凡依照此规律以行动者是道德的。反之则其行动是不道德的。但一社会之上可有另一较高的社会，此一社会即为其较高的社会之构成分子。若此社会之行动不依照其较高的社会所依照之理所规定之基本规律时，则此社会是不道德的。但构成此社会之分子之行为，则系依照此社会所依照之理所规定之基本规律，所以是道德的。如在一国之内，杀人为最大的不道德，但两国交战，杀敌又是最大的道德。但若从一较国更高之社会之观点看，则负战争责任之国家，其战争行为又是不道德的。

由此可知：一种行为无论其为个人的或团体的，若不站在其所属之社会之观点看，则无所谓道德的或不道德的。

我们对冯先生如此的道德论，十分地感觉烦闷与不安。何以故？如此即是道德的破产论也。第一，道德之目的只在为求所属之社会之维持与存在，然则坏的社会如所云之盗跖团体者，苟能维持其存在，亦道德之行为也。第二，个人及团体之行为之道德与不道德之判断，完全视其是否有所属之社会。然则苟无所属之高于其本身之社会以临之，则人可以放辟邪侈，国可以侵略横暴，而皆非不道德也。第三，道德的标准只以服从其所属之社会之基本规律，则服从即道德，守法即道德也。依第一义，则是助纣为恶亦是道德。依第二义，则是有势力压服而后有道德。依第三义，则奴隶牛马虽无心受约束，但力屈投降皆道德也。凡此三义者皆不道德之尤，而冯先生持之甚坚，宁非破坏道德耶？

吾谓道德者，由方刚慈愍之德发而为正义大仁之行，所以净除垢污而利济有情者也。此之道德乃自心内发，而非由外铄。自觉而非盲从。心志之向上扩充，自强不息之效，而非卑鄙苟且以徇人者也。此言何义？云方刚者，即内心正直而不可屈挠之德。云正直者，遵守义理。云不可屈挠者，内不累于私欲，外不乱于势利。故内能自节其不正非礼之行，外能伸张其廉耻刚毅之气，直道往来，有为有守，此之谓正义之行也。云慈悯者，怍恒不忍之情，见人苦难，如同身受，思与拔济，视他如自，舍己为人。故发为大仁之行，而无私无求也。如此故能净除垢污而利济有情。云垢污者，在己则为私欲烦恼，在人亦尔，于世则为恶俗污风也。既敦仁义之行，自能净除内心之垢污，而使人性人格日进于清明，此正心诚意修身之功也。故曰：圣人以此洗心退藏于密。外能格化群众，移风易俗，使人皆有士君子之行，而治化淳美。此齐家治国平天下之功也。故曰：己立立人，己达达人，一夫不获若己纳而置之沟中也。如此岂不有情皆得利济也耶？如此仁义之行，自是由自心内发。仁则出于怍恒恻隐之情而不能自已。义则出于羞恶知耻之勇而莫能自欺。内情既允，故尔勃然而发、油然而生。彼杨杏一弱女子耳，而为父格虎。田横之客，皆匹夫耳，而为主杀身。以及自古仁人志士、节妇义夫，或慷慨以杀身，或从容以就义，苟非至情至性诚动于中，焉能刚健不屈广大慈悲直致其义而无怖畏哉！故道德之行为自心内发，非严之以法令，申之以教条，动之以利害，奖之以名闻，而可由外铄也。既为内发的，故亦为自觉的。所谓自觉云者，非徒道听途说知其当为之谓，乃诚积五中，心喻其故，曲折详尽，有不可向人言说之意，但可具此同情得以心领而神会之，此为真知，故云自觉。所谓如人饮水，冷暖自知者也。由斯自觉，乃能实致其德行。而岂粗知法令、受人鼓吹、一味盲从者，可得有道德之行哉。夫然，故道德为内心向上扩充，自强不息之效。云向上者，浮除垢污，人格之净化而日向高明也。扩充者，化除畛域，摄他如自，心量之日趋于广大者也。而根本于自强不息。自强故力图奋进，不息故久而不倦。如此乃能以高明而广大也。既尔，故道德之行为、在时时增进仁勇，精神弥漫，施及有情。义在拔济有情以同趋正道，而岂肯为势力之奴隶、受环境之束缚、苟且以徇人者哉！如此乃为真道德。若夫守国家之法律，依社会之制度，从风土之所安，随时流之所尚，此亦为立身处世应有之道。君子不立异以为高，不矫情以干誉，自亦与人同也。然而其真正是否道德，则尤当视其内心状态之如何。譬如服兵役以御外侮，此国民应有之义务也。然一者之来，乃由政府抽调，地方逼迫而至，非心欲也。一者乃自愿服役，然以家无依赖，借此以免饥寒耳。则虽属自愿，非为国家，为自身耳。一则家既豪富，身有乐享，而丈夫有志，志在四方，宁死沙场，留名千载，生则荣贵，功图麟阁，则志在功名也。一则悲国之沦亡，世之糜烂，乃奋不顾身，慷慨从戎，不为功名，不求富贵，纯以救国救世为主义，更无私欲存焉。此四人者，为国家服兵役之行为同也，而所以服兵役者则异。谁者为道德之行，而谁不得为道德之行欤？不待智者而知之也。孔子曰：视其所以，观其所由，察其所安，人焉廋哉。此言观人者，既当视其所行所为是正是邪，合不合法。又当观其为此行此之缘由动机，为利乎，为义乎，为私乎，为公乎，被动乎，自愿乎。更当察其所安，为出于一时之高兴，稍久即疲，而所安在余事欤。抑死心塌地，念兹在兹，专念精诚，安之不迁者欤。而其人格之高下、心志之浅深、道德之真伪可见矣！又曰：知之者不如好之者，好之者不如乐之者。则一事一行之方法虽同，动机虽同，而功夫之纯否，德性之浅深，又有三等之异也。既尔，则安可徒问形迹而不问心志也欤？由其心志之殊，故其行为之效能亦异。被迫而役者，得隙则逃也。志求衣食者，作战无力也。志求功名者，嫉人私己者也。悲悯国族者，舍身为国，成仁取义者也。善用兵者，必作其气。作其气也者，激励其国家民族之忠爱之情，使之自发自动，知耻以有勇也。果能有其道德之行者，其于国家社会也，爱之卫之，然而不盲从其法律制度也。法律未善，必思正之。制度未良，则思变之。团体而作恶，国家而为非，则破坏其团体，解散其国家，而重新建设之可也。此则所谓革命之道德也。真有革命之道德者，皆有特立独行之操，悲天悯人之怀，行人所不敢行，为人之所难为，将以自我而转移国家天下，而岂一味遵照其所依之社会之规律以为道德者哉！孔子曰：微子去之，箕子为之奴，比干谏而死，殷有三仁焉。纣之不善，不但武王伐之而已，三仁亦不服从之也。纣为共主且不可苟从，安有从盗跖之群，入强盗之团体，而得诩诩然自矜其入先出后分均之勇义，而妄许以能维持其团体社会者以为道德之行为哉！至于帝国主义之侵略人以杀人越货为业，此军阀野心家枭雄之奴役压迫其民众、麻醉狂蓍其民众，以事杀人越货之职业者也。此时枭雄之暴虐，既不得以无更高之社会制裁之，故便非不道德。其人民之从之者，不为帮凶，即为奴隶，更不得以其敢于杀敌而为道德也。有大英雄者起，真能诛独夫而解民倒悬，如华盛顿之叛英独立，如列宁之革命停战，乃真道德。而盲从者不为道德也。若夫被侵略之国家民族执干戈以御强暴，自以勇往直前一德一心为道德。故虽两国交战，曲直自分。岂可以狭义之国家主义而黑白不分一概论之者哉！且夫一社会之规律，非真足以为道德之标准也。一社会之组织，亦非有决然整个之真理也。观于近世国度，民主之国，专制过于寻常，如德是也。君主之国，民权高于一切，如英是也。社会主义之国，亦行私产，如俄是也。资本主义之国，经济全归统制，如德是也。吾以为群治进化，三五错综。文化多元，尤非一贯。有得于此而失于彼者，有长于一而短于二者。工业发达，莫早于英伦，工业最落后之国，莫如帝俄。然而帝俄之共产革命早成，而英国之皇族犹在，此亦出于马克思意想之外者也。德国之人，科学理智最为发达，而独拥戴一疯狂神秘之神经质的希忒拉以为领袖，是又岂人所意料者哉！至于科学破除神教，而天主堂福音堂林立欧洲，则信仰与理智不防并行也。民权痛恶专制，而法西斯突起于近代，则自由与独裁不防齐驱也。其他种种，难可枚举。故谓世界有一崭新突起之新社会新国度能与往常所有者异而不留余迹，而其道德行为亦崭然有异，吾以为古既无之，后亦无之，唯社会革命家之书籍中有之耳。无平不陂，无往不复，世界常在变中，然而安知所变之为向前向后，循环损益之穷竟如何哉！若夫人之道德根于心而发乎情，大仁至义者，古如是为道德，今如是为道德，后亦如是为道德。贪鄙嗜利残酷寡恩者，古不道德，今不道德，后亦不道德。无论社会如何变，国度如何改，德与不德终常如是也。若夫入境问禁，入国问俗，有所不行知和而和，因应随宜，变而通之。孔子不云乎，礼云礼云，王帛云乎哉。乐云乐云，钟鼓云乎哉。又曰：人而不仁如礼何，人而不仁如乐何。礼乐尚有时不能尽道德之精意，何况社会制度哉。以是为标准。且谓离彼无道德，则小人闲居为不善，无所不至，见君子而后厌然，亦非不德。圣贤诚意正心，慎独之功，亦非道德之行，大学只应言齐治均平，不当言格致诚正修矣。然而无源之水，无根之木，焉能望其流长叶茂哉。孟子曰：吾故曰，告子未尝知义，以其外之也。若冯先生者，义外之大家。不知义，亦不知德也。彼又言曰："程明道说，'医书言手麻痹为不仁，此言最善名状，仁者与天地万物为一体，认得为己，何所不至'。如此说仁，仁已不只是我们所谓一德，而是一种精神状态。"夫言仁德而不至于天地万物为一体，乌得为识仁。言德而不有一种精神状态以为其内容，又乌在其为德。德者得也，吾心之所固有、实有，而岂义外者、依法行事者，所能知哉。孔子曰，知德者鲜。诚然。吾人于此得一结论：

一、道德者根于内心崇高伟大之精神所发生之行为，而非由于依照外物、模仿旧章、或服从法度之行为也。

二、道德者不以对社会人群而后发生，私居宴处，洗心退藏，正心诚意，以能净化心志，提高人性，皆即道德之行为，且为道德之根本行为也。

三、不道德之行为，不因无人或无高于彼之社会有以管理之制裁之，便非不道德之行为。即其发心动念，苟有害人之心，自堕落其品格之意，即是不道德的行为也。

四、社会是随时随地随人们的愿望思想需要渐次演变而成的，且常常地永远地在变动之中，自无定性，亦更无所依照之本然的固是的理以为其制度之标准。社会法度亦不为人们道德的标准。社会亦无确定的法度可作道德的标准，反是，人群之道德观念愈高者，可以推进改善社会之组织法度，且可以稳定进化其社会，使达于清明平治之境。总之，社会是人造的，人不是社会造的。所以社会标准在人，不是人的行为标准在社会也。

再者，冯先生对于论五常处七段论义中，经权王霸，最有精彩。但仍不脱义外的气味。以本然的办法说义，而不以羞恶知耻正直方刚说义。故义但为心智之所知，而非情志之所发。若无所谓浩然之气至大至刚配道与义以直养而无害则塞乎天地之间者，焉能发动行为以成盛德大亲哉！陆象山之讥朱子曰：易简功夫终久大，支离事业竟无成。王阳明曰：影响尚疑朱仲晦，支离羞作郑康成。在晦庵以义当事物之理看，而不知为心中一种精神力量，故躬理尽性皆不免向外求，故陆王讥其支离影响。陆子则曰：先立夫大，六经皆我注脚。阳明曰：心即理也，知行合一，致其良知。人不知良知之义，解作知识之知，不知乃即仁义礼智之精神作用也。苟能致得良知，仁义礼智我固有之，何所欠余。故能反求诸己，独往独来，而不寻章摘句，步武古人，能自信自任轩昂大丈夫也。此义也，治王学者亦少知之，今略示其大意耳。若谓良知无所不知，阳明亦无此说法。彼既不说良知无所不知，且亦不说无所不知为贵。所重在求放心，不重在广知识也。

（九）评势与历史

著者曰：势与理相对，故说"势所必至"，又说"理有固然"。徒有其理不必有其事。必待势而其事始能有。

就一种事物之实际的有所需要之势说，其势中之每一种事物之实际地有，又各需要一种势，此一种势中之每一种事物之实际地有，又各需要一种势，如是重重无尽。一种事物之实际地有所需要之重重无尽之势，可总名之曰大势，常言"大势所趋"。大势即是实际的世界于某一时所有之状况，即某一时之整个的实际。一种事物之实际地有需要一种势，而一种势之实际地有需要一种大势。大势是某一时之整个的实际，势是实际中某一时之某种状况。故势亦称时，合言之曰时势。

势于因势所成之事物之关系是必要的，而非充足的。故有某事必有某势，无某势必无某事。但有某势不必有某事。故事由势成，不由势生。

势若去时，或大势已去，则因势所成之事物即不能存，名为势穷。于此穷时，因势所成之事物如欲继续存在，则必需迎合新势更成新物，即所谓变。变而复存，即所谓通。若其不变成或变不成者，即不复能存在。演化论所谓"适者生存"，不适即不能生存。适即合于其势，故凡存在者既为合理的，又为合势的。（以上势与因势而成之事物）

社会有多种，每种社会皆有其理，理是本有的。但徒有此理而无能实现依此理以成之社会之势，则亦无此种社会之实际地出现。

某种社会制度必须在某种势中方可实际地有，如其势尽，此制度亦归消灭。专凭一部分人之愿望以求其实现或消灭，是无济的。（理、势、愿望）老子说：为者败之，执者失之。势未至而为，势已去而执，均是归于失败的。

又思想是势之反映，必于某种势下方能有某种思想。故某种旧社会制度其社会中人觉其仍须保存者，即其势尚未去。如其社会中人觉其必须改变而须代之以新制度者，即新制度所因而有之势已渐来。若其势毫无，人即不能有其思想。脚走到何处，眼才见到何处，眼所见纵比脚远，而不能太远。人的知识如此。

人以为先有某种思想然后有某种社会，就某社会之完成说，此话亦是。但不可说某社会之人能凭空有某种思想。必其社会已到或将到穷时，又有新势渐渐来临之时，先觉者觉其当穷当变，然后有新思想发生，以唤起群众。如所谓雄鸡一鸣天下旦者。雄鸡诚能唤醒人，其鸣亦在天晓之前，但非鸡鸣能使天晓，它不过先觉天晓而已。故非鸡鸣故天晓，乃天将晓而鸡鸣。

有人以为某时某地之思想皆所以拥护其社会制度者，虽亦有此功用，但学者如亦持此态度有意地奉迎社会，哗众取宠，曲学阿世，则其思想即不能有任何力量。

又有人以为某时某地之思想皆统治阶级所创造以麻醉其所统治者，亦不全是。统治者自乐于提倡能维护其制度之思想，但若谓其能制造思想，则亦过度重视统治阶级之人力。当知除在过度变化中，人易对其所居之社会之制度起怀疑。若在常态中，则人之思想无不与其所居之社会相适应，而以其制度为合理，为天经地义，不容改变者。（以上社会制度与思想）

社会制度能使其社会之人欲望满足，快乐愈多者，愈好。合于其时，顺于其势，愈能生存者，愈好。否则坏。故社会本身无好坏，好坏在对人对势。

人在一社会中，居之已安，则不感其苦，但如觉有某更多快乐之社会制度在前，则立觉其所居者之苦，而思有以改变之。此即旧势去新势来之朕。——但有许多感觉只是幻觉。（以上社会制度之好坏）

人如能顺新势之来而主张革新者，即是顺自然。

老庄主张顺自然，彼系对人为者说。吾人说自然，亦包人为在内。蚁洞穴，鸟营巢，人造文明，皆亦宇宙之一部分，皆亦道之一部分，皆亦自然。

老庄放弃人为，纯依自然，此事不可行，其理说不通。如其小国寡民之思想，是开倒车的，逆势的。

淮南郭象亦说顺自然，说无为，已与庄老不同。《淮南》云："吾所谓无为者，私志不得入公道，嗜欲不得枉正术。循理而举事，因资而立，权自然之势，而曲故不得容者。事成而身弗伐，功立而名弗有。非谓其感而不应、攻而不动者。若夫以火熯井，以淮灌山，此用己而背自然，故谓之有为。若夫水之用舟，沙之用鸠，泥之用辅，山之用蔂，夏渎而冬陂，因高为田，因下为池，此非吾所谓为之。"（《修务训》）

郭象云："夫高下相受，不可逆之流也。小大相群，不得已之势也。旷然无情，群知之府也。承百流之会、居师人之极者，奚为哉！任时世之知，委必然之事，付之天下而已"。（《大宗师注》）此所谓无为有两种，一是首领之无为，一是委必然之事。照郭意，事有其必然的趋势，此等趋势，人助之无益，阻之无效，只须听其自然，即是无为。此虽非开倒车的、逆势的，而是机械论的。

一种势只能使一种事物可有，而不能使其必有。有一种社会的势，即可有一种社会。但一团体之能否变为此种社会，则仍须此团体中人之努力。

吾人仍可说无为，但不是说无人为之，不是说无人努力为之，但说人为此事不是矫揉造作，而是顺乎自然。又郭象说："夫先王典礼，所以适时用也。时过而不弃，即为民妖，所以兴矫效之端也。"一社会之势已去仍欲维持之，即是矫效，即是有为。若一社会因新势而变成另一社会，此变即顺自然，即无为。

以上说无为，是新势说。顺势之行为是无为，逆势之行为是有为。

程明道说："天地无心而成化，圣人有心而无为"。又说："君子之学，莫若廓然而大公，物来而顺应"。所谓"寂然不动感而遂通"，此无为是就心说。

朱子说："廓然大公，只是除却私意，事物之来顺他道理应之"。又说："至于圣人，则顺理而已矣，复何为哉"。此无为，就理说。又说："义理明则利害自明，古今天下只是此理，所以今人做事多暗与古人合者，只为理一故也"。（以上无为）

历史是构成势之一主要部分。历史中有某种事，即为构成现在之某种势之一主要部分。历史中事虽已灭，而非无有，且不可改变，又非无力。

事物之历史亦为此事物之整个之一部分。如一事物有其历史意义者，其价值愈大，如古迹，如古董，即以历史增其价值者也。

历史是尝然，《墨经下》说："可无也，有之而不可去，说在尝然。"《经说》云："可无也，已然则尝然，不可无也。"既有则永会有，现虽无，而尝有非无也。

已然则不可改变。——故孔子曰：成事不说，遂事不谏，既往不咎。文信国云：千古兴亡何限错，彼错已错，如何改得。（评者注）

僧肇说："成山假就于始篑，修途托至于初步，果以功业不朽故也。功业不可朽，故虽在昔而不化。不化故不迁。不迁则故湛然明矣"。故历史之事非无有力。

历史之力在人事方面尤重大。有谓有生命的物之历史对于其自己有大关系，无生命物之历史则否。此说当否，不问。不过人之历史对人之关系之重大，是无人能否认的。

历史是继续的，一社会制度之演变无有突变的，突变只是表面，必旧者逐渐去，新者逐渐来。久之久之，乃表现于突变。一国家民族是逐渐长时始变成一新社会，而不是如人穿衣，将一套新衣一下套上。演化是如此，革命也是如此。

历史上每一革命后所建设之新社会，常较革命家所想象所宣传者旧得多。当然有些只是社会制度，而不是某一种社会制度，此当然是不可改者。但有些亦是旧制度中特有者，因其与新制度无碍，而继续存在。故一新的社会之出现，不是取消旧的社会，而是继承一旧的社会。思想文学艺术等均如此。

看一社会之如何变化，须将社会作一整个看，此社会中有许多事是此整个社会所应负责者。《庄子·天运》曰："人自为种而天下耳"。郭象注云："不能大齐万物，而人人自别，斯人自为种耳。承百代之流，而会乎当今之变，其弊至于斯者，非禹也，故曰天下耳。言圣知之迹，非乱天下，而天下必有斯乱"。"承百代之流"，是就一社会所有之历史说。"会当今之变"，是就其所遇之时势说。于其历史与时势交叉之处，此社会所经之变，非一二人所应负其责任。所以说："非禹也，天下耳"。言整个的社会应负此责。例如中国之在今日，正所谓"承百代之流而会乎当今之变"者。有许多事无论是好是坏，皆不能只为那几个人，或那几种人之功罪。我们亦只可说："其弊至于斯者，非禹也，天下耳"。（以上历史）

吾人对著者论势与历史，多分同意，而且十分佩服。故特多征举如上。

总其大意，谓徒有某种理，不能有某实际的事物，必有实际能成某事物的势而后有某事物发生。又谓势于事物是必要的条件，而非充足的条件。事物如此，社会制度等亦如此。其成也，必其势已来。其毁也，必其势已去。来则不可逆，去则不可止。故社会制度之保存或废弃，或变革，及因此而起之思想等，皆非一二人私意所能为。为者败之，执者失之。必须顺势而趋，因时而行，则穷变通久，皆合自然而无为也。但大势之来，或旧势已去，先觉之士虽不能逆势而有所为，然亦必顺势而努力其为。如此，乃能收变通之功。否则徒有其势，亦不能必成某种制度。其民族国家社会，或因而致于消灭者，有也。所谓顺自然而无为者，乃顺时势之当然而努力为之而所矫揉造作之谓也。又谓历史亦为构成时势之一主要力量。世变之来，非一朝一夕之故，其所从来者渐。而一社会之成，每旧者渐减，新者渐增，久之始有显明的革变。而新旧参差，有并存而不相碍者。故一新的社会之出现，非是取消旧的社会，而是继承旧的社会也。最后谓一社会之变化，整个社会之人皆负其责，承百代之流，而会当今之变，其弊至于斯者，非禹也，天下耳。凡此种种，明通精当，至为额手。按佛法之论缘生也，曰万法皆从缘生。缘有四缘：曰因缘，等无间缘，所缘缘，增上缘。心心所之生，必备四缘。色法之生，则必二缘。谓因缘，增上缘。譬如禾稼之生，必种子、土壤、日光、空气、雨水、肥料、人工等备而后生。种子则因缘也。土壤等则增上缘也。有因而无缘，则可谓有生之因，而无生之势也。有缘而无因，则可谓有生之势，而无生之因也。人之造作事业，亦内有志愿与努力，而外有增上缘助之势，则亦由内因外缘和合而生也。孤因不生，故人类不能于事作主宰。独缘不起，则亦不可放弃努力而坐待现成也。至佛之论世界成毁、人世盛衰，则归之于共业所感。所谓共业所感云者。谓一家之兴衰，全家人有其力焉。一国之强弱，一国人皆有力焉。天下之治乱，则天下人皆与有力也。业既共造，果亦共受。故有情增上，息息相关，或损或益，合成共果也。又佛法之视世间，视为因果之纲。云因果纲者，此事为彼事因缘，彼事复为此事因缘。此为彼因，彼即此果。此为彼果，彼复此因。在同时，则束庐相撑。梁柱互持，以不倒。前后则焰炷生烧，辗转而不穷。一波动而万波随，故一指能动全海。一业起而百业兴，则一念能变整个生命也。横遍十方，竖穷三世，宇宙人生者何，一因果之流耳。此流无尽，往复相生，而变化兆焉，生命存焉，世界立焉。妙义重重，说之不尽。今冯先生之说，颇有合于因缘生无主宰之义，颇有合于共业招感之义，明智最可贵也。佛法以最哲学之哲学眼光观世间，故所论不及社会制度之变通。然而其义可引申之，泛应而皆当也。虽然，吾于冯先生之说尚有不能尽同意者，一社会之所由形成，全社会人之努力其因也，种种必至之势其缘也。因缘具备，而其制度以立，形体以成。奚必更有真际界中所依照之理哉！若谓社会之体制亦如宫室之有图案然，必先有图式而后依之造修，即所依之理也，当知图式亦人所造耳。社会之体制，何莫非人智次第演化发明以构成之者乎，向必有所依之理也。故此赘疣，——理，可与割去。且前已破斥之矣。至于因缘生注，势至人为乃有社会等之理，吾不反对，且极主张之。然非冯先生之所谓理也。此其一。其二，冯先生似乎过重视势。过重视势而不努力造因，此机械论，而老庄之思想也。冯先生虽知其失，然语意之间，仍不免有重视势之势。吾则谓一物之生，则种子其主因也。一社会之成。则其一社会之人建设之力，创造之能，观变之智，驭变之才，其主要之原因也。若种坏，则生机失，而缘力无功。一社会民族国家之人皆愚鲁顽钝死气沉沉全无生气，则势至而不知迎，势去而不知变，焉能胜革故鼎新变通以成盛业之任哉！有日趋消灭而已矣。故势者，人之所乘，如水耳。人之努力，则舟也。又势则舟也，人之努力则乘舟之人也。无水无舟，固不能得航行之便。无舟无人，则谁复航行之哉。故绝不可重时势于人为也。又复当知：人之于势也，有抉择之力，有判断之功，有长养之能，亦有消防之用也。盖所谓势者，不必尽善也。有恶势力焉，于人生为蟊贼，于人心为蛊惑，于风俗为败坏，于国家民族社会之发展为障碍。涓涓不塞，终成江河。绵绵不断，将寻斧柯。积重不返，大势既成，则有洪水猛兽大地陆沉之祸。故君子贵思患而预防之，使其势不成也。既成则当抗而与之力争，精诚所至，金石为开，昌正学，拒邪说，抗夷狄，诛强暴，胜则成功，败则成仁，成则为汤武汉高明太，败亦为孔子孟子文天祥史可法。岂以彼势之强，大势所趋，而委云顺自然之势而无为哉。今之抗战，亦此义也，此义不明，则刚大之气不立，道义之行不著，委心任运，奄奄无生气，而欲以自强自立，觉世牗民，团结民众以成建国家、新社会、跻大同之业，难也，难也！苟其真有刚大不屈之气而皎然仁义之行，精诚愿力以将之乎？则一家仁，一国兴仁。楚虽三户，亡秦必楚。业自我作，势自我成。勿谓今之宇宙文明，非少数先觉之所启牖。反之，亦勿谓今之世界大祸，非少数之奸雄怪杰之所造成也。故势有必须，而有善造时势之功；势有难御，而有之死靡他之志。人定胜天，业自心造。将大有为于世者，勿徒作顺应时势之计可也。能不徒作顺应时势之计者，乃能真正运用时势。盖恶势力既排除，善势力斯充实。善势力充实，而所愿必达、所为必成矣。传曰：树德务滋，除恶务尽。除恶务尽者，排除恶势。树德务滋者，广植善缘。则国家治，天下平，而社会入于清明安乐之境矣。天下焉有完全可顺之势，不犯大难，冒矢石，而安乐以见成功者哉！故君子贵砥柱中流，独行而不惑，独立而不惧。

再者，如依佛法缘生之理，每一法既从因缘生已，即能复为因缘生起余法。如禾稼从种等生起，复能为缘而生种子。种既生已，复作因缘生后禾稼，乃至一切。即依此理，故势既生起所生之事物，当知彼事物即复成一势。某社会既从成彼势生已，即复成一势，而能统驭影响其他一切。某种思想既从某种势生起，即复成势，而或指导，或蛊惑人心世事。当知社会之势，思想之势，乃最大之势，非徒从势起而已。设但从势起不能作势，则彼便为一无用无能之事物。既无用无能，即等于无物也。事从势生，事复成势，如此往复，便有一切世变。历史之成，即由于此。正如长江大河之水，点点相汲相引，相推相排，遂成洪流。此部分之水，从彼部分而流。此部分之水，亦能流余部分之水。学说思想风俗习尚之成潮成流者亦尔。故从静的方面观，则一切一切皆事物也。从动的方面观，则一切一切皆势力也。从事物言，佛法名之曰万法。从势而言，佛法谓之曰因缘。法从缘生，法复作缘。缘者因也，法者果也，合言之曰因果，宇宙人生社会者，一因果之流耳。在因缘中，缘有顺逆，因有正邪，或云染净。正因净因，复遇顺缘，则得善果。如遇逆缘，则果不成，或得果甚微。邪因染因，如遇顺缘，则得果极坏。如遇逆缘，则彼果亦不成，或为坏不多。此中缘之顺于正因净因者，逆于邪因染因。顺于染因邪因者，则逆于正因净因。因如同者，得果之差，差于缘。缘如同着，得果之差，差于因。大约凡俗之徒，随缘飘转，染因染果，相续不穷。以其无自觉之力，无制驭因缘之功，故随缘飘转，可谓彼为最任运随缘者也。若夫睿智之士，大觉之人，则能以智慧抉择因缘，而加以选择，而施之统制，则能使净因现行履于正道长养善缘，更能逆流而返，趋向转依，则其力伟矣。

冯先生但说事从势成，未能显说事能成势。但说社会制度人类思想各从势成，而不说社会制度人类思想亦能成势。则彼势成空势，失其一大部之内容矣。又其论社会之好坏曰："凡一种社会制度合于时势者则是好的。不合时势即是坏的。"又谓讲演化论者说"适者生存"。黑格尔说凡存在者都是合理的。若照我们所说理之意义，可说"凡存在者都是合理的，而且又都是合势的"。此语也若依我们说，则谓凡存在者都是合于其势的，而不定是合理的。即凡合于势者不一定是好的，亦可以是极坏的。我们的理是以善为准。世间不但势有善恶，同时由势所成的事物亦有善恶。不但能成社会的势有善恶，社会本身亦有善恶。此如何等，即如今之帝国主义，武力侵略，经济侵略，种种恶势力，及由彼而起之国家制度强盗团体皆是也。方今天下，恶势力与恶势力所成之社会团体遍于世界，一切不正当之学说思想深入人心。如此种种，皆须廓而清之，更造新势，更成新制，更作新人，庶几有救。而可曰：凡合势者皆是好的，凡存在者皆是合理的吗？故势有善恶，不可皆顺也。社会有善恶，学说有邪正，不以其存在而合势即为是的也。质之冯先生以为如何。

（十）评义理

著者在其书第七章中讲义理。此一章大文，十分不好看。但是经我细心看后，找出他的头绪来，得了下面许多意思：

一、所谓义理者，即理所含蕴之义。一理有多义，名为义理。

二、义理赖学说表出之，能表现义理者，名为义理之学，即哲学。

三、凡一种学说，必成为一种系统。但此系统，不是随便组织而成者。故必有其所依照之本然系统。此本然系统，即是义理本来就有的系统。此学说著者名为实际的说的义理，其系统即名实际的理论系统。此学说所依照之理，著者名为本然的说的义理，其系统即名本然的理论系统。又一学说必包含许多许多的命题，此命题名实际命题。每一实际命题，必依照一本然命题。一实际系统中既包含许多的实际命题，故一本然系统中亦包含许多本然命题。此诸命题所以"诠"理者，名之为普遍命题。表之如次：

（例如阴阳之理）	（例如画前之易）	（例如伏羲所画之易）
	本然的说的义理	……实际的说的义理
义理	本然的理论系统	……实际的理论系统
	本然命题	……实际命题（普遍命题）

四、于普遍命题之外有特殊命题，所以"诠"事物者。但有实际命题，

而无本然命题。表之如次：

事物（本作事实）　……实际命题　　……（特殊命题）

五、历史但有写的历史，无有本然写的历史，亦无本然的历史。

六、学说的是非以何为标准乎？须看实际的说的义理有无本然的说的义理与之相应。即是实际的理论系统有无本然的理论系统与之相应。又即实际的理论系统中所包含的实际命题是否合于本然命题。如果实际合于本然，或所合者多，即是是的。如徒有实际而无本然与之相合，或所合者太少，即是非的。

七、本然的说的义理、本然系统、本然命题莫有不是的，都是真理。因此是非是有定的，绝对的。因为本然义理、系统、命题是绝对是的，所以实际的说的义理、实际系统、实际命题，合乎他者便是是的，绝对的。违乎他者即是非的，绝对非的。如古人说地是方的，今人说地是圆的，似乎是非无定。实则地是方的是绝对非，不与地之真相合故。地是圆的绝对是，与地的真相合故。特殊命题中实际命题与事实合者即绝对的是。不合便绝对的非。所以《墨经》说："辩，或谓之牛，或谓之非牛，是争彼也。是不俱当，必或不当"；"辩也者，或谓之是，或谓之非，当者胜也"。

八、学说有若干种，于中有哲学，哲学有若干家，有若干种（派）。所以它的系统也有多种。如：

学说系统	科学系统
	哲学系统→某种哲学系统→某家哲学系统

著者说：就真际形上方面说，"哲学系统""及各种哲学系统，皆是本然的，皆本来即有，各自具备，毫无欠缺"。其中有些系统向来尚无人讲之者，即只是纯真际的。

著者作这一章，虽然说了许多的道理，其重心所在约有三点：

第一，哲学系统或每派每家的哲学系统，都是本来就有的，不是随意编造的。所以他说：一个哲学家所讲之哲学系统不是随便讲的。他不能凭他的空想胡说八道。他所讲之哲学系统，如果不为非的系统，在形上方面必有一本然系统与之相合，或多少与之相合。宋儒程朱亦如此看，以其所讲之道并非其个人之创造，而乃是客观的本有的。哲学家不过将其所见加以述说。述说有无，与道之有无无关。所谓"画前有易"，所谓六十四卦全是天理自然安排出来，圣人只见得分明，依本画出，不曾用一毫智力之助，不烦助，亦不容智力得助其间也。

第二，哲学系统有多家多派的，所以哲学的本然之许多可能的系统也是多种多派的。著者接着上文说，宋儒这见解就其主要之点说是不错的。不过宋儒的错误在于以为只有一个哲学系统是本有的，所以在实际方面亦只有一种哲学是正宗，是是的。其不同乎此者，即是异端，即是错的、非的。宋儒持此见解，所以不仅以为所谓二氏之学是非的，是异端，即程朱与陆王亦互相指为异端。其实是在形而上方面本有各种的本然哲学系统，在不同的时地中有不同的实际的哲学系统，即在同一时地中亦可有不同的实际的哲学系统。此诸系统虽不同，但它皆可多少是各种的本然哲学系统之实际的代表。凡是实际的哲学系统，能自圆其说，能持之有故、言之成理者，都是正宗的，都无所谓异端。此是站在各家哲学系统之上说的。但若站在一家的哲学系统之内，则只见此家，而不见其余，则亦只自谓是正宗，谓他为异端，宋儒即是如此，所以错误。

第三，本然的义理，及本然的说的义理，是不相同的，不可混的。所以他说，朱子说："今之学者自是不知为学之要，只要穷得这道理，便是天理，虽圣人不作，这大理自在天地间，天高地下，万物散殊，流而不息，合同而化，天地间只这个道理流行周遍，不应说圣人不言这道理便不在，这道理自是长在天地间，只借圣人来说一遍。且如易，只是一个阴阳之理而已，伏羲始画只画此理，文王孔子皆是发明此理。"在此段话中，朱子或记录此话者未将本然义理及本然的说的义理，即与本然义理相应之许多可能的理论分别清楚。本然义理当然是"长在天地间"。与之相应之许多可能的理论亦是"长在天地间"。所谓"不应说圣人不言这道理便不在"者，应指此许多可能的理论说。照上所述"画前有易"之说，伏羲所画是画前之易，不是"阴阳之理"。画前之易是与阴阳之理相应者，而不即是阴阳之理。照他们的说法，应该说有"阴阳之理"，有"画前之易"，有伏羲所画之易。"画前之易"是与阴阳之理相应之本然系统。伏羲所画之易是"画前之易"之实际的代表。以上略述著者本章的大意与其主张。以下评判。

于批评此章之先，应先申明者，如著者所谓之理，前初二章已经驳斥。此章所说之义理，即其所谓之理之义，即应随之而同被驳斥，所以本章可以不再批评。

不过世间到底有理无理有义理无义理呢？在我们则仍以为是有的，所以我们仍可以我们所有之义理与著者一较是非。

第一，到底有本然的义理没有？我们说是有的。此本然的义理，即是诸法的真理；此之真理，我们亦以为是本来即有永不变易的，在佛法又名之为真如法性实相法界空性等。佛说若佛出世，若不出世，法性常住，法界安立。又说诸法空相，不生不灭，不垢不净，不增不减。所以称之为无为法。诸佛但能证他，不能生他。

第二，本然的义理外有无本然的系统呢？对此问题，我可以说本然的义理外并没有本然的说的义理，既云说的义理，就是说的，即不是本然的。不过本然的义理中亦自具系统。如缘生之理，自无明缘行，行缘识，乃至生缘老死之十二支，先后次第，亦是有本然的系统的。如四谛苦为集果，集为苦因，灭为道果，道为灭因，知苦、断集、证灭、修道，亦自有其因果必然的次第关系。于道谛中，念住正断神足根力觉支道支等亦有其必然的先后次第因果引发，亦可说有其本然的系统。又如修大乘行者应缘如何境，修如何行，证如何果。修小乘者应缘如何境，修如何行，证如何果。此诸教理行果亦是各成系统的。所以说理有本然的系统。此本然的系统，便为学说的系统所依，但只可是理的本然系统，而不可说是本然的说的系统，或本然的说的义理。一学说系统之所依，只依理的本然系统，而并不依本然的说的系统。本然的说的义理系统一词颇难解释，岂于本然的义理中或本然的义理外有一本然的理论先已在解释此本然之理吗？如果在理内，即是本然的理的本然系统，而不是本然的说的系统。若在外，则是人未组织施设学说之前已先有了学说在说了。本然的说的义理即不有，所以画前之易与阴阳之理实是一事。云易者，所以说明阴阳之理，此理本具，待易而显，故说其为画前之易耳。朱子的话并不错，错在冯先生。又本然命题一词亦费解释，如谓我们说人是有理智的之一实际命题，必要人真是有理智的之一本然命题，而后可以说人是有理智的之实际命题，此例不尔，因为理智是人固有的性，人有此性不是什么本然命题而是一回事，亦犹之孔子是鲁国人也是一回事，此事用语言表出之，则曰人是有理智的，孔子是鲁国人，其所说者皆是说人与理智的关系，孔子与鲁国的关系，并不是以一个命题来表示另一个命题。如果先已有了人有理智之命题，又何必再用人有理智来表他，真是床上安床。如谓本然命题是未说出的，故须实际命题说出之，当知此还是一句话，不过一说出、一未说出而已。况且既许孔子是鲁人之特殊命题，既不须有本然命题以为所依照，何必普遍命题便须有本然命题为所依照耶？故特殊命题之是真是假，征之有无其事而已足。普遍命题之是真是假，征之有无其理已足。不必本然之理之外更有一本然的说的理、或本然命题以为所依照，亦即不要有本然的理论系统。

第三，理的系统到底是多是一？答此问题，当分别答，如果在多个问题下、或多类事实下、或不同的问题不同的事实下而问其理，则当答此理或理的系统是多的，是不同的，以问题不同故，事实不同故。如科学中，物理是物理的系统，化学是化学的系统，社会哲学是社会哲学的系统，人生哲学是人生哲学的系统，宇宙论认识论等亦尔。但如在同一问题同一事实下，则所谓真理、所谓真理的系统者，是只有一个，不能有二个三个的。如果有二个三个，则决定只有一个是真的，其余都是假的。正如地球之形有云圆者、有云方者，其中只有一是，不能俱是。因为如此，所以在同一问题下，在形上界绝对只有一个真理，在学说上亦绝对只有一个真的理论系统。既然只有一个真的，便只有一个是正宗，余皆异端。此如西洋哲学，说宇宙本体者，有主张一元的，有主张二元的，有主张多元的，又有唯心论、唯物论等。讲宇宙起源者，有主张神造的，有主张进化的。讲认识论者，有主张经验的，有主张理性的。如是等，两两互净，亘古不休，各成系统，皆持之有故，言之成理。于是著者便觉得宇宙间形上界一定有若干不同的本然的理论系统，所以他们才会各能持之有故、言之成理，纵然他们不能全合，也必多少合到几分。依我看来，一问题下真理不能有两个，所以其理的本然系统亦绝对不能有两个三个。而他们会说得出许多许多的系统者，不是多半错，便是全体错。其持之有故、言之成理者，杜撰的，意造的，胡说八道的，或者见其少分执为全分的。佛法有摸象之喻，云有众盲，不曾见象，有摸象耳，便执象如箕。有摸象尾，便执象如帚。有摸得象背，便执象如石山。如是等无明生盲，不见法性，执我执法，执有神等。一切遍计所执，亦复如是。是故诸哲学家各种哲学系统互相矛盾诤论者，皆不达真理者也。或谓若无本然各别所依照之本然系统，则诸哲学家既无依照，何能持之有故、言之成理、成其系统耶？答：作小说者不必有其人，不必有其事，或于其人其事故作颠倒，但有艺术天才，亦可以使人喜、使人乐、使人怒发冲冠、使人泣下数行。岂必实有其事。如是善说话者，强词夺理，亦复动人视听。主义宏吹，令人发狂，之死不悔。奚必实有其理，始可以成哲学也。倘所说而皆必有依，皆必合于所依，则一切命题应无非者。既知辩无俱是，有当不当，即知一切学说邪说谬说，皆不必有所依之本然理论系统，且亦本无本然的理论系统也。据此以观，程朱之主张有正宗有异端者，虽其所正未必正，所异未必异，而既在一问题上说有正宗有异端，是不错的。冯先生虽说站在哲学外看哲学，从宇宙看哲学，但是他既未能看尽宇宙本然的真理，并未看尽本然的哲学系统，而但以各系各派皆持之有故、言之成理，震吓其论辩多言，而一切许以正宗焉，过矣！平心而论之，人伦道德，孔孟允为正宗。法性缘生，佛法真得究竟。工业技巧，科学各致其精详。其余宗教哲学，多分在暗中摸索，非全无见，以为正宗则不然耳！

（十一）评艺术

我对于论艺术章不欲多评，但评其一义，即艺术之本然样子到底有没有。我对这点，认为是亦有的，亦非有的。何以故，艺术家必始于观物。不但观之，而且体会之。自然者，艺术之仿本也。为绘画者，必有征于山川云雨天地星辰之形理，所谓天然图画是也。为音乐者，必有会于人情喜怒哀乐愁怨忧思欣欢鼓舞之神情，此亦天然之乐也。为文章诗骚者，必有会于天地之变，社会之情，家国存亡废兴之理，人事悲欢离合之态，此亦天然之诗也。既观其表，复深入其里，然后隐微曲折，皆得其要。又会其根本，去其枝叶，取其神理，遗其糟粕，画之而肖，歌之而哀，文之诗之而感动人物，斯可以为艺术家也。虽然，此但能摹仿自然、体贴人情世变而已，非艺术之上乘也。艺之上乘者，以外境为资料，以内心为主宰，有深厚之学力，有宏伟之怀抱，有丰富之情感，有恬静之修养，所积者深，故所发者宏。记云，情深而文明，气盛而化神，和顺集中，而英华发外，故乐不可以为伪。则创造，非摹仿也，大约创造之力愈大者，其艺术愈高。全无创造力者，则画工刻匠书手歌妓优伶而已。故流水高山，唯伯牙钟子期能弹之能解之也。离骚天问，唯屈灵均作之耳。陶渊明节高百代，情忘利欲，故其为诗也，淡而永，和而深，平静而有浩然刚大之气，雅得优美之致者也。杜子美怀稷契之宏愿，当国家之乱离，忠爱不展，仁智无施，故其为诗沉郁顿挫，悲壮淋漓，哀感百端，敦厚不怒，雅得壮美之气者也。拔山盖世，唯楚霸王歌之。大风云飞，唯汉高祖歌之。孟德豪健，子建风流，亦各从其人而已矣。故艺术之高者，前无古人，不袭既在。后无来者，亦无人能学之也。真正之艺术，安有所谓本然的样子哉！或谓艺术之高者，必由人力而入于自然。云自然者，非有心，非故意之所为，乃适如其本然者而舒发之耳。此语不然，昔有老翁嗜酒，醉后渡河，其妻阻之，悍然不听，披发猖狂，直奔河滨，妻往追之，已溺河矣，其妻号泣曰，公无渡河，公竟渡河，渡河而死，将奈公何！即成为诗，传之千载。此诗词极自然，情极哀切，虽千载之下人同此情者，皆可歌此诗。一人言之，不啻为千载之人共言之也。夫此老妻素不学问，岂曾如村学先生之皓首穷经三更作赋者哉！而咏此诗焉，不待雕琢修改，脱口而出，非所谓无心为诗、而自然成之者哉。宜其非创造，而依本然样子说出而已。吁，何为其然！此老妇者，阻夫不可，救夫不得，百年伉俪，甘苦共尝，悲痛中来，情之至也，故诗亦至焉。此其所以为自然者也。所谓自然者，不勉强之谓，不模仿之谓，如果之熟，自然落地，岂果如冯先生所谓读无字天书得本来样子者哉。当知无字天书本无书，本来样子无样子，艺术者创造，非摹仿也。李后主之词，悲感欲绝，亦以其身世情怀之所为耳。诗如是，书画等亦然。作者之人品性格身世种种不同，则其为雄健，为淡远，为和厚，为俊逸，亦各不同。艺术之成就果在人不在境，在心情不在样子也。冯先生不但主张有本然样子，而且一题材之下还有许多的本然样子。雄浑冲淡各有样子，雄浑之中李杜又各有样子。冲淡之中陶王又各有样子。本然的样子如是具多，宇宙之秘真不可穷哉！吾人依此可以说大艺术家有大样子，小艺术家有小样子，非艺术家有非样子，小孩子写字学画不成样子，当然也有本然的不成样子之样子。盖白有白样子，黑有黑样子，方有方样子，圆有圆样子，每一实际命题有一本然命题以为样子，每一事的办法有一本然办法以为样子。冯先生的理无边，样子也无边。虽然，此无预于道德艺术也。

　　吾于此附说一义，道德哲学艺术三事，性质不同，希腊以真善美评判一切价值。道德之价值为善，哲学之价值为真，艺术之价值为美。此三者，在西洋为三方面的发展。善者不必真，如人对人之谦让克己善也，而不必真也。论事论理直陈其意，不稍委曲，真也，而未必善也。至于小说诗歌诲盗诲淫最为不善，而读者受其煽惑，好之不倦，不忍释手，则亦不失其为美也。神怪诡奇，最不真实，而亦不害其美也。故西洋之讲哲学者不必讲道德，讲艺术者尤浪漫无行者也。其取人才也，优伶与哲人同价，无所轩轾于其间也。独中国人则不然，道德哲学艺术者，合之为一焉。子谓韶尽美矣，又尽善也。谓武，尽美矣，未尽善也。言美善同至，斯为最耳。儒者礼乐为陶冶道德之具，而皆艺术也。又曰：德成而上，艺成而下，言两者同成也。而善与美皆必以真为始基。故曰：乐不可以为伪。又曰：欲正其心者先诚其意，意诚而后心正。又曰：不诚无物。此诚虽为研求真理之真，然诚则不欺其心，心得养而愈明，心愈明而于理愈察，所谓清明在躬气知如神。又曰：至诚如神。故善美以诚始终之也。其在孟子曰：可欲之谓善，实有诸己之谓信，充实之谓美，充实而有光辉之谓大，大而化之之谓圣，圣而不可知之谓神。始于善，继以信，继以美，而更以大、以圣、以神终之。故中国之圣人，亦道德家，亦哲学家，亦艺术家也。实有诸己之谓信，则不徒取义理于外境也。充实之谓美，则美自内积，不模仿与外物也。步步自内积集，诚之不已而大而圣而神焉。孟子曰：其为气也至大至刚，以直养而无害，则塞乎天地之间，其为气也配义与道无是馁也，是集义所生者，非义袭而取之也。中国圣贤之学，立诚以集义，故重内心以应外境。西洋哲学探索义理，故重外境而役内心。重内者，故道德哲学艺术一贯而调和。重外者，分道扬镳，其去弥远，三者往而不可复合也。故中国无不道德之哲学家，亦无不道德之真正文学家艺术家也。冯先生讲理学，不免成为义外之学。盖受西洋哲学之影响太深故也。此因论生论，以作东西洋学说之比较也。

（十二）评鬼神

吾于此章盖不欲作多评，因冯先生所谓鬼者非常人所谓鬼，乃冯先生的鬼。其所谓神者非常人所谓神，亦冯先生之神也。我亦有鬼神，而与冯先生绝不相同。在因明法，有法差别两不极成，则不得立论。又冯先生之说鬼说神，实无鬼无神也。而我则有鬼有神论者也。是有法自性，彼此亦互不极成。何为立论哉！虽然，于此有欲一言者，鬼神尚未可轻毁，所以者何，一切有情为因果之相生。因果相续，生命成流。此生命之流，其势非突起突灭者也。其来也，乃自前世转来今世。其去也，复自今世流入他世。因果相续，三世不停，此势不尽，此流不尽，此生命不尽，安得谓人一死无余永不复生哉！然欲了知三世因果之理，则非通达唯识缘生业感缘起之理，未易可以强人相信者也。然彼理虽未能强人以信，彼理亦不易为人破灭。则留之以待探索焉可也。吾人既承认因果三世生命成流之义，故鬼神实有也。易曰：

精气为物，游魂为变，是故知鬼神之情状。然佛之言鬼神者，尚不止于精气游魂而已。精气游魂不过人生之残余耳。佛法则谓人之既死，其整个生命完存，无稍欠缺，则鬼神成趣，生命可以独立也。虽然，鬼神之在五趣，地位不高，次于人趣，故鬼神者非佛法之所求，而所厌耳。于世间则求四禅无色，于出世则求三乘圣果，岂留滞于鬼趣哉。无量要义，不可尽说，略说其有而已。

（十三）评新理学之所谓圣人

此书第十章论圣人，是本书最精要之一章。其所谓圣人者，一者大智，二者大仁。仁且智，此所以为圣人也。著者之所谓大智者，以其知识超脱乎经验，而能知真际，知宇宙之大全，即知天也。其工夫即为哲学的活动，即是格物致知以知天。所谓大仁者，谓超乎自己，乃至超夫人，浑然与万物同体，自己与大全中间并无隔阂，亦无界限，自己即大全，大全即自己，即事天也，其工夫即为道德的行为，由穷理尽性以事天。其言曰：圣学始于格物致知，终于穷理尽性。格物致知是知天，穷理尽性是事天。换句话说：圣学始于哲学的活动，终于道德的行为。此一段话，是极其精要的。

我们对著者此意大体是赞同的。《论语》云："子曰：若圣与仁则吾岂敢，抑为之不厌，诲人不倦，则可谓云尔已矣；""子贡曰：学不厌，智也，教不倦，仁也，仁且智，夫子即圣矣。"故著者对圣人所下的标准是不错的。

不过其所谓智与仁及其工夫次第，则吾人尚不能无疑。

著者之所谓大智，在致知格物以知天也，即哲学的活动。其活动奈何？曰：始于对于实际的事物之分析，由分析实际的事物而知实际，由知实际而知真际。对于实际的事物之分析是"格物"。由分析实际的事物而知实际、而知真际，是"致知"。又曰：格物亦是穷理。我们对于事物作分析后，我们见其有许多性。由其有许多性，可见有许多理。所以格物即是穷理。因是物以求是理，如因方的物可知有方之理。我们分析方的物是格物，因格物而知有方之理，就知说是致知，就理说是穷理。

著者又分别他与朱子穷理之说不同处云：第一，朱子所谓穷理系就对于理之内容之知识说，我们此所谓穷理，则只就对于理之有之知识说。理之内容，不是哲学的活动所能知，至少亦不能尽知。分析方的可知有方之理，但方之理之内容如何、定义为何，则必须研究几何学才能知之。朱子以为我们的心"具众理而应万事"，一切理皆在我们心中，故一切理之内容皆可知之。照我们的看法，事物之理完全不在我们心中，我们依逻辑可知每一类之事物必有其理，但其内容须另有学问以研究之，并不是专靠思所能知者。第二，照朱子的系统，一切事物之理既皆在我们的心中，所以虽只知一部事物之理，而于其余之理亦可"豁然贯通"，贯通后则可知一切事物之表里精粗，我们此时无所不知，无所不能，此即心之"全体大用"。但照我们的系统，我们的心只能知众理，而并非有众理。所谓心之全体大用，亦是没有的。

但我们的心虽不具众理、虽不能知理之内容，但于其完全了解一切事物皆有其理，而一切事物之理又皆系其最完全的典型时，亦可谓为豁然贯通。于此时我们的注意完全集中于形上，我们的身体虽是形下的，而我们的心之所见则是形上的，我们由此所见所得之超脱亦是极大的。至此我们可以说是已"知天"。

从这一段话看来，著者所谓的大智在能知天。所谓知天者，完全了解一切事物皆有其理，而一切事物之理又皆系其最完全的典型而已。我以为这样的知天未免太为容易。物必有理，人皆可知。然而人不皆为智者。况其所谓理者又全无内容，不过知其必有理而已。这种的知识，在著者以为最高，如此的哲学乃最哲学的哲学，其实是最低最幼稚的了。譬如天文地理数理物理，既已成为一科之学，我们任何人都知道其中有理，小孩子亦皆知其有理，且不敢谓其无理。但其内容则非深入其中多用学问工夫不成。今天著者之所谓穷理者，知事物必有理而已。至其内容，则全不知，或甚少知。而曰：我为智者、大智者、超经验者、知天者、最哲学之哲学者。然则三尺之童，门外之汉，岂不皆知过于天文家地理家数学家物理学家吗？真是笑话！所以著者所穷之理未免太为无理。何以故？以其太无内容故。又所谓理者，事物所以然之故与当然之则也。然而著者则但以最完全之典型当之。而此最完全之典型者，又不是可想象可捉摸的，只不过是一逻辑的最圆最方无少缺陷之圆满的方圆等概念而已。他又称之为类，称之为名。类有别类，有总类。名有类名，有达名。所谓太极之理者，不过大共类中之大共名耳。如此之理，吾人既已破之。故著者之所谓穷理未免太不合理。何以故？其所谓理，太不成理故。

穷此无理之理，不合理之理，如何能入形上，如何能超经验，如何能入圣域乎？无亦姑妄言之而已矣。

著者之所谓大仁，在穷理尽性以事天也，即道德的行为也。其行为奈何？著者曰……此所谓穷理，是以我之行充分实现我所依照之理。以我之知知事之理，则我可以超乎经验而不为经验所囿，此是对于经验之超脱。以我之行充分实现我所依照之理，则我可超乎自己，而不为自己所缚，此是对于自己之超脱。又曰：自天之观点看，人亦一类物。在"无极而太极"之大道中，人所应作之事，亦即充分依照人之理。邵康节说："圣人人之至者也"。所谓"人之至者"，即是最完全的人，即能尽人之性之人，亦即能穷人之理之人。孟子说："圣人人伦之至也"。所谓人伦，即指人与人之社会的关系。行人伦，即指人之社会的活动。人之性是社会的，人之社会的生活是自人之性发出者。所以人之尽性穷理，必在社会的生活中行之。在社会的生活中人之行为之最社会的，是道德的行为。道德的行为有两方面，一是对社会的，一是对天的。对社会则尽其社会的一分子的责任，对天则尽其宇宙的一分子的责任，即是尽人道。若从此点看，则人之行道德的事，即是"事天"。张横渠西铭即是从事天的观点以看人之道德的行为。

从此一段看，以及其下所说，都是精彩的。不过所云以我之行充分实现我所依照之理者，其理即上面哲学活动所穷之理也。彼属于知，此属于行。既知彼理，起而行之以践其实。朱子曰："尽心知性而知天，所以造其理也。存心养性以事天，所以履其事也。不造其理固不能履其事。然徒造其理而不履其事则亦无以有诸己。"是即道德之行为以哲学所知之理为标准极限而奉行之耳。于此有数难题：第一，即彼所云理者既不成立，岂不行为无据乎？第二，纵谓所云理非无内容，社会的活动，社会的生活，即其内容也。又谓对天而尽人道，所谓"替天行道"，所谓"事天"。即其内容也。然而吾人当知：社会的活动、社会的生活，不定是道德的行动。必依照道德，而作社会活动、而作社会生活，乃为道德的也。所云事天，尤为渺茫。苍苍之天，无须事。大共名之天，无可事。无亦曰泛爱万物，或曰仁民而爱物，使万物各得其所，所谓天地位、万物育，所谓并育而不相害者，庶几可云事天耳。若然，则此道德的行为必有所本。如何方能达于此耶？在著者仍不过曰：依照道德的本然办法读无字天书而已矣。则此所谓道德的本然办法者，又入于真际界，又徒成一套空理，而且非有天眼者不能读之，非才人不能得之，非最哲学之哲学大家不能知之。故曰：圣学始于格物致知，终于穷理尽性。然则道德的行为岂非于一般人无分者耶？其实无字天书既根本没有，本然办法亦根本没有，其所谓理者无有故。是故著者之道德行为亦仍徒托空言而已。

又所谓始于哲学的活动终于道德的行为者，意谓先求得其理而后依照行之耳。故曰：不造其理固不能履其事，然徒造其理而不践其事亦无以有诸已。此知行二者，判然两截，果有如是之圣学哉！盖在西洋之学者，道德与哲学截然两途。牧师神甫，为道德之造修。科学哲学，为知识之追求。故有知者不必有德，有德者不必有知。圣贤之道，宁如是哉！

又如著者之论，智者知其理而已矣。理非我之所有，知之而已矣。仁者行其理而已矣。理非我所固有，行之而已矣。人心无全体，无大用。人不过一架机器，圣人不过一架最良的机器，一切一切皆奉天承天而行之，何有于万物皆备于我，何有于反身而诚，何有于至诚无息成己成物，尽其性以尽人之性以尽物之性以位天地而育万物哉！孟子曰："仁义礼智我固有之也，非由外铄我也。"又曰："由仁义行，非行仁义也。"如著者所言之圣人，皆不过行仁义，而由外铄者耳。至以道德行为只限于社会活动，则应无正心诚意之功，前已论之，此不复赘。

由是可知：著者对于圣人之学未能通达。今且略述所闻于古人者，一与著者商榷之。

所谓圣人之学，即大学所言者是也。大学之言曰：大学之道，在明明德，在亲民，在止于至善。此所谓明德者，人人所固有之善性。在中庸则曰智仁勇三者天下之达德也。在孟子则曰良知良能。所谓仁义礼智之根于心者是也。其发动则为恻隐、羞恶、是非、辞让之四端。其行为则为孝弟忠信礼义廉耻之正行。所以名为明德者，光明正大而无垢污，可以应万物而天下之务者也。言明明德者，虽明德为人所本具，然其机甚微，其力未强，若不加以明之之功，则无以尽其性而至其极。孟子曰：凡有四端于我者，知皆扩而充之矣，若火之始然，泉之始达，苟能充之，足以保四海，苟不充之，不足以事父母。此之扩充之功，即是明之之功。在中庸所谓诚之之功，择善固执，博学、审问、慎思、明辨、笃行，人一己百，人十己千，虽愚必明，虽柔必强是也。在大学即是下面所谓修身正心诚意致知格物也。亲民者，民谓与吾同一家国社会，乃至并生于天地之人。亲之者，致吾仁爱，视如一体，而有以饶益之也。其工夫则即下面所谓齐家治国平天下也。齐家者，亲吾一家之民。治国者，亲吾一国之民。平天下者，亲吾并生于天下之民。亲之而云齐治平者，此亲之之道也。所云亲者，非徒爱之而已矣，己欲立而立人，己欲达而达人，自既明其明德，亦要人皆明其明德。己德明而身修，一家之人皆明其明德而家齐，一国之人皆明其明德而国治，天下之人皆明其明德而天下平。要之，一人之德明，必不足以得家国天下之平治，必充吾明德之量随其力之大小有以格化领导夫人群，使家国天下之人共兴于明德，而后家可齐国可治而天下可平，此之谓明明德于天下也。明明德于天下有其本，所谓先治其国乃至必先修其身是也。明明德有其方，所谓欲修其身者必先正其心乃至致知在格物是也。明德亲民而不失其序，不违其理，则物格而知至，知至而意诚，乃至国治而天下平，此则所谓至善也。止于至善者，即不失其序，不违其理者是也。此中明明德于天下之序虽为人所易知，而明明德之工夫则所谓正心诚意致知格物者，汉宋明清诸儒之说，各以其所知以立言，迄无定论。而且程朱与阳明大为违反，今若陈述古义，非唯过占篇幅，且非正论，故仅以予之所见者略释之。修身者，在求吾人之行为皆合乎正道，言有物而行有则，而无不正当之行，无偏颇之好恶，对人应事皆大公而无私妄也。然身以心为主，欲行为之不妄，则必先求心之正，心正而身自修。心如何有不正耶？倚住于外物故也。故曰心有所忿懥则不得其正，有所恐惧则不得其正，有所好乐则不得其正，有所忧患则不得其正。心与物接，不外攻取两途。忿懥者，物与心违而攻之也。好乐者，物与心顺而取之也。违境势大，则自视藐然，而恐惧之情生。顺境难得，则患得患失，而忧患之情起。则以心逐物，贪嗔愚痴，烦恼终日，缠盖炽然，德恶能明，而身恶能修哉！正也者，不倚住于物欲，平等正直，舍念清净，而于境解脱，无入而不自得也。然心如何能正，则在诚其意也。心之所之之谓志，意者志也，即上欲明明德于天下乃至欲正其心之欲也。孟子曰：持其志，无暴其气。又曰：士尚志，何谓尚志？曰仁义而已矣。将欲正其心，必将心之善念善欲所谓明明德于天下之大志正愿之意、诚之使勿失，行之使益固。诚之云云，固守而不失，力行而不懈也。如此持得好意志，心之趋向定，而有为之主，物岂能夺，境岂能惑，而颠倒猖狂哉。心自正矣。然诚意则必先致知。知也者，吾心之明觉，亦心之良能也。既诚其意矣，则必将其心之所知所能者力行而实措之于事。致也者，举而施之，如事君能致其身之致，在能身体而力行之也。此阳明致良知之说也。致知在格物者，物谓事物，知之所加，心之对象。家国天下皆物也。修齐治平皆事也。格也者，事事得其正，物物当其所，弟子则入则孝，出则弟，谨而信，泛爱众而亲仁，行有余力则以学文。圣人则老者安之，朋友信之，少者怀之。小之而洒扫应对进退之节，大之而穷神知化位天地育万物之功，皆格物致知之事也。此力行实践之功夫，诚意之实也。故曰：物格而后知至，知至而后意诚，意诚而后心正，心正而后身修，身修而后家齐，家齐而后国治，国治而后天下平。天下平而后明德明于天下，人得其所，而我之意遂。如此之工夫所以不同于凡流者，本末具备，一也。始终一贯，二也。人我一体，三也。知行并进，四也。常人皆可学，而圣人不能尽，五也。一切俱从内发，非模仿，非依靠，扩而充之，浩浩广大，刚健笃实，而塞乎天地，此圣人所以先天而天弗违，后天而奉天时。天且弗违，而岂以空理样本为所依照哉！故能位天地而育万物也。所谓本末具备者，三纲九目，先后有序也。所谓始终一贯者，始于欲明明德于天下，终于明德明于天下，天下皆明其明德也。所谓人我一体者，明吾明德以亲民，亲民还即明吾之明德，天下一家，中国一人，浑然与天地万物为一体也。知行并进者，有是知即起如是行，行是行还以成其知，所谓明明德，所谓致良知，皆即知即行、即行即知，行到何处，知到何处，知到何处便行到何处，此之谓诚意也。非今日知之，明日行之，非知到家了，然后起而行之，作了哲学家，再作道德家也。圣人之学，先必对于修德之途有所知，既知即便行去，行之久则知之愈熟，知之愈熟则行之愈善。孔子曰：吾十有五而志于学，三十而立，四十而不惑，五十而知天命，六十而耳顺，七十而从心所欲不逾矩。所谓志学、立、不惑、知天命、耳顺、从心所欲不逾矩者，皆是知行并进的。易曰：精义入神以致用也；利用安身以崇德也。知行如何分得开来。阳明有一比喻，凡人学书学射，必须执笔临池，必须发矢中的，然后名为学书学射。为人亦尔，说其人知孝，必然已孝了。说其人知悌，必然已悌了。反之躬行不足，口说有余，言尧舜之言，行盗跖之行，岂得谓其知德哉！所谓常人皆可学，圣人不能尽者，《中庸》曰：君子之道费而隐。夫妇之愚可以与知焉，及其至也，虽圣人亦有所不知焉。夫妇之不肖，可以能行焉。及其至也，虽圣人亦有所不能焉。盖忠恕之道，推己及人，始于孝弟忠信，终于齐治均平。故凡人皆可由，而圣人不能尽也。孟子所谓人皆可以为尧舜，荀子所谓途之人皆可以为禹者，当谓此。若夫先限之以哲学之活动，继乃教之以道德之行为，由尽心知性而知天，乃存心养性以事天。圣人之道，如登天然，此阳明所以斥朱子为支离者也。故此路纵或极少数人能之，已非圣贤欲明明德于天下使人皆得兴起于士君子之行之道。况夫彼一二英才之士，徒役志于玄理空谈，亦终难入于躬行心得之道哉！所谓一切俱从内发者，明德者我心固有之善性。明明德者，扩充固有之善性。欲明明德于天下者，吾心所发之悲愿。由此性愿，而后由诚意之功、格致之行，以正其心而心正，以修其身而身修，以齐家治国平天下而天下平。皆就此本有之明德次第扩充而极至于广大高明悠久。《中庸》曰：至诚无息，不息则久，久则征，征则悠远，悠远则博厚，博厚则高明。博厚所以载物也，高明所以覆物也，悠久所以成物也。博厚配地，高明配天，悠久无疆。诚者，自成也。而道，自道也。诚者物之终始，不诚无物。是故君子诚之为贵。诚者非自成己而已也，所以成物也，成己仁也，成物知也，性之德也，合外内之道也，故时措之宜也。今夫以一粒嘉种，不焦不败，投之于地，雨露润之，日光曝之，肥料养之，则此嘉种者自芽而根而茎而枝而叶而花而果，终之结实累累，可为后种，可供生养。何以故，以其有生机有根本故。若夫耕耘而不下种，或下焦败之种，而欲根株之发、果实之生，宁有望哉！今著者所谓之人心，非有仁义之性也，不过但能知义理而已。非有情志之发，愤悱不获自己之心也，但能依照玄理以动焉耳。体之不有，用之全无。真正如一架机器。袭义于外，而欲为圣学，作圣人，为天地立心，以万物为体，徒有空言，都无实义。故冯先生之学非作圣之学，其所谓之圣人亦非圣人也。

总之，人心是不徒有知识的，而且是有感情的，而且是有意志的。不但能接受外境，而且能发动行为。不但能顺应潮流，而且能创建宇宙。不但能了解事理，而且能开展心能。有贪痴等心，同时亦具有仁智之性。由贪痴之发，则逐物而自私，此在宋儒则名之为物欲。荀子有见于此，故说人之性恶，其善者伪也。必遵先王之道，束之以礼，陶之以乐，如木从绳墨而后归于正，其道德为外铄的。由仁智之发，则正己而爱人，正己者，崇高其德性。爱人者，广大其同情。在宋儒亦名之曰道心也。孟子有见于此，故说人之性善，其有不善者，不能尽其才者也。故仁义礼智我固有之。以直养无害，则塞乎天地之间。学问之道无他，求其放心而已矣。其道德为内发的。若论人性之大全而为作圣之全功，则必以明德善性为主，从此发而为情，则为亲民，从此发而为志，则为古之欲明明德于天下。然明德而尚须明之之功，则此明德之力量尚未至于强大，更非至于圆满，物欲之动，有时而蔽之者也。身而必修，则行为有时而过，失礼违道者有也。心而必正，则情欲有时而妄，逐物迷境者有也。故必以诚意之功、格致之力，意志既坚，知行并进，内之涤除中心之垢秽，外之修治行为之乖违，则心正身修而明德自明，且可明明德于天下矣。程朱之学类荀子，不过更入于玄微，以为此心不可倚任，必蠲除私意，屏去物欲，乃能合于天理之大公。由是而觉，物物自有定则，天地自有至理，人能不私意造作，而穷理尽性，所行乃合于道。陆王之学、本于孟子，先立乎大，致其良知，则外物不能夺，而天理自具于吾心，所行而皆正。孟子曰：东海有圣人出，此心同，此理同。西海有圣人出，此心同，此理同。阳明曰：心即理也。所谓心即理者，盖由孝亲之心，自发为孝之理。由仁民之心，自发为仁之理。理也者，行为之恰当其宜，恰合其度，于情不违，于事不逆。子而孝，父而慈，君而仁，臣而忠，即其行为皆合于理。何以能合理，则以由仁义之心之所发，故合理也。设不由仁义之心所发，别有做作巧伪于其间，则纵合时宜，而无诚意，不名为合理，且可称之曰背天逆理。因是良心，即名天理。天理云者，本然之性，从天而发，无有私意，不待做作，直道而行之，自合乎圣贤之道，而人莫能易，故曰天理。陆王之谓天理，是良心之流行昭著处。圣人纯乎天理以行，即人而天矣。程朱虽始之以穷理于物，终亦必存心养性具理于己。理者，我心之全体大用，不是知识所了解之式样格式如图案然。若尔，彼何能发动行为哉！吾人讲理学，切忌将理作一式样格子图案看，结果人同机械，心同镜子，宇宙万物皆机器，而又无制造机器发动机器之人，则宇宙人生皆成空洞的，死的，枯槁的。彼无极太极者，将如何以"而"出万物。学圣人者，如之何下手作人哉。故冯先生之新理学，既不足以继周易，亦未足以续程朱。实乃以西洋唯物论思想为骨干，而穿一套中国古装者。吾谓以中国学问而穿西装，则得整理之益，收表彰之功，结果可以导引西人以从东方圣贤之道。以西学而著中服，则皮存而神亡，尸行而心死，用夷变夏，而圣学沦亡矣。冯先生智者，当有以改弦更张，庶不负觉世牖民之苦心。不胜盼祷之至。

跋

上评冯友兰先生新理学竟。或谓中国学说之不为人所重视久矣。一闻理学之名人更嗤之以为迂腐。今冯先生乃能以西洋哲学方法调而理之表而彰之又从而引申修正之，是大有功于圣学者！子何为过事批驳不留余地。宁不阻国学之昌明启门户异同之争论哉！曰：是何言也！冯先生达人也，故能以哲学方法发扬圣学，苦心孤诣宁不可佩！不过于学理精深处尚有一间之隔，遂致矛盾百出违理甚多。君子污不至阿其所好，唯善人能受尽言。今据正理评而正之，不但欲显穷极之理于世间，且欲与冯先生砥砺切磋百尺竿头更进一步，是非学说界之一大幸哉！吾故不敢存一念私意于其间，一以义理是非为标准，而岂有门户之争哉！倘或冯先生之学尚有深意未为吾所见及或吾之说自有违背义理处，则冯先生自不难与批评者以批评。吾亦当以爱冯先生者自爱，虚心受其棒喝也。窃叹世运之衰，不竞以理而竞以气，不以道义启牖天下而以武力摧伏人世。此天下之所以暴乱相续而未有已者也。今欲与冯先生共商道义而以理相是非，庶几真理愈辩而愈明，立人之道作圣之功灿然克大明于天下，立德之本也，平治之根也，应为贤者之所乐意同情者也。再者冯先生于《新理学》外更有《新世训》及《新事论》二书，与《新理学》共称为"贞元三书"者也。《新理学》已如右评，余二书复如何欤？曰：彼二书者予皆略览一过，对《新世训》甚表同情。然窃所谓该书和杂儒家道家以立论，而未能探得二家根本异同之所在。古来学者一门深造则多为专家。和杂诸家而无独得则为杂家。若然，则《新世训》杂家之言也。至于《新事论》意在调和新旧思潮，以地以时，使各知其有其适然之环境背景，而不需妄相是非。平矜释躁亦可谓大公之论也。虽然，如冯先生对东西文明之评判，则在在处处以西洋近代文化为前进的，以中国旧文化为落伍的。以一是对建时代之文化而一则为工业革命后之文化也。若然，则中国文化显然无保留之价值必然随时代之过去而过去。此时正在过渡时代青黄不接，在未能全然西化之时则不妨仍半用其礼俗而已。吾谓如从物质方面从量的观察，则西洋自工业进步后之所造作兴起者诚非吾东方所能企及。又风俗礼教因时制宜，则必有随物质条件之不同而有所改正。然而吾人若就东西文化根本之异同以观，则西洋自为对物的文明而中国自为对人的文明。对物的文明重势利，对人的文明重道德。重势利者智取力争而使人类互相侵略，纵情享乐而使人格降低。重道德者居仁由义而使人类互相生养，节情缮性而使人心升华。此为两者质素之不同也。斯意也冯先生于其末章赞中华中已具显中国人之重道德。而前此诸章在以唯物史观之思想格量中西文化之异，此则甚不可解。盖其沉醉于唯物论思想者深也。窃意若以物质以量为标准以衡东西文化，则彼为先进我为落伍。若以精神以质为标准以衡东西文化，则彼为下劣而我为高明也。方今欲救中国之弱诚有求助于西洋文化。若欲救世界之乱则正当发扬中国文化以救正西洋文化，以精神驾驭物质，以道德支配技术，则物质文明始能为人类福利而不为害。继物质之享受更为心灵之陶养。然后入人生高尚广大之境界。则中国文化与西洋文化乃主与奴之关系，而非旧与新之关系也。此论甚长，此亦不能细说。吾对《新事论》亦不暇详评也。吾有《中国文教论》一篇，读者详取阅焉，于中西文化之异亦思过半矣！民三十一年作《新理学评论》，三十二年印行，早售毕，索购者多，迟至今，乃再版。本书初版，曾寄赠冯友兰先生，冯先生来函，对本书所难各点，未有答复，但谓彼有《新理学在哲学中之地位及其方法》一文，读之或可以释所疑云云。然该文亦无以释所难也。当即覆彼一函云：

友兰先生左右：奉示，对洋评论弗以为迕，至佩伟度！尊著新理学在哲学中之地位及其方法一文曾拜读其最后谈禅一段，极惊服，先生之无书不读，各得收归应用，非有大魄力其能之耶？虽然，禅之内容实际不如，尊论之所云也！倘能对对方之言论与，尊论相违者，用一番痛切思辨而反省的工夫，偷心死尽，绝处重苏，将见先生翱翔太空，驱雷霆，挥日月，益可自由自在，非但一人之幸，文化学说实利赖之。尊意以为如何？……

此为吾对冯先生之期，望顾不知其能作痛切之反省否也。今再版，特志此因缘，以见本书之作，非如一般之争气好胜，旨在对学说思想作切磋推进之功也。

1947 年作者谨识

该书最初由东方文教研究院作为该院丛书
之第三种在四川内江出版

评冯友兰的新形上学

杜国庠

前 言

冯友兰氏数年来发表五种著作，建立了他的"新形上学"体系和新道统。首先以《新理学》宣布了所谓"全新底形上学"的体系，自诩为"最哲学底哲学"；最近以《新原道》建立了他的新道统，自命为独接"中国哲学的精神"；中间三种——《新世训》、《新事论》及《新原人》，大抵运用他的玄学观点去衡量事物或指导人生，以鼓吹其所谓"内圣外王之道"，以扩大其所谓"无用"的哲学的"大用"。短短几年，共成五著，其辛勤著述，自成家言，固堪钦佩；但是为了"持标新统"，不惜抹杀史实，厚诬古人，为了鼓吹"玄风"，不惜提倡"风流"，是认"任诞"，则不免有损学人的风格。而且这种形上学，崇尚"玄虚"，足以阻碍科学的发展，标榜道统，也复违背民主的精神，对于今后和平建国的大业，实不相宜，故略加批评，势非得已。

一

凡哲学都有它相适应的方法论。方法不正确，不会产生正确的哲学。反之，正确的哲学，也要求着正确的方法。因为事物运动的规律，总括下来便是事物的法则，把握这种规律反而用以对付事物，便成为方法。——两者都是以同一客观现实为根据的。

那么，冯氏所谓最玄虚的哲学——"新理学"，用的是怎样的方法呢？为了下文叙述的方便，让我们先引用他自己叙述"新理学"的构成的一段话吧。他在《新原道》中说：

> 在中国哲学史中，先秦的道家，魏晋的玄学，唐代的禅宗，恰好造成了这一种传统（即所谓"不著形象，超乎形象"的传统——素）。新理学就是受这种传统的启示，利用现代新逻辑学对于形上学底批评，以成立一个完全"不著实际"底形上学。

> 但新理学又是"接着"宋明道学中底理学讲底。所以于它的应用方面，它同于儒家的"道中庸"。它说理有同于名家所谓"指"。……它说气有似于道家所谓道。……它说了些虽说而没有积极地说甚么底"废话"，有似于道家、玄学及禅宗。所以它于"极高明"方面，超过先秦儒家及宋明道学。它是接着中国哲学的各方面的最好底传统，而又经过现代的新逻辑学对于形上学的批评，以成立底形上学。它不著实际，可以说是"空"底。但其空只是形上学的内容空，并不是其形上学以为人生或世界是空底。所以其空又与道学（当是"道家"误植——素）、玄学、禅宗的"空"不同。它虽是"接着"宋明道学底理学讲底，但它是一个全新底形上学。至少说，它为讲形上学底人，开了一个全新底路。（第一一三至一一四页）

这里冯氏自称"新理学"为"全新底形上学"，是不是"全新底"，可暂不管它，但是形上学则千真万确，因为它集道家、玄学、禅宗及宋明道学的"玄虚"之大成。因此，"新理学"就需要一种和它相适当的方法，即冯氏所谓"过河拆桥"的方法。他说："'过河拆桥'是大不道德底事。但讲哲学即非此不足以达到'玄之又玄'的标准。"这方法是怎样的呢？冯氏说："哲学始于分析，解释经验，换言之，即分析解释经验中之实际底事物。"又说："哲学中之观念、命题及推论之系形式底，逻辑底者，其本身虽系形式底，逻辑底，但我们之所以得之，则靠经验。我们之所以得之虽靠经验，但我们既已得之之后，即见其并不另需经验以为证明。其所以如此者，因此种观念、命题及推论，对于实际并无所主张，无所肯定，或最少主张，最少肯定。"（《新理学》绪论）即是"内容空"的，也是"形式底，逻辑底"。比方说，经验是"桥"，不从"分析解释经验"开始，便得不到所谓"形式底"观念，例如"理"，好像没有桥就不能到达彼岸。但"既已得之之后，即见其并不另需经验以为证明"，便可再"不着实际"、"不管事实"了，好像已过了河，无须用桥，便把桥"拆"掉了。其始"仍是以事实或实际底事物，为出发点"；其终，则成为"哲学可以说是不切实际、不管事实"的。（《新理学》第一二页）所谓"过河拆桥"，就是这个意思。

冯氏说："它说理同于名家所谓'指'。""指"是公孙龙所用的术语。这里所谓"名家"，自然指的是公孙龙。可见这种方法，正是公孙龙的衣钵真传。公孙龙的名学的特点，在"离坚白"。他的《坚白论》正是运用这种方法，从分析实际的事物——具体的"坚白石"出发，而获得抽象的"坚"和"白"这类共相。公孙龙于《指物论》称之为"指"。这就是冯氏所谓"名家所谓指"之"指"，也即"新理学"之所谓"理"。所以说："在中国哲学史中，公孙龙最先注意此点。公孙龙所主张之'离坚白'，即将坚或白离开坚白石而单独思之也。此单独为思之对象之坚或白，即坚白之所以为坚或白者，即坚底物或白底物之所以然之理也。"（《新理学》第一章第四节）在公孙龙，"指"是能够自己转化为"非指"，即转化为"物"的。所以说："且夫指固自为非指，奚待于物，而乃与为指？"（《指物论》）无须待什么"气"去"依照"才成为"实际底事物"，也未说到什么"指世界"，都和冯氏不同。冯氏所以赏识这种方法，其故在于"非此不足以达到'玄之又玄'的标准"。

不过，冯氏在前面引文中再次提到所谓"现代新逻辑"，似乎对于他的"新理学"的成立颇为重要。其实所谓"现代新逻辑"，本质仍然还是形式"逻辑"，其所谓"新"，无非多加几个"如果"而使命题更形式化罢了（《新理学》绪论第四节），而冯氏之所以特别赏识它的缘故也在这里。

由于这种"过河拆桥"的方法论，把桥拆了，断绝了两岸的往来；抛弃了经验，脱离了现实，使理论和实践完全脱节。这就使他的哲学变成僵硬的没有血肉的空壳，不能从现实的宝藏得到充实；同时他的理论也不能从实践获得检证，这是一。因为抛弃了经验，脱离了现实，他的哲学方法便不得不与科学的方法，成为两橛，无力促进科学的发展，这是二。因此，他的哲学也就无法发挥他所谓"大用"，即无法指导人生。虽然他又从儒家检得了一条所谓"道中庸"的尾巴，硬装在所谓"极高明"的玄学体系上面，凑成"极高明而道中庸"的标语，但到底还是形式的东西，在脑子里"思"一"思"，似乎是"言之成理"，一旦到了实践，还是要碰壁的。因为"玄虚"

到底不是人生的道路，这是三。以下试把这几点略为展开。

二

在《新原道》中，冯氏拈出"极高明而道中庸"这一标语，以示他的"新理学"的本领，并作他批评中国各派哲学的准绳。他认为，"中国哲学是超世间底。所谓超世间的意义是即世间而出世间。"他说："这种境界以及这种哲学，我们说它是'极高明而道中庸'。"即是说，"这种境界是最高底，但又是不离乎人伦日用底。"也即是"超越人伦日用而又即在人伦日用之中"的。(《新原道》第二页）从上节的引文看来，他一方面接受了名家公孙龙的哲学方法，利用所谓"现代的新逻辑学"，批评了先秦的道学、魏晋的玄学、唐代的禅宗及宋明的理学，使这个玄虚的——"不著形象，超乎形象"的"传统"，益发玄虚，而获得了"四个空底观念"——所谓理、气、道体及大全的观念。说是"它于极高明方面超过了先秦儒家及宋明道学"。另一方面，它却又"接着宋明道学中底理学"，硬把儒家所谓"人伦日用"的实践哲学接上去，说是"于它（新理学）的应用方面"，它同于儒家的"道中庸"，又用这去批评禅宗所谓"担水砍柴，无非妙道"，还不彻底。正因为它是各方"接着"的缘故，所以便不免有接不拢来的弱点。在方法论上，尤其表现得明显：所谓"极高明"，即唯恐其玄虚，而所谓"道中庸"，则又不能不踏实。虽用了"而"字诀把"高明"和"中庸"拴在一起，实际上还是解决不了问题。

这里我们先来看看冯氏的所谓"极高明"方面。他说：

> 在新理学的形上学的系统中，有四个主要底观念，就是理、气、道体及大全。这四个都是我们所谓形式底观念。这四个观念，都是没有积极底内容底，是四个空底观念。在新理学的形上学的系统中，有四组主要底命题。这四组主要底命题，都是形式命题。四个形式底观念，就是从四组形式底命题［得］出来底。(《新原道》第一一四页)

怎样得出这几个"主要底观念"呢？就是上面所说的"过河拆桥"的方法。拿"理"这个观念来说，他说：

在新理学的形上学的系统中，第一组主要命题是：凡事物必都是什么事物，是什么事物，必都是某种事物。有某种事物，必有某种事物之所以为某种事物者。借用旧日中国哲学家的话说："有物必有则"。

……一切山所共有之山之所以为山，或一切水所共有之水之所以为水，新理学中称之为山之理或水之理。有山则有山之理。有水则有水之理。……

到这里为止，桥尚未拆，这种"有物必有则"的见解，我们可以同意。但再下去，情形完全颠倒，便是"既已得之之后，即见其并不另需经验以为证明"的阶段了。他说：

有某种事物必有某种事物之所以为某种事物者。这就是说："有某种事物，涵蕴有某种事物之所以为某种事物者"。……"有某种事物"之有，新理学谓之实际底有，是于时空中存在者。"有某种事物之所以为某种事物"之有，新理学谓之真际底有，是虽不存在于时空而又不能说是无者。……

"有某种事物，涵蕴有某种事物之所以为某种事物者"。从此命题，我们又可推出两命题。一是某种事物之所以为某种事物者，可以无某种事物而有。一是某种事物之所以为某种事物者，在逻辑上先某种事物而有。（《新原道》第一一四至一一五页）

于是，"总所有底理"的"理世界"成立了，而且"理世界在逻辑上先于实际底世界"了。我们姑且不说，事实上没有这个"理世界"；也姑且不说，任何"逻辑"都必有其实际的根据，逻辑其实就是实际的一种反映。但从逻辑上说，冯氏这逻辑也有些可疑。老实说，他是以逻辑的姿态，在玩文字的花样。

在刚引的文句里，在所谓"有某种事物必有某种事物之所以为某种事物者"，或在"有某种事物，涵蕴有某种事物之所以为某种事物者"之中，第一个"有"字，即"有某种事物"句中的"有"字，是表示存在的意思。第二个"有"字，即"必有……"或"涵蕴有……"的"有"字，则是表示领有的意思，字形一样，意思不同。在这里，第二个"有"字表示着"其事物之所以为某事物者"为它（"有"字）的主语（即"某种事物"）的属性和它不可分离（如果可以分离，就不能说是"某种事物之所以为某种事物者"。——素）。所以，实际上，"某种事物之所以为某种事物者"之有无，必然要以"某种事物"之有无（即存在与否）来决定。故在逻辑上严格地说，也不能有"某种事物之所以为某种事物者"的独立存在的问题，因而也不能说它"先某种事物而有"。但是，冯氏却利用着两个"有"字的字形相同。第一步：把"必有"变成"涵蕴有"。第二步：把"涵蕴"和"有"分离，把"有"字冠于"某种事物之所以为某种事物者"之上，使它采取"有某种事物"的句式。第三步：便分开来说："有某种事物"之"有"，如何如何；"有某种事物之所以为某种事物"之"有"，又如何如何。第四步：便"推"出了"某种事物之所以为某种事物者，可以无某种事物而有"。第五步：（这是最后的一步）便达到了"某种事物之所以为某种事物者，在逻辑上先某种事物而有"这一命题。于是他所企图建立的"理世界"的一切准备工作，通通完毕，只待"总括"一下，便可揭幕。这种偷天换日的手法，是文字的游戏！也是"逻辑"的玩弄！

三

光有理是不能说明实际的事物的。冯氏也承认"理不能自实现。必有存在的事物，理方能实现"。于是他又"对于事物作理智底分析"，由这样的一组命题："事物必都存在。存在底事物必都能存在。能存在底事物必都有其所有以能存在者"，而得到他所谓"气"——"真元之气"。据他说：这"气"是"一不能说是甚么者。此不能说是甚么者，只是一切事物所有以能存在者，而气本身，则只是一可能底存在。因为它只是一可能底存在，所以我们不能问：什么是它所有以能存在者"。这种只是"一不能说是甚么"的，"只是一可能底存在"的"气"，实际上是没有的。它只是观念上的东西。因为要"不着实际"，要"超乎形象"，所以只好这样地给它规定。所以冯氏说："我们不能说气是甚么。……说气是甚么，即须说：存在底事物是此种甚么所构成者。如此说，即是对于实际，有所肯定。此种甚么，即在形象之内底。"（《新原道》第一一五至一一六页）可见所谓"理智的分析"者，并不是客观地运用"理智"去"分析"，而是为了满足主观预定的要求去规定。

可是，"理不能自实现"，"气"又"只是一可能底存在"，"可能底存在"

还不是"能存在底事物",还不能"实现理"。这不是"发现"了"理世界",同时又失掉了"实际底世界"吗?那么,怎样办呢?为了补救这个缺点,冯氏又提出一个形式底主要底观念——"道体"。他说:"第三组主要命题是:存在是一流行。凡存在都是事物的存在。事物的存在,是其气实现某理或某某理的流行。实际的存在是无极实现太极的流行(他说,"气……亦称无极";"总之,所有底理,……名之曰太极")。总之,所有的流行,谓之道体。一切流行涵蕴动。一切流行所涵蕴底动,谓之乾元。借用中国旧日哲学家的话说:'无极而太极'""存在是一流行。凡存在都是事物的存在。……一切流行涵蕴动"。这些命题,还是根据经验,是可以同意的。但这"流行"或"动",是有了"事物"以后的"流行"或"动",怎样能使"理""气"成为"事物"呢?怎样能使"无极而太极""而"得起来呢?这里冯氏还是用他玩弄"逻辑"的手法,提出一个命题:"事物的存在,是其气实现某理或某某理的流行"。这样,轻轻地把"事物的存在"改变为"其气实现某理或某某理的流行"。接着便说明道:"存在者是事物,是事物者必是某种事物,或某某种事物。是某种事物或某某种事物,即是实现某理或某某理(注意:不是"即有某理或某某理"!——素)。实现某理或某某理者是气。气实现某理或某某理,即成为属于某种或某某种底事物。没有不存在的事物。亦没有存在而不是事物者。亦没有是事物而不是某种事物者。所以(这"所以"来得突兀!——素)凡事物的存在都是其气实现某理或某某理的流行。"(《新原道》第一一七页)这里只说到"其气实现某理或某某理",但未说明"气"何以能够"实现"理。所以冯氏又说:"因为流行就是动,就逻辑方面说,于实现其余底理之先,气必实现动之理。气必先实现动之理,然后方能有流行。……事实上虽没有只是流行底流行,但只是流行底流行却为任何流行所涵蕴。在逻辑上说,它是先于任何流行。它是第一动者。"(《新原道》第一一七页)我们且不问这"第一动者"是不是"上帝"或"创造者",也不管它称为甚么"气之动者"也好,"乾元"也好,终归还是没有解决问题。因为:就从逻辑上说,"于实现其余底理之先,气必实现动之理。气必先实现动之理,然后方能有流行。"但是"实现"是一事,也是一"动"。所以,"实现动之理"的"气",必先已是能"动"的"气";不可能"只是一可能底存在"的"气",这样地推下去,"气"至少必有"动"之性。这就和冯氏的所谓"气"者矛盾了。这个矛盾的弱点,也许是冯氏所感到头痛的。他在

《新理学》中，就说过如次的话：

> 气至少必有"存在"之性，……他至少须依照"存在"之理。……
> ……因至少"存在"之理，是常为气所依照者。（第七五页）
> 气又至少必依照动之理。我们于上面说，气之依照理者，即成为
> 实际底事物，依照某理，即成为某种实际底事物。"依照"是一事，亦
> 即是一动。故气于依照任何理之先，必须依照动之理，然后方能动而
> 有"依照"之事。否则气若不动，即不能有依照之事。（第八五页）

到了《新原道》，他虽以"实现"代替"依照"，但是这个问题还是没法解
决。到了不能解决问题的时候，他就索性乞灵于神秘主义。

冯氏说："理及气是人对于事物作理智底分析，所得底观念。道［体］
及大全是人对于事物作理智底，总括所得底观念"（《新原道》第一一九页）。
但是翻过下一页，他便宣布大全、道体及气都是"不可思议"、"不可言说"
的观念了。请看他说：

> 严格地说，大全的观念，与其所拟代表者，并不完全相当。大全
> 是一观念，观念在思中，而此观念所拟代表者，则不可为思之对象。
> 大全既是一切底有，则不可有外。……如有外于大全者，则所谓大全，
> 即不是大全。……如以大全为对象而思之，则此思所思之大全，不包
> 括此思。不包括此思，则此思所思之大全为有外。有外即不是大全。
> 所以大全是不可思议底。大全即不可思议，亦不可言说，因为言说中，
> 所言说底大全，不包括此言说。不包括此言说，则此言说所言说之大
> 全为有外……不可思议，不可言说者，亦不可了解。不可了解，……只
> 是说其不可为了解的对象。
>
> 由此方面说，道体亦是不可思议，不可言说底。因为道体是一
> 切底流行。思议言语亦是一流行。思议言语中底道体，不包括此流
> 行。……即不是一切底流行。……即不是道体。
>
> 气亦是不可思议，不可言说底。不过……与大全或道体之所以是
> 如此不同。……气所以是不可思议，不可言说底，因为我们不能以名
> 名之，如以一公名名之，则即是说它是一种甚么事物，说它依照某理。

但它不是任何事物，不依照任何理。所以于新理学中，我们说：我们名之曰气。我们说：此名应视为私名。但形上学并非历史，其中何以有私名，这也是一困难。所以名之以私名，亦是强为之名。(《新原道》第一二〇页)

所谓"不能以名名之"，实质上还是关涉到上面所说的逻辑上那个矛盾的弱点的困难。于此，可见冯氏的系统是以"理智的分析""总括"始，而以"神秘主义"终，这是所谓"理智"的破产，也是所谓"现代的新逻辑学"不可避免的破绽！

四

冯氏一方面喜爱玄虚，但另一方面却不能忘情于世务。所以既主张"极高明"又强调着"道中庸"。他在《新原道》中说："新理学中底几个重要观念，不能使人有积极底知识，亦不能使人有驾驭实际底能力。但理及气的观念，可使人游心于'物之初'。道体及大全的观念，可使人游心于'有之全'。这些观念，可以使人知天，事天，乐天，以至于同天。这些观念，可以使人的境界不同于自然，功利，及道德诸境界。"(第一二二页)所以，他自夸"它(新理学)所讲底，还是'内圣外王之道'，而且是'内圣外王之道'的最精纯底要素。"(第一二三页)这就告诉你：只要你想学做圣人，你就得学会他那一套"最玄虚的哲学"——"新理学"。因为：依他说，圣人是"在天地境界中底人"。天地境界，他分为四个递升的阶段："知天，事天，乐天，同天"。人要做到至圣，就要能够处于"同天"的境界。首先就要"知天"，要"知天"，就必须了解"新理学中底几个重要观念"。因为所谓"天"，就是"大全"，而"理，气，道体"等，则为了解"大全"的预备观念。现在先从《新原人》中引他一段解释"同天境界"的文字：

在天地境界中底人的最高造诣，是，不但觉解其是大全的一部分，而并且自同于大全。如庄子说："天地者，万物之所一也，得其所一而同焉，则死生终始，将如昼夜，而莫之能滑，而况得丧祸福之所介乎？"得其所一而同焉，即自同于大全也。一个人自同于大全，则

"我"与"非我"的分别，对于他即不存在。道家说："与物冥"。冥者，冥"我"与万物间底分别也。儒家说："万物皆备于我"。大全是万物之全体，"我"自同于大全，故"万物皆备于我"。此等境界，我们谓之为同天。此等境界，是在功利境界中底人的事功所不能达，在道德境界中底人的尽伦尽职所不能得底。得到此等境界者，不但是与天地参，而且是与天地一。得到此等境界，是天地境界中底人的最高底造诣。亦可说，人惟得到此等境界，方是真得到天地境界。知天事天乐天等，不过是得到此等境界的一种预备。（《新原人》第九六页）

这种见解，只是糅杂庄孟的思想而以之附会其所谓"大全"罢了，并没有一点儿"新"的因素在里面的。那么，怎样才能得到"同天境界"呢？他的方法，还是用"思"。他说：

或可问：人是宇宙的分子。即对于宇宙人生有觉解者，亦不过觉解其是宇宙的分子。宇宙的分子，是宇宙的一部分，部分如何能同于全体？

于此我们说：人的肉体，七尺之躯，诚只是宇宙的一部分。人的心，虽亦是宇宙的一部分，但其思之所及，则不限于宇宙的一部分。人的心能作理知底总括，能将所有底有，总括思之。如此思即有宇宙或大全的观念。由如此思而知有大全。既知有大全，又知大全不可思。知有大全，则似乎如在大全之外，只见大全，而不见其中的部分。知大全不可思，则知其自己亦在大全中。知其自己亦在大全中，而又只见大全，不见其中底部分，则可自觉其自同于大全。自同于大全，不是物质上底一种变化，而是精神上底一种境界。所以自同于大全者，其肉体虽只是大全的一部分，其心虽亦只是大全的一部分，但在精神上他可自同于大全。（《新原人》第九六至九七页）

伟哉，"思"也！只要那么一"思"，便有意想不到的效果，就可"在精神上""自同于大全"，就可处于"同天境界"，真可说是廉价的"精神胜利法"了！但是不成。依他说："严格地说，大全是不可思议底。""不可思议底亦是不可了解"的，就是说，大全"不可为了解的对象"。因为"大全无所不包，真正是'与物无对'，但思议中底大全，则是思议的对象，不包此思议，而是与此思议相对底。所以思议中底大全，与大全必不相符。……所以对于大全，一涉思议，即成错误"。（《新原人》第九八页）那么，所谓"由如此思而知有大全，……知有大全，则似乎如在大全之外只见大全，而不见其中的部分，……则可自觉其自同于大全"云云，不成错误，便是戏论。这是一。依他说："新理学虽说：一即一切，一切即一，（即是"总一切底有，谓之大全。大全就是一切底有"。——素）但并不肯定，一切事物之间，有内部的关联或内在底关系。新理学所谓一，只肯定一形式底统一。"（这也是他的形式主义在作祟。——素）如此，即使人可能"自同于大全"，又怎能使人发生"与物浑然一体"之类的情感而出于实践？这是二。

在《新原人》中冯氏又援引佛家的"证真如"或道家的"得道"为证，说"'证真如'的境界以及'得道'的境界，都是所谓同天的境界"。（《新原人》第九七页）但是佛家的所谓"真如"与道家的所谓"道"，都是指所谓"本体"说的（所谓"本体"是有内容的，不是形式的。——素）。所以在"理论"上到了"证真如"和"得道"的境界，精神与本体合一，便算"证"了"得"了，虽然实际没有所谓本体，但话还说得过去。而在"实践"上，他们可以玩弄精神去求"证"求"得"。正如颜习斋所说："今使辣起静坐，不扰以事为，不杂以傍念，敏者数十日，钝者三五年，皆可洞照万象如镜花水月；做此功至此，快然自喜，以为得之矣。"（《存人编》）这种仿佛迷离的自己催眠训练得来的境界，自可以自欺欺人，自"以为得之"。但在主张纯"形式底观念"的冯氏，又怎能援引他们来相比拟呢？即以儒家而论，就是说过"万物皆备于我"的孟子，关于仁，也还说是"亲亲而仁民，仁民而爱物"。与孔子所说的仁为"爱人"一致。但"仁民"与"爱物"有别，不是笼统地说"仁"，而是推己及人，由近而远的。由这种"推己及人"的想法，也可能发生"痛痒相关的情感"。张横渠所谓"民吾同胞，物吾与也"，还有孔孟的余风。其所谓"乾称父，坤称母"、"尊高年所以长其长，慈孤弱所以幼其幼"之类，犹是利用这种家人长幼的观念，去引起其人的"痛痒相关的情感"。至于程明道所谓"仁者浑然与物一体"的说法，早已深受二氏（道、释）本体论的影响，而把"仁"看成仿佛二氏所谓"道"或"真如"的东西。不是孔孟所谓"仁"。这样地了解"仁"尚可勉强地说"仁者浑然与物一体"。但在冯氏，其所谓"理智底总括"所得来的"大全"这一观念，则只是一个"空底观念"。既无内容，也"并不肯定"，一切事物之间，有"内部底关联或内在底关系"，又怎能使人"思"它一下，便发生趋赴实践的"情感"呢？所以，附会也无用处，形式的观念，究竟不能引起热烈的情感。

冯氏似乎也感到这种弱点，所以，索性承认"同天地境界，本是所谓神秘主义底"。（《新原人》第九八页）可是对于"理智"犹有余变，终于又作了一个神秘的声明，"不可思议底，不可了解底，是思议了解的最高底收获。哲学底神秘主义是思议了解的最后底成就，不是与思议了解对立底。"（《新原人》第九八至九九页）我觉得这样说或许更真实些，即神秘主义是形式主义最后的归宿。

但是实践的问题，还是要解决的。所以他说："哲学虽有如此底功用（即"可以使人知天事天乐天以至同天"的功用。——素），但只能使人知天，可以使人到天地境界，而不能使人常住于天地境界。欲常住于天地境界，则人须对如此底哲学底见解，'以诚敬存之'。"（《新原人》第一一七页）这种神秘主义的境界，除了利用宗教性的信仰的办法"以诚敬存之"之外，也就难得"常住"的了。他在另一地方也露出了马脚，他说："如用一名以谓大全，使人见这可以起一种情感者，则可用天之名。"（《新理学》第三八页）原来如此！

五

冯氏的哲学，不但无力指导人生，而且也无力促进科学。这也是他"过河拆桥"的方法论之必然的结果。凡是能够指导科学的哲学，必定是概括了以前科学所达到的成果，而且不断地在吸收它们的新成果的哲学。这样，哲学就不能"不管事实"，不能"不着实际"。要管事实，要着实际，它的方法就得从实际概括得来，才能与实际运动的规律和谐一致；它的理论就要经得起实际的考验，才能一步步接近客观的真理。这样的哲学方法，同时也就是科学的方法。这样，才真正是"一行"，而不是"两行"。

然而"新理学"的方法，却是"过河拆桥"的方法。它虽也从经验出发，但"既已得之（观念等）之后，即见其并不另需经验以为证明"，便舍弃经验，脱离现实。它的观念命题都是"空底"、无"内容"的，所以由它看来，人便成为抽象的人，既是"人之所以为人"的人，把人的社会历史的性质抽"空"了。由它看来，事物的运动，也只是抽象的"一动"，它们到底怎样地动，它是不管的。这种方法，对于科学是无能的，是和科学的方法相反的。但是冯氏却得意地说："老子作为道与为学的分别，讲哲学或学哲学，是属于为道，不属于为学。"（《新原道》第一二一页）因此他认为哲学，与科学的知识不在"同一层次之内"："科学底知识，虽是广大精微，但亦是常识的延长，是与常识在同一层次之内底。"（《新原人》第二二页）又说："哲学与科学不同，在于哲学底知识，并不是常识的延长，不是与常识在同一层次上底知识。"（《新原人》第二四页）这样，他的玄学与世务的矛盾，终于发展成为他的"新理学"与科学的矛盾了。于是他武断说："凡哲学（其实只是玄学——他的新理学。——素）都是'失人情'底。因为一般人所有底知识，都是限于形象之内，而哲学（玄学。——素）的最高底目的，是要发现超乎形象者，哲学（玄学。——素）必讲到超乎形象者，然后才能合乎'玄之又玄'的标准。"（《新原道》第三七页）其实哲学并不是"失人情"的，真正的哲学也不需要讲到"合乎'玄之又玄'的标准"。他这样说只是因为他自己的哲学方法是和科学方法相反的玄学方法。治哲学是一套方法，治科学又是另一套方法。所以，他的所谓"极高明"与"道中庸"，毕竟还是"两行"不是"一行"。故虽"而"了，但仍不能使它们统一。就是说，冯氏的"新理学"，对于他所见的"高明与中庸的对立"的问题，也并没有解决。

他这种玄学的方法，对于科学是无能的最好的标本，就是他的《新原道》。这本著作，目的在于建立一个新道统，即"欲述中国哲学主流之进展，批评其得失，以见新理学在中国哲学中之地位。所以先述旧学，后标新统。异同之故明，斯继开之迹显。庶几世人可知新理学之称为新，非徒然也"。（《新原道》自叙）其所以以中国哲学史论的姿态出现，无非想借历史的"叙述"，以证明其正统之独承。所以他说："中国哲学的精神的进展，在汉朝受了逆转，……到玄学始入了正路。……在清朝又受了逆转，……到现在始又入了正路。我们于本章（即《新统》章。——素）以我们的新理学为例，以说明中国哲学的精神的最近底进展。"（《新原道》第一一三页）这就是说：到了"新理学"，"中国哲学的精神"才"又入了正路"。这是何等武断！这是何等僭妄！

照常理论，历史既经成为一种科学，哲学史乃至哲学史论，都不应在例外。在冯氏，既认为科学的知识和哲学的知识不同，不在"同一层次之内"，治中国哲学史自应该用科学的方法，从中国哲学的史实出发，概括出各个思想派别，追踪它们的递嬗发展，借以发现中国哲学史发展的规律，然后可以"批评其得失"。这样，我们才能得到一部科学的中国哲学史。可是冯氏在《新原道》中怎样做了呢？他却用他的形上学的观点，去割截中国哲学的史实，以适合他建立落后的道统的企图，凡中国哲学史实可以附会歪曲者则附会歪曲之，不能附会歪曲者则抹杀抛弃之。结果，他这本《新原道》，虽然附标着"中国哲学之精神"的标题，但实际至多只能说是表现"中国玄学之精神"的玄学史论（我说"至多"，因为他对于中国玄学家也不无曲解之处。——素）。证据呢？有的是。例如：关于儒家，附会孔子所谓"天"为他所谓"知天"的"天"，明明儒家是"于实行道德中求高底境界"（《新原道》第一八页），他却"知天，事天，乐天，同天"地附会得不亦乐乎。而对于后期儒家的大师荀子，则抹杀不谈。次如名家，只叙述公孙龙的学说，对于战国后期名学如《荀子》《墨辩》之类，只得毫无内容的二十七个字。至于整个时代被抹杀抛弃者，则为汉朝和清代，几乎使中国学术历史四分之一变成了空白。他的理由很简单，就是汉人的思想，"都不能超以象外"；"清朝人很似汉人，他们也不喜欢作抽象底思想，也只想而不思"。于此可见《新原道》作者是多么富于武断附会的勇气。于此可见玄学的方法论怎样有害于学术。至于指导科学，谈也不要谈了。

如果我们舍去这种"经虚涉旷"的玄学作风，采取"实事求是"的科学立场，则由科学到哲学，由常识到理论，由人生观到宇宙观，一句话说，由为学到做人，都可以用一贯的科学的方法去从事的。比方说，人们以"实事求是"的精神，研究自然，一样地可以认识自然是伟大的，知道了其中各部分的联系，便可以根据物质运动的法则，去征服自然，使它替人类服务。人们以"实事求是"的精神，研究社会，一样地可以知道社会是进化的，知道了它的发生和发展的途径，便可应用社会的运动的规律去改造社会，使它更适于人类的繁荣。……这样地得来的知识，这样地得到的宇宙人生观，对于人们做人做事上的帮助，总要比"最哲学底哲学"有力。有内容的知识，自然能够使人们的服务的情感更热烈，使人们奋斗的意志更坚强，丝毫用不着那种"以诚敬存之"的宗教式的修养方法；因为人们在为学做人的过程中，便已同时是在修养了。

一九四六年五月十八日于上海

原载《中国美术》第一期，1946 年 8 月

评冯友兰氏之哲学

周谷城

冯友兰先生之重要著作为《新理学》。《新理学》中，"理"实为其根本要点。我对于他所讲的这个根本要义，认为尚有许多困难不易讲通之处，兹分三点约略说说：一、理及理样本说之大意；二、理样本说之困难；三、理样本说之地位。

何谓理？冯先生自己说，理是"无所在而有"的东西，无所在，即不在时及任何方的意思：既不在时间之某一段，也不在空间的某一方；既不占空间的一个地位，也不占时间的一段历史。我们平时所见有的东西，只要是一件东西，无论它的寿命如何短，也无论它的体积如何小，都是要在时间上占一段，要在空间上占一处的。某种微生物，需要几千倍的显微镜，才能看得见。但只要它是存在的，它虽小，仍然在空间里占一地点。这种微生物活着的时间，或为一秒钟的几千分之一；但只要它是可称为存在的，它所占的时间虽短，它在时间上，仍须有一段历史。冯先生所讲的理，其存在不是这样的，它乃是超时空的：既不在时间上，也不在空间中，换言之，即无所在。就常识讲，凡不在任何时及任何方的东西，应该是不存在的东西；但理不是这样：它是"无所在而有"的，有即存在的意思，故理是无所在而仍存在的东西。这是我们应知道的一点。

其次理是物之所依。凡存在之物，必依照理，才能成就，否则不能成就。弓有弓之理，矢有矢之理，桌子有桌子之理，飞机有飞机之理。凡此等理，即此事物所依照，以成就其自身的。打个譬喻，理有如一个摹样本，物是依照这个样本成就的。我小时候写字，常由先生作一样子，我将白纸套在样本上，依样写之，写完之后，将样本抽去，我依样写出来的字，居然也像字。冯先生所谓理与物之关系，单就"依照"之义而言，颇与此相类。故我称之为理样本说。照理样本说的主张，凡物皆必有其依照之理：只要是存在的东西，都必须先有一个理在，以为其样本。这是第一点。

依照云云，本来就是理于物之关系，乃有很明确之规定。他说：理之于物，可规定之，而不能在之，即理可以定物，而不能跑到物里而去的意思。其次，物之于理，可依照之，而不能有之，即物可依照理，但不据为己有，换言之，即物虽依理而成，但其自身并没有理。这是第二点。又其次，理先物而存在，后物而不灭。譬如飞机，是最近的产物，但飞机之理是老早就存在的；飞机没了，其理则长住不灭。这是第三点。

理样本说的大意，约略如此，现在我们且因而指出其困难之所在。理样本说之困难，可从两方面言之：一、理之本源的方面；二、理之所在的方面。

就理之本源的方面言，有一不易解答之问题，即理的自身，是否也需要一种另外的理，以为样本，以为其自身的规定。这一问题，无论从正面解答，抑从反面解答，都有很大的困难。试从反面解答。

（1）谓理是超时空的，是无所在的：无所在的东西，即不必要有理以为样本，以为其自身的规定。但这样解答，最哲学的哲学不能采用：最哲学的哲学之所谓理，是不存在而"有"的，有即存在，存在即是东西，是东西就必有理，以为样本，以为其自身的规定。

（2）冯先生于此，或者可以说，存在的东西应分为两种：一为抽象的存在，一为具体的存在；理为抽象的存在，物为具体的存在。抽象的存在之理，不必再有理以为样本，以为其自身的规定。唯具体存在之物，始须有另外之理，以为样本，以为其自身的规定。但这样的说法，是唯物论的旧说。唯物论所说之理，是以物的存在为条件的；最哲学的哲学所说之理，如果也以具体存在之物为条件，则不免堕入唯物论的老窠臼里。从反面作解答，既有困难，无妨再从正面解答之。但从正面解答，困难亦复不少。

（3）从正面解答，即谓：理的自身既是存在的东西，理虽是抽象的，仍必有另外之理，以为样本？以为其自身的规定。这一点，冯先生无法否认；否则最哲学的哲学中所常提及的"大全"，即不能成立。大全不是个别的理之上者，当是与个别的理直接或间接发生规定作用者。

（4）不过承认了这一点，问题反而额外的麻烦。如桌子所以为桌子之理，既是一件东西，其上当更有一理，以为样本，以为其自身的规定；飞机所以为飞机之理，既是一件东西，其上亦当更有一理，以为样本，以为其自身的规定。而且每个"更有的一理"之上，仍必更有一理。如此则问题为不可决。

（5）如硬要解决这一问题，则须有一绝对独立，至高无上之理，俨然若理之大王；其自身为样本，但不须另外之样本，其自身能规定一切，但不是被规定者。最哲学的哲学中之所谓大全，似与此绝对独立，至高无上之理相当。但这里问题仍多。这个最高之理，若不是绝对独立，至高无上，则不能为众理所依照，或作众理之样本。换言之，亦即不能为众物所依照，或作众物之样本。

（6）何以故呢？因为最高之若不是绝对独立，至高无上，则起自身必仍是被规定者，且亦不是最后的一张样本。反之，最高之理若是绝对独立，至高无上的，则其数目便只有一个。以一个理作样本，作规定者，而为万物所依照，作万物之规定，则依照云云，其意义便极含糊。依照其全体乎？则万物依照一理，其式样当简单纯一至不可思议；然此与事实不相符合，盖今日所有的万物，其式样彼此并不完全相同也。依照其一部分乎？则其最高的理至于最低的物，如桌子弓矢飞机等，其间每下移一级，依照之义便打一折扣。如是桌子依照之理，必与桌子不能全同；弓矢等所依照之理，必与弓矢等不能全同；飞机所依照之理，必与飞机不能全同。自最高至最下，每一级仅依照其上一级的一部分，最后的物所依的理必极为有限。

（7）冯先生于此，或可解释之曰：依照之义，并不是这样机械的，能规定者与所规定者并不必完全一致。不过这种解释，不能保障一物必有一物之理，不能保障桌子有桌子之理，不能保障飞机有飞机之理。反之，且开了一张方便之门，可让一理作众物之规定。至是我们且可进一层曰：桌子或亦依照飞机所依照之理，飞机或亦依照桌子所依照之理，若果如是，则依照之义，将含糊至不可名言。这种情形，在科学上是很顺的，因为科学不说一物有一物之理，它只说：一物之成，乃若干因素构成了某一种不可移易之关系。但最哲学的哲学，先已认定一物有一物之理，今竟谓一物可依自身以外的他物之理，依照而云云，便不可通。

上所云云，系从理的本源方面，指出理样本说之难关。现在且进而从理的所在方面，指出理样本说之难关。

（8）最哲学的哲学之所谓理，系无所在而有的；其对于物，系规定之，而不能在之的。照这个说法，物的成就，固有赖于理；物的存在，实无须于理。何以故？实理之于物，仅规定之，而不能在之也。换句话说，理只于事物成就之时，发生规定作用；但不于事物存在之时，发生支持作用。这未免太过武断。

（9）且存在之物，皆是无理之物，则一切科学便无成科学之可能。如物理学，系研究物，而得理，而成科学者。今谓物无理，则物理学不能成为科学。动物学系研究动物，而得理，而成为科学者；今谓动物无理，则动物学亦不能成为科学。其他一切科学，也都是研究其对象，而得理，而成为科学者；今谓物无理，则一切科学都不能成为科学。但事实上，今日之科学，并非于物外追求，而得理，而成为科学者；反之，乃就物之本身，作观察，作分析，作实验，而得理，而成为科学者。可见理不在物之说，知道难通。

（10）且理既不在物，则物之变化，当亦与理无关。但事实上又不尽然。最哲学的哲学之所谓理，凡有两种不同的状态，有物时，曰理之"尊严"；无物时，曰理之"无能"：尊严与无能，显然为两态也。若果如是，则物在成就的过程中时，亦即自无而趋于有之时，理亦必自无能而趋于尊严。反之，物在毁灭的过程中时，亦为自有而趋于无之时，理亦必自尊严而趋于无能。同是一理，时而自无能趋于尊严，时而自尊严趋于无能，更便是理在变化。不仅变化而已，且系依物之变而变。依物之变而变，则又堕入唯物论之旧窠臼。再进一步，谓理变系与物相应而变，并非仅物而变者；但理的自身既已有变，则与物变理不变之说亦不能相容。盖最哲学的哲学主张理不变也。

上所批评，颇嫌简略。然为时间所限，且止于此。至于理样本说之地位，似徘徊于神学与玄学之间。孔德氏分人类知识思想之进化为三阶段：曰神学的阶段，曰玄学的阶段，曰科学的阶段是也。假若我们仍用这种分段作标准，则最哲学的哲学，实偏于神学一方面者。神或理，都是学者自己设立的，或约定的：其设或约定之时，都出于武断。但神学之理论，似较最哲学的哲学之理论为方便。神学于一次独断设立了神之后，即认神为全能的，为无所不在的：于是说理之时，觉得头头是道，颇为方便。但最哲学的哲学于一次设定了理之后，不认理为全能的，且认之为无所在的：这样一来，说理之时，便觉得应有障碍，极为不方便。

原载《大公报》1943 年 12 月 12 日

真际与实际

——冯友兰《新理学》商兑之一

陈家康

一、真际以实际为出发点

冯友兰先生所著《新理学》一书，乃是专讲真际的一个哲学系统。然而他所说的真际，又是完全脱离实际的真际。我们认为真际虽然与实际有别，但不应脱离实际。所以有商兑的必要。

凡是商兑一个问题，必须有一个双方共同承认的客观标准。不然，就无从商兑。我们与冯先生之间，是否有一个共同的客观的标准？我们认为有的。不但我们与冯先生之间有一个共同的客观的标准，我们与一切哲学家之间，都有一个共同的客观的标准。这个客观的标准就是实际。冯先生说："照以上所说，哲学可以说是不切实际而不管事实。就哲学之本身说，诚然如此，但就我们之所以得到哲学之程序说，我们仍是以事实或实际底事物为出发点。我们是人，人的知识，都是从经验中得来底。我们经验中所有者，都是有事实底存在底事物即实际底事物。哲学始于分析，解释经验，换言之，即分析解释经验中之实际底事物。由分析实际底事物而知实际。由知实际而知真际。"（《新理学》绪论第五节）据此，冯先生的哲学仍以实际为出发点。我现在和冯先生商兑的也是以实际为出发点。这样一来，我和冯先生之间就有一个双方共同承认的出发点。实际有实际的系统，冯先生以实际为出发点，其哲学系统必须合乎这个出发点，必须合乎实际的系统。如果我证明冯先生的哲学系统不合乎这个出发点，不合乎这个实际的系统，则其哲学就难于成立。此理自明，不必多加解释。

冯先生又说："我们以为理学即讲理之学。"（《新理学》绪论第一节）我们认为理也是一个客观的标准。何谓理？王国维说："《说文解字》第一篇：'理，治玉也；从玉，里声。'段玉裁注：'郑人谓玉之未理者为璞，是理为剖析。'由此类推，凡种种分析作用，皆得谓之理；《中庸》所谓文理密察，即指此作用。由此而分析作用之对象，事物之可分析粲然而有系统者，亦皆谓之理。《逸论语》曰：'孔子曰：美哉璠玙，远而望之，奂若也；近而视之，瑟若也。一则理胜，一则孚胜。'此从理之本义之动词一变而为名词者也。更推之而言他物，则曰地理（《易·系辞》），曰腠理（《韩非子》），曰色理，曰蚕理，曰箴理（《荀子》），就一切事物而言曰条理（《孟子》），然则理者，不过谓吾心分析之作用，及物之可分析者而已矣。"（《静庵文集·释理》）可见理，就其作为分析之对象而言，就是物之条理。理是客观存在之理。不待吾人之分析而始有，亦不因吾之不分析而即无。理即物，物即理。理物不二。冯先生的哲学既以讲理为宗旨，其哲学必须合乎理，必须合乎客观存在的理。如果我证明冯先生的哲学不合乎理，不合乎客观存在的理，则其哲学系统难于成立。此理自明，亦不必多加解释。

至于冯先生的哲学究竟承接什么哲学系统而来，这也是一个重要问题。譬如冯先生说："我们现在所讲之系统，大体上是承接宋明道学中之理学一派"（《新理学》绪论第一节）。宋明理学也是不合乎客观实际的哲学系统。冯先生承接之，当然跟着程朱脱离实际。脱离实际就说不通行不通，说不通行不通就不能叫作真理。冯先生不怕行不通，但是不能不怕说不通。

二、脱离实际的先声

冯先生以脱离实际为其哲学的特点。脱离实际不但行不通，而且说不通。我们还要详细讨论。现在先讲一讲冯先生脱离实际的先声。这就是把哲学与科学的联系割断。

冯先生说："我们现在要说明者，即哲学与科学之分别。所谓科学，其意义亦很不定。有人以为凡是依逻辑讲底确切底学问，都是科学。如果所谓科学是如此底意义，则哲学亦科学。本书所讲科学，不是取其如此底广义。本书所谓科学或科学底，均指普通所谓自然科学。就自然科学说，哲学与科学完全是两种底学问。"（《新理学》绪论第二节）自然科学以实际为出发点，谁都承认。哲学也是以实际为出发点，冯先生自己也承认。既然两者都以实际为出发点，为什么又是两种学问？冯先生何以自解？

在我们看来，一切学术都是由实际出发的一种东西，部门尽管不同，本质总是一样。冯先生把真际和实际分家，于是不能不把科学与哲学分家。说科学研究实际，哲学研究真际。冯先生说过，由知实际而知真际。是否冯先生也要承认由知科学而知哲学？以冯先生之理推之，如无科学，则哲学从何而来？根据冯先生所说，必然得出哲学必然以科学为基础的结论。然则哲学在其出发点时，必以科学为基础，岂不明显？但冯先生又反对哲学以科学为基础（《新理学》绪论第七节），又岂非自相矛盾？

我们认为哲学固然要研究真际，但何尝不研究实际。科学固然研究实际，但何尝不研究真际？哲学与科学同时以实际为基础。哲学乃系科学之一种。就其相互关系而言，哲学离不开自然科学与社会科学，自然科学社会科学也离不开哲学。这样一来，非常通。没有说不通的毛病。

三、冯先生的思想方法

哲学家的思想方法论是一个根本问题。讨论一个哲学系统而不涉及其思想方法论，是绝对要不得的。因此，我们特别注意冯先生的思想方法论。

冯先生的思想方法论是形式逻辑，或者说是新形式逻辑，其特点就是承认思想可以与实际脱离。冯先生说："我们的看法，哲学乃自纯思之观点，对于经验作理智底分析，综括，及解释，而又以名言出之者。哲学之有靠人之思与辩。"（《新理学》绪论第三节）又说："照上所说我们可知哲学中之观点，命题，及其推论，多是形式底、逻辑底，而不是事实底、经验底。"（《新理学》绪论第四节）这里提出一个哲学上的大问题，就是逻辑与实际的关系问题。冯先生认为哲学是形式底、逻辑底，而不是事实底、经验底。这等于说，逻辑底不是实际底。其实，说逻辑底不是实际底，是说不通底。逻辑与实际不能脱节。

关于逻辑底不是实际底这个基本问题，冯先生有详细的解释。他说："我们现在暂先举普通逻辑中所常举之推论之例，以明此点。普通逻辑中常说：凡人皆有死，甲是人，甲有死。有人以为形式底演绎底逻辑。何以知'凡人皆死'？何以知'甲是人'？如欲知'凡人皆有死'，即必须靠归纳法；若欲知'甲是人'，则必须靠历史底知识。因此可见形式底演绎底逻辑，是无用底，至少亦是无大用底。其实这种说法，完全是由于不了解形式逻辑。于此所举推论中，形式逻辑对于凡人是否皆有死，及甲是否是人，皆无肯定。于此推论中，形式逻辑所肯定者只是：若果凡人皆有死，若果甲是人，则甲必是有死底。于此推论中，逻辑所肯定者，可以离开实际而仍是真底。假令实际中没有人，实际中没有人之甲，这个推论，所肯定者，还是真底。不过若使实际中没有人时，没有人说他而已。不仅推论如此，即逻辑之中普通命题，亦皆不肯定其主词之存在。不过旧逻辑中，未明白表示此点，所以易引起误会。新逻辑中普通命题之形式与旧逻辑中不同。例如'凡人皆有死'之命题，在新逻辑中之形式为'对于所有甲，如果甲是人，甲是有死底。'此对于实际中有否是人之甲，并不肯定。但肯定：如果有是人之甲，此是人之甲是有死底。上文说：哲学之观念命题及其推论多为形式底、逻辑底，而不是事实底、经验底。我们必了解上所说逻辑之特点，然后可了解此言之意义。"（《新理学》绪论第四节）据此可知冯先生主张逻辑可以脱离实际，亦即思想可以脱离实际。思想一经脱离实际之后，实际在一定程度上便管不着思想。思想便可以任意奔放。实际只好登报声明，说这种思想早已与实际无关。如有错误，实际对之，概不负责。不但实际要出来声明，真际也要出来声明。因为冯先生把真际的老家抛弃了。

冯先生哲学思想的程序说起来也简单，只有三个步骤，所谓性、类、理便是。

第一个步骤是求得性。何谓性？冯先生说："例如我们见一个方底物，我们说'这是方底'此一命题，可有两种解释。一种是普通逻辑中所说对于命题之内涵底解释。照这一种解释，我们说'这是方底'，即是说：'这'有'方'之性或是说'这'是依照'方'之理者。我们刚才所说之'方'即是指'方'之理说。关于方之理或其他理，我们以后详说。现只说：我们说'这是方底'之时，我们的意思，若是说：'这'有方之性，则我们所以能得此命题者，即因我们的思之官能，将'这'加以分析，而见其有许多性，并于其许多性中，特提出方之性，于是我们乃得到'这是方底'之命题，于是我们乃说：'这是方底'。"（《新理学》绪论第三节）据此，我们明白冯先生思想方法的第一个步骤是求得物之性。如果说：我们必须得物之性。这句话并不算错。然而，实际的物，不仅有性，而且有质。冯先生将"这"加以分析，而见其有许多性。殊不知将"这"加以分析，还有许多质。冯先生所见者，乃系实际之物之一面，而非其全面。这一点姑且不论。现在研究冯先生怎样把"性"发展而为"类"。

"类"是冯先生哲学思想的第二步骤。何谓类？冯先生说："'这是方底'之命题之另一种解释，是普通逻辑中所谓对于命题之外延底解释。照这种解释，我则说：'这是方底'，即是说：'这'是属于方底物之类中。依此解释，则我们所以有此命题，乃我们知有一方底物之类，我们不知在实际中果有方底事物若干，但我们可思一方底物之类，将所有方底物，一概包括。（此上是冯先生所谓类的第一层意思）我们并可思及一类，其类中并没有实际底分子。此即普通逻辑中所谓零类或空类。例如我们可思及一绝对地方底物之类。但绝对地方底物，实际中是没有的。（以上是冯先生所谓类的第二层意思）我们并可思一类，其中底分子，实际中有否，我们并不知之。例如，我们可以思及'火星上底人'之类。我们并不知火星上果有人否，但我们可思及此类，如火星上有人，则此类即将其一概包括。（以上是冯先生所谓类的第三层意思）此即所谓作理智底总括。何以谓为理智底总括？因为这种总括，亦惟在思中行之。"（《新理学》绪论第三节）总之，分析而得性，总括而得类。类乃性之总括。性尽管是实性，但类可能是空类。此就是冯先生思想方法之中心。何以见得？再引冯先生自己的话作证。冯先生说："总括是与分析相对者，总括与普通所谓综合不同。综合是把不同底事物或观念合而为一。总括是相同底事物，即事物之有同性者，作为一类而观之。综合是一种工作，一种手续；总括是一种看法"。又说："就我们用思之程序说，总括是在分析之后。例如有一方底物，我们的思将其分析，见其有方性。再将所有有方性底物，总括而思之，即得方底物之类之观念。我们不知亦不能知，实际上方底物，果有多少，但我们可将其一概总括而思之。此阶段之思是及于实际者。此即我们上文所说，由分析实际底事物而知实际"。（以上说明冯先生尚未脱离以实际为出发点）冯先生又说："于有类之观念后（于有类之观念后一语，表示冯先生完全脱离实际，而以观念为其哲学基础），我们又可见，我们于思及某类，或说及某类时，并不必肯定某类即有实际底分子。如果我们只思及某类或说及某类而并不肯定其中有实际底分子，则我们所思，即不是某种实际底事物之类，而是某之类。例如我们如不肯定实际上果有方底物而但思及'方类'，则我们所思，即不是实际底方底物之类，而是方之类。所谓某之类，究极言之，即是某之理。例如方之类，究极言之，即是方之理。关于理我们以下详说。现系从类之观点讨论，所以我们不称为某之理，而称为某之类。"（以上所引俱见《新理学》第一章第二节）据冯先生所谓类开始时仍然是物类，是实际。不料转瞬之间这种物类实际一变而为没有物没有实际的类。这种没有物没有实际的类，在我们看来，才是所谓零类或空类。例如方底物，这明明是一物类是一实类。离开方物而言方，则方是一零类或空类。此理自明，不用多加解释。当冯先生以实际为出发点时，他何尝不承认先有方物然后有方，他何尝不承认先有方物之类然后有方之类。因而方物不能不是物类或实类，所谓方不能不是零类或空类。谁知冯先生的思想走到半途，忽然把物类实类与零类空类的位置颠倒过来。他认为方之类不是零类不是空类，反而方物之类却是零类与空类。冯先生说："若仅有方之理而无实现之实际底物，则方之理即只有真而无实。'方'即是纯真际底。方底物之类，即仅是一可有之类，一空类"。（《新理学》第一章第四节）从前有一个笑话，说有一个差人解着一个犯罪的和尚。晚上宿店。和尚把差人的头发剃了，穿上和尚的衣服，和尚反而逃掉了。第二天早上差人醒来，不见和尚了。后来差人看见自己身上的和尚衣服，又用手向自己头上一摸，光光的。于是差人大声叫道：和尚找着了，在这里，但是我自己到哪里去了呢？冯先生的思想方法就是从这位和尚学来的。他把物类实类随手变成零类空类，反而把零类空类变成真有之类。假使这位实际先生并不如差人之糊涂，大声叫道，我不愿戴冯先生加在我头上的这顶零类或空类的帽子。冯先生其将如之何。因此，冯先生思想程序的第二个步骤就出现了比第一个步骤更为显然的漏洞。

再说第三个步骤，即理。冯先生说："就我们得到知识之程序说，我们已知属于每一类之事物皆有同性，例如属于方底事物之类之物皆有方性。每类物所同有之性，我们可以将其离开此类之实际底物单独而思之。（按每类物所同有之性绝对不能离开此类之实际底物而单独思之，冯先生致误之处即在此）在中国哲学史中，公孙龙最先注意此点。公孙龙所主张之'离坚白'，即将坚或白离开坚白石而单独思之也。此单独为思之对象之坚或白，即坚白之所以为坚或白者，即坚底物或白底物之所以为然之理也"。（《新理学》第一章第四节）据此，由冯先生得到其哲学知识之程序言，冯先生所谓理是由类转变而来的。故谓"所谓某之类，究极言之，即是某之理"（《新理学》第一章第四节）。足见理是由类而来的，类是由性而来的。但一转手之间，冯先生便把这个程序颠倒过来了。冯先生说："凡方物必有其所以为方者，必皆依照方之所以为方者，此方之所以为方者，为凡方底物所皆依照而因以成其为方者，即方之理。凡方底物依照方之理而为方，其所依照于方之理者即其性。凡依照某所以然之理而成为某种物之类，即实现某理，即有某性。理之实现于物者为性。"（《新理学》第一章第四节）据此则类是由理来的，性是由类来的，或者说，性是由理来的。可见冯先生认为有两种程序：（一）得到知识程序，由性而类而理；（二）哲学程序，由理而类而性。这两个程序是相反的，其中必有一个是顺行的，必有一个是逆行的。冯先生当然认定哲学的程序是顺行的，得到知识的程序是逆行的。我们认为冯先生以实际为出发点，即其得到知识的程序，还不失为顺行。冯先生的哲学系统，则完全是逆行。

经过这一番讨论，我们对冯先生的思想方法论更多了一层了解，原来我们了解冯先生思想方法论的第一个特点，即思想脱离实际。现在我们了解冯先生思想方法论的第二个特点，即在思想脱离实际之后，便颠倒过来，把思想放在前面，实际放在后面；把思想放在上面，实际放在下面。冯先生的思想脱离实际，不是偶然的，而是经过所谓得到知识的程序，一步一步实现的。等到冯先生的哲学系统完成之后，便离开他的出发点（即实际）达十万八千里之远。

再者，冯先生说过："哲学之有靠人之思与辩"。（《新理学》第一章第四节）哲学家必须靠思想，这是大家公认的。岂独哲学家，自然科学家社会科学家也要依靠思想。不过，根本问题在于思想方法。如果思想方法是以实际为出发点，同时又能坚持这个出发点而不任意脱离，则思想作用，只会加强，不会错误。如果开始时虽以实际为出发点，但走到中途，便要脱离实际，抛弃自己的出发点，其思想一定错误，思想错误，则思想作用，一定减弱。这是至理。

何况离开实际之后，虽有思想亦不能求得真理。关于仅仅依靠思想而不能求得真理这一点，前人已先于我而言之。顾泾阳云："孔子七十从心不逾矩，始可以言心即理。七十之前尚不知如何也。颜子其心三月不违仁，始可以言心即理。三月以后，尚不知如何也。若漫曰心即理也，吾问其心之得不得而已。此乃无星之秤，无寸之尺，其于轻重长短，几何不颠倒失措也。"

(《明儒学案》卷五十八"论学书与李见罗")仅仅依靠心以为理,仅仅依靠思想以求理,而不问思想方法如何,昔人讥为无星之秤,无寸之尺。这一点的确是一个大问题。

再进一层说,思想虽然在一定程度上脱离实际,最后仍然逃不出实际之外。冯先生说:"如此看来,我们的思,分析时则细入毫芒;总括则贯通各时各地。程明道的诗:'心通天地有形外,思入风云变态中',可以为我们的思咏了。"(《新理学》绪论第三节)好像冯先生真能游心于物之外,游心于实际之外。但是细加分析,冯先生的哲学思想,哪一点不是实际的产物?连企图游心于物之外,游心于实际之外这一主张的本身,都是实际的产物。何况其他?历史上多少哲学家企图逃避实际,结果都逃不了。我曾为企图逃避实际的哲学家作一偈子曰:"心如孙悟空,物是如来佛。屡翻筋斗云,手掌逃不出。"不知冯先生以为然否?

再说辩。冯先生所谓辩是从名言辩论。他说:"哲学是说出来或写出之道理。此说出或写出即是辩。"(《新理学》绪论第三节)我们所谓辩虽然也是辩论,但其目的在于发现矛盾。首先在于发现实际之中的矛盾。思想是反映实际的,从而实际发现思想之中的矛盾,以便进求思想之中的矛盾与实际之中的矛盾,究竟如何联系。正因为思想是反映实际的,以故思想不但有与思想互相矛盾之可能,而且思想有与实际矛盾之可能。从而思想与实际之间的矛盾,亦在发现之列。辩之目的既在发现矛盾,故必有所争。争必有所是非。是非既明然后有所当。《墨经》谓:"辩,争也。争胜,当也。"(《墨子·经上》第四十)就是这个意思。可见这种争辩的办法,在中国是古已有之。我和冯先生讨论哲学,就是辩。还有一层意思,我们是唯物论者,冯先生不是唯物论者,我们不能拿唯物论来强人同己。但是客观的真理只有一个。我们不问冯先生的哲学系统合不合乎唯物论。我们只问冯先生的哲学合不合乎客观的真理。如果冯先生《新理学》所讲之理并非客观的真理,那么,冯先生的学说便站不住。假使我们唯物论所讲之理并非客观的真理,那么,我们的唯物论也站不住。一切以客观的真理为标准,就会得到好结果。因此,我们除了说冯先生的哲学系统不合客观的真理而外,不说他不合乎唯物论,盖冯先生本非唯物论者,怎能强求其合乎唯物论?

四、何谓"最哲学底哲学"

要弄清冯先生哲学的内在矛盾，必须懂得冯先生名其哲学为"最哲学底哲学"。何谓"最哲学底哲学"呢？冯先生有一段文章是其最哲学底哲学所从出，亦为其矛盾所从出。录在下面。

> 哲学对于真际。只形式地有所肯定，而不事实地有所肯定。换言之，哲学只对于真际有所肯定，而不特别对于实际有所肯定。真际与实际不同，真际是指凡可称为有者，亦可名为本然；实际是指有事实底存在者，亦可名为自然。真者，言其无妄；实者，言其不虚。本然者，本来即然；自然者，自己而然。实际又与实际底事物不同。实际底事物是指有事实底存在底事事物物，例如这个桌子、那个椅子等。实际是指所有底有事实底存在者。有某一件有事实底存在底事物，必有实际，但有实际不必有某一件有事实底存在底事物。属于实际中者亦属于真际中，但属于真际中者不必属于实际中。我们可以说：有实者必有真，但有真者不必有实；是实者必是无妄，但是真者未必不虚。其只属于真际中而不属于实际中者，即只是无妄而不是不虚者，我们说它是属于纯真际中，或是纯真际底。如以图表示此诸分别，其图如下：

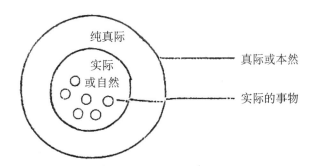

就此图所示者说，则对于真际有所肯定者，亦对于实际有所肯定。但其对于实际所肯定者，仅其"是真际底"之方面，而不及于其"是真际底"外之他方面。例如对于动物有所肯定者，亦对于人有所肯定。但其对于人有所肯定者，只其"是动物"之方面，而不及于其"是动物"外之他方面。我们说哲学对于真际有所肯定，而不特别对于实际有所肯定，"特别"二字所表示者即此。（《新理学》绪论第四节）

这一段文字，凡研究冯友兰哲学体系者必须熟读。冯友兰哲学体系的中心点，就是把实际与真际分开，或者说把实际与真际分家。冯先生是否肯定这种脱离的真际是真的？是否肯定这种脱离实际的真际合乎客观真理呢？根据冯先生所谓"哲学对于真际，只形式地有所肯定，而不事实地有所肯定"一语看来，足见冯先生没有从实际上肯定真际，仅仅从形式逻辑上肯定真际。然而当我们说明冯先生所谓真际完全不是真的，以及完全不合乎客观真理时，我仍然从两方面解释：第一方面，从实际上解释；第二方面，针对形式逻辑来解释。

第一方面，从实际上解释。从实际上看来，冯先生"真际"，即脱离实际之真际不是真的。何谓真？有凭有据之谓真，无凭无据就不真。实际都是有凭有据的。脱离实际之真际，无凭无据，怎样谈得上真？冯先生虽然声明："而不特别对于实际有所肯定"。（《新理学》绪论第四节）但是冯先生对于实际已有最重大的肯定。他肯定客观的真理合乎他所谓真际。他说："……亦对于实际有所肯定。但其对于实际所肯定者，仅其'是真际底'之方面……"（《新理学》绪论第四节）难道这不是一个最大的肯定吗？既然冯先生对于实际有所肯定，我就可以根据实际来检讨客观实际与冯先生所谓真际之间的关系。如果我能根据客观实际证明客观实际并不是依照或者依据冯先生所谓真际而来的，那么，我就能够说明冯先生所谓真际完全不合乎客观实际。既然我能证明冯先生所谓真际不合乎客观实际，那么，冯先生认为实际是真际底这个重大的肯定，就站脚不住。所以我和冯先生商兑的文章，都是根据实际来攻破他的所谓真际。

第二方面，针对形式逻辑来解释。冯先生的哲学基础既然是形式逻辑，因此，形式逻辑如果对，冯先生的哲学系统必然对；形式逻辑如果错，冯先生的哲学系统非错不可。就冯先生所谓"哲学对于真际，只形式地有所肯定"，一语看来，足见形式逻辑乃是所谓真际的基础，如果形式逻辑错了，真际非错不可。因此，攻破形式逻辑，必然成为我和冯先生商兑的第一个要点。怎样攻破形式逻辑呢？我仍然根据实际。有人说，形式逻辑对于实际并无肯定，你却根据实际来攻破形式逻辑，岂非隔靴搔痒？我回答说，纵然主张形式逻辑的人口口声声说明对于实际无所肯定，但是，他总不肯承认形式逻辑与实际根本没有关系。假使主张形式逻辑的人肯于承认形式逻辑与实际根本没有关系，肯于承认实际有实际的逻辑，这样一来，形式逻辑丝毫不能范围实际的发展，形式逻辑岂不变成了文字游戏？所以形式逻辑对于实际必然要作一个基本的肯定，即肯定实际总要依照或依据形式逻辑所规定的形式以为发展。冯友兰先生的哲学系统就是一个最好的例子。冯先生所谓理，是逻辑的，形式的，但是实际必须依照这个理。冯先生所谓气，是逻辑的，是形式的！但是实际必须依据这个气。冯先生所谓的真际，是逻辑的，形式的，但是实际必须依照和依据这个真际。既然主张形式逻辑的人肯定实际总要依照和依据形式逻辑所规定的形式以为发展，而且他们认定古往今来一切实际已经依照和依据形式逻辑所规定的形式以为发展，因此我们就能根据实际来检讨形式逻辑。假使我们根据实际，并且证明实际并非依照和依据形式逻辑所规定的形式以为发展，这就证明形式逻辑站脚不住。主张形式逻辑的人明明知道形式与实际的关系乃是他们的致命要害，所以不愿人家从此处进攻。我们反对形式逻辑的人既然找出了这个致命的要害，试问我们不从这个致命的要害楔入，还从何处楔入？试问我们不从形式与实际的关系楔入，还从何处楔入？试问我们不根据实际，还根据什么？

形式逻辑，无论是新的也好，旧的也好，都是一样，只要形式，不要实际。形式逻辑的毛病就在于把形式与实际分开，冯先生把真际与实际分开，就是应用这个办法，所以他认为对于真际只形式地有所肯定。结果，使真际完全变成一个形式。其实，形式与实际内容是分不开的。如果把形式的实际内容完全挖空，结果形式就成为空空洞洞的形式，不代表任何实际内容的形式，这种形式本身就毫无意义，还能回过头来范围实际吗？这种形式还有用吗？

形式与实际的分裂，或者说思想与实际的分裂，这是任何一种形式逻辑所共有的毛病。这是一个老毛病，从奠定形式逻辑之基础的古代的亚里士多德起，就有这个毛病。康德有这个毛病。莱布尼兹有这个毛病。福来格与罗素也有这个毛病。反对福来格，罗素和伟更司坦以及发扬伟更司坦而在少数中国大学教授中流行的莫利兹石里克的学说，同样有这个毛病。旧形式逻辑有这个毛病，新形式逻辑也有这个毛病。冯先生自命其逻辑为新形式逻辑，当然也有这个毛病。还有咱们古代的公孙龙有这个毛病，两宋的程朱也有这个毛病。

至于我们反对形式逻辑，并非反对形式，而是反对形式主义。任何逻辑都有判断，有判断就有判断的形式。我们当然要形式，不要形式是讲不通的。我们不但要形式，而且要最精确的形式，最有实际内容的形式。今天讲形式逻辑的人，不是误于形式，而是误于形式主义。今天的形式逻辑，老实说，不过是形式主义的逻辑而已。而且反对形式主义的逻辑，也不必请外国的哲学大师来讲话，把我们古代的墨家请出来就够了。墨家对于名实问题讲得最透彻。名就是我们所谓形式，实就是我们所谓实际。《墨经》谓："告以文名，举彼实也"。又谓："是名也止于是实也"。（《墨子·经说上》第四十二）又谓："名实合为。"（《墨子·经说上》第四十）又谓："有文实也，而后谓之；无文实也，则无谓也。"（《墨子·经说上》第四十三）又谓："举，拟实也。"又谓："言，出举也。"（《墨子·经说上》第四十）据此，足见我们古代哲学家认为名与实是分不开的，即是说形式与实际是分不开的。名的作用就在于举实拟实。"文名"和"文实"的"文"字可作之字讲，因此，有之实而后谓之，才有之名。无之实则不能谓之，便无之名。无实则无谓，无谓则无名。实乃名之主，名乃实之宾。人类之所以贵者莫过于知识。何谓知？《墨经》谓："知，接也。"（《墨子·经说上》第四十）又谓："知其所以不知，说在以名取。"（《墨子·经说上》第四十一）足见知必须接触实际，而名乃知之工具，用以取实而已。所以名在任何条件之下都不能脱离实，形式在任何条件下都不能脱离实际。就其出发点而言，名不能脱离实，形式不能脱离实际。就其归宿点而言，名也不能脱离实，形式也不能脱离实际。形式逻辑使名脱离实，使形式脱离实际，无论如何不对。不知冯先生以为如何？再者，冯先生所谓新形式逻辑并不稀奇，不过比旧形式逻辑多几个"若果"、"如果"、"假令"而已。（《新理学》绪论第四节第一段）冯先生说："不过旧逻辑中，未明白表示此点，所以易引起误会。新逻辑中普通命题之形式与旧逻辑中不同。例如'凡人皆有死'之命题，在新逻辑中之形式为：'对于所有底甲，如果甲是人，甲是有死底'，此对于实际中有否是人之甲，并不作肯定。但肯定，如果有人之甲，此人之甲是有死底。"（《新理学》绪论第四节）既然"甲是有死底"，于是不能不有其他新形式逻辑的命题。即"若果凡人皆有死，若果甲是人，则甲必是有死底。"（《新理学》绪论第四节）可见新形式逻辑不过多用几个若果字眼而已。

多用几个若果字眼，是否可使新形式逻辑说得通呢？我肯定的回答是实际上说不通。因为"若果"仍须合乎实际，不合乎实际的"若果"，仍然站脚不住。假使我们说："若果凡人皆是无死底，若果甲是人，则甲必是无死底"。这个命题完全合乎冯先生所谓新逻辑的形式。冯先生能够说这个命题的形式错吗？岂独冯先生，恐怕全世界新形式逻辑的大师也不能够说这个命题的形式错罢。但是客观实际证明"若果凡人皆无死"这个命题错了，你又有什么办法说它不错？足见形式上认为是对的，实际上不见得就对。形式上认为是真的，实际上不见得就真。形式上认为说得通的，实际上不见得就说得通。

冯先生从其形式逻辑上认定实际与真际的关系是"若果——则"的关系。他说："实际底事物涵蕴实际；实际涵蕴真际。此所谓涵蕴，即'若果——则'之关系。有实际底事物必有实际；有实际必有真际。但有实际不必有某一实际底事物，有真际不必有实际。"（《新理学》第一章第一节）所谓"若果——则"者，即若果有实际则此实际必须依照和依据真际，若果无此实际则无所谓依照和依据真际。"若果——则"是冯先生替实际规定的义务。若果有实际而不依照和依据冯先生所谓真际，请问冯先生有什么办法强求实际服从"若果——则"的肯定？

更进一层说，冯先生何以能知真际是真的？假使冯先生必须找出许多真凭实据来证明真际是真的，这就是实际的有所肯定。假使冯先生对于真际仅作形式的肯定，那么，他只能说：若果真际是真的则将如何如何。至于真际究竟是不是真的，冯先生并不能予以肯定。再进一层说，宇宙间究竟有没有真际这个东西，冯先生也不能予以肯定。冯先生只能说：若果有真际则将如何如何。再进一层说，形式逻辑本身究竟是不是真的，冯先生也不能予以肯定，冯先生只能说：若果形式逻辑是真的，则将如何如何。这种形式逻辑有什么用处呢？其所以没有用处，就因为形式脱离了实际。

我们认为，真际与实际在本质上没有区别。我们说在本质上没有区别，并非说没有任何区别。实际是客观的存在。真际则是人类用脑力劳动由实际中提炼出来的主观存在。实际是客观的真际；真际是主观的实际。主客不二，以故真实不二。所以，我们在本质上说，真际与实际之间并无区别。这年头作兴画图，我也来画一个。不过很简单，只是一个圆圈（见下图）。

这就叫做真际与实际的本质图。就此图所示者说，实际不外于真际，真际不外于实际。实理不外于真理，真理不外于实理。越实越真，越真越实。不实者不真，不真者不实。冯先生所谓真际脱离了实际，所以不是真理，最哲学的哲学脱离了实际，所以不是实理，同时也不是真理。

五、出发点与分歧点

冯先生以实际为出发点，我已经提过了。这个出发点是不错了。冯先生之脱离实际不在这个出发点上脱离，而是在一个分歧点上脱离。这个脱离实际的分歧点，我已经找出来了，就是"既已得之之后"。冯先生说："哲学中之观念、命题及推论，之系形式底逻辑底者，其本身虽系形式底逻辑底，但我们所以得之，则靠经验。我们之所以得之虽靠经验，但我们既已得之之后，即见其并不另需经验以为证明。其所以如此者，因此种观念、命题及推论，对于实际，并无所主张，无所肯定，或最少主张，最少肯定。"（《新理学》绪论第五节）我不是说冯先生在以实际为出发点时，本无脱离实际之打算。我只是说冯先生在以实际为出发点时，虽有脱离实际的打算，但其完全脱离实际，则在"既已得之之后"，不在尚未得之之前。

"既已得之之后"是一个新的阶段。不但冯先生要求这个新的阶段，我们同样要求这个新的阶段。因为尚未得之之前，不过是未经脑力劳动所提炼的实际。既已得之之后，才能产生由脑力劳动所提炼出来的真际。以故，问题不在于"既得"，而在"既得"之后，是否把所得之真际脱离产生真际的实际。分歧点就在于冯先生于既已得之之后，毫不迟疑的脱离实际，至于我们在既已得之之后，仍然不肯脱离实际。

六、哲学之有用与无用

冯先生说:"哲学所以不切实际者,因其本不注重讲实际也。其所以不合实用,因其所讲之真际,本非我们所能用也。"又说:"哲学对于其所讲之真际,不用之而只观之。就其只观之而不用说,哲学可以说是无用。如其有用,亦是无用之用。"(以上见《新理学》绪论第六节)

冯先生一方面承认哲学不切实际、不合实用,另一方面又肯定实际"是真际底",这是说不通的。如果冯先生肯定实际"是真际底",这就证明冯先生准备拿他的哲学用之于实际,拿他的哲学作为实际之所依照,之所依据。假使冯先生坚持实际必须依照和依据他的真际以及他的理和气,这就叫作有用。正因为冯先生的哲学有用,所以我们根据实际和他讨论。至于冯先生自命其哲学为无用或无用之用,不过是几句客气话而已。

七、关于中国哲学的遗产

冯先生自认其哲学是承接宋明道学中之理学一派而讲的,这涉及了中国哲学的遗产问题。我们当然主张接受中国哲学上的宝贵遗产。但与冯先生之间犹有取舍之不同。冯先生把接受中国哲学遗产问题叫作"上继往圣"。这句话蛮有中国味道,颇不坏。现在就"上继往圣"一点来看冯先生的哲学。冯先生说:"在中国哲学史中,先秦哲学,派别很多,未可一概而论,自秦以降,汉人最富于科学底精神"。又说:"晋人则最富于哲学底精神。先秦所有之逻辑底观念,此时人又恢复其逻辑底意义。"又说:"晋人虽有'不著实际'之倾向,而对于实际并未作有系统底肯定。所以晋人虽善谈名理,而未能有伟大底哲学系统。"又说:"在中国哲学史中,对于所谓真际或纯真际,有充分底知识者,在先秦推公孙龙,在以后推程朱。"(以上见《新理学》绪论第七节)由此可见,冯先生所谓的上继往圣,系以先秦的公孙龙与两宋的程朱为主,而旁及于庄(周)老(聃)何(晏)郭(象)。冯先生有取于程朱,亦非程朱全部,仅取其讲理一点而已。故谓:"因为在许多点,我们亦有与宋明以来底理学,大不相同之处。"(《新理学》绪论第一节)假使有人企图把冯先生哲学归纳在程朱学派之中,我们也觉得并不合适。因此，我们还是得说得详细一点，把冯先生哲学分成三个来源而观察其取舍之所在。第一个来源是先秦名学，取公孙龙一派而舍其余。第二个来源是老庄哲学。（此所谓老庄即本来的老庄，西汉以老庄归纳于黄老刑名之学之内，另立道德家或道家之名，提倡其所谓人君南面之术。以故黄老之学的庄老与本来的庄老不同。《老子》一书晚出。此书是否老子原有思想，亦成问题。但《老子》一书与《庄子》一书的思想显然不同。《老子》一书崇无，《庄子》一书仍以崇有为主。魏晋时代讲庄老者分为两派，一派本《老子》一书，提倡贵无，以何晏、王弼为代表，而流为王衍之误国，为世所诟病；一派本《庄子》一书，提倡崇有，以郭象、裴頠为代表，而存庄老哲学之真。冯先生杂引何晏、郭象，而各有所取舍。其在《新世训》中解释无为，有取于郭象者，似多于何晏，故冯先生思想犹不至于流于崇无贱有。至于冯先生尚无所取于黄老刑名之学，可不言而喻。）第三个来源是程朱理学，取其讲理一点而舍其余。这三个来源造成了冯先生的哲学系统。这就是冯先生所说的较新的哲学系统。

我们和冯先生一样，努力于接受中国哲学的遗产，或者说"上继往圣"。然而与冯先生之间既有取舍之不同，所以对冯先生所引用的"往圣"，不免附带批评几句。同时，我们也引用几个"往圣"来说明我们的论据。而且接受中国哲学遗产仍然是一个新问题，多多讨论几句，也不致令人生厌。根据中国往圣的遗说而形成一个完整哲学体系的冯先生还是二三十年来的第一人。以故在"上继往圣"的问题上，我们也愿意和冯先生多多讨论。

原载《群众周刊》第八卷第三期，1943 年 2 月

物　与　理

——冯友兰《新理学》商兑之二

陈家康

一、论"既已得之之后"

"既已得之之后"，有两个之字，上之字有所指，此所指即理，即真际，下之字系介系词。此语见于《新理学》绪论中"论哲学与经验"一节。凡我引"既已得之之后"一语时，即引自该节。

"既已得之之后"之思想，渊源于公孙龙"离坚白"之说。有人初读本文时，对这句话或看不懂，但冯先生本人必以为我抓住要点。公孙龙究系墨家之外的一派，抑系墨家之内的一派，牵扯太多，此处不多讲。公孙龙全部哲学思想如何，我亦有说，但与冯友兰先生所见不同，此处既非研究公孙龙，似可不必多讲。离坚白之说固不无有点偏执，但我对离坚白之说亦有所解释。与冯先生所见者亦有不同，此处仍不必多讲。此处所讲者乃系冯先生渊源于离坚白之说而创造"既已得之之后"之说。凡物有以同，有以异；有以合，有以离，此《墨经》之说也。见物有以同，有以异，而遂谓为毕同毕异者，偏也。此惠施之说也。见物有以合，有以离，而遂舍其有以合，执其有以离，亦偏也。此公孙龙之说也。凡学术不可偏，以偏为正，误也。故《坚白论》曰："离也者，天下皆独而正"，以偏为正也。公孙龙偏，冯友兰太偏，偏犹不可，岂可太偏。冯友兰《新理学》已成一家之言。我只送他一句批评："冯子蔽于离而不知合，蔽于理而不知物"。不知冯先生以为如何。

总之，问题的症结就在于真际是否可以离开实际而独立。《坚白论》既曰："离也者，天下皆独而正"。足见公孙龙认为离而后，可以独立。冯友兰先生发挥这种思想，亦认为真际可以离开实际而独立。我针对冯先生的主张提出三点意见。

第一点，离合相盈。凡物有以离，有以合。不离不见其分，不合不见其全。然不可谓之毕离毕合，犹之乎不可谓之毕同毕异。公孙龙与惠施固为两派。"合同异"与"离坚白"固为两说。但亦有相同之点，盖"离坚白"者，因其毕异而执其毕同之一端而夸之，遂成为公孙龙之哲学。然公孙龙亦未尝不夸毕异，"白马非马"者，毕异之说也。"有马如已耳"者，毕同之说也。马白非白者，毕异之说也。"白者不定所白"者，毕同之说也。（见《公孙龙子·白马论》）是故，因其毕异而遂为毕同。此公孙龙与惠施固无不相同之点也。不定所白之谓离。充不定所白之说，于是而有"不定所马"之马，"不定所牛"之牛，以至有"不定所人"之人。夫马必有色，白马非马，则黄马非马，黑马非马，花马亦非马，取天下之马一一格之，如王阳明之格竹子，则天下无马焉。天下无马，而另有一不定所马之马。此马在天下之马之外，谓之不实可也，谓之不真亦可也。夫牛必有色，如谓黄牛非牛，则黑牛非牛，花牛亦非牛，取天下之牛而一一格之，如王阳明之格竹子，则天下无牛。天下无牛，而别有一不定所牛之牛。此牛在天下之牛之外，谓之不可实可也，谓之不真亦可也。人必有色，取五大洲之人而一一格之，如王阳明之格竹子，白人非人，黄人非人，黑人非人，棕色之人亦非人，则五大洲无人。公孙龙知其说不能尽通，（故）尚确定有物指。公孙龙曰："使天下无物指，谁径谓非指？天下无物，谁径谓指？天下有指无物指，谁径谓非指，径谓无物非指？"（《公孙龙子·指物篇》）天下有指，而指之者物也。足见物为指之主宰，指非物之主宰。冯友兰先生亦不能不承认天下有"实际底分子"（《新理学》第一章第二节）。然而根据指之说，遂谓天下有一不定所人之人，则此人显系被指，而非主指。被指者，指也。指之者，物也。故物指之人，实也，亦真也。所指之人，即不定所人之人，非实也，亦非真也。

实者，真之实；真者，实之真。即实即真，即真即实。实不能大于真，大于真，则有实而无真。真亦不能大于实，大于实，则有真而无实。实之共相故真，实之殊相亦真。在此为殊者在彼为共，举共则殊在其中。在此为共者在彼为殊，举殊则共在其中。然共相殊相皆不能离实而独立。谓殊相不能离实而独立，共相能离实而独立者，误也。此鸡三足，牛羊五足之说也。鸡之足实际为二，二足皆足，此系共相。如谓共相可以独立，则共相为一足，而鸡本有二足，加之非三足而何。牛羊之足实际有四，四足皆足，此系共相。如谓共相可以独立，则共相为一足，牛羊本有四足，加之非五足而何。以故共相者，共有之相，非另一相也。谓共相与实际相外，不相盈者，必然产生另一共相，此另一共相，实系蛇足。以共相为真际，与实际相外而不相盈，则必产生另一真际，此另一真际，不但系蛇足，直系太虚幻境，既不实，亦不真。故冯先生之真际，太虚幻境耳，既不实，亦不真。

因此，物之共相与殊相，皆有以离，离则见其分，皆有以合，合则见其全。谓不能离不能合者，非哲学之见也。谓既离之后，冯先生所谓"既已得之之后"，即可相外而不相盈者，其说偏也。

第二点，即物定理。天下之白皆有所定。如谓白有所白即非白，不定所白始为白，则天下除不定所白之白而外，无一白也。此绝白也，非实白，亦非真白。不定所白之白如果有，则系共相。共相者，属于不同之物所共有之相，非另成一相。所以我主张即天下之白物而定其所白。白有以异。故马白不可谓非白，但马白之白有以异于羽白之白，羽白之白有以异于雪白之白。有以异，既非毕异同，必有以同。同者，马白，羽白，雪白，皆有以同，然亦不可毕同。有以异，言其殊相；有以同，言其共相。舍其共相而执其殊相之一端，遂谓天下只有指定所白之白，而无不定所白之白，则偏而不全。舍其殊相而执其共相之一端，遂谓天下凡指定所白之白皆非白，或系不完全的白，只有不定所白之白才是白，才是完全的白，亦偏而不全。我执其两端弃其偏而用其全，乃自即物定白起。我执其两端，弃其偏而用其全者，乃自即物定理始。

试以冯先生亦举为例之圆为例。我即天下圆物而定其理，一圆物一圆理，万圆物万圆理。此万圆理中，不必毕同，所谓殊相也。然而太阳之圆有以同于地球之圆，地球之圆有以同于圆树之圆。此不定所圆之圆乃共相也。我执万圆之殊相——送还于万圆物之中，我又执万圆之共相，——送还于万物之中。我手中不捏造一物，我心中不捏造一理。万物自圆，我不为之另立一圆。万物自理，我不为之另立一理。一物一理，万物万理。理有以同，我不为之毕同；理有以异，我不为之毕异。既已得之之前物不少，既已得之之后物不多。何等洒落，何等自然。冯先生既已得之之后，就不肯把这理送还。他把理，留在心里，扛在肩上，何等累赘。

第三点，理有生灭。一般人认为物有生灭，理无生灭。殊不知物生则理生，物灭则理灭。古代无今日之理，是理生也。今日无古代之理，是理灭也。一牛生，则此牛之理，亦随之而生；一牛死，则此牛之理，亦随之而灭。此牛生，此牛之理生，他牛生，他牛之理亦生，此两牛所以为牛之理，可以是两个有以同有以异之理，但决不是一个理。因此两牛所以为牛之理有以同，亦有以异。即令舍其有以异而就其有以同而言，也不能说两个有以同之理即是一个理。譬如两个有以同之牛，决不是一个牛。难者曰：两个毕同之牛是否一个牛。答曰：两个毕同之牛实际是没有的。假定有两个毕同之牛，则此两个毕同之牛，仍是两个牛，不能合并而为一个牛。两个毕同之牛之理，实际是没有的。假令有两个毕同之牛之理，则此两个毕同之理，仍是两个毕同之理，不能合并而为一个理。理有共理，有殊理。物共则理共，物殊则理殊。殊理者，殊物所有之理，并非在殊物之外，更有此殊理。共理者，共物所有之理，非在共物之外，更有此共理。凡谓共理者，必有与共此共理之个体者在。共理不能离开个体而各立门户。故共理就是共理，不是一个单独的理。譬如天下之牛，皆各有所以为牛之殊理，亦皆共有所以为牛之共理。共理与殊理同在。一牛生，则多一所以为此牛之殊理与共理。于是所以为牛之共理中，亦多一份共理。一牛死，则少一所以为此牛之殊理与共理。于是所以为牛之共理中，亦少一份共理。假使天下之牛皆死，则所以为牛之殊理与共理皆灭。谁与共有此所以为牛之共理。故共理亦必灭。如谓天下之牛虽全死，但仍有不定所牛之牛在，此牛究在何处？如谓天下之牛虽全死，但仍有一不定所牛之牛之理在，此理究在何处？

更深刻一点说：理不能生物，物亦不必生理。天下本无理，物之所以为物就是理。有人说理是非物质的，理在物之外，固然错了。企图反驳者曰：理是一个物质的东西，理在物之中。这也错了。理不是另外一个东西。如谓理是一个物质的东西，如谓理在物之中，好像另有一个东西在物之中。这都不对。然则物与理的关系究竟如何呢？理者，物之理。即物即理，物理不二。如谓物为一物，理又为一物，是二之也。理既然是物之所以为物，故理即是物，而不是另一物。盖物之所以为物仍是物。理是物，物生则生，物灭则灭。

离合相盈，即物定理，理有生灭三者，放之四海而皆准。根据此三者，可以说明《新理学》第一章第一节实际与真际之立论站不住脚。再者，冯先生谓："我们说'有方'，即对于真际作一形式底肯定。'有方'并不涵蕴

'有实际有方底物'，更不涵蕴'有这个实际底方底物'。故说'有方'，并不对于实际有所肯定，即只是对于真际，作一形式底肯定。就我们的知识之获得说，我们必须在经验中见有实际底方底物，我们才能说'有方'。但我们既说'有方'之后我们可见即使事实上无实际底方底物，我们仍可说'有方'。"（《新理学》第一章第一节最后一段）既说"有方"之后，就是既已得之之后。既已得之之后，就有一不定所方之方单独存在，此是幻觉。方乃天下一切方物之共相共理。方之共相共理存在于天下一切方物之内，相盈而不能相外。离天下之方物而言方，则失之方矣。故"有方"则对于天下之实际的方物，必有所肯定。既已得之之前如此，既已得之之后亦如此。既已得之之前，真际与实际合一；既已得之之后，真际与实际亦不能相离。公孙龙离坚白之说与冯友兰离真实之说，皆非也。

二、物之类与全

《新理学》第一章第二节"类"、第三节"全"，在冯友兰的哲学中是最重要的两个概念，故合并讨论之。冯先生的真际假使完全与实际分开，则冯先生的哲学系统便异常薄弱。然而冯先生认为实际不能包括真际，反之，真际可以包括实际。这样一来，实际就是不全，真际反而大全。其立说构思，颇为精苦。冯先生说："以上所说真际，有，及广义底物，均是一大共类，亦即均是一类。我们不知宇宙间底事物，共有若干，亦不知其间之类，共有若干。但我们可知其有一个大共类。我们所谓真际，有，及广义底物，均指此类说。我们又可知此类必有实际底分子。因其如无实际底分子，即无实际，亦即无'我'，一切经验，均不可能。"（《新理学》第一章第二节）这中间便有许多问题。我们可以提出许多意见。

第一是大有（包括有以同有以异，此系大全）。冯先生所谓"一切底有"，我谓之大有，新名词谓之存在。大有与存在（一名一实，各随其所安而用之）。大有这个名词是从《周易》借用的，很觉顺口。大有与普通所谓物之外延与内涵完全吻合，不多亦不少，不大亦不小。但是冯先生说"一切底有"则是广义底物，普通所谓物，冯先生谓之狭义的物。何谓广义的物？冯先生说："物，究其字之广义说，不仅指普通所谓东西。郭象说：'有之为物'。老子曰：'道之为物'。《易·系辞》说：'乾，阳物也；坤，阴物也'。

道及阴阳均可谓之物。我们可以用以指一切或有。不过本书中于别处所谓物，皆用其字之狭义，即专指普通所谓东西。"（《新理学》第一章第二节）凡我用物字均用其狭义，即用其本义。至于道及阴阳，均不是物。道及阴阳均不存在。若果存在，则道及阴阳亦系物之性，而不是物之质。冯先生的哲学主性不主实，我们的哲学主质不主性。我们认为性系质之所属。故质曰本质，性曰属性。质精性粗，质里性表。此种表里精粗之论，与冯先生大概不同。总之，我们的大有只有有质之物，决无无质之物。我们也论性，但天下只有质之性，决无无质之性。

第二是大共类（包括有以同而不涉及有以异，故非大全）。我们的大共类真正配称为一大共类。至于冯先生之一切底有，及广义底物，实际有两大共类：一是理之大共类，用以总括天下一切理；一是普通所谓物之大共类，用以总括天下一切普通所谓物。冯先生还要加上一个零头，那便是气。气照冯先生的说法是私名，不是类名。气不能属于理之类，又不能属于普通所谓物之类，其本身又不能自成一类，只好叫作一个零头。要把理之大共类，普通所谓物之大共类，外找一个零头配合起来，而统名之曰一大共类，终属勉强。在我们看来，冯先生之气根本不存在，谈哲学用不着找零头。至于理之大共类，系总括一切共相而成。共相不能独立门户，前者已言之。故理之大共类所涵蕴之一切共相，即可一一送还于普通所谓物之大共类中。剩下来只有普通所谓物之大共类是颠扑不破的。故我们所谓大共类即普通所谓物之大共类。

第三是真际之外延不比实际之外延大。冯先生的弱点就在于认为真际之外延要比实际之外延大。冯先生说："共类所有之分子，即是其所属之别类所有之分子。别类之实际底分子，亦可为共类之实际底分子，所以一共类所有之实际底分子必不小于其所属之别类之实际底分子，此亦不可依靠逻辑知之。"（《新理学》第二章第二节）然而共类所有之实际底分子必不多于其所属之别类之实际底分子，此亦可以逻辑知之。再就"理"论之。天下之方物之方理，都为一类。每一别类之方物，有一别类之方理。所以，共类之方物之方理，必不少于共所属之别类之方物之方理，此可以逻辑知之，但亦不能多于其所属之别类之方物之方理，亦可依逻辑知之。故外延决不少于内涵，亦决不多于内涵。照冯先生的说法，真际出于实际。此一点，我拥护，不反对。但冯先生之真际出于实际，而其外延反而大于实际。这一点就百思而不得解。冯先生认为真际包括实际，真际比实际之外延广，有真际可能无实际。我们决不故意提出恰恰相反的意见，说，实际包括真际，实际比真际之外延广，有实际可能无真际。殊不知有实必真，无真不实。实际与真际乃是二名一实。一就实言，一就真言。实真不二，总之言之，统而言之，是一大共类，是大有，是物。

再说大全。我们所谓大有就是大全。我们所谓大有，包括有以同、有以异而言，故是大全。至于大共类仅指有以同而言，并不包括有以异，故尚非大全。冯先生说："以物为一类而思之，与以一切为一整个而思之，其所思不同。盖以物为一类而思之，其所思只及一切物所公共有之性。而以一切物为一整体而思之，其所思乃及一切物及其所有之一切性。"（《新理学》第一章第三节）其说与我们类指有以同，全兼指有以同有以异而言之说，颇相类似。但冯先生之大全，究非我们所谓大全。冯先生说："天有本然自然之义，真际是本然而有；实际是自然而有。真际是本然，实际是自然。天兼本然自然，即是大全，即是宇宙。"（《新理学》第一章第三节）冯先生设真际与实际之别，本然与自然之别。故真际并非大全，实际亦非大全；本然并非大全，自然亦非大全。必须兼真际与实际而有之，兼本然与自然而有之，始可谓之大全。也许冯先生还忘记了一点，必须兼真际与实际、本然与自然而有之，再加上一个零头的气，始可谓之大全，始可谓之"万有"。我们既不设真际与实际之别，本然与自然之别，于是用不着这样啰嗦。只拈出一个物字，如佛祖之拈花一笑。物有以同有以异，故物是大共类又是大全。物即是真即是实，故物是大全。物为所本，亦为所自，故物是大全。此之谓唯物一元论。

冯先生说："我们于上文说我们因分析实际底事物而知实际，因知实际而知真际。我们的知愈进，我们即愈能超经验。"（《新理学》第一章第三节）我们决不说超经验。我们看重经验。经验也是知识，而且是最好的知识。经验是浅近的也可能是深刻的，经验是未成熟的，也可能是成熟的。把经验整理一番，弄得有条有理，就是理论。理论与经验不二。超经验而求理论就是把经验与理论当作两个东西。人类的科学愈发达，则人类之本领愈大，人类之本领愈大，则人类所能经验者，较之往昔，日益扩大；而往昔之所谓"超经验"者日益缩小。譬如天空，对于古人是所谓"超经验"的。但今人有飞机，故对于天空之经验，今天已多于古人。足见所谓"超经验"者随科学之发达而缩小。谓知识愈进即愈能超经验者，诗也。然而，经验愈多，则对于尚未经验者之推测亦愈多。但此对于尚未经验者之推测，系由于经验愈多而来，并非由于超经验而来。如有好心人企图反驳我，谓科学愈发达，则人类之知愈多，知愈多则所能经验者，相对上虽比古人多，绝对上必更比古人少。我亦必以友好之态度骂此人曰你真够别扭。盖"超经验"与"尚未经验"之含义，并不相同。"超经验"乃"不另需经验"之谓，"尚未经验"乃"有所待于经验"之谓，相差何止天壤。如谓知愈进则愈能超经验，那么，将来即可取消经验。如谓科学愈发达则愈能经验，愈有待于经验，那么，经验愈不能取消。反之，还要教人在经验上用工夫，把经验整理一番，弄得有条有理，变成理论。

三、天下并无此理

此节系针对《新理学》第一章第四节而发。冯先生说："所谓方之理，即方之所以为方者，亦即方底物之所以然之理也。凡方底物必有其所以为方者，必皆依照方之所以为方者。此方之所以为方，为凡方底物所皆依照而因为成其为方者，即方之理。凡方底物依照方之理而为方，其所依照于方之理者即其性。凡依照某所以然之理而成为某种物之某，即实现某理，即有某性。理之实现于物者为性。"（《新理学》第一章第四节）我们认为物不依照任何物外之理以成其为物。若谓物外之理，则天下并无此理。夫理者，物之理。大有之内没有无理之物。大有之物，没有此理，便有彼理；没有彼理，便有此理。物之所以为物即其所以然。所以然者并非依照物外之理而然，乃系自然而然。为什么我们要说物有理呢？这表示大有之物并非乱七八糟，牛头不对马嘴的东西，而是有条有理的。理系指物的本身之条理。有人说，物是其然，理是其所以然。我们不同意此说，然有然之理，所以然有所以然之理。物是其然，理也是其然，物有物之所以然，理亦有理之所以然。理之所以为理亦系自然而然。我们所谓理，系有物有质有血有肉之理，理即物。但理字有两用，一指客观存在的物之理；一指人类针对客观存在之理，从而理之。这就是说理。学术无他，便是说理，便是说明物之理。但客观存在之理，与主观说明之理，乃是一理，不是二理。

冯先生设为答客难之言曰：有人以为，所谓方者，不过人用归纳法，自其所见之许多方物中，所抽象而得之概念，在客观方面，并无与之相当者。真际即是实际；实际之外，别无真际。（以上系冯先生设问，以下系冯先生作答）对于此主张，我们说：我们对于此所谓理之知识，可以名曰概念。自知识之得到方面说，我们对于方底物，必须有若干知识，然后可得方之概念。但既得方之概念之后，则见方，即所谓方之理，亦即方之所以为方者，并不只是一个概念。（《新理学》第一章第四节）理不只是一个概念，而是"客观底有"。我与冯先生相同。但我却是冯先生所谓主张"真际即是实际；实际之外，别无真际"的人。理是客观的存在，但不能外于物而存在。如果有人说，冯友兰先生主张理在物之外，我们主张理在物之中，我必谓此人误会了我们的主张。主张理在物之中，好像理是一个东西，此种东西冯先生放在物之外，却被我们搬在物之中了。其实，理就是物之理，并非另一东西，我要反复叮咛此意。如果有人说：冯友兰先生主张物不是理之一部分，我们主张理乃物之一部分，我亦反对。如谓理乃物之一部分，好像物之另一部分尚不是理。其实，物之一丝一毫都有理。物之至大无外，至大无外亦有理。物之至小无内，至小无内亦有理。冯先生把理与物分开，故谓物不是理，只是"相对底料"。（见《新理学》第二章第一节）这就是把物看得一钱不值。物不能自理，而要依照物外之理以为理。试问这种物外之理究在何处？冯先生从何处觅来？

四、没有形上形下之分

我们的哲学决不做形上形下之分。若谓形上是广义底物，形下是狭义底物，是取物而二之也，我们不作如此主张。物有形，大有之中绝无无形之物。形有非肉眼所能见到者，终不得谓为无形。冯先生作形上形下之分。其所谓形上形下者，并非西洋"买特非昔可司"（形而上学）所谓形上形下者，而自有其新解释。简单言之，冯先生所谓形而上者即真际，而所谓形而下者即实际。我们既不做真际与实际之分，故亦不做形上形下之分。这点不必多讲。此处既不讨论西洋"买特非昔可司"，故对于"买特非昔可司"所谓形上形下者，亦不必多讲。

不过朱子所谓："形而上者，无形无影是此理。形而下者，有情有状是此器。"（《语类》卷五十九）冯先生引之作为理论的根据。但此点在明清之际早已有人反对过。王船山曰："形而上者，非无形之谓，既有形矣，有形而后有形而上；无形之上，亘古今，通万变，穷天穷地，穷人穷物，皆所未有者也"。又曰："器而后有形，形而后有上。无形无下，人所言也。无形无上，显然易见之理，而邪说者淫曼以衍之而不知惭，则君子之所深鉴其愚而恶其妄也"。又曰："君子之道，尽乎器而已矣"。（《周易外传》卷五）王船山反对普通所谓形上，但仍不能打破形上形下之分，我们则完全打破形上形下之分。

五、烧香惹得鬼叫

此节系针对《新理学》第一章第六节"太极而发"。我们乡间有句俗话，烧香惹得鬼叫。太极、无极、两仪、四象、八卦等等概念，姑无论《周易·经传》原文作何解释（我对《周易》的解说不在此处多讲），但自西汉以后，特别在魏晋以后，这些东西都变成了一群玄学鬼。冯先生对它们加以引用，加以新解释，就等于对它们烧香。五四时代，我们既未把这群玄学鬼一一打倒。现在冯先生又对它们烧香，其结果必至于引起这群玄学鬼到处乱叫。本来借用几个旧名词，是弄哲学的人共有的嗜好。我也从《周易》上借用"大有"二字。但是烧香惹得鬼叫的事情，总觉不大妥。

冯先生的太极，只能根据冯先生的话来解释。所以我在此处并非讨论一般所谓太极，而是讨论冯先生的太极。冯先生说："太极即是众理之全，所以其中是万理具备。从万理具备之观点以观太极，则太极是'冲漠无朕，万象森然'。'冲漠无朕'，以言其非实际底；'万象森然'，以言其万理具备。万理不生不灭，不增不减，亦可用佛家所说真如名之。真者一切众理，皆是真有，并不虚妄；如者，一切众理，各如其性。不过此真如中万理具备，并不是空。朱子以此区别儒释。"（《新理学》第一章第六节）太极是众理之全，可见一切理都在太极之中。至于普通所谓实际的物则在太极之外，因为太极是"非实际底"。实际的物，其本身没有理。实际的物，其本身不过是"相对底料"，而且不够资格成为"绝对底料"。这样一来，所谓实际的物者，就不能不依照太极之理以为动静。这样的太极，就不是冯先生所说的"无用"、"无能"。反之，这样的太极就是物的主宰。甚至于物的本身也没有资格存在，假使太极中没有存在之理，物便不能存在。在冯先生的哲学中，物连自己存在的资格都没有，物便成了附着于理的残渣。

物是有动有变的，有生有灭的，有盈有亏的。在冯先生哲学中，物必依太极之动理以为动，之变理以为变，之生理以为生，之灭理以为灭，之盈理以为盈，之亏理以为亏。但太极有动之理，太极本身并不动；有变之理，但太极本身并不变；有生之理，但太极本身并不生；有盈之理，但太极本身并不盈；有亏之理，但太极本身并不亏。冯先生说："实际上有依照某理之实际底事物，某理并不因之而始有；无依照某理之实际底事物，某理并不因之而即无。实际上依照某理之实际事物多，某理并不因之而增；实际上依照某理之实际事物少，某理并不因之而减。"（《新理学》第一章第六节）这种理，这种太极，亘古今，通万变，穷天穷地，穷人穷物，都是我找不出来的。

六、日成日用之谓大全

冯先生在第一章第七节中，反对"人人有一太极，物物有一太极"之说，谓为"神秘主义底说法"，但太极本身亦是一种"神秘主义底说法"。冯先生谓太极为众理之全，不生不灭，不增不减，这就有点神秘。太极无论此处彼处都是全；无论已来未来都是全；太极是超空间的，同时又是超时间的，这就更神秘。

何谓大全？我们所说的大全就是大有。现在以空间时间论之。冯先生说："有人以为若将空间时间中所有之事物抽去，仍有空底时间，空底空间"。我们当然不是这种人。冯先生说："又有人以为这些空底时间，空底空间，并不是外界所实有，而是我们知识之一种形式"。当然我们也不是这种人。最后冯先生说："照我们的看法，空间时间是两种关系之类，而并不是两个实际底物。"（以上所引均见《新理学》第二章第五节）我们也不同意冯先生的见解。我们认为空间不能先于物之存在，亦不能后于物之存在；时间不能先于物之动变，亦不能后于物之动变。空间就是物之大小，物大则空间大，物小则空间小。时间就是物之动变之久暂，动变久则时间长，动变暂则时间短。离开物之存在而言空间，离开物之动变而言时间，都是不对的。假使无物则无空间。假使有物而无动变，则无时间。再者，有物就有动变。所以谈哲学时一提起物便是指动物（此系哲学上的动物，非生物学上的动物）

而言，用不着再加解释。因此，我们合并说一句，有动物就有空间时间，也决不会错。从空间上看物，则物之大是无外的，物之小是无内的。从时间上看物，则物之始是无前的，物之终是无后的。何谓大全？必须就无外之大，无内之小，无前之始，无后之终而言，始可谓之大全。如果单就空间上说，今天可能有大全。如果兼就时间上说，则今天决无大全。因为到了明天，物之一切空间也动变了，一切时间也动变了，这个大全只好等到明天再说。明天之后还有明天，明天之明天之后，还有明天。所以明天也没有大全。至于昨天没有大全，更无论矣。何谓大全？日生日成之谓大全。以此原则推之，亦可谓日生日成之谓物，日生日成之谓理。王船山以日生日成论性，我所谓日生日成者，即取之于王船山。

我们以日生日成论理，故谓物有生灭，理亦有生灭。冯友兰先生以不生不灭不增不减论理，故谓太极乃众理之大全。今天可能都如此，亦可能都如彼，视昨天之如何以为断。明天可能如此，亦可能如彼，视今天之如何以为断。我们认为今天是已经有的实际，明天是必然的实际。今天是已经动变的实际，明天是必然动变的实际。今天与明天究竟有区别。假使把这个今天与明天的区别取消了，就是超时间。超时间就是超动变。超动变就是超实际。超实际就是超物。超物就是超空间。一超百超，非常明显。超乎一切而谈大全，而谈太极，此非神秘而何。

七、“理一分殊”也不对

何谓“理一分殊”？冯先生说：“先就一类之事物说，此类之事物，皆依照一理，虽皆依照一理，而各有其个体。此一类之事物，就其彼此在本类之关系说，可以说是理一分殊。”（《新理学》第一章第八节）理一分殊，又可用一与多来解释。故冯先生说：“圆是一，许多圆底物是多一。”又说：“盖一与多之问题之所以起，亦由于误以想象形下底圆者想象形上底圆。但形上底圆，即‘圆’，不过是圆之所以为圆，圆之所以然之理，凡具体底物，合乎此理者，或有合乎此理者，即成为实际底圆。知此则可见圆之理之一，并不妨依照之者之多。”（以上俱见《新理学》第一章第五节）因此，我们懂得冯先生所谓一就是理，所谓殊与多就是事物；所谓一就是真际，所谓殊与多就是实际。

在我们看来，一就是多，多就是一。多一不二。并非在多之外，另有所谓一。合则为一，离则为多。合亦不添，离亦不减。合亦不减，离亦不添。《墨辩》曰："俱，俱一"。又曰："若数指，指五而五一"。又曰："五有一焉，一有五焉。"（以上俱见《墨子·经说下》）公孙龙子不然，当其离也，得一相。此相可以单纯存在，是离而后另添一相也。就天下所离之千个万个"一相"，合其可共者而共之，则得一共相。此共相又可以单独存在，是合而后更另添一共相也。譬如就天下之圆物而离之，则得一圆相，此一圆相与圆物不相盈，而能自外于圆物，是离而后另添一相也。合天下千个万个圆物之圆相而共之，则得一圆的共相。此圆的共相可以独立存在，是合而后更另添一圆的共相也。于是在天下实际的圆物之外，另添所谓真际的圆理。圆物是多，圆理是一。殊不知误尽天下苍生者，此多外之一也。

解决一与多的问题，用不着找哲学家，数学家也闹得清。指五而五一，一即五，五即一。五与一相盈不相外。数学家决不会弄错。如果谓真际有一个指之理，此理是一。实际一手有五个指之物，此物是五。此之谓理一分殊。然则一手非有六指不可。指之理是一指，指之物是五指。加起来非六指何。所以冯先生的哲学算来算去，总多了一个所谓"一"。

八、我们所谓理与理论

冯先生离物而讲理，我们即物而讲理。讲理彼此相同，我们的哲学也是最讲理的哲学。然而离物即物就有一线之差。今日所争者，即此一线之差。我们认为物不是乱七八糟的、颠三倒四的物，而是有条有理的物。所谓理就是物的本身。理是实，理又是名。以理之名举理之实。何谓真？真是实，真亦是名。以真之名举真之实。《墨辩》曰："告以文名，举彼实也。"（《墨子·经说下》）即是此意。真与实相盈不相外，理与物相盈不相外。正因为实即真，物即理，以故实物与真理相盈不相外。我们非常愿意把实物叫作真理，以便使人鼓舞。张横渠的哲学核心是气，气即是物。但是他害怕"气"这个名词不能令人鼓舞。所以它有时把气叫作天，又把天叫作神。其实天也是气，神也是气。横渠曰："天下之动，神鼓之也。辞不鼓舞，则不足以尽神。"（《正蒙·神话篇》）姑无论横渠把气叫作神是否对的。但命辞鼓舞，必须学习。

人与物相盈不相外。人即物，物亦人。人乃物之一部分。物有全部决定作用，则人亦有局部决定作用。局部决定作用不能大于全部决定作用，但亦不至于丝毫没有决定作用。反之，人的决定作用，由于人能把握生产工具而愈见扩大。我们的哲学第一指出物的决定作用，第二指出人的决定作用，第三指出人的决定作用必然扩大。如果读了我们的哲学，不能兴奋，不能鼓舞，不能扩大人类的决定作用，则此人就算没有读懂我们的哲学。

人类的决定作用何以能扩大呢？其关键就在于研究物。人类用物之名以求物之实，此系研究的初步。接着我们对物必须有解释。但是我们对于物不必另加解释。就其为物而以物解释之，此之谓唯物论。人类用理之名以举理之实，此系研究的初步。接着我们对于理必须有解释。但是我们对于理不必另加解释。就其为理而以理解释之，此之谓唯物论。

因此，理就是客观存在的条理，理论就是人类主观对于客观条理的认识。人类没有产生以前，当然没有人类主观的解释。但是客观存在的条理仍然存在。人类既已产生之后，对于客观存在才有主观的解释。但是人类主观的解释对，客观存在的条理并不因之而盈；人类主观的解释不对，客观存在的条理并不因之而亏。初学的人不懂条理是何物时，我可以告诉他，理就是物之条理。但是既已声明理是物之条理之后，就算已经立案。此后提及理时，不必每次都要声明一次。但为了慎重起见，我们还要规定一个原则，即理论应当从实际出发。

条理这个东西最重要。语其实，则天下没有比它再实的东西，故谓之实理。语其真，则天下没有比它再真，故谓之真理。举实，则真在其中；举真，则实在其中。谓理可真而不必实，妄也。初学的人不懂真理为何物，我可以告诉他真理就是实理，真理实理就是条理，条理就是事物之条理。但既已声明之后，我也不必屡次声明。今后我们说真理，就是实际的真理。

对于客观存在的物，我们要发生浓厚深沉的感情。头可断，血可流，但对于物不可不加以研究。物是真理的源泉，凡爱真理者，必须爱物。物是狂风暴雨，足以涤荡乾坤。物是光是热，足以扫除黑暗。物是一切，辞不鼓舞，则不足以尽物。以故唯物便是我们的理论。

原载《群众周刊》第八卷第五期，1943 年 3 月

物 与 气

——冯友兰《新理学》商兑之三

陈家康

一、先说"绝对底料"

　　冯先生企图在他自己的头脑中，建立一个与实际不同的宇宙。为了建立这个头脑中的宇宙，冯先生把物与理离开。从实际中抽出理来，作为这个宇宙所依照的发展规律。同时又把物与气离开。从实际中抽出气来，作为这个宇宙所依据的基础，或者说，作为造成这个宇宙的材料。在批评《新理学》第三章"道与天道"时，我们将对冯先生头脑中的宇宙底作全面地检讨。在本章，我们只讨论冯先生用以建立其所谓宇宙的材料，即"绝对底料"，即气。

　　实际的材料，无法替冯先生建立头脑中的宇宙。于是冯先生不得不在实际的材料之外，另觅其所谓"绝对底料"。何谓料？冯先生说："所谓料，有绝对相对之分"。何谓"绝对底料"？冯先生说："绝对底料，在柏拉图、亚里士多德哲学中，谓之'买特'。此'买特'并非科学中及唯物论中所谓'买特'。科学中及唯物论中所谓'买特'即物质。此所谓'买特'则并非物质。若欲自彼所谓'买特'得此所谓'买特'，则至少需从其中抽出去其物质性。我们说至少，因为或者还有别底性，须自彼所谓'买特'中抽去。此所谓'买特'，本身无性。因其无一切性，故不可名状，不可言说，不可思议"。冯先生又说："这所谓料，我们名之曰气；此所谓绝对底料，我们名之曰真元之气，有时亦简称曰气"。（以上俱见《新理学》第二章第一节）。

　　由此可见，冯先生所谓"绝对底料"，所谓"真元之气"，就是一个东西。然而，照冯先生的说法，这种料，这种气，又不是一种东西。不是一种东西，究竟是什么呢？答曰：这种料，这种气，只是一个"逻辑底观念"。何以见得？冯先生自己解释说："在我们的系统中，气完全是一逻辑底观念，其所指既不是理，亦不是一种实际底事物。一种实际底事物，是我们所谓气依照理而成者。"（《新理学》第二章第一节）既然冯先生着重说明所谓气完全是一种"逻辑底观念"，因此，我们不能不首先在"逻辑底观念"上来检讨气。

就冯先生的"逻辑底观念"而言，气无一切性。如果有任何一种性，这就不成其为气，不成其为"绝对底料"。然而冯先生不懂得任何"逻辑底观念"都不可能没有"性"。这就是说，在逻辑上找不出来"无一切性"的观念。例如"无"就是一个"逻辑底观念"。所谓"无"这个观念究竟有"性"否？我答曰：如有"无"则所谓"无"者，即"有性"，如无"无性"，则所谓"无"者，根本不能存在，也就不能成为一个"逻辑底观念"。今天所谓"无"者，既然能够成为一个"逻辑底观念"，这就证明"无"有"有性"。以故在逻辑上找不出一个没有"有性"的"无"。如果"无"在逻辑上失去了"有性"，这个"无"便站脚不住。由此可见，逻辑上最基本的"观念"不是"无"而是"有"。"有"的"观念"比起"无"的"观念"更高一级。"有"的本身固然有"有性"，连所谓的"无"者，也不能不有"有性"。有"有"，同时有"无"。因而我们把"有"名之为大有。至于"无"，我们只能把它当作"无此有彼"或"有此无彼"来解释。以上不过拿"无"来做一个极端的例子。

现在说到"气"。冯先生认为气在逻辑上无一切性。这就违反了逻辑。所谓违反逻辑者，因为气还是有性。我们并且根据冯先生自己的理论，替所谓"气"找出来了两种"性"。让我引用冯先生的一段话，然后加以解释。冯先生说："先说'未有无理之气'，这是很容易证明者。我们所说元真之气，无一切性，这是完全就逻辑方面说。就事实方面说，气至少必有'存在'之性，若无存在之性，它根本即不存在，气若不存在，则一切实际底物，俱无有矣。气若有存在之性，他即依照'存在'之理，他至少须依照存在之理，所以'未有无理之气'"。（《新理学》第二章第三节）在这段话中，冯先生把逻辑方面与事实方面分成两个毫无关系的层次。他在逻辑方面仍然坚持气无一切性。我现在就从冯先生本人的理论中找出来气有两种"性"。

第一，气不但在事实方面，而且在逻辑方面，必须有存在性。因为冯先生在逻辑上已肯定有气。既然有气，就证明气有"有性"，或者说有"存在性"。如无"有性"，如无"存在性"，气在逻辑方面同样不能存在。再者，冯先生认为"气至少须依照存在之理"。但是，气在依照存在之理时，必须已有存在之性。如无存在之性，则气老早就不能存在，何以能够依照存在之理？

第二，气必须有依照之理。冯先生认为气必须依照理，才能如何如何。然而气在依照理之时，必须已有依照之性。如无依照之性，怎样能够依照理？假使冯先生答复道：气系依照"依照之理"，然后才能有依照之性。这仍然没有解决他所要解决的问题。因为我们可以追问，冯先生所谓气如无依照"依照之理"之性，又怎样能够依照"依照之理"？

气既然在逻辑上至少非有这两种性不可，足见冯先生所谓气无一切性，实在不能自圆其说。不过，我这种驳倒冯先生的办法，只是以子之矛、攻子之盾而已。仅仅用这种办法，还掘发不了冯先生逻辑思想上的差错。以下我仍然从正面来说明冯先生思想方法的不妥。

冯先生的思想方法，每每抛开实际，专在逻辑上打算盘。由于专在逻辑上打算盘，所以冯先生特别着重所谓理智的分析。他把理智的分析与物质的分析之间，弄得毫无联系。他说道："物质底分析，需将所分析者实际拆开了，理智底分析则不需将所分析者实际拆开，且依其分析方法，亦不能将其所分析者实际拆开"。（《新理学》第一章第二节）固然，理智的分析不必将所分析者实际拆开。但是，理智的分析也不能将一种根本不能拆开的东西任意拆开。气与性，怎样能够勉强拆开。岂独气与性不能拆开，气与质也不能拆开。没有性之气，没有质之气，在实际上已经不成其为气。在逻辑上也未见得说得通。而冯先生其所以一定要拆开者，未尝不是上了公孙龙离坚白的大当。

也许冯先生感觉到了气无一切性之说之不妥。所以他用了一种回答体的方式来解决这个问题。冯先生说："或有谓：一实际底物，即其所有诸性所合成。若抽去一切性，则即成为无，更无有可以为绝对底料者。然若无绝对底料，则无以说明何以实际底物之能成为实际。若专靠所以然之理，不能有实际，上文已说。朱子说：'理无气则无挂搭处'，即说此意。"（《新理学》第二章第一节）这一节回答体的辩论文字可以分成两段来看。自"或有谓"

至"更无有可以为绝对底料者",乃是冯先生自行设问。自"然若无绝对底料"至"即说此意",乃是冯先生自行解答。问的是:如果"绝对底料"是"无"一切性,然则这种"料"岂不"即成为无"?冯先生并未针对这个问题回答。冯先生并未回答,这种"无一切性"的"绝对底料",或者说"气",由于什么理由能够不"即成为无"。冯先生回答的是:若无"绝对底料",则将碰见"无挂搭处"的困难,则将碰见"无以说明何以实际底物之能成为实际"的困难。这样一来,就弄成了所答非所问。同时,"绝对底料"为什么不"即成为无"的问题,依然不得解决,首先,冯先生自己就"无能"加以解决。

既然冯先生微微感觉到了气无一切性之说之不能尽通。为什么又要提出了(原文为"不"字,实误)这种说法呢?我认为冯先生的苦衷的确是要找着一个"挂搭处"。不过,他不愿找着一个最实际的"挂搭处"。反之,他却愿找着一个最不实际的"挂搭处"。假使所谓"气",所谓"绝对底料"仍然有性,甚至仍然有质,就不免逐渐归于实际。所以,他宁可冒逻辑上不能说得尽通的危险,硬要提出一个所谓"气"来。

二、究竟成不成

冯先生在《新理学》第二章第一节中说过:"一种实际底事物,是我们所谓气依照理而成者"。这句话中已经提出了一个成字。在《新理学》第二章第二节(此节标题为《道家所说之道》)中,对于生字与成字又加以区别。冯先生说:"我们只说,道家所说道,有似于我们所谓真元之气,而不说它即是我们所谓真元之气。因为道家所说之道,靠其自身,即能生万物;而我们所说真元之气,若无可依照之理,则不能成实际底事物。道家所说之道,自身无性,而能使物有性,持有此道者,亦是对于实际有所肯定。"可见冯先生乐于用一个成字,而不乐于用一生字。何谓成?成字在冯先生哲学中可做造成解。冯先生只说理无造作,并未说气无造作。用造成释成字,也许不失冯先生的原意。所谓气虽能成或者说虽能造成,但是离开了所依照的理,也不能有所成,有所造成;所谓气必须依照理,才能有所成,有所造成。根据"一种实际底事物,是我们所谓气依照理而成者"的基本原则,足以证明冯先生认为实际的物是有气依照理变而成的,而造成的。气至少是非物质性的东西，因而，实际的物乃是由非物质性的气依照理而成的，而造成的。这样一来，冯先生不仅替自己找着了一个非物质的非实际的"挂搭处"。同时他还替物质找着了一个非物质的根源，替实际找着了一个非实际的根源。这个根源便成了冯先生哲学的出发点。冯先生的哲学有两个出发点：就"得到哲学之程序说"，冯先生"仍是以事实或实际底事物为出发点"（《新理学》绪论第五节）；就冯先生的哲学系统，则以"气"为出发点。气依照理，就能成物，就能造成宇宙。

然则究竟成不成呢？究竟造成得了物，造成不了物呢？究竟造成得了宇宙，造成不了宇宙呢？我说不成，我说造成不了。因为冯先生又在逻辑上把物质与物质性两个不同含义的"观念"弄错了。哲学上有一个比"性"更为重要的问题，就是"质"的问题。所以我们在哲学上，必须使用"物质"一名来代表实际。为什么以"物质"一名来代表实际，而不以"物性"一名来代表实际呢？因为质是物的内核，性不过是物的属性而已。冯先生所谓"相对底料"，还不失为一种物质。例如他说："砖及瓦有砖性及瓦性；又有其料，如泥土等"。又说："泥土虽对于砖瓦为料，然仍是相对底料，而非绝对底料"。（以上俱见《新理学》第二章第一节）足见冯先生仍认为性是性，料是料，并非毫无区别。在以泥土为"相对底料"而言，足见冯先生仍认为"相对底料"乃是物质。所谓泥土非物质而何。但是，冯先生误以质乃性之总合，甚至误以为质乃性之一种。何以见得？冯先生说："科学中及唯物论中所谓'买特'即物质。此所谓'买特'即非物质。若欲自彼所谓'买特'得此所谓'买特'，则至少需从其中抽去其物质性。"（《新理学》第二章第一节）上两句所说的是物质，下一句也应当说抽去物质。为什么不说抽去物质，而说抽去物质性呢？足见冯先生把实际的物质，也当作一种性来处理。殊不知物质是物质，物质性却是物质性，两个名词的含义并不相同。所谓物质性，并不等于物质。

当冯先生说"至少必须从其中抽去其物质性"一语时，他在逻辑上抽去了两个观念：一种是物质性的观念，一种就是物质的观念。但是，当冯先生所谓气依照理而成什么时，他在逻辑上仅仅取回了一个观念，即物质性的观念。还有一个物质的观念，始终无法取回，以至冯先生所谓气依照理而成者通统是"性"而已矣。无论如何成不了质，成不了实际的宇宙。冯先生在"抽去物质性"的关键上，把实际宇宙与他的观念宇宙之间的联系，一刀割断。他把实际与观念（或者真际）之间的桥梁，用自己的手炸毁了。他丝毫不为自己的归途打算。等到他再想回到实际时，他便遭遇没有桥梁，不得通过的困难。他抛开了物质抛开了质，等到他需要质，需要物质，以便造成实际宇宙时，便再也不能取得质，不能取得物质。这就是问题的存在。

冯先生说："气若不存在，则一切实际底物，俱无有矣。"（《新理学》第二章第一节）冯先生认为气的存在造成了实际的物的存在。然而，根据冯先生的理论系统，所谓的气的存在及其发展，并不能造成实际的物的存在。这就是冯先生脱离实际的必然结果。

再者，冯先生所谓"成"与道家所说的"生"，到底有什么区别呢？我也研究了一番。我发现冯先生所谓"成"仍然是从道家哲学中取来的。本来冯先生的哲学接近于道家，特别接近于老子（此处系指今本《老子》一书中的老子，至于今本《老子》一书是否老子其人所著，系另一问题），以及属于老子一派的何晏、王弼。而且冯先生还引用何晏的话来说明自己所谓气。他说："何晏道论云：'夫道之而无语，名之而无名，视之而无形，听之而无声，则道之全焉。故能昭音响而出气物，色形神而彰光影。玄以之黑，素之白，矩以之方，规以之圆，圆方得形而此无形，白黑得名而此无名也'。（《列子·天瑞篇》注引）此所说完全可以说我们所谓真元之气"。（《新理学》第二章第二节）但是，冯先生没有把"夫道之而无语"前面几句引出来。我现在不妨引出来。何晏云："有之为有，恃无以生。事之为事，恃无以成。夫道之而无语云云。"（《列子·天瑞篇》注引）何晏所说"恃无以成"便是冯先生采用成字的来源。冯先生所谓成就是"恃无以成"。冯先生对于何晏、郭象的学说本不加以区别。所以当他有取于郭象时，虽不致流于崇无贱有。然而，当他有取于何晏时，就接受了所谓"恃无以成"的老子基本思想。这种由《老子》一书开端而由何晏、王弼推波助澜的恃无思想，在魏晋当代，早已有人反对。反对者中有一人曰裴頠。《晋书·裴頠传》云："悠悠之徒骇乎若兹之衅，而寻艰争所缘，察乎偏质弊者，而睹简损之善，遂阐贵无之议，而建贱有之论"。魏晋当代，都有人反对，何况我们现在？

三、两重宇宙

冯先生的哲学中，有两重宇宙："一重是实际的宇宙，一重是观念的宇宙或者说真际的宇宙"。冯先生身在实际的宇宙之中，而心在真际的宇宙之外。冯先生没有办法把这两个宇宙联系起来。不过冯先生既然脱离了实际的宇宙乘桴桴于真际的宇宙之中，我们也只好跟着把这个真际的宇宙考察一番，看看它究竟如何。

冯先生的观念的宇宙，有两个极。一个是太极，一个是无极。冯先生说："我们的系统所讲之宇宙，有两个相反底极，一个是太极，一个是无极。一个是极端地清晰，一个是极端地混沌。一个是有名，一个是无名。每一个普通底名词皆代表一类，代表一理。太极是所有之理，所有之名。无论实际上已有或未有，皆为太极所涵蕴。所以太极是有名而无极是无名。由无极而至太极的中间过程，即我们的事实底实际的世界。此过程我们名之曰'无极而太极'。"（《新理学》第二章第三节）据此，则知冯先生的观念宇宙，乃是太极与无极而已。

冯先生的观念宇宙中，虽然有"太"、"无"两极，不过冯先生仍以太极为主，而不以无极为主，也就是说：仍以理为主，而不以气为主。冯先生说："'未有无气之理'，此语不能解释为凡理皆有气。如此则凡理皆有实际底例，即无只有真而无实之理。此语只是说'必有些理有气'，或'未有所有底理皆无气'。"（《新理学》第二章第三节）据此，则冯先生在这一方面承认"有些理有气"，在另一方面必然承认"有些理无气"。说得更清楚一点：有气者必有理，有理者不必有气。理是太极，气是无极。以故，有太极者必有太极，有无极者不必有无极。太极与无极的关系，根据冯先生的说法必然如下图所示：

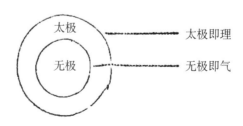

据此图所示，可以推知冯先生心目中太极与无极的关系，与真际和实际的关系，恰恰符合。假使有太极必有无极，那么，不免"即无只有真而无实之理"。然而，冯先生什么都不追求，他就要追求这个"只有真而无实之理"。所以，冯先生的《新理学》必定叫作"新理学"，而不能叫作"新气学"。

既然，"未有无气之理"，不能解释为凡理皆有气，那么，当然还有无气之理，或者说，还有无"无极"之太极。这种无气之理，这种无"无极"之太极，便是冯先生观念宇宙中最高的境界。冯先生认为这种最高的境界，不仅可以脱离实际而单独存在，甚至可以脱离他自己所谓气所谓无极而存在。所以，我说冯先生的观念宇宙中，仍以太极为主，而不以无极为主。如果没有"无极"，并不碍事。因为没有"无极"，其害还不过在于无所据而造成实际罢了。这与太极之仍为太极，真际之仍为真际，理之仍为理，毫无关系。即令实际完全消灭了，即令气完全消灭了，然而冯先生之太极，之真际，之理，依然松柏常青。

正因为冯先生的宇宙以理为主，不以气为主，所以，他反对气一元论。中国哲学上的气一元论也有几种，未可一概而论。例如董仲舒的气一元论，便毫无可取之处。相反，张横渠的气一元论，则可取之处甚多。至于冯先生反对气一元论的目的，却在于气一元论不能把真际与实际离开。真际如果不与实际离开，就要受实际的约束。冯先生为了不肯受实际的约束，为了离开实际而追求一个所谓真际，乃不得不反对气一元论。冯先生说："假使有主张所谓气一元论者，我们须先问：其所谓气是否我们所谓真元之气？若是我们所谓真元之气，则所谓气一元论者，根本即不通。因我们所谓真元之气，乃是绝对底料，料只是料，若无所依照之理，料根本不能为实际底物。"（《新理学》第二章第四节）据此，冯先生虽不主张气一元论，但也不能坚持理一元论。因为有理而无气，毕竟完成不了他的观念宇宙。这样一来，冯先生的哲学就只能是理气二元论。用冯先生爱用的名词说，就是理气二极论。

冯先生理气二元论的《新理学》是承接程（此处系指伊川，明道稍有不同）朱理气二元论的旧理学而来的。程朱的理气二元论乃是心物二元论。朱子说："天地之间，有理有气。理也者，形而上之道也，生物之本也。气也者，形而下之器也，生物之具也。"（《文集·卷五十八·答黄道夫书》）这种理气二元论，当然是心物二元论。冯先生想跳出心物二元论的窠臼。于是，他把程朱所谓理气改变一下。程朱作形上（心）形下（物）之分，冯先生不作程朱式的形上形下之分。程朱以"气"为"物"，冯先生则以"气"为"非物"。这一修正，就把心物二元论的旧理学一变而为纯粹唯心论的《新理学》。不幸，仍然拖着一条心物二元论的尾巴。因为冯先生所谓气本身虽为非物，却系所依据而造成其为物者。气虽非物，却始终是物的影子。冯先生的观念宇宙有两个极。一个极是太极，是理，是心。一个极是无极，是气，是物的影子。这岂不仍是心物二元论的老套？所以冯先生理气二极论的哲学系统并不稀奇，不过是由心物二元论改造而成的纯粹唯心论而已。

四、说到王船山

冯先生在《新理学》第二章第四节中，说到了王船山。他说："有一真正底问题，即王船山所提出关于所谓道器先后之问题。王船山以为'无其器则无其道'。他说：'洪荒无揖让之道，唐虞无吊伐之道，汉唐无今日之道，则今日无他年之道者多矣。未有弓矢而无射道，未有车马而无御道。'（《周易外传》卷五）船山此言，如系谓未有弓矢，即无射事，则自无可争论，如系谓未有弓矢，即无射道，而所谓道，若是就理之实现说，则亦是我们所主张者。未有弓矢，则射之理未得实现，自然无射道。但如所谓道，乃指理之本身说，则无其器即无其道之说，是我们说不能承认者。照无其器而无其道之说，则无弓矢即无弓矢之道。如此则创制弓矢者，不但创制实际底弓矢，并弓矢之所以为弓矢之理亦创制之。然理若何可以创制？若谓制造弓矢者，不管弓矢之理，而随便创制，然弓矢之理即弓矢之所以为弓矢者，若随便创造之物，不合乎弓矢之理者，则既非弓矢。所以我们主张弓矢之理，是本有底。创制弓矢者，发现其理，依照之以制弓矢。有弓矢之理，不必有弓矢，因可无创制弓矢者发现之。但有弓矢则必有弓矢之理，因制造弓矢者，必有所依照方可以制弓矢。"（《新理学》第二章第四节）王船山的道器论，乃是即道即器，即器即道的道器论，并非器先道后的道气论。这一点，冯先生驳不倒船山。宇宙未有无理之物，亦未有无物之理。理物不二，以故船山认为道器不二。如有人主张道后器先，我们必然反对。可惜作如此主张者不是船山，以至冯先生的批评，没有着落。

再进一层研究，船山所谓器就是物。我们也用器这个名。但不用以表示大有之物之全部，仅用以表示大有之物之一部而经过人类加工制造者，其未经过人类加工制造者，我们仍谓之物，而不谓之器。以故，物就是自然之物，器就是生产之物。人之所以为人，就在于以物做器。人之所以为人，就在于根据自然之物之理从而创造生产之物之理。冯先生说："理若何可以创制？"（《新理学》第二章第四节）我们的回答是：自然之物之理，不能由人创制。但是生产之物之理，则确系人类根据自然之物之理而创制者。以故，创制弓矢者，不但创制了实际的弓矢，同时，并弓矢之所以为弓矢之理亦发现之。人的魄力，不仅在于制造器，而且在于发现制造器之理。冯先生就缺乏了这种魄力。

五、从无非物之气

中国哲学上所用的"气"字，大多数可作物质的气解。所谓大多数者，也许还有少数哲学所用的气字不作物质的"气"解。如果不作物质的"气"解，必作非物质的"气"解。所以，对于"气"，始终只有两种解释，一种物质的气，一种非物质的气。基本上没有第三种解释。至于，我们当然把气字，当作物质的"气"解，并且认为：

气乃物之一种形态，从无非物之气。

我们既然认为气乃物之一种形态，因此，我们接着肯定即气即理，即理即气。总之，理气不二。所谓理气不二者，也就是理物不二。我们的宇宙，只有一重，此即物的宇宙，此即真际与实际相盈不相外的宇宙。这个宇宙就是我们的。如果这个宇宙不满人意，我们就用人力改变它。我们用不着从这个物的宇宙逃跑出去，而另觅一个不着边际（既不着真际又不着实际）的宇宙。

六、阳对自己，也对他人；阴对他人，不对自己

在冯先生不着边际的宇宙中，除了太极无极而外，又有阴阳。阴阳出于动静。冯先生说："我们所谓动静阴阳，在事实上统是对于一物说。由此方面看，则所有动静阴阳，统是相对的。"（《新理学》第二章第六节）冯先

有阳，又可以依照静之理而有阴。阳阴集于一身而无冲突。冯先生说："一物亦依照动之理，亦依照静之理，而无冲突，其所以不冲突者，亦因其是动底或是静底，不是自一观点看也"。（《新理学》第二章第六节）所谓不自一观点看者，即不自一物之内在联系看，如自一物之内在联系看，则阴阳非冲突不可。此冯先生之所不取也。

我们与冯先生不同。我们并不反对在两个物之间的外在联系上看问题。但是必须先从一个物之内的内在联系上看问题。这就是说，先看内在而后看外在。一般人对于内字，最难了解。无穷之大，谓之大内。大内之内，至于无穷。无穷之小，谓之小内。小内之小，亦至于无穷。无穷不害大有。任何一物都有一内，或为大内，或为小内；或为较大之内，或为较小之内；或为最大之内，或为最小之内。任何一小内之内都有生灭的两部分，或者说，新旧的两部分。方生方灭，方灭方生。方新方旧，方旧方新。所以，在任何一物（即一小内）之内，都有肯定其本身存在之生的新的部分，也都有否定其本身存在之灭的旧的部分。这两种相反的部分是对立的。然而，此两部分，就在此一物之本身、之内部对立起来。冯先生认为："一切底事物若从其本身看，皆是一动。"（《新理学》第二章第六节）这就是说，若就一切物的本身，只有生，也只会生；没有灭，也不会灭。自己毁灭自己，自己否定自己的事情，在冯先生看来，是决不会有的。至于毁灭他人，否定他人，则是阴的唯一作用。冯先生所谓阴阳，便是如此。

七、成盛毁灭与外来的阴阳

再者，所谓阴阳，在冯先生看来，乃是一切变化的原理。一切变化，在冯先生看来，又须经过成盛衰毁的四种阶段。冯先生说："我们常说及一物之盛衰，或一物之成毁，若将此四字联合用之，则可说一物之存在有成盛衰毁四阶段，相当于所谓成住坏空"。（《新理学》第二章第七节）成盛衰毁，谓之四象。四象不过是阴阳的消长而已。成盛毁灭，就是阴阳的消长。

然而，所谓阳者有两种：有本身之阳，与外来之阳。根据前引"无论在其本身之内或其外，对于此房子均是其气之动者"一语，即可明白。所谓阴者，只有一种，有外来之阴，而无自己否定自己之阴。就一物而言，此物本身是阳。在此物之外，有对此物助成其存在之阳，如果阳多了，就构成一个阳圈。在此物之外，有对此物阻碍其存在之阴，如果阴多了，就构成一个阴圈。冯先生说："每一物皆有其阴圈与其阳圈，两圈中之物，又各有其阴与阳。如此重重无尽，颇有似于华严所谓因陀罗网境界者"。(《新理学》第二章第六节) 如就冯先生的原意，并按所谓"成"的阶段，做个一图，此图如下：

据此图所示，一物除就其本身而言皆是一阳外，还有外来的阳圈与阴圈。而一物之变化，便按照外来阳圈与阴圈之消长而定。一切消长，特别是消，完全由外来的阴圈而决定。

冯先生说："我们用'—'之符号，表示一事物之阳；用'--'之符号，表示一事物之阴。以'☵'、'☰'、'☶'、'☷'之符号，表示与一事物存在之四阶段相当之阴阳变化。'☵'是少阳，于此阶段，有阴未克服，但阳正在增长，故画阳于下 (《易》卦画皆自下向上看，在下表示增长之象)。此是一事物之阴阳，在其成长之阶段，所有之变化；亦可说，一事物之阴阳，若有此种变化，此事物即入成之阶段。'☰'是太阳，于此阶段，阴已完全克服。此是一事物之阴阳，在其盛之阶段，所有之变化；亦可说，一事物之阴阳，如有此种变化，则此事物即入盛之阶段。'☶'是少阴，于此阶段，阴对于阳之阻碍又显著，阴有力，故画阴于下。此是一事物之阴阳，在其衰之阶段，所有之变化；亦可说，一事物之阴阳，若有此种变化。则此事物即入衰之阶段。'☷'是太阴，于此阶段，一事物之阳，完全为其阻碍所消尽，此即是说，此物已不存在。此是一事物之阴阳，在其毁之阶段，所有之变化；亦可说，一事物之阴阳，若有此种变化，则此事物即毁。一事物之阴阳之变化，自少阳至太阳是'息'，自少阴至太阴是'消'。程朱又以为自少阳至太阳名曰'变'，自少阴至太阴名曰'化'。"(《新理学》第二章第七节)

冯先生所谓的消息，所谓的变化，非常简单，不过说得神秘，其实并不神秘。冯先生的基本理论，便是阳与阳相生，阴与阳相减。所谓成盛衰毁四阶段，便是阳生阳，阳灭阴，阴灭阳而已。冯先生一旦碰见两个对立之物，一方面彼此相生，另一方面又彼此相灭，他无法解释。因为他没有说过，阴能灭阳，又能生阳；阳能灭阴，又能生阴这一类之话。大有之中的事物，都是相反相成，相灭相生的。统一于一个大内或一个小内之内的两个对立之物之间既要相反，又要相成，这才叫作矛盾的统一。统一于一个大内或一个小内之内的两个对立物之间既要相灭，又要相生，这才叫作矛盾的统一。既要相生，又要相灭，这才叫作矛盾的统一。如果两个对立之物之间，仅仅只有相成而无相反，那就让他们相成好了，还有什么统一之中的矛盾？如果两个对立之物之间，仅仅只有相反而无相成，那就让他们相反好了，还有什么矛盾之中的统一？然而，相反相成也不是循环的，等到对立之物一方能够完全掌握相反，而无所谓相成时，这个矛盾就能解决。相生相灭，亦复如是。因此，冯先生所谓阳生阴，固然无内在的统一。所谓阴灭阳，阳灭阴，也无内在的矛盾可言。总之，冯先生取消了实际宇宙中内在的统一与矛盾。以致在他的观念宇宙中，仅仅只有简单的"助成"与"阻碍"而已。

冯先生所谓成盛衰毁四阶段的最后一个阶段是毁，是完了。最多不过是再来一次循环。对于我们的宇宙，多么消极，多么悲观。这就是老庄哲学的害处。我们不然。一句话，相灭相生。旧的不灭，新的不生。我们所需要的是新生，不是灭。

原载《群众周刊》第八卷第六、七期，1943 年 3、4 月

理学的本质

——冯友兰《新理学》商兑之一

赵纪彬

本文系拙著《新理学商兑》（共十章）之第一章，以内容言，乃全书的绪论。特先发表于此，希冯先生及读者进而教之。

1943 年元旦著者识于渝郊困知书舍

一、理学与"讲理之学"

我打算对于冯友兰先生在其所著《新理学》一书中所讲说的一种哲学系统有所商兑。冯先生所讲说的系统，"大体上是接宋明道学中之理学一派"（页一），所以我们应先考察所谓"理学"的本质。

"理学"是什么？冯先生说："理学即讲理之学。"（页一）此说甚有语病。因为理学虽以"讲理"得名，但宋明道学中与理学对立的陆王心学一派，对于所谓理亦何尝无其讲法？甚至明清哲学中，由王船山、颜习斋、戴东原等所代表的反理学一派，不但冯先生曾明言其"亦并非不讲理"（页七），即戴氏本人，于其反理学名著《孟子字义疏证》初稿脱稿时，亦自称"近日做得讲理学一书"（《戴氏年谱》）。

照我们的看法，中国自宋明以来，各派哲学俱皆讲理。其真正对于所谓理而不作思议，不作言说，不作肯定者，固亦可成其为学；但它只能是别一种类的学，而不能是哲学。哲学之所以成其为哲学，即因其讲理，不讲理即不能成其为哲学。一种哲学系统之所以成其为一种哲学系统，即因其对于所谓理持有一种成套的看法或讲法，不能对所谓的理持有一种成套的看法或讲法即不能成其为一种哲学系统。哲学与"讲理之学"只是异名同实之物。因此，无论说哲学即"讲理之学"，或者反过来说"讲理之学"即哲学，似均可以无甚语病。

我们说中国自宋明以来，各派哲学俱皆讲理。此说亦有理由可说；九流皆言"道"[一]而甚少讲"理"[二]，至宋明道学兴起，"理"字始成为哲学上的重要范畴，而为各派哲学家所不得不讲。尝考宋明道学家之所谓"理"，其哲学的意义不出下列两端：

第一，有理则之义，系指宇宙万物所具有的客观发展法则。

第二，有理念之义，系指关于宇宙万物及其理则的主观认识概念。

理字之义既如上述，则所谓"讲理之学"，即是从学的观点上对于下列各问题有所思议，有所言说，有所肯定：

甲、宇宙万物与其理则之间，具有何种关系？它们在发生程序上孰先孰后？在发展过程中谁决定谁？宇宙间之万事万物，是理则的"实体"？抑是理则的"实例"？

乙、何谓宇宙万物的理则？它能不能为我们所认识？我们如何始能认识它？认识宇宙万物的理则与否，在我们实践上又有何种影响或差违？

丙、我们关于宇宙万物及其理则的理念，是先验的抑是后天的？理念是纯由思辨而来？抑是与别种认识，如感性、记忆及经验等亦有其关系？如有关系，其关系究为何如？

丁、客观的理则（或法则）与主观的理念（或概念）是（一）抑是（二）？如为（一）则后者何以成为前者？如为（二），则其关系又为如何？它们究竟谁产生谁或谁决定谁？

所有此等问题，何一而非哲学上的重大问题？如果不讲此等问题，尚何以能成其为哲学？如果对于此等问题而没有一种成套的看法或讲法，尚何以能成其为一种哲学系统？我们说中国自宋明以来，各派哲学俱皆讲理，又说哲学即讲理之学，义即指此。

我们说中国自宋明以来，各派哲学俱皆讲理。此说亦有结论可说：道学是中国的哲学系统之一种，理学则又与心学相对而各为宋明道学中之一派；所以理学讲理，其对于所谓理所持有的成套的看法或讲法，亦只能是许多"讲理之学"的系统中之"一种系统"，不能即是"讲理之学"。果如冯先生所说，"理学即讲理之学"，则明清哲学中之反理学一派的系统，即不应亦如冯先生所肯定者"而仍亦讲理"（页七七）。我们统观《新理学》全书，似可认为冯先生亦同意我们此一看法，或者说冯先生本来即有此看法；但不管冯先生的看法是否如此，其不以理学为讲理之学之"一种"而说"即讲理之学"，则此说仍是甚有语病。

二、理学讲理的特征

我们在前节中说冯先生以"理学即讲理之学"之说甚有语病，并不是说理学非讲理之学，亦不是说理学不能涵蕴讲理之学，而是说理学不限于讲理之学，它不但讲理，而且对于所谓理有其特殊的看法或讲法。因此，理学即不仅是讲理之学，而是在一般所谓讲理之学中另有其所以与他派不同的独立的特征。冯先生以"理学即讲理之学"，其所以甚有语病，不在其扩大理学的外延，而在其削除理学的内包，以致将具体的哲学系统（理学）的特征化为乌有，化为抽象的哲学系统（讲理之学）一般。我们从此一观点上说冯先生的说法甚有语病，与从形式逻辑观点上，引"外延与内包成反比例而变化"的原理以立言者，意义自有根本上的不同。

照我们的看法，白马不仅是白，而是马之又具有白之特征者。同理，理学亦不仅是讲理之学，而是在讲理之学所同具的共相之上更增加以自己所独有的对于所谓理的特殊看法或讲法，亦即另有自己的特征，凡事物愈具体者则愈丰富，所以理学的外延并不较讲理之学为小，理学的内包则又较讲理之学为多。说"理学"可以涵蕴"讲理之学"，说"讲理之学"则不能涵蕴"理学"。因而，欲明理学之本质，应先探究理学讲理的特征。

中国自宋明以来，哲学中有所谓理学、心学，及反理学。此三大派别之所由分，不在于"是否"讲理而在于如何"讲理"；此三大派别之所以各个自命为"正宗"而斥异己者为"异端"，其所争者亦不在于"应否"讲理而在于"如何"讲理始合于理之真谛。"从爪上来认识狮子"（培根语）。理学的特征，即在于其讲理的方法上与其他二派有大不相同处。但同异乃比较之词，"事物的质由于与他者的对立而显现"（黑格尔语）。所以我们应将理学的讲理方法，与心学及反理学两派的讲理方法加以较量，在三者比照对勘中，以取得理学的特征。

宋明道学中之理学一派，以程朱为代表。他们对于所谓理的成套的看法或讲法，大体上可以约为下列五个命题：

甲、天下之物莫不有理，致知在格物。

乙、心具众理，此心一澄，众理毕见。

丙、有其气必有其理，有其理必有其气。

丁、理先气后，气有不在而理却常存。

戊、知先行后。

据上所述，可知程朱理学一派的讲理方法，矛盾独多。例如：既说理则在于事物之中，而又说众理具于吾心；既说必格物而后始能致知，而又说澄心即可见众理；既说理念为由经验（格物）而来，而又说理念可先于行为而有；既说理则与事物为不可分，而又说理则可离开事物而在，可先于事物而存等等，几乎是纯由康德型的二律背反所构成的哲学系统。所以普通称此派的讲理方法为理气二本论。

二本论的必然命运是左右不讨好。程朱理学二本论本身，其讲理方法又有如此显著的大矛盾，自然更易授其反对论者以口实。首先起而反对理学的另一种哲学系统，即是陆王的心学一派。此派之反对理学，系反对理学一派的二本论的讲理方法。他们自己对于所谓理的看法或讲法，则可分为下列四点：

甲、宇宙即是吾心，吾心即是宇宙。

（此言吾心之知觉灵明即是客观世界，故又说"心外无物"。）

乙、心即理。

（此言主观的理念即是客观的理则。）

丙、致知即致吾心之良知。

（此言理念为吾心所固有，穷理致知不假外求于物。）

丁、知是行之始，行是知之成。

（此言理念为先验范畴，先于实践而存在。）

由此可知，此派此种讲理方法，与巴克莱的主观心本论系统甚为近似。其反对理学一派，即系依据其主观心本论观点，以反对理学派二律背反中的物本论要素。从此处看理学，则理学为从右面受到攻击的一种哲学系统。

其次，在心学一派废墟上建立起来的，明清哲学中由王船山、颜习斋、戴东原等所代表的反理学一派，大体上是物本论的系统。此派的讲理方法，大致如下：

甲、无其器则无其道。

（此言事物为理则的实体，必先有实际的事物而后始有事物所具有的理则。）

乙、理在事中，习事见理。

（此言理即事物之理，必剖析事物至微而后理得，离开实际的事物即无所谓理。）

丙、对于事物所照所察之不谬即是中理。

（此言真理即是理念与对象的一致。）

前述反理学一派对于所谓理的物本论的看法或讲法，就理论本身言，实与陆王心学的根本观点全部相反，其与程朱理学二本论系统中的物本论要素，则无大抵触。但此派在事实上所攻击的主要对象，竟非心学而乃理学。此事诚如傅斯年氏所云：

> 清代汉学家自戴震以降攻击理学者，其最大对象应为心学，不应为程朱。然戴氏之舍去陆王力诋程朱则亦有故。王学在明亡后已为世人所共厌弃，程朱之学在新朝仍为官学之正宗，王学虽与清代汉学家义极端相反，然宗派式微，可以存而不论，朱学虽在两端之间，既为一时上下所宗，故辩难之对象在于此也。（《性命古训辨证》下卷，第三章，商务印书馆民国二十九年四月初版，第八〇页）

此派在对于理学施行攻击时，与心学派的攻击立场和方法相反，即肯定理学二本论系统中的物本论要素，反对其心本论要素。从此处看理学，则理学又是从左面受到攻击的一种哲学系统。

综上所述，理学、心学及反理学三大派别的对立，其哲学的意义为心物二本论与心本论及物本论三中间的对立。如以图表示其间的交错关系，其图如下：

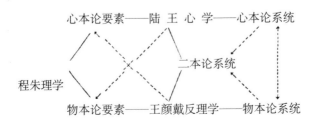

据上图所示，我们可知程朱理学一派即是二本论的哲学系统，其中包含有心本论要素与物本论要素的二律背反。心学一派同意其心本论要素而反对其物本论要素；反理学一派则与心学相反，同意其物本论要素而反对其心本论要素。因此，我们可以说理学的讲理方法，其特征即在于它是左右不讨好的心物二本论。

三、由理学到新理学

冯先生的新理学系统，是"大体上承接宋明道学中之理学一派"而成。中国哲学史中此一由理学到新理学的转进，实有各种意义可说。兹分述如下：

第一，在由理学到新理学的转进中，所谓"大体上承接"五字，其意义着实非常重大。因为是"大体上"，而不是"全体上"承接于理学，所以新理学可以非理学之所是，是理学之所非，使前者和后者可以"在许多点"上"有大不相同之处"（页一）；因为是"接着"理学讲，不是"照着"理学讲（页一），所以新理学又可以看程朱理学之所未及看，说程朱理学之所未及说。此即是说，从由来上看，新理学是发源于程朱理学一派，但从成就上看，则新理学却又不同于程朱理学一派。

第二，新理学系统之所以为"新"，因为它是从新的观点上所看出或所讲出的一种成套的道理。此新的观点，即是所谓"纯客观论"（页四五至四六）。程朱理学一派，虽亦曾主张理则的客观性及本有性 [四]，然与新理学系统中的"纯客观论"观点相较，则有大不相同之处 [五]。因为在许多点上前后大不相同，所以自新理学系统实际完成之日起，程朱的系统遂变成为旧理学。新理学与旧理学虽然同是"最哲学底哲学"（页二），但二者相较，则"新理学较旧理学更依照此派哲学的本然系统"（页二三七）。因此，冯先生的新理学系统中，对于程朱理学一派本有的讲理方法，也在许多点上提出批评。

第三，新理学与旧理学之所以相关，是因为它们既相异而又相同。必同即系一物，而不能有新旧之分；必异即失去联结，而没有承接的基础。故必同而有异，始有相关可说。其所以异在新与旧，上文已略有说明；其所以同，则在皆为理学。离开了新理学与旧理学，或在具体的新理学与旧理学以外，诚然无所谓理学一般，但在新理学与旧理学的内部，则具有一种共同的要素，此共同的要素，在新理学与旧理学二者共同对外（例如与心学、及反理学二派相对立）的关系中，则又表现为理学系统一般，以与别种的哲学系统相区别。这意思如用纯逻辑语言来说，即是低级形态的外延，在高级形态中即转化为内包。在与心学及反理学二派的关系中，理学系统一般是新旧理学的内包；在新理学与旧理学的关系中，理学系统一般是二者的外延。因此，纵令新理学与旧理学有其大不相同之处，但在根本性格上仍均是理学一派的实际的具体的哲学系统。因为冯先生的新理学系统虽"新"而亦仍为理学，所以所有心学及反理学二派对于程朱理学所作的批评，冯先生亦往往代程朱答辩，并对于心学及反理学二派，亦多所批评。

第四，理学系统一般，即是理学之所以成其为理学者，亦即是理学之理。但此理如前所述，本来即不存在于新理学与旧理学等各个实际的具体的系统以外，它本来即为新理学与旧理学二者所涵蕴，它在二者的内部，皆是许多要素中一个具有普遍性的要素。因此我们可以说，是先有新理学与旧理学等实际的具体的理学系统而后始有理学系统一般，始有理学之理。理学系统一般，或理学之理，既是由各个实际的具体的理学系统中概括抽象而得，则一般虽为具体所同具，但一般的内容则远不如具体的内容之丰富，亦即一般不能全部涵蕴具体，不能完全同于具体，一般只能近似的或部分的契合于具体。此即是说，将新理学之所以为"新"，旧理学之所以为"旧"之处，通通舍去，只抽取其中所共同的"理学"此一共相，即得所谓理学系统一般。

第五，因新理学之有而使程朱理学变为旧理学，就此点说，冯先生的新理学是丰富了理学系统的内容。因理学有新旧之分而生出理学系统一般，就此点说，冯先生的新理学是开拓了理学系统的范围。丰富内容与开拓范围同时并举，即是内包与外延成正比例而变化。有此二点，冯先生自称其新理学为新的"最哲学底哲学"（页二）。此新的"最哲学底哲学"，其最大特征，据冯先生所说，即在于它"不切实际，不管事实"（页一二），"不合实用"（页一五），"不问内容"（页一〇六）。并依此四大特征，而与"普通所谓唯心论或唯物论（按即我们上文所说的心本论或物本论——作者注）"相区别。此即是说，依冯先生的看法，其自称为"最哲学底哲学"之新理学系统，即是一种既非心本论又非物本论的"纯客观论"系统。

据上所述，可知由理学到新理学的转进，其意义即在于因新理学之有而始有旧理学之有，有理学之新与旧之有而始有理学一般之有。我们所以特别反复说明此点，是因为此点说明所涵蕴的内容，即是对于理则与事物，及抽象与具体的关系问题，暗示一种解决方法，而我们此点意见，则又与冯先生新理学系统的整个看法完全相反。此事将于下文中连续详为指出。

四、新理学系统的逻辑构造

冯先生的《新理学》确乎是一种条理缜密的哲学系统，而不是由许多互无关联的命题杂凑构成的堆集。我们如此说，并非为冯先生捧场，凡读其书者，无论对于冯先生的主张是同意或是反对，似乎均应有此同感。但我们虽承认冯先生新理学具有高度化的系统性，而对于其所讲说的整个系统，则根本不能同意。因此，我们对于冯先生的新理学，即不得不多有所言说。但我们尚未系统地提出自己的看法以前，似应先将新理学系统的逻辑构造，用提要的方法加以客观的说明。

如前所述，冯先生自称其新理学系统是一种"纯客观论"；它既非心本论，亦非物本论，只是"最哲学底哲学"。此种"纯客观论"或"最哲学底哲学"，系从一个最根本的原则出发，其他一切的观念、判断、命题，及推论等皆由此引出，以成为一种条理缜密的系统。此一最根本的原则，其要义可由下列数语说明之：

> 真际与实际不同，……实际又与真际的事物不同，……有某一件有事实底存在底事物必有实际，但有实际不必有某一件有事实底存在的事物。关于实际中者亦属于真际中，但属于真际中者不必属于实际中。……如以图表示此诸分别，其图如下：

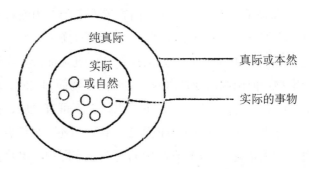

此即是说"真际"产生"实际","实际"又产生"实际底事物"。反言之，即是"实际底事物"为"实际"所包涵，"实际"又为"真际"所包涵。在此处，真际为根本，个物为派生；真际之有不待个物，而个物之有则为真际所规定。

由此根本原则出发，冯先生的系统大体上可分为三部：第一部为哲学论。即在哲学内讲哲学所以别于其他学问者，并讲其研究之对象，下手之方法；或在哲学外讲哲学之哲学，亦即从"宇宙看哲学"，将哲学亦作为一类物而分析其理。第二部为天道论。即"从哲学看宇宙"，展开其宇宙观或认识论。第三部为人道论。即从"最哲学底哲学"观点，提出其关于人性、社会、道德、历史、艺术之理的看法或讲法。

在哲学论中，冯先生以为：（一）哲学只对于真际有所肯定，而不特别对于实际及实际底事物有所肯定。（二）真际不可统治，不可变革，只能心观而不能用，所以哲学可以说是真正无用。（三）真际可以思而不可以感，所以哲学只有靠思与辩，而不需要经验或感觉。（四）真际可离开实际而仍真，可不待个物而独有，所以哲学可以不依据科学而发展，其理论亦不随科学理论之变动而变动。（五）真际为实际底事物所必依照，实际的事物只是真际的实例，所以柏拉图的系统可以是最哲学底哲学。（六）真际是离开实际的事物而有的客观底有，所以公孙龙的系统亦可以是最哲学底哲学。（七）真际无内容可说，所以最哲学底哲学中之观念、命题，及推论等多是纯形式的、纯逻辑的，而不是实际的、经验底。（八）事物之理之内容非哲学所能知，亦不必求知，程朱旧理学的主要错误，即在其不知此点。（九）真际只能心观或静观，所以最哲学底哲学必持旁观的超然底态度。（十）真际中本有许多方面，即应有许多实际底哲学系统与之相应，所有实际底哲学系统凡能自圆其说，持之有故，言之成理者，即是正宗底，而无所谓异端。（十一）真际无内容，所以哲学可以将一切理之内容置而不问，因而将来是不可知者，人生如打牌不如下棋，最哲学底哲学，只行乐天知命。

在天道论中，冯先生以为：（一）论存在是由真际而产生实际，由实际而产生实际的事物；但论认识则是由分析实际的事物而知实际，由知实际而知真际。（二）宇宙，大一，或大全是不可思议，不可言说底，但我们仍可对之有所言说，有所思议，对不可言说者之言说，对不可思议者之思议，即是最哲学底哲学的天道论。（三）真际中的理对于实际中的事物只能规定之而不能存在之；实际中的事物对于真际的理，则只能依照之，而不能具有之；理是有而不在，明清反理学一派人对此点的看法是完全错误。（四）凡不依照任何理者即不能成其为任何实际的事物，但"真元之气"或"绝对底料"则无一切性，不依照任何理。（五）宇宙是静的道，道是动的宇宙，事物的本身，本无所谓动与静，动与静之分，系看事物时所用的方法不同，或所看的方面不同。（六）在事物的变动中，有所谓阴与阳，阳是外来的助成其存在的力量，阴是外来的破坏其存在的力量。（七）事物的变动可从循环、进退、损益、变通等四种观点来看，而十二辟卦圆图中所说，则天地万物之理，阴阳始终之变具焉。（八）理之实现于物者为性，性有义理之性与气质之性，义理之性为事物所依照之理，亦即批评事物之标准，气质之性乃所以说明事物之所以不完全，反理学一派，以为性无义理与气质之分，亦是错误。（九）一切事物，皆有其正性、辅性，及无干性等。例如人，有其社会性，行道德即人之正性，其所有之生物之性及动物之性等乃人之辅性，凡一个人所特有之性乃是人之无干性，正性粹然至善，辅性及无干性乃是道德底恶之起源。（十）宋儒所谓理欲之辨，实没有什么可以批评之处，如戴东原等所为之批评，都是出于误解。

在人道论中，以人性论为基础，冯先生以为：（一）社会及道德为人之性之内容［六］。（二）社会之为物，是许多分子所构成者，一社会内之人，其行动合乎其所属于之社会所依照之理所规定之基本规律者，此行动是道德底，其行动反乎此基本规律者是不道德底，与此规律不发生关系者是非道德底。（三）有社会，有各种社会；有社会之理，有各种社会之理。此理是不变底，可变者是依照此理之某种社会，而不是此理。（四）无论就某种社会说，或就社会说，都可以说道之大原出于天，天不变道亦不变。（五）民初人反对做忠臣做节妇，系用一种社会之理所规定之规律为标准，以批评另一种社会的分子之行为，这种看法是不对底。（六）在历史上凡存在者都是合理底，而且又都是合势底。（七）在历史上真正的突变是不可能底，一新的社会之出现，不是取消一旧的社会，而是继承一旧的社会。社会中任何事物，如思想、文学、艺术等，均是如此。（八）一种社会哲学所引以为理论底根据之哲学，大概在实际上并不是全新底，可以说自古代以后，即没有新底哲学。（九）艺术是技不是道，只能使人心赏心玩，不能使人知，因而是感情底不是理智底。（十）艺术家不持旁观底超然底态度即不能有艺术作品。

（十一）道德上有本然办法，知识上有本然命题，艺术上有本然样子，均在无字天书之中。（十二）能读无字天书，而见本然办法，本然命题，本然样子，或其仿佛者，我们称之曰才人。（十三）创作时之心理状态或境界即是圣域；虽能入圣域而不能常在圣域，虽有圣城之一种而不能有其全境界者是才人；能常在圣域，能有圣域之全境界者是圣人。王阳明是最近乎一般人之理想底圣人者。（十四）已入圣域之人，他可以说"我心即天心"。

以上所述即是冯先生新理学全部内容的提要，同时亦即其系统的逻辑构造。其中的若干命题，自亦有为我们所主张乃至叹服者，但就其整个系统以观其大全，则我们根本不能同意。此事正如我们说一人面貌之丑，并不是说其面部所有之细胞全是丑底，而是说其由许多细胞所组成之整个面貌是丑底。所以我们对冯先生的新理学，虽于其中的若干命题可以表示同意，但于其整个系统，则仍可表示根本不能同意。

五、反理学系统的新生

就前述新理学系统的逻辑构造说，冯先生的系统，虽大体仍带有程朱二本论的色彩（如一面有实际的事物，另一面有离事物而有的真际的理；因系二本，所以前者必"依照"后者，而不能"具有"后者），而实已变为一种近于实在论的客观心本论系统，在其中，公孙龙的"白马论"[七]，柏拉图的理型说，孟子与庄子的天人合一的神秘主义，以及一般形式逻辑的方法等，尤有特别重大的助成力量。

冯先生此一客观心本论系统，较之程朱的二本论，在许多点上确乎更富于系统性，更"能自圆其说"，更能"持之有故，言之成理"。但在我们看来，所谓"能自圆其说，持之有故，言之成理"云云，并不足以作为衡量一种哲学系统的标准。冯先生以此为衡量标准（页二三四至二三五）。是其由纯客观论蜕变为纯主观论之一证[八]。一种哲学系统之是否正确，不在其是否"能自圆其说"，而在其是否与客观对象及其理则相符合。符合即真理，差违即是谬误。此乃唯一的衡量标准。舍此而另寻标准，即是走入歧途。依此而言，则冯先生的系统，无论如何条理缜密，无论如何"能自圆其说"，皆仍不妨我们对之根本不能同意。

但我们所谓根本不能同意，只是我们对于冯先生新理学系统所作衡量的最后一句话。依道理言，我们应该说明所以根本不能同意的理由。不过，详细说明此理，乃是本书的全部内容。在此处我们只能说明我们的看法的大体之所依据，即从原则上说明我们的立场和方法：

第一，所说"根本不能同意"云云，只是态度而不是理由，只是结论而不是方法。实则相反的理由有时可以支持一种态度，同一个结论也往往可用不同的方法得到。前述对于程朱理学一派表示"根本不能同意"者，既有心学一派的心本论，又有与心学正相反对的反理学一派的物本论，即是一例。冯先生的新理学系统乃是一种客观心本论，即如上述，则其与心学一派自有客观与主观之分，与程朱旧理学亦有一本与二本之别，与反理学一派尤有心本与物本之殊。较以前例，无论从心学、旧理学或反理学的立场与方法上讲，都可以对于冯先生的系统表示"根本不能同意"。在此处，我们应先声明：程朱理学与陆王心学皆是我们所不能同意者；我们对于冯先生新理学系统表示根本不能同意，是大体上承接明清哲学中的反理学一派的立场与方法。

第二，我们所说"大体上承接"五字，系得之于冯先生。但冯先生由此五字从程朱理学中陶铸出自己的新系统，我们则不敢有此意思。我们的意思，不是使明清反理学系统成为另外一种"新反理学"，或"反新理学"的新系统；我们是说，明清反理学一派的系统中，其若干命题有需要根本颠倒或改造者，亦有需要更加充实与引申者。前者，我们所指是其违自己的立场与方法，以致对于理学与心学表示退让与屈服的诸命题；后者，我们所指是其反理学系统中的本格命题而所说所见仍似有所缺欠者。我们所有对于反理学系统中若干命题的颠倒或改造，以及充实与引申，并无变动其立场与方法之意，反而是求其物本论思想更加贯彻，使其在反二本论及心本论的战斗上更加健康、有力。

第三，反理学系统中之若干命题，我们认为同意而仍须加以充实或引申者，大体上即上面第二节中所指出其讲理方法中之三项；有须根本加以颠倒或改造者，约为下列四项：

甲、德性之知不假闻见，闻见之知非真知。

（按此命题失在抹杀感性认识的真实性，陷于唯理说窠臼。）

乙、习恭习端坐以得天理之本然。

（按此言心具众理，与心学一派看法，骎骎相接。）

丙、"恕道"或"絜矩之道"的绝对客观"照察"主义的认识论。

（按此看法，则真理之客观性与认识之倾向性即永相分歧。）

丁、性善论与庶民禽兽论。

（按此二命题，前者失在混同道德衡量与认识判断，后者失在抹杀并诬蔑认识主题与认识动力。）

此等命题，实均与反理学系统本身的本性相反。例如性善之说，诚如傅斯年氏所论：

> 夫性理之学，为得为失，非本文所论，然戴氏既斥程朱矣，《孟子》以及《易·系》、《乐记》、《中庸》之作者，又岂能免乎？如必其"罪人斯得"，则"作俑"者孟子耳。有《孟子》，而后有《乐记》、《中庸》之内本论，有《乐记》、《中庸》之内本论，而后有李翱，有陆王，有二程，虽或青出于蓝，冰寒于水，其为一线上之发展则无疑也。孟子以为"万物皆备于我矣，反身而诚，乐莫大焉"。又以为"人之所不学而能者，其良能也，所不虑而知者，其良知也"。又以为"仁义礼智非由外铄我也，我固有之也"，"操则存，舍则亡，或相倍蓰而无算者，不能尽其才者也"。又以为"学问之道无他，求其放心而已矣"。又以为"存其心养其性，所以事天也"（凡此类者不悉引）。凡此皆明言仁义自内而发，天理自心而出，以染外而沦落，不以务外而进德，其纯然为心学，陆王比之差近，虽高谈性理之程朱犹不及此，程叔子以为孟子不可学者此也。戴氏名其书曰《孟子字义疏证》，乃无一语涉及《孟子》字义，复全将孟子之思想史上地位认错，所攻击者，正是孟子之传；犹去孟子之泰甚者也，不亦慎乎？（《性命古训辨证》下卷，同版页九）

性善论如此，其他各命题亦是如此。倘是反理学系统中任此等命题存在，则要将使它在与理学及心学对立中永不能真正全面地站起来，故必须从根本上加以颠倒或改造。

第四，经过我们上述意义的颠倒或改造，以及充实与引申以后，即是反理学系统本身的新生。此新生的反理学系统的立场和方法，即是我们对于冯先生新理学系统所以根本不能同意，并提出商兑之所本（我们在本书中所有对于陆王心理学及程朱理学的看法所作之批评，大体上亦系以此为根据）。

注　释

[一] 章太炎云："九流皆言'道'。……自宋始言'道学'（'理学'、'心学'皆分别之名），今又通言'哲学'矣。'道学'者，局于一家；'哲学'者，名不雅故，缙绅先生难言之。"（《明见》，《国故论衡》下卷，浙江图书馆校刊本，页一三八）

[二] 颜习斋云："理者，木中纹理也，指条理言。"（《四书正误》卷六）又云："前圣鲜有说理者。自孟子忽发出，宋人遂一切废弃而倡为明理之学。"（同上）李恕谷云："理字则圣经甚少，《中庸》'文理'与《孟子》'条理'，同言秩然有条，独玉有脉理，地有分理也。"（《中庸传注问》）戴东原云："理者，……在物之质曰肌理，曰腠理，曰文理，亦曰文缕，理缕一语之转耳。得其分则有条而不紊，谓之条理。孟子称孔子之谓集大成曰：'始条理者，智之事也；终条理者，圣之事也。'圣智至孔子而极其盛，不过举条理以言之而已矣。《易》曰：'易简而天下之理得。'……《中庸》曰：'文理密察，足以有别也。'《乐记》曰：'乐者，通伦理者也。'郑康成注云：'理，分也。'许叔重《说文解字序》曰：'知分理之可相别异也。'古人所谓理，未有如后儒所谓理者矣。"（《孟子字义疏证》卷上，《理》一）

[三] 物本论即以物为本元，以心为派生的哲学系统。心本论则与物本论相反。凡对于所谓理不能贯彻其一贯观点，不能由一个根本原理坚持其观点，动摇或调和于物本、心本之间者，即是二本论系统，反之则为一本论系统。物本论通作唯物论，心本论通作唯心论。但唯物唯心之"唯"字，似于义有所未达，因妄易为物本心本之"本"字。此"本"字我们得之于戴东原（见《孟子字义疏证》），私意以为其"本"之一字说得甚好，遂援用于此。通行的一元论、二元论之"元"字原无甚语病，因戴氏书中原有"一本"、"二本"等名，且久为国内学人所习用，兹为取一律，遂亦易为一本论、二本论。我们此一见解，虽似有其所以特别提出的理由，然旧名相沿日久，则约定俗成，自度亦难有改订之望。附援认于此，愿与哲学界诸先进共商之。

[四] 冯先生说："宋儒中多以为其所讲之道，并非其个人之创造，而乃以客观底，本有底。哲学家之任务，不过是将其所见，加以述说，然此述说之有无，与道之本身之有无，并无关系。如《周易》，邵康节、朱子，皆以为其系统是本来有底。所谓'书前有易'，正说此意。"（页二三三）

[五] 冯先生所主张的纯客观论，不仅以为理则可离开吾心而独有，且以为理则可离开一件一件的实际的事物而独有；理念（命题，判断，推论）可离开实际的事物而仍

真。此种主张，我们在本书第三章《纯客观论的分析》中，另有商兑。

[六] 冯先生的人性论，实即其关于人的本质的看法。此一看法，在《新理学》一书中只有原则的说明，其《新原人》一书对此另有系统的发挥。我们的商兑，以见于《新理学》中者为限。

[七] 关于公孙龙白马论与冯先生新理学的关系问题，著者在《离坚白学派的诡辩逻辑》（即拙著《中国逻辑史·古代篇》散稿之五）一文中另有评论。

[八] 关于冯先生的纯客观论如何蜕变为纯主观论一问题，在本书第三章第三节中另有论证。

原载 1943 年《文史杂志》第三卷第十一、十二期

"纯客观论"的剖析

——冯友兰《新理学》商兑之二

赵纪彬

一、由"纯真际"到"纯客观"

我们已经知道：由理学到新理学，本质上就是由心物二元论到客观唯心论的转化。现在，我们要对于此点展开全面的批判。不过，我们先要知道，冯先生并不承认自己的哲学是唯心论的一种，他只承认自己的哲学是"纯客观论"。所以他说："我们的主张，可以说是一种纯客观论。"（页四五）新理学系统既又可称为"纯客观论"，其重要可知；并且我们认新理学为一种客观唯心论，其根据即在于此。所以我们亦不得不对之加以剖析。

首先，我们知道，宋明道学中之理学一派，皆以为"道"或"理"是客观的范畴，不因人类的知与不知，及讲与不讲而有所增减；冯先生的新理学系统既是"大体上承接"此派，则其所主张者"是一种纯客观论"，自属当然。

其次，我们知道，冯先生所谓"纯真际"与柏拉图的"理型说"颇为相近。但这只是二者有许多点大致相近，而不是说二者在各方面完全相同。其相近处拟暂不详论，其不同处，则在于柏拉图以"真存在"为纯粹思维的观念中的存在，故又名为理念；冯先生则以"纯真际"为人类所不可统治不可变革的客观上的"有"，故不承认"真际"为概念。关于此点，冯先生曾说：

> 有人以为，所谓方者不过人用归纳法，自其所见许多方底物中，

所抽象而得之概念，在客观方面，并无与之相当者。真际即是实际，实际之外，别无真际。

对于此主张，我们说：我们对于此所谓理之知识，可以名曰概念。自知识之得到方面说，我们对于方底物，必须有若干知识，然后可得方之概念。但既得方之概念之后，则见方，即所谓方之理，亦即方之所以为方者，并不只是一概念。此如我们初学算术时，先数三个桌子，三个椅子，然后可以知"三"。三个桌子，三个椅子等，是"三"之实际底例，即实际底三。实际底三是可感的，但"三"则不可感而只可思。我们自经验底实际底三中，得三之概念。既得三之概念，知三之所以为三者之后，即见三有自可为三者，"三"不只是一概念。"三"是一客观底有。实际底三，必依照三之所以为三者，然后可成为三。故有实际底三，必有三之所以为三者，但有三之所以为三者，不必即有实际底三。三如此，其他数目，亦系如此。因其均系客观底，所以数学中有一定底原则公式，不能随人意为改动。如数目仅为人之概念，则数学可随人意编排，而大家所公认之数学，即为不可能。（页四三至四四）

如此，冯先生由当作"客观底有"之实际出发，自然亦即形成其纯客观论的主张。

上举二端（理学派的传统与纯真际的看法）相互结合，即是冯先生的新理学系统所以成纯客观论的两个主要源泉。客观论的观点，冯先生向来即颇为高扬［一］。故在其新理学中亦占有重要位置。关于纯客观论的内容，下列的冯先生一段讲说可为代表：

一种规律，为人的思想所必多少依照者，即是逻辑底规律。这规律并不是人所规定，以硬加于人的思想者，而是一种本然底规律，为人的思想所本须多少依照而不可逃者。所以在未有人讲逻辑学之先，人的思想，本来都多少依照逻辑底规律，人的正确底思想，本来都依照逻辑底规律。逻辑学并不能创造逻辑底规律，以使人必从。它不过发现了这些规律，而将其指示出来，叫人于明白了这些规律之后，可以有意地依照着思想，使其思想，本来多少依照这些规律者，现在或能完全依照之。如能完全依照之，则其思想即可完全正确。因此逻辑学可以教人如何思想。……所以它亦属于所谓方法论。(《新世训》页一)

冯先生此处所论，在于强调规律或理则的客观性。由此观点出发，当然对于所谓主观论系统不能不有所批评。所以冯先生曾说：

纯主观论以为即一件一件底实际底事物亦是主观底，或可归于主观底。但这种说法是说不通底。因为照它的逻辑推下去，一个人只能知道他自己于一时间所有之感觉，一切言语，历史均不可能。(页四五至四六)

照心学家的说法，我们个体底人的知觉灵明底心即是宇宙底心。天地万物，皆是此心所现。……但照我们的说法，……照我们现在底经验所知，只有动物，或较高等底动物，有实际底心所需要之实际底结构，亦只有动物或较高等底动物有心。至于离开这些有实际底心所需要之实际底结构之物，超乎这些物之上，有所谓宇宙底心，照我们的系统看，是不可解底。从这一点说，我们同情于唯物论。不过从另一点说，我们虽不承认有实际底心，能离开其所需要之实际底结构而有，但我们以为有心之理，离开实际底心所需要之实际底结构而有，离开任何事物而有。(页一六一至一六三)

(阳明)所谓"不能拟议增损"，是说，我们对于所谓至当或"天然之中"，不能拟议增损？抑是说，我们对于所谓至当或"天然之中"之知识，不能拟议增损？若是前说，我们亦正如此主张。……若是后说，则我们不能赞同，因为我们对于所谓至当或"天然之中"之知识，不但可有错误，而且事实上常有错误，所以我们对之，不能不有拟议增损也。此拟议增损，无论有多少，并不是对于所谓至当，或"天然之中"有拟议增损，而只是对于所谓至当或"天然之中"之知识有拟议增损。对于所谓至当或"天然之中"，是不能有拟议增损底，正因有不能拟议增损之至当或"天然之中"，以为标准，所以我们对之之知识，可有拟议增损。(页一八八)

朱子以……一切理皆在我们心中，故一切理之内容，皆可知之，而所谓穷理者，即求知一切理之内容。……但此是不可能底。王阳明欲穷竹子之理，深思七日，不能成功，因以致病，遂以为圣人不可学，后始知朱子以理为在物而不在心之错误。朱子于此，诚有错误，但其错误，不在于以理为不在心，而正在其以理为亦在心。……王阳明于此见朱子之错误，但未见其所以错误。（页二九七至二九八）

关于朱子主张一切理之内容皆可知之是否错误，及其所以如此主张是否完全出于以理为在于心中，在此地我们均不拟加以考量；现在我们只说，冯先生由纯客观论出发，对于纯主观论所作的批评，大体上均颇为正确。因为我们深信实际底事物及其理则皆为离人类的主观而独立的存在，就此点说，我们的看法亦与冯先生的纯客观论大体上颇为相近。

我们说"大体上"同意于冯先生的看法，是因他的批评系依据所谓纯客观论的观点；而所谓纯客观论，则又是发源于其对于纯真际的看法，所以其所谓"客观"，其含义不止为规律或理则离开人类的主观而独立，尚含有规律或理则可离开实际底事物而独有的意义。我们前面所引"有心之理，离开实际底心所需要之实际底结构而有，离开任何事物而有"云云，正是谓此。关于此点，冯先生曾更清楚地说：

我们的纯客观论则主张不独一件一件底实际底事物是客观底，即言语中之普通名词或形容词所代表者，亦是客观底，可离一件一件底实际底事物而独有。不过此所谓有，只是就真际说，不是就实际说。我们说"人""马""方""红"等可离开实际底一个人，一个马，一个方底物，一个红底物而有。此有并不是实际底。举"方"以为例。普通人多以想象具体的方者，想象抽象底方，……如用此看法，……我们所主张"方"可离开方底物而独有之说，直是不通，直是悖。……其实这种看法是完全错误底。

我们……所谓方者，只是方底物之所以为方者，方底物之所以然之理。此理不是我们所能随便改动，因此可见其不是主观底，然亦不即是实际底方底物。我们即实际底方底物而见其所以为方者，其所以为方者即方之理。此理不是主观底，而亦不即是实际底方底物。所以我们说他是真际底。他不即是实际底方底物，但实际底方底物必须依照它才可成为实际底方底物。（页五〇至五一）

方的理一方面离开人类的主观而独立，一方面又离开实际底方底物而独有，这才是冯先生的纯客观论的全部含义。在前一方面，新理学与主观唯心论的心学一派相区别；在后一方面，新理学又与唯物论的反理学一派相对立；在前后两方面，新理学与二元论的旧理学则既有同而复有异。

对于冯先生此种意义的纯客观论，我们大体上可以同意的部分已详前文，其不能同意者，即是冯先生对于反理学一派提出批评时所持的全部理由。在我们看来，所谓方者，不过是所有实际底方底物中所同具的共相，此共相诚为所有实际底方底物中之核心所在，或其所以为方之本质的要素，然而它虽可离开某些特定的实际底方底物而独有，而却并不能离开所有底方底物而独有。"方"与方底物，其关系如此，其他如"人"与实际底人，"马"与实际底马，及"红"与实际底红等，其关系亦是如此。这即是说：真际即是实际的真际，即在于实际之中，实际之外，别无真际；理则即是事物的理则，即在于事物之中，事物之外，别无理则。所以，冯先生说理则离开人类的主观而独立是对的，说理则离开实际底事物而独有则我们不能同意。

关于冯先生所说真际可以离开实际而有，抽象可以离开具体而有，理则可以离事物而有等等，其不能同意之点，以后我们尚须详说，在此处我们只说：冯先生此种看法与理学一派所谓理气先后之论，似有渊源关系。而理学一派当其主张理为客观，而又先于事物而存在的场合，其所谓"理"者，本与柏拉图黑格尔所谓"理念"意义相近〔二〕。所以冯先生自称为纯客观论的新理学系统，实际上即是通常所谓客观唯心论的一个支派。

二、旁观底超然底态度

冯先生的纯客观论，如前所述，主张理则对于主观，及对于实际底事物，均为客观底有。与此相应，在认识真际的理则一问题上，遂又主张所谓旁观底超然底态度。

我们曾说：冯先生以为哲学底活动是对于真际的"心观"。"心观"二字是得之于邵康节的《观物篇》；程明道所谓"静观"二字，冯先生认为"亦好"。并且说："心观乃就我们所以观说，静观乃就我们观之态度说。"（页一五）在我们看来，"心观"或"静观"的确都是纯客观论的本有要素。但恰巧从此处就产生了旁观底超然底态度。

所谓旁观底或超然底态度，即是说：

> 哲学家……对于事物之态度，……是旁观底，超然底。哲学家对
> 于事物，以超然底态度分析；……哲学家对于事物，无他要求，惟欲知
> 之。……哲学家讲哲学，乃欲将其自己所知者，使他人亦可知之。（页
> 二四四至二四五）

此一说法，显然与他的哲学无用论（页一四至一五），亦不无关系。但
是，事实上常有些哲学家亦常本其自己之哲学，做种种别的活动，此又何
说？冯先生告诉我们：

> 关于此点，我们说，一人可以是哲学家，亦可以是别底家。如一
> 是哲学家之人，本其自己底哲学，做种种别底活动，他之做种种别底
> 活动，乃因其亦是别底家之故，而并不是因其是哲学家之故。我们可
> 以主张，人不可做哲学底活动，或不可专做哲学底活动；不可做哲学
> 家，或不可专做哲学家。但如一人是哲学家，或在一方面是哲学家，
> 则此人，或此人在此方面，对于事物必持旁观底，超然底态度，否则
> 他不能有哲学。……哲学家不能离开宇宙，但其说宇宙时，必须暂视其
> 自己如在宇宙之外。（页二四五至二四六）

在此处，冯先生的理由非常明白：

（甲）哲学只对于真际有所肯定，而真际本来是离开实际底事物而独
有；换言之，即哲学所肯定者只是实际底事物所必须依照的理，而理本来是
离开实际底事物而独有，故哲学家对于事物之态度，自然必是旁观底，超
然底。

（乙）哲学本来不切实际，不管事实，不合实用，故哲学家对于事物，
无他要求，惟欲知之，惟欲将自己由心观或静观之所知写出或说出，使他人
亦可知之。

（丙）由于对于实际有所肯定者即是别的家，而不是哲学或最哲学底哲
学，所以哲学家之做种种别的活动，乃因其亦是别底家之故，而并不是因其
是哲学家之故。

（丁）综上三点，哲学家对于事物必持旁观底，超然底态度，否则他不能有哲学；换言之，即哲学是用旁观底，超然底态度依于心观或静观之所得，凡不由旁观底，超然底态度所知者即非哲学。

据此可知，冯先生所主张的旁观底，超然底态度，与前述的各种主张是相互承接、不可分说的。我们对于他的前述各种主张既已不能同意，故于其此处所说，亦觉有商兑的必要。不过，应先声明一点：即我们此处的看法，和前述的看法亦是相互承接、不可分说的。

在此处，我们承接着以前所说，想提出下列三点意见来：

第一，我们曾说理则在于事物之中。这话的消极方面，自然是和理学一派相反，以为理则不在事物之外、之上，及之先；又和心学一派相反，以为理则不在于吾心之内，而在于吾心之外之事物之中。但这话的积极方面，则在于主张理则不在于事物的表面，而在于事物的内部，或现象的背后。从此话的积极方面说，我们的看法也和反理学一派中的戴东原氏相反，戴氏大体上承接荀子的说法 [三]，以为理即事物之理，而事物为客观底有，故依于旁观底察照态度即可以穷理致知。[四] 照我们的看法，理则既不在于事物的表面而在于其内部，既不在于对象的外层而在于其背后，则穷理致知，即非纯静心的旁观态度所能有济，而必须以主动的变革态度，透过事物的表面而深入其内部，拨开现象的伪装而把握其本质，然后才能达到穷理致知的目的。此所谓主动的变革的态度，与静止的观照的态度相反，它不是站在事物的旁边，等待事物展开其内部；它明白现象不会自动地脱下它的伪装；它是以战斗的姿态（颜李学派谓之手格猛虎之格）来和事物相斗争，由于事物的被改革，被再造，被利用，而了悟其理则。因此，冯先生所谓持旁观底态度可以达到"对于事物惟欲知之"之目的，我们以为此乃不可能之事。语云："不入虎穴，焉得虎子。"我们想穷究存在于事物内部，隐蔽在现象背后的理则，又焉得不深入其内部，透过其背后？且不唯哲学家需要如此，即欲对于哲学家所谓事物之理欲求"亦可知之"之"他人"，亦必先对于事物曾经用主动变革的态度，从事于实际的活动，并蓄有相当充分的记忆或体验，然后始能有所了悟。[五] 因而我们不承认"纯静观的态度可以格物"。

第二，我们在前面曾说：理则存在于事物之中，而事物是客观的存在，则存在其中的理则自亦不是主观的，而是客观的范畴。所以我们又不承认有所谓纯主观的格物论，这即是说，纯主观的态度亦不能以格物。此二说法，似是抵触，而实相统一。因为前一说法系指理则的存在，后一说法系指理则的认识。说理则之存在是客观的，并不妨碍说理则之认识是主观的；说理则之存在不是主观的，也并不妨害说理则之认识不是客观的；所以在此处并无抵触。并且，照我们的看法，客观存在的事物的理则，虽是可以认识的，而却不是每一种人都可以认识的；如像在社会变革期间的一种没落的人，他们所依照之而生存的社会构造，其发展的方向已离开社会真正向上进步的轨道而趋于溃决，真正向上进步的社会理则亦被另一种新生的社会构造所具有，在此时期中，由于生存不得不站在没落的社会构造上的一种没落的人，其要求与视线均与客观的理则方向相分歧，或相背反，便要失去认识理则的能力，在此时期中，只有站在新生社会构造上的一种担负变革责任的人，因其要求及视线均与客观理则的客观方向相一致，故得以正确地认识理则的本真，而且越能够贯彻其变革的主观立场以与事物相斗争，即越能够正确地认识理则的本真，倘若他们中间有人企图在没落立场与变革立场之外，另寻一种客观的，既不没落又不变革的第三种立场，他即将陷入一种依违于彼是之间的相对论、多元论，或致其所肯定者杂然平列而不成条贯，甚或干脆的泯是非之差违，等酸碱于一味；此即愈客观者愈不能认识客观的理则之一证。我们以为：客观存在的理则，只有通过变革的主观立场才能正确的认识，所以在此处，肯定理则存在的客观性与肯定理则认识的主观性，实相统一而无抵触。我们在对于冯先生的"旁观"而提出了"主动"之外，又特别提出"变革"与冯先生的"超然"相区别，其理由即在于此。

第三，我们说"主动"的态度，是对"旁观底"态度而言。我们的当做认识主体的人类是活着的现实中的人类，而人类则生存于积极的征服自然的斗争之中，不然则将不成其为人类而返归于动物［六］，但动物不是完全的认识的主体［七］。所以"主动"的认识态度是人类认识之所以成为人类认识的唯一的态度，亦即是认识论及认识史上的一般的必然的现实的态度；而所谓"旁观"的认识态度，则是现实中所已证明为不能导出正确认识的错误的态度［八］。但"主动"虽为主观内事，而人类所以有此主动之意想或动机，则仍出于客观事物的启示，无事物的启示即无此意想或动机；主动的意想或动机虽发自主观，而主动的实现或结果则为客观事物及其理则所决定，其实现与否或结果如何，均与其对于事物及其理则的认识或合致程度成正比例；就此点说，主动的态度亦必服从于客观的规律。意识服从于客观理则，即是主观与客观的统一；在此统一中人类即可脱离事物的支配而支配事物，此即所谓"由必然世界到自由王国的飞跃"。人类在自由王国中，由于认识了事物的理则而支配事物、创造事物的态度，即是我们前面所说的变革的认识态度。所以，变革的态度必然是主动的态度，而主动的态度未必即可称为变革的态度，必主动而又达于意识的支配理则以创造新的事物，新的世界，新的历史的境界，然后才是变革的态度；于此，我们说"变革"是"主动"的高级形态。不过，在此处我们必须知道，无论"主动"或"变革"都同时包含着下列两层意义：

（甲）由实践以汲取事物的理则；

（乙）更将所认识的理则以运用于实践。

所谓哲学，即是人类在此一面变革世界，一面变化自己本性的无限扩张的连锁中之所产。所以"哲学家本其自己底哲学，作种种别底活动"，在我们看来，此即其哲学之运用于实践；由于此在实践中之运用，将有可能更汲取到事物的新的理则，以充实其哲学，乃至创立新的哲学系统；在此处"一是哲学家之人，他之作种种别底活动"，正因"其是哲学家之故"。更进一步说，纵令一"是别底家"之人，"他之作种种别底活动"，如其经常地可以圆满地实现其动机，胜利地完成其意想，则他亦必是一不自觉的"哲学家之人"。简言之，我们可以说：哲学因哲学家之做种种别的活动而产生，哲学又因哲学家之做种种别底活动而发展；如果哲学家没有主动的变革的态度，如果没有由此态度所做之"种种别底活动"，"则他不能有哲学"。

三、由纯客观到纯主观

我们前面曾说：在认识态度上，不承认或不理解变革的主观性立场是掌握客观性理则的基础，要想在变革与没落之外，寻求超然的或纯客观的立场，其结果将陷入于相对论或多元论的错误。这意思就是说，越是站在纯客观立场上，所看到的反而越不可能是客观存在的理则；但是，和客观存在的理则不相符合的认识，即是纯主观的臆说。这样，就从纯客观论中产生出纯主观论。纯主观论是纯客观论所正面反对而绝不相容的观点，而纯主观论却恰巧被纯客观论依于自己的内部逻辑孕育出来。相克者反而相生，互反者反而互通，互离者反而互转。此或即黑格尔所谓"内在的自己超出"[九]原理之一例。

冯先生的纯客观论观点，前已详述。依这一观点，则"宋儒中多以为其所讲之道，并非其个人之创造，而乃是客观底，本有底。哲学家之……述说之有无，与道之本身之有无，并无关系"（页二三三）。这种见解，就其主要之点说，自然"是不错底"（页二三四）。但是，我们以前说过，新理学系统，"在许多点，亦有与宋明以来底理学，大不相同之处"（参照第一章第三节）；因此，冯先生在此处便又看出了宋儒的错误。他说：

> 宋儒的错误，在于以为只有一个哲学系统，是本有底，所以在实际方面，亦只有一种哲学是正宗，是是底，其不同乎此者，即是异端，是错误底，非底。宋儒持此见解，所以不仅以为二氏之学是非底，是异端，即程朱与陆王，亦互相指为异端。（页二三四）

并且冯先生认为，其所以不能"只有一种哲学是正宗，是是底"，则是因为：

> 就宇宙或天之观点说，则宇宙或天本有许多方面，因此本有许多可能底理论系统与之相应。此与之相应之许多可能底理论系统，对于哲学说，即是各种本然哲学系统。一哲学家对于哲学之某方面，特别注意，因之对于某种本然哲学系统，有所知，将其所知实际地用文字写出，或用言语说出，即是一家底哲学系统。（页二三五至二三六）

如此看来，既然在宇宙或天，即形上方面，本有各种的本然哲学系统，则不但在不同时地中，有不同的实际的哲学系统，即在同一时地中，亦可有不同的实际的哲学系统。简言之，依冯先生的看法，无论就真际或实际方面说，哲学系统都必然是而且应该是多元的，而不是并且也不能是一元的。

然则，在此处究依何种标准以判断各种哲学系统的是非得失呢？冯先生对我们说：

> 此诸系统虽不同，但它皆可多少是各种底本然哲学系统之实际底代表。凡是实际底哲学系统，能自圆其说，能持之有故，言之成理者，

都是正宗底。所谓是正宗底者，即都代表，或多少代表，一种本然哲学系统。于此都无所谓异端。（页二三四至二三五）

我们认为，冯先生在此处的看法，似乎含有重大的误解和曲解。兹别述之如次：

第一，我们以为，冯先生以为实际底哲学系统之所以成为"各种底"而不是"一种底"是由于哲学家对于宇宙或天的"许多方面"，有不同的"特别注意"，如像一哲学家在宇宙或天的许多方面中特别注意"甲方面"，另一哲学家则在此许多方面中特别注意"乙方面"等等，于是遂有甲种的实际的哲学系统，与乙种的实际的哲学系统等等的不同；此种看法，似与事实不符。照我们的看法，在不同的时地中，或同一的时地中，所有不同的实际的哲学系统，它们彼此间的差别或对立，常常不是由于所"特别注意"的"方面"不同，而是由于对于同一的对象各个持有着"不同的看法"。如像我们上文所举的反理学一派与陆王心学一派，其彼此的哲学系统之所以不同，即因他们对于同一的关于理的一系列的问题（参照第一章第一节所述的四项问题）各有其不同的，乃至相反的成套的看法或讲法所致。更具体的说，例如关于如何认识事物的理则一问题，王戴颜李的反理学一派，依其理在事中一命题，遂主张必剖析事物至微，然后才能认识事物的理则，而陆王心学一派，则依其宇宙即是吾心一命题，而主张致吾心之良知即是所以认识事物的理则。在此处，没有对象上的不同，而只有对于同一对象的看法或讲法上的不同。由此，我们可以说：在同一对象上各有其不同的看法或讲法，是实际的哲学系统所以不为"一种"而为"多种"的根本原因。冯先生将实际的哲学系统之所以为"多种底"，悉归因于哲学家所"特别注意"的"方面"之"不同"，对于各哲学家"对于同一对象"（方面）的看法的"不同"即对于我们所说的"根本原因"，则一字不提，似乎甚不应该。

第二，"宇宙或天"，诚然"本有许多方面"；但其每一方面所具有的理则，不管有多少，而却都是"客观底，本有底"。由于理则的"客观性"，所以不允许我们对之有所"颠倒"；由于理则的"本有性"，所以不允许我们对之有所"增损"。我们对于理则，既已不能有所颠倒增损，则实际的哲学系统，不管有多少，其关于理则的诸种思议或诸种言说，便只能有"一种"是不错的，而不能"各种"都不是错的。更严格的说，凡关于同一方面的理则而有"多种"的看法或讲法存在的场合，虽可能同为错误，而却不能同为正确；如其有正确者，则此正确者亦必只属于"一种"的看法或说法。所以，就宇宙或天的"每一方面"说，都只能有"一种"的正确哲学系统与之相应，不能有"多种"的正确哲学系统与之相应。再就宇宙或天的"许多方面"说，则哲学对于宇宙或天，既是要观其"大全"，既是要对之"作一整个而思之"，自然和上述"某一方面"的情形完全相同，亦即同样不能对于其理则有所颠倒增损，同样只能有"一种"的正确哲学系统与之相应。总此二点，我们对于宋儒所主张"只有一种哲学是正宗，其不同乎此者，即是异端"，颇为同意；对于冯先生所主张"各种实际底哲学系统，都是正宗底，于此都无所谓异端"的看法，则根本不能同意。

第三，对于同一的对象，从不同的方面加以特别注意，可能产生不同的系统，此点我们亦甚为主张。如像对于同一的夕阳西照的现象，文艺家可以作为表现"穷途末路"的形象，天文家则可以作为"地球绕日"的说明等等，例证不胜枚举。在此等场合，我们诚然可以说："都是正宗底"，"都无所谓异端"。但是，在哲学史上，"互相为异端"的各种的实际的哲学系统，其对立的本质，则和文艺家与天文家的不同并不相同。哲学上各种系统的对立，本质上乃是另一种类的对立，依前例说，甲以为夕阳西照的现象可以说明日绕地球之理，乙则以为可以说明地球绕日之理；此种的对立，正与哲学上各种哲学系统的对立相同，在此等场合，我们便不能说："都是正宗底，无所谓异端。"在哲学史上，诚然有些不同系统间的争辩，类似于盲人摸象的情形，即各执所得的一端，以武断其大全，因而引起了争辩。但此故事的本身，所指示的结论，即已证明象鼻、象腿，或象背都不是象，只有整个的象才是象，所以此故事本身，即是由健康的常识所发出的对于片面认识或以偏概全的武断方法的一种素朴的讽刺。在此等场合，对于关于同一对象的不同看法或讲法，我们也不能说："都是正宗底，无所谓异端。""真理只有一个"，正确的哲学系统不能是"多种底"。冯先生既然肯定哲学是对于宇宙或天"作一整个而思之"之学，而又肯定各种不同底实际的哲学系统之"公说公理，婆说婆理，实是都有理"（页一九三），似乎这就由纯客观论走入了多元论或相对论的确证。

第四，我们上面说不同的哲学系统之形成及其对立，是由于对于同一对象的理则有不同的看法或讲法。但此看法或讲法之所以不同或相反，则又是由于哲学家把握对象的立场和方法各有不同所致。此所谓立场，是指哲学家在一定社会构造上所被规定的生存的位置，及在此位置上所承藉的一切先行的遗产对于此哲学家所发出的启示，与夫在此位置上的同时人所怀抱的要求、意志、信心、知能及所走入的路径等等对此哲学家所赋予的任务和决心等等而言。哲学家站在他的立场上，或者说是哲学家带着他的立场以与对象相接触，在此立场因与对象相对立而具体化，或表面化而成为表现其立场的形式，或成为其立场的表现形式的时候，则立场即成为方法。所以我们可以说：没有立场不能有方法，方法由立场产生出来；没有方法不能显示立场，立场依方法实现出来。立场是方法的内容，方法是立场的形式。哲学家在一定的立场上，用一定的方法以与对象相对立，因而对于对象及其理则获得一定的认识（看法或讲法）；在另一立场上，用另一方法以与对象相对立的另一哲学家，即获得或相信另一种类的看法或讲法。各种的哲学家，各信其自己的看法或讲法是最合于对象及其理则的真相的认识，即各自信其哲学系统是"最哲学底哲学"，而彼此所肯定的对象又为同一的对象，不容稍有隐蔽，遂不得不"互指为异端"。我们说实际的哲学系统间之一切的不同或对立，都由于哲学家彼此立场和方法的不同或对立而生，而一定立场中的方法，或一定方法上的立场，皆是冯先生的纯客观论观点，或其所持旁观底超然底态度所回避最力，抹杀最甚者；换言之，即冯先生似乎未能看出，或不承认立场和方法对于看理或讲理的重要性，所以不能说明实际的哲学系统所以成为"多种底"之理，更由于因此而企图从"宇宙或天本有许多方面"之中以为说明，终于又陷入于多元论与相对论。

第五，宇宙或天的理则是一元的、绝对的，冯先生既由纯客观观点而走入多元论与相对论，自然即已离开了宇宙或天的真相，而陷于纯主观观点，如像以"凡能自圆其说，持之有故，言之成理"的哲学系统，"都是正宗底"云云，即是显著的纯主观论的看法［一〇］。并且，如果承认纯主观的看法，则对于同一对象所有见仁见智的不同，即都具有"正宗"的资格，在此处纯主观论与多元论及相对论，即是本来的三位一体。我们以为，冯先生所以走入多元论及相对论，是因为他以为"宇宙或天，本有许多方面"，而每一方面又各"依照"其理，且不仅是依照"一"理而是依照"多"理者。但是，无论宇宙或天有多少方面，其每一方面所"依照"之理又为多少，或此诸方面与诸理则间的生克通转形态，更有多少，只就其同为客观，同为本有，同为不可颠倒增损上说，则理究为绝对的；再就其虽为多样，而能够（并且是）相生相克，互通互转，融为整体上说，则理究为一元的；因而，正确的哲学系统，即对于诸理及其关联的成套的正确看法或讲法，依然只是"一种"而不是"多种"。冯先生对于"客观底本有底"物事的理则，似乎只见其为"多"，而没有见及此"多"即是"一"中之"多"，遂由纯主观论走入多元论。在多元论观点下，各种的哲学系统，既是都代表宇宙或天的某些方面或某一方面的本然系统，自然不应该"互相指为异端"，因为它们"实是都有理"。不同的系统"实是都有理"，在此处，是或非即失其绝对性，于是遂又由多元论走入于相对论。在相对论观点下，是与非本无质的差别，自然主观上能否自圆其说，是否持之有故，言之成理，即成为判定一种哲学系统是正宗还是异端的标准，于是更由相对论走入于纯主观论。

综上所述，冯先生从纯客观论观点出发，从事于哲学理则的思议与言说，通过了几个关节，终于到达了另一极端，即到达于纯主观论的观点。从纯客观论中导出了纯主观论哲学的正宗说，这的确是新理学系统命定的悲哀。

四、纯客观论与宿命论的合流

冯先生的纯客观论之最后的归结，即是与宿命论合流。现在我们要指出这一合流的必然性质，及其所经历的逻辑环节。

首先，冯先生的纯客观论，只对于真际有所肯定；而真际不是人类所能统治，所能改革者。人类虽不能统治变革真际，而却不能不为真际所规定。从此处便已替宿命论开放了门户。

其次，冯先生的纯客观论，以旁观底超然底态度为最哲学的哲学所应唯一采取的认识态度，而以主动的变革的态度为其大戒。在此处即已抹杀了人定胜天的变革的创造。而抹杀变革的创造自由，正是宿命论植根繁荣的沃壤。

再次，冯先生的纯客观论，只对于纯真际的纯理世界有所肯定，企图依其对于纯理世界之所了悟者以了悟实际的个物世界。而个物世界的理则内容，实较纯理世界远为具体而丰富，因而在个物世界中遂陷于茫然迷失。对于实际的个物世界之茫然迷失，亦为宿命论思想之所由来。

复次，冯先生的纯客观论，虽曾仿亚里士多德《形上学》的方法，使认识论与存在论相互倒流，[一一]在认识论上一反存在论中之所说，而主张"由分析实际底事物而知实际，由知实际而知真际"（页一二）；但此处所谓"分析"则是与感性绝缘的纯思的"理智的分析"，此处所谓"知"亦是只做"形式的肯定"而"不知理底内容"的知。对于理则的内容既不能有所肯定，遂亦不免陷于宿命论。

最后，冯先生的纯客观论，在转化为多元论的场合，以为事物所依照底理多至无量数而不能尽知，从此处即又转入不可知论。不可知论即必然要导出宿命论。在多元论通过相对论而转入纯主观论的场合，即意味着客观理则对于人类实践的规定性的抹杀。愈抹杀理则的规定性即愈为理则支配下的盲目的奴隶；从盲目的奴隶逻辑中，自然即生出了宿命论。

据前述五点，我们可以说：冯先生的纯客观论之与宿命论相合流完全是逻辑上的必然归结。而且在事实上，冯先生亦确乎到达于宿命论。请看他说：

> 人生如打牌，而不如下棋。于下棋时，对方于一时所有之可能底举动，我均可先知；但于打牌时，则我手中将来何牌，大部分完全是不可测底。所以对于下棋之输赢，无幸不幸。而对于打牌之输赢，则有幸不幸。善打牌者，其力所能作者，是将已来之牌，妥为利用，但对于未来之牌，则只可靠其"牌运"。
>
> 人生如打牌，所以……对于过去之事，力是全无用处。对于将来之事，力虽努力为之，亦不敢保一定成功，因对于将来，力不能保无不幸底意外。
>
> 不管将来或过去有无意外，或意外之幸不幸，只用力以作其所欲作之事，此之谓以力胜命。……而只用力以作其所应作之事，此之谓以义制命。如此则不因将来成功之不能定而忧疑，亦不因过去失败之不可变而悔尤。能如此谓之知命。知命可免去无谓底烦恼，所以《易·系辞》说："乐天知命故不忧"。（页二八三至二八四）

冯先生此一看法，大体上可分为下列六点：
（甲）"过去之事不可变"，"将来之事不可测"（页二八二）。此之谓"人生如打牌"。

（乙）人生所以"如打牌不如下棋"，是因人生永远处在一种"不可统治不可变革"的超然力量的"规定"之下。

（丙）此种规定人生的"超然力量"，对于人类永远是一个不能认识的"未知之数"。

（丁）此种"未知之数"，对于人生永远是一种"不期其至而自至"的意外，或"不是求得而碰上"的"节遇"。

（戊）"意外"或"节遇"，是人生所既无法所摆脱，又无力征服的不可抗拒的力，此力即是"命运"。

（己）人类对于其"命运"，只能有三种态度：其一为不管命运，只用力以做其"所欲做"之事，即是"以力制命"的态度；其二为不管命运，只用力以做其"所应做"之事，即是"以义制命"的态度；其三为对将来不"忧疑"，对过去不"悔尤"，随遇而安，逆来顺受，亦即是"乐天知命"的态度。

冯先生的看法，如果其内容真是不出上述六点，则我们以为，此即是宿命论的思想。我们对此思想，根本不能同意。其理由如下：

第一，在冯先生的看法中，虽然有所谓"知命"、"胜命"等言语，实则只是"空话"。我们说它是空话，首先是因为其所谓"知命"，并不是揭发命运的秘密，以求得关于命运的正确知识，而只是承认命运的至高无上性，一切任命运支配，甘心"不与命争"以根绝"无谓底烦恼"之内心修养工夫。其次是因为其"制命"，并不是根据关于命运的正确知识以抵制命运，并不是将正确知识作为斗争的能力或方法，以与命运战斗；而只是"正其谊不谋其利，明其道不计其功"的鞠躬尽瘁精神，只是对于社会道义的愚忠，对于自然理则的苦谏，宗教虔诚的"自己克制"的"制"，即是此义。最后是因为其所谓"胜命"，并不是发挥有效的战斗方法，在与命运的战斗中以征服命运；而只是抹杀自然理则对于主观行动的决定性。主观主义者的蛮干或盲动思想，即与此相近。

第二，孟子以"命"与"天"对举。他说"天"是"莫之为而为者"，"命"是"莫之致而致者"。据此而言，则"天"是事物发展中的客观理则的"必然"，"命"是事物发展中的客观理则的"偶然"。必然通过偶然而实现，所以荀子说："节遇之谓命。"将"偶然"名之为"意外的命运"，系出于关于偶然范畴的不可知论。一旦认识了偶然，认识了偶然与必然的关联及其转化，则即无所谓"意外的命运"；因此，我们同意于墨子所主张的"非命"论。[一二]但"非命"的主张，在我们的看法系列中，则是最后的一环。我们首先从格物致知的观点，剖析事物的理则，对于必然与偶然做统一的把握（即"知命"）；其次在掌握了事物理则的根基上，不但能预言事物的将来，而且能先知事物的将来之具体形态，并因而控制其发展（即"制命"）；再次在控制事物发展的前途而不被事物所控制的意义上，即是我们实际的战胜了自然（即"胜命"）；最后在战胜自然的境界上，我们即是可能自由的，有意识有计划的以创造自己的历史，此时此地，所谓规定人生的超然力量；即失去其超越性，即化为供我们驱使的我们的力量（即"非命"）。

总之，我们认为：所谓命运，即是未被认识的事物的理则。事物的理则之支配人生，系以"尚未被认识"为前提。而理则是可能由于人类的力行或实践之不断扩张与深入而逐渐被认识者。在认识所及的地方，即是人类支配事物理则的"自由王国"。在"自由王国"中，即无所谓"命运"的存在。"自由王国"的疆域循着历史的理则而不断扩大，"命运"亦即循着逻辑的必然而相继消失。并且生存在"自由王国"中的人类，一方面由于过去经验的积累，对于将来之事已可准确的测知；另一方面由于将来的创造，对于过去之事，有实际的改变。[一三]于是人生如下棋而不如打牌。在此处，我们同意于墨子所说："命者，暴王所作，穷人所术，非仁者之言也"。（《非命》下）

注 释

[一]冯先生在其《中国哲学史》中曾说："中国人对于世界之见解，皆为实在论。即以为吾人主观之外，实有客观的外界。谓外界必依吾人之心，乃始有存在，在中国人视之，乃非常可怪之论。故中国人之讲佛学者多与佛学所谓空者以一种解释，使外界为'不真空'。"（页六六一至六六二）又云："法藏立一常恒不变之真心，为一切现象之根本；其说为一客观的唯心论。比于主观的唯心论，客观的唯心论为近于实在论。因依此说。客观的世界，可离主观而存在也。"（页七四九至七五〇）

[二]郭斌龢氏在其《柏拉图之埃提论》一文中曾云："希腊文中 Idea 一字，字根为 Id，训见。与 Eidos 之根相同。柏拉图集中 Idea 与 Eidos 通用，两字独考老之为转注也。Idea 之根既训见，所见必有形，故 Idea 训形。形之相似者，每合为一种，故一训

种（Kind）。以上二训，皆寻常语中所有，柏氏文中沿用之，非有哲学术语之意义也。Idea 用为术语时，有时训律（Law），有时训因（Cause），有时训用（Use），有时训性质（Quality），有时训范畴（Category），有时训楷模（Pattern），涵义甚多，译成中文，如①方式②观念③原型等，皆仅为其一义，有顾此失彼之弊。Idea 一字，与程朱所言事事物物皆有理可格之理字最相似。故欲译 Idea 为中文，当译理字。"（《柏拉图五大对话集》页三一五）

贺麟氏亦云："朱子的太极就是他'进学在致知'所得到的理，也就是格物穷物理，豁然贯通所悟到的理。这个太极就是'道理之极至'，就是'总天地万物之理'，也就是'两仪四象八卦之理，具于三者之先而蕴于三者之内'的理。这个理就是朱子形上学的本体（宋儒称道体），就是最高范畴。所以朱子说：'太极本无此名，只是个表德。''表德'二字即含有范畴之意，或'表示本体的性质的名词'之意。这种的太极，最显著的特征，就只一种抽象，超时空，无血肉，无人格的理。这一点，黑格尔与朱子同。黑格尔的太极，也是'一种我性，一切自然的共同根本共同源泉'。黑格尔的本体或太极，就是'绝对理念'（Absolute idea），绝对理念有神思或神理之意，亦即万事万物的总则，宇宙最高之合理性，在逻辑上为最高范畴，为一切判断的主词。其在形而上学上的地位，其抽象，其无血肉，其无人格与超时空的态度，与朱子的太极实相当。"（《黑格尔学述》页一七一至一七二）

[三] 章太炎氏云："戴震……著《原善》、《孟子字义疏证》。……极震所议，与孙卿若合符。"（《释戴》，《太炎文录》初编卷一，页一二三）实则戴东原之承接于荀子，尚不止"欲当即为理"之一命题，其在穷理致知上，竭力反对主观性立场（即《原善》卷下第一章所谓"发于政为党"之私的态度），亦与荀子《解蔽篇》所要求的客观观照主义的方法具有渊源。

[四] 戴东原云："凡血气之属，皆有精爽；其心之精爽，钜细不同。如火光之照物，光小者，其照也近。所照者，不谬也。所不照斯疑谬承之。不谬之谓得理。其光大者，其照也远，得理多而失理少。且不持远近也。光之及又有明暗，故于物有察有不察。察者，尽其实。不察，斯疑谬承之。疑谬之谓失理。……故理义非他，所照所察者之不谬也。……岂别若一物，求之所照所察之外？"（《孟子字义疏证》卷上第六章）戴氏此种穷理致知论，始系完全排除主观能动性，实践的要素，故可认为旁观底察照态度。

[五] 黑格尔云："通过关于别种学问的较深刻的知识，逻辑才不是单纯的抽象的普遍，而表现为将丰富的特殊涵蕴于其中的普遍。对于青年讲说格言，不能产生与对此格言的内容积有充分经验的成人同等深刻与广博程度的理解。同样，逻辑只在当作各个学

问的经验的结果而出现的时候，才获得其价值的尊严。"(《大逻辑学·序论》)

[六] 人类由于使用并制造劳动工具之赐，遂得脱离动物性的消极的顺应自然的态度，而积极地征服自然。此即是说，人类不像动物那样，改变自己的生理器官，以求适应于自然，而是发展自己的劳动工具，变革自然，使之适应于自己的要求。所以，主动的态度不仅在认识上，实乃使人类所以成为人类而与动物相反的支点。

[七] 据吴伟士的实验，动物（如像猫、狗等）只有对于个别对象的记忆、知觉、或经验，而没有超越于感性的理性认识，如像关于因果及关系等的洞察或了悟。猿猴及儿童之于理性的认识亦仍在若有若无的状态。惟成人始有较完全的理性认识。但是，下自动物与儿童，上至成人及科学发明家与艺术家、诗人等，其所有的感性的与理性的认识，均为其反复试行错误的最后结果。（参见曹日昌译《实验思想心理学》）

[八] 旁观的认识态度，在中国如像荀卿及戴东原等；在此点上，王船山与颜习斋、李恕谷等的看法，如所谓"手格猛虎"、"行可兼知"等命题，较为近是。在西洋，旁观的认识态度，则为费尔巴哈以前一切唯物论的共同主要特征，苏联的普列哈诺夫一派，如像弗里契、雅芜克莱夫、雅克萨里罗特、德波林、哥列夫等，亦大体上持此态度；在此点上，辩证唯物论者对之所作之批评，颇为得理。因持此态度之哲学家，均不知事物的理则，必在与事物做主动的变革的斗争中，然后才能发见，才能被人类所掌握之故。

[九] 黑格尔以为，思维（概念）或存在，由于自己矛盾及其矛盾之自己解决之力，而继续的运动或发展，表现为即自、对自、即且对自，或定立、反定立、综合等三个契机。每次一阶段的契机对于其前一阶段，一面保存其自己，一面否定其自己，更通过否定的否定终于超越了其自己而成为相反的另一种类的新的事物。此种过程，黑格尔谓之"内在的自己超出"。

[一〇] 关于能"自圆其说即是正宗"云云的看法，冯先生曾声明此是"就人的观点说"（页二三五至二三六）。但我们以为，判断一种哲学系统是否正宗，根本不能采取"人的观点"。"人的观点"即是"纯主观"的观点，各种的实际的哲学系统，又都是人的观点上的成套的看法或讲法；从纯主观观点来判断纯主观观点上的所见与所说，这等于从盗贼本身来判断盗贼的价值，根本上不会有合理的结论。

[一一] 此事可由三方面证明：第一，亚里士多德以为：哲学就是由"对我们首先出现者"出发，以到达于"本性上最先形成者"；亦即由我们所熟知的事物出发，以到达于理则的认识的过程。此与冯先生所谓"哲学本身，虽是只对于真际有所肯定，而不特别对于实际有所肯定，其本身虽是不切实际，不管事实，但就我们的知识之获得说，我们必须在经验中见有实际底方底物，我们才能说有'方'。但我们既说'有方'之后，我们

可见即使事实上无实际底方底物，我们仍可说'有方'"云云，颇为相仿。第二，亚里士多德以为：知识系通过知觉、记忆、经验、哲学等四个阶段而成。较低阶段即是较高阶段的地盘，较高阶段则由较低阶段中发展而出；亦即记忆由知觉而生，经验由记忆而生，哲学由经验而生。其关系如此。此与冯先生所说"由分析实际底事物而知实际，由知实际而知真际"云云，亦颇相仿。第三，亚里士多德以为：惟人类是有思维的动物，哲学专属于人类，此与冯先生所说"哲学有靠于人之思与辩，动物则能有此感而不能有此思"，（页三九）亦甚相仿。

[一二] 关于墨子非命主张之变革的本质更进一步发展，即成为王安石、王船山二家所主张的"造命"论，此事另文详述。

[一三] 人类对于将来的自由创造，系站在过去所造成的地基上而进行的。因此，首先即不能不受过去之事所规定，但在其对于过去有正确认识之后，此规定自己之过去之事即行变质，变而为创造将来之事之凭借；并且其凭借过去之事所创造之将来之事，论来源为过去之事之所产，论质量则又为过去之事之否定。从而，创造将来即是所以变革过去。否认此理，亦为宿命论中之一基本命题。宿命论中此一命题，在历史上常为没落的保守者用以反对社会变革，故墨子非命之论，我们可以同意。

"依照说"与"道器论"

——冯友兰《新理学》商兑之三

赵纪彬

事物与其理则的关系一问题，自宋明以来即已形成中国哲学中一主要问题；无论程朱理学一派，陆王心学一派，或王船山、颜习斋、戴东原等所代表的反理学一派，均曾对此问题有所言说。冯友兰先生其所著《新理学》中，不但对此问题提出了自己的看法，并依据自己的看法对于反理学一派有所批评。我们以为，冯先生对此问题的看法及其所做的批评，似均有讨论的余地。因草本文以为商兑。错误及失检之处，在所难免；尚希冯先生及读者不吝指教。

一、"理气先后"与"道器先后"异同辨

中国哲学上所谓"理气关系"与所谓"道器关系"，只是字面上的不同，实际上乃是一个问题。此问题的涵义，不出两端：其一，系指物质与理念，或存在与意识的关系；其二，系指事物与其理则，或形下与形上，亦即个物与普遍的关系。自宋明以来，所有"理气先后"、"道器先后"的论述与争辩，所论所争者皆此问题的一部或全部。（参考拙著《章太炎哲学思想的新评价》第二章）《诗》云"有物有则"，即此一问题的最早提出形式，且亦含有较为正确的解答 [一]。《易·系辞传》所说"形而上者谓之道，形而下者谓之器"，尚较《诗》为晚出。

关于"理气先后"与"道器先后"究竟是一是二，冯先生似乎尚未能完全看得清楚，至少亦是尚未能完全说得清楚。此点，可由下列三方面来

证明：

第一，从结论上说，冯先生似乎是将此一个问题看成了两个问题。所以关于道器问题，冯先生认为："王船山所提出关于所谓道器先后之问题，是'一真正底问题'"。（页七七）关于理气问题，冯先生则认为："若问及理与气之先后，则此问题，是不通底。"旧理学中所有"理气先后之问题，根本不成问题"。（页八三）

第二，从解释上说，冯先生又似乎知道所谓"理气先后"与"道器先后"，在中国哲学史上本来即是一个问题。例如：

> 《淮南》所谓气，如其有之，完全是一种实际底物。一般说及中国哲学中所谓气时，大都以为是《淮南》所说之气之类。（页七二）
>
> 假使……其所谓气，是一种实际底物，则其（即指所谓"气一元论"——作者注）所主张即近于所谓唯物论。如《淮南·俶真训》中所说之气，……又如张横渠所说之气，……（《正蒙·参两》）此气，如其有之，亦是一种实际底物。（页七六）

"一般说及中国哲学中所谓气时"，既是"一种实际底物"，则"气"的本义即与道器之"器"无别。至于所谓"道"，冯先生亦曾说有"理"之一义（页七九、一○一）。则"理气先后"与"道器先后"，自不应不是一个问题。

第三，冯先生对于所谓"气"，另有新解，此层我们并未忽视。例如冯先生所说：

> 中国哲学中亦常说气。其所谓气，非我们所谓气，或不完全同于我们所谓气。（页六八）

我们对冯先生此类讲说，一向即甚为注意。但无论有无新解，新解能否成立，似乎均不能将历史上已有问题所本有的原意加以改动；更不能将本来即是一个问题者，看成两个问题。纵令冯先生对于所谓气所加的新解可以成立，亦只能说在新理学系统中不能再提出理气先后之问题，而不应说照新理学的系统说，旧理学中所有理气先后之问题，是"一个不成问题底问题"（页八二）。此二者分别甚大，不可混同。

照我们的看法，中国哲学中，自宋明以来所论述或所争辩的"理气先后"与"道器先后"问题，不但是同一个问题，而且亦是一个"真正底问题"，真正值得我们讨论的一个哲学上的根本大问题。

我们这一看法，一方面与冯先生的看法相反；另方面又与冯先生的看法相合。其相反处，即是我们上文所说者。其相合处，则是说冯先生对于事物与其理则的关系一问题，亦曾有所思议，有所言说，有所肯定。兹略举其大旨如下：

> 时或空是两种实际底关系，而理不是实际底，所以不能入实际底关系之中。有"在上"之理，但"在上"之理，并不在上，不过物与物间之关系，如有依照"在上"之理者，则其一物在其他物之上。有"在先"之理，但"在先"之理，并不在先，不过事与事间之关系，如有依照"在先"之理者，其一事即在其他事之先。此正如有"动"之理，但动之理并不动，有变之理，但"变"之理并不变。（页八一至八二）

> 若问一理与其实际底例之间之先后，这个问题，是可问底，因为一类事物，亦即一理之例之实际地有，可以是有始底。例如飞机一类之物，即飞机之理之实例之实际地有，亦可有始底。对于此问题，我们答以理先于其实际底例而有。这并不是说理与其实际底例之间，可有在先之关系，亦不是说理之有是有始底，而只是说，即于未有此类事物，即此理之实际底例时，此理已本来如此。本来如此，即所谓本然。（页八二至八三）

> 事实上所有一件一件底事物，即所谓个体或器者，没有只依照一理者。……其所依照之理，……不知有许多。它有许多性，即依照许多理。……它并有许多与他物之关系。此诸关系，即所以决定此物之为"此"物，彼物之为"彼"物者。……它有许多种关系，即依照许多种关系之理。（页九〇）

> 形而上之理，有即有，无即无，不能是先有而后无，或先无而后有。……例如飞机之理，如其有，则本来即有。所谓创造飞机者，不过发现其理而依照之以作一实际底飞机而已。……在形下方面有实际底飞机，并不使飞机之理益；无实际底飞机，亦并不使飞机之理损。……飞机之理，亦是原来依旧。实际底飞机之有无多寡，对于它并无影响。（页一一五）

上引冯先生的言说，即是主张：实际底事物可以没有，而事物所"依照"的理则虽无所在而仍有。我们认为，此正与程朱学一派关于"理气先后"问题所说"气有不在，而理却常存"的解答，并无二致。另方面，冯先生此一主张，则又与反理学一派如王船山所说"无其器则无其道"的看法，完全相反。

我们说上引冯先生的言说，即是对于理气先后问题的言说，这只是说冯先生所言说者正是程朱理学一派所说之理气先后问题，并非是说此等言说即是新理学系统中的理气关系问题之说明。相反的，冯先生以为，在他的系统中，根本即不能有理气先后之问题。因而前引的言说，冯先生亦只认为是对于道器先后问题之看法，不认为即是对于理气先后问题之看法。为要了解此中的区别，即应知道新理学系统中所谓"气的独创的意义"。但冯先生所作气的新解，主要的用意在于为程朱理学一派而发；其此一解释是否正确，我们只可另文讨论。我们现在所要指明者，即不管冯先生主观中如何看法，在客观上我们上面所引冯先生的言说，正是对于宋明以来，所谓"理气先后"问题的意见。

我们知道，冯先生以为他的新理学系统，与"普通所谓唯物论与唯心论"均不相同（页一三至一四），而只是一种"纯客观论"，或"最哲学底哲学"。所以他对于测量物本论与心本论均其有力的理气先后问题，遂亦竭力欲取消其存在。但事实已如上述，冯先生究亦未能将理气先后问题从其新理学殿堂中驱逐出来。由此或可证知，想取消物本与心本的对立，想超然于物本心本以上，想对于物本心本的对立"持超然底旁观底态度"似均不可能。

二、"依照说"的依据

在上节我们说，冯先生一方面认理气先后一问题为不通的问题，另方面又实际地将此问题作为"一真正的问题"提出了自己的说法。

现在，我们说，冯先生对于哲学上的根本大问题在实际上提出自己的说法，实无可非议。因为此事不仅是哲学家的权利，亦是哲学家的义务。但冯先生提出其自己的说法虽无可非议，我们对于冯先生所提出的说法之内容，则又不能同意。

我们上节所引冯先生关于理气或道器先后问题所提出的说法，可以说是一种"依照说"。所谓"依照说"者，用冯先生的说法即是：

> 一类事物，皆须依照一理。事物对于理，可依照之，而不能有之。理对于事物，可规定之而不能在之。（页五八）
>
> 某一类中之事物，必依照某理，方可成为某一类中之事物。某理为某一类中之事物所必依照而不可逃。例如飞机必依照飞机之理，方可成为飞机。飞机之理即飞机所必依照而不可逃者。……某理虽不能决定必有依照之者，但可规定：如果有某事物，则某事物之成为某事物，必须是如何如何。程朱说：理是主宰。说理是主宰者，即是说，理为事物所必依照而不可逃，某理为某事物所必依照而不可逃。不依照某理者，不能成为某事物。不依照任何理者，不但不能成为任何事物，而且不能成为事物，简直是不成东西。（页一二五）

我们所说对于冯先生所提出的说法不能同意，即是指此种"依照说"而言。照我们的看法，实际底事物不是理的实例，而是理的实体。所以事物对于理，必遵循之，同时亦具有之，理对于事物，可规定之，而同时亦即在于事物之中。理即事物之理，所以不能在于事物之先，之外，或之上。[二]因而一类事物，不是皆依照一理，而是皆"具有"相同之众理。并且，愈是属于别类的同类事物，其所具有的相同之理愈多，愈是属于共类的同类事物，其所具有的相同之理愈少；但虽至属于大共类的事物，其所具有的相同之理亦不只是一理，而仍是众理。

我们对于冯先生的"依照说"不能同意的理由，下节另有详述；以上所说，只是扼要言之，借以表明我们的看法的要点。在本节中我们所要研究者，即是"依照说"的依据。

我们认为，冯先生讲"依照说"以解决事物（气或器）与其理则（道或理）的关系问题，此事在其新理学系统中，必有逻辑的前提或理论的来源。指出此前提或来源何在？即是我们所说对于此说的依据之探讨。

冯先生的"依照说"的依据，大体上可由下列三方面来说明：

第一，我们知道冯先生对于"真际"、"实际"及"实际底事物"三者关系的看法，是整个新理学系统的根本原则，其他一切观念、命题及推论等皆系由此一原则所引出。依照说的第一个依据，即是此一根本原则。为要证明此点，我们愿意从客观的比较研究方法入手：

（甲）关于真际、实际及实际底事物之关系问题。冯先生曾说："有某一件有事实底存在底事物，必有实际，但有实际者不必有某一件有事实底存在底事物。属于实际中者亦属于真际中，但属于真际中者不必属于实际中。我们可以说：有实者必有真，但有真者不必有实；是实者必是无妄，但是真者未必不虚。其只属于真际中而不属于实际中者，即只是无妄而不是不虚者，我们说它是属于纯真际中，或是纯真际底。"（页一〇）

（乙）关于理气、道器或事物与其理则的关系问题，冯先生则说：

> 有某理即可有某种事物之类。我们说它可有，因为它不必有。某理可以只有真而无实……上文说"方"（此谓方之所以然者，即方之理——作者注），……可以只是纯真际底。（页三一）
>
> 因某种实际底事物之有，我们可知某理之有，但某种实际底事物之无，我们不能因此即说某理之无。反过来说，如无某理，我们可断定必无某种实际底事物，但有某理，我们不能即有某种实际底事物。无某理即不能有某种实际底事物；此可以说是理之尊严。有某理不必即有某种实际底事物；此可以说是理之无能。（页五五）
>
> 我们说"人""马""方""红"等，可离开实际底一个人，一个马，一个方底物，一个红底物而有。（页五〇）

两相对照，可知冯先生在理气或道器关系问题中所持之"依照说"，是直接依据于其关于真际、实际及实际底事物之关系所立的根本原则。如仿照冯先生用图表示的办法（冯先生此图见原页一一），则"依照说"中的事物与其理则的关系其图如下：

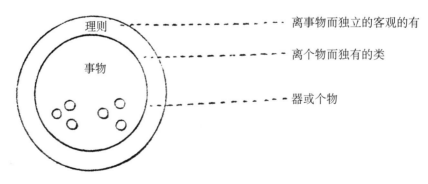

我们此图，如对于冯先生的意思无所不合，则"依照说"为直接依据于此一根本原则而来，将更为明显。

第二，就上图所示，种类可离个物而独有。此一看法，实来自柏拉图"不死仿本"之说。冯先生曾说：

> 柏拉图以为：
>
> 一类中之实际底分子，不是不死底。但一分子死则有与之同类者继之。如此则此类中之实际底分子可永远相续。就此永远相续说，此类是不死底。但其中之实际底分子，则非死不可。所以说此是不死之仿本。（页一一）

在个物生灭相续以外，另有一不变的类，由此必导出循环论的发展观。在此一依据之下，冯先生遂主张：

> 凡事物依照某理，即有某性，有某性即入某类。（页一二六）
>
> 有某理即可有某种事物之类。我们说它可有，因为它不必有。某理可以只有真而无实。如其只有真而无实，则其可有之某种事物之类，只是可有底，而不是实有底。如此则此某种事物之类，即是一空类。……我们说有方之类，……但我们并不肯定方之类必有实际底分子。……（页三一）

凡此云云，皆系得之于柏拉图"不死仿本"之说，加以申引而成。尤其明显者，即柏拉图以为，可感界为可思界的反映，可思界为可感界的仿本；冯先生则以为，实际的事物为理之实际的例，事物必依照某理始能成为某类实际的事物。两相对照，更可认柏拉图主义为"依照说"的另一依据。因此，我们可以说，新理学系统中某些重要观念、命题及推论，颇近于柏拉图主义。并且，关于新理学系统与柏拉图主义的近似性，纵在倾心于柏拉图哲学的学者亦似不无同感 [三]。可见并非只有我们有此看法。

第三，我们知道，冯先生自称其主张为一种"纯客观论"，此种纯客观论之所以为"纯"，即在于不仅认理为离吾心而独有，尤在于认理为离事物而独有。"依照说"的另一依据即在此处。因为只有理为离开事物而独有，然后事物对于理始只能依照之而不能有之，理对于事物始只能规定之而不能在之。其间的因果关系，殊为显然。又，冯先生所谓"每类物所有之性，可将其离开此类之实际底物而单独思之"（页四二），以及"方之理可离开方底物而独有"（页五〇）云云，我们认此看法为公孙龙《白马论》及一般实在论中的核心命题，纳之于纯客观论中来者。由此可知，"依照说"之依据于纯客观论，实际上亦即依据于公孙龙《白马论》及一般实在论。

据上所述，"依照说"的依据，略如下图：

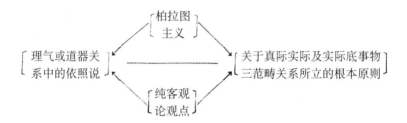

依据于柏拉图主义、纯客观论以及真际实际与实际的事物关系中的根本原则所建立起来的"依照说"，从形式上看，一方面是理则，一方面是事物，似乎是程朱的二本论；实则只是形式上如此。"依照说"在其本质上，乃是一种客观心本论的看法。因此，它不但与反理学一派的"具有说"相反，而且与程朱理学一派的看法，亦大不相同。

三、从"依照说"看"道器论"与
从"道器论"看"依照说"

我们在前节中曾说冯先生的"依照说"，与理学及反理学二派的看法均甚不相同。事实上，冯先生亦持其"依照说"对此二派均有批评。关于冯先生如何批评程朱理学一派，我们拟另文讨论，现在只讨论其对于反理学一派的批评。

我们前面又曾认反理学一派对于理气或道器先后问题的主张是一种"具有说"。"具有说"的主要命题，其与"依照说"直接相反者，大体可以归约如次：

（甲）有其理必有其气，无其器则无其道。

（乙）事物即是理之实体，故理必为事物所具有。

（丙）理不是"超"于事物，故不"在事上"，理只是"属"于事物，故必"在事中"。

冯先生对于反理学一派所作批评，大体亦是以此三命题为主要对象。兹分述如下：

首先，我们认为，反理学一派说理在于事中而不在事上，此正如说人的消化理则不在体外而在体内，是健全常识所公认的朴素真理。但正因如此，从冯先生的"依照说"来看，才成了"完全错误底"。所以冯先生说：

> 照常识的看法，……我们所主张"方"可离开方底物而独有之说，直是不通，直是悖。……其实这种看法是完全错误底。……明清以来，反理学者，皆系为上述之错误底看法所误。李恕谷说：理学家以为"理在事上"，而其自己则以为理"即在事中"。若所谓在是存在之义，则理是无所在底。理既不能"在"事上，亦不能"在"事中。理对于实际底事，不能有"在上""在中"等关系。真际中有"在上"之理，但"在上"之理，并不在上，有"在中"之理，但"在中"之理，并不在中。所以理不能在事"上"亦不能在事"中"。此等误解，皆由于以理为一"事物，光辉辉地在那里"。戴东原以为宋儒说理"视之如有物焉"，……正是用上所说之错误底看法看理。（页五○至五二）

冯先生此一批评，我们不能同意。

第一，所谓"理无所在"，可离开实际的物"而独有"，亦即"无所在而有"之说，其理论的根据乃是"理超时空"。此一根据之为正为误，我们拟另文详论。现在我们只说所谓"理无所在而有"云云，"这种看法是完全错误底"。照我们的看法，所谓理，只是事物所具有的诸成分间之构造格式及其相生相克、互通互转的条理；此诸条理，固不能在于事物之"上"，但必在于事物之"中"。戴东原曾说："非事物之外别有理义。"（《孟子字义疏证》卷上八）我们亦是如此看法。而且我们所谓"在"，不但"是存在之义"，亦是"有"之同义语。有所在方为"有"，无所在即是"非有"；在必有"所"，"所"即"事物之中"。因此，所谓"无所在而有"，所谓"离开事物而独有"，在我们的看法中，皆是不可解者。

第二，所谓"在上之理并不在上，在中之理并不在中"云云，冯先生此一说法，我们可由下列两方面来讨论：

（甲）此所谓"理"如系指"理则"一义，则我们以为，"在上"、"在中"之理，即在于此事物在彼事物之上或此事物在彼事物之中等实际的关系之中；凡事物之间，具有在上在中之关系者，即具有在上在中之理。有此关系必有此理，无此关系必无此理；关系存则理存，关系亡则理亡。例如，水在壶中时，水对于壶有在中之关系，亦即有在中之理；但水自壶中倒出以后，水对于壶无在中之关系，亦即无在中之理。其在上一事，亦同在中，不再举例。据此，我们可以反过来说：在上之理必在上，在中之理必在中。此即是说，无在上在中之事物的关系，即无在上在中之理，亦即"无其器则无其道"之义。

（乙）此所谓"理"如系指"理念"一义，则我们以为，必事物间先有在上在中之关系存在，然后我们始能有在上在中的理念。并且我们所有在上在中的理念，亦必与事物的关系相符合始为真理，否则即为错误。例如：必敌机和我们的高射炮有在上的关系，炮弹和炮有在中的关系，我们依在上在中的判断（理念）发射，方合要求，否则即为错误。所以从此方面看，我们更可说：在上之理必在上，在中之理必在中。

上述两点，虽然皆是"常识的看法"，但亦似乎未必"是完全错误底"。并且，正由于我们肯定了"理在事中"，才保证了存在论与认识论的统一，才证明了哲学与科学的关联［四］。

其次，关于反理学一派所谓事物是理则的实体而非其实例一命题，冯先生亦有批评。他说：

> 所谓气一元论，……假使……其所谓气是一种实际底物，则其主张即近于所谓唯物论。……不过持此说者须答一问题。……即所谓气或物质之聚为一件一件底实际底物，系依一定底法则，照一定底形式，抑系随便乱聚？科学即可证明，……必依一定法则，照一定形式。说至此，即仍不得不讲理。张横渠虽讲所谓气而亦讲理。……明清诸反程朱者，如王船山、颜习斋等，虽反程朱之理学，而仍亦讲理，其所讲之理，亦即程朱所讲者。他们所以反对程朱者，即以为程朱所讲之理，"如有物焉"，在于"事上"，而他们则以为理即事物之理，不在"事上"，而在"事中"。……今须指出者，即此等反理学之人，亦并非不讲

理。(页七六至七七)

冯先生此一批评，我们亦不能同意。

第一，我们认为，事物与理则中间，并非只能有"依照"与"随便乱聚"二种关系，在此二种关系以外，尚有"具有说"存在。照"具有说"看来，事物对于理则，既非"依照之"，亦非"随便乱聚"而成事物，而是在事物本身之中即具有其本身之理则。戴东原所说"语道于天地，举其实体实事而道自见"（《孟子字义疏证》三二），正谓此义。

第二，"说至此"，诚然"仍不得不讲理"。但我们以为，此处"须答"之"一问题"，并非"是否"讲理，而是"如何"讲理。冯先生说，"事物对于理只能依照之"；反理学一派说：事物对于理实系具有之。此即"依照说"与"具有说"的对立。此二说何者为是，何者为非，方为"须答之一问题"。"具有说"本是明清以来反理学一派的共同看法，而以王船山的"道器论"为代表。所以说到究极，我们即应考察"依照说"与"道器论"的对立。

再次，所谓王船山的道器论，其要义如下：

> 天下唯器而已矣。道者器之道，器者不可谓之道之器也。无其道则无其器，人类能言之，虽然，苟有其器，奚患无其道哉？……无其器则无其道，人鲜能言之，而固其诚然者也。洪荒无揖让之道，尧舜无吊伐之道，汉唐无今日之道，则今日无他年之道者多矣。未有弓矢而无射道，未有车马而无御道，未有牢醴璧币钟磬管弦而无礼乐之道；则未有子而无父道，未有弟而无兄道，道之可有而且无者多矣。故无其器则无其道，诚然之言也，而人殊未之察耳。故古之圣人，能治器而不能治道。……如其舍此而求诸未有器之先，亘古今，通万变，穷天穷地，穷人穷物，而不能为之名，而况复有其实乎？老氏瞀于此而曰道在虚，虚亦器之虚也；释氏瞀于此而曰道在寂，寂亦器之寂也。淫辞炙辊而不相离乎器，然且标杂器之名以自神，将谁欺乎……君子之学，尽乎器而已矣。（《周易外传》卷五）

上引王船山的"道器论"，显系陆王心学一派的反对命题 [五]。但与冯先生的"依照说"亦甚不相合。依照冯先生的看法，王船山所提出者，虽是一"真正底问题"，但其所主张者，则"不能承认"。冯先生的理由是：

> 船山此言，如系谓未有弓矢，即无射事，则自无可争论，如系谓未有弓矢，即无射道，而所谓道，若是就理之实现说，则亦是我们所主张者。未有弓矢，则射之理未得实现，自然无射道。但如所谓道，乃指理之本身说，则无其器即无其道之说，是我们所不能承认者。照无其器即无其道之说，则无弓矢即无弓矢之道。如此则创制弓矢者，不但创制实际底弓矢，并弓矢之所以为弓矢之理亦创制之。然理若何可以创制？若谓创制弓矢者，不管弓矢之理，而随便创制，然弓矢之理即弓矢之所以为弓矢者，若随便创制之物，不合乎弓矢之理者，则即非弓矢。所以我们主张，弓矢之理，是本有底。创制弓矢者，发现其理，依照之以制弓矢。有弓矢之理，不必有弓矢，因可无创制弓矢者发现之。但有弓矢则必本有弓矢之理，因创制弓矢者，必有所依照方可制弓矢。（页七八）

两相比照，"依照说"与"道器论"的对立，实非常明白：按"依照说"的看法，有其理可无其物；按"道器论"的看法，无其器则无其道。从"依照说"看"道器论"，凡其所说皆"不能承认"。但如果我们反过来，从"道器论"看"依照说"，则我们对于冯先生所谓有其理可无其物之说，亦同样"不能承认"。我们的理由是：

第一，我们认为，宇宙间决不能有一个时期或一个地方，只有理而无事物。先有一切理，等待实际的事物作为实例而逐渐实现；或尚无实际的事物而已先有其理则，皆不可想象。佛教华严宗，主张在"事法界"以外另有一"理法界"；朱子所说"理是个洁净空阔底世界"（《语类》卷一），常由来于此。由此再经过冯先生的"大体上承接"，遂有"纯真际底"、"离开实际底事物而独有"的理。但离开事物底理，终究不成其为理。例如：从前兽吃人，现在人吃兽，究竟在真际中人与兽的关系，其理是一是二？如是一理，何以有相反的规定？如是二理，则须答的问题将要更多：

（甲）由兽吃人到人吃兽，是先有理的变动而后始有人兽关系的变动？抑理是本无变动，只是关系在变动？

（乙）如谓是理变引出关系变，则由兽吃人之理何以能变为人吃兽之理？且既以"动之理并不动，变之理并不变"，则此人兽关系之理何以独能有变动？

（丙）如谓是只有人兽关系在变动，则理既无变，此关系将何所"依照"而变动？不变动之理，何以能为变动之事所依照？

冯先生如不答此等问题，则"依照说"即不能成立；如答此等问题则不论如何解答，均必陷于自论相违，使"依照说"从根本上被推翻。可见离事物言理，不但不能言之成理，亦且必归于无理可言。照我们的看法，事物与理原非二本，理本来即在事物之中，何待"依照"？仍以前事为例：由兽吃人到人吃兽，以弓矢等武器的创制与使用为动力而变化。在人兽关系中，无弓矢等器具存在即为兽吃人，有弓矢等器具存在即变为人吃兽。因器具的有无而变化人兽关系的性质（亦即改变了人与自然的关系的性质），而产生人兽关系的新的理则。由此可知，有其器始有其道，无其器则无其道。

第二，我们认为，创制弓矢者不惟创制弓矢之器，且亦创制弓矢所以为弓矢之理。冯先生问："理若何可以创制"？我们答以系创制弓矢者在创制此器的实践过程中创制此理。在未有弓矢以前，实无弓矢之理。但虽无弓矢之理却有比弓矢更原始的其他器具所具有的此器之理。人类在其社会的生产实践中，由于无量数经验的积累与启示，认识了此器之理有结合于新的形态中之可能；更由于无量数的试行误认或失败，终于完成了新的结合，即结合于我们今日名为弓矢的新器之中。旧器物由于顺其可能的气质所趋加以改造而成为新器物，旧理则亦在此过程中转化为新理则。新器物不是旧器物，新理则亦不是旧理则。旧理则因旧器物之无而无，新理则亦随新器物之有而有。因此，我们可以说，理则亦与事物同样，皆有其运动与发展，而且皆是由量变质的发展。在现实的世界中，个物及种类不断由此一形态变质为另一形态，理则亦随之而有不断的更新，亦即不断有新的理则产生出来。此新的理则虽常是由旧的理则中蜕化而有，但已经不是原来的旧理则的继续，它完全是另一种类的新的理则，它的性质不但往往与旧理则不同，而亦往往相反。冯先生以为，弓矢之理本来即有，创制弓矢者只是发见此理，依照之以制弓矢。由比弓矢更原始的其他器物到弓矢之出现，此一过程中只有器的更替，没有理的发展。此乃是董仲舒所谓"天不变道亦不变"一类的看法，我们不能同意。

第三，我们说理则因器物之有而有，此更可由另一实例来证明。例如：

在未有人类以前，只有生物进化的理则，而没有社会发展的理则。前者的理则，即所谓生物器官的变化决定物种的进化；后者的理则，即所谓劳动工具的进化决定社会的发展。在生物器官与劳动工具之间，尽管有彼此的关联及相似 [六]，尽管人类是由生物进化而来，但我们决不能说生物进化的理则即是社会进化的理则，我们从生物进化的理则中绝对找不出社会发展（劳动工具变化）的理则。然而，另一方面，我们也不能说生物进化的理则不是社会发展的理则的前身，不能说后者不是由前者转化而来。此二者彼此之本质的不同，正是说明了理则也是在运动发展中的范畴，它本身也是在不断地由此一形态变为另一形态，而每一形态的理则，又皆是随事物之有而有，随事物之无而无，在未有封建社会以前即没有封建社会的理则，而封建社会的理则亦随封建社会的灭亡而不存在。

第四，我们以为，理则对于实际的事物，不是先行存在，待事物"依照"之而实现，乃是由于新事物的出现，新的理则方随之而生成。此事在战争史中表现得最为明白。在战争史上，常常是由于新兵器的发明而产生新编制与新战术，并不是先发现了新战术然后才发明新兵器。并且在事实上，常是在新兵器发明以后许久许久，在人类使用新兵器作战许久许久以后，由于战争实践的反复启示，然后新战术才得以成立，在实际底战争中有意识地加以运用。所以孙中山先生曾说：

> 宇宙的道理，都是先有事实，然后才发生言论，并不是先有言论，然后才发生事实。比方陆军的战术学，现在已经成了系统的学问，研究这门学问的成立，是先有学理呢？或是先有事实呢？……就中国历史来考究，二千多年前的兵书，有十三篇，那十三篇兵书便是解释当时的战理。由于那十三篇兵书，便成立中国的军事哲学。所以照那十三篇兵书讲，是先有战斗的事实，然后才成那本兵书。就是现在的战术，也是本于古人战斗的事实，逐渐进步而来。自最近发明了无烟枪之后，我们战术便发生一个极大的变更。从前打仗，是兵士看见了敌人，尚且一排一排的齐进；近来打仗，如果见了敌人，便赶快伏在地下放枪。到底是不是因为有了无烟枪，我们才伏在地下呢？（《民权主义》第一讲，《孙中山全集》，上海三民图书公司版卷一，页一五至一六）

因为先有了无烟枪,然后才有伏地战术。孙中山先生此一看法,和冯先生的看法明系相反,而与王船山"无其器则无其道"的看法则完全相同。如果要在王船山与孙中山先生中间强寻分别,则分别只在于反清时代的弓矢与射道,到国民革命时代变成了无烟枪与伏地战术。二者虽反映了时代的不同,在方法论上实无二致。

上述四点,是我们从"道器论"观点所看到的"依照说"中的错误。但我们所以如此看法,并不在于为反理学一派申诉,而在于事物与理则的关系,确如反理学一派之所说。

四、所谓"形上之有不待形下"

我们一开始即曾说过,事物与其理则的关系一问题,即是形上与形下的关系一问题。冯先生持其"依照说"对于反理学一派,尤其对于王船山的道器论所作的批评,自亦和其对于形上与形下问题的看法紧相联结。同时,我们要知道,此一问题不但在中国,即在世界哲学史中,亦是作为一大问题而讨论的。[七] 所以我们亦应在与冯先生的看法相关的限度以内,对此问题另作一番考虑。

《易·系辞》所谓"形而上者谓之道,形而下者谓之器",此二语即是此问题的具体提出。但形上与形下究为何种关系?《系辞》则未有解决。自宋明以来,各派对此则各有其自己的看法。朱子曾说:

> 形而上者,无形无影是此理。形而下者,有情有状是此器。(《语类》卷九五)

冯先生"大体上承接"朱子此说,遂进一步提出了自己的看法如下:

> 我们所谓形上形下,相当于西洋哲学中所谓抽象具体。……理是形而上者,是抽象底;其实际底例是形而下者,是具体底。抽象者是思之对象,具体者是感之对象。例如"方"是思之对象,是抽象底;这个方底桌子是感之对象,是具体底。(页四七至四八)
>
> 实际底事物,中国哲学中名之谓器。……在中国哲学中,相当于

形上形下之分，又有未发与已发、微与显、体与用之分别。就真际之本然说，有理始可有性，有性始可有实际底事物。如必有圆之理，始可有圆之性，可有圆之性，始可有圆底物。所以圆之理是体，实现圆之理之实际底圆底物是用。理，就其本身说，真而不实，故为微，为未发。实际底事物是实现理者，故为显，为已发。某理即是某种事物之所以为某种事物者，某种事物即是所以实现某理者。由此观点以说理与事物之关系，即程朱所谓"体用一源，显微无间"。（页九至五〇）

就实际之本然言，形而上者之有，不待形而下者，惟形而上者之实现，则有待于形而下者。例如"圆"，圆之所以为圆者，或圆之所以然之理、之有，不待于形而下者，而其实现，即在实际上有一事实底圆，则必待于形而下者。如一粉笔书的圆，必待粉笔所书之线。（页四九）

综合冯先生的主张，不外下列四点：

（甲）形而上者是抽象的理，形而下者是具体的实际的事物；

（乙）有理始可有性，有性始可有实际的事物；

（丙）抽象是体，具体是用，具体必得抽象而依照之然后始可以形成；

（丁）抽象可离开具体而独有，亦即所谓"形而上者之有，不待形而下者"。

此四点主张，实际上即是"依照说"的另一表现形式。且由此可知新理学在本质上是一种极端抽象化的系统。

在我们看来，冯先生所谓"形上之有不待形下"，完全是一种颠倒的看法。对于形上与形下的关系问题，反理学一派所持的主张，大体皆具正确性。颜习斋曾说：

离下无上……语上人皆上，语下人皆下。如洒扫应对，下也；若以语上人，便见出敬。弦指徽律，下也；若以语上人，便见出和。……正是道艺一致耳……从程朱倒学，先见上面，必视下学为粗，不肯用力矣。王子（法乾——作者注）曰："下学而上达，孔子定法，乌容紊乎哉。"（《颜氏学记》卷一，商务《国学基本旧书》本，页一二至一三）

王船山亦云：

> 形而上者，非无形之谓。……有形而后有形而上。无形之上，……
> 将谁欺乎？器而后有形，形而后有上。无形无下，人所言也；无形无
> 上，显然易见之理，而邪说者淫曼以衍之而不知惭，则君子之所深鉴
> 其愚而恶其妄也。（《周易外传》卷五）

我们由反理学一派关于此问题的看法，至少可以引出下列四点与冯先
生相反的主张：

第一，所谓"离下无上"，或"无形无上"，即是"无其器则无其道"
之同义语。据此而论，即应说有实际的事物始可有性，此性即是事物之性；
具有其自己之性的实际的事物始可有理，此理即是事物之理。此即是说，凡
实际的事物皆有构成其本身的实际的成分，此诸成分皆有其自性，此诸自性
在新的结合形态中，相互有其生克通转的关系，此关系的总体，即是此事物
本身内部所具有的运动发展的理则。此一看法，与冯先生所谓"有理始可有
性，有性始可有实际的事物"云云，实为相反。

第二，与冯先生"形上之有不待形下"之说相反，王船山所谓"器而
后有形，形而后有上"，其意思是说：抽象底形而上者之有，本系由对于具
体底形而下者之概括而来，所以必先有形下然后始可有形上。在形下的具体
事物中，本即具有形上的抽象理则；但此理则之所以为抽象，只是因其对于
同类事物有普遍的规定性，只是因其可以一般的说明同类事物运动发展轨迹
的共相，并非因其可以离开实际的事物而独有。此理则之有，反而是以事物
的实际的内部构造，即所谓气质或气禀为基础。所谓"道者器之道"，义即
在此。如果说理则之有，不待事物的实际的内部构造；或者说理则可离开气
质或气禀而独有，在反理学一派的系统中看，即是"无形之上"，不可解的
神秘之物。

第三，冯先生以粉笔所画之圆，必待粉笔所画之线为例，以证明形下
只是形上所借以实现的实例，至若形上之有，则不待形下。此照反理学一派
的看法，亦是相反。反理学一派以为，在实际上本有许多实际的物表现为圆
底形，在此许多圆形底物中，各具有所以成为圆形的理则。无圆器即无圆
形，无圆形即无圆理。所以圆形的实际的物，并不只是圆的理则之"实现"，

同时亦即是圆的理则的"实体"。[八] 抽象的圆，就其存在说，是具体的圆底物中所具有的共相；就其认识说，是由于对于具体的圆底物加以大量的概括而得。在此处，存在论与认识论是互为照应的，所以说"道艺一致"。

第四，关于反理学一派的存在论与认识论的互为照应合致，在前引颜习斋所说"道艺一致"中，最为明显。照此观点说，每一件形下的具体事物，皆具有形上的抽象理则；此亦即是王船山所说，形即器之形，道亦器之道。因器有形与即器见道，正是由形下以见形上，亦即是"下学上达"之义。此一看法，与冯先生一面肯定"形而上者之有，不待形而下者"，一面又主张"我们之知形而上者必始于知形而下者"（页四八）的看法，亦恰为相反。我们知道，在冯先生的系统中，存在论与认识论系互为逆流，其此处关于形上形下问题的看法，亦复如此。

综上所述，可以说冯先生是"从程朱倒学"，以形上的抽象的理为本，以形下的具体的事物为末，此已是心本论的颠倒看法。在认识论上又以为知形上必始于知形下，此虽近于格物致知之论，但因其与存在论的终始相离相反（此二者在程朱系统中亦系相对的合致），所以"由此观点以说理与物之关系"，即无所谓"体用一源"。真正的"体用一源"，是在于反理学一派所说"道艺一致"，亦即存在论与认识论的统一之中。所以，在此处的新理学与反理学对立中，亦与在其他场合相同，我们系同意于反理学一派的主张。

五、戴东原所谓"形前形后"的再认识

冯先生关于形上形下关系问题的看法，与反理学一派的看法完全相反，已如前述。但冯先生又以为：

> 《易·系辞》所谓形而上，犹曰形以前；形而下，犹曰形以后。戴东原的解释，对于《易·系辞》，是不错的。（页一〇一）

此处甚易使人误会：戴东原所谓"形前形后"究作如何解释？戴氏的看法，与王船山、颜习斋等究有无抵触？此实为"一真正的问题"。

我们认为，欲解答此一问题，应先行分析戴氏所谓"形前形后"的原意，然后再以之与王颜所说比较对勘，借以确定其间的关系为何如。

戴氏将"形而上"解作"形以前",将"形而下"解作"形以后",其原文如下:

> 气化之于品物,则形而上下之分也。形乃品物之谓,非气化之谓。……一阴一阳流行不已,夫是之谓道而已。《易》"形而上者谓之道,形而下者谓之器",本非为道器言之,以道器区别其"形而上""形而下"耳。形谓已成形质,形而上犹曰形以前;形而下犹曰形以后。(如言千载而上,千载而下……)阴阳之未成形质,是谓形而上者也,非形而下明矣。……不徒阴阳非形而下,如五行水火木金土,有质可见,固形而下也,器也;其五行之气,人物感禀受于此,则形而上者也……即物之不离阴阳五行以成形质也。……六经孔孟之书不闻理气之辨,而后儒创言之,遂以阴阳属形而下,实失道之名义也。(《孟子字义疏证》卷中一七)

戴氏以为,"以阴阳属形而下",即是"失道之名义",是明明以形上与形下皆为阴阳五行本身的转化或移行,气外无理,仍是属于反理学一派的物本论的看法。所以,戴氏所谓"形以前"与"形以后",和冯先生所说"形而上者之有不待形而下者",其涵义仍是相反。兹分述之如次:

第一,戴氏在此处所特别强调者,系与其关于道或理的其他命题为不可分,其根本意思只是在辩明事物为理则的实体,理则为事物的条理,二者原属一本,不能说"理可离开实际底事物而独有",或所谓"形上之有不待形下"。所以他又说:

> 道,犹行也。气化流行,生生不息,是故谓之道。《易》曰:"一阴一阳之谓道"。《洪范》:"五行:一曰水,二曰火,三曰木,四曰金,五曰土。……"举阴阳则赅五行,阴阳各具五行也。举五行即赅阴阳,五行各有阴阳也。……阴阳五行,道之实体也。(《孟子字义疏证》卷中一六)
>
> 天地之气化,流行不已,生生不息,然而生于陆者入水而死,生于水者离水而死,生于南者习于温而不耐寒,生于北者习于寒而不耐温;此资之以为养者,彼受之以害生。……故语于天地,举其实体实事

而道自见。(同书卷下三二)

  一阴一阳，盖言天地之化不已也，道也。一阴一阳，其生生乎！……其生生而条理乎！……未有生生而不条理者。(同上，三)

  似此，戴氏既以阴阳五行为道之实体，道即是气化之流行不已，生生不息，则其不能主张道离阴阳五行而有，至为显然。而所谓"阴阳五行"，正是理学派所谓"形而下者"。故从戴氏的反理学系统来看，我们说他不能有冯先生所说"形而上者之有不待形而下者"的主张。

  第二，我们说戴东原不能有冯先生所说"形而上者之有不待形而下者"的主张，是说如果戴氏的哲学是一种系统，则他即不应有此主张。如果他有此主张，则他的反理学思想，即是不成系统，只是许多与理学一派大不相同的看法或说法的杂乱的堆积。但是，事实上戴氏的反理学思想，已经成为一种条理缜密的哲学系统，而为我们所不能不承认者。我们说戴学是一种系统，章实斋氏早有此说。他说：

  凡戴君所学，深通训诂，先于名物制度而得其所以然，将以明道也。时人方贵博雅考订，见其训诂名物有合时好，以为戴君之绝诣在此，及戴著《论性》、《原善》诸篇，于天人理气，实有发先人所未发，时人则谓空说义理，可以无作。是不知戴学者矣。(《章氏遗书·朱陆篇书后》)

  第三，如果我们更进一步分析，即知戴东原关于道的看法，和其关于理的看法是二而一的。戴氏论"道"，已说及"生生而条理"，"未有生生而不条理者"：此"条理"二字，正是戴氏对于"理"的解释。是"道"与"理"本为一物。关于"理"，他说：

  非事物之外别有理义。(《孟子字义疏证》卷上八)
  事物之理，必就事物剖析至微，而后理得。(同上，四一)

  "理"或"道"即是存在于事物本身之中，即是阴阳五行流行生息本身所具有的条理。戴氏此一看法，与王船山所谓"无其器则无其道"，本无不同。由此可知戴氏的观点，亦正是反理学一派的共同观点，即以实际的事物为理的实体，而不以之为理的实例；此派根本不承认所谓"理先于实际的事物而有的说法"。所以，戴氏所谓"形而上犹曰形以前"，不应视为"形而上者之有不待形而下者"的主张，即不应视为道可离开器，或先于器而有的主张。其义盖别有所指。

第四，戴氏所说"形以前"与"形以后"，根本即"非为道器言之"，只是"以道器区别形而上形而下"[九]。所以"形以前"绝不能解为先于品物而独有的道，或离开事物而自存的理。其所谓"形以前"，亦不是指无形无影的空阔世界，只是指此器或此类事物未成形质以前，是在形以前必仍有彼器或彼类事物之实际的存在。由彼器到此器，或由彼类事物到此类事物的转化或发展，即是事物由低级形态到高级形态的飞跃。在此飞跃过程中，道与器亦是同时转进、同时变质，但由于"飞跃"不是"继续"，所以低级形态的"道"亦不能即是高级形态的"道"；高级形态的"道"，是必待高级形态的"器"之有而始有，待高级形态的"器"之气质之形成而始成。[一〇]在此处，亦与在王船山的"道器论"中相同；"无其器则无其道"，又与在颜习斋的"道艺一致"说中相同，"离下无上"。

第五，戴氏提出"形以前"与"形以后"的看法，与王船山及颜习斋的不同处，即在于戴氏不只是就"一种"事物说，亦就"两种"事物说。在就"一种"事物说时，所强调者即是理则因事物之有而始有；在就"两种"事物说时，所强调者则是高级事物对于低级事物的承藉及关联，以及在此过程中器对于道的决定作用。在高级事物未成形质以前，其所必须承藉的理则，并非"有而不在"，它仍是存在于事物之中，不过此所在之处，系低级事物之中，或为低级事物所具有。此低级事物所有的理则，就其是"一种"事物的观点看，是为"形以后"，即因其本身的气质或气禀之有而始有；就其是"两种"事物，即其对于高级事物所具有的理则看，则又是"形以前"，因此理则在高级事物未成形质以前，即已存在于低级事物的内部。

综上五点，可知戴东原所说"形前形后"，完全是对于另一问题的看法；其所作的看法，在基本精神上，亦仍是反理学一派的共同的物本论的看法，并无任何抵触可说。但所论既是另一问题，而仍当作对于"形而上"与"形而下"的解释以出之，此实即戴氏未能脱去"经学传统中的宗教化形式"[一一] 之一证。如果我们将戴氏所提出的"形前形后"观念，离开"形上形下"的解释地位，而独立地把握其真义，再将"形而上"依一般解释为"抽象底理"，"形而下"解释为"具体底事物"，则此四范畴的生克通转关系，即为下列四种：

（甲）说"一种"事物时，其发生之既成形质以后者，即是其本身所具有的理则；此处的"形以后"，即是"形而上"。

（乙）说"一种"事物时，其发生上先于理则而成者，即是其本身的气质或气禀；此处的"形以后"，即是"形而下"。

（丙）说"两种"事物时，高级事物所承藉的低级事物的理则，在高级事物未成形质以前即已存在于低级事物中；此处的"形以前"，即是"形而上"。

（丁）说"两种"事物时，高级事物的理则，系成于其本身既成形质以后；此处的"形以后"，即是"形而上"。

综合以上各节所述，我们可得结论如下：

第一，冯先生在主观上虽以为其新理学系统是超乎物本论与心本论之上的"最哲学的哲学"，而客观上其对于理与气，或道与器，以及形上与形下的关系问题所主张的"依照说"，乃是一种客观心本论。

第二，在明清哲学中由王船山、颜习斋、戴东原等所代表的反理学一派，对于事物与其理则之关系问题所持的看法，大体上是属于物本论底系统。因而冯先生对于反理学一派所作的批评，亦即是客观心本论与物本论中间的对立。

第三，我们在冯先生与反理学一派的对立中，系比较同情于反理学一派的看法。但我们的任务则不在于批评冯先生的批评，而是将冯先生在其批评中所分析过的问题，大体上依据反理学一派的立场方法，重新分析。

第四，我们重新分析冯先生所分析过的问题，其目的在于将反理学一派对此等问题的看法理出一个头绪，并阐述其立论之切合事理处。但我们的分析与冯先生的方法大不相同，其结果自必得出不同的或相反的看法。此中的不同或相反，孰正孰误，我们不敢自信，尚希读者的公断及冯先生的指教。

第五，冯先生的新理学是一个条理缜密的系统，我们在说明冯先生对许多问题的看法时，往往深感不能过分详明之苦，所以在许多论点上为了篇幅关系，皆略而未论。拟俟他日有机，当在与本文有关的问题上，另文详述。

注释：

[一] 最近钱穆在其《再论大学格物义》一文中，曾引颜亭林、赵岐、焦循等经说，力言"有物有则"之物，实非鸟兽草木动植飞潜之物，应是君臣父子国人之交，以至礼仪三百，威仪三千等事。(《思想与时代》第十六期) 但既为制度规范，亦即为客观存在之一形态。如此，则"有物有则"云者，常与朱子所说"如有耳目则有聪明之德，有父子则有孝慈之心"为同义。易言之，即有其器始有其道。此一解答的方法论意义，并不因其所言为人伦庶物中事而遽有所变易。

[二] 我们此处所说之"理"，是专指事物的"理则"。若以事物及其理则与"理念"的关系为论题，则我们即应说："事物对于理，不但离开之，而且可决定之；理对于事物，不但必依照之，而且可变革之。""理则"与"理念"，是客观与主观、存在与意识之别，不得混为一谈。

[三] 朱光潜氏云："我个人早年……一向对于柏拉图和来布尼兹底爱好，也许会使我向于唯理主义。但是这种偏向和冯先生的'最哲学底哲学'的立场，并不很冲突，我很相信我对于冯先生的态度是同情底，公平底。"(《文史杂志》第一卷第二期《冯友兰先生的"新理学"》)

[四] 例如对于水，我们知道它的成分是氢二氧一，知道氢与氧的化学及物理性质，能预见它的变化，能准确计算它的力量，并以之应用于实践而可以收预期的成果，即为认识了水的理则。将此认识与关于他种事物的认识相结合，归纳其共相，而以综合的命题表示出一种判断，或作一种推论，则此判断及推论，即为哲学底或逻辑底。凡哲学底或逻辑底判断及推论，与科学所已证明者不符或相反，均为错误。

[五] 王阳明说："有孝亲之心，即有孝亲之理，无孝亲之心，即无孝亲之理矣，有忠君之心，即有忠君之理，无忠君之心，即无忠君之理矣。理岂外于吾心耶？"(《答顾东桥书》) 此由王船山之道器论言之，即应反言之曰：有亲子之制度(器)，始有孝亲之理(道)，有孝亲之理，始有孝亲之心(意识)；无孝亲之制度，则无孝亲之理则，无孝亲之理则，则无孝亲之心矣。有君臣之制度，始有忠君之理则，有忠君之理则，始有忠君之思想；无君臣之制度，即无忠君之理则，无忠君之理则，则无忠君之思想矣。思想岂外于理则乎？理则岂外于事物乎？

[六] 王充最先见及此点。他说："凡万物相刻贼，含血之虫则相服，至于相啖食者，自以齿牙顿利，筋力优劣，动作巧便，气势勇杰。若人之在世，势不与适，力不均等，

自相胜服，以力相服，则以刃相贼矣。夫人以刃相贼，犹物以齿角爪牙相触刺也。力强角利，势烈牙长，则相胜；势微爪短，诛；胆小距顿，则畏服也。"（《物势篇》）

[七] 朱光潜氏曾说："真际是形而上底理，实际是形而下底事物，这个分别是从柏拉图以来二千多年一般哲学家所公认底。……哲学家所纠缠不清底是这两种截然不同底'际'如何合拢起来，成为我们所知道底形上又形下底宇宙。一种哲学系统能否成立，这个问题是一个试金石；每个大哲学家的企图都在打通这个难关。"（前引《冯友兰先生底"新理学"》一文）

[八] 冯先生只说"理之实现必待于实际底事物"，此是不够底，我们必须强调"实际底事物是理的实体"。如果实际事物只是"实现"理者，则只有"实例"的意义，理仍可离开实际底事物而独有。如果我们从根本上已认定实际底事物为理的"实体"，则穷理必先格物，即不致视形下为粗，不肯用力矣。且我们如此认定，亦不是否定理之通过实际底事物而实现，反而替此一事实奠定根基。例如灯的光必待灯的构造及其中之油而实现，即因灯的构造及其中之油为灯的光的实体。在此处，才是真正底"体用一源，显微无间"。

[九] 戴氏云："古人言辞，'之谓'，'谓之'有异。凡曰'之谓'，以上所称解下。如……《易》'一阴一阳之谓道'，则为天道言之；若曰：道也者，一阴一阳之谓也。凡曰'谓之'者，以下所称之名，辨上之实。……《易》'形而上者谓之道，形而下者谓之器'，本非为道器言之，以道器区别其'形而上''形而下'耳。"（《孟子字义疏证》卷中一七）

[一〇] 例如氢二氧一，由于新的结合所发生的新的运动能力，即为水的理则；但氢气或氧气的理则，则不能说即是水的理则。

[一一] 自汉以降，始有"经学"。"经学"的特征，在于只以儒家经典为范围，绝不另有崇信；其方法只限于注释训诂，以赞扬、阐发、昌明为能事，禁绝一切批判研究的态度。经学者纵自己有所主张，亦必说经典义理本来即系如此，其说明自己主张时，亦墨守经典原有语言，各加新解，牵强附会以出之，视自己创造语言为"离经"，悬为大戒。凡此，即谓之"经学传统中的宗教化形式"。

原载《中山文化季刊》第一卷第二期，1943 年

平面逻辑的发展观

——冯友兰《新理学》商兑之四

赵纪彬

一、动静、阴阳

冯友兰先生的新理学系统，不是从纵剖面看宇宙生成的条理，而是从横剖面看宇宙存在的层次，因而在发展问题上遂形成一种平面逻辑的观点。现在我们要对此一观点加以讨论。

冯先生在论及"道"的时候，曾说"道"的范围包括形上及形下，与所谓大全或宇宙同大，亦是至大无外底。但若果如此，何必于大全、宇宙之外，又立道名？冯先生对此问题的答复是：

> 我们说宇宙、大全，是从一切事物之静底方面说；我们说道，是从一切事物之动底方面说。我们不能说：无极，太极，及无极而太极，即由无极至太极之"程序"，是宇宙，因为说到"程序"即是从一切事物之动底方面说。我们亦不能说，无极，太极，及实际底"世界"，是道，因为说到"世界"，即是从一切事物之静底方面说，其实所谓自无极至太极之程序，所谓无极而太极者，即是所谓实际底世界；所谓实际底世界，亦即是所谓无极而太极，不过一从其静底方面说，一从其动底方面说而已。我们可以说：宇宙是静底道，道是动的宇宙。(《新理学》页九七至九八)

以上所引，即是冯先生对动静问题的看法。

就冯先生在此处所提出的看法说,道与宇宙即是动静之分。但冯先生又以为,所谓动与静,并不是在于事物本身,而是在于看事物的方面有所不同。倘若改换了方面,则静者又成为动者,动者又成为静者。所以又说:

> 我们从事物之静底方面看,则不但物是静底;事亦是静底。僧肇所说:"旋风偃岳而常静,江河竟注而不流,野马飘鼓而不动,日月历天而不周。"(《物不迁论》)正是谓此。我们从事物之动底方面看,则不但事是动底,即物亦是动底。郭象所说:"世皆新矣,而自以为若故;舟日易矣,而视之若旧;山日更矣,而视之若前。今交一臂而失之,皆在冥中去矣。"(《庄子·大宗师注》)正是谓此。(页九八至九九)

冯先生的意思,大概是以为:每一种实际的事物皆有其动的方面与静的方面,这两个方面如从动的方面看,则一切皆动,如从静的方面看,则一切皆静。动与静皆在于看事物的观点不同。关于此点,冯先生曾举出实例以为证明。他说:

> 此物在一物之上,又在另一物之下,此物即亦依照在上之理,亦依照在下之理,而并不冲突,其所以不冲突者,因其在上在下,并非自一个观点看也,……一物亦依照动之理,亦依照静之理,而无冲突,……亦因其是动底或静底,不是自一观点看也。……一火车上之人,对于其火车说,即从其火车之观点看,是静底,对于路上之房子说,即从路上之房子之观点看,则是动底。此人亦依照动之理,亦依照静之理。因所谓空间底动者,即一物常改变其对于别物之空间底关系。所谓空间底静者,即一物常保持其对于别物之空间底关系。若此物对于一物之此种关系不改变,则对于此一物,即是静底,虽此物对于另一物,可是动底。(页八九至九〇)

冯先生由于看出了动与静的相对性,遂又以为动与静是相对待的两种独立的存在,二者相互为首尾,无始亦无终。此种看法,亦是一种二本论的观点;因为在此看法中,我们只听见说有动亦有静,而没有听见说动与静二者孰为本末,或孰为先后。所以冯先生又说:

动与静是对待底；若无所谓动，亦无所谓静，若无所谓静，亦无所谓动……就事实说，是"动静无端，阴阳无始"（《朱子语录》卷一）。程朱如此说，我们亦如此说。……因此我们不能问：气于未依照动之理之先，应是未动，未动何以能依照动之理？又何以能依照"存在"之理？（页八五至八六）

与动静相连，冯先生又提出了阴阳问题。他说：

所有依照此物之理之气之动者，统是此物之阳，与之相反之气之静者，统是此物之阴。……继续依照，即是继续底动。静是动之阻碍，有继续底动，即有继续底阻碍。……一物之阳即其物之建设底，积极底成分；一物之阴，即其物之破坏底，消极底成分。（页九〇）

一物之能存在，并不仅靠其本身内部所有之成分。例如就一房子说，不仅砖瓦等是"依照其所依照之理之气之动者"，即工程师及工匠之努力，以及以后之修补等，均是"依照其所依照之理之气之动者"，即均是其阳。与此相反之气之静者，如风雨之消蚀，人力之毁坏等，均是其阴。（页九一）

关于动静、阴阳，冯先生又综合起来说：

我们所谓动，静，阴，阳，……统是相对底。大多数底物，其所依据之料，亦是一件一件底实际底物。从这些物看，我们便可明白此点。例如此房子所依据以成此房子者，有亚里士多德所谓质因及力因；质因，如砖瓦等，力因，如工程师及工匠之努力等。此二者虽有分别，但皆是依照房子之理以使此房子成为房子者，所以对于此房子皆是其气之动者，皆是其阳。凡是使此房子能存在者，无论在其本身之内或其外，对于此房子，均是其气之动者。对于此房子说，其气之静者，即是与其气之动者相对而阻碍之者，例如风雨之消蚀等。风雨之本身，虽亦是动底，但对于此房子说，他是阻碍此房子之存者，所以对于此房子说，他亦是其气之静者。我们说他是静底，是从房子存在之受阻碍之观点看。若从风雨能破坏此房子说，则是从风雨之本身之观点看，如此看则风雨是动底。一切底事物，若从其本身看，皆是一动。若从受其影响之事物看，则或是一动，或是一静，视其所与其所影响之事物之影响，是助成其存在，或阻碍其存在而定。（页八八至八九）

冯先生对于动静、阴阳问题的看法，大体如上所述。此种看法有些我们亦甚主张，如动与静的相对性的认识，及对于阴阳解释成对于一事物本身说，肯定助成此事物存在者为阳，破坏此事物存在者为阴，而完全摆脱中国哲学中对于阴阳之人文主义的传统看法。[一] 凡此，我们均可同意。但我们所不能同意之点，则尤为根本。兹分言之如次：

第一，我们认为，现实的个物世界，即是在相互联系中的一个不断移行转化的动的过程或程序。此过程或程序本身所具有的生克通转的条理，即是所谓"道"或"理"，并非在现实的个物世界以外，另有所谓大全或宇宙，亦非宇宙或大全以外，另有所谓"道"或"理"。因而，在我们看来，所谓宇宙不是"静的道"，动的宇宙本身即具有着动的道，或动的理；所谓道亦不是"动底宇宙"，动的道或理本来即在于动的宇宙之中。宇宙与道的分别，不是动与静的分别，而是动的实体与动的条理之相生相克、互通互转的关系一问题中之两个根本范畴的分别或关联。亦即是所谓理与气，或道与器的区别。冯先生以为"宇宙是静的道，道是动的宇宙"（页九八），显然是依据其依照说而得的结论，在此处依然是以理或道先于实际的一切事物而有，或可以离开一切的实际的事物而独有。动静二本，我们不能同意。

第二，我们说，现实的个物世界即是一动的过程或程序，则自然不能在动外另有所谓静，以与动相对待；所谓静，本来即不在于动外，静本来即是动的本身的一个特殊状态。因而，我们虽然可以说若无所谓动即无所谓静，而却不能说若无所谓静即无所谓动。我们所以不能如此说，是因为静虽因动而有，动并非由静而生的缘故。王船山曾说："静即含动，动不含静。"（《思问录》）又说："止而行之动，动也；行而止之静，亦动也，一也。"（《张子正蒙注》）皆谓此理。我们说静是动的一个特殊状态，是说现实的个物世界之动，在实际的过程中或程序中，大别之可分为两个不相同而实相关联或承接的状态：其一，即由此一形态到另一形态的转化；其二，即在同一形态中的潜在的生长。前一状态是质的飞跃，后一状态是量的继续。在质的飞跃状态中，其动是突变的，即所谓动；在量的继续状态中，其动是渐变的，即所谓静，亦即所谓质的相对安定性的表现。但在量的继续状态中同时孕育着质的飞跃，严格言之，此量的继续本身一方面是在一定的质中而进行，同时亦即是新型的质的飞跃的准备形态，所以说静是动的一个特殊状态。

第三，静既在于动中，而为动的一个特殊状态，是动静一体，原非二本。因而我们对于事物，即不能只由一方面看，而应看出全体的过程或程序。在此种看法下，既有动而又有静，动与静并非自不同观点所看之两个方面，而是自同样一个体全性的看法上所见到的事物发展过程或程序的两个相互联结的阶段。此即是说，动与静所以并行而无冲突，并不是冯先生所说，因其动的或是静的，不是自一观点看（页八九），而是静本生于动，静中又孕养着新的动之故。我们即依冯先生所举空间的动静说，其所谓动与静系由于"不是自一个观点看"之说，亦与事实不符。例如："一火车上之人"其以"火车为静"及其以"路上之房子为动"，均系由自己之观点所见。即"一火车上之人"看火车，火车是静的，"一火车上之人"看路上之房子，房子是动的，此明明是自同一个观点看不同的对象，而并非自不同的观点看同一事物的不同方面，所以冯先生所说，我们亦不能同意。且此所谓质变时的动，与量变时的静，都是事物本身所具有的客观状态，决不能随人类的看法不同而有所改变。冯先生于此所谓"从动的方面看则事物皆动，从静的方面看则事物皆静"云云（页八九至九〇），颇近于庄子相对主义主观诡辩论[二]，不得谓"善体天地之化"（王船山语）。故我们亦不能同意。

第四，由于动静一体，原非二本，所以关于事物的阴与阳，我们亦以为应在其生克通转的统一关联中来把握，而不能做平面的看法。此所谓平面的看法，即是冯先生的看法。我们在冯先生的看法中，只见到动与静的并列、阴与阳的平排，而不能见其互通互转的生克关联。在我们看来，每一事物的动，或每一动的事物，其本身都是阴与阳的统一体。例如木匠的努力（动），对于木材说，是破坏其存在的消极成分的阴，对于木器则是助其存在的积极成分的阳。在此处，有阳即有阴，若无阴亦无阳，相反的成分恰巧统一在木匠的努力这一动之中。又如一所房子，每人皆知其为各种建设的积极成分之产物，知其存在于所谓阳的基础上面，而破坏于阴的阻碍之中。但其作为存在基础的阳，其本身即包含阴的契机，从房子建造的最初一刻起，即孕育着房子之必然破坏的种子，此破坏的种子，即在此建设的本性之中，而非由外铄。外铄的破坏成分，亦只有通过内在的可破坏性已达于成熟的境界，而后方能渗入，发生实际的破坏作用。俗语所谓物必先腐而后虫生，人必自疑而后谗入，正是谓此。在此处，又可见阴恰巧从阳中生长出来。至于此种对于房子为阴者，同时对于另一事物又必为阳，则是不待详论，即可了然之事。

二、十二辟卦圆图中的循环论

我们在上节中说，每一事物在其生成的开始，其内部即埋藏着必然破坏的种子。此点虽与冯先生的阴阳二本说大不相同，但每一事物之必然走向于自己的破坏，则冯先生亦甚主张。

冯先生以为，一事物之存在，皆有成盛衰毁四阶段，此与佛家所说的成住坏空，大致相同。此四阶段，冯先生更用《周易》中的符号来表示，即以（—）为阳，（——）为阴。（☳）为少阳，代表成的阶段；（☰）为太阳，代表盛的阶段；（☲）为少阴，代表衰的阶段；（☷）为太阴，代表毁的阶段。如用图表示一事物之存在阶段，则其图如下：

如将此图用较繁复底图表示之，用十二辟卦圆图如下：

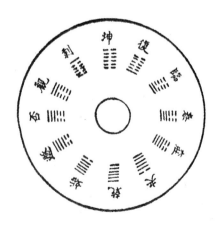

我们看此十二辟卦圆图，即自复卦看起，自复卦经临卦至泰卦所表示之三小阶段，即此事物之成的阶段，亦即其少阳的阶段；自大壮卦经夬卦至乾卦所表示的三小阶段，即此事物之盛的阶段，亦即其太阳的阶段；自姤卦经遁卦至否卦所表示之三小阶段，即此事物之衰阶段，亦即其少阴的阶段；自观卦经剥卦至坤卦所表示之三小阶段，即此事物之毁的阶段，亦即其太阴的阶段。

上述各点，皆是冯先生的本意（页一〇四至一〇八）。此意亦可以说即是冯先生的发展观，所以他说："只此一图，而天地万物之理，阴阳始终之变具焉。"（页一〇六）

如果我们想知道宇宙的发展何以能用此十二辟卦圆图表示出来？则首先即需知道冯先生的系统的抽象性的本质。此抽象性的重要特征，即在于它肯定哲学中的命题、观念及推论，皆是纯形式的，而没有或甚少实际的内容。此种形式主义的看法，与此十二辟卦圆图之借用及其过重的评价，是不可分的。关于此点，冯先生亦不否认，所以他说：

> 此图仅表示一切事物之变化所必依照之公式，即所谓天道者，而不涉及于某类实际底事物，亦不涉及于某类事物之理之内容。邵康节名此为先天之易。……《周易》如后人所讲者，多涉及某种实际底事物，或某种实际底事物之理之内容。多涉及实际或近于涉及实际，所以可称为后天之学。若此圆图，仅涉及一般事物之变化所依照之公式，至于某种事物在实际上之有无，以及其理之内容，均置不问，故可以称为先天之学。（页一〇六）
>
> 所谓后天之学，其哲学底性质，较少于所谓先天之学。盖哲学对于实际极少肯定。即论及实际底事物所必依照之理，而对于某理之内容，亦不能知。哲学可知房子之成为房子，必有其所以为房子者，即必依照房子之理，方可成为房子，但此理之内容为何，则系建筑学所讲，哲学不能知亦不求知也。（页一〇六至一〇七）

关于离开实际的事物即无所谓理，离开理的内容即无所谓理的形式等等，我们拟另文讨论。在此处，我们只想简单地指出一点，即冯先生以对于实际及其理之内容有所肯定者为"后天之学"，以对于真际及其理之形式有所肯定者为"先天之学",此种"以真际及形式为先,实际及内容为后"的看法,我们以为是先后颠倒的看法。在我们看来,适为相反,即真际的理系由实际的事物而生,形式系由内容而生,例如,在实际上必先有一个一个的梅子、杏子、桃子、苹果、林檎等,然后才有水果,并不是先有水果,然后才从水果中生出梅子、杏子、桃子、苹果、林檎等等,一个一个的实际的具有内容的水果来。所以,如果所谓"先天"即是先于经验而有之义,"后天"即是由经验而生之义,则冯先生所说"先天之学"正是我们所说"后天之学",其所说"后天之学"则正是我们所说"先天之学"。而我们所说的"先天之学"与"后天之学",因其不但涉及一般事物变化所具有之条理,而且亦涉及各种实际的事物,及其理则之内容,所以不能用任何平面性的图式表示出来。

其次,冯先生的十二辟卦圆图,不但只能表示宇宙发展的空洞抽象形式,而不能表示其丰富具体的内容;并且也只能表示平面的循环,而不能表示环状的发展。此即是说,发展问题上的循环论与冯先生的圆图,尤其是不可分的。所以冯先生说:

> 事实上一事物既毁,不但另有事物继之,且有其同类之事物继之。《易·系辞》说:"无往不复。……一切事物,皆是继其以前之事物,……皆始于复。"《易传》认此为宇宙之秘密,所以说:"复其见天地之心乎。"……上图所表示之十二阶段,……可谓之一周。此图所表示之公式,可称为周律,亦即是天道。……《老子》中亦有与此相类之意思。……如图中乾卦所表示者,名曰正;……坤卦所表示者,名曰反。《老子》说:"正言若反。"……继乎反而又为正,名曰复。《老子》亦重复,它说:"万物并作,吾以观复。"《老子》与《易传》有一共同意思,即所谓"物极则反"。……宇宙间之事物,依照上述周律,时时生灭,时时变化,此即是道体之日新。(页一〇九至一一一)

在此处埋藏着一个"真正的问题"。即所谓"反复循环",果然是宇宙发展的理则吗?循环论的发展观,在现实的宇宙发展中,果然有其真实的根据吗?或者说:所谓"道体之日新"果然是在反复循环的"周律"中实现的吗?我们在此处必须对于这一问题加以证明。

第一，我们说，循环论的发展观，在宇宙的现实发展中是不存在的，而在冯先生的系统中则是必有的。我们说它在宇宙的现实发展中不存在，是因宇宙间的一切事物的发展，都不是循环反复的，而是环状向上的；如果不然，则宇宙只有在同一平面上兜圈子，而没有进化可言。我们说它在冯先生的系统中为必有，是因为如果抽去了事物发展的内容，而单看其形式，则发展即是循环 [三]，冯先生的看法，正是如此。

第二，宇宙的真实发展，首先即是一动。而此一动的最后原因或动力，只是其内部各成分间之生克通转。我们在前节中所说阳中即孕育着阴的种子，而阴的种子之生成壮大即转化为另一种类事物的阳云云，正是谓此。事物之由此一种类转化为另一种类，自然不能是在于循环反复的周律中。在同一种类中，其后来的继起个体，如系完全重走着其先行个体的路子，或其内容完全无异于其先行个体，则同一个物的继续，无论反复多久，也不会有新种类出现，而实际上宇宙的发展即是新种类与旧种类的交替，即此亦可证明它不是循环反复的过程。达尔文主义 [四] 之所以成为真理，其故亦在于此。

第三，我们前面说，如果抽去了内容，单看形式，一切发展都是循环。现在我们再反过来说。如果在形式的运动中看出了它是由内容做主的运动，看出了运动中的形式是某种运动着的内容的形式，即可知一切的循环都不是循环，而是与循环大不相同的螺旋形的发展。例如四时之代谢，虽在"中国旧日哲学家"，"多举以为例"，以说明"天然人事中之一切变化，亦都是循环的"（页一一二），但此事无论就天然方面说，或就人事方面说都不能认为是循环的。此事在天然方面之并非循环，已由天文学家所证明；其在人事方面并非循环，中国旧日许多与四时代谢有关的诗文，亦均可证明。所以说"人不能两次进于同一之水"（赫拉克利特语）。

第四，成为冯先生主张发展即循环说之根据的，大概即是柏拉图所说的"不死之仿本"（页一一二）。据柏拉图此说，宇宙的发展，只有个体的新陈代谢，其类是不变的；由个体在反复循环的周律中生灭不息以维持其类之不死，或其不变之类。冯先生并依此说明中国的历史。他以为："中国自秦汉迄明清的历史中，朝代虽屡次变更，然其所代表之政体，则俱属一类，就朝代之变更说，中国之政治，亦是日新。但就其政体所代表之类说，则日新是循环底。"（页一一二）但在我们看来，个物是种类的实体（此点另文详论），个物的历史是发展的不是循环的，即从后一代的个物必在若干方面与前一代的个物不同，不同之若干方面，随年代而加甚，结果即引起种类的变化，亦即是旧类的死灭与新类的诞生，在个物与种类的交互变异中，即无所谓"循环底日新"。

第五，由我们上述的观点看，"中国自秦汉迄明清"，各朝代所代表之政体，虽是俱属一类，而后一朝代亦决不是前一朝代的循环，在朝代的"屡次变更"中，每次都带来新的内容；并且每次的"变更"都是新的内容在背后（严格言之，应该说是"在根底上"）作为动力推动着此政体之出现［五］。这些新的内容，不管或多或少，或同或异，都是使中国政体从这一类走到另一类的实体的成分。所以，中国才有了今日政体，才有了与"自秦迄明清"的政体种类不同的政体。再就一般言之，如果柏拉图的"不死之仿本"，或冯先生的循环论是真理，则世界便不会从原始时代，通过奴隶制、封建制，而走上了资本主义制垂死阶段的帝国主义时代。在整个人类社会史上，都证明不但个体是新陈代谢的，种类也是新陈代谢的，此即是说，历史是发展而不是循环的。

第六，循环论的发展观在现实的宇宙发展中并不存在，已如上述。现在我们再看它在冯先生的系统中之所以为必有。我们已经知道，冯先生的系统是"不着实际"、"不管事实"的系统。由"不着实际"的要求出发，自然要"不问内容"，自然要对于事物之理之内容"不能知亦不求知"；由"不问内容"的要求出发，自然要只作"形式的肯定"。对于"宇宙间一切事物之变化"既然只管形式，则无内容的发展，自不得不成为空洞抽象的"公式"或"符号"。所谓"成住坏空"或"成盛衰毁"等等，皆是此类抽象的公式或符号。由公式或符号所表示的发展过程或程序，也就是所谓"循环的日新"。日新既然可能是循环的，则借用十二辟卦圆图，亦自属当然。在此一系统的理由之下，所以说："虽只一图，而天地万物之理，阴阳始终之变具焉。"（页一○六）

像这样，由十二辟卦圆图所表示的循环论的发展（如前所述，此图只能表示循环）。在现实的宇宙发展中必不能有，而惟在冯先生的系统中始有之，且必有之。此点，似乎值得我们请冯先生做一番真实的考量。

三、平面逻辑上的"四种观点"

在冯先生的发展观中，不但有平面上的循环论，而且也有平面上并列的各种发展观点。此所谓平面上的并列，即是对于各种互不相同的关于发展的看法，平等的排列起来，或孤立的平摆起来，只见其相互差违或对立，而看不见它们的相互关联及相互转化，好像它们各代表宇宙发展程序的一种，各有千秋，皆为正宗。

在冯先生的纯客观论的系统中，对于发展的看法，有此主张，本来也是非常自然的。冯先生曾以为，在宇宙中本有许多方面，所以可以有许多实际的哲学系统与之相应，而且它们都是正宗，无所谓异端，据此观点来看发展，当然可有各种发展观念平面排列的看法。

冯先生说：

> 道体之日新，可从四种观点观之。因所从观之观点不同，所以其所见亦不同。《易传》说："仁者见之谓之仁，智者见之谓之智，百姓日用而不知，故君子之道鲜矣。"（《系辞》）
>
> 所谓四种观点者，（一）从类之观点，以观其类中之实际底分子之生灭；如从此观点看，则道体之日新是循环底。（二）从理之观点，以观其实例之趋于完全或不完全；如从此观点看，则道体之日新是进退底。（三）从宇宙之观点，以观有实际底分子之类之增加或减少；如从此观点看，则道体之日新是损益底。（四）从个体之观点，以观其自一类入于另一类之程序；如从此观点看，则道体之日新是变通底。（页一一一）

上述冯先生一段话，即是我们所指关于发展的平面逻辑上的四种观点。冯先生将此四种观点并排平列的看法，我们甚不同意。兹分述其理由如下：

第一，我们知道，冯先生的系统，曾由纯客观论经过相对论而转入于多本论观点，并由多本论而导出与客观论精神根本相反的纯主观论观点（此点另文详论）。在此处，冯先生将循环、进退、损益、变通等四种观点，一视同仁地平排起来，既不见其批评，亦未指明其从属及关联，见仁见智，各

有千秋。此种看法，亦似与其多本论及纯客观论的观点，不无关系。[六]
关于多本论及纯客观论观点的错误，我们拟另文讨论，此处不再重述。

第二，关于循环论的发展观，我们在上节中已经证明其为与宇宙实际
发展过程不相符合的错误观念。现在，我们想考察此种错误的发展观念发生
的原因，以为上节的补充。关于此点，冯先生说：

> 自历史方面说：中国以前之哲学家所处之社会，是农业社会，其生
> 活是随天时之转变而变异，此天时之转变，如日月之运行及四时之代
> 序等，均是循环底，故其生活上之变异亦是循环底，其所处之社会虽
> 亦常有改变，而社会始终为一类底社会，故以为宇宙间一切转变，都
> 是循环底。自哲学方面说，则中国以前底哲学家，以为在事物之转变
> 中，其否定此否定者，仍与此否定以前之肯定为一类。所谓否极泰来，
> 其新来之泰，仍与原来之泰，不异其性。因此遂以为，在人事方面，
> 与其经否而再得泰，不如不经否而保持现在之泰。所谓“持盈保泰”，
> 遂为我们生活的规律。“持盈”以防否之来，“保泰”即守现在之泰也。
> （页一一九至一二○）

冯先生如此由中国社会停滞性中发见循环观念发生的原因，并指明此
一观念在实践“人事”方面的保守本质，我们甚为同意。但其以日月之运
行、四时之代序等，天时之转变，的确都是循环的，则我们便不能同意。事
实如前节所述，此种自然现象，只有抽去其发展之内容而单看其形式，它们
才表现为循环，倘对其发展作内容与形式统一的看法，即可见它们本来是在
发展中，而不是在循环中，因此，我们认为以循环论的发展观与形式主义的
认识方法是不可分者（此点另文详论）。如依我们此种看法说，则可以知道，
停滞性的长期封建制社会的存在，与形式主义的认识方法，循环论的发展观
及保守性的实践态度，本质上是有其内在关联，与相互依存关系的。如将此
意用图表示之，其图如下：

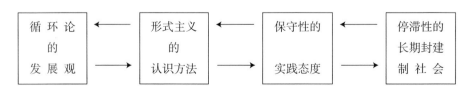

但是，因为建筑在形式主义认识方法上面的循环论的发展观是与宇宙发展过程实际情形不符的错误观念，所以保守性的实践态度，亦终于不免失败。因此，循环论亦不应与正确的发展观等量齐观。冯先生对于此点所持的看法，似乎是尚有讨论的余地。

第三，冯先生所说的"从理之观点"所见的进退的日新中，所谓"进步"、"退步"、"停滞"等，都是指事物对理则的距离变化而言；即由远变近为进步，由近变远为退步，不较远亦不较近为停滞。此种发展观，显系以其在道器或理气关系问题中所主张的依照说为前提者。所以他说：

> 一类之事物，依照其理，其愈依照其理者，即愈完全。例如一方底物，如愈依照方之理，即愈方。……一理是一类事物之标准及其极限，……若一类中之实际底分子，其新者皆较其旧者为近于其理，即更依照其理，则此类之事物是进步底。若……其新者皆不较旧者为近于其理，则此类之事物是停滞底。若……其新者皆较旧者为更不近于其理，则此类之事物是退步底。（页一一二至一一三）

我们知道，"依照说"所主张者，为理在事物之先，可离开事物而独有，且其本身并无所谓变化及发展，只是在"平铺放着"，以待事物之依照，或规定事物之所以成为事物。此说此种特征，在发展观中更为明显。但所谓"依照说"者，我们根本不能同意（此点拟另文详论）。因而，我们对于"依照说"而成立的进退的日新，亦即不能同意。在我们看来，所谓"停滞"只是发展本身所具有的一个特殊状态，在宇宙中本来即没有"动"以外独立的"静"（详见本文第一节），因而亦不能在进步与退步以外别有一个"停滞"的"日新的样式"；并且所谓"退步"，亦只是环状向上发展程序中整个曲线运动的一环，它本身亦不是单独存在的独立的发展样式；所以此三者之中，只有所谓"进步"才是正确的发展观中所应有的范畴。其次，我们以为，事物发展中之所谓进退或停滞，完全可由事物内部的矛盾性质来说明，其理即在于事物本身之中，决非在事物以外，空悬一理，以较量事物对之之距离或远近，而可以区别进退或停滞者。因为在现实的宇宙中本来即没有此理之存在，所以冯先生的进退的发展观，亦似为架空立说，无有是处。

第四，冯先生所说从宇宙之观点所见的损益的日新，首先与前述进退的日新不可分，其次又与理气二本论的观点不可分。关于损益与进退两种发展观的关系，冯先生曾说：

> 在实际底事物中，如有代表某类之事物出现，此类在以前并无代表；此亦是日新，此日新亦是进步底，……我们此所谓进步，是就宇宙之富有说。宇宙愈富有，则道体之日新愈是进步底。……此所谓进步的意思，既如上述，则所谓退步者，亦可推知。……于此我们可用损益二字，以表示此所说进步或退步。就宇宙之观点说，损是退步，益是进步。（页一一三至一一四）

所谓损是退步，益是进步，我们并不如此主张，例如在资本主义发展上，有法西斯一类之政体出现，此种的益，并非资本主义之进步而是其衰亡的象征，又如从病人身体中除去病菌一类之物；此种的损对于人体之健康说，则非退步而是进步。盖损益是量的增减问题，进步是一类事物发展的阶段问题；在进步的向上阶段上，损与益都是进步的；在退步的衰颓阶段上，损与益都是退步的。在此处，我们可以说，质的发展决定着量的发展，单用量的变化来说明宇宙的发展，断然不可能。其次，关于损益的发展观与理气二本论的关系，冯先生亦说：

> 形而上之理，有即有，无即无，不能是先有而后无，或先无而后有。程伊川所谓"百理俱在平铺放着"，我们正可用他这句话。例如飞机之理，如其有，则本来即有。所谓创造飞机者，不过发现其理而依照之以作一实际底飞机而已。……在形下方面有实际底飞机，并不使飞机之理益；无实际底飞机，亦并不使飞机之理损。……飞机之理亦是原来依旧。实际底飞机之有无多寡，对于它并无影响。（页一一五）

此是"依照说"与二本论的混合看法。（严格言之，"依照说"是以二本论为前提而成立；倘理气非为二本，则无依照或规定可说。）据此看法，则理不在事物之中，亦即气外有理，或形而下者之外别有所谓形而上者。说至此处，冯先生即提出一颇为像样的理由。他说：

在宇宙之形上方面，所有之理，既是本来即有，何以在形下方面，不能是所有之类，同时出现？于此必须分别一类事物之所依照及其所依据。其所依照是其理，其所依据是其气。在实际上如有一新类出现，其类事物所依照之理，固是本来即有；但其所依据之气，则不必皆本来即有。此气包括绝对底料及相对底料。绝对底料即我们所谓真元之气，虽本来即有，但不必即依照此理而为此类之物。相对底料，则不必本来即有。如一实际底飞机所用之内燃发动机，固非本来即有，即其所用之木材及金属，亦非本来即有也。所以一实际底飞机之有，必需在有些类底物，例如内燃发动机等，已有之后。实际上之新类，必有所依据于实际中之旧类。所以虽有某理，而其类中之实际底分子，若所依据不具备，则亦不能出现。……飞机之依据发动机，非以其为铁而依据之，乃以其为发动机而依据之。（页一一五至一一六）

上引冯先生关于损益发展观的两段话，我们不能同意者，计有下列各点：

（甲）冯先生所说"一实际底飞机之有，必需在有些类底物，例如内燃发动机等，已有之后"，实际上之新类，必有所依据实际上之旧类，若所依据不具备，则亦不能出现云云，此种看法，我们以为是对的。但此种对的看法，只能证明较高种类系由低种类转化而来，只能证明二者的生克通变的关联，而不足以特别证明理气二本论或"依照说"。

（乙）冯先生此种对的看法，它本身即证明新类事物与旧类事物之异理异性，例如飞机虽依据于内燃发动机及其木材与金属等，飞机之理与其性，则绝与内燃发动机及木材金属之理与性不同，可见随新类事物之有，理的本身亦有转变与发展，即在新的事物中又具有着新的理则，亦即证明形而上之理，亦是可以先有而后无，或先无而后有的。冯先生以为只在实际的事物中有损益，在真际的理中并无损益可说。此一二本论的看法，我们认为值得商榷。

（丙）据冯先生此种对的看法来说，每一实际底飞机所依据的相对底料（在我们说来即是形质与理则的统一体的具体的个物），当其作为低级事物的独立个物而散在的时候，和其作为高级事物的诸契机而结合于高级事物以内的时候，由量的方面计算之，无所谓益，亦无所谓损，然而由于同量的契机入于新的结合之中，则可产生一具有新的形质与理则的新类的事物。由此可知，新类事物之出现，亦不仅是单纯的量的损益的结果，而亦是质的转化的产物。冯先生名之为损益底日新。是为见量不见质。

（丁）据冯先生此种对的看法，适足以证明二本论的错误。此即是说，如果理气二本，在未有实际底事物之前，即已有其理在平铺放着，则此理既有而不在，吾人即不能发现之。例如飞机之创造者，在未有实际底飞机之前，将何由发现飞机之理？如内燃发动机及木材金属等所谓相对底料，既为另一类实际底事物，即系依照其本身之理而成，故在其中亦不能发现飞机之理。又据冯先生说，吾人之知识皆由分析实际的事物而得，今既尚未有实际的飞机，更何由发现飞机之理？故我们唯有放弃二本论的立场，对事物的形质与理则作统一之把握，将高级事物之理认为系由低级事物之理转化发展而来，亦即承认实际的事物之有无多寡，直接决定理则之生长与转变，然后才能使冯先生此种对的看法，左右逢源，所向无阻。

（戊）总之，单由量的损益，不生质的变化，而发生新种类事物者，宇宙无此事理。所以冯先生的损益的发展观，横说竖说，一无是处。其所提出的尚对的看法，与其依照说及二本论，根本不能两立，与其"循环""进退"等观念，则毫不相干，而冯先生则仍牵合并列，似不自觉其错误，甚可惋惜。

第五，关于所谓从个体之观点所见通的变日新，冯先生说：

> 一个体，在某时期内，可属于某一类，换言之，即可有某性。经过上述之周期，此个体可入一新类，即有一新性。……按以下所述之周律说，此个体，于有此新性，或入此新类之时，即入一新周期。在入此新周期之际，此个体即入一新底，较高底类。……于入此新类时，此个体……所原有之性，已包含于新性之中。此程序是变通底。……
>
> 依讲辩证法者所说，属于某一类之个体，如发展至一相当程度，则即一变而入于别类。用辩证法所用之名词说，其发展即入于一新阶段。在此以前之发展，系量底改变，至入于别类之时，则有质底改变；用辩证法所用之名词说，此即由量变到质变。自量变到质变，中间须经过一跳，即是所谓突变。此个体原有之性，是一肯定，即一正。在其脱离旧类之时，此个体对于原有之性必有改变，用辩证法所用之名

词说，此即是否定，亦即是所谓反。此个体即入一新类，有一新性，此新性即又是一正，又是一肯定。此即所谓否定之否定，亦即所谓复。此新性自一方面说，系否定旧性而得者，然非旧性之先实际地有，此新性即不能实际地有。此新性之实际地有，系依据旧性之实际地有而有者。所以自又一方面说，此个体所有新性亦是其所有旧性之继续，此即所谓合。不过合中虽有旧性，而不即是旧性，此个体经此一周期，入于次周期时，已入于一较高底类矣。（页一一七至一一九）

冯先生在此处，虽是用辩证法所用之名词以说其所谓变通的日新，而实则和讲辩证法者所讲的发展观，并不十分相同。兹分述之：

（甲）在冯先生和讲辩证法者之间，只有一点是相同的。即新类个物之新质，虽系否定旧性而得，虽其所原有之性已包含于新性之中，而对于原有之性必有改变，即不仍是旧性。是知，由旧类入于新类，即是事物的理及性根本变质的突变过程。此一看法，我们亦甚主张。

（乙）新类事物既具有新性及新理，而由旧类变入新类又为宇宙发展之现实的过程，则与冯先生所主张的循环论，自不能并立。但冯先生似未能看到此两种发展观的根本抵触处。所以他说：

辩证法所说事物变化之程序，完全可以上列之十二辟卦圆图表示之。不过中国以前哲学家，只见及道体之循环底日新，……我们所见虽与以前哲学家所见不尽同，但我们所见，仍可以上列十二辟卦圆图表示之。（页一一九）

我们以为，冯先生所以认辩证法所说事物变化之过程，完全可以上列之十二辟卦圆图表示之，其原因或不出两端：

（一）看个物之成盛衰毁四阶段，而不看由旧类到新类的转化，亦即只看量变，而不看质变，在旧周期与新周期，低级种类与高级种类之间，划一绝对分离的限界，各不相涉。

（二）只看各类个物发展的形式，而不看各类个物发展中各异其性，各有其理的内容。

如此以观事物变化之程序，则一切的发展即为一平面圆图上循环的过程。由此，我们又可以说，循环论的发展观，不但与形式主义不可分，其与抽象性的方法，及纯量的观点亦为不可分者。而此各点均与辩证法不两立，冯先生竟牵合之为一而不知其抵触，我们甚不以为然。

（丙）冯先生所说"个体入一新类"，"一变而入于别类"云云，似以为在未有个体以前，即亦有类，或者说以为类可离开个体而独有。如果冯先生果然如此看法，便与辩证法大不相同。同时我们对于如此看法，亦甚不同意。在我们看来，个物是现实世界的实体，种类即在于个物之中，并非在个物之外别有所谓种类者（此点另文详论），因而，种类与个物是交互变异，相通相转者，并无只是个物由一类变入别类，而种类本身并不生灭之事。

第六，冯先生关于发展问题，在叙述了平面排列的四种观点以后，又提出所谓"未济"的观念，以见发展的无始无终。本来以发展为无穷尽，我们亦甚主张，但如冯先生所说，则我们即不能同意。他说：

> 道体之日新，如此日新下去，可否可有一时，于其时太极所有之理，俱有实例？又每理之实例，俱完全合乎其理？就一方面说，此时是可能有底；不过此时……事实上永远不能达到。……无极而太极即如此一直"而"下去。此"而"……无论自何方面看，它总是"未济"。……所以《易》"以未济终焉"。（页一二一至二一四）

发展之以"未济终焉"，固无疑义，但是，此所说"未济"，我们并不能在"依照说"上，追问"可否有一时太极所有之理俱有实例"，或"每理之实例俱完全合乎其理"，而是由相对真理到达于绝对真理之生克通转的实际过程上的未济。在此处，我们所见与冯先生所主张者，即大不相同。

第七，总括冯先生所说的"循环"、"进退"、"损益"、"变通"等关于发展的四种观点及其平面排列的看法，我们均不能同意，其理由已如上述。在我们看来，我们对于发展的理解，只有一种观点是正确的。宇宙的发展，其形式虽是多样的，而我们对于多样性的形式，则只有在一个方法之下才能得到正确的理解。此方法即是把握事物内部诸成分间相生相克、互通互转的方法。在此方法或观点中，我们首先即知道事物发展的动力及源泉是在内而不在外；其次我们即知道所谓理解发展，即是要具体地理解事物内部的诸成分，其统一或同一者如何转化成相互排击的对立者或相互差违的差别者。此等统一与对立、同一与差别又具有如何互通互转的共同形质？以及通过内部生克通转的理则如何与周围的事物（包含同类与异类）关联起来，而结成一同异相丽、一多兼容的有物有则的本然系统（冯先生语）？在我们此一方法或观点之下，所谓"循环"、"进退"、"损益"、"变通"等观念，即均化为无血无肉的干枯的骨骼（黑格尔讥形式逻辑语，见所著《大逻辑学》第二版序文）。至多亦只是事物发展中的某些阴影，而决不能成为如平面逻辑上的独立的四种观点。

四、纯量继续与新旧同律

冯先生在发展问题上，所以始终坚持循环论的十二辟卦圆图的观点，其原因之一，系在于见量不见质，此点我们在上节中已约略说及。现在我们打算对于此点，给以较为详细的说明。

关于这一问题，我们应知道，冯先生在论及所谓"变通的日新"时，虽然曾用辩证法所用之名词，一再说"由量变质"，"须经过一跳"，"突变"等等，而实际上冯先生则不承认在发展中真有所谓"突变"存在。所以他说：

> 突变，是不可能底。我们亦常听说有突变，不过所谓突变之突，只是表面底。一战争之起，在表面看似是突发，但事实上常是有酝酿数年或数十年者，这些突变都是似突非突。真实底突变，是不可能底。（页二一五）

由此看来，冯先生以为，所谓质变在一般发展中为不可能，已属显然。但质的突变既不可能，则个物由旧类变入于新类，共新性及新理，究如何而有者？冯先生的看法是：

> 此新性之实际地有，系依据旧性之实际地有而有者。所以……此个体所有新性亦是其所有旧性之继续，此即所谓合。（页一一九）

将此看法，应用在历史上，即成为如次的说法：

> 历史上每一个革命之后所建立之新社会，……当然有些只是社会制度，而不是某一种社会制度，此常然是不可改者。但有些亦是某种社会制度之制度，为此国家或民族所旧有者。但因其无碍于新制度，故仍继续存在。就此方面看，一新底社会之出现，不是取消一旧底社会，而是继承一旧底社会。社会中任何事，如思想，文学，艺术等，均是如此。（页二一六）

再将此看法应用在哲学史上，则为：

> 哲学不能有科学之日新月异底进步。……所以自古代以后，即无全新底哲学。古代底哲学，其最哲学底部分，到现在仍是哲学，不是历史中底哲学。（页一九至二〇）
>
> 一种社会哲学所引以为理论底根据之哲学，大概在实际上并不是全新底。例如为共产主义底社会之道统之辩证唯物论，其唯物底及辩证底成分，皆是自古代以来即有者。（页二四〇）
>
> 在一新社会内，人可有新经验，自可有较新底哲学。但此新经验只是关于人之社会底经验。人在他方面之经验，例如佛家所说生老病死等，关于人生全部者，仍不能有大改变。所以只能有较新底哲学。我们不敢说，所有底各种本然哲学系统皆为我们所已知；或者还有很多种本然哲学系统，为我们所尚未梦见者，但人若没有关于人生全部之全新底经验，人对哲学之知识，大概是不能有全部底改变，此是可以说底。（页二四〇至二四一）

此种看法，以发展为纯量的继续，以质的突变为不可能，以新质对于旧质只能是较新的，而不能是全新的。所有这些，我们皆根本不能同意。

首先，我们说这看法在冯先生的系统中是必有的。因为：如果承认新质对于旧质可能是"全新的"，则必须对质进行分析；质的分析，即是具体的认识，内容的认识，而冯先生的系统，如前所述，是抽象的系统，纯形式的系统，由此抽象性的纯形式主义出发，即不能不否认新质为"全新的"之可能。又因为：如果承认新质对于旧质可能是"全新的"，则由旧质到新质的变化，即不能是循环的，而冯先生的系统，对于十二辟卦图的循环论，则认为虽只一图，"而天地万物之理，阴阳始终之变具焉"。由循环论出发，亦不能不否认新质为"全新的"之可能。又因为：如果承认突变在事实上为可能，则必须分析在实际中突变何以发生？并如何产生？而冯先生的系统，则是"不著实际"、"不管事实"的系统。由此点出发，亦不能不否认新质为突变之结果。更因为："全新"与"突变"为不可分，否认前者即不能不否认后者，于是发展即亦不得不为纯量的继续。总之，无论从何点说，此看法在冯先生的系统中总是必有的。

其次，我们说此看法在冯先生的系统中虽为必有，而在宇宙的现实发展过程中则为错误。例如人类对于猿猴、飞机对于内燃发动机等所谓"相对底料"，在我看来，都不是"较新的"，而是"全新底"。我们说他们是全新，是因为人类和猿猴相较，飞机和内燃发动机相较，则不仅有其全新的形质，而且有其全新的理则。此即是说，我们不能依据猿猴的生物进化理则以解释人类社会，及社会的文化运动与发展，我们亦不能依据内燃发动机的理则以证明法西斯侵略国家对于同盟国的飞机轰炸是否反动。在我们看来，新类事物对于旧类事物，不只有继续的关系，而且有否定的关系，无所继续固不能有所否定，而否定则不是继续。在纯量的继续中，只能产生个物的新个性，而不能形成新的种类，新的种类的形成，则必须经过质的突变。经过突变而形成的新种类，其中虽仍包括旧种类所有的成分，但此成分的作用与意义则已全部改变，如像机器一类之物，在私有制度资本主义的社会中，是剥削生产者的工具，是造成阶级对立的物质基础，一旦到了公有制的大同主义的社会中，即反转来成为福利生产者的工具，成为消灭阶级存在的物质基础。但此作用与意义的转化，绝非量的继续（改良主义）所能为力，而必须经过质的突变（革命）。所以冯先生以纯量的继续代替质的突变，企图纯由量的继续上以说明新种类的形成，在我们看来，是与事实不符的错误看法。

再次，我们说冯先生的看法是错误的，不是因为他看见了纯量继续的重要性，而是因为他只看见量的重要而抹杀了质的突变之在事实上的存在，抹杀了质的突变之同样的重要性；亦即是因为他的见量不见质的片面性，如前所述，与其所主张的循环论为不可分者。循环论与保守论的关系的存在，我们前面已有详论（参照第二第三节）。在此处我们必须知道，此种纯量的看法，亦是与保守论为不可分者。冯先生此一看法的保守论的本质，在其所著《新事论》中，完全显现出来。[七] 但此点我们不拟详论，在此处只约略点明为止。我们特别要说者，即我们对于事物的发展，既不能见量不见质，亦不能见质不见量，只有对于质与量做统一的把握。所谓对于质与量做统一的把握者，即是一方面要知道纯量的继续即是质变的准备，或基础；一方面又要知道质的突变亦即是量变的必然归结，且可使量变完全改观，完全具有着全新的理则，在全新的理则支配下用新的步调而前进，以实现另外一种全新的作用与意义。由于此种统一的把握，使我们可以实质的理解事物由此类到彼类的转化及其相互生克关系，在这一点上，我们的看法即与平面逻辑及循环观点有别；由于此种统一的把握所得的如实的理解，使我们可以主动的操纵事物的发展程序，而不陷于保守论、盲动论等任一实践态度的错误[八]，使说明世界的哲学成为变革世界的指针。

最后，我们说冯先生的看法是错误的，是就其整个观点说，如分别开来，看其中的许多部分，亦未始没有精彩之处。例如关于时间上所谓现在一问题，冯先生说：

> 不能离开具体底事而空洞地问：所谓现在，究竟有许久？……现在之为现在，是相对于一事物说，而不是一事物之为事物，是相对于现在说。……就一事物之整个说，则此事未完，此物未毁，即不为过去。此事已发，此物已有，即不为将来。……例如我现在正过我之一生，就我一生之整个说，此一生正是现在。……虽我之一生中，有一部分已成过去，有一部分尚在将来，但此均是就我一生之诸部分说，不是就我一生之全部说。（页二七六至二七七）

此处所说，显然是对于量变阶段上的质的相对安定性，已有正确的理解。在此处虽已埋藏着对质的无理解[九]，然与盲动论者谭嗣同氏关于同一问题中见质不见量的主观诡辩相对论的看法[一〇]相较，则已近理多多。所以我们对于冯先生的系统虽根本不同意，而其中的若干命题或推论则仍有为我们所同意乃至叹服者。

注释：

[一] 冯先生说："旧说所谓阴阳，大都就人之观点说。如说春夏是阳，秋冬是阴；昼是阳，夜是阴；日是阳，月是阴；生是阳，死是阴；……此所谓阳，皆是人或生物存在

所需要者，此所谓阴，皆人或生物之存在之阻碍。不过若谓此所谓是阴阳之事物，如春夏秋冬等，离开人或生物之观点，其本身即如此是阴是阳，则是不对底。"（页九二）

［二］庄子说："以差观之，因其所大而大之，则万物莫不大，因其所小而小之，则万物莫不小。天地之为稊米也，知毫末之为丘山也，则差数等矣。以功观之，因其所有而有之，则万物莫不有；因其所无而无之，则万物莫不无。知东西之相反而不可以相无，则功分定矣。以趣观之，因其所然而然之，则万物莫不然；因其所非而非之，则万物莫不非。"（《秋水》篇）

［三］例如"七七"抗战纪念日，我们只要具体地深入地分析之，即逐年把握到抗战建国的实际成分或变化，国内国外的每年新情势，敌我力量的每年新对比，即每次的"七七"，即是一种发展；如果我们对于这一切的内容"均置不问"，只从形式上看，则七七纪念日，即成为每年一次的循环。举此一例，可以类推。由此，我们可以说，循环论与形式主义为不可分者。而形式主义的看法，也即是"不着实际"的表面性的看法。

［四］达尔文主义的精髓，在于由物竞天择与雌雄淘汰以说明物种的进化。而种类的发展，则系以个体的变异为实体而实现。此种个体与种类皆变的观点，则与冯先生的循环的发展观为不能并立者。

［五］关于中国由秦迄明清历史中，各朝代所代表之政治，其基础之不同，及内容之发展，请参照近人吕振羽氏所作《伟大的时代与新的历史创造》（《中苏文化五四纪念特刊》）及《中国社会史的诸问题》（《理论与现实》二卷一期）二文。苏联波里亚克夫所著《中国封建构成发展的合法则性问题》（《东洋封建制史论》日译本，白扬社版，页三至五二）一文，尤可参考。

［六］我们在第一节中，所说冯先生以动与静的分别，皆生于看事物时观点不同，与此处之平列关于发展的四种观点，亦似有直接关系。此二处的共同根据，即是纯客观论中所包含的多本论。至其纯主观成分，我们只需将所谓实际的哲学系统，凡能自圆其说，持之有故，言之成理者，皆是正宗底，与所谓仁者见之谓之仁，智者见之谓之智云云的两种看法加以对照，即可了然。

［七］胡绳氏云："冯友兰先生的《新事论》……值得我们注意的是，……冯先生……已经在实际上得到了保持现状的结论，……当然谁也不能否认，人们必须以现实的存在为根据（即冯先生所谓旧情的根据）而创造出新的局面来。但是也不能以为新的局面其实原已具体而微地存在于旧的局面中，只是加以扩大发展就可以做开来创新。而由冯先生对此的具体解释看来，他所理解的开来却不过只是继续。他认为辛亥革命是明末清初汉人恢复运动的继续，'共产党的暴动'是中国历代的农民暴动的继续。而辛亥革命未能

建设真正的民主国，则是由于在'建立民国'这一方，辛亥革命在旧情方面没有充分的根据。"（页一七八）这样说来，所谓新的局面不过是旧的局面中的某种因素的继存或量的增大。这样说来，新的东西所以能存在，乃是因为他是本已早就存在的了，倘若本来没有，也就不会新产生。……因此……冯先生的见解和"中体西用"说、"本位文化"论在根本上没有什么不同，纵然也提出了……变动发展的观念，但是最后他把……变动和发展简单化为量的渐进过程，……就使得只能返视过去，不能前瞻将来，因此就不能不承认变中有常，开来即是继往，因此冯先生就不能不觉自己其实是和清末的"中体西用"说者属于同一阵营的。（《反历史主义的历史主义》，见香港《华商报》，民国三十年十月二十三及三十两日）

[八] 大体言之，见量不见质的发展观即是保守论者的方法论，他们主张以和平进化的改良主义策略代替革命，即系由此观点出发。反之，见质不见量的发展观，则是一切盲动冒险主义的方法论；他们以为纵在现实中没有先行量的发展做基础，单由主观意志的要求即可以使社会飞跃，关于此点，请参照比列维契氏所著《论由量变到质变》一文（参见《理论与现实》二卷二期，沈志远译）。

[九] 冯先生在此处，依然只能在量变范围内来看现在，倘将质变加入考虑，即知所谓现在一方面是对于过去的否定，一方面在现在的内部又包含着否定自己的将来，只见质的相对安定性，不见质的必然转化，此亦是纯量继续发展观的限界所在。

[一〇] 谭嗣同氏云："今天我何以知有今日也？比于过去未来而知之。然而去者则已去，来者又未来，又何以知有今日？迨乎我知今日，则固已逝之今日也。过去独无今日乎？乃谓之曰过去。未来独无今日乎？乃谓之曰未来。今日则为今日矣，乃阅明日，则不谓今日为今日。日析为时，时析为刻，刻析为分，分析为秒忽；秒忽随生而随灭。确指某秒某忽为今日，某秒某忽为今日之秒忽，不能也。……庸讵知千万年前之今日，非今日之今日？庸讵知千万年后之今日，非今日之今日？佛故名之曰三世一时。三世一时则无可知也。"（《仁学》自抄本页四三）

原载《中山文化季刊》第二卷第二期，1944 年 1 月

评《新事论》和《新世训》

李长之

一、形式论之偏

以学术的价值论，不成问题的，《新理学》比《新事论》、《新世训》高；但以影响论，后二者的影响却较大。原因是后二者通俗，而且谈的是实际问题，其中有些观点又和一般人的看法相合（也有的是一般人"以为"相合），所以容易为人接受。但也因此，更需要我们指出它的得失。

先说《新事论》，著者冯芝生先生虽然说是讨论许多实际问题的，好像和《新理学》之"不著实际"者有异，但因他的书是一贯的，许多精神当然一脉相承。《新理学》的特色之一是它的辨析态度和对于最新的形式逻辑的运用，这特色也仍然笼罩着《新事论》。然而讲理究竟和论事不同，冯先生在讲理时的辨析和运用形式逻辑，所构成对于中国过去哲学思想的整理上的贡献者，在论事时却又陷入形式论的危险。

他说到汉人之富有科学精神时，指那时的许多见解为："此等知识之内容，虽可以说是荒唐绝伦，而其形式则不妨仍是科学的。此所谓科学，即指一切科学的知识所同然者"（页四）。又说到礼运，公羊家和五德三统说，也指为："就内容说，礼运及公羊家之说，比五德说或三统说，较为合于现在人之常识，但就其皆注重于文化类型说，礼运公羊家之说，与五德三统之说，是一致的"（页六）。可见对事情的看法有两种，一是就内容上着眼，一是就形式上着眼，冯先生则是采后者，而且这一点他也是自认的。所以我说他是形式论者。

因为从形式着眼，所以他说"人非作道德的事，不能达到不大道德的目的；不道德的事中之事，却是道德的"（页二三），并盗跖、宋江为证，说：

"若宋江、盗跖不行道德的事，即则坐不了其团体中的头把交椅。"人必须做道德的事，方能达到大不道德的目的。冯先生知道这是"怪论"。但这个怪论有一个比照，就是源于逻辑上有一个怪论："一命题必须是假的，它方能是真的。"他更援引逻辑上的层次说，而论道德问题也有层次。他的结论是："所谓一事之是道德的与否，皆是站在行此事者所属于团体之观点说。"（页二四）由此推论下去，因为国与国间，"自上古以至现在，尚没有比国更高一层底社会组织，或虽有而有名无实，"于是国与国之间的道德制裁遂是"在逻辑上说，是不合适的"，而且在行起来，"是要吃大亏的"。（页二一）

这种说法，我无论如何不能苟同。道德的问题，本不能就吃亏与否来讲。假若站在不吃亏的观点，则岂惟国与国间不能讲道德？个人间也何尝没有因讲道德而吃亏之事？这个说法推广下去，则侵略者更还有什么忌惮？至于逻辑的问题是否可完全运用于实践，也还是大有问题。即如逻辑上的层次说，所谓"在一个较高底层次中，一个命题所说，只说及于它所说者，而不及于它自身"（页二一），是否可用于道德界，也大可商讨。命题可有层次，道德无所谓层次。道德问题是十分简单的，是非善恶之心，是任何人都具有的。任何人做一件坏事，很少不知道是一件坏事。假若真有一件事的是非善恶非常难辨，则必须是关系技术或者知识，绝非伦理问题。那种事情是普通人很少遇到的。盗跖、宋江的行为并不难辨，侵略与反侵略的国家的行为也不难辨，是就是是，非就是非，有什么回护？有什么"层次"？作者又把义称为超道德，道德的就是道德的，又有什么"超"？

假若说盗跖和宋江他们虽然是要达到不大道德的目的，但手段仍须是道德的，这就是忘记了道德的决定点仍在动机不在做法。《聊斋》上有句名言，所谓"有心为善，虽善不赏；无心为恶，虽恶不罚"，这就是因为有心为善的善是手段，是伪善，无可称道；无心为恶的恶只是过失，而不是真恶。

只就形式论，则盗跖和宋江的行为可称为道德；只就形式论，则侵略者的行为不在道德判断之内。形式，形式，害了多少事！

再说冯先生的层次说也并不能贯彻。如果坚守层次，城里人和乡下人的关系，何能推论到英、美、西欧和中国、印度的关系（页四二）？可见逻辑上的道理并不是通行无阻的。

因为作者采了形式论的立场，对中国过去文化不免曲解。他囿于把中国过去的社会定在家庭生产的范畴之中，遂以为忠孝不能两全时，中国人一定是"以保全父母为主"（页八四），实则与中国人的传统看法恰恰相反。岳母刺字不必说，就是现代一般老百姓常常送子投军，他们何尝以"家"为本位？但这也不是因国家思想而然，乃是一种正义感，简单的正义感，与层次说毫不相干。

因为作者采了形式论的立场，所以论中国文化时，也不免论及形式而止。他说："在新中国里，有铁路，有工厂，有枪炮，但中国人仍穿中国衣服，吃中国饭，说中国话，唱中国歌，画中国画。这些东西，都不但是中国的，而且是中国底。在这些方面，我们看见中国之为中国。"（页一四〇）他所谓"中国的"，是指中国所有的；他所谓"中国底"，是一个形容词。然而"中国之为中国"，原来只是在穿中国衣，吃中国饭，说中国话，唱中国歌，画中国画吗？这在一个侨居外国的阔佬大少，可尤为之。但是他不必有中国人的心肠和灵魂。我们所希望的"新中国"，果然如此而止吗？事实上会这样吗？

以冯先生的析理之精，观察力之深且透，何至有这样的论调？我觉得完全是上了太迷信逻辑的当。逻辑根本是很薄弱的东西，既不足以论人生，也不足以论文化。《浮士德》里讽刺逻辑家说，普通人一口可吞下的饭，逻辑家却要去喊一个"一，二，三"！人生究竟是个整个的，文化究竟是整个的，生命之有机的意义高于一切，逻辑不足以范围！

二、实质方面的忽略

因为冯先生是偏于就形式方面立论的，于是在实质方面，遂有许多事情忽略。这其中最主要的是：

第一，他忽略了精神生活之复杂性、有机性和个性。冯先生每说论共有之性，而不论个体之性，所以只以张三为一个人的生物之例，而研究其生理，而不研究其是人，是白的，是高的等（页二）；讲到文化，则亦是只讲文化之类，而不讲特殊文化（页三），所以文化的改变也是"自一类转入另一类，并不是将我们的一个特殊底文化，改变为另一个特殊底文化"（页一七）；他更分别文化有程度上的不同与花样上的不同，如系前者，则低者应改善为高者，如系后者，则可以"各守其旧，不如是不足以保一个民族的特色"（页一三八）。实则精神生活不能只问量，还要问质。普通一个张三，他所给我们作为研究对象的，当然不过是行尸走肉，当然只配做生理学的解剖。然而假若换一个孔子，换一个杜甫，怎么样呢？难道也只视若一个生理学的对象而已么？在文化史的比重上，究竟张三有分量呢？还是孔子杜甫有分量？孔子和杜甫的特殊地方——艺术上或哲学上的创造以及人格的表现，何尝不可以研究？个人如此，文化亦然。殷文化，周文化，自有一种不同的有机面目，为什么不能讲？文化既是有机的，改变时又如何能只吸取其类的方面，而拒绝其特殊的方面？只改变程度，不改变花样，是否可能？而且再追究一步，假若所谓"花样"并没有内在的意义，只为保一民族的特色，我不知道保了做什么？其实花样就有内在的意义，所以赵武灵王胡服，就是一个大改革，花样的改变绝不仅花样而止，直截了当地说，精神生活的特色正在特殊，正在个性，正在质，正在意义，而不在形式底共有之性。精神科学的法则，和自然科学的法则，原有区别，如果讲生理学，我们不否认任何人在解剖刀下是平等的，假若讲文化，就自然两样。

第二，他忽略历史以及历史中的许多因素。冯先生不赞成说中国与西洋有什么本来的不同，如所谓国民性等。是的，简单地说本来不同，我们自然难以承认。但是文化是累积的，是有文化遗传的（负荷这种使命的是教育、书籍、制度、兴趣等），如何能截去上半不管？一校有校风，一班有班风，难道千万倍于一校一班的成立的时间上，造不出一个国风来吗？国风既成之后，就有绝大的支配的力量。这不只是文化类的不同，也不是"花样"的不同，乃是就其根深蒂固而且作为一切表现的发动力说，是一种精神的不同。因为这样不同太根本了，所以就是形容了说"本来"不同，我想并没有什么不可。

我们说冯先生忽略了历史也许是不对的。其实更正确地说，是他之了解历史太偏重于形式化了。他以为现在师道不讲，是生产社会化的结果。但是在一千二百年前左右，就已经有人说"师道之不传也久矣，……士大夫之族，曰师曰弟子云者，则群起而笑之。问之，则曰彼与彼年相若也，道相似也，位卑则足羞，官盛则近谀，呜呼，师道之不复可知矣"（韩愈《师说》），那时何尝有生产方法的改变？而且即如近代，北大学生之对蔡孑民先生如何？何以未受生产方式的改变的影响？冯先生说："若一人没有机会使其品格表现于行为，即不能化人，即不能成为人师"（页一二六），这话也很难让人首肯。"温而厉，威而不猛，恭而安"，这就是品格表现，何必一定上断头台才算人格表现？"观人于其微"，人格无时不可以表现。人格的感召的确是无形的，所谓"一生真为有谁知"，究竟是激愤语，而不是事实。

冯先生太轻视个人的力量了，太重视环境了。例如关于发展自然科学，他说需先有工业，才有实用科学，有实用科学后，才有纯粹科学。工业是英雄用武之地，"无用武之地的英雄，难乎其为英雄。"（页五一）我们的看法不是这样，英雄正是在开辟战场，正是在辟草莱、斩荆棘。英雄正是在豪气，在于"劲儿"，是在精神。项羽在自刎时，用武之地是很小了，终不失为英雄。科学家像巴斯德，当我们读他的传记时，便知他的实验设备简陋到极点，然而他能苦干，所以成其为英雄。就科学发达的次序说，阿基米德的物理学，欧几里得的几何学，都是纯粹科学，差不多在工业革命以前近千年。真正科学家很少像冯先生说的那样。我记得翁咏霓先生在他的《椎指集》中即说，我们的科学不发达，正是因为先着眼在实用之故，清末人已误，不能再蹈覆辙。冯先生的看法，似乎仍是拘泥于唯物史观，总以为先有什么经济基础，才有什么上层机构。因此，他才说："一个人所处的社会，对于他的品格，有决定的影响。"（页一二四）我觉得并不如此，任何人应该自己负责任。主持教育的人，尤须先承认人是靠"教"而不是靠"化"——靠社会化！

冯先生太忽略民族性，过多重视经济的解释。例如他说中国人之吃素，是因为没有能力吃荤（页五三）。然而事情并不这样简单，吃饭的问题太迫切了，也许有经济原因，但何以中国人的绘画也是枯木竹石多于翎毛走兽呢？何以中国人的家庭布置也是花草多而猛犬少呢？在这些方面，除了用一个"中国人爱好和平，就像思想中之缺少战斗精神一样，也表现在食物的选择、艺术的趣味，以及日常的爱好上"的解释以外，又有什么话说？

总之，历史是精神生活的具体化，不能用落于形式的唯物史观的范畴来分剖。因为冯先生太偏于形式论了，所以忽略了精神科学的特殊法则（精神科学重在个体），忽略了历史的力量以及历史中为唯物史观所不能范围的因素。冯先生形式论的结果，在道德问题上是弄得太复杂化了，是过之；在文化问题上是太简单化了，是不及。

三、太理智

现在说到《新世训》。

在《新理学》、《新事论》中都表现一种理智主义，反过来说，即是表现一种对于感情方面的力量之轻视。因为那是或则讲理，或则是论事，色彩还不明显，但现在在《新世训》中，因是触及"生活方法"了，这色彩遂愈益了然起来。

太理智，太逻辑，这是我的感觉。例如他论到"回也不改其乐"，就说明这样快乐之如何不能比较：以量论，嫌没有一个斤两的共同标准；以质论，嫌饮酒与读书之乐之争难于裁断（原文见页一七至一八，差不多有两页）。我们读康德的书时，大抵觉得太理智，太枯燥，但这书之理智味或竟在康德之上！康德究竟在"判断力批判"上还说过：什么伟大？伟大就是让一切东西都比着小下去。又说，感情上的伟大和数量上的伟大不同，数量上的伟大都是相对的，一数量无论如何大，加一即可以更大；感情上的伟大却是绝对的，无可比较。这些话都有些浪漫气息，与冯先生之纯然理智者别。我觉得道德的快乐正是属于康德所谓感情上的伟大，根本不能比较。

冯先生又说人应该尊理性，是因为照人的定义是如此。更说"能尽人的形式者，即是圣人"（页二二）。这是太逻辑了！孔子说，"知之者不如好之者，好之者不如乐之者"，趣味的培养比任何理智的考虑、逻辑的根据，有力量得多。况且定义是人给的，如果采了人是好笑的动物之定义，又如何保证他能尊理性？

至于说，"人凭其道德的理性的命令，或理智的判断，亦可做冒险或牺牲的事"（页三〇），这却殊不可靠。理智要根据许多原则，但原则未必相同。假若一人认为生物以适应环境为原则，他如何可以冒险或牺牲？又假若他认为需造福社会为原则，他就将考虑一时牺牲，只做别人精神上鼓励好呢？还是留着性命，徐图发展好呢？便会觉得两面各有理由，必至一无所决。反之，不必从理智考虑，只是日常生活的一种道德意识的培养，到时候恐怕反而更容易有壮烈的决断些。

冯先生的书，的确到了理智色彩的顶点。他说："有人说，人必须对于他们的敌人有恨有怒，然后可以打击他的敌人，事实上或是如此，但是不必须如此。我们于修路的时候，有大石当路，则移去之，或打碎之。并不要先恨大石。"（页一三〇）以下即接着说共产党之鼓吹阶级间仇恨之非是，他说他们对付资本家，应该像工人打石头一样，"虽必打碎之，但不必恨之。"这样说来，古人喜怒不形于色，还只是做了半步而已。令人发一阵冷！

他从理智出发，所以说："我们的抗战，实在是我们权衡利害的结果，并不是为争什么国格。我们宁愿为玉碎，实在因为我们知道，没有可以瓦全之道。"（页七六）然而人类的行为，究竟有多少是权衡利害的结果？难道人不应该怒，不应该为正义而发怒吗？假若真权衡利害，恐怕这次战争也许打不起来。我们只是一个很简单的看法：气受不了，所以打，非打不行！玉碎就玉碎，不必瓦全！

历史上的许多创造，常常是偶然，常常是感情冲动的结果。真正理智考虑起来，唐僧应该答应了唐太宗还俗，自己的享受好些，对国家的贡献也许大些；然而他偏要任兴趣，译书！牛顿、哥伦布的发明或发现，都不必是权衡利害的结果。太理智了，恐怕是没有文化的！

真正伟大的人格，也绝不是只限于理智的发挥。就普通人说，趣味的培养更是重在理智的考虑或者逻辑的根据之上！

四、二书的优长

话说了这许多，仿佛只是在挑剔。但二书各有它的优长。

在《新事论》中，有些看法极为根本。如："中国现在最大的需要，还不是在政治上行什么主义，而是在经济上赶紧使生产社会化"（页一八四）；"在现在世界中，国是经济单位"（页六九）；"在生产社会化的社会里，没有儿童问题，亦没有妇女问题。在生产社会化而支配家庭化的社会里，有儿童问题，亦有妇女问题。在生产社会化，支配亦社会化的社会里，儿童问题解决了，妇女问题亦自然解决了"（页一一一），这都是探本之论。

在《新事论》中，也有些说法极为精彩。如：乡下人中虽然彼此亦有榨取，但是"站在乡下人的观点，城里与乡下的对立，至少对于乡下人是更重要的"（页五四），以喻民族的战线更重于阶级的战线，此其一。用"以家为本位的生产制度的社会，与以社会为本位的生产制度的社会相遇时不可避免的结果"（页一九二），以说明这次中日大战的发生之必然性，此其二。指明中国一贯的国风，是道德的价值高于一切，所以"在过去我们在这种国风里生存，在将来我们还要在这种国风里得救"（页二一五），此其三。又说："有儒家、墨家的严肃，又有道家的超脱，才真正是从中国的国风里养出来的人，才真正是中国人"（页二二六），此其四。本书虽限于事论，但对于人生，却也有深刻的体认，他说人生如一个独木桥，过桥的人一面过桥，一面与桥下的魔鬼争斗，同时河里面也漂流些落下桥底人的死尸；又说人生里各种事都是以抢救的精神成功的，正如小说家所谓且战且走（页二〇六至二〇七），这里有体验，也有智慧，此其五。

以上所说，或不免与作者的其他话相冲突，如中国人之重道德，之严肃而又超脱，便与他的反对国民性之说不相容，而且这也不是"类"的观点了，然而无碍其为精彩。同时却也可见他那太偏于形式论的破绽了！

至于《新世训》，虽然太偏于理智，但著者未尝没有一个终极的艺术化的社会的理想，所以他说："在我们的社会中，一般人所做的事，其无所为而为者越多，则其社会即越近于理想。"（页七三）此外，则作者给我们了许多智慧和世故，如："一个人在某方面的学，只能完成他在某方面的才，而不能于他原有底才上有所增加。"（页六七）"事实上对于成功预期过甚者，往往反不能成功，不常写字的人，若拿一把扇子叫他写，他写得一定比平常坏"（页七八），"若我虽有过人之处，而众人不愿承认之，则我虽有过人之处，而名亦不立，若所谓以才傲物者，大概没有好结果"（页一二二）；更说躲空袭不必有无益的恐惧（页一二六），做大事要事而不留（页一四二），细水长流乃是既勤且俭的好法，可以养生，可以任事（页一六八至一六九）。这应该都是很有用的。

更奇特的是，《新世训》看作一生活方法论，虽若有些不足，但不妨作为思想方法论看。如他对于无为二字的分析（页五八），这是可以药一般人的思想笼统的。

总之，理智的辨析，是他的二书之长，正如这是《新理学》之长然；但忽略文化的内容，忽略人生的整个，忽略感情的重要，则是其短。对现阶段的中国人的精神说，则把纯正深厚的感情自狭小鄙近的理智里解放出来，乃是更重要的！

三十一年九月二十七日，作于渝郊

原载《文化先锋》第一卷第十三期，1942 年 11 月

冯友兰的《新事论》

胡体乾

冯友兰先生《新事论》系十二篇论文，在《新动向》半月刊，分十二期陆续发表。其目如下：《别共殊》、《明层次》、《辨城乡》、《说家国》、《原忠孝》、《谈儿女》、《阐教化》、《评艺文》、《判性情》、《释继开》、《论抗建》、《赞中华》。全文登完后印单行本，由商务出版，在书未正式出版时，就因其是三十年来有数的作品，读完之后，曾根据《新动向》所载文字，略评一次，在该书正式出版，再做细评。至于著者在国内与国际学术界的地位，人所共知，无待介绍。

如果评者所理解不错的话，本书的主要意见大概如下文：西欧北美的工业先进国，因为经过工业革命，遂能用机器生产，并且有了生产社会化的制度，因此能够盘剥其他成为殖民地的各地方，犹如城里人盘剥乡下人，中国向来也是处在盘剥他人的地位，因为没有了工业革命，所以近百年来反而受人盘剥。中国现在急切需要的就是工业革命，如此用机器生产，才能摆脱被盘剥的地位，在现代的生产方法之下，更要有社会化的制度，而旧日家庭本位的制度必须革去，此即中国的现代化。但是与现代工业革命无关的事项，尽可能保留中国的本来面目。并且这个改革还要根据国内的背景，适合国家的需要。中国最危险在二十年前，现在的抗战建国正是复兴时代。中华民族的尊重道德和严肃超越的国风，过去已经造成伟大的中国，更将造成新中国，比世界上任何一国都有过无不及。

本书第一个贡献是把积年讨论、迄无结果的东西文化问题得到一个最高综合结论。他以为所谓某某文化应该是从类型的观点来看，不应该从特殊的观点看。某文化属某类型，在其主要的性质，不在其偶然的性质。中国文化应该有类型的转变，即由一类型转入另一类型。其类型之主要性质必须变，偶然的性质则不必变。如此则"全盘西化"，"部分西化"，乃至"中国本位文化建设"皆说得通。冯友兰这个见解从前也有人触到，例如陈序经先生乃一般所谓全盘西化论者，但是他说："在西方文化这个名词之下，分析起来固然是五光十色，斑驳陆离，可是总而观之，他们却有共同的基础，共同的阶段，共同的性质，共同的要点"。(《文化建设讨论集》)可见其所谓"全盘西化"也是就其共同者而言。但是著者以哲学上共相殊相的道理——也可说"一般与个别之对立的统一"的道理来说明，遂觉许多疑难涣然冰释，许多纠纷迎刃而解，许多辩论都可根本省却。所以说这是此问题的最高综合结论，至少是现在已达到的最高综合结论。

本书第二个贡献，是指出现代中国文化变动的方向。在这里著者完全采用了唯物史观。他说："在某种的生产方法之下，社会必须有某种组织，人必须有某种行为。对于人所必须有之行为规定，即是道德。……生产方法不是人所能随意采用者，因为某种生产方法必须用某种生产工具。如某种生产工具尚未发明，则既不能用某种生产方法，人亦不能知有某种生产方法。所以生产方法随着生产工具而定，社会组织随着生产方法而定，道德随着组织而定。生产方法不是人所能随意采用者，所以社会组织及道德亦不是人所能随意采用者。"这段文字简直是《政治经济学批判序言》的复写。关于生产工具与生产方法的决定作用，或者各家意见不一致。也许有人以为著者强调生产工具的做法未免太过，甚且有机械论的倾向。但若用本书所谓类的观点看来，其理论属于唯物史观一类是无可疑的。根据此理论，著者以为经过工业革命的社会用机器生产，其生产方法、社会制度皆是社会化的，即社会本位的。未经过工业革命的社会用手工生产，其生产方法、社会制度皆是家庭化的，即家庭本位的。"中国现在所经之时代，是自生产家庭化的文化转入生产社会化的文化之时代。"如此的过渡时代，人有特别吃亏的地方，也有特别方便的地方。因有特别吃亏的地方，故降低各种制度的效能。因有特别方便的地方，故便于自私者的利用，而使人有道德堕落之感。此理或者也常见人说，但是著者议论的透辟，推考的精密，引喻的巧妙，举例的显豁，确是人所不及。

就本书全体看来，说理极为透辟，构思极为细密，对许多当前的问题都有很妥当的解决。无怪其单行本出世，即风行一时。

对本书商量之处，有以下三点：第一，本书指出民初(民国初年)人许多错误，并且以为民初人还远不如清末人明白。他说清末人知道西洋人的长处在有机器，有实业，所以去学西洋人的机器与实业。"民初人大谈其所谓西洋的'精神文明'对于实用科学、机器、工业等，不知不觉地起了一种鄙视，至少亦可说是一种轻视，清末所要推行底工业革命，不知不觉底迟延下来。"其实民初人并未看轻工业。就实用科学、机器、事业与哲学、文学等的比重言，或者在民初比清末稍差。若但就机器、实业等本身言，民初人比清末人着重过几倍。清末人看机器只是形器之末，民初人却无不承认此为物质文明，若就工业革命的推进言，清末也不见得迅速，民初更不一定迟延，清末官营实业原是赔多赚少，直到民初欧战起来，外货难到，民族工业才稍立基础。这正如著者所说："生产方法不是人所能随意采用者。"反之，也正如著者所说："如果有了机器，有了当时所谓实业，整个的社会，在许多方面，自然会有根本的变化。到那时候，'水到渠成'，人的见解，自然会改变。"正因为清末以来，连上欧战，机器有某种程度以上的采用，工业有某种程度以上的发达，人的见解才因而改变，才能领会西洋的文明、哲学、文学、科学等。所以民初人的崇拜西洋精神，乃是清末人采用机器的续幕，并非清末人采用机器的反动。

第二，共相与殊相乃是本书所用最有效的概念。但有的地方似乎过分强调了，一见于其道德论，一见于其文学艺术论，本书说："有些道德是因为某种社会之有而有的。……但大部分道德是因社会而有的。只要有社会，就需有这些道德，无论其社会是哪一种社会。这种道德中国人名之曰'常'，常者不变也。照中国传统的说法，有五常，即仁义礼智信。……此五常是无论什么种社会都需要的。这是不变的道德，无所谓新旧，无所谓古今，无所谓中外，忠孝是因以家为本位的社会之有而有底道德。忠孝可以说是旧道德。如现在常有人说我们要对于国家尽忠，对于民族尽孝，不过此所谓忠孝与旧时所谓忠孝意义不同。此所说忠孝是新道德。……在这些方面，道德虽有新旧的不同，但能行不变的道德的人，都自然能行这些道德。一个能行仁义礼智信的人，在以家为本位的社会里，自然能事君为忠，事父为孝，在以社会为本位的社会里，自然能为国家尽忠，为民族尽孝。"现在先商量是否能行仁义者即能忠孝。盗跖的分均、后出也是仁义，陈恒的济众、散财也是仁义。据著者所谓宋江对他的"众兄弟"之行为也不能不说是仁是义。他们于忠孝如何？如此之说是否如著者所苛责，是不明层次？不然，这正是要明层次。因为社会种类之不同正如层次之不同。人行道德于所属团体，而致忘掉了其团体所属的团体，正如其所知社会标准的道德，而不知其社会变为另一种社会。所以有盗魁招降做军官，则并不洁己奉公，反而营私植党。逃避兵役的不尽是怕死，也有些是因为父母无人侍奉。如果说，不能行忠孝，不能按社会性质而行其所需的忠孝，即是不能行仁义，似还可以自圆其说。然而这样说，恐能行仁义的太少了。否则难于说能行仁义即能行忠孝。其次，著者说新道德的忠孝已和旧道德的忠孝不同了，然而其间自有共同性质，所以都可以名为忠孝。至于仁义，确是比忠孝为抽象，为空泛，按着共殊的道理，自比忠孝为普遍，为广包。但是在各种社会里也有各种不同的仁义的内容。如果以有不同内容为变，则仁义亦变。如果以为有共同性质为不变，则忠孝亦不变，至少在今次社会变动中可以不变。单个道德行为有特殊的内容，一切道德行为也不能无共同的性质。就特殊方面看，则是变的，就共同方面看，则是不变的，这是别共殊的逻辑在行为上的适用。但共殊是相对的，即变与不变也是相对的。如本书所举仁义与忠孝的例，其为道德的变不变，固然不仅有程度之差，还有层次之异，唯有把一种放在不变的范畴里，把另一种放在变的范畴里，则似乎是把共殊的概念过分强化了。

第三，著者的艺术文学看法，是"花样上的不同，可以各守其旧"。如果"各守其旧"只是"不可完全取消"的意思，则无问题。如果是"不须外面另取"的意思，则大可商量。在美术上向外面采取，原是各民族常有的事。中国从前的雕塑，受印度的影响最大。建筑上塔庙方面也取法印度的不少。音乐方面，远自胡笳，近至洋琴，器具歌曲，都采用外族的不少，他事不必备述。欧美人各族采取外来艺术的事，更数不清。因为美术固然有传统性，但也确有客观性。我们虽不懂意大利语，仍可欣赏意大利人唱的歌。如本书说中国式的建筑能使人感觉端正、庄严、静穆、和平，也不是限于中国人才能感到。著者虽说："在新中国里，中国人仍穿中国衣，吃中国饭，说中国话，唱中国歌，画中国画……"，但中国歌、中国画中向来即有不少外来成分，并且随时有生长发展，有变化，则采取外国的花样，使本国花样的内容更为丰富，当为著者所许，则为此而唱洋歌，画洋画，当也为其所不反对，深望读者不以辞害意。关于文学，著者说："一个民族的文学是跟他的语言来的。一个民族的语言，是一个民族整个历史，整个生活所造成的。"这已说明文学所含民族特殊点之强，自不容疑。他又说："只可现代化，不可欧化。"其界限便很确定。即如其所引两例：其请客单不写"洁樽候光"，而写"有荣幸请吃饭"之例；其为欧化而不止现代化固无问题。其写信上款不写"某某先生大鉴"，而写"亲爱的某某先生"；下款不写"弟某某"，而写"你的忠实底朋友"之例则不同。在《说家国》篇中，本书原以为写信不称"亲爱的某先生"，而称"某某仁兄大人"为家本位社会制度的表现。今下款的"弟某某"乃是随上款"某某仁兄而来"，恐不免逻辑地随之而变。这样琐屑，似乎不值得提出，所以提出者，乃以见分别现代化与欧化的不易。与其说可现代化，而不可欧化，还不如说以适应生活需要为标准而现代化。至于翻译文学，自然减少了许多本来的意义和趣味。然而真正好作品，在翻译之后，还是保有很丰富的意义、趣味，并且常比较次一等的非翻译文学为丰富。翻译工作虽然困难，翻译文学的价值仍然不可否认。晚近文学上受翻译的影响诚然不小。其中固有些过分欧化，和看的人格格不入，但许多有价值的作品也未便一笔抹杀。总读全篇，似乎著者以为艺术纯属花样，纯为特殊。因此艺术的一般性遂被忽视。反之，如语言，实不属于艺术范围之内，但其特殊性最强，向来不曾有过一个民族全体立刻改变语言的。次如食品、食具，也非艺术，并且严格讲来，也纯属花样而也不能骤变，如果用一种力量使之骤变，则在民族生活上有大痛苦，经济上有大损失。因此本书所谓"程度可以提高，花样不必求同"，也是相对的。再进一层说，保存花样，为的是保全民族特色，保全特色，仍为的是保全民族存在。故不可以把"特色"孤立起来，而谈其保全价值。这些地方，似乎也是把共相殊相的差别过分强调了。

但是提出商量各点，都属枝节，和本书主旨无伤。本书能为今日社会解决许多问题，为今日中国社会所急需则是无疑的。

原载《时代中国》第六卷第五期，1941 年 12 月

道德的常变

——评冯友兰著《新事论》之一

黄绍衡

一、道德是生活习惯的产物

中国人的传统观念认为道德是常的，而否认道德是变的。

冯友兰先生在《新事论》里把道德问题来与生产技术的改良相提并论，这是可喜的事。可是他的结论，仍不免为传统观念所囿。

高调着现代化的冯先生，除了主张生产技术改良之外，对于其余社会制度主张暂不变动，待完成生产社会化之后再行变动，而对于道德索性连"将来变动"也否认着。你看他说：

> 组织社会的道德，是中国人所本有底，现在所须添加者，是西洋的知识技术工业。……我们的《新事论》的意思，亦是如此。（原书二二八页）

冯先生又说：中国有一贯的一种国风，即"道德的价值高于一切"。"在眼前这个不平等的战争中，我们还靠这种国风支持下去。""在过去我们在这种国风里生存，在将来我们还要在这种国风里得救。"冯先生于赞美儒、墨、道三教的道德精神之后复说："有儒家、墨家的严肃，又有道家的超脱，才真正是从中国国风里培养出来底人，才真正是'中国人'。"（原书二二六页）这种"数千年的国风养出来的真正'中国人'"，中国的过去，靠这些真正的"中国人"，中国的将来也靠这些真正的"中国人"。（原书二二七页）

冯先生把道德看作是社会组织中的本然的规律，所以连说"中国的将来"，"在将来"，中国还靠旧道德得救。他以为中国即使生产社会化完成之后，中国的旧道德依然可以拿来维持中国的新社会。

事实告诉我们：道德和其他的社会制度一样是随着生产制度的变动而变动着的。在原始社会，本来是没有什么道德观念的。如德孝二字，甲文未见，周金始出。是知德孝这种观念，殷代没有，周代才产生着。在氏族社会时代因为组织工作与实际工作分离，分出权威者与服从者两种人。权威者要统治一般群众，不得不想出一种使人服从的办法，乃把一个集团中由共同生活而形成习惯，渐次明确规定成为所谓道德信条。由氏族社会进而为封建社会，那因共同生活而形成的氏族社会的习惯，转变而为封建社会的共同的生活的习惯。这习惯渐次明确规定下来，便又成为一新的社会的道德信条。由封建社会道德转变而为资本主义社会的道德，由资本主义社会的道德转变为社会主义的道德，同样是社会共同生活习惯所形成所转变。

道德并不是什么超社会的本然的规律，道德只是每个时代的社会的共同习惯的产物。冯先生也承认：

> 在某种底生产方法之下，社会必须有某种组织，人必须有某种行为。对于人此种行为之规定，即是道德。（原书六六页）

社会习惯因社会制度之变动而有新旧，道德也因生活习惯的变动而有新旧。所谓：

> 自一种社会转入另一种社会，则因原一种社会之有而有底道德，对于此民族或国家，即是旧道德；因另一种社会之有而有旧底道德，对于此民族或国家，即为新底道德。（原书二二〇页）

旧道德跟着旧的生活习惯之过去而过去，新道德跟着新的生活习惯之上来而上来。

道德既因社会生活习惯得到新旧而有新旧，那么，在新的制度之下，人的生活习惯自然与以前不能一样，伦理思想亦即不能不起变化。我们只要举冯先生所引的一个例子便足证明。"一个美国人到苏联一个小学校里参观。他出一个算学题考一个小学生。他的题目是：一个人按三块钱的价钱买了很多东西，按五块钱的价钱，把这些东西卖去，问这个人得到了什么？小学生回答：他得了三个月的监禁。这个小孩的回答，很不犹太，但他的种族也许正是犹太。无论如何，这个小孩子与我们现行社会制度下底小孩的见解及行为，总有不同底地方。这并不是由于他们的性不同，而是由于他们的习不同。"（原书一六三页）这个"习"字很值得注意。无论什么新旧道德都不过是"习"使之然而已。这连亚里士多德也不能不承认：人的善行，在养成为善之习惯。彼以为人的情感欲望，必使日习于善事善行，积久成为固定习惯，然后道德之德，始能产生。

旧道德因"原一种社会之有而有"，所以旧道德不适合于"另一种社会"。同样，新道德是因"另一种社会之有而有"，所以新道德也不适合于"原一种社会"。例如封建社会的婚姻道德，以父母之命、媒妁之言的"被卖婚姻"是尚，但在资本主义社会却视为违反男女自由。资本主义社会的婚姻道德，以男女自由恋爱的"自卖婚姻"为尚，但在封建社会里却视为离经叛道。又如旧道德的所谓忠孝，是"对于君尽忠，对于父尽孝"。但新道德的所谓忠孝，是被看作"对国家尽忠，对民族尽孝"（原书二二一页）了。于此可知因"原一种社会之有而有"的道德，原一种社会变了，道德也自变了。于此更可知道德不是人所能随意采用的了。正如冯先生所说：

> 生产方法是随着生产工具而定，社会组织随着生产方法而定，道德随着社会组织而定。生产方法不是人所能随意采用者，所以社会组织及道德，亦不是人所能随意采用者。（原书六六页）

现在，中国社会正由社会家庭化而向生产社会化进行中，一切原有之社会文化渐与原生产劳动脱离关系，道德也自然与之渐脱离关系。换言之，中国生产社会化之后自然有着生产社会化的道德，用不着把生产家庭化的旧道德硬拉到新社会去支配人与人之间之关系。冯先生既承认"道德不是人所能随意采用"，但到了生产社会化之后的新社会里，冯先生为什么独主张"随意采用"那社会家庭化时代的旧道德？冯先生批评宋明道学家说："宋明道学家所讲，有些虽亦是人的生活所依照底规律，人的生活方法。但他们所讲，若不与我们眼前所见底生活中底事，连接起来，则在我们的心中，就成了死底教训，没有活意义。因为他们所讲底那些规律，那些方法，在我们心中，就成了一些似乎不能应用底公式。……所以这些人常被人称为迂腐。"（《新世训》八页）但如今冯先生自己却也正犯着宋明道学家的毛病。他暗中以为一切道德的标准，都是先天的范畴，人生只应该填塞进去便好。他把那些"不与我们眼前所见底生活中底事，连接起来"的"死底教训"，"不能应用底公式"，打算"随意采用"到未来的新社会去，此其迂腐岂在宋明道学家之下吗？

二、五常无一是常

冯先生一边说道德有新旧，一边又说道德没有新旧；一边说道德是变动的，一边又说道德是不变动的。所谓"在有些地方，可以说新道德，旧道德；在有些地方，道德是无所谓新旧底"（原书二二〇页）。"大部分底道德是因社会之有而有底。只要有社会，就需要这些道德，无论其社会是哪一种底社会"（原书二二七页）。这些道德是不变的。冯先生为了自圆其说计，把道德分为基本的与非基本的。基本的道德是不变的，"是无所谓现代化底"。非基本的道德，"是因某种社会之有而有底"。但"有些人常把某种社会制度与基本道德，混为一谈，这是很不对底。某种社会制度是可变底，其基本道德是不变底"（原书二二七页）。"这种（基本的）道德，中国人名之曰'常'，常者不变也。照中国传统底说法，有五常，即仁、义、礼、智、信。……此五常是无论什么种底社会都需要底。这是不变底道德，无所谓新旧，无所谓古今，无所谓中外，'天不变，道亦不变'，对于'五常'仍是可以说底。"（原书二二一页）冯先生沉迷于这些传统的思想里，我们今特不惮烦地把它提出来讨论。

我们以为道德是没有什么基本道德的。冯先生所举的中国传统思想之精华的所谓"五常"的仁、义、礼、智、信，并不是什么不变的基本道德。仁、义、礼、智、信只是抽象的道德原理，而不是具体的道德规律，这是最先要分辨清楚的。抽象的原理是死的、空无内容的，具体的规律才是活的、有血有肉的。仁义礼智信，即道德之所以为道德者，亦可以说是"道德之理"（参见《新理学》一六五页）。但这些"道德之理"，是空无内容的，必须赖实际的事物做着内容，然后仁、义、礼、智、信才能显现其所以为仁、义、礼、智、信。说的具体一点，所谓"道德之理之内容"必须"一社会内之分子，依照其属于之社会所依照之理所规定之基本底规律以行动，以维持其社会之存在"者（《新理学》一六六页）。

"五常"之内容，是随着社会之变而变的。其不变者只是抽象的名词。兹请就"五常"本身申述之。

仁——所谓仁，"用朱子的说法，人是'爱之理'。仁之事，即是爱人，即是利他"（《新理学》一八二页）。仁是抽象的原理，即所谓"爱之理"。如果具体的仁，必有事以实之，如爱人利他等等。但爱人利他等事的方式是随时随地而不同的。例如《礼运》所载，在宗法社会，人必"各亲其亲，各子其子"，方是道德；但在大同世界里，却是"人不独各亲其亲，不独各子其子"了。

义——义更是随时随地而变的。所谓义，是"人在某种社会中"处理某一种事的"最合乎道德底、至当底"办法。朱子说："义，宜也，是非可否，处之得宜，所谓义也。""在一种社会中，某种事有一种道德底本然办法，但在另一种社会中，某种事可有另一种道德底本然办法。"（《新理学》一八四页）"在各种社会内，各种情形下，各种事之至当办法，可以不同。"所以人不可执一。"执一即固执一办法，以应不同底事变。执一是不可底，所以执中须有权，方能随时应不同底事变。"（《新理学》一八五页）

礼——"礼并不是一德，不过我们姑且从旧说，附带说之。"（《新理学》一八一页）所谓礼，是"圣人将人在社会中所常有之各种事之至当处置底办法定为规则，使人遵行"（《新理学》一九二页）。"某种社会之内，某种社会之礼。其礼可以绝不相同，而其意则……均是以合理为目的。"（《新理学》一九三页）我们即退一步承认礼是五常之一，但礼的变动性更大。如《周礼》里面所记着的礼，在今日，已十之七八不通行了。

智——智是知是非的。孟子所谓"是非之心，智之端也"。是非的标准，"合乎所谓至当或'天然之中'者为是；不合乎此者为非。人对于所谓至当或天然之中，愈能知之无错误，某智即愈大。"（《新理学》一九三页）智更是变的。如向来天圆地方之说，经哥伦布横渡大西洋，麦哲伦航游地球一周之后，而地球圆形的学说完成，传统之见完全打破。人类愈进步，智亦愈进步。

信——依照旧观念，信本来就认做不是常的。孟子说"四德"就不及信。程子说："四端不言信者，既有诚心为四端，则信在其中矣。"这是很勉强的说法。我们即"取普通所谓信之意义，……一社会之所以能成立，靠其中之分子之互助。于互助时，此分子与另一分子所说的话，必须可靠"。（《新理学》一九四页）然这可靠的程度，亦是当看情形怎样而定。孟子所谓"言不必信，行不必果，惟义所在"，也正是说，凡事要看情形而定。"如尾生之信"，连冯先生也批评他是"太守信"了。（参见《新世训》八九页）

从上所述看，所谓"五常"，即照旧说也不过"三常"——仁、义、智。而这三常，也正是随社会之变动而变动的。倘再严格的说，则三常实只有一常。因为"礼者仁之发，智者义之藏"。是智应归入义中。而"义之严肃，即是仁之收敛"。是义又应归入仁中。若再严格的说，则仁的一常，也都不存在。"须知天理只是仁、义、礼、智之总名；仁、义、礼、智便是天理之件数。"仁亦不过和义、礼、智一样是天理件数之一，我们不过权且把他来统摄诸德罢了（以上引号中均引朱子之语）。从此看来，所谓"五常"，竟无一是常。"五常"之名，不过是抽象的死的无内容的"道德之理"的空名词，若是具体的活的有内容的"道德之理"或"道德之事"，决没有"常"的道理。

照我们的意思，"五常"只不过是统摄道德的名词，也可以说是一般道德的代名字，而不是什么不变的道德。"道学家常以仁为人的最大底道德。照他们的说法，仁有广狭两义。就其狭义说，仁是四德之一，所谓仁、义、礼、智、信是也。就其广义说，则仁兼包四德五常，明道说：'义、礼、智、信皆仁也'。"（《新原人》一五八页）广义的仁就是统摄四德或五常的名词，我们不妨更进一步说，仁、义、礼、智、信是统摄一切道德的名词。"在旧日言语中，仁义二字若连用，其意义与现在所谓道德相当。如老子说：'绝仁弃义，民复孝慈。'庄子说：'意仁义其非人情乎？'（《骈拇》）又说：'昔始者黄帝始以仁义撄人之心。'（《在宥》）此所谓仁义，并非专指仁及义，而是泛指一切道德。"（《新理学》一六六页）我们亦不妨更进一步说，仁、义、礼、智、信并非专指仁、义、礼、智、信，而是代表一切道德的名词。

冯先生误把抽象的死的无内容的道德原理和具体的活的有内容的道德规律混为一谈，所以既说道德有新旧，又说道德没有新旧，既说道德是变的，又说道德是不变的。而最后索性不讲道德的新与旧和变与不变，索性主张"组织社会的道德，是中国人所本有底"。于是他不管适应与不适应，便硬主张要把旧道德一下拖到新社会去了。

三、旧道德不适应于新社会

和社会的实际不相适应的道德，是不足以维持人心补救世道的。纵使新社会能容纳旧道德，恐怕也不中用吧。何况事实上新社会尚未到来，而旧道德早已崩溃呢。这不但中国为然，欧洲亦复如此。欧洲自科学进步，物质文明发达以来，宗教的势力衰落，道德藩篱颓毁，旧的信仰已经式微，新的信仰尚未成立。传统道德不能维系人心，于是一般人的生活陷入彷徨，由彷徨而怀疑，由怀疑而否定，而觉到生命的空虚苦闷，诚如所谓现代人者，乃如悬身半空，上不及天，下不及地。西班牙现代思想家阿特嘉称道这种堤防溃决之后的期间为"道德的假期"。中国的社会，数十年来也正处于"道德的假期"中，其情形比欧洲更为杂乱。一边道德的名词满纸满口，一边欺诈残暴卑鄙黑暗的事实，弥漫各处，纷纷扰扰，大家莫不走上个人主义的路上去。有些"浑水摸鱼"的人，利用机会，"一时取这一种社会制度所规定底办法，一时又取那一种社会制度所规定底办法，而其所取，都是合乎他自己的私利底"。（《新世训》五四页）他们把一切去适合他个人的自私自利，无所不为，无所忌惮。苟可以增进个人的权利，即亡国灭种，亦所不惜。这种"道德的假期"的混乱现象之所以产生，那自然是由于中国的社会大大变动了，新的道德一时尚未建立，而旧的道德已不能适应新社会，而且日即崩溃，有以致之。据阿特嘉说，这种"道德的假期"是不能长久的。是的，道德终有一天仍须上台来负维持世界之责任。不过，上台来的道德，不是旧道德的复工，不是旧道德的重新来支配新社会；而是须由我们以新社会的生活习惯做基础，重新建设一种新的道德，以接替那已卸责了的旧道德，方才有济。

中国在这长长的一段"道德的假期"中，忧时之士，也何尝不悄焉思有以求补救之道。比较有见识的人，以为中国传统的教训既已失却统治的效力，乃谋另以他种教义来从事补救。如章太炎氏就认定："民德衰颓，于今为甚！姬孔遗言，无复挽回之力；即理学亦不足以救世。"（《太炎文录初编别录》）于是主张提倡佛教。所谓"自非法相之理，华严之行，不能制恶见而清除污俗。"（《太炎文录初编别录》）不知佛学如果能收拾中国的人心，则姬孔遗言，宋明理学，亦何至于束之高阁。姬孔遗言，宋明理学与佛教教训，所以同样不能维持人心者，并不是因为这些教训的不深奥不精到，乃因这些教训，不能与现在的社会之实际相适应。原来这些教训本身就是对准了当时的实际社会，而谋所以维持或补救之而产生的东西。这对当时的社会固不无价值；但时移境迁，这些教训所依据的社会之生活习惯变动了，他却也不得不宣告失却他的效力和价值了。要维持新的社会，必须依照着新的社会之生活习惯而创造新的道德，以与之相适应。否则，不论你是姬孔遗言也好，宋明理学也好，或法相之理、华严之行也好，都只是枉然。

至于见识较短的人，却只知顽固的迷恋旧道德的尸骸，他们以为中国的道德之优美乃世界任何一国所无与伦比的。所以要挽救中国自非极力恢复固有道德不为功。他们只知向后"保持吾国四五千载圣贤相传之纲纪彝伦道德文章于不坠"（严复语）。他们不但自己高张着"卫道"之旗帜，并且还更用传教士的口吻希望着后辈说："我们在天的祖宗，三大圣（孔墨道）和许多前辈，眼巴巴盼望你完成他的事业，正在拿他的精神加佑你哩。"（梁启超：《欧游心影录》语）直至抗战后的今日，恢复固有道德之呼声正方兴未艾，像冯先生那样高明的人，亦且替他们张目。他们因为受了世界大战之残酷的刺激，他们不但企望中国的道德精神行之于中国将来的社会，并且更还企望中国的道德精神行之于西洋社会，以救其所谓物质文明的弊病。他们说："为欧人计，惟有欢迎吾中国人之精神，惟有欢迎孔子之道。"（辜鸿铭：《中国国民之精神及战争之血路》）他们不知中国的旧道德精神，在现在已与实际社会不相适应，岂足以维持新社会？他们不知中国的旧道德精神，在中国本身已经失掉了他的控制作用，又岂能行之于西洋？这辈人对于旧道德的维护的确是尽了相当的力量的。他们从提倡恢复旧道德以至于组织孔教会、金刚时轮法会、同善社及刊印《太上感应篇》等等，真是应有尽有。然而结果于实际的世道人心，究有多大裨益？最后，连他们自己也不能不摇头慨叹道：人心不古，世道日衰，真是无办法，奈何！

在新社会中旧道德既不适应，所以旧道德也就不能不失却他的价值，至少是没有多大价值。

旧道德在新社会不但失却他的价值，有时且更为新社会发展的障碍物。如"孝"本来是家庭制度的中心道德，在中国过去的社会中是"天经地义"；

但是，在生产社会化的新社会中，"孝"已成为社会发展的障碍物了。用冯先生的话来说：

> 自清末以来，……新底生产方法，新底经济组织，已渐渐冲破了原来以家为本位底社会组织。……在新底生产方法，新底经济制度，正在冲破家的壁垒的时候，家的壁垒已不复是人的保障，而变成了人的障碍。……孝是所以巩固家的组织的道德，家的壁垒既成了人的障碍，所以孝，在许多方面，亦成了人的障碍。（《新事论》八九页）

孝是巩固家的组织的中心道德，所以民初人高叫着"万恶孝为首"，这种道德的理论根据是儒家的学说，所以民初人对于儒家又高举着"打倒孔家店"。"他们这种呼声，虽是偏激之词，但也是社会转变在某一阶段中客观情势的反映。"（《新事论》九十页）如果不是旧道德已成为新社会发展的障碍，民初人决不会硬要把旧道德看作如同仇敌的。

旧道德本身已在阻碍新社会的发展，而顽固的保守者益复为之张焰以增强其阻碍的力，这行为倒实在是不道德的。冯先生不是这样说的吗？

> 一社会的分子之行动，其可以直接或间接维持其社会的生存者，是道德底行为；其可以直接或间接阻碍其社会的生存者，是不道德底行动。（《新事论》二一五页）

顽固的保守者之行动，正"是直接或间接阻碍其社会的生存者"，所以他们是不道德的。他们那抱残守缺的精神实足敬佩，但可惜他们却在直接间接阻碍其社会的生存。他们常常以人心不古、世道日衰为可叹，但我们以为他们的阻碍社会的生存更为可叹。

一个最开明进步的人，必是讲求道德的人。但他所讲的道德，绝不是顽固的迷恋着旧道德，而是随着时代的需求以尽他所应尽的道德的责任。《书经》上说："德无常师，主善为师；善无常主，协于克一。"他是在"无常师"、"无常主"的随着时代的要求而讲求道德的。在生产家庭化的社会里，他必然"依照其所属于之社会所依照之理所规定之基本底规律以行动，以维持其社会之存在"。在生产社会化的社会里，他亦必然"依照其所属于之社会所依照之理所规定之基本底规律以行动，以维持其社会之存在"。他绝不会违反其所"属于"之社会的规律而古色古香的"卫道"或穿上西装的"卫道"，以自陷于不道德。

我们不能因旧道德在旧社会曾有着他的作用与价值而对它"发思古之幽情"，并且把它依样葫芦的移用到新社会。新中国的成立，必有待于新精神之发展。我们要从传统的道德观念里解放出来，我们要把握着新经济制度的条件及历史发展的动向，建设集体意志、轻利尚义、牺牲一身、成全大我等等的新伦理，以为新中国的新信条。

四、儒墨道三教精神

再说儒、墨、道三教精神自各有其可取处。但是墨家学说沉寂二千余年，其与中国社会的影响并不大。儒道二家学说固然深入人心，支配着中国数千年来大部分人的思想。然道家学说在中国未来的社会似行不通，或如冯先生所说：

> 老庄所想象之理想底社会……所因而有之势，在先秦之时，久已过去。所以老庄对于社会之主张是开倒车底，是逆势底。（《新理学》二一〇页）
>
> （道家）必需放弃人为，纯依天然，则于事实上不可行，理论上说不通。（《新理学》二一九页）

"儒家根本精神在'孝'，所谓'孝悌也者，其为人之本与。'"然孝已成为新社会的阻碍物，已如上述。儒家这种伦理，以"血统"为出发，推而至于忠君，使人压在忠孝之下毫无个人的认识和觉悟，养成一般文弱浮伪的奴隶。这在严复也不能不慨乎而言之，他说："呜呼！用诗书礼乐之教，奖柔良谨畏之民，期于长治久安也；而末流之弊，乃几不能自存！"（《原富》）是儒教亦不必适合于新中国也很明显。中国倘仍拘恋于三教而不思发扬光大，力求进步，则中国恐将永远不能脱离于"乡下人"的地位。

至于这次抗战之所以发生，冯先生分析得很为明晰。他说：中国的进步，是世界上已经成为城里的人所不喜的。但这种不喜，若不用力量以表示之，对于中国的进步是不能阻止的。要用力量以阻止中国的进步，不是每个城里人的国家所能办到，只有日本能派大量军队来压制。又若中国完全成为城里人则与日本现代的地位不能相容，中国必代日本而雄立东亚。所以日本不得不先下手为强。这是中日此次冲突的根本因素。（参见《新事论》二〇〇至二〇〇二页）是知这次抗战，实在是中国在进步中间所必经的一个阶段。抗战之所以支持下来（到而今且居然以胜利称者），其外在原因，当然是在国际形势的有利；而内在原因，却正在中国的觉悟与进步，全国一致，努力奋斗，而不是在什么旧道德或国风。然而冯先生则归功于儒、墨、道三教的"精神力量"，他说：

> 儒家、墨家的严肃，及道家的超脱，儒家、墨家的"在乎"，及道家"满不在乎"，（这些）中国人的精神底力量，能使中国人以庄严静穆底态度来抵御大难。（《新事论》二二九页）

这不是大笑话吗？这用不到什么说明，我们但看清末，那时候，中国不是一样有着儒、道、墨三教所养成的像"义和团"一类的"精神力量"吗？这种"精神力量"，在清末为什么有些不中用，而在这次抗战中却特别大显神通呢？果如冯先生所说，中国既有这么好的"精神力量"的一套法宝，那么，中国便靠这些"精神力量"来维持便够，为什么又要多花精力再讲"现代化"呢？冯先生也明知"精神力量"的无用，所以说：

> 如专提倡所谓"东方底精神文明"，以抵御西方势力的侵入，那是绝对不能成功底。（《新事论》四七页）

对于西方的侵入"绝对"不能抵御，为什么对日本势力的侵入，又独能抵御呢？冯先生这种精神力量抵御大难之说，使儒、墨、道三教教主听了恐也不免要觉到肉麻而自谢不敢当吧。

因道德而形成的所谓"国风"，自然更是随时代而变动的。冯先生盛赞着"中国有一贯底一种国风"，在过去我们在这种国风里生存，在眼前中日战争靠这种国风抵御，在将来我们还要在这种国风里得救。他却忘记了国风正是随时代而不同。"某一时"有"某一时"的国风，例如日本，"在六七十年以前，日本人还是以中国为法底，他们有现在所有底国风，都是近来底事。这些国风，都是于'某一时'有底"（《新事论》一六四页）。即使如冯先生之所主张，日本的国风永远"一贯"着，则日本今日，定必还不如中国，这是无疑的。中国国风如不大加改造，那么，中国即使生产社会化完成之后，也是绝没有办法的。

国风不但是随时代而不同，并且是随着少数领导人物而转移。国风，依冯先生的意思也可以说是"时代精神"。

> 一时代有一时代精神。所谓时代精神，即是一时代在精神方面底风尚，人不知不觉地随着他走着。……这……即是偶像，领导这些精神底人，即是偶像中的偶像。（《新事论》一二九页）

例如孔、孟、程、朱、陆、王，"他们在政治上社会上底出入进退，以及辞受取予，都可以表现他们的道德品格底行为"。（《新事论》一二六页）这些"道德品格底行为"，都可以左右社会。旧说对这叫做"转移风气"。领导人物足以转移风气，同时国风又可以转移领导人物，所谓"领袖亦是社会一时底风尚所养成底"。（《新事论》一三〇页）

国风因领袖人物而转变，而领袖人物又因国风之转变而转变，如此相互递嬗，而历史因以日趋前进，社会因以日向光明。这是领袖人物之所以为领袖人物的地方，也即是领袖人物之所以不可及的地方。

所谓"一贯底国风"，这"一贯"二字实在也不无问题。在国风与领袖相互递嬗转变，历史日趋前进，社会日向光明这一契机之下，试问国风又何从一贯起？例如，宋、明、程、朱、陆、王所领导的国风，是"立德高行"，是"终日危微精一"的在"言心言性"；但是，到了明末清初，顾亭林他们却讥斥由程、朱、陆、王所领导而派生出来的那种国风为"空虚之学"，"无本之人"，而另提倡一种"自一身以至天下国家"的"好古多闻"的"博学于文"，和"自子臣弟友以至于出入往来辞受取予"的"行己有耻"的一种国风。这两种国风，不但不一贯，而且还相反相斥。即如冯先生著《新世训》吧，他当然是打算领导出一种新国风来。然而在《新世训》中之所"训"的，却已比过去的旧训添加上去不少的新的意见了，也就是说与原来的世训已不一贯了。若果这种《新世训》而训成国风，那国风当然更与旧国风难以一贯。果如冯先生所说，国风而能一贯，则不但像程、朱、陆、王、顾亭林等这些领袖人物的领导为多事，即冯先生之著"贞元三书"，尤其是《新世训》亦未免太多事了。

原载《新中华》（复刊）第五卷第十七期，1947 年 9 月

文化的特色

——评冯友兰著《新事论》之二

黄绍衡

一、提高重于保存

现代化就是科学化。在现代化这一标题下，中国全部文化无论是"程度"、是"花样"，都应一律受科学的洗礼而提高。只有全部文化都受科学的洗礼而够得上现代化，中国才能说得上真正的现代化。

然而冯先生却说：

> 一个民族所有底事物，与别民族所有底同类事物，如有程度上的不同，则其程度低者，应改进为程度高者，不如是不足以保一民族的生存。单这些事物，如只有花样上底不同，则各民族可以各守其旧，不如是不足保一民族的特色。（《新事论》一三八页）

本来保守者之所以非保守或复古不可的，在过去，他们似还捉摸不着一个堂皇的理由。到了冯先生才说出一个所谓"保存民族特色"。冯先生并指出：

> 此点人常弄不清楚。在清末民初，所谓新旧之争中，大部分人都弄不清这点。（《新事论》一三八页）

但可惜的是冯先生弄清这一点之后，反使保守者有所借口而益加他们的顽固性，以阻碍现代化之进行。这流弊或为冯先生初意之所不及料的吧。

民族文化的特色诚然是重要的，理由有如冯先生所说的："各个体之所以为个体，正因他们所有的许多性质各不相同。从类的观点看，除了属于其类的一性质外，其余底这些性质，都不是主要底；但自个体的观点看，则其余的这些性质都是重要底。"（《新事论》一三三页）如果没有民族文化的特色存在，这个世界将多少单调无意味呢？但是，我们不能因为民族文化的特色之重要，而便盲目的以保存自限。历史是继续不断地向前进步的，为适应历史的进步，民族文化的特色只会向前求提高，而不应往后求保存。尤其是像中国这样落后的国家，更应该移保存的精神为提高而努力。不如此，则文化且将有灭亡的危险，更何从而言保存。

请看中国文化的本质吧。中国社会据一般人的研究，还没有跳出农业封建社会阶段。因此，中国文化的本质，在历史演进的过程上说来，总未能超过封建的阶段。海夷史将人类文化分为四个时期：（一）未开化时期；（二）半开化时期；（三）文明时期；（四）文化时期。海氏把每期又分为三个阶段。称中国文化为文明时期的第三级，而现在最进步的国家为文化时期的第一级。我们不管这分法是否确当，然中国文化比先进国家低一级，这是事实。此即冯先生所谓：

> 我们近百年之所以到处吃亏，并不是因为我们的文化是中国底，而是因为我们的文化是中古底。（《新事论》一四页）

中国文化既是"中古底"，当然比先进国家为低一级的，那么，中国文化目前当务之急应毫无疑义的在向前提高，而不应在往后保存。

非洲卜絮曼民族的山洞里画的马面牛头，他们赛神跳舞时木钲战鼓以及祭司的神符鬼箓，自然都有他们的特色；然若以之与欧洲大美术馆里的拉斐尔的名画，著名音乐学院里的贝多芬的音乐，图书馆里的莎士比亚的名著相比较，则其相去未免太远了。中国的旧文化自有其特色，比那卜絮曼民族固然高一层，然比最进步的国家的文化水准终嫌不够。我们不能以旧的文化的特色自限，我们还得力求进步。其程度低者固应提高，即花样不同者亦一样应亟待提高。如冯先生在《说家国》中所说的：中国必须从"生产家庭化底文化"转变为"生产社会化底文化"，然后中国才能在世界范围内从"乡下人"的地位进步为"城里人"的地位。文化的特色之保与存，救不了中国的"吃亏"，只有从全盘提高，才能救出中国于"吃亏"。

然而在此，保守者少不得又要拿出他们的那一套老调说："中国文化是世界上绵延最久，扩展最广的文化。只是以五千年来不断绵延不断扩展之历史事实，便足以证明中国文化优异之价值。"（钱穆：《文化与教育》一二一页）所以中国只要生产技术现代化便够，至若"精神文化"尤其是"组织社会的道德，是中国人所本有的"（《新事论》二二八页），其精神高超，远非西洋所可及。"欧美人——将大量吸收东方古文化之精华，说不定他们要有一个东行求法的新运动"（钱穆：《文化与教育》七四页），其实所谓中国的"精神文明"，一经拆穿，也是平常得很。

请先从文化本身的发展上面看。所谓"精神文明"是基于物质文明而来的。最先是由生产制度、历史、地理环境等的不同而形成生活方式的不同；复由生产方式的不同而渐形成各种不同的习性。这初层的习性形成之后，即成为未来某人类集团的习性的基础。人类从幼即受了社会的家庭的熏染，不知不觉中受了当时所流行的及历史遗传的文化所支配，无意识的践踏着社会所已有的风俗习惯、传说信仰及其他的生活方式。这样递嬗相传的习性，就是所谓民族性。这就是冯先生所说的：

民族性就是习。（《新事论》一六一页）

由于生产制度、历史、地理环境等的生活习惯的不同而形成为各种民族性，复由民族性的不同而表现为各种民族文化的花样及其特色，是则所谓中国的精神文明，实不过是中国的民族性，也就是物质生活习惯的反映，并非什么了不起的超然存在的东西。

再就中国文化与西洋文化比较看：西洋习重理智，把理智的价值放在一切价值之上；中国习重道德，把道德的价值放在一切之上。西洋之所谓为西洋在于希腊。希腊人习重理智，其讲道德亦用理智的观点讲它。苏格拉底所谓道德即知识也。中国习重道德，其讲理智亦用道德的观念讲它。三不朽的立德、立功、立言，立德不必说，其立功立言，也唯以立德为旨归。中国重道德轻理智，孟子所谓："所恶于智者，为其凿也。"西洋习重理智，中国习重道德，这是中西文化的分水岭，也就是中西文化的花样及其特色的分水岭。

中国文化的特色，在西洋不是没有，不过不发达而已；西洋文化的特色，在中国也并不是没有，亦不过不发达而已。（西洋近代文化特色，因不同类型，又当别论。）

中国人没有像希腊人般想从人类的智慧上去窥探宇宙之秘密，而希腊人也没有像中国人般想纯从人类的性情上去体认宇宙之伟大。因此，西洋人虽也不蔑视道德，但他们却跨上科学的大道。这是西洋之所以前进，中国不得不学西洋的所在。中国虽也有尽物性与利用厚生的主张，但中国却只走上道德或艺术之路。这是中国之所以落后而不得不急起直追以求现代化的所在。

中国的精神文明在量上诚然是比较西洋为多为重，但是，在质上中国的精神文明不但不见得比西洋高得了若干，而且"西洋近代文明能够满足人类心灵上的要求的程度，远非东洋旧文明所能梦见"（胡适之：《我们对于西洋近代文明的态度》）。例如"十八世纪的新宗教信条是自由、平等、博爱，十九世纪中叶以后的新宗教信条是社会主义。这是西洋近代的精神文明，这是东方民族不曾有过的精神文明"。（胡适之：《我们对于西洋近代文明的态度》）

从文化本身的发展及中西文化比较上看，则保守者自命为不可一世的中国的所谓的精神文明，实在并算不了什么一回事。照此说来，所谓中国的精神文明之保存应重于提高的理由，也自然站立不住了。

二、花样不能"各守其旧"

退一步说，即使目前中国当务之急不在文化的特色之提高，而在文化的特色之保守，然试问事实上怎样能保，怎样能守？

文化的特色之所以为特色者在花样。要保守一民族文化的特色，即须先保守一民族文化的花样。凡事物有质有文。花样也可以叫事物的文。事物的文及其特色是随着它的质而发生着的。

> 一个社会的生产方法、经济制度以及社会制度是质，它的艺术、文学等是文。（《新事论》一四〇页）

文之所依，在于其质；质之所表，存乎其文。唯其有怎样的质，才能产生怎样的文。所以质变了，文自然跟着变。兹就文艺为例吧。

> 一个民族的本身，若常在生长发展中，则它的文学艺术亦常在生长发展中。有生长发展，即有变化。文学艺术之所以必变化者，因为人在某种情形之下所有底某种情感，在某种文艺中用某种方式，只有一个最好底表示。……后人再用此文体所作底作品，都难免多少有点"味同嚼蜡"。……一种文体，若已有这种情形，则文学作家，即非用另一种说法，以说人在某种情形下之某种情感不可。此另一种说法，即是一种文体，文学的一种新花样。（《新事论》一四七页）

我们不怕烦琐，再举哲学为例：

> 人之思维能力，虽古今无大异，然各时代之物质的环境，及其所有别方面之知识，则可有改变。如其有改变，则言语亦随之改变。如现在我们所常用之言语中，有许多所谓新名词、新文法，五十年前之人如死而复生，听我们现在所说之话，读我们现在所写之书，当有大半不知所谓。因此，往往有相同或大致相同底道理，而各时代之哲学家，各以其时代之言语说之，即成为其时代之新的哲学系统（哲学的一种新花样）。（《新理学》二〇至二一页）

可见一个民族的文化的质向前发展了，那么民族所有的文（花样）也自然而然的向前发展着，那特色也跟着自然而然的向前发展着了。中国社会既由生产家庭化向生产社会化的大道迈进，其质变，其文（花样）独能保存原状吗？

质的变化趋向叫做"势"。"如果某种势去，则因此某种势而成之某种事物，即不能存在。"（《新理学》一九九页）事物到了这个地步，就叫做穷。"穷则变"，如果穷而仍不知变，则连原有的事物也都非同归于泯灭不止。这个道理冯先生在他的《新理学》里面说得很明白。他道：

> 某国家或某民族于一时所行之某种社会制度，本亦是因一种势力

而有；若其势既变，则此国家或民族所行之社会制度，即不能有。此国家或民族，即到我们于上文所说，穷则变之阶段。此国家或民族即应因此种新势而变为另一种之社会。如其能如此，此国家或民族即到我们于上文所说变则通之阶段。……如此国家或民族，不能变通，则即与原来所行之社会制度，同归于穷，同归于尽。（《新理学》二〇六页）

中国旧文化的发展的势既穷，则其一切花样及依附于花样的特色当然也失其所依据的基础，失了依据的基础的东西怎样能保存得住呢？若果要保守，除非你能保住它的势。再根本一点说，除非你能保守文之所以为文的质，就中国现在的质而说，就是保守农业封建社会。如此，则文化的花样才不至变动，而原来的特色才可以保存。然这是为事势之所答应的吗？再退一步说，这就是可能，不是与冯先生的中国现代化的要求根本矛盾吗？

花样既不能"各守其旧"，特色更何从而保存起？冯先生似乎也认识到这一点不妥，所以又改变口气说：

> 所谓保一民族的特色，并不是说要对于它"抱残守缺"，如清末民初所谓"国粹"派者所主张，把一种东西，当成一种死底东西，放在博物院；而乃是把一种东西当成一种活底东西，养育培植，叫它生长发展。……是如医院保养一个活人，并不是如博物馆保存一个"木乃伊"。（《新事论》一四六页）

然而不幸保守者之所谓保存，却正是在"抱残守缺"的竭尽他们的力量以从事于"木乃伊"式的保存呢。

在这里，我们要顺便一究保守者为什么要"抱残守缺"竭尽他们的力量以从事于"木乃伊"式的保存的缘故。这其中最根本的缘由，乃是为大家之所周知的由于保守者的自私自利。此外尚有为一般人所未及注意者二事，经冯先生给我们道出，兹特摘录如下，以促保守者的醒悟而减少现代化的阻力。

第一是不惯新性。因其不惯新性，所以对于改进或革命便都加以盲目的反对。这就是所谓"任何个体，一切底新性，既是'新'性，当然对于'旧'情均有不合。故在改革之初，均不合国情。不合国情即觉不惯，守旧

者反对任何改革理由在此"。(《新事论》一七一页)

第二是迷恋旧情。因其迷恋旧情，所以对过去历史上的一切便都不免"发思古之幽情"。这就是所谓"一事物使我们'发思古之幽情'者，即因其本身之历史有与我们之历史相通之处也。古董之所以可爱，正因其有历史，其历史又与我们的历史相穿插能令人'发思古之幽情'，而有其精神底价值"。(《新事论》二一三页) 守旧者迷恋历史上的一切理由在此。

由于保守者的自私自利，不惯新性，迷恋旧情，而构成了他们的复古的思想及行动。他们这种不长进，在从前却利用着"卫道"的旗帜以自掩饰，在新近更强调起"不合国情"以排斥一切进步的新思想及新制度。其实所谓"卫道"，就是卫他们的自私自利，所谓"不合国情"，就是不合他们的私情，如此而已！所以他们明知"势"已去，但他们总是心死不甘的想拉住"势"以抗拒历史的行程。他们不但希望历史不前进，并还希望历史的倒退。因为历史越倒退于他们越有利益。

但是旧情绝不是因为保守者的迷恋所能使其不变的，新性绝不是因为保守者的不惯所能使其不来的。现在，且引冯先生的一段话来作证明吧。

> 某社会内之人，如知有较其社会原来所行之社会制度更可使人快乐之社会制度，而且知其可以成为实际底，则对于其社会原来所行之社会制度必感觉不满。其向此新社会制度以趋之力，又非其社会内之保守者的努力所能阻止。盖某种社会内之人，若知有一种新底社会制度，而又知其可成为实际底有，此即此种新底社会，所因而可成为实际地有之某种势已渐来，而此某种社会所原行之某种社会制度，所因而成为实际地有之某种势已渐去之时。(《新理学》二〇八页)

"其向此新社会制度以趋之力"既非"保守者的势力所能阻止"，那么，保守者又何苦而"矫效"徒为"民妖"(《新理学》二一一页)呢？

有人说，如此说来，则中国数千年来的文化的花样及其特色，岂将任其自消自灭不成？这是用不着担心的，中国文化有一部分与现在社会的生活习惯已无关联者，自然有历史家有博物馆会替我们"木乃伊"式的保存下来。有一部分与现在社会的生活习惯尚有关联者，我们自然要使得它随着质的生产制度等之提高而提高，使受科学的洗礼以适应于现代化。

冯先生但见中国之为中国的应该保存，而没见中国之为中国的更应该提高与进步。

三、继往开来与取消

文化的花样及其特色的提高之道又如何呢？其要不外继往开来。

过去的花样及其特色无论是怎样高妙，终于是前人的、前代的、有限的。我们要继承前人的、前代的、有限的旧花样及其特色而另行创造今人的、现代的、无限的新的花样及其特色。

然而一谈到继往开来创造新文化，保守者往往深恐原来的特色之被取消。这是不必要的愿望。

> 所有历史上的事情，都是在一方面继往，在一方面开来。（《新事论》一七四页）

历史发展至某程度，必然从旧情中生出来一新性，新性似不合旧情，然却是根据旧情的。不合旧情，就是开来，根据旧情，就是继往。所谓：

> 一个社会如有一新性，其有新性，虽在一方面是不合旧情，但在又一方面，亦须根据旧情。若其完全无根据于旧情，则此社会压根儿即不能有此新性。一社会如有一新性，就其在一方面是不合旧情说，这是"开来"，就其在又一方面须根据旧情说，这是"继往"。（《新事论》一七四页）

唯是在继往开来之际，其关系非常微妙，为一般人所不易察觉。《列子》里面有一段话说得好："凡一气不顿进，一形不顿亏，亦不觉其成，不觉其亏，亦如人自世（生也）至老，貌色智态，亡日不异，皮肤爪发，随世（生也）堕落，非婴孩时有停而不易也。间不可觉，俟至后知。"（《天瑞篇》）张湛注云："皆在冥中而潜化，固非耳目所瞻察。"这种非耳目所瞻察的冥中潜化，冯先生名之曰"鬼神之际"。

> 现在的事物，可以说是正在鬼神之际。……过去底事物是鬼；将来的事物是神；现在底事物是事物。（《新理学》二七五页）

现在的事物，间在过去的鬼和将来的神之间，去来倏忽，变化几微。非明见深觉者不易分辨，所以古人说："知几其神乎。"世界上的一切莫不通过这鬼神之际的微妙关系而生新汰旧的。

鬼神之际的冥中潜化既非明见深觉之人所不易觉察，所以便易启新旧之争。冯先生指出许多不必要的争论乃是由于程度和花样的分不清，实则也在于鬼神之际的分不清。尤其是当鬼之势尚未全去，当神之势正在渐来的时候，新旧之争更为厉害。

> 就某社会制度，如一社会之中，有一部分人对于此社会原来所有之旧制度，觉其仍须保存，此即此旧制度所因而有之势尚未全去，其余波反映于此社会中人之思想者。如另有一部分人觉此旧制度必须变改而代以某种新制度，此即此新制度所因而有之势已渐来，其先声反映于此新社会中之思想者。（《新理学》二〇一页）

在这样新旧交接之际，亦即鬼神之际，因为所"觉"的不同，便分成保守者与革命者。保守者但觉旧的"仍须保存"，且往往拉着"余波"而顽固开倒车。革命者但觉旧的"必须变革"，且往往推着"先声"而求急进。保守者只见到鬼而没见到神，革命者只见到神而没见到鬼。他们都忽略了鬼神之际的相互的消长作用。要使他们明白了旧情之所以为旧情，新性之所以为新性，保守者即不至于一味反新，革命者亦不至于一味攻旧了。

从上所说，一新性的出现似不合旧情，然却根据旧情。同时，一新性的出现，不是取消旧情，倒是承继旧情。所谓：

> 一新的社会之出现，不是取消一旧底社会，而是继承一旧底社会。社会中任何事，如思想、文学、艺术等均是如此。（《新理学》二一六页）

以欧洲为例，英国人雪莱说："吾人一切都是希腊人，凡法律宗教艺术学术之根基,皆在希腊。"这是说,欧洲文化都以希腊文化做根基而继承下来的。希腊旧文化并不因欧洲新文化之发扬而被取消。因此,可知新性虽出于旧情,但旧情并不因之而取消。

复次,新性出于旧情,然却绝非同于旧情。换言之,新性虽是旧情的继续,然却高于旧情。所谓:

> 一事物于否极泰来之后,此事物即可入于一新类,得一新性,此新性虽为旧情之继续,而实比其较高。这较高就是进步。所以宇宙间事物之变化,虽名为循环底,而实为进步底。(《新理学》一二〇页)

一新性之出现,因其是高于旧情的,所以旧情不但不会被取消,而且更可于新的事物之进步中表现得更高更妙。希腊文化并不因欧洲新文化之发扬而被取消;反之,希腊旧文化反因欧洲新文化之发扬而益形其光辉与伟大。

所以保守者所保着的那既有新性,即无旧情,或新性出现,旧情便被取消之忧,正是大可放心的。

新性根据旧情,继承旧情,并且高于旧情,由这几点说,保守者如果真的要保存旧文化的花样及其特色,只有从继往开来的提高中去保存,也只有这样的保存,才能"不失旧情",才可安慰他们的抱残守缺的原意。

在这儿,我们要特别提出一说,所谓继往,是为了开来。所以我们应特别着重这"开来"二字。往之所以要继,无非在根据旧情以便于来的新性之更易于发展,更适应于新的社会。如离开了来,则继往便毫无意义了。往是过去的鬼,来是未来的神。人的生活,不一定需要死僵僵的鬼,但却必定需要活泼泼的神。"神者,引出万物也"(章太炎语)。我们要从神而引出万物,以为人生造幸福。与其做保守者的瑟缩死奉鬼,毋宁做革命者的勇往活拥神。革命者虽有时主张和行动不无过火处,但推进历史使文化日新不已者,是革命者,而绝不是开倒车的保守者。

四、吸取西洋与同化

文化的花样及其特色提高之道,尚有一比继往开来更重要者,那就是吸取西洋。

西洋文化，早已走入工业文化的现阶段，而中国文化尚局囿于农业封建文化的圈子里。倘光靠在这狭陋的圈子里而继往开来，而无新的工业文化的借鉴，是不够的。固然，光靠继往开来，也会有水到渠成之一日，然终无以收事半功倍之效。所以为加速提高自己的文化，即不能不把人类文化生活既有之成绩做库藏，以为他山之助，而迎头赶上，使中国与西洋先进各国同入于现世界阶段。

然而一谈到吸收西洋文化，保守者却又深恐中国文化的特色之被同化。这更是不必要的顾虑。

我们之所谓吸收西洋文化，并不是消极的盲目的囫囵的吸收有如全盘西化论者那样主张把巴力门和修道院一起都搬过来，而是积极的依中国文化之特性及现代的要求为标准加以选择及消化，把这些文化遗产（除去那含有破绽的矛盾的以至于腐败堕落的倾向的）都化作我们自己体内的东西而另创造一种新的文化花样及其特色，却仍能保持着内部的一致性，仍是一整套的中国式的文化花样及其特色。换一套话说，中国之所以吸收西洋文化之目的，是为求现代化。因为西洋文化之所以为西洋文化者，"并不是因为他是西洋的，而是因为他是近代或现代底"。吸收西洋文化只是我们的手段，求现代化才是我们的目的。"现代化并不是欧化"（《新事论》一五三页）或西化。现代化就是要使人类最进步的文化之成果，加以选择及消化，行之于中国。也就是说，现代化不是要变成和欧洲西洋国家的文化一模一样，而是要变成和欧洲西洋国家同属于一个文化类型。

一个社会的经济基础决定其文化的程度，一个社会的历史习惯地理环境等决定其文化的花样及其特色。在文化程度相同的社会，其意识形态上大体相同，但其表现出来的方式（花样）总有所不同。意识形态相同者，即因其社会的经济基础相同；而表现出来的方式（花样）不同者，即历史习惯地理环境等不同也。这一分别是很重要的。

一个民族的历史习惯地理环境等构成了它的"国情"。国情不同，所以尽管各民族的文化程度相同，而各民族的花样及其特色，仍然不同。例如：近世英国与德国的哲学，同为资本主义的产物，但因二者的历史习惯地理环境的不同二者的哲学问题亦多所差异。诚以社会的生产方法虽可决定人类意识形态，而因历史习惯地理环境等之不同，于是所感觉的问题及其解决的方法，应付生活的态度，便不能不有所分别。又如，"同一民治主义底国家，而英法美各不尽同。英国人常说，即使英国行了共产主义，英国与苏联不尽同。"（《新事论》一七二页）这都是由于不同的国情所决定。因此，我们可以说，中国吸收西洋文化，在文化程度不同的今日固不至同化；在文化程度相同的将来，更不至同化。

依据国情而吸收国外文化可称为"格义"。中国原有"格义"之说。其说始于魏晋。当时支遁、道安等讲说佛经，曾引外典（如《庄子》等书）为连类，比附解明，以通其义。此即格义方法的原义。（据近人陈寅恪研究）这方法到了清末，超越佛典，凡欧洲之科学哲学，都与中国的经子引为连类，相互对话。如严复、梁启超均用此方法。一时形成了学术论著的一种摩登作风，这可说是中国与西洋文化接触后而产生的一种新花样及新特色。现在，这种"格义"方法，我们不妨更扩而充之，以应用于一切文化的吸收上面去。

在"格义"这一方法之下，对于西洋文化，无论直接仿效也好，或间接再现也好，都必须通过民族的历史习惯地理环境等的消化作用。唯其通过民族的历史习惯地理环境等的消化作用之后而产生的新花样及其新特色，自然而然与西洋不同。浅近一点，以工程师改造中国的建筑为例："我们可用钢骨洋灰建造西洋式底房子，于其中安电灯汽管。我们亦可用钢骨洋灰建造中国式底房子，于其中安电灯汽管。现在，中国的建筑已竟是照着这种方向进行了。我们还可有中国式底建筑，它还能使人感觉到端正，庄严，静穆，和平，但却是钢骨洋灰造成底，里面有电灯，有汽管。这即是新中国底象征。"（《新事论》一四〇页）倘较深远一点最好以佛学为例：佛教流入中国之后，沙门大师相继而起，卒乃融会贯通，自创新的宗派。如华严宗的广大圆通，禅宗的不著迹象，都非印度旧说之所能包容。汇合东西思想，而成为中国式的佛学。建筑房子如此，佛学如此，其他一切亦何尝不是如此。吸收西洋文化之后，而中国仍不失为中国。这正如冯先生之所说的：

> 在新中国里，有铁路，有工厂，有枪炮；但中国人仍穿中国衣服，吃中国饭，说中国话，唱中国歌，画中国画。这些东西，都不止是中国"的"，而且是中国"底"。在这些方面，我们看见中国之为中国。（《新事论》一四〇页）

所以保守者所抱着的那吸收西洋文化之后，中国便不免被同化之忧，正是大可放心的。

历史告诉我们：一个民族与其他文化较高之民族相遇，如果其本身不能把所遇的较高的文化吸收，并经过消化作用而另创造一种较高的文化，以适应新的趋势，而徒事消极的禁止与排斥，那才不免于被同化，而且还不免于消亡。这其最好的例子莫过于清和金。金人恐怕他自己的民族之汉化而失去其本来的民族性，曾竭力加以禁止。但他们屯田中原的六百余万人到后来差不多都汉化了。清建立统治后，鉴于前此各异族侵入中原之后汉化，于是竭力阻止他们民族的汉化。但至今满族却大都同化于汉族了。

吸收西洋文化经过民族消化作用而另生一种新花样及新特色，如用古语说，就是"以他平他谓之和"。《国语·郑语》引史伯云："夫和实生物，同则不继。以他平他谓之和，故能丰长而物归之。若以同裨同，尽则弃矣。"冯先生加以解释道："'以他平他谓之和'，如咸味加酸味，即另得一味。酸为咸之'他'，咸为酸之'他'，以'他'平'他'即另得一味，此所谓'和实生物'。咸与咸是同，若以咸味加咸味，则所得仍是咸味，此所谓'以同裨同'，'同则不继'也。"（《新世训》一四四页）这是以化学的道理说。若就民族文化说，以同裨同，虽不必"同则不继"，然民族文化的"以他平他"，实在是能"和则生物"而另成一种新花样及其新特色的。

倘使世界各民族文化互相吸收而"和"之，不但"和实生物"，而且是世界大同的先决条件。有人以世界大同，则各民族的特色不可保为忧。冯先生在《新世训》中答道：

> 有些人以为，如果国际主义成功了，则各民族的特色，必定都不能存在。这"以为"是错误底。如果真正底国际主义成功了，在所谓大同世界中，各民族的异，都是中节底异。合这许多中节底异，以成一大和。这大和即所谓大同世界。大同并不是同，而是所谓太和。（《新世训》一五五页）

但是，不知怎样，冯先生在《新事论》中却又把这种见解大打其折扣了。

所谓"和而不同"的境界，是"万物并育而不相害，道并行而不相悖"

的境界。这是：

　　"社会的理想境界"，"人类社会，是向着这个理想境界改进的"。
（《新世训》一五五页）

　　然试问果如保守者之所主张，各民族只知一味各坚守其营垒内面的祖
宗遗留下来的死花样及其死特色，而不"以他平他"，使有新的"和"，则此
理想社会岂不将永远无改进与实现之希望吗？

　　　　　　　　　原载《新中华》（复刊）第五卷第十九期，1947 年 9 月

文化的一致性

——评冯友兰《新事论》之三

黄绍衡

一、文化的变动是整个的

一个国家或民族的文化是整个的。

文化的发动力，是生产工具和生产方法。生产工具规定生产方法，生产方法又规定社会组织及其一切上层文化。同时，生产制度与社会组织及其一切上层文化又是互相作用的。生产制度固然决定社会组织及其一切上层文化，而社会制度及其一切上层文化也可以对生产组织发生反作用。其间隐显错杂，互为影响，一环一环紧紧的相联系着，自然而然形成一整个文化。

正因为文化是一环一环紧紧的相联系着的，所以一个国家或民族的文化的内部不论如何复杂，总是保持着一致性的，从文化的"体"到"用"，从"物质文化"到"精神文化"，从具体的生活实践到抽象的理论思索，其间固不免存有某种程度的矛盾，但在基本上总是可能保持着一致性。

生产工具与生产方法既然是文化的发动力，所以有某种生产制度，即有某种生产制度的文化。"有了以家为本位底生产制度，即有以家为本位底社会制度，以此等制度为中心之文化，我们名之为生产家庭化底文化。有了以社会为本位底生产制度，即有以社会为本位底社会制度，以此等制度为中心之文化，我们名之为生产社会化底文化。"（《新事论》五六页）生产家庭化的文化有生产家庭化的一套，生产社会化的文化有生产社会化的一套。以正常的情形说，绝不会是"生产家庭化"而其他一切上层文化全凭空跳入"生产社会化"，也绝不会是"生产社会化"而其他一切上层文化会永久停在

"生产家庭化"的。这正如冯先生所说的：

> 如果它所行者是那一种文化，则它自有一套制度，在各方面都是一致底。（《新事论》七二页）

这种"在各方面都是一致底"一套就叫作文化的类。

文化的类这一观念是很重要的。冯先生于《新事论》中特别着重文化的类的分析，这不能不说是他的贡献。并且冯先生还指出："就文化的类的观点立论，我们不说所谓东方文化、西方文化，而只说生产家庭化底文化、生产社会化底文化。"（《新事论》一三二页）这一分别，诚然是可以消除中国文化界不少不必要的争论的。

文化既然是整套的，文化的变动当然也是整套同时变动着的。冯先生承认"一种文化"，"它自有一套制度，在各方面都是一致底"，但是他却不承认文化的变动是整套同时变动着的。你看他说："一种新经济制度，在其完全实行以后，虽必引起人的思想以及社会制度诸种变动；但于其初时，则并不先需要此种变动。生产社会化的开端，始于工业。工业是一个相当进步底社会中所已有底，新式底工业与旧式底工业，所差在于规模的大小，及技术的优劣。所以所谓生产社会化的开始，不过是生产技术的改良，至于将来所要引起底各方面底变动，则是以后底事。"（《新事论》一八六页）

冯先生为维护现实，不惜活生生的把文化的整个有机体分割开来，其用心良苦，然奈违反客观的历史法则何。

现在，我们且举最近中国的实际情形来看吧。冯先生自己不说吗："无论在什么方面，近二十年来，中国都有很大底进步。无论在什么方面，我们在现在返看清末民初时候的情形，都有如同隔世之感。"（《新事论》一九八页）尤其是抗战以来的几年，中国"无论在什么方面"，进步更快。以国家观念为例，"中国尚未完全成为生产社会化底社会，而中国人对于国家底观念，已经大变了。十四个月以来，我们可见对于中国大众，爱国已不只是空洞底理想，而已是活底道德。"（《新事论》七一页）这种客观事实，正是在中国"尚未完全成为生产社会化底社会"所变动着的。这些客观的事实，在告诉我们：文化的变动绝不是客气的会在静候着你的生产制度的完成而后再来变动的。到了生产社会化完成的时候，社会的各方面早已随着生产社会化而整套变动着了。果如冯先生所说，则"无论在什么方面，近二十年来，中国都有很大底进步"，是不该有的事了。然而事实上，现在的中国，比之"清末民初时候的情形"，真的"如同隔世"了。——只是以现代化而论太嫌进步得不够快。所谓"以后底事"偏是不后，冯先生对此又当作何解说呢？

据我们所知，"生产技术的改进"，必然要引导着其他"各方面"的变动。关于这一点，冯先生在《新事论》里提到不少次数，并且说得也不错。现在特别把他摘录两段，以资对照。

> 以机器生产代替人工生产，这种事情，初看似乎不过只是经济方面底事情；但是影响却是异常重大。(《新事论》四八页)
> 因为如果有了机器，……整个底社会，在许多方面自然会有根本底变化。……人的见解自然会改变。(《新事论》七二页)

总之，有现代化的生产方式，就有现代化的社会组织及其他一切上层文化，这是拆不开来的；也就是说，生产方式的现代化，社会其他"各方面"的现代化，是建设现代化国家的一整套，中间脱了一环，就易招致文化失调。

自然科学每前进一步，生产工具和技术每革新一次，社会的组织及其一切上层文化，必随之而做一次根本的改造。一个国家或民族的文化，每经一次根本的改造，就叫做文化的类的变动。

> 即是将我们的文化自一类转入另一类。(《新事论》一六页)

也就是将我们的文化自旧类的一套转入新类的一套。

中国现在的文化正在类的转变的进程中。这就是冯先生所说的：

> 中国现在所经之时代，是生产家庭化底文化，转入生产社会化底文化之时代，是一个转变时代，是一个过渡时代。(《新事论》七二页)

中国文化既在类的转变的进程中，那么，我们就不免要问：中国文化过去的旧的类是什么？中国文化将来的新的类又是什么呢？

中国文化过去的旧的类是："生产家庭化底文化"，也可说是"农业底社会"的文化。秦汉以来两千余年来中国文化没有类的变动，故整套文化能古色古香的保持着和谐。冯先生在《中国哲学史》里把自董仲舒到康有为时代称作"经学时代"。他并申论道：中国直到最近，无论任何方面皆尚在中古时代。中国在许多方面不及西洋，盖中国历史缺一近古时代，哲学方面特其一端而已。这是说，中国历史时间虽进入了近古，而中国文化的"各方面"都还在中古那个样子，没有走进新阶段，也就是没有创造出文化的新的类。

中国文化将来的新的类是："生产社会化底文化"，也可以说是"工业底社会"的文化。五十年来，因为西洋文化的侵入，中国原来那一套古老文化受了西洋文化的刺激，已渐渐脱离了原有农业的生产方式而走向自工业革命以后在西洋所发生的那一种方式了。

文化的类既不同，文化的内容之新旧也就不能不因之而各异。"在农业社会里，新来底事与过去底事，大致都是一类的。但是在工业社会底人，新底事情，时常发生，而其新又不只是个体上底新，而是种类上底新。"（《新事论》二一〇页）

中国在这个文化的新旧类的过渡时期，"新底生产方法，新底经济组织，已渐渐地冲破了原来以家为本位底社会组织。"（《新事论》八九页）这正好是个中国文化大革新的时候，是个"我们文化之与此类有关之诸性，当改变，必改变"（《新事论》一六页）的时候。请特别注意冯先生在此所说的"有关诸性"，这当然不止限于"生产技术的改良"。然而冯先生又把那些"当改变必改变"的"诸性"硬付之为"以后底事"。这又是多少自相矛盾呢？

在《新理学》中，冯先生有一段话说："一个国家或民族，自某一种社会变为另一种社会，此变往往需经过很长底历程，很久底时间。在此程序中，旧底之须去者，逐渐去掉，新底之须加者，逐渐加入。在所谓变通底日新中，一国家或民族是逐渐成为一种新底社会，而不是将所谓新底制度，一下套上，如人将一套新底衣服一下套上。"（《新事论》二一五页）这所谓"变通底日新中，一国家或民族是逐渐成为一种新底社会"者，想不到在《新事论》里竟变作"将来所要引起底各方面底变动"，则是"以后底事"。这才真的是"将所谓新底制度，一下套上"的办法。

冯先生评清末人道:"清末人以为我们只要有机器、实业等,其余可以'依然故我',这种见解,固然是不对底。"(《新事论》五〇页)

试问冯先生以为中国现在只要"生产技术的改良",而其余"各方面"则是"以后底事"的观点,又对在哪里?当年保皇党的康有为尚且这样说:"守旧不可,必当变法;缓变不可,必当速变;小变不可,必当全变。"(康有为:《上皇帝书》)梁启超更说:"故言变法者,将欲变甲,必先变乙,及言变乙,又当变丙。如是相引,以至无穷,而要非全体并举,合力齐作,必不能有功,而徒增其弊。"(梁启超:《政要原因答客难》)谁知主张"现代化"的冯先生,尚不如保皇派的康梁呢!

冯先生又评民初人道:"民初人不知将一套社会制度,作一整个看,而只枝枝节节,看不见合乎他们的成见者,即指为不合。"(《新事论》六七页)这话,冯先生无异在反评自己。冯先生才真的是"不知将一套社会制度,作一整个看"的人。他想把中国一整套正在变化着的文化硬挡着不动,必待生产技术改良成功的时候,再"将所谓新底制度,一下套上",其见解比民初人不是更错误而且是"滑天下之大稽"(《新事论》六七页)吗?

二、中国文化的三重失调

无论哪一种文化都是变动的,并且他的变动是整套的,纵使其间有或快或慢之分。如果一种文化的某一环变动尤其是文化的基层如生产工具和技术的变动而其余各环不能同时跟着变动,必形成文化的失调。

中国的文化本来是自足的文化,应付一切而绰然有余,因此,中国老是守着固有的一套文化,而不会感觉到另外创造一种新的文化的需要。老是守着那一套,所以文化的失调的情形也不易发生。若能闭关自守,不让其他较高一层的文化闯进来,使那古老的一套自变自演,诚不失为古色古香的"文物之邦"的。

然西洋的工业文化偏偏降临于这个世界上。"文化是最胜利的游历者,它不为任何人造的和自然的界域所限制。任何社会国家和不同的空间中,都是它漫游之地。"(摩司氏语)自那最胜利的游历者的西洋工业文化,冲破了中国的藩篱而钻进于每个角落之后,竟使中国的社会文化不能保持原来的一套,而且还变却其原来的性质,来一次文化的类的变动,以致形成中国文化的三重失调。

中国文化的第一重失调，是由自然科学发达的速度超过了社会科学发达速度而起。西洋自产业革命而后，物质文化，突飞猛进，因其变动得太猛太速，致使人类社会与精神生活方面，不能作同速度的必要的前进，由此而造成精神生活社会组织对物质现象的失调。传统的文化已不能做现代生活的指导，诚有如美国社会史学家拜恩士所说的："我们的一般的文化传统、理论标准和风俗习惯等等，对现代生活已不能作适当的指导，日益不能适应。由此便发生严重的问题。现在流行的一般的习惯和制度，差不多都还是几百年甚至几千年前所赋予的形式与内容；在十八世纪以前，早已有许多项目成为时代的错误了。这类习惯和制度，在因工业革命而造成的环境的可惊的变化以后，而成为益加显著得到不适用。"以文化的进化历程说，中国步西洋之后而走入科学的工业文化之路，那西洋社会因未能以同速度与工业文化并进而招致着的现象，中国自然也不能例外的要步其后尘的。这一失调，是因为西洋文化之失调而来，可以说是世界所公有的现象。不过中国因在旧文化与新文化的过渡时期，所以其失调的程度便更甚罢了。

中国文化的第二重失调，是由从中古文化一跃而进于现代文化而起。中国文化本来是农业文化，不图为帝国主义所击败之后，中国便陷入次殖民地地位。于是为力求自强自救，对于西洋的工业文化便缺乏自觉的做盲目的移植，使近世文化与现代文化同时夹杂以俱来。原来西洋文化从中世纪到了现在，可分为三个阶段，就是中世纪、近世和现代。这三个阶段，时间是从十六七世纪至于今日。这三个阶段在西洋不是同时经过的；而在中国却需同时经过，即一由中世纪到近世之过渡，二由近世到现代之过渡。所以"现在中国的改变，是一个旷古未有底艰巨任务。这个任务，是要在短时期之内把西洋各主要国家于几百年内所做底事，完全做了"（《新事论》一九九页）。西方各主要国家对于自己本身的文化，在其过渡时期之变化，尚有难于适应致有种种波折与困难。况中国自身本没有准备，贸然就把西洋文化两个过渡时期的变化性文化，同在一个时候移入，中国文化当然要呈畸形状态了。这种要由中古文化一跃而进于现代文化的现象，是一切落后的国家或民族所同有的现象。然如日本由中古文化一跃而进于现代文化，居然得有相当的成功。唯中国乃像一个专事模仿等的顽童，样样学人，样样学不通。

中国文化的第三重失调，是由中国的传统文化与西洋工业文化的冲突而起。五十年来中国的求现代化运动，由于内在的条件准备未成熟，一旦西洋文化突袭而来，被迫而出之以无可奈何的求适应，求生存，本来是非传统精神之所乐受得的。因此，中国文化的固封性对于西洋文化发生大冲突；这种冲突之具体表现，就是清末以来的"中学为体，西学为用"的半推半就的作风，老想把西洋文化屈服在中国固有精神的膝下。冲突的结果，使中国文化益大增其混乱。诚如张东荪所说："中国今天的矛盾现象，就是由于历史方面依然是旧的决定力在那里肆余威；而在现前境况方面则不能不有新的要求以谋适应。历史方面是纵的，现前境况方面是横的。纵横两方面起了冲突，于是一切不调和的情形乃纷起。"（《知识与社会》一四四页）这种纵横两方面起了冲突而发生的文化之失调，乃是中国所特有的现象。因其系特有的现象，所以也就成为中国文化进展的最大的阻力。

以上三者有一于此，文化即不免失调，何况是三者并有于中国呢。三者之中，尤以第三重失调更为中国文化的致命伤！第一重文化失调，现在西方先进学者正在力谋补救之道；中国果能与他们并力谋得补救之道，自不难一同做合理的调和。第二重文化失调，正可"迎头赶上"，果使能像苏联那样来了几个"五年计划"，中国也不难列入文化先进国之林。然而因为有着第三重文化失调的病因之存在，卒乃井蛙自大，坐自贻误！使中国陷于"乡下人"的地位直到现在尚不得超拔，这不是在"自作孽"吗？

中国文化在这三重失调之下，旧的失其所以为旧，新的尚未成其所以为新，一切都在两不接气的"真空"状态中。十余年前，裴斐教授第二次来中国考察后，著有《中国——一个文化的崩溃》一书。从清代末年维新政变起，他把整个的中国政治、宗教、社会、教育、工业、商业、考试及家族，种种旧有制度的逐渐崩溃情形，详细叙述，并加若干统计的证明。他说，中国文化受了西洋文化的进攻，整个崩溃了，一切组织，扫荡无余，中国社会成了真空。他说，即使有新的文化从旧文化的死灰中产生出来，也要五十或一百年，才有成就。这话是够值得中国人警惕的。

你说中国的文化已陷入于"真空"状态吗？然而事实上，在这"真空"里面却偏是藏着五花八门杂乱糊糟的垃圾桶。这垃圾桶里边，杂置着中国古代文化的渣滓及西洋新文化的肤毛，二者正在交相腐烂着。其结果或表现而为"中学为体，西学失用"，或表现而为"西学为用，中学失体"。终于竟使所谓"中学为体，西学为用"者堂而皇之的变作"中学失体，西学失用"。

"中学失体，西学失用"，这是笔者杜撰的名词。或者有人要反对说，这未免言过其实吧。但实际上中国的文化的确是到了这境地了。这是一个中国文化失调的根本问题，兹请略加申说。

若偏重"中学"而说，则西洋的工业文化，虽云应有尽有的传到中国，但其背后，却泛流着中国的传统精神。举例来说，第一如飞机，中国驾驶飞机的人员，抱着"飞机买来时在天空里飞的，既然落到地上，管它干什么"的心理。他们把精神去注意黄金的涨落，即使碰巧发现了飞机有点小毛病，觉得也没有什么严重，掉了小螺旋有什么关系呢？模模糊糊对付着能飞就行了。第二如钟表。中国人用钟表，没有两个人的钟表的时间是一样的。如两个学院摇铃的时间差一刻，这里没有下课，那里已经上课了。两院都有课的同学，就真的有点"伤脑筋"。慌什么呢？钟表在中国，原来就是各自为政的。第三如抽水马桶。中国人对于抽水马桶，用后不拉链子或按纽子，不放水冲洗，让后来的人掩鼻而过，或者依然安身立命于"板斜尿流急，坑深粪落迟"的诗意中。第四如洋瓷脸盆。中国人对于自来水的白瓷洗脸盆，强迫它们兼差，洗脸兼洗脚以及洗其他东西。开了自来水不用胶皮塞，或给水果皮、花生壳、喝过的茶叶所塞，远不往下漏水。修好了，贴了布告（借用《观察》二卷一期季羡林的《西化问题的侧面观》大意）。诸如此类，不胜枚举，这除辜鸿铭之流，恐怕连冯先生看了也不会顺眼吧。像这样一切在外表上是西洋的，而骨子里却是中国的，所传非所用，这还不是"中学为体，西学失用"吗？

若偏重西学而说，则在西洋的工业化之后，虽然是中国的传统精神；但是，"中体"毕竟不能创造出"西用"，毕竟不能不需求"西用"，而且还反宾为主的反让"西用"来驾驭"中体"。这真是中国无上的耻辱。在从前，老顽固们尚能以"卫道精神"来拒绝"西用"，有如曾纪泽乘洋船回湘奔丧，颇遭时论非议之类，事虽顽固可笑，但以"中体"的立场说，也不无可原。谁知到后来，中国人竟都把"中体"置之高阁，即顽固之流，抱着第一二世纪的头脑，也居然习于飞机、钟表、抽水马桶、洋瓷盆等等"西用"而以为当然了。充其极竟至于"美国的月亮也比中国的月亮圆"，"百姓怕官，官怕洋人"，"说话总要夹杂些外国话，以表示他'吃过面包'"。（《新事论》一九七页）像这种殖民地人的心理，像这样精神向物质投降，也即是"中体"向"西用"投降，一切只有"西用"而无"中体"，这还不是"西学为用，中学失体"吗？

然而你若真的说"西用"吗？事实上一边在"中体"支配下偏偏又无像样的"西用"；你若真的说"中体"吧，事实上一边在"西用"的支配下偏偏又少真正的"中体"。像这样"中体"不体，"西用"不用，归根结底，还不是"中学失体，西学失用"吗？

凡上所述，正是"中学为体，西学为用"的思想之自然的反映，也正是"中学失体，西学失用"的事实之最好的说明。所谓"中学为体，西学为用"，而其结果竟至于"中学失体，西学失用"，弄到"中学"与"西学"两无是处！这使张之洞有知，想也当憬然而改弦易辙吧！

三、努力走向文化的新类

文化失调的历程，大要可分为四个阶段：第一是动摇阶段，第二是纷乱阶段，第三是危机阶段，第四是新的调和阶段。中国文化的失调，自鸦片战争以后，至张之洞的"中学为体，西学为用"之提出，可说是动摇阶段。清末民初，可以说是纷乱阶段，五四运动之后到现在可说是危机阶段。今后，无疑的应该是新的调和阶段了。

第一阶段，中国文化开始走向"穷"的路上去；第二第三两阶段，是中国文化已经临于"穷"的深渊。穷是应该变的，如果文化到了穷的深渊而尚不知变，则这个国家或民族必有"与之俱穷"的危险。这一点，冯先生在《新理学》中有一段话说得很不错，现在且抄在下面，以为我们立论之助。他说："如一个国家或民族之社会组织，穷而须变，须自一种社会转入另一种社会，此国家或民族之社会组织，本依照一某社会之理以组织者，即须依照另一种社会之理以组织之。如此则此国家或民族原有之制度中特为一种社会所有者，即须废弃，而代以另一种社会制度之特为该种社会所有者。此国家或民族中最先感觉此种改革之必要之人，先着手为此种改革。此种改革，即成为所谓对于制度之革命。此种革命是为此国家或民族之存在所必需者。因此国家或民族原行之社会制度既穷而必须变，若不变，则此国家或民族即与之俱穷。"（《新事论》一七九页）

此虽侧重于制度而言，实则文化的整套，亦莫不然。中国旧有的整套文化，在"中学失体，西学失用"的状态中乱窜，其危机已到了一百二十分

严重了，今后如果还不能急起直追，力谋补救，则中国必因文化之"尽"而
"与之俱尽"！补救之道之最重要者，即在变，在革命，在使中国文化向第四
阶段的新的调和。

要使中国文化得到变，革命，以至于新的调和，首先必须要有走向文
化新类的自觉，然后必须济之以走向文化的新类的努力。

原来文化的变动，有自然的变动与自觉的变动之不同。文化的自然变
动是很迟缓的。正因其迟缓，所以大家觉不到它在变动。于是大家便安于自
然的变动中，而反以文化的不变动为当然。即使有变动，也都以为文化是一
种不可思议的势力，以不可知的潜能，用不可见的线索，来支配人类的命运
的。因此，人类往往囿于固定的某文化范围之内，一任自然去支配。这种安
于自然的变动和一任自然支配的观念，习之既久，便成传统，每遇改革，便
加以盲目的反对。这种社会意识一经形成，便不易改变。观念世界的革命，
往往落在生存世界的革命之后，这是历史的事实，社会学者称之为"文化的
迟滞"。中国人安于自然的变动和一任自然支配的观念，尤有深重，所以中
国的"文化的迟滞"也特别厉害。

然而时至今日，人类的文化已经发展到自觉的境地了。有了这种自觉
之后，那从前安于自然变动和一任自然支配的如怀特海氏所称的再靠无意识
的动力之平的那种命定思想，已觉悟到不适用，而另代之以创造，代之以自
由解放等这些新的观念。这种自觉，近且已传到了中国。

然光是自觉而不加以努力，则所谓自觉，亦必终归于落空而已。

文化虽是客观的现象，却仍然是人为的产物，就是文化的自然变动吧，
其变动虽然迟缓，然所以推动之者还是在人力。况文化的自觉变动，人为的
因素当然更重要了。

唯有人的努力，才可以促进文化的进步，就社会制度说，文化之自然
的变动，只能使社会生产一种"新势"。这种"新势，只能使此国家或民族，
能有一种新社会制度，而不能使其必有一种新社会制度"，必须加一点"其
向此新社会制度以趋之力"（《新理学》二〇六页），然后才能促进新社会制
度的成功。

亦唯有人的努力，才可以使文化的进步加速。就中国说，"中国之必需
工业化的趋势，是客观底情势所已决定，人在此方面努力或不努力，可以使
此趋势加速或放慢"（《新事论》八九页）。况中国在目前混乱的空前的大变

局中，其历程是比较曲折而漫长，这一曲折而漫长的痛苦，亦唯有"人为的力量，则可以缩短或缓和其痛苦的时间"（马克思），至少，能努力"则中国的进步，即可少一番迟滞"。（《新事论》二〇〇页）

冯先生是个自觉者，而且是个"觉悟是很大底"（《新事论》一四页）的人。他更是个赞颂人为的人，他首先反对道家为放弃人为，纯依天然。以为道家"于事实上不可行，理论上说不通"，接着他高调认为："因为人本来是人，人既需要生存，则必有所为，又必依靠其所为。"（《新理学》二一〇页）他还高调所谓"争斗的精神"和"抢救的精神"。他爱说："所谓争斗的精神，中国以前是不讲的，中国以前所讲的，是无逸的精神。中华民族的四千年的生存，就是靠这种精神维持的。"他说："人生各种事都是以抢救的精神成功。"（《新事论》二〇六页）

不幸的是冯先生的自觉，比清末民初的人只是"观察比较清，分析比较细"（《新事论》一四九页）；他的努力，也只是限于"所谓生产技术的改良"，因此，冯先生在表面上主张"生产社会化"或"现代化"，但在实际上他是一个不赞成文化之整套的自觉的努力的变动者。而且他更还生吞活剥的企图把社会其余"各方面"和机器技术分割开来，封锁起来，特创一种"以后底事"的滑稽逻辑。然结果，以文化的自然变动说，既阻止不了"以后底事"的偏偏上来；以文化的自觉的变动说，又是牵绊着"现代化"的不得顺利前进，这真是"弄巧成拙"的事。

冯先生之所以达到这样的结论者，实为他的机械主义的观点使然。他以为人不能"随所意欲愿行什么社会制度，即行什么社会制度"（《新事论》六六页）。社会制度必须以生产方式来决定。但是"生产方法不是人所能随意采用者。因为用某种生产方法，必须用某种生产工具。如某种生产工具尚未发明，则既不能用某种生产方法，人亦不能知有某种生产方法。所以生产方法是随生产工具而定，社会组织随着生产方法而定"（《新事论》六六页）。从这种机械主义的观点推论下去，自然是要达到"人的思想以及社会制度诸种变动"是随着"新经济制度，在其完全实行以后"而定，或"将来所要引起底各方面底变动，则是以后底事"的结论了。

冯先生并举清末民初的妇女解放运动为例，以为经济制度不完全成功，其余社会制度便无由变动之征。他说："他们不知道当时底女人的社会地位，是一种社会制度所规定。要改变当时底女人的社会地位，须先改变当时底社会制度。不改变社会制度，而只教一个女人或一部分女人枝枝节节地要求自由或幸福底生活，无论她们如何'努力'、'奋斗、'反抗'，但是没有用处的。"（《新事论》一〇八页）冯先生更举近数年来政府制定许多新法律为例：以为新条文女人有参政权，有继承权，有独立财产权等等，但事实上全国内有几个女人能行使敢行使这些权？这些法律底条文，只是条文。冯先生不知道这些条文正是清末民初以来的自觉的努力奋斗、反抗的收获，现在的女人比清末民初的女人生活要比较自由幸福（虽然仍然限于少数女人），这也正是经过"枝枝节节地要求"才获得的。至全国内没有几个女人能行使敢行使这些权，说她是努力、奋斗、反抗的不够是可以的，说她是不能有什么效果是不对的。

人类是生产工具的主人。人类的自然的体力和脑力虽不能起决定作用，但仍有主动作用。假使没有人类的自然的体力和脑力，不但劳动力无从产生，即生产工具也将无从使用与制造了。须知人类具有觉察事物成毁的条件的因果关系之能力，故能以意念造作（计划）支配这些条件而使其为必然的因果之表现。人类愈进化，则此种能力愈强。因此，文化之自然的变动因素影响愈小，而自觉的变动因素影响愈大。人力逐渐能支配历史的演变，人类逐渐能成为征服自然的主人。像冯先生所主张的那一任其余"各方面"慢慢地"水到渠成"的办法，在闭关时代，各国家或民族各自坚守壁垒安于文化的自然的变动和一任自然支配的时候，实属无可奈何，当然只有任他如此。但是，在这个四通八达的新世界，在这个已经发现了原子能的新世界，这办法是绝不够时代的要求的。在这个新世界，文化已打成一片，新式的生产工具和生产方法，先进各国，争相发明，争相竞进。不但这些新式的生产工具和生产方法，先进各国可作我们的榜样，就是各种思想以及社会制度等亦同时并存，都尽可供我们借鉴以为取舍参考。若还死抱着机械主义的观点，一切非等到自己去从头做起，重新发明，然后再来慢慢地走着十七八世纪以来欧洲所已过来的老路，那非自甘落后，即是太愚笨可笑。

维科说得好："任何民族的历史都是其他一个已经发展到高度的民族历史之重演"。中国是世界的一个单元，中国固然有着他的特殊历史与环境，但人类的历史，总是在同一的路上向前进的，中国不应与世界文化发展的大趋势背道而驰。中国今日唯一的道路只有本着"争斗的精神"与"抢救的精神"，使自己的整套文化的程度提高到那"已经发展到高度的民族"的最高阶段。

正因为中国今日的文化应本着那"争斗的精神"与"抢救的精神",使之整套提高到那"已经发展到高度的民族"的最高阶段,所以中国不但不应该如冯先生那样把其余"各方面"看作是"以后底事",相反的我们倒要把"各方面"的"以后底事",有计划的提前,倒要把中国文化的旧类的一套,都使之走向新类的一套。换一套话说:中国"各方面"都要"现代化",自经济以至哲学、道德、政治、法律、教育、文艺等等,一同都向上发展,使这一切都配合着"生产社会化"而共同成为"生产社会化底文化"。再换一套话说:中国的文化,从"体"到"用",从"物质文化"到"精神文化",从具体生活实践到抽象的理论思想,一律都要"现代化"。

中国需要自觉的努力的走向文化的新类。中国文化的失调,在文化的新类中一致起来,调和起来。

原载《新中华》第十二卷第四期

评冯友兰著《新事论》

胡　绳

《新事论》是冯友兰先生的"贞元三书"的第二本。在《新世训》序言中说，《新事论》是讨论文化社会问题的。在本书序言中说，本书是讨论当前实际问题的。的确，我们只要把本书目录一看，就可知道所涉及的问题实在很多，是把当前许多文化社会问题都放到著者的哲学家的眼睛前面了。生产建设问题，中西文化的关系与区别问题、家庭问题、妇女问题、教育问题、革命问题，以至抗战建国问题，都曾在本书中讨论到。而在序言中又有一句画龙点睛的话："为说明此书宗旨，故又名曰中国到自由之路"。接着还有几句也不是空话，"二十七年为北京大学成立四十年，同学诸子谋出刊物以为纪念，本书所论清末民初时代之思想，多与北大有关系者。谨以此为北大寿。"在本书中著者不仅提出了自己的"新"的见解，而且批评清末民初的思想，特别对于与北大有直接关系的五四时代的思想做了一个新的估价。——这些就是《新事论》的内容的要点。

对于这书所论的一切，我们认为，有些地方我们很愿表示同感，但也有些是我们所不能不提出异议的。但无论对于我们所同感或异议者，此地都只能提出基本的几点来说一下。

基本的观点

在本书第一章《别共殊》中著者提出了一个根本观点，那就是要从文化的类型的观点来看西洋文化和中国文化。他以为，无论中国文化还是西洋文化，都是五光十色的全牛，只有从"类型的观点"来看，才能明辨其中哪些是主要的性质，哪些是偶然的性质，于是才不会笼统地把西洋东西搬运回来，也不会含糊地把中国旧的东西保存下来。他以为，对于西洋文化的那一类中所包含的诸种性质，"其主要底是我们所必取者，其偶然底是我们所不必取者"，而对于中国文化的那一类中所包含的诸种性质，"其主要底是我们所当去者我们所当存者，至少是所不必去者。"（《新事论》第一六页）

把这样的观点正确地发展下去，无疑的，是比复古论、本位文化论好得多，因为后者正是主张保存中国旧文化中的主要部分，充其量只有舍弃一些偶然部分，而阻塞了中国文化的进步发展之路，也比全盘西化论高明得多。因为全盘西化论者是连欧洲中世纪文化与近代文化的区别，连希特勒与孟德斯鸠的区别都不重视的，以为要西化，就该把巴力门和修道院一起都搬来。而《新事论》的著者则确定地说，西洋化这名词不妥，应该说是现代化，中国不是要西洋化而是要现代化，不是要变成和欧西国家的文化一模一样，而是变成和欧西国家同属于一个文化类型。——这说法诚然也是比较正确的。

这还是概括的说法，具体地说，所谓"现代化"到底包含怎样的内容呢？这从本书第三章《辨城乡》、第四章《说家国》中可以看到。中国必须从"生产家庭化的文化"转变为"生产社会化的文化"，然后中国才能在世界范围内从"乡下人"的地位进步为"城里人"的地位，这便是著者所说的现代化的意义。在这里，著者所采用的说法，对大家虽然是很陌生，但不可否认的，著者是用他自己特殊的用语和说法，说出了中国人民近六十年来自觉地在不断斗争中所争取的目标：民族的独立和民主的建立。照著者自己的说明，所谓不再做乡下人就是不再停留在殖民地、半殖民地的社会和文化中的意思；所谓脱离生产家庭化的文化，也就是不再停留在封建、半封建的社会和文化中的意思。

这本是十分清楚的事。只要有良心肯看事实的人都应该看得出，中国文化之所以落后，在基本上就是因为一个半殖民地半封建社会所受到的种种障碍。那么踢开这些障碍就是解决一切问题的前提，改变半殖民地半封建的旧的状态就是中国走向自由之路的始点。本书著者虽没有用一般社会科学所用的术语，但他是说出了这个真理的，而且他的独特的说法，在有些地方是显得非常生动的。

著者在这里表现出了他的理论的特色，他不去参加那种寻觅一些空洞的标准来区别中西文化的徒劳的努力，而从根本上看出这种区别是由于社会物质基础生产方法生产制度。他说：

> 产业革命使人舍弃了以家为本位底生产方法，脱离了以家为本位
> 底生产制度。经过这个革命以后，人用了以社会为本位底生产方法，
> 行了以社会为本位底生产制度。有了以家为本位底生产制度，即有以
> 家为本位底社会制度，以此等制度为中心之文化，我们名之为生产家
> 庭化底文化。有了以社会为本位底生产制度，即有以社会为本位底社
> 会制度。以此等制度为中心之文化，我们名之曰生产社会化底文化。
> （《新事论》第五六页）

由此，一切中西文化的异同问题显得相当清晰。本书讨论的问题虽多，
却能很谨严地构成系统，处处贯彻着统一的线索，这是不能不归功于这个根
本观点的。

但是我们也不能不指出，著者在这里的用语的含混，从而引起了概念
的模糊。所谓以社会为本位的社会，照著者自己说，是有两类的：

> 生产社会化底社会亦有两类，一是生产社会化支配家庭化者，一
> 是生产社会化支配亦社会化者。前者是普通所谓资本主义底社会，后
> 者是普通所谓社会主义底社会。

这段话，在一定程度内，是可以说的，但联系前面著者对于社会生产
方法的说明就不能不发生问题。按照著者的系统，社会主义的生产方法与资
本主义的生产方法都属于同一类型中，都是以社会为本位的生产方法。所谓
支配形式不同诚然是对的，但支配形式何以会不同呢？倘不从生产方法中
间，从何处可以找到解释呢？资本主义的生产方法与社会主义的生产方法其
实是根本对立的，因为在前者的生产方法中包含着剥削关系，后者则否。但
是《新事论》著者所说的生产方法则是和在生产过程中人与人的关系无关
的，因此就只剩下了技术的意义了。只有把生产方法解释为生产技术，那么
才可以说，资本主义和社会主义属于同一的生产方法类型中。但这种说法是
不对的，因为这既不能说明资本主义的生产方法，也不能说明社会主义的生
产方法。

显然的，这不是一个名词之争，不是一个不重要的问题。因为谁要是把生产方法看做只是生产技术，谁就会把从一种生产方法向另一种生产方法的转变，一种社会制度向另一种社会制度的转变，看做只是改进生产技术的事情，而用到我们当前的现实中，就会把"中国到自由之路"看做只是生产技术的不断的改进，认为中国脱离半殖民地半封建的方法就只是运用机器，建设工业。问题被单纯化了，而问题就解决不了。——《新事论》的著者正是这样做的。

历史的翻案

因此，《新事论》的著者轻视思想意识的改造在改造中国过程中的作用——于是他抹杀了五四运动（事实上，五四运动还不但是思想意识的改造的运动，这里且不深论，就照本书所说明范围来讲）。他又轻视政治改革的作用——于是他低估了辛亥革命的意义。他所了解的中国到自由之路就是只来一次"产业革命"，而其内容就只是用机器，建工业，于是他引清末的洋务运动者为同调，而加以称赞。

在本书中受到最酷烈的批评的所谓"民初人"，就是指那些"要打倒孔家店，打倒吃人礼教"、"说女人应该学什么娜拉"的人，无疑的，那就是指五四运动时候的人。在本书中备受推崇的所谓清末人，就是主张"中学为体，西学为用"的人，也很显然的，那并不是指译《群己权界论》的严又陵，著《大同书》的康南海，撰《仁学》的谭浏阳，而只是指同光期间的张之洞等人。于是著者说：

> 如果清末人的见解，是"体用两橛"；民初人的见解可以说是"体用倒置"。从学术底观点说，纯粹科学等是体，实用科学、技艺等是用。但自社会改革之观点说，则用机器兴实业等是体，社会之别方面底改革是用。这两部分人的见解，都是错误底，不过清末人若照着他们的办法，办下去，他们可以得到他们所意想不到底结果；民初人若照着他们的想法想下去，或照着他们的说法说下去，他们所希望的结果，却很难得到。（《新事论》第五一页）

这里每一句话都是一半对的，一半不对的。"自社会改革之观点来看，则用机器兴实业等是体，社会别方面底改革是用"，这句话里有一半是对的，因为从社会的整个发展过程看，当然没有相当程度的物质基础——就是相当程度的机器发展，则政治与文化上的民主改革是不可能的；但是这句话另一半是不对的，因为把社会的一般的发展过程和社会的改革过程混同起来是不对的。机器实业的发展是渐进的，这渐进过程到一定程度不能不引起巨大的彻底的社会改革，这种改革虽有先行于它的经济变革做基础，但作为这种改革的中心问题的却是政治上的变革。这正是因为政治是经济的集中表现，与旧的生产力相结合的旧生产关系是以旧的政治作为保障而成为僵化了的存在，阻碍着新的生产力。所谓社会的改革正是改变旧的政治，从而改变旧的生产关系，从而使新的生产力顺遂地发展起来。由这意义上，毋宁说，自社会改革的观点看，政治的变革是体而社会的别方面改革却是用。同时"清末人……可以得到他们所意想不到的结果"，这句话也有一半是对的，因为"清末人"以为他们尽管开工厂、用机器，而整个社会、政治制度、思想意识仍可一成不变。但不料星星之火，可以燎原，事实上，他们在生产力方面所进行的那些局部的变革却成了促起整个社会变革的一个因素。但这一句话也仍有一半是不对的，因为说这句话的人以为只要让这批清末人按部就班地把实业渐渐地发展起来，不必用任何突变来"扰乱"它，则整个社会自然而然地就会变革过来。这说法是完全不合事实的。而其对"民初人"的批评也有一半是对的，一半是不对的。假如把五四运动和其前后的历史关联割断起来看，则五四时人主张之错误或犹甚于《新事论》中所批评者；但若从整个历史发展上来看，则五四运动的思想变革运动，正是截至当时经济政治上的变革的反映，并且成为了推动以后的经济政治变革的一分力量。——这点却是《新事论》著者所未曾看到的。他以为五四运动不仅对于中国向自由之路毫无帮助，而且发生了"使清末人的实业计划晚行了三十年，此即是说，使中国的工业化，晚行了三十年"的消极作用。

《新事论》的作者对于上述诸点，是从对的一方面出发的，却越走越远，越走向不对的那一方面去了，从而他以为清末的方向是完全对的。张之洞一班专制主义政权下的大臣们的错误，似乎只在于他们没有自觉到自己是在做着改造中国，使中国自由的伟大工作。他以为现在的工作也无非就是"继续清末人的工作"，却不知道，张之洞等的洋务运动在当时的帝国主义束缚与专制主义政治的压迫下已经走到了山穷水尽。李鸿章预备拿来办海军的经费不得不移用去做慈禧太后的生辰礼，用以建筑颐和园，由此一例也就可以见得兴实业、办工厂在当时的政治社会关系不变的情形下是如何无前途的一件事！就抗战前后的许多办工业者的实际经验也可以说明，使中国从"乡下人"地位，从半封建关系下解放出来，并不是工业继续发展的自然结果，而却是使工业能够畅遂地发展的前提。

《新事论》中不仅轻视五四运动，而且也轻视辛亥革命。他评论辛亥革命说：

> 中国的辛亥革命，是以种族革命始，而以政治革命终。我们在现在平心而论，清末当局在政治经济文化各方面所行底政策，并不能说是全盘底不对。若果没有所谓满汉种族问题，如果当时底皇室是姓刘底，姓李底，姓赵底，或姓朱底，辛亥革命可以没有，国家的组织中心不致崩坏，则中国的进步，即可少一番迟滞。（《新事论》第一九九至二〇〇页）

推翻了一个封建的专制王朝，使亿兆生民开始从专制压制下苏醒过来、站起来的辛亥革命，在冯先生看来，其意义却只是使中国的进步多了一番迟滞，是破坏了国家的组织中心！他所"平心而论"认为满意的清朝的政策，正是清朝政权为抵消当时革命运动而施行的一点最低限度的在政治、经济、文化上的改良政策，这在当时都没有能使人民满意，革命者更没有上这骗局的当，却居然能使五十年后的学者认为凭这就可证明清朝政权乃是一个值得维护的"国家组织中心"！而在本质上这乃是一个反动的专制政权，却似乎反而是不值得重视的事！假如在辛亥当时的人，以为辛亥革命只有种族革命的意义，那是还可原谅的（就在当时，孙中山先生已经批评这种人了）。而在今日，仍作如此想法，却实在太奇怪了。难道我们可以说，中国在政治上是一个专制政体的国家还是一个共和政体的国家，对于中国毫无意义么？

对近代史的这个翻案，我们敢断然说是不合乎历史的实际的。

清末人的洋务运动对历史不是没有意义的事，而它在历史上的主要意义正是在于它给后来的政治与文化的变革开始准备下了物质的条件，并且由它第一次实际证明了若不根本改革殖民地半殖民地的地位和封建专制主义的政治，工业的自由发展是不可想象的。因此在洋务运动之后，紧接着就是戊戌变法，而这种由上到下的政治上的改良运动失败以后，跟着又有辛亥革命；但辛亥革命又因革命的力量和其各方面强大敌人对比之下过分软弱而不能完全成功，于是有五四运动，进行群众中的思想意识上的民主改造大运动，并从而发展出了民主政治的要求，确定了反帝反封建的要求；于是有"五卅"，有北伐大革命，一直到今日的抗战。这一连串的运动正是一个接一个、一步紧一步的，向着"中国的现代化"，向着"自由的中国"的目标前进的过程。我们无法想象，假如没有辛亥革命、五四运动等等，而让"清末人"的工作一贯发展下去，中国就会自由；正如我们无法想象，假如在五年前不爆发抗战，只要和平地发展工业，中国就能自由一样。

而且问题不仅是对于历史的估计。对历史的估计就是对实践的态度。假如以为中国过去除了"中学为体，西学为用"派的工业建设以外，其余一切都是毫无意义的事，那么在实践上当然不能不把工业建设看做唯一的工作了。但是同样的工业建设，在本质上却可以有种种差别：清朝封建统治者企图举办一些工业，帝国主义也曾到中国来兴办工业，但照《新事论》中的意思，则只要工业发展下去，就能成为产业革命，就能发生改造中国的效果，就能使中国自由。因此，今后的工业建设也就无非是清末人的工作的直接的继续而已！而我们现在要使中国自由，也就只要努力去开工厂，兴实业，政治问题不必管，思想意识的改造更不必管。（那么，抗战的胜利要不要呢？）——这是把我们的历史何等地单纯化了啊！这是把我们的现实任务何等地单纯化了啊！

图式的失败

为什么会对于历史的估价和当前实际的任务形成这样的误解呢？我们不能不在这里多说上几句。

第一，改造社会是全面的工作。固然从纷繁的头绪中分辨出何者为主，何者为从，是必要的事；能够看出在一切社会现象中生产方法、生产制度之决定意义，因而认定社会的改造在基本上就是生产方法的改造，这也是合于科学方法的。然而所谓生产方法不仅是表示人用什么工具去工作，而且表示工具的主人是谁，并因人对工具的关系的不同而发生了人与人的关系——生产关系的不同。那么，改造生产方法就必然不仅包含着改造生产技术以发展生产力的意义，而且包含着改造人与人之间的生产关系的意义。照冯先生那样以为只要改变人在劳动中所使用的工具，不必有意地去改变人与人的关系，而结果一切会自然而然跟着改变，是完全不对的。

第二，事实并不能完全符合于冯先生所那样机械地了解的图式："生产方法随着生产工具而定，社会组织随着生产方法而定，道德随着社会组织而定"（《新事论》第六六页）。试把一辆最新式的耕种机摆到四川农村去，你看它的生产方法和社会组织变不变？人们固然可以说，这是只有一辆机器的缘故，要是有很多很多辆在使用，当然一切都会变动。是的，这话我们承认。但为什么我们在农村里至今不能使用很多辆的机器？是仅因为我们没有机器么？是仅因为没有人会使用么？当然不是，而是因为我们的农村的生产关系和社会组织中有着阻止机器使用的因素。所以生产关系和社会组织若没有相当改变，则新的生产技术（就冯先生所说的生产方法）也就不能发挥作用。这难道不是很清楚的事吗？为什么清王朝并不能真正使中国工业化起来？这并非因为它是满洲人，而是因为它是封建关系中的统治者。为什么当时孙中山先生所提出的革命口号是建立民国，而不是单纯的发展工业？那正是因为清王朝那个"国家的组织中心"对于新的生产力、新的社会力量，是一种束缚，必须加以打破，建立民主国家，才能使新的生产力获得顺利发展的环境，从而实现新的生产方法。（至于辛亥革命的任务并未充分实现，那是另一问题。）我们丝毫不想否认生产技术改进所能起的作用，但这作用是有限度的，是一面的，它只能促进生产力在一定程度内的生长，从而影响到生产关系，使生产关系不能不变动。政治上的民主化正是具有着使生产力在旧生产关系的束缚下解放出来的意义。所以不能以为政治改革是因为生产技术改革而自然而然地引起的，相反，政治改革倒是生产技术的充分发展的必要前提。要改进技术，而对政治改革表示不关心，或认为不必要，那是不对的。

第三，冯先生对"民初人"的批评，中心是说：他们"以为人可以随所意欲，愿行什么社会制度即行什么社会制度"（《新事论》第六六页），而不知道旧的思想意识道德也是在某种社会物质基础上的产物。冯先生认为五四时代说"吃人的礼教"是不对的，因为礼教曾是因某种社会物质基础而产生的。这种批评在我看来，至多只有一半是对着的。五四运动者不了解礼教产生的客观根据，而几乎完全归因于人的愚蠢上，这是五四运动者的弱点。但是他们说礼教是吃人的，就从新的观点来看，也仍是不可否认的。因为礼教在封建社会中虽曾因社会的必要而产生，但这必要是对于封建统治者而言的，封建统治者利用礼教来在肉体与精神上迫害人民大众。对于人民大众而言，礼教正是吃人的猛兽。五四运动者代表人民大众而喊出了礼教吃人的口号，这正是他们的光荣。不过因为他们对礼教了解还不够深切，所以他们的反礼教运动也不够深入而其效力也不充分。我们今天更清楚地了解礼教的本质，那就更应该深入地推进反礼教运动。然而冯先生不以为然，相反的他似乎以为找到一物存在的原因即是证明其为合理的存在，于是就不应该反对它。

固然，冯先生并未明白表示，应该维护旧思想、意识、道德的存在。他只是说，我们不必去反对它们，因为只要在"生产方法"发生改变时（就是在机器大量使用、工厂充分发展时），这一切自然会随之更变。在这里，冯先生也是拿对于社会发展的总方向图式来代替具体的社会改造的实践。事实上，社会的意识与思想的发展不是那么完全被动地受支配于社会物质生活的发展的。常常在新的物质生活尚未充分实现之前，新的思想意识已经开始和旧的思想意识搏斗，而促起旧的物质生活与旧的思想意识的崩溃；也常常在新的物质生活已经实现的时候，旧的思想意识依旧顽固地残存着，成为新的物质生活与新的思想意识向前发展的障碍。因此，在整个社会改造事业中，思想意识的斗争必然要配合着物质生活的改造而成为一个独立的阵线，放弃这一面的战斗，实际上就无异于维护旧的思想意识道德的存在。

近两年来，国内有一种存心贬低五四运动的价值的风气，这种风气也不仅只是对历史的一种"新"评价，而且更反映着对实践的一种"新"态度——就是否认了在今日的实践中对于旧思想意识进行改造的必要。在这方面，我们不能不说，冯先生是理论上的先驱者。他不仅否定了五四运动，甚至于否定了辛亥革命，这也就是根本否定了在政治与思想意识上求改进的必要。而他所找到的理论根据却不过是些空洞无意义的图式。以为单纯生产技术的改造，就自然而然地能促起全社会的改造，这主张其实是早已经在历史的实践中被否定了！

守旧与革新

但在《新事论》中毕竟是主张，从一种生产方法、生产制度、社会制度，以至道德观念等，变到另一种生产方法、生产制度、社会制度，以至道德观念等。这和绝对的守旧论、走马灯的历史观比较起来，在基本上仍是更进步的。因此在《判性情》一章中对"民族性"与"国情"的解释有很多独到之处。他否认不变的民族性，认为"普通有些人所说的人性，是习而不是性"。他认为，性是会在社会环境变动时改变的，是可以有新性增加的。他以为"国情"也不是什么神秘的东西，"试把某一国或某一民族的历史，于某一时截住，他的历史，在此时以前者即是他的国情"。因此国情也是随时变更的。依照这种说明，就根本堵住了用民族性特异——国情不同为理由而拒绝革新的说法。

而所谓历史变革，就是在旧情的根据上发展新性。这既不否定国情的作用（就是现实的历史条件的作用），也不否认获得新性的可能与必要。我们认为这是科学的见解。但是更进一步，《新事论》作者却遇到了旧情与新性的矛盾，而无法越过。

这话是对的："一个社会如有一新性，其有新性，虽在一方面不合旧情，但在又一方面，亦需根据旧情"（《新事论》第一七四页）。但是在新性与旧情的两方面中，我们把发展新性看成主导的呢，还是把根据旧情看做是主导的呢？这实在是不容含糊的问题。

当《新事论》作者说："一国或一民族在某种情形下必须有某种新性，否则此国家或民族即不能存在，而此种新性，又非用革命不能得到，则革命虽痛苦，亦是不得不有底"的时候，他是把主导的方面置于发展新性的一方面；虽然就在同时，他又承认，因为新性不合旧情，故"守旧者之反对任何改革，并不是没有理由的"，这已经是在自己的立足点上做了某种让步了。我们应该承认，只有从守旧者自己的利益观点上，反对改革是有理由的，但对于革新者，旧情对他并不合适，新性对他才是合适的，所以反对改革的理由是一点也没有的。

但是一到《释继开》的一篇中，着重点就显然地从发展新性方面彻底转到依据旧情方面了。这由原文中所举的用以说明其理论的实例来看，便可知道。

上面我们已经指出过，本书对于辛亥革命是以为它除了种族革命的意义以外，并无价值。在这里我们可以读到他对于这点的解释：

> 就其是中国近代化所经底步骤说，这个革命是开来。就其是明末清初以来汉人恢复运动的继续说，这个革命是继往。(《新事论》第一七七页)

> 不过在建立民国这一方面，辛亥革命在旧情方面，没有充分的根据。辛亥革命后来完全成为政治革命。不过这个政治是跟着种族革命来底，是种族革命带进来底。它本身的背后，并没有实力，至少是没有充分底实力……没有实力或没有充分底实力者，在政治上不能有什么功用。(《新事论》第一七九页)

在这里，我们看到，冯先生是以为因为在辛亥革命以前已有反清运动，故辛亥革命作为种族革命是继往的，有旧情的根据的，所以它也有开来的作用，是现代化之一步骤。而辛亥以前并无建立民主国家的运动，故辛亥革命作为政治革命是无旧情根据的，亦不能对发展新性有什么作用，所以是不必要的。

但是民主政治的提出在辛亥革命的当时完全是"不合国情"的吗？在当时，封建专制帝国已腐败到证明自己无法照旧统治下去了，农民自发的太平天国运动中已经表现出了向民主政治的初步倾向，在国外华侨的经营和国内的最幼弱的工业建设中已有着新社会力量的萌芽，从欧洲传来的民主思想已开始动荡着知识分子的脑袋——这些难道不足以作为一个民主运动的政治革命的现实的根据么？假使在这样的情况下爆发的辛亥革命还算不得有旧情的根据，那就只能主张，必须等到新的一切已在旧的肌体中完全成熟了，然后才能进行改革，但假若这样打算，那就根本谈不到什么革新了。

我们当然不反对，发展新性要对旧情有相当根据。但是"根据旧情"只是要顾到现实的条件，而不是要找旧情中已经成熟了的东西。新的事物不可能是已经成为一个完成的东西隐藏在旧的东西之中，而常常只是被压制在旧事物肌体之中的一些零碎的新的要素。革旧创新正是要打碎这旧肌体，使新事物的要素获得顺遂的发展，而长成为一完成的东西。假如在辛亥革命时的人抱着像冯先生的观念，那么他们为了"根据旧情"，一定是在推翻清王朝之后另立一个姓赵、姓王的人（当时有现成的姓袁的人）来做皇帝。而那样一来，辛亥革命对于中国的现代化还能有什么"开来"的作用呢？辛亥革命对于中国的现代化具有开来的作用，并不只是因为它推翻了清王朝，而且因为它建立了民国，在今天还来否认这一点岂不是太奇怪了么？

《新事论》著者给现代史中的常识翻案，正足以表明他已经不自觉地采取了把根据旧情当做前进的主导面的观点了。

作为这种观点的理论基础的，依旧是他的机械的经济决定论的图式。他说："所谓民主政治，即是政治的社会化。政治的社会化，必在经济社会化底社会中，才能行。"（《新事论》第一七九页）这就是说，一个社会必须充分工业化了，换句话说，就是在经济上充分资本主义化了，然后来谈民主政治，才算得有旧情根据，这就国家而言，才算合于国情。所以他又说：

> 一种新经济制度，在其完全实行以后，虽必引起人的思想以及社会制度的诸种变动，但于其初行时，则并不先需要此种变动。生产社会化的开端，始于工业。工业是一个相当进步底社会中所已有底。新式的工业与旧式的工业，所差在于规模的小大，及技术的优劣。所以所谓生产社会化的开始，不过是生产技术的改良，至于将来所要引起底各方面底变动，则是以后底事。（《新事论》第一八六页）

真是简单得很。于是所谓社会的革新就"不过是"把原来已有的旧式工业在规模上扩大一些，在技术上改造一些而已。至于一切政治制度、社会制度、思想意识都一概照旧好了。因为那是以后自然而然会跟着变革的。

既然这样，《新事论》著者当然可以和主张中学为体，西学为用的人拉手。他说：

> 假如所谓中学为体，西学为用者，是说组织社会的道德是中国人所本有底，现在须添加者是西洋的知识技术工业，则此话是可说的。我们的《新事论》的意思，亦正如此。（《新事论》第二二八页）

这一段话是当作全书的结论而写着的，读到这里，恐怕所有的读者都不能不爽然若失的吧。著者曾主张道德意识是随社会物质基础的变化的，现在却又出现了一种不变的组织社会的道德；著者曾说，在中国旧文化中其主要的是我们所当去的，而现在则是中学为体；著者隐约指示我们一条中国向自由之路，而现在却使我们知道，原来这是五十年前张之洞的道路！

原载《群众》（重庆）第八卷第一、二期，

署名沈于田，1943 年 1 月 15 日

冯友兰《新世（事）论》

陈觉玄

冯芝生兄于中国抗战开始底三年中，写出"贞元三书"，指示中华民族，如何才能走向复兴的路上。其第一部为《新理学》是讲纯粹哲学底；第二部是《新世（事）论》，是讨论实际问题的，第三部为《新世训》是说生活方法底。

这三部书虽如著者自序说："书虽三分，义则一贯。"但第二部讨论底当前实际问题，由社会问题、家庭问题、妇女问题、文化问题、教育问题，到抗战建国问题，无不涉及。其范围尤为普遍，故作者自名此书为"中国到自由之路"更值得我们注意。作者在自序中又说："二十七年为北京大学成立四十周年，同学诸子谋出刊物，以为纪念。此书所追论清末民初时代之思想，多与北大有关系者，谨以此为北大寿。"其中对于北大所领导的五四运动，为之重新估价。凡我"同学诸子"皆不容忽视，故先提出此书，与芝生及同学诸子略加商榷。

《新理学》序中说："此书虽不著实际，而当前有许多实际问题，其解决与此书所论，不无关系。"的确，前一部书是后两部书底理论根据，故本文要讨论第二部书，不能不先从第一部书说起。

《新理学》底大体，是上承宋明道学中理学一派的体系把实际与真际分为两件事来说底。其绪论第四节说："哲学对于实际，只形式地有所肯定，而不是事实地有所肯定。换言之：哲学只对于真际有所肯定，而不特别对于实际有所肯定。真际与实际不同，真际是指凡可称为有者，亦可名为本然；实际是指有事实的存在者，亦可名为自然。真者言其无妄，实者言其不虚。本然者本来即然，自然者自己而然。实际又与实际底事物不同。实际底事物是指有事实存在底事物，例如这个桌子，那把椅子等。实际指所有底有事实存在者。有某一件有事实存在底事物，必有实际，但有实际不必有某一件有事实底存在底事物。属于实际中者亦属于真际中，但属于真际中者不必属于实际中。我们可以说：有实者必有真，但有真者不必有实；是实者必是无妄，但是真者未必不虚。其只属于真际中而不属于实际中者，即只是无妄而不是不虚者，我们说他是属于纯真际中，或是纯真际底。"他所说底真理是"属于纯真际底"，这纯真际"只是形式地有所肯定，而不是事实地有所肯定"、"只是无妄而不是不虚者"，是超于自然底本然。这是完全属于观念论者底说法。故作者名其体系为"最哲学的哲学"。又说"哲学所以不切实际者，因其本不注重讲实际也。其所以不合实用，因其所讲之真际，本非我们所能用也。"（《新理学》绪论六节）这种超脱实际而谈真际，皆是观念论者底见解。

但是在"义则一贯"的《新世（事）论》中，他的观点完全改变了。他竟说："有以家为本位底生产方法，即有以家为本位底生产制度。有以家为本位底生产制度，即有以家为本位底社会制度。在以家为本位底社会制度中，所有一切底社会组织均以家为中心。所有一切人与人底关系，都须套在家底关系中。在旧日所谓五伦中，君臣，父子，夫妇，兄弟，朋友，关于家的伦已占其三。其余二伦，虽不是关于家者，而其内容亦以关于家底伦类推之。"（第四篇《说家国》）这段说法，以生产方法来决定生产制度，以生产制度来决定社会制度，推之于一切社会组织及伦理等，莫不以物质生活之生产方法来决定。这是唯物史观底理论，被他当作公式来应用了。

马克思在他著底《政治经济学批评》序文中说："人们在其生活之社会底生产中，容受一定的必然的离开他们意志的独立的关系。这关系即是适应于他物质的生产力之一定发达阶段底生产关系。此等生产关系底总和，形成社会底经济构造，而在其上建立法制的政治的上层建筑，以及一定的社会的意识形态与之相适应底现实基础。物质生活之生产方法是决定社会的政治的以及精神的社会过程之一般条件。不是人类底意识决定他们底存在，反是人类底社会存在决定他们底意识。"这段话确立了唯物史观理论底基础。马克思所谓"物质底生产力之一定发达阶段底生产关系"，芝生把它分为"以家为本位"及"以社会为本位"底两个阶段。马克思说："此等生产关系底总和，形成社会底经济构造，而在其上建立法制的政治的上层建筑，以及一定的社会意识形态与之相适应底现实基础。"芝生说："有以家为本位底生产方法，即有以家为本位底生产制度。"这"生产制度"就是马氏所说底"社会底经济构造"。芝生说："有以家为本位底生产制度，即有以家为本位底社会制度。"这"社会制度"，就是马氏所说底"在其上所建立法制的政治的上层建筑"。下面又说道"所有一切底社会组织"，"所有一切人与人底关系"及"旧日所谓五伦"等，就是马氏所说底"一定的社会的意识形态与之相适应底现实生活。"虽是他巧妙的把马氏所用底一套名词完全改变了，但理论仍是先后承袭，如两爪相印，不谋而合。这是很显然的事实，无可否认的。

我们再详加辨析，芝生不但袭用唯物史观，把它当作机械的公式来应用，而且囫囵吞枣的误用了这个公式。因为马克思所说"生产方法"不仅是生产关系适应生产力底样式，而且包含着分配关系。在生产前既有生产手段底分配，至生产底结果，又有生产物底分配。如果抛弃了这种分配关系，仅以生产工具来说明生产方法，固然是错误；再进一步，以生产工具来决定生产方法，甚至决定社会组织及道德，这是把唯物史观变成了"工具决定论"真是毫厘千里的错误。

芝生在《说家国》中乃有下列一段议论："生产方法不是人所能随意采用者，因为用某种生产方法，必须用某种生产工具。如某种生产工具尚未发明，则即不能用某种生产方法，人亦不知有某种生产方法，所以生产方法随着生产工具而定，社会组织随着生产方法而定，道德随着社会组织而定。生产方法不是人所能随意采用者，所以社会组织及道德亦不是人所随意采用者。"（《新事论》第六六页）如果照这种工具决定论底说法，欧美各国有了机械的生产工具，就成了资本主义的社会；自从鸦片战争以来，这种工具输送到中国，迄今百有余年，何以中国还不能成为资本主义社会呢，工具决定论对这点将如何说明，所以必须明了这中间不可忽视底还有生产关系。因为机械的生产工具掌握在帝国资本主义者底资本家手里，成为他们底生产手段之一种；他们以工资雇佣中国劳动者替他们生产，所有制造出来底生产物，仍然被他们垄断，又以中国为消费市场。在这种生产关系之下，只能使中国古老的半封建社会，再涂上一层半殖民地社会底色彩，绝不允许中国进入资本主义社会。这岂是只"随着生产工具而定"底呢？

芝生在此地或者可以反诘说：中国近百年来，因为机械工具在外国资本家手里，所以社会制度不能改变，如果这种工具在本国人手里，中国社会还是不蒙影响而改变吗？不知道这种机械工具在满清封建官吏手里，固然是无效用，其书中容后详述，即在本国资本家手里，也是同样。试看1914年到

1918年第一次世界大战的时候，中国民族资本不是曾经一度抬头吗？其与社会的影响如何？到了1919年以后，欧战结束，国外资本再光临我国，我国民族资本一接触他们，简直是以卵投石，逐渐就粉碎了，这种失败底原因，一方面是受国内封建势力底摧残，苛捐杂税，负担日益加重；另一方面受国外资本的压迫，他们贱价倾销，使你无法与之竞争。这岂是单拿机械工具就能说明其中关系呢？

在这种内外双重压迫底情形之下，唯有铲除国内底封建势力，反抗国外底帝国主义，才能为我们民族国家打开一出路。所以才有国父中山先生出来倡导辛亥革命，及北大所倡导底五四运动。这两种运动关系我们民族国家底前途是何等重要，而芝生偏予以无情地驳斥。这就是全部《新世（事）论》中最大的目标。他底结论，是赞成张之洞底"中学为体，西学为用"底妥协论调。

他不敢公然底恭维张之洞，就改称他为"清末人"，也不敢公然驳斥，或至少是不忍心公开反对领导辛亥革命及五四运动诸人，就改称他们为"民初人"。他对这两派人底功罪是如何来批判底呢？试述之如下：

他在《辨城乡》中说："清末人对于当时底西洋虽不十分底了解，亦可以说是，虽十分地不了解，但有一点都被他们猜着了。他们以为西洋人之所以到处占便宜，我们之所以到处吃亏，是因为西洋人有一种特长，为我们所不及者，此即是其有实用科学，有机器，有实业，所以清末人士对于这些方面，提倡甚力。……如果有了机器，有了当时所谓实业，整个底社会，有许多方面自然会有根本底变化。……民初人对于所谓西洋，所知较多。……他们以为清末人只知所谓西洋的'物质文明'而不知其'精神文明'。民初人于是大谈其所谓西洋的精神文明。……对于实用科学、机器、工业等不知不觉底起了一种鄙视，至少亦可以说是一种轻视。清末人所要推行底产业革命，不知不觉迟延下来。直至近几年来，大家始又接着清末人的工作。粤汉铁路动工于清末，至近来方始勉强完成，使我们对日战事，得了大济。这即是整个事情的一例。这中间固然有许多别底原因，但民初人所造成之思想上底空气，不能说不是其原因之一。清末人认为，我们只要有机器、实业等，其余可以'依然故我'。这种见解，固然是不对底。而民初人不知只要有了机器、实业等，其余方面自然会跟着来，跟着变。这亦是他们的无知。如果清末人的见解，是'体用两橛'；民初人的见解，可以说是'体用倒置'"。

（《新事论》四九页至五〇页）看他们这一大段议论，其结论说："清末人若照他们的办法办下去，他们可以得到他们所意想不到底结果。"清末人有机器、实业，照着他们底办法办下去，可以得到底结果是什么呢？我们是从曾李的洋务运动说起。曾国藩、李鸿章都主张制造枪炮，训练新式的军队。不料李氏预备办海军底军费，被满清太后用于建颐和园，致他所办底海军经不起日寇一击，遂即一败涂地。这是第一次"意想不到底结果"。接着，就有康有为领导底戊戌维新变法。康氏了解西方文化已不只是"机器实业"，进一步提倡西方的政治制度了，不料清太后及满洲亲贵又出来干涉，他们根本否认了西方底文明，夸扬中国底符咒巫术，闹出了义和团底滑稽武剧。这是第二次"意想不到底结果"。可见得在满清封建势力之下，虽有"机器实业"也是不容许"照着他们的办法办下去底"。何况那时帝国资本主义者底势力，已经一天比一天扩张。与满洲政府订下了种种不平等条约，更把中国陷于半殖民地的地位，不容你再有发展底机会了，最后，张之洞提出"中学为体，西学为用"底妥协折中办法，已无济于满清政权底崩溃了。唯有国父中山先生深切了解这种折中和复古妥协办法绝不是中国底出路。他才大声疾呼着领导革命，初扫荡了国内底封建势力，再谋求解除国外帝国主义底压迫。他这个"民初人"何尝"对于实用科学、机器、工业等，不知不觉地起了一种鄙视，至少可说是一种轻视"呢？中山先生当民国成立之初，就提出建设实业底大计划，先从建筑三十万里铁路说起，就被袁世凯"鄙视"，笑为迂阔之谈了。那时"接着清末人的工作"底是梁启超。梁氏接着张之洞"政急于艺"底主张，以为"西艺尚可使用客卿，西政乃治天下之大道"（张之洞：《劝学篇·守约》第八），乃在《国风报》及《中华》等杂志上，大谈其政法救国底论调。一般日本式的政法学者一唱百和。高谈什么法国底内阁制，美国底总统制，借以输诚袁氏，博得一官半职。直到袁氏帝制自为，他们才知道上了奸雄底大当。把"清末人所要推行底产业革命，不知不觉底迟延下来"，却正是"接着清末人工作"底这派政法救国论者之罪恶，绝不是领导革命底"民初人"有何错误。这是不容世人把是非颠倒过来说底事实。

因为辛亥革命不彻底，使中国民族解放，一时无法完成；正当这时，西欧帝国主义者之间，因为殖民地底争夺，引起了四年底大屠杀，无暇东顾。中国幼稚的民族资本得到这个时机，才能独立发展。哪料丧心病狂的袁氏反思乘机变更国体，盗窃政权，竟承认日本帝国主义者提出底二十一条件，陷中国于万劫不复的地步。在这种内外国贼强权互相勾结，共谋灭亡我民族国家情形之下，反激而有民国八年北大领导底五四运动，这是稍有正义感的人所应当同情，不应该漫加指摘底事罢？而芝生却别有见解。他的理由是：

1. 他说："民初人……以为我如果有西学之用，如实用科学，机器，工业等，先必需西学之体，即西洋底纯粹科学，哲学，文学，艺术等。他们以为清末人只知所谓西洋的物质文明，而不知精神文明。民初人于是大谈其所谓西洋的精神文明。"我们看清末人自曾李底洋务运动，康氏底变法运动，直到张氏底中体西用说，所以不能成功，正因为他们不能彻底了解西洋文化底真谛，只抄袭了一点西方文化的皮毛，妄想依靠封建底旧势力，企图由上而下的改革，结果只引起中国文化运动底逆转，而倾向复古的道路。五四运动的"民初人"正确的看破这种症结，为矫正封建社会底意识，扶植民主政治底精神，提出德谟克拉西及赛西斯来两位先生为现代文化底两轮。这充分表现出当时人接受西方文化底态度，必先树立正确的"西学之体"，而后才有正确的"西学之用"，"体"与"用"实在是一致底。天下哪有分离底"体""用"呢？

2. 他又说："如果清末人的见解是'体用两橛'；民初人的见解，可以说是'体用倒置'。从学术底观点说，纯粹科学是体，实用科学、技艺等是用。但自社会改革之观点说，则用机器，与实业是体，社会之别方面底改革是用。"这又是误用了唯物史观底公式，以下层底物质基础，决定上层底结构及精神。不知道他们也承认上层底结构同时可以反作用于下层底物质。我们觉得"反作用"底说法，还是不够。实在是下层物质与上层结构及精神联系在一起，是不可分离底，没有什么"倒置"底说法。

3. 第四篇《说家国》中说："民初人对于这一点（按：指他底工具决定说）完全不了解，以为人可以随所意欲，愿行什么社会制度即行什么社会制度。对于中国人之以家为一切的出发点，集中点，他们特别攻击，认为此是中国人的大短处大坏处。他们不知道这是……生产家庭化底社会所需要。"（《新事论》六七页）这是针对五四运动底"民初人"，他们反对封建政治底驳议。即时陈仲甫先生在《新青年》上发表许多文章提倡人权，反抗特权。在芝生看来，"这是生产家庭化底社会所需要底"。"社会组织随着生产方法而定"，必先等待生产方法改变，社会制度自然随着改变。民初人竟"以为人可以随所意欲，愿行什么社会制度即行什么社会制度"。这都是违反自然趋势底妄想。那么，我们只有任袁氏称帝、张勋复辟及段祺瑞执政，静候生产方法改变了，这班人自然会随着消灭，用不着出来反对。再推上去，满清封建政权，也是"生产家庭化所需要底"，等待生产方法改变了，他自然也归于消灭，用不着中山先生出来提倡革命。这才是"居易以俟命"的"君子"应有底态度，那般"民初人"全是"行险侥幸"的"小人"。又把唯物史观变成唯物命定论了。

4. 第五篇《原忠孝》说："说人宁可饿死，不可失节，照民初人的简单底看法，此话不但迂腐而可怜，而且残酷得可恨。他们不知，若果某一道德是某种社会最大底道德，则某种社会中底人，当然以为，此道德虽死必须守底。如一社会中的人，因怕饿死而随便行为，则此社会马上即不能存在；此社会中底人，亦大家不能生存，所谓'虽有粟，吾得而食诸'，结果还是非大家都饿死不可。民初人亦不知，亦不问，孔子朱子等何以叫人牺牲，而只见其叫人牺牲，即以为他们残酷不讲人道。此是民初人的错误。"（《新事论》九二至九三页）这是驳斥五四运动时候"打倒吃人的礼教"说底。礼教如果到了"吃人"底程度，那就应当反对。如防止寡妇"失节"教她宁可"饿死"，这对于寡妇，确实算是过分地残酷。照芝生说："如一社会中底人，因怕饿死而随便行为，则此社会即马上不能存在；在此社会中底人，亦大家不能生存……，结果是非大家都饿死不可。"那么，宋元以来底寡妇，如果"怕饿死而随便行为"则宋元以来底"社会马上都不能存在"吗？"宋元社会中底人，亦大家不能生存，结果是非大家都饿死不可"吗？这种想入非非的判断，不知是根据什么逻辑？依我们底经验，宋元以来底清末社会，寡妇守节底固是很多，"随便行为"底也复不少，那时"社会马上"就不能"存在"吗？大家都"非饿死不可吗"？推知几百年底宋元社会，人性都相差不甚远，她们"饿死"底固是很多，"随便行为"底当大有人在，那时底"结果"又复何如？芝生敢武断的说：他们都已饿死了吗？

下文接着又说："民初人还有另外一种错误底见解。凡旧日人的道德行为，不合乎民初人之所想象底道德标准者，民初人则认为没有道德底价值，或者道德底价值必须打折扣。……民初人这种见解，是完全错误底。一种社会中底人的行为，只可以其社会的道德标准批评之。如果其行为，照其社会的道德标准说是道德底，则即永远是道德底。"（《新事论》九三页）按道德上善底标准，与艺术美底标准相同。在某一时代某一社会所认为是善底、美底，到另一时代另一社会又认为是不善、不美，当然也可以"认为没有道德底价值，或其道德价值必需打折扣"。如氏族社会中有煮食父母尸体认为是道德，那么我们可以说这种行为"绝没有道德底价值"，绝不能"以其社会的道德标准批评之"，认为"即永远是道德底"。又如我国从前底妇女裹足，也有千余年的历史了，当时人也认为是美底标准。我们当然可以认为没有美的价值，而且也可以说是当时人底"完全错误"，深恨当时没有人出来批评或者是反对。如果"以其社会的艺术标准批评之"，说所谓三寸金莲"永远是美底"。这是辜鸿铭春秋大义上的笑话，不料到了今天还能复活，成为芝生《新世（事）论》底哲学，真是咄咄怪事！

5. 第八篇《评艺文》说："不幸自民初以来，有些人以为所谓新文学即是欧化底文学，而且应即是这一种真正底单纯底欧化文学。我们于是用欧洲文学的花样，用欧洲文学的词藻，写了些作品，这些作品，叫人看着，似乎不是他们作底，而是他们从别底言语翻译过来底。"（《新事论》一五〇页）这是他对于五四时期所提倡底新文学底驳议。我们看胡适之在《文学改良刍议》中，提出八项主张，并没有提倡"欧化底文学"。但是既"不摹仿古人"、"务去滥调套语"、"不用典"，而中国近代通俗文学底"花样"及"词藻"，实在不敷应用，乃"有些人所谓文学"，不能不用"欧洲文学的花样"，用"欧洲文学的词藻"，这犹之元人所作底曲，采取西北民族底"花样"、"词藻"，这也是难免的现象，不足深怪。但这不过是"有些人"而已，不能根据这一部分的现象，即驳倒全部。试看大部分的新文艺，如鲁迅、茅盾、老舍等底作品，能说他们是"从别底言语翻译出来底"吗？即如巴金《复仇》中所写底十四篇短篇小说，多富于异国情调，也是别有趣味，不能一概抹杀，笼统概括说："这种欧化是要不得底。"

6. 第十篇《释继开》又说："社会主义或上所说底，民治主义，在一个社会内真正实行，都是一个社会已行生产社会化底经济制度以后底事。如一个社会尚未行生产社会化底经济制度，则在这个社会里谈这些主义，都真正是不合国情的，都是空谈无补"。（《新事论》一八四页）这是驳斥五四运动时代提倡民主政治底话。当时陈仲甫先生在《新青年》上，鼓吹德谟克拉西。在芝生看来，在"一个社会尚未行生产社会化底经济制度，则在这个社会里谈这些主义，都真正是不合国情，都是空谈无补"，由他底话看来，中山先生在中国"尚未行生产社会化底经济制度"以前，提倡三民主义，岂不也是"真正不合国情"，"都是空谈无补"吗？与我们上面所说中国必先要民族解放，经济才有出路底见解，却又完全相反。

以上芝生把五四运动的精神，批驳得一钱不值，是"完全错误"，以下他就正式的批判辛亥革命。

7. 第十一篇《论抗建》说："中国的辛亥革命，是以民族革命始，而以政治革命终。我们在现在平心而论，清末当局在政治经济文化各方面所行底政策，并不能说是全盘底不对。若果没有所谓满汉种族问题，如果当时底皇帝是姓刘底，姓李底，姓赵底或姓朱底，辛亥革命，可以没有，国家的组织中心，不致崩坏，则中国的进步，可少一番迟滞。一个组织的中心，破坏之甚易，而建立之甚难。中国比日本多经了一次革命，自然进步多受了一番迟滞而让日本占先了。"（《新事论》一九九至二〇〇页）他对于辛亥革命底估价，比五四运动更低了。五四运动底人虽"完全错误"，尚没有什么罪过，若倡导辛亥革命的孙中山先生，不过是因为"满汉种族问题"，"把国家的组织中心""崩坏"了，使"中国的进步""多受了一番迟滞"，"而让日本占先了"。这是何等罪过！这就是芝生对于辛亥革命底批判。"如果当时底皇室是姓刘的，姓赵的，或姓朱的，辛亥革命，可以没有，……中国的进步，即可少一番迟滞"。辛亥革命以后，中国的政权，不是掌握在姓袁的，姓黎的，姓冯的，姓徐的，姓曹的一班汉族人底手里吗？为什么中山先生又在广州组织非常国会，主张北伐？现在人又实行北伐，第二次又把中国"进步多受一番迟滞"，又让日本占先了呢？这种话他虽没有明白的说出来，是可以推论而知底。因为"中国多经一次革命"，就让"进步多受一番迟滞"，就让"日本占先机一着了"，革命就是罪过。

最后他才翻过口来，把这次抗战恭维了一番，说："这次的战争为什么是不可避免的，为什么是中国进一步的一个必过的关。知其是必过底关，则非闯关不可。闯过也要闯，闯不过也要闯。"（《新事论》二〇五页）这是与上文自相矛盾的说法。既道这次抗战就是革命，是"一个必过的关，非前闯不可"。为什么对满洲封建政权革命，对北洋军阀革命就不能闯这"必过的关呢"？难道这次革命的责任，可以希望"宁送友邦，不让家奴"的满洲政府来负担吗？希望接受日本二十一条件与订立西园借款底北洋军阀来负担吗？如果他们不能负担这个大任，我们又不愿向他们革命，则这次"非前闯不可"底关还有什么人闯？前后对照，不又是自相矛盾吗？

以上是他对于"民初人"的批判，以下他发表自己底主张：

8.第十二篇《赞中华》说："我们感觉到，清末人所谓'中学为体，西学为用'者，就一面说，是很不通底；但就又方面说，亦是可以说的。如所谓中学为体，西学为用者，是说：我们可以以四书五经为体，以枪炮为用。则这话诚然是不通底。读四书五经，是不会读出枪炮来底。民初人说这种说法是'体用两橛'正是就说此话的此方面说。说如所谓中学为体，西学为用者，是说，组织社会的道德是中国人所本有底，现在所须添加者，是西洋的知识、技术、工业，则此话是可说底，我们《新世（事）论》的意思，亦正如此。不过我们不说是西洋底知识、技术、工业，而说是某种文化底知识、技术、工业而已。"（《新事论》二百二十八页）这就是全书的结论。原来他驳斥了"民初人"底主张，而是为了拥护"清末人"的主张。他虽然可以说：我是接着张之洞底说法，而不是完全遵照他底说法。张氏以四书五经为体，我以"中国所本有底组织社会的道德"为体；张氏以枪炮为用，我以"西方近代文化的知识、技术、工业"为用，这是完全不同底说法。我们试问：芝生所说底中国本有的道德究竟是什么呢？他底答案是："普通一点说，是上所说的道德力；特别一点说，是墨家、儒家的严肃，及道家的超脱，儒家、墨家的'在乎'，及道家的'满不在乎'。"（《新事论》二二八页）这里所谓"儒家的严肃"及"在乎"，当然要从"四书五经"里寻找，"墨家的严肃"及"在乎"，要到墨子书中去寻求，"道家的超脱"及"不在乎"，要到庄子、老子中去寻求。然则芝生所谓"体"者，不过比张氏底"四书五经"加上三部墨子、庄子、老子而已。张氏所谓"用"，从他著底《劝学篇》上说："学校、地理、度支、赋税、武备、律例、劝工、通商，西政也；算、绘、矿、医、声、光、化、电，西艺也。"（外篇）也包括"西方近代文化的知识技艺工业"等部门，与芝生所说，并没有不同。足见芝生所说底"体用"，只比张氏加上三部先秦诸子，内容较为放大，复古的精神完全没有两样。他所以驳斥"民初人"拥护"清末人"，就是反对"民初人"的革命精神、前进精神，拥护清末人的颟顸态度、保守态度。这就是《新世（事）论》的意思。

新理学以形式论理做武器，说明脱离实际底真际，这是他个人底"最哲学的哲学"。本站在观念论底立场，到了《新世（事）论》忽然用唯物史观做武器，好像是态度大变了。及把全书看完，才知道他不过是利用，或是故意应用这个武器，来反对辛亥革命、五四运动诸领导者及其精神，拥护满清末年封建底旧思想而已。他序言上说为"北京大学成立四十年纪念"，"即以此为北大寿"。他把"北大"底精神驳斥得体无完肤，还说是为"北大寿"。这份外面涂上糖衣，中间满装着毒液底寿礼，我敢以老同学之一底资格，出来纠正，请其他同学诸子加以检讨、加以批判。如认为我这番话含有私见，故意挑剔，罚我以对同学不敬之罪，小兄弟敢不承教，否则我们应始终保持并发扬着北大精神，及辛亥革命诸先烈底精神，绝不为一两个人底异说，即轻于动摇，我这篇评《新世（事）论》的意思，亦正在此。①

原载《大学》第二卷第六期，1943 年 6 月

---

① 本文名词下用"底"字，形容词下用"的"字，副词下用"地"字与《新世（事）论》中名词领格下用"的"，其他名词形容词下概用"底"字者不同。但应用原书时，仍照抄原文，致有歧出之处祈读者原谅。——编者注

介绍《新世训》

朱自清

　　这本书一名《生活方法新论》，这是二十年来同类的书里最有创见最有系统的一部著作，同时是一部有益于实践的书。书中讨论的生活方法似乎都是著者多年体验得来的，所以亲切易行；不像有些讲修养方法的立论虽高，却不指给人下手处。讲生活方法而不指出下手处，无论怎样圆妙，也只是不兑现的支票，那是所谓"戏论"。"戏论"的生活方法并不是方法，读者至少当下不能得到什么益处。固然，实践是一步步的实践，读了一本书当下就成圣成贤，那是不可能的。但是本书所指示的生活方法多是从日常行事中下手，一点不含糊，当下便可实践，随时随地都可实践。书中说：

　　　　但如果一个人于事亲的时候，对于每一事，他只需想他所希望于他的儿子者是如何，则当下即可得一行为的标准，而此标准对于此行为，亦是切实底而又合适底。一个人于待朋友的时候，对于每一事他只须想，他所希望于朋友者是若何，则当下即可得一行为的标准，而此标准对于此行为，亦是切实而又合适底（四一至四二面）。

　　　　这样实践下去便是"做人"，而做人即是照着圣人标准"做"者。（二九面）

　　有一位朋友从《中学生》上读了本书前一两篇，曾经写信来说，抽象的议论太多，恐怕读者不会感到亲切，也未必能找到下手处。关于下手处，上节已论。本书虽以抽象的议论为主，但多引"眼前所见底事为例证"（八面），这便见得亲切，也便指示了下手处。书中又常引证小说和笑话，增加趣味。这都是所谓"能近取譬"。但例证自然不能太多，不太多的例证似乎也尽够了，这是所谓"罕譬而喻"。抽象的议论只说及一类一类的事，诚然会"常使人感觉宽泛，不得要领"（四〇至四一面）。但要一件一件事的说，必不免挂一漏万，而且太琐屑太冗长，会教人不能终卷。古圣先贤的教训也有零碎的说及一件一件事的，虽是切实，可是天下没有相同的事，实践起来，还得自加斟酌。（参见四一面）本书虽只举例证，用来烘托那些议论，启发读者，折中于两者之间，是很得当的。再说，同是抽象的议论，可以是"死底教训"，或"似乎不能用的公式"（七至八面），也可以说是著者"真实自己见到者"（一七六面）。若是前者，自然干燥无味；可若是后者，却能使人觉有一种"鲜味"（参见一七五、一七六面）。本书的议论似乎是属于后者，虽然是抽象的，并不足病。读者只要细细咀嚼，便可嚼出味来。就青年人说，高中二三年级和大学生都应该能读这部书。但现在一般青年读惯了公式的议论文，不免囫囵吞枣的脾气。他们该耐着性儿读这部书；那么，不但可以得着切实的生活方法，还可以得着切实的阅读训练。

五四运动以来，攻击礼教成为一般的努力，儒家也被波及。礼教果然渐渐失势，个人主义抬头。但是这种个人主义和西方资本主义的社会的个人主义似乎不大相同。结果只发展了任性和玩世两种情形，而缺少严肃的态度。这显然是不健全的。近些年抗战的力量虽然压倒了个人主义，但是现在时的中年人和青年间，任性和玩世两种影响还多少潜伏着。时代和国家所需要的严肃，这些影响非根绝不可。还有，这二十年来，行为的标准很分歧；取巧的人或用新标准，或用旧标准，而实际的"标准"只是"自私"一个。自私也是于时代和国家有害的。建国得先建立行为的标准，建立行为的标准同时也就是统一行为的标准——生活方法标准化。这部书在这件工作上该有它的效用。这部书根据宋明道学的学说，融合先秦道家的学说，创成"新论"。宋明道学家是新儒家。五四以来一般攻击的礼教，也是这些新儒家影响所造成，但那似乎是他们的流弊所至，他们却有他们的颠扑不破的地方，可惜无人阐明发挥，一般社会偶尔忽略，不能受用他们的好处。本书著者能够见到那些颠扑不破的道理，将它们分析清楚，加以引申补充，教读者豁然开朗，知道宋明道学家的学说里确有许多亲切的做人的道理，可以当下实践。这差不多是一个新发现。再者，道家的学说，一般总以为是消极的，不切世用。本书著者却指出道家对于利害有深广而精彻的衡量，可以做我们生活指针。而教人放开胸眼一层，也可以补儒家的不足。这两层著者在

《中国哲学史》里已经说及，不过本书发挥得更畅罢了。这也是一个有用的发现。

本书所论的生活方法，有些是道德的，有些是非道德的——可是不违反道德的规律的。（五至六面）第一篇是《尊理性》，这是本书的骨干。以下各篇都从尊理性派衍而出。现在是理性的时代，理性的重要最显明易见。尊理性是第一着，是做人的基本态度。《行忠恕》是说怎样对人。《为无为》着重"无所为而为底无为"（六三面），是说怎样对事。《道中庸》是说行为要"恰好或恰到好处"（八四面）。《守冲谦》是教人"重客观"、"高见识"、"放眼界"（一一三面）。《调情理》是教人"有情而不为情所累"（一三六面）。《致中和》是说健全的人格以及人和社会的分际。《励勤俭》是教人"自强不息"（一六一面）、"有余不尽"（一六六面）。《存诚敬》是说要"有真至精神"并要"常提起精神"（一七七面）。《应帝王》是说"做首领底人应该无为"（一八六面）。这十篇是相当衔接着的，著者思想的顺序从这各篇的简略说明里可见。《调情理》篇说到"无'我'的成分之恕"（一四一面），实践起来，效用最易看出。而《为无为》篇论兴趣与义务，更是我们所急应知道的。著者的见解给我们勉励，同时给我们安慰。这里引那么一段儿：

> 一个人一生所作底事，大概可以分为两部分。一部分是他所愿意作者，一部分是他所应该作者。合乎他的兴趣者，是他所愿意作者；出于他的义务者，是他所应该作者。道家讲无所为而为，是就一个人所愿意作底事说，儒家讲无所为而为，是就一个人所应该作底事说。道家以为，人只须作他所愿意作底事，这在事实上是不可能底。儒家以为，人只应该作他所应该作底事，这在心理上是过于严肃底。我们必须将道家在这一方面所讲底道理，及儒家在这方面所讲底道理，合而行之，然后可以得一个整个底无所为而为底人生，一个在这方面是无为底人生（七九面）。

本书的特长在分析意义，这是这本书成功的一个主要原因。全书从绪论起差不多随时都在分析一些名词的意义，这样，立论便切实不宽泛，不致教人起无所捉摸之感。绪论里解释"所谓新论之新"，分为五点（四至一一面），便是一例。但最重要的还是分析"无为"和"中"两个词的意义。"无为"共有六义，著者一一剖解，可以说毫无遗蕴（五八至六二面）。"中"的歧义也多，著者拨正一般的误解，推阐孔子、朱子的本意，也极精彻圆通（《道中庸》篇）。此外，如解"忠"为"己之所欲，亦施于人"（三八面），并加以发挥（《行忠恕》篇），以及逐层演释"和"的意义（《致中和》篇），都极见分析的工夫。这种多义或歧义的词，用得太久太熟，囫囵看过，总是含混模糊，宽泛而不得要领。著论的人用甲义，读者也许想到乙义；同一篇论文里同一个词，前面用甲义，后面就或许用乙义丙义，再后面或者又回到甲义。这样是不会确切的，也不能起信。所以非得做一番分析的工夫，不能有谨严的立论。这需要多读书，多见事，有理解力，有逻辑和语文的训练，四样儿缺一不可。从前有过逻辑文的名称，像本书的文体才可以当得起这个名称。本书著者冯先生还有《新理学》、《新事论》两部书（商务版），文体相同，但前者性质专门些。长于分析的文体的还有金岳霖先生，他著有《论道》（稿交商务已久，似乎还未见出版）；那是他的哲学，也是专门的书（其中一两篇曾在《哲学评论》上发表）。金先生的白话文似乎比较纯粹，冯先生的还夹着不少文言成分，却各自成为一家。我觉得现在的青年人多不爱读议论文和说明文，也不爱作，不会作。这实在不切世用。高中二三年级和大学生即使只为学习写作，也该细读本书和《新事论》。他们读惯了公式的论文，缺少分析的训练，这两部书正是对症的药。而且无论学习白话文或文言文，这两部书都能给他们帮助，因为这两部书里文言成分不少。

原载《读书通讯》第二十七期，1941 年

评《新世训》

梁实秋

　　《新世训》，一名《生活方法新论》，是冯友兰先生在抗战以后所著的三部书之一。其他二书，一是《新理学》，讲纯粹哲学；一是《新事论》，讲文化社会问题；这一部书，论生活方法。所谓生活方法，即是做人的道理，立身处世的道理，该是属于伦理学的范围。

　　我常常想，一个人生在世上，应该怎样对待自己，应该怎样对待人？这个问题很繁难。我想许多人根本就不想这个问题。大多数人是随缘肆应，对付事情的态度是临时斟酌决定。我以为这是不对的。我以为我们应该心中先有一个一贯的道理，做人的道理，然后才能"以不变应万变"，然后才有"大德不逾闲"的把握，然后生活才有规律。对这一番大道理，谁都懂得一点，但是系统地陈述起来，却不是容易事。古今中外的哲学家，在这一方面的著述，最使我个人觉兴趣并感受影响的，是叔本华的那一部 *Maxim and Counsois*，我从这本书里学习到不少做人的道理，但是这书终究是一个外国人的作品，有许多地方尚不能令我翕然心服。我读过冯先生这一部新著，觉得这是饱读中国书的中国人书写的极平正通达的一部教训人的书，我得到很大的愉快。这真是一部有益世道人心之著，愿赘语以当介绍。

　　这部书有几点特别难得的长处。第一，作者把各家的学说都能融会贯通。他的理论在大体上是继承宋明道学的体系，但是他并不把那些道学家的议论当做金科玉律。他并不仅是发扬光大前贤的主张，而把宋明道学家的著作咀嚼过了，然后又把生活方法整个彻底的想过，其结果是把宋明道学组成了一个体系，用以补充引证自己的体系。所以他在"绪论"里说：

　　　　关于生活方法，古人所讲已很多。宋明道学家所讲尤多。……但我们所讲亦有与古人不尽同之处，因此我们称我们这部书为生活方法"新论"。

底下他便说"新论"之新在何处。例如第七篇《致中和》便公然说"与宋明道学家所说不同，或与中庸所说者亦不尽同"。这真正是"温故而知新"。这便与时下所谓道学家撷拾古人的一鳞半爪而板起面孔教训人者，不可同年而语。他也引亚里士多德，他也引佛说，因都是引来从旁做证，供他笔下驱遣。他把道理想通了，所以能用自己的话发挥自己的道理，而不以繁引博征为能事，如作学士论文者之所为。融会贯通，所以才能深入浅出，看来平易，其实甚难。

第二，他所讲的生活方法，虽然是一家言，但是可以相当普遍的永久的适用。他说：

> 所谓修养的方法，可随人的人生观而异，但我们于此所讲底生活方法，则不随人的人生观而异。
> ……生活方法是"生活"方法，凡生活底人都必须多少依照之，想求完全底生活底人都必须完全依照之，不管他是个老年人或少年人，中国人或外国人，古人或今人。

这不是夸大。教人以生活方法，教人如何"做人"，当然只有这一番道理，确实不能分出古今中外。我个人就一向强调一种观点，以为"人性"是普通固定的，喜怒哀乐之情，仁义礼智信的美德，不分古今，无关中外，永远是不变的。人生当中，有许多现象是要变动的，是"无常"的，但在变中有不变者在，"多中有一"。人性不变，所以人的生活方法亦应该是不变的。

第三，作者所讲的生活方式，其基本观点是很正确的——他推崇理性。第一篇就是《尊理性》。讲做人的道理，最好就是提出"人之所异于禽兽者"这一个问题。作者融会了西洋伦理学家及宋明道学家的理论，而提出这样一个答案：

> 人之所以异于禽兽者，即在其是理性的。因其是理性的，所以他能有文化，有了文化人的生活才不只是天然中底事实。……禽兽的生

活是天然界中底事实，他的生活，是本能的自然底活动，而不是理性的自觉底有意底努力。……文化出于人的理性的活动，如社会底组织，道德底规律等，出于人的道德的理性，科学技术出于人的理智底理性。人之有文化证明人是有理性底动物。

作者在这段里虽然引用了《易传》和朱子，他的观点也可以说是完全的合于西洋近代人文主义者的观点。近代美国一位著名的人文主义者就说过：人生有三种境界，最高者为宗教生活，那是超凡入圣的境界，次为人的生活，以理性控制情欲，最下者为禽兽的生活，完全受自然界的力量的支配。我个人很服膺这种学说。深知所谓"做人"即是不要仅仅做禽兽。人本是一种动物，有动物的一切同有的要求，但又异于其他动物，他有理性，他能自觉的有意的调整他的生活，此之谓"人为万物之灵"。

作者虽然证明人是理性动物，而他又很小心的说明在另一方面人不完全是理性的。这一点很重要。他说：

无论就理性底那一义说，人都是理性底，而不完全是理性底。但完全地是理性底却是人的最高标准，所以人必自觉地努力地向此方面作。自觉地努力地向此方面作，即是"做人"。

这就是说，我们要努力向着最高的标准走。为什么要"努力"呢？因为人本是动物，不努力便将离禽兽的境界近，而离人的境界远。于此我们又不得不承认人性二元说。

其基本观点既是正确，其他讲忠恕冲谦勤俭诸篇自然是头头是道。

我的一位朋友读完了本书，对我说："这本书应该令大学一年级生每人必读一遍，最后一篇《应帝王》应该令做领袖的人必读一遍。"我完全有同感。

附志：

顺便向作者贡献两点小意见：（一）第五篇开端引的例子不甚妥当，因为这样写法容易令人误会以为关于一件中国人和美国人有两种生活方法。西洋的伦理观念，尤其是基督教所着重的 Humiliation 与我们所谓"自卑"是极相合的。中外修辞的分别似不重要。

（二）同篇页一一五所举文艺作品的例子，关于时间淘汰一点，是从罗马时代的批评家以迄英国十八世纪的批评家所共信仰的一个道理，成为古典主义的一部分，确有至理。但所谓"抗志希古"，以古人作品为衡量为标准则正像是阿诺德所谓："试金石学说"，是早已颇为人所诟病的一种方法。文艺，在本质上，无古今之别，应求其真美善自然就好。能把握到基本人性的作品，自然不受时间淘汰。此虽无关重要之一例证，然亦不可不察。

原载《星期评论》1941 年第 18 期

冯著《新世训》

曹树人

芝生先生研究哲学，造诣极深。年未学贯中西，已能独树一帜。自"贞元三书"（即《新理学》、《新事论》、《新世训》三书）问世后，震惊一时，大有"洛阳纸贵"之慨！余慕其名久矣。此次病中无聊，得《新世训》一书，以为获宝。浏览既竟，不禁有所悟焉。兹不揣冒昧，提供数点，就教于后，一得之愚，不知著者以为然否？

贞元三书之本旨，著者于《新世训》自序中，言之甚详。究其内容，不外采取儒道法三家之说，和以宋明道学家之言，并以西洋哲理参证之；虽能触类旁通，体大思广，然皆不脱先哲之窠臼，庸何有"新论"之可言？况各家之说，皆趋一端，若聚一炉而冶之，已难于着手，如再是其言而另立新说，此无异"大杂烩"耳！如何能建立一完美之体系而得一健全之结论哉。（原书仅有绪论而无结论）夫如是，则著者之雄图，盖亦难于实现矣。

只以《新世训》而论，大体上对理论之分析与名词之辨识皆甚清楚；而所引之事例，亦平淡浅易，发人深省，尤其是每篇大意，逻辑谨严，咸能自成一小系统。如能合各篇之小系统而成一大系统，自不失为名作矣。例如第一篇《尊理性》（道德底理性）与第二篇《行忠恕》皆系儒家之主张，第三篇《为无为》则系道家之主张。儒家虽亦有"无为"之主张；（《礼记·哀公问篇》曰："无为而成，是天道也。"《中庸》说："不见而章，不动而变，无为而成。"）但以天道无为，而人道则有为也。因人道之有为，故不得不尊理性而行忠恕矣。道家以天道无为，人道亦无为。（老子曰："圣人处无为之事，行不言之教。"又曰："圣人无为故无败。"又曰："我无为而民自化。"）故与儒家之主张大不相同。又本书之第十篇《应帝王》，著者一面为"作下属底人应该有为，作首领底人应该无为"。（见原书一八六页）一面又以为"首领是有权者，权之表现为赏罚"。（见原书一八九页）就前说而论，一时以人道应有为，一时又以人道应无为。此儒家之主张乎？抑道家之主张乎？已令人难断。再就后说而论，又以无为之首领，必有赏罚之大权。夫赏罚者，法家之主张也。儒道（如孔子曰："道之以政，齐之以刑，民免而无耻。"又曰："子为政，焉有戮！"老子曰："民不畏死，奈何以死畏之！"）均非之。实则"理""法"并施，毫不相悖。而老子之无为，乃是顺天而为（即"不违天之事皆可为"意），何尝做消极之无为哉。（老子曰："为无为则无不治。"又曰："道常无为而无不为。"既能为其所"无为"，当无不为矣。）明乎此，则前后之体系，当能一贯矣。今著者不能将"理""法"之相互为用，与夫"为无为"之真谛加以发挥，以致全书之体系，若隋珠绝颣，各自成串，岂不大可惜哉！

至各篇之内容，虽已自成系统，不容宽假，然亦不免有商榷之处。兹逐篇提供于后。

（一）著者于绪论中即肯定"人的生活，也有其本然的规律"。（见原书二页）"人的生活所依照底本然规律，中庸名之曰道。"（见原书三页）因此"有了道德的规律，才能有社会"。（见原书二七页）此无异承认本然之规律，（即所谓"道"）必先于社会或人生。此外，著者又肯定道德的规律，"有些是随着社会之有而有者，有些是随着某种社会之有而有者"，（见原书五页）谓其言，又无异承认一部分道德之规律系产自社会，故随社会之变动而变动之。根据此二种说法，若谓个别人之道德规律发于自然，而社会之道德规律由于人为；则个人之道德律，必异于社会之道德律。实则社会之道德律即个人道德律之推广，其本质并无不同。若谓某种道德律发于自然，而某种道德律则出于人为。基于此二命题，又不能得一最后之判断。（根据形式逻辑：某些甲是 A，某些甲是 B，必不能下判断。）然则道德律之起源，自然乎抑人为乎？一元乎抑二元乎？内在乎抑外与乎？（内在者主良心说，外与者主信条说或功过说）则对于此点，疏于发挥，故读者往往认为模棱或矛盾。同篇五至十页著者对"新论"之理由，共提五大点。实则此五点果皆系著者之新创耶？而著者又均能依照此五点发抒以后各篇之意见耶？吾实不能置答。同篇十三至十五页著者认为"这个（修养）方法，在基本上只有一个"。"如说青年可用一种特别方法以求做事底能力，而中年老年则需用另一种方法，这是不通底"。而且以为"有做事能力底人，其主要性质，无论古今中外都是一样底；求得这性质的方法，无论古今中外亦都是一样底"。此种说法，若照普遍抽象之原则说，尚与真理相近似，但著者对实际生活中之细枝末节（儒家最注意此点）又未免过于忽视矣。

（二）著者于第一篇二七页对道德活动与理智活动之冲突，并未加以否认。并且认为"在我们讲的生活方法中则不会有问题，（即道德活动与理智活动冲突的问题）因为我们所讲的生活方法是不与道德的规律冲突的"，实则第九篇所言之"诚"，（用"真实"意）往往与道德底活动发生冲突。例如其父攘羊，其子目睹之。若挺而出证，以示真诚，则于道德底活动必发生冲突。故在此时又不得不"子为父隐"矣。同页著者又云："如果一种生活方法是所有底人都用或都可用者，则此生活方法必是不与道德底规律冲突底"。此话似亦有语病。例如"杀身成仁，舍生取义"之事，固非人人所愿为，亦非人人所可为。然此种生活方法，并不与道德底规律相冲突。贪淫嗜欲之事，为人人所乐为，亦为人人所可为。若谓此种方法，必不与道德底规律相冲突，其谁信之？

（三）著者于第二篇三四页认为："尽己为忠，似乎应该补充为'尽己为人'为忠，若只尽己而不为人，则不是普通所谓忠的意义。"实则忠有尽己之忠，如诗云："相在尔室，尚无愧于屋漏。"司马光亦曰："事无不可对人言，闲邪存其诚。凡事尽其在我，听其在天。但事耕耘，不问收获。"亦有对人之忠。如孔子曰："忠可移于君。"《左传》曰："上思利民忠也"。及著者所引曾子曰："为人谋而不忠乎？"今著者于"尽己"之下，补充"为人"二字，义至完善。然朱子之以"尽己为忠"者，由于其人生观不同也。（朱子之修养主敬，主静，读语录，做功过格，皆以"克己"为重。）

（四）著者于第三篇中将无为之义，详加分析，不外六点。（1）以无为即少为或寡为。（2）以无为即率性而为。（3）以无为即因势而为。（4）以无为即顺理而为。（5）以无为而无不为（著者以为"任万物之自为即无不为"）。（6）以无为即无所为而为。此六者，皆为也。但皆有消极之意。倘能将老子"为"无为之精神，详加发挥。则积极之意，当可勃然兴之矣。又同篇第六页著者又云："有私意造作是有为，无私意造作是无为。"反之有廓然大公之心者，何尝不是"有为"耶；无廓然大公之心者，何尝不是无为耶。况人能做到廓然大公，必更须有为，方克有济。又同篇六六至六七页著者以为"才是天授，学是人力"。又谓："……没有诗才底人，他无论怎样学诗，我们可以武断底说，他是一定不能成功底。"所谓天才，依据近代心理学之解释，（心理学中并无专章讨论天才）或谓记忆力强，（后来不易模糊）或谓想象力丰富，或谓理解力深，或谓感觉力锐，而教育心理学则根据学习结果评判天才中才与低能。足见天才得自先天者少，成于后天者多。伊川云："性出于天，才出于气。气清则才清，气浊则才浊。"气之为物，即"形而下之器"（朱子语）故器犹杞柳也，使之为杯固可，使之为棬亦可。（即教育心理学之承认人有可塑性）所以朱子又谓："气则能凝结造作。"根据此说，足证天才可由学而来。惟学习必须有根底，方可变化其气质耳。故伊川曰："……除是积学既久，能变化得气质，虽愚必明，柔必强，盖大贤以下即论才，大贤以上即不论才……圣人忘己，更不论才也。"著者若不将此点加以改正，则贻误青年，其害匪浅！立言之难，亦于此可见矣。

（五）著者于第四篇中发挥儒家"时中"之义，以为"中是随时变动，不可执定底"。（见原书九三页）正如伊川所谓："中不可执也。识得则事事物物皆有自然之中，不待安排。安排着则不中矣。"此意固甚精当，惜著者仍采朱子之义，以"中无过与无不及之名"。实则所谓中者，必以过与不及为扬弃，（扬弃有保留和消灭两作用）所以阳明曰："知得过，不及处，就是中和"。否则，若"中"将过与不及完全否定之，则"中"亦无处可觅矣。同篇九四页著者又以庸道为"一定不可移之理"。中见变矣，而庸又不可移，宁非矛盾耶？实则庸者变之常也。犹地球之运行然，人类何尝知其动耶？犹物理公式中之常数然，各数皆可变，独常数不变。故庸道即常道。常道者，即常动不变之理也。若以庸道为某一时空断面中一定不可移之理，则静矣。静则死，死则灭，灭则永无最后之真理可寻；而哲学之寿命，亦于此中断矣。吾意凡爱好哲学者，决不愿绝此真理之道也。

（六）著者于第五篇中将"自卑与自谦"、"礼让与奋斗"、"冲虚与盈满"、"骄与谦"之界限，分析清楚，具见卓识。若能进一步将"以退（谦退）为进"、"以虚（冲虚）为盈"、"以不争为争"之真谛，更加发挥，则所谓谦，所谓冲以及所谓不争者，其消极之意自灭，而其积极之意义则自现。老子曰："明道若昧，进道若退。""大盈若冲。""夫惟不争，则天下莫能与之争。"苏子亦曰："有道者，未尝欲上人先人也，但既下之后之，则其道不得不上且先耳。"扬雄亦曰："自下者，人高之，自后者，人先之。"皆发挥此意也。

（七）著者于第六篇中糅道家说法，认为"情起于人对于事物底不了解"。（见原书一二二页）人能"对于宇宙及其间底事物，有完全底了解者，则即可完全底无情。""情"既如此，所以著者亦主张采道家之法，"以理化情，或以情从理。"实则"情起于心理之冲动，其本身并无善恶，且可为一切认识作用之原动力。不必化之，不必忘之，更不必无之"。朱子曰："心未动时为性，心已动时为情"，"夫情者，性之感于物而动也"。伊川亦曰："心譬如谷种，生之意便是仁。阳气发处乃为情"，故"情者性动也，要归之正而已，亦何得以不善名之"。安石更谓："舜之圣也，象喜亦喜；文王之圣也，王赫斯怒；使舜当喜而喜不喜，文王当怒而不怒，则舜与文王皆不足圣。若以无情为善，则人皆草木矣"。今能归情以正，发情于中，则言语入情（著者以某人说话入情入理之情。系指情形之情或情势之情而言，其义未免曲解）。有何不可？情既归以正，而又发于中，则人当不致于为情所苦，为情所累矣。

（八）著者于第七篇中将"中和"与"中庸"之义，分别解释，以示小异，且以太和为"致中和"之极则，尚见精微。惟著者于同篇一五〇页中认为"所谓欲者，照定义是超过道德底规律底要求，照定义它即是恶底"。此种定义，不知从何而来？如情"发乎情而不能止乎理"之欲，即宋明道家所谓之私欲，人欲，甚至恶欲，均无不可；若谓一切欲皆恶，则恐未必。故宋儒魏鹤山云："圣贤言寡欲矣，未尝言无欲也。所谓'欲仁'、'欲立'、'欲达'、'欲善'，莫非使人即欲以求诸道。至于富贵所欲也，则不可处。今日自寡欲以至无欲，不其戾乎？"（语出于《濂溪先生祠堂记》）朱子亦曰："心之未动时性也，心之已动时情也。欲是由情发而来，而欲有善恶。"王安石亦曰："喜怒善恶，欲而善，然后从而名之曰仁也义也；喜怒爱恶，欲而不善，然后从而命之曰不仁也，不义也。"近人陈立夫先生于《惟生论》中亦谓："道如何修法呢？第一是要尽力创造人类所需要的种种外物，使大众的生存欲望有满足的最大可能性。第二是努力统治个人自己的人欲，将他节制起来。"根据以上所说，足见欲有善恶之分，亦有公私之别。若一味节制之，压抑之，更或进而消灭之，此无异于斩人之性，丧人之元也。窃以为不取！

（九）著者于第八篇中将勤俭二字之内容，阐述无遗；并于俭字中提出"奢"、"吝"、"豪"三字，加以分别之，尤见精微。且本篇所举各例，亦能使人深入浅出，至感兴趣。惜此二字无甚哲理可以发挥，故在本书中，极为

平淡；但在方法上，此二字之意，实不可少。于此亦可见著者之苦心矣。又
著者于第九篇中将诚敬二字之用，发挥罄尽；并于诚字中将"信"、"实"、
"真"三字之义，详加说明，发人深省。惟用诚用敬之结果，社会有何反映？
著者未能将此点提示吾人，不无遗憾！根据宋明道学家之说，以为"诚不能
动人，当责诸己；不能感人，皆诚之未至"。(采明儒薛敬轩语)俗话说："精
诚所至，金石为开"，亦有感人动人之义。至于敬字，则有令人生畏之义。
故朱子曰："偿谓敬字似甚么字？却是个畏字。"由是可知用诚用敬之结果，
一使人感动，一使人生畏。果能斯道矣，则为政与处世之功，不岂立乎？

（十）著者于第十篇以为"做首领者，当然亦有须其躬亲之事"，(见
原书一八五页)但此躬亲之事，著者不认为"有为"。故于同页又谓："当
首领，尤其是当大首领的方法，第一要无为。"实则"凡事皆躬亲"与"亦
有须其躬亲之事"两命题，除一为"全称"，一为"特称"外，而判断则皆
为肯定，何得以"有为"与"无为"结论之。又著者于本篇一八六页又谓：
"善于做首领底人，将一国之事，皆分配于他的下属，责成他们为之，而他
自己，只高坐在上，考核他们的'为'的成绩。"以全国人事考核，委之于
首领一人。虽首领有三头六臂之能，恐亦不易办到；况今日之首领，尚须对
全国人民负责耶。以上数点，系拉杂成篇，著者幸勿一笑置之。何如？

总之，此书文字流畅，用意甚佳，胜过粗制滥造者，不啻倍蓰。如青
年手此一卷，实为修身处世之宝鉴，读者不信，姑以八元试之，当知言之不
谬矣。

原载《新政治》第七卷第一期，1943 年 10 月

评冯友兰《新世训》

胡体乾

冯友兰先生《新世训》自序里说："承百代之流，而会乎当今之变，好学深思之士，心知其故，乌能已于言哉？事变以来已写三书，曰《新理学》讲纯粹哲学，曰《新事论》谈文化社会问题，曰《新世训》论生活方法，即此是也。书虽三分，义则一贯。所谓'天人之际''内圣外王之道'。"其自负如此。实在近三十年出世的书可以说是"述"的多，"作"的少。在作的书中能将理论与现实，世界学术和中国传统思想，融会贯通，卓然有见，如冯先生各著者，真是少之又少。如此自负，可以说还是谦冲的，而非夸大。

关于冯先生三书何在此时，如此产出，将来有《贞元三书总评》。现在只评其第三书：《新世训》。《新世训》——一名《生活方法新论》，曾分篇在开明书局出版的《中学生》杂志上发表，其全书由开明书局于民国二十九年七月出版。书分十章，前有绪论。十章之目：《尊理性》、《行忠恕》、《为无为》、《道中庸》、《守冲谦》、《调情理》、《致中和》、《励勤俭》、《存诚敬》、《应帝王》。

冯先生以为："人的生活，有其本然的规律，任何人都必多少依照它，方能够生活。……但人不必皆明白这些规律，所以其依照之不必皆是有意底。我们亦须有一门学问发现这些规律，将其指示出来，叫人可以有意地依照着生活，使其生活本来多少依照此规律者，或能完全依照之。这门学问，可以教人如何生活，所以它所讲者，可以说是生活方法。我们的这部书即打算讲这门学问。"（页一至三）故此书所讲为生活的本然的规律。又据原书绪论，此书所谓生活是"就人的生活的精神底或社会底方面说"。因此可说此书所讲是生活的精神的或社会的方面的本然的规律。

生活规律既是本然的，则人类的工作主要是发现规律和依照规律。本书第一篇为《尊理性》，其所谓理性分为道德的和理智的。（页二二至二三）道德的理性为规律本身，理智的理性则为发现规律所必要。其第二篇《行忠恕》，以"尽己为人"为忠，"推己及人"为恕。（页三三至三四）又说："忠恕之道是以一个人自己的欲与不欲为待人的标准。一个人对于别的事可有不知者，但他自己的欲或不欲，他不能不知。"（页三八）"行忠恕之道，其行为的标准，不必另外找，所以是最容易行底。"（页四十）亦可见忠恕不但是规律的本身，亦是发现规律与依照规律最便之法。第三篇《为无为》，举各种无为的说法，而归结道，"本篇所要多讲者是无所为而为底无为。"（页六三）篇内分论道家的无为，即为所愿意为者，即合乎兴趣者；和儒家的无为，即为所应该为者，即由于义务者。归结主张"必须将道家在这一方面所讲底道理和儒家在这一方面所讲底道理合而行之。"（页七九）这也是因为兴趣和义务都是本然的规律的指标。第四篇《道中庸》，用意更明显。他说："合乎中道的行为，是可以成为社会上底公律的，所谓社会上底公律者是在原则上人人皆应该完全照着行，在事实上人皆多少照着行者。"（页九四）"中道亦即是庸道。"（页九四）"中道底行为是平常底，但是可以成为公律底。就其是平常说，所以谓之庸。"（页九六至九七）所以中庸即本然的规律，道中庸即是依照本然的规律去做。第五篇《守冲谦》，其浅一层的意思就是因为物极必反。"如欲使一某事物的发展，不至乎其极，最好底办法是使其中先包括些近乎是它的反面的成分。"（页一〇九）这是因有如此的本然的规律，所以为如此的适应办法。其深一层的意思是有一种知识或修养可使人无意谦虚而自然谦虚。得此知识或修养的方法有三种。一种是重客观，一种是高见识，一种是放眼界。（页一一三）这也是启示人宇宙的伟大与规律的周至。其第六篇《调情理》，先举道家之说，"对于理有了解者，则对于事不起情感。对于事不起情感，即不为事所累。"（页一二四）次举儒家之说，"如能有情而无我，则虽有情而不为情所累。"（页一四〇）其所说"明理"和"无我"也都是对着理想的先验的本体说的。第七篇《致中和》以"恰好满足"为中，以"不相妨碍"为和。一人生活的各方面如此则各得其所，社会中各种人如此亦各得其所。由此推至人类中各民族，以至世上万物，无不如此各得其所。这是作者的最高理想，自然也需先认定宇宙内万物，世上一切人本具有中和倾向，才能有此理想。第八篇《励勤俭》，勤以使生活内容丰富，俭以使力量有余。其把勤和俭连起来，所重还是在俭以节力，其所以重力的节省，乃是根本认定力有定量。第九篇《存诚敬》，以为诚敬一方面是一种立身处世的方法，又一方面是一种超凡入圣的途径。（页一七〇）其所说诚敬为超凡入圣之途径者，详在《新理学》，此书只略谈及。其所说诚敬是立身处世的方法，说诚是"言行一致，表里相应"（页一七一），说敬是"专心致志，聚精会神"（页一七八）。究竟如何"一致"，如何"相应"？是否一致地相应地为恶？专心致志、聚精会神作何事？是否专心致志、聚精会神去害人？所以说诚敬是规律本身还不如说诚敬是依照之之方法。第十篇《应帝王》，是讲做领袖的道理。其主要为以赏罚之柄用人，而自己无为，其次还要无私。这也是跟着他全书的一贯主张下来的。这是本书的简要叙述，自信大致不至歪曲原意。

本书命意之高，说理之密，均无须评者更赞一词，评者几次亲见经商从政的人，在行囊中只带此一书反复展玩，可证其势力已经广被深入。现在只就自己私见提出可以商量者几点。

第一，著者所谓生活规律，是何性质，是必然的呢？还是当然的呢？本书以生活规律比拟逻辑规律（页一），是依照着即"对"违反了即"错"的规律，应是当然规律，若是必然的规律则"对"和"错"的问题不发生，且亦无违反之可能。换句话说，即此生活规律非生理学的规律之类，乃卫生学的规律之类。这是可以公认的。然则所谓生活规律和生活方法是创造的呢？普遍的呢？还是发展的呢？就全书文字看，不见有解作"创造底"的痕迹，这一点可以不论。本书谓"在这方面（精神底或社会底方面）亦有些本然底规律，为人所都多少必依照者。例如'言而有信'，是人的社会生活所多少必依照底规律，无论古今中外，固然很少人能完全依照此规律，但亦有人能完全不依照此规律"。（页二）从此语意规律是普遍的。在下文中虽说"一个社会内底人的生活方法，一部分可以随其社会所行底道德规律之变而变"（页五），但接着又讲，"他们（前人）所讲底生活方法有些是在某种社会内生活底人的生活方法，而不是人的生活方法。现在我们打算讲人的生活方法。"（页五）是此书所讲生活方法也自认是普遍的。每一时代的人总以为自己时代所有是永久的，每一社会的人总以为自己社会所有是普遍的。本书说前人所讲生活方法有些只是在某种社会内底人的生活方法，而不是人的生活方法。本书所列十篇果然全是人的生活方法，而不是某种社会甚至某个社会特有的吗？如以为生活方法是发展的，则人的生活方法，和某种社会内的生活方法，关系都很明白。如以为生活方法是普遍的，则其与某种社会内特有的生活方法关系如何呢？这在本书中还没有充分的解释。

第二，生活规律和生活方法的关系如何？生活方法就是规律的本身呢？还是一种依照规律的途径呢？还是兼为规律本身和依照的途径呢？在本书里，原说生活方法本身即是生活，并非求其境界的工夫，达某目的的手段。（页九至十一）是著者原意以生活方法兼规律和依照二义。但著者在《新理学》和《新事论》中皆以五常为道德规律，其与此书所列生活方法的关系如何？何未明白指出？至于本书所讲，据评者所能理会，如前段所略述，讲规律本身者似乎过少，而讲如何能依照规律者实在太多。此为一可商量之点。

以上系就本书全体讨论，以下分别讨论书中各点。

在第一篇《尊理性》中，把冲动或热情认为是冒险或牺牲的事的充分条件，而却不是其必要条件。（页十三）究竟冲动或热情是不是冒险或牺牲的必要条件？是不是其充分条件？如果有人以为冲动或热情是冒险或牺牲的必要条件而不是其充足条件，因为只有热情而对事实无某程度以上的认识，无某种企图者，还不是会做冒险或牺牲的事，又因为从容就义的人也有很强的热情，只是其表现的方式和慷慨捐躯者不同些。如此说法，著者以为如何呢？西方的谚语说："仁智而不勇，只配作奴隶。"在实际生活上，见过许多聪明正直的好人，只因为热情不够，不敢冒险，不肯牺牲，轻者失机误事，重者行止随人不能自主。所以热情是绝对需要的。尊理性诚然不错，但本书不曾为热情留一点应有的地位，则在生活方法上大可商量。

第二篇《行忠恕》为本书中最长之篇，长约全书七分之一。忠恕实是著者的中心思想，发挥颇为尽致。在《新经济》某期中，评本书者专就恕道下评，以为若与人着棋，自己的马不愿被对方吃去，依照恕道，也应该不吃对方的马。批评太浅。著者可以答复，既然着棋，便互相承认争胜，即攻将、吃子皆无害于恕道。若分明能吃，反让对方而不吃，如此包容，倒是对方所不愿者。又若着棋底一方专好悔着，却不让对方悔着，便是"己所不欲而施于人"，便是不恕。如此即甚分明。惟在社会关系中，不但有同体联系的关系，更有敌对矛盾的关系，两种关系是如何的比重？在敌对关系中是否仍应行恕道？此问题在著者理论体系上，原可以解答，但无一言提及，似为缺漏。

第三篇《为无为》，乃本书最值得商量之点。第一，"无所为而为"与

"为所为而为"应有区别。"无所为而为"乃是无目的的行为，应指偶然的冲动的行为。若如本篇所论，兴趣的和义务的行为，乃目的即在行为本身的行为，应称为为所为而为的行为。若名为"无所为而为"，则恐被误认。此尚是名词之争，无关宏旨。本书谓："道家以为人只须作他愿意作底事。……儒家以为人只应该作他所应该作底事。……合而行之，然后可以得一个整个底无所为而为底人生。"（页七九）在此要进一层问人为何愿意做某事？为何应该做某事？也就是与兴趣如何养成？义务据何规定？于此就不能不谈到目的了。由心理学讲，人的兴趣虽有几分先天的基础，而大部分都是培养成功的。兴趣的培养主要虽在少时，成年后也非不可能。社会的力量常能指导兴趣的方向。如本书说："我们所作底事，其无所为而为者越多，我们的生活即越近乎理想。在我们的社会中，一般人所作底事，其无所为而为者越多，则其社会即越近乎理想。"（页七三）这只是表示人力的使用应与兴趣的培养相合而不要相反。即如本书所说："在以前底社会制度里，尤其是在以前底教育制度里，人以为人的兴趣只有极少数是正当的……人所应读底所谓'正经书'是很有限底。……所有小说词曲等均以为是'闲书'……因此有多少人不能随着他的兴趣去作，以致他的才不能发展。因此不知压抑埋没了多少天才。"（页六六）究竟个人的兴趣为何在"闲书"而不在"正经书"？对"闲书"有兴趣和作"闲书"的天才是否一致？大概著者也不会混读"闲书"的兴趣和作"闲书"的天才为一谈。至于人对"闲书"有兴趣乃是因其内容和生活接近，文字和语言一致的缘故，和人类的天才没有什么关系。生物行为的目的性终是很强的。即目的在行为本身的行为，大致不是使生活得到直接满足，即是被交替的反应。所以对某事的天才也有时对某事没兴趣。对某事有兴趣，更不见得即是对某事的天才。如本书所举的"棋迷"与"戏迷"之例，不能成为名角底"戏迷"、不能成为国手的"棋迷"所在多有。反是限制他们兴趣使之改变好些。所谓应该不应该，究竟是就具体情境来判断呢？还以一定范畴来判断呢？如就具体情境来判断，则某情境下所以应该如何如何做也是因为合于一定目的的，譬如说国利民福之类。这就不能说是无所为。如果就一定范畴来判断，则行为范畴和大群利益相矛盾的时候，应该如何适从呢？如从大群利益，则又不是无所为。如从一定范畴，则作者又说："一国的行为完全是趋利避害，完全计较利害，所以其为，皆是有所为而为。"（页七六）为何国家自身行为尚需计较利害，为何个人的行为可以不顾国家利害？作者又说："个人做事不必计较他自己因做此事或不做此事而得利或受害……对于一个关系国家底事，却需问此事是于国家有利或有害。"（页七五）如此，把"计较利害"改成"计较自己利害"。究竟作者所谓义务的无所为而为是不计较一切利害，还是不计较自己利害？如是不计较一切利害，则个人做事亦不能如此无为。如是不计较自己利害，则国家做事亦不能说是必须有为。在农业发展较高的社会里，目的和行为本身联系比较间接。因此有好些行为，从表面上看来，似乎是与目的不相关联，可以离开目的，如所谓"只知耕耘，不问收获。"所谓无所为而为的事只是此类。若但就中国今日讲，则国人委心任运，听天由命的态度太强了，实在需要事求其可，功求其成的有为论，即目的论。作者的主张至少是今日中国所不该提倡。

第四篇《道中庸》，把中庸之道讲得很妙。作者说："合乎中道是可以成为社会上公律底。所谓社会上公律者，是在原则上，人皆应该完全照着行，在事实上人皆多少照着行者。"（页九四）如此说中庸之道是人生的极则。但作者又以中庸之道较菽粟布帛为人所习见，又以中庸之道比大道，说是若小路非不方便处比方便处大，则人皆走小路，而小路将成大路。（页九六至九七）如此说则中庸之道是人生的常态。这两个意见是有区别的。如作者所用煮饭以煮熟为恰好，即是中道，即是极则。又如说吃饭应不多不少，而不拘各人碗数，亦即是中庸之道，即是极则。但如合此二例稍加变化，做菜应咸淡适中，而各人口味有喜咸者，有喜淡者。则做菜卖的，应求合每一个人的口味呢？还是只求合乎大多数人的口味呢？自然是只能求合大多数人的口味。因此普遍所行中庸之道常常不是极则，而是常态。以常态为中庸之道，则只适于一般人，而极端特殊的个人常被牺牲。正如用人按年资，非所以待非常之士。又如不次的拔擢也不可施之人人。本篇对于"人人可行"这一点，未免过分强调了。实则人的差别太大了。如独身不婚，自然不是人人可行者。但少数人为事业或为修养，而独身，其成就远比结婚为大，独身对他们不但是可行的，实在是必要。如此等人的独身仍是中庸之道，则中庸之道不是人人可行者，且不是大多数人可行者。如此等事应为独行而非中庸之道，则中庸之道乃专注重常态而忽略极端的人。作者于作为人生极则的中庸之道和作为人生常态的中庸之道，似还应该再进求更高的统一。

第五篇《守冲谦》中所论谦德，自然是应该的。其所举修养方法也很高明。作者以物极必反为谦的理由，而以为"如愿使一某事物发展不至其极，最好底办法，使其中先包括些近乎是它的反面的成分。"（页一〇九）如此就社会说以温和方法，以延缓革命，只是小小权衡作用。就个人说，常存戒慎恐惧，乃近于患得患失，总没有发挥尽致。

第六篇《调情理》，所论道家的无情和儒家的无我。道理虽好，修养方面还需有补充。寻常人固然不明理而动情，更常因动情而不明理，正所谓："心有所愤懥则不得其正，有所恐惧则不得其正。"许多平时自夸大胆的人，禁不起吓一吓就张皇失措，并不是完全不明理，而是修养不够。比如宋明儒者所常说"事上磨炼"，即为修养之一法。即如开战之初，大家怕警报，久经空袭之后，就不那样怕了。这经验只是磨炼的一个方式。只有从这些地方用工夫方能够"沉着气"，而去掉沉不住气的毛病。

第七篇《致中和》为本书中最高理想所在。他的最高理想名为"太和"以别于一般所谓"大同"。其所谓太和不但是人人满足需要，并且万物各得其所。此理想境界自然是很高的。但他说："就一个社会中底各种人对于社会及别种人底关系说亦有中和可说。……各行底人即此所谓各种人。……各种人要他们的权利，有一个界限。过了这界限，即与社会中别种人的权利发生冲突或妨碍。这个限度即是中。……每种人尽他们的职分，亦有一个界限，如不到这个界限即不能满足社会对这一种事的需要。这个限度即是中。……如果一个社会中底各种人，要权利，尽职分，皆合乎中，则此社会即得到和。"（页一五〇至一五一）此所谓各种乃是各行，即各职业。其所以说职业乃是避免说各阶级，即所以避"对统治阶级助纣为虐"的批评。其实职业乃是社会历史范畴。如巫如卜，都曾为社会绝不可少的职业。娼妓到今日还有人以为是必要。社会上各职业到底都是为整个社会而存在，还是有许多职业乃是为特定部分人而存在？两者都是不能免的。所以如作者所谓"各种人合乎中，此社会得到和"，以为一时的调适则可。若以为社会的根本协和则所谓各种人，必须是合乎理想，依着计划出现的各种人，而不只是历史大势演成的各种人。

第八章《励勤俭》，乃是以物质精神有定量限制为前提。因物质有定量故用之必啬。因精神的作用有定量，故工作必勤。但现代人不主张勤作而增加工作效率，不主张俭用而增加物质供给。这两方面不见得一定是矛盾的，但如何调剂两种意见恰到好处，却是急切需要，尚待阐发底。

第九篇《存诚敬》，其释诚敬的主要意思在《新理学》中，故于评《新理学》时详评之。

第十篇《应帝王》把首领的事情综括为"无为"和"无私"两要点。而其说无为则侧重于用人。按中国古人说君道，如欧阳修的君难论即举用人和听言二事。领袖对于政策决定其重要不下于用人。究竟作者之意果然以为做首领的连政策决策都不可为吗？无私之论，主张不要心腹，即不可分部下为心腹非心腹。（页一九三至一九四）但一般所谓干部是不是必要呢？作者并未提及干部的必要，也未驳斥"干部决定一切"的说法。究竟干部也如所谓心腹要不得呢？还是干部与所谓心腹不同，还有需要呢？我们读本书的人，还是希望作者对此问题有更明确的表示。

本书深刻周密，几无隙可破，现在逐章评过，其中所列各点，只是评者认为尚可商量之处。希望到重版时，这些问题全都得到适当的解答。

大约贞元三书以本书涉及实际问题最多，故其意见可商量之点亦最多。无论如何，如此深刻周密的书是近来少见的，是值得精读细评的。所以于他人评过之后，又逐章评去，更希望对著者所提问题及解决方法有更进一层的认识。

原载《时代中国》第六卷第四期，1942 年 10 月

论冯友兰著《新世训》

陈　垦

一

　　"抽象的真理是没有的，真理永远是具体的"（伊理奇），因为真理的标准或说是尺度，是社会的历史的实践，在此，错误的见解被舍弃，"幻想消失，事实存留着"。而社会的历史的实践是在一定的时空条件下，换句话说：它不是抽象的，而是非常非常具体的，因之，真理不可能是抽象的，也就是说：无论一切政治理论，哲学命题，生活方法，"为学之方"……要成为正确的，首先就必须赋予具体性；也只有具体性的，才能为实践所证实，才能变为实践的指导与武器。

　　但是形而上学家就无视于真理的具体性了。他们只承认抽象的绝对真理，以此为"施诸四海而皆准，行诸百世而不悖"的规律。所以如此，是由于他们的认识过程只停止于抽象的思维一点上。"认识过程中第二个动因，是抽象的思维。为这抽象的思维加上特征的东西，是分解对象之具体的全面性，考察并研究其单个的联结，形而上学不能超出这个动因以上。因而形而上学是使现实的诸方面互相分离的。在这样处理之下，对象的全体性及其具体性就被忽视了。"（瑟知可夫：《真理论》）但重要的是：我们"研究认识的进程不能停止在这些一般的状态，而需进一步发展，到达具体……对于人类，认识不应是为了精神上的自我欣悦，而是为了实际的活动"（《布尔塞维克》月刊一九四〇年九月号第五七页）。

　　无视于真理的具体性者一定不会理解普遍与个别的关系。形而上学往往只注意到普遍的东西，而不理解"普遍的东西，只有在个别的东西中间，只有通过个别的东西，才能存在。一切个别的东西，（总在某情形上）是普遍的东西，一切普遍的东西，都是个别的东西的（一部分，一方面，或本质），一切普遍的东西只是近似地包括着一切个别对象。一切个别的东西，都是不完全地参入到普遍的东西里面，其他等等"（伊理奇：《哲学笔记》）。

冯友兰先生的哲学，就完全犯了形而上学家的毛病。

"事变以来，已写三书。曰《新理学》，讲纯粹哲学。曰《新事论》，谈文化社会问题。曰《新世训》，论生活方法……书虽三分，义则一贯。"（冯著《新世训》自序）诚然，冯先生的《新世训》是和《新理学》一脉相通的，他一贯的"承继"宋明道学家的"理支配物，理在事上"的形而上学的主张；在《新世训》里，他只是把这形而上学的主张通过"生活方法"的说教而表现着。

由于整个哲学观点的形而上性，所以我们对于《新世训》的每一主张都觉得不妥；但枝枝节节的批判，又似失之于太琐屑，因之在本文中仅想举出几个重要的根本的主张和冯先生商榷一下，同时更在商榷前先把真理的具体性的一点阐明一下，以便下面问题的提出。

二

冯先生在《新世训》中最中心的最根本的错误，正像一切形而上学家一样，就是把抽象的普遍的东西，认为"施诸四海而皆准，行诸百世而不悖"，而无视于时空的条件，换言之，也就是无视于具体的个别的东西。这个抽象的普遍东西，就是他在《新世训》里提出的"生活方法"，所以该书一名《生活方法新论》。

冯先生之"有见于齐，无见于畸"（借用荀子讥墨子语，在这里齐是指抽象的普遍讲，畸是指具体的个别讲）在《新世训》中表现的，举其荦荦大者言，有下列几点：

（甲）《新世训》所提出的"人"、"生活"、"生活方法"，都是指普遍的东西，根本忽略了纯抽象的东西是不存在的事实，和无视于"普遍的东西，只有在个别的东西中间，只有通过个别的东西才能存在"的真理。冯先生说："……所以一个社会内底人的生活方法，一部分可以随其社会所行底道德规律之变而变。一种社会内底人的生活方法与别种社会内底人的，可以不尽相同。不过这些分别前人没有看出，所以他们所讲底生活方法，有些是在某种社会内生活底人的生活方法，而不是人的生活方法。现在我们打算讲人的生活方法，所以与他们所讲有些不同。"（五页）"因为我们于以上所说底生活方法是'生活'方法，凡生活底人都必须多少依照之，想求完全底生活底人，都必须完全依照之，不管他是老年人或少年人，中国人或外国人，古人或今人。"（十二页）"……例如'言而有信'是人的社会底生活所多少必依照底规律。无论古今中外，固然很少人能完全依照此规律，但亦没有人能完全不依照此规律"，在此，冯先生显然抹杀了具体的条件而把抽象的原则提升为绝对的真理，不知"言不必信，行不必果，惟义所在"（孟子）的时空因素，因之宋明道学家所讲的生活方法虽只是指当时社会的人的生活方法，而内容确是活生生的人的生活方法；在冯先生这里正相反，他虽"打算讲人的生活方法"，"但关于这个人类所住的世界却绝对没有谈到……这个人类并不是从母体的胎内产生……"（借用恩格斯评费尔巴哈语）为什么？因为从母体胎内产生的人类，他处身于阶级的社会就不可避免地具有阶级的分别，而冯先生说："于此我们说，我们所谓各种人，并不是指阶级说。"（一五二页）冯先生还举了一个"已当了三十年底教员"为例，证明他所谓"各种人，并不是指阶级说"。教员——无论他当了多少年，难道正是超脱阶级的人类么？这不是冯先生对阶级的意义的无知，便是这个教员"并不是从母体的胎内产生"的，而是冯先生头脑中抽象的产物。

由于对"人"与"生活"的理解的形而上学化，所以"人"与"生活"对于他只是一句空话，关于现实的"人"与"生活"他都不能告诉我们一些确实的"生活方法"。在这里，我们值得把恩格斯的话引述一遍："它适应于一切的时代，一切的民族及一切的状态。正因为这样，它无论什么地方都不能实行……"（《费尔巴哈论》）

（乙）以同样的手法，冯先生把"理化情"的命题也抽象起来，而把"情"的对象——人或物也一概地抽象地等同起来。他在抽象的"物质"上把握了"石"，也把握了"人"，而没有看到具体"人"的质的特殊性。冯先生说："我们于修路的时候，有大石当路，则移去之，或打碎之，并不必要先恨大石。小儿或先恨大石，而后移去之或碎之。这是由于他对于大石不了解。成人对于人之不了解，诚亦有如小儿不了解大石。所以对于不了解人底人，往往亦须先引起其对于敌人底恨，然后可以使之打击敌人。共产党所以鼓吹阶级间底恨者，他们不是不了解物质史观或经济史观，即是他们欲以此鼓动不了解底群众。照他们的物质史观或经济史观说，他们对付资本家，亦应如修路工人之对付大石，虽必打碎之，但不必恨之。"（一三〇页）

暂且不谈人们移去绊石的时候有没有愤怒心，但人究竟不同于"石"的。"人"和"石"在一方面固其同一性，但绝不能因此抹杀了"人"之异于"石"者——人是有意识的动物。正因为人是有意识的动物，所以当资本家的存在被否定的时候，他们会起来反抗，他们会"以十倍的努力，疯狂的热情，增长百倍的仇恨心起来斗争，谋恢复他们的已被夺去的'天堂'，谋他们的家庭幸福——他们的家庭从前过着多么甜蜜的生活，而现在则被这般'下贱人'弄得破产和贫困（或者弄到从事'下贱的劳动'……）"（《伊理奇全集》卷二十三，俄文本，第三五五页），绝不像"大石"一样地毫无反动力地被移开了。并且工农之推翻资本家主要固然是由于社会经济的规律的必然发展，但工农对于资本家底残酷压迫的无上愤怒与革命热忱的无上坚决，也是革命成功的重要因素。说教育工农群众不要恨资本家，而完成其推翻资本家的革命，只是梦呓而已，否则便是想阻挠革命，至少是想给将来社会中资本家底"复辟"留一个用武之地。这个理论，将成为历史的绊石，而工农大众将以万分的愤怒踢开这历史的绊石的。

（丙）《新世训》的末一篇是《应帝王》。"本篇所讲底，是做首领的方法……凡做着首领底人，都可以用"（一八四页），换句话说，冯先生又在把"做首领的方法"抽象出来了，他以为不管这个首领是专制的君王，资产阶级的官僚政客，群众领袖……甚至强盗山上的寨主，都必须照着这些方法做。但事实上，谁都知道帝王，总统或总理，领袖等，相互间各有其质的不同。由于其各个的质的特殊性之不同，因而其作为之法必须各异。譬如说吧，封建时代的帝王是以天下国家为己有的，他是脱离群众的独夫，他的作为是以保持他的天下为目的，因之他做首领可以深居宫廷，每天坐坐朝而已，至多像冯先生所说责成其下属的工作罢了。可是作为群众领袖却不同了，他是为群众服务的，他要以群众的利益为利益，所以他的工作，绝不止于责成其下属，同时更需向群众学习，熟悉群众的需要与痛痒之所在。因之他的工作绝不能以道家的"无为"作为方法了。道家的"无为"方法只是做帝王的方法，至多作为资产阶级国家的首领方法，换句话说：只是作为统治阶级的首领的方法。所以我们可说：《应帝王》一篇不仅"借用了《庄子》中底一个标题"（一八五页）；并且也借用了不少《庄子》的内容，因为《庄子》中的《应帝王》正是说明"用人群之道"（《庄子·天道篇》），统治阶级的首领统治一切群众的方法，而非"凡做首领底人，都可以用"（一八〇页），更非群众的领袖所应该用的"方法"。

三

冯先生有见于抽象，无见于具体的手法，绝非是无缘无故的，他是有其一贯的哲学根据。正像一切的形而上的哲学家一样，冯先生这种手法，当归结于他的本体论底唯心化。上面已说过，冯先生是一贯地"承继"着宋明道学家的"理支配物，理在事上"的主张；正因为这样，他才把抽象的普遍的东西高举在上面——脱离了具体的个别的东西在上面；正因为这样，他才把观念的东西支配着现实的一切事物；也正因为这样，他才"见树不见林"（恩格斯），不能把问题的本质、事物的核心抓住，而形式逻辑地等同一切。

表现在《新世训》中的，最显著的，有下列三点：

（甲）冯先生把作为上层意识形态的道德规律，支配了下层基础的社会生活。冯先生说："有了道德规律，才能有社会。如果所有底人都打算不照着道德底规律生活，则即没有了道德底规律。没有了道德底规律，即没有社会，没有了社会，人即不能生活。"（廿七至廿八页）换句话说：他把现实的产物作为现实的创造者了。

但是这一主张，冯先生是绝对的错了。道德的规律正是人类社会生活的派生物，它是第二次的，它是被决定于人类的社会生活，虽然同时它也有其反作用力。所以事情的本质是：不是"有了道德规律，才能有社会"，相反，有了社会，才产生了决定了道德规律，道德规律本身是人类社会生活的高级产物。

（乙）冯先生以某种心理上的因素视为做首领的成功底关键。譬如他把宋江"所以能坐第一把交椅的原因"归纳为"宋江一生，以携手为第一要务"，"宋江无论见什么人，总叫他觉得宋江以他为心腹"。（一九四页）又如他把汉高之所以成功，项羽之所以失败，也分析为"人有功当封爵者，项羽'印刓敝，忍不能予'……汉高对于臣，则封爵裂土，毫不在乎，这心理正是宋江见人即拿出一大把银子的心理"。（一九五页）诚然，我们不能否认这些心理的因素确成为汉高项羽之成败底一个次要的因素，但以此视为主要的甚至唯一的因素而说因此"坏了自己的大事"或"一个得了梁山，一个创了帝业"（一九五页），我们认为冯先生是错误的，因为"历史上底人物"的事业的成败，单就其个人的主观的心理因素来解释，而忽略了当时社会的物质原因，只是隔靴抓痒，没有把握到事情的本质和核心。无怪冯先生要主张"一个做首领底人……又要如宋江之流，见人说好话，送银子"（一九六页）了。

（丙）冯先生对于公和私的分别，同样也是形式逻辑的，换言之，同样也没有透过现象抓住事情的本质。冯先生所了解的私是吝于"送银子"引用"真心拥护他的"；而所谓公，就是"当首领底人用人，除了以其能为标准外，不应该有别底标准"（一九三页）。这样的理解，我们认为是非常抽象化和形式化的。如上面讲过，无视于个别东西之质的特殊性，而想以抽象原则一般地引用于各个具体的个别的地方，"它在无论什么地方都不能实行"的，在这一点上，我们又一次地证实了。因为做资产阶级底首领的人，他为维持其整个阶级的统治地位计，他事实上无论如何也不会不"私"地引用革命者的，虽然他非常"能"。这一点，任何善做帝王或总统的人都不能例外。相反，在社会主义社会中，群众领袖为维护群众的利益，打击资产阶级的复辟企图，也绝不会引用反动的人物，虽然他具有某方面的"能"，因为"无产阶级专政不能是'完全的'民主，不是给一切人的，也给贫人，也给富人的民主；无产阶级专政'应该是新式的专政国家——为反对资产阶级而施行专政的国家'。"（约瑟夫：《伊理奇主义问题》，一九三九年第十一版俄文本，第卅页）所以在这情形下，引用真心拥护群众领袖的——也就是拥护大众的人，就不能称为私了。冯先生把帝王和领袖形式逻辑地等同了，自然难在公和私底关系上正确地理解着。

四

综上所述，可见冯先生理论的主要病根是在他所根据的哲学是十足的唯心论，因而表现在《新世训》中，处处显示了抽象的理论，阉割了真理的具体性。于本体论的商榷，这里不拟详论，因为冯先生有《新理学》一书专讨论哲学，我们不妨在讨论《新理学》时再予检讨，这里要接着研究的是在此"当我国家民族复兴之际，所谓贞下起元之时也"（自序），冯先生出版了这部只谈抽象真理的大作，究有若何意义。

首先，我们觉得有一个不敢想象的——但同时确乎是读过《新世训》的人所同有的印象，就是冯先生在该书中所谈的生活方法完全是抽象的一般的东西，在此非常具体的现实的抗建斗争的时空下提出并予以强调，得无使国人忽略了现实生活的斗争性？一方面固然无从以此有力地指导现实的具体的生活，因而对冯先生自序中所谓"我国家民族方建震古烁今之大业，譬之筑室，此三书者，或能为其壁间之一砖一石与"发生了效果上的怀疑；同时更觉冯先生提出"但我们生活下去是为生活而生活"（十一页）的一点似乎把生活的真实意义也抹杀了。"为生活而生活"的口号乃是今日中国布尔乔亚意识的颓废的表现，但在此"震古烁今"的抗建时代，冯先生以此颓废的意识形态公布于世，并要求每一个人"有意底依照着生活"（三页），而同时我们的敌人和其助手在目前沦陷区中也以类似的手法麻醉着民众，使他们无视于生活底积极意义——这样，《新世训》之说教，是否会不自觉地影响了抗建时实践？虽然冯先生主观上我们相信绝无此心的，不过由于他的哲学根据和一切时代的反动者——帝国主义者们等等是一窠的，因之不知不觉地在客观上声援了他们——然而这是不敢想象的，不可想象的，但也不由得不使人想象到的。

其次，我们在《新世训》中看出了冯先生所提出的种种抽象的生活方法，本质上客观上只是半封建半殖民社会中保守分子的意识形态。因为，上面已明白地讲过，抽象的真理是不存在的，但冯先生居然提出了抽象的生活方法，难道说这个抽象的生活方法正会是"飞将军从天而降"么？当然不是的，冯先生的抽象的生活方法只是今日中国社会中保守分子的生活方法，冯先生把他抽象起来认此为"施诸四海而皆准，行诸百世而不悖"的生活规律，要求一切人"有意地依照着生活"；这样，反动的生活方法就粉饰得无上的冠冕堂皇，具体的个别的东西就高高地提举到超脱一切现实的抽象的普遍东西了。

为什么我们肯定冯先生的"生活方法新论"只是半封建半殖民社会中保守分子的意识形态呢？

半封建半殖民社会中保守分子由于他们社会根源的妥协性和反动性，他们的意识形态往往有两个最显著的特点：第一，他们迎合了西洋资产阶级的反动哲学；第二，他们对于中国残余的封建势力的妥协。这却和与他们对

立的新兴的社会群不同，前者处处唯恐社会进一步发展，后者处处要求社会
进一步的发展；但后者的主观要求是配合了社会的客观发展规律，因此后者
才真正担当起了历史的任务，因此后者的意识形态对于社会发展——在目前
是抗建趋于成功，是有巨大的积极的反作用力的；相反，保守的意识只成为
历史的绊石。

不幸地冯先生《新世训》中显著地暴露了上述两个特点。

就第一点说：我们可把最显著的分作两方面讨论：

（甲）冯先生处处形式逻辑的手法等同一切，在孤立的静止的观点上把
握一切，除了上面所论到的外，冯先生还在《新世训》第一页上以逻辑的规
律比拟了他所要讲的生活的规律。正如他以生活方法和具体的历史割裂了一
样，他也只提出了空洞的逻辑一词，而以"为人的思想所本须多少依照而
不可逃者……叫人明白了这些规律之后，可以有意地依照着思想……"（一
页）。同时他更在说明"生活方法新论"所以与生活方法"旧论"不同时候
的，又以新逻辑学为例子，所谓"新逻辑学则超出各种言语的范围而讲纯逻
辑底规律"（五页）。冯先生在这里又以他一贯的手法把逻辑抽象了，无视于
形式逻辑和辩证逻辑有其质的不同，同时更无视于各种逻辑产生的时代社
会。但他所谓逻辑客观上绝非纯抽象的东西，客观上本质上正同他所讲的生
活方法一样，也只是个别的反动人们的逻辑，不过冯先生予以掩饰而高高地
提举为普遍的东西罢了。何以见之？冯先生曾自己说明他所谓的逻辑——
"逻辑学所讲底思想方法，亦是如引。……我们常听人辩论，这个人说：'你
错了'。那个人说：'你错了'。我如说：'凡人都有死，我是人，我可以不
死'，无论什么人，都知道我是胡说八道。"（四页）

（乙）冯先生处处以"道德规律"支配一切的社会生活，除本文在第三
节中已指出其脱胎于封建社会统治阶级的宋儒的理论外，现在还须指出这种
观点也全部是康德的主张。照康德的见解，他认为道德的规律是高悬于现实
之上，而与任何社会条件都没有关系。而冯先生自己也曾表示过——"康德
说：凡是道德底行为，都是可以成为公律底行为，例如'己所不欲，勿施于
人'的行为，是可以成为公律底。若果社会上各个人都如此行，则社会上自
然没有冲突"。暂且缓论其观点是否本末倒置，无知于社会冲突之真正由来
（这种观点在上面已曾讨论），而以观念的因素解释物质的东西，即就道德的
行为和社会的分裂与上面所论的逻辑和历史的分裂一层讲，冯先生似乎已落

后了康德而成为更反动的现代新康德主义了。

康德哲学很适宜于作为布尔乔亚和封建领主相妥协的武器，新康德哲学却更适宜于作为法西斯者压迫群众的武器，那么今日中国顽固分子的嚣张，冯先生"八成儿是你借的刀么"？

就第二点说：冯先生在《新世训》中的观点，事实上确如他自己所说"继承宋明道学家的'旧论'"（五至六页），而只是以"眼前所见底事为例证，而与以新底说法"（八页）。换句话说：旧瓶装过了新酒。为什么要"与以新底说法"呢？中国今日社会不再是宋明的社会了，封建已被致命地打击了；但由于封建余孽和外洋帝国主义的相互勾结，因而中国社会迄今还残留于半封建的状态，这一点冯先生显然看得很清楚，所以他不得不与"旧论"以"新底说法"，只是"继承宋明道学家的旧论"而不愿与以发展，然而社会发展的规律是不由人的主观左右的，半封建半殖民地的社会必然会被新民主主义的社会代替，冯先生的苦心是枉费的了。

正因为他是处于半封建的社会中，所以他比十足封建主义者似乎好些，譬如他在《行忠恕》的一章中说，假如父与子思想不同，子之事父有时便会不得其父之欢心，如父要子富贵利达，而子却希望努力于道德学问等，在这一点冯先生似乎不同于"父要子死，子不得不死的"古人了，而主张"一个人所以事父者，如确乎是他所希望于子者，他的事父，总可以得到他的父的原谅，至少总可以得到一般人的原谅"（五三至五四页），但冯先生究竟比古人好到什么程度呢？他在五十五页中说：牺牲自己的主张"而为别人的便利，这个人的这种行为，是合乎忠恕之道底"，所以"我若有个儿子，虽不在与我同一种底社会之内，而仍照我所在底一种社会制度所规定底办法以事我，我是更满意底。因此我知，我若如此事我的父，我的父亦是更满意底"。实行我自己的希望，只是"可以得到"父亲的原谅，或一般人的原谅，但如牺牲了自己的希望，跟父亲的希望走，却可以使父"更满意底"，而今日中国社会中，父亲们的社会根源往往是属诸封建阶层的，这样，冯先生对于封建的态度在此更昭然了。

五

半封建半殖民地社会中保守派顽固派的理论家，当然不会正确地理解到发展中国社会的三民主义和唯物史观，同样也必然昧于客观的历史发展规律——而只能以道家的、也是有利于其阶层的主观的历史发展规律视作客观的历史发展规律了。然而我们却有义务要求他正确地理解着，因此，我最后在这里提出这几个问题和冯先生商榷。

（甲）冯先生曲解了孙中山先生的权能的意义，冯先生在《应帝王》篇中说："孙中山先生说，在政治里，权能要分开，有权者用有能者，命其做事。其如何做，有权者可以不问，而只看其成绩如何。譬如坐汽车者是有权者，坐汽车者欲往何处去，只需一句话，开汽车者自会开去，开车者怎样开，及走什么路，坐车者不问，而只看其是否能开到坐车者所欲往之地，并且是否开得迅速，稳妥。中山先生所说，正是以上所说底意思。做首领底人是有权者，他的下属是有能者。做首领底人如坐汽车底，他的下属如开汽车底。"（一八九页）

"中山先生所说，正是以上所说底意思"么？谁都否认的。中山先生很清清楚楚地确确实实地在民权主义中说过"国民是主人，就是有权底人。政府是专门家，就是有能底人。由于这个理由，所以民国的政府官吏，不管他们是大总统是内阁总理是各部总长，我们都可以把他们当作汽车夫"（《民权主义第五讲》）。冯先生却把中山先生的主张颠倒了，中山先生是反封建的民主主义者，冯先生却"颠倒"了，而自己表现为反民主的封建主义者，这个"颠倒"，表现了是冯先生的反动，同时更别有用心地想侮蔑孙中山先生。

（乙）冯先生《新世训》中几次提到了唯物史观，但他偏又没有理解着唯物史观，他处处把唯物史观机械地理解为"经济史观"，照他意见是因为"马克思的历史哲学，亦用黑格尔此说，不过他不以心或观念为历史的主动力，而以经济底力量为历史的主动力。所以他的历史哲学称是物质史观或经济史观"（一〇七页）。

"物质史观"通译为"唯物史观"，这无多大出入，但"物质史观"绝不就是"经济史观"，因而那个"或"字，就表现了冯先生没有理解什么是"物质史观"。

把唯物史观与经济史观混淆在一起是错误的、机械的看法。为什么呢？我们且以唯物史观的锻炼者——恩格斯的话来说明吧，"根据了历史唯物论的观点，人类的从事生产和再生产才是历史的真正因素。马克思和我并没有超过这个观点的主张，倘若有人误解了上面的观点，是把经济的因素当做唯一的因素，那么他便是把这个观点弄成混乱，空虚和荒谬的了。经济的关系虽则是一个基础，可是属诸上层基构的许多因素——由于阶级斗争以及它所产生的政治方式——这都反映在实践主体人类的头脑中，成为种种政治、法律、哲学的理论以及宗教的意识……在推动历史的发展中都起着作用，并且在许多场合，在决定实践的方式上还占着重要的地位"（致布洛黑书）。

正因为唯物史观不就是"经济史观"，所以"经济事实和历史行为之间，绝对没有什么纯粹的机械关系"（柯诺：《马克思的历史、社会、及国家底理论》），而只有着辩证的关系；也只因为如此，"一切为彻底的观念论所必定到达的悲观论底根据也被消除了"（普列哈诺夫：《历史的一之论》）。

但冯先生理解的唯物史观却只是在历史与经济的机械关系上把握的，宿命论的，悲观主义的，他真的"把这个观点弄成混乱，空虚和荒谬的了"。

（丙）由于他的社会根源所使然，冯先生所理解的客观底社会发展规律却只是道家的主观的社会发展规律——就是《道德经》上所谓的"常"。《道德经》上所谓的"常"，一方面固然承认物极必反，同时在另一方面却又主张一事物的发展若包含了其反对物，其发展便不会至极，因而也不会导出他自身的反对面，换言之，包含了对立物的发展，永不至极——而"反"。但客观的发展规律则异于是，——事物的发展都是由于内部的对立物间矛盾，由矛盾而导出"反"，也就是说：惟因内部包括了对立物并相互斗争，事物才发展，发展的必经过程是"反"，因而事物才发展至另一个高级阶段。这是很显然了，"常"是说：不包含了对立物的发展才会"反"，包含了对立物的发展才不会"反"；而客观的发展规律则谓事物终是发展的，发展终是由于其内部对立物的矛盾，矛盾的结果终是会"反"的；事物内部不包含对立物而能发展是不可思议的；同样，包含了对立物而能有不"反"的发展，则更是不可思议的。因之，冯先生在这里又有一个错误的理解了。"如欲使一某事物的发展，不至乎极，最好的办法，是使其中先包括些近乎是它的反面的成分。例如资本主义的社会，如发展至一相当程度，而仍欲使其制度继续存在，最好的办法是于其社会中，先行一些近乎是社会主义底政策。如有人问马克思底信徒，英美等国的资本主义已经很发展了，何以在这些国内还没有社会革命发生呢？最好的答案是因为英美等国的资本家，在有些地方，采用了近乎社会主义底政策例如工会组织、社会保险、失业救济等以缓和阶级斗争。……共产党人最恨温和底社会主义，因为共产党人主张推翻资本主义

底社会，而温和底社会主义反可使资本主义底社会继续存在。"（一〇〇页）

事实上，共产党人的反对温和的社会主义，诚然在某一方面讲是它部分地缓和了阶级斗争。但缓和阶级斗争并不就是说它消灭了阶级斗争，因之资本主义社会还是要向其更高级的阶段发展，不过由于温和社会主义的反动，使人类迟一点到达了自由的王国。所以共产党人愤恨温和的社会主义，正如每一个人愤恨历史绊石一样，愤恨其滞凝了社会历史的发展，而不是因为引用了它使社会历史能继续发展下去。

所以英美等国家迟缓发生社会革命的原因，温和社会主义的施行以缓和阶级斗争，只是其一部分，绝非唯一的，整个的；温和的社会主义和帝国主义是同一命运的——短促而脆弱，在社会历史发展的客观铁则之前，它至多是人死前的喘哮而已，冯先生视之为健康象征，则大谬矣。

原载《哲学月刊》（上海）第一卷第二期，1941 年

评冯友兰著《新世训》

胡　绳

　　冯友兰先生在抗战以来，有"贞元三书"之作，《新世训》是其中的最后一本。本文就以这一本书做讨论的对象。但是如冯先生在本书自序中所说"书虽三分，义实一贯"，在《新世训》中所论的"生活方法"是在《新理学》中有其形上学的根据，又是和《新事论》中所论的"文化社会问题"有着密切联系的。所以单独评论这一本也许是不妥当的。不过因为它是直接接触着在这样一个大变动的时代中摆在各个中国人面前的严重而新鲜生动的问题：我们应该如何生活？因此我们就对这本书特别感兴趣，而觉得有首先加以讨论的必要。我们在讨论中也就只能把范围缩小一点，有些问题，本当连带谈到，但因按照冯氏原著的体系，是属于《新理学》、《新事论》的范围中，我们也留到以后另有机会时再提出。

　　《新世训》的内容，除了绪论外，有十篇，其题目就是著者所提出的生活方法的十个项目，它们是：一、《尊理性》；二、《行忠恕》；三、《为无为》；四、《道中庸》；五、《守冲谦》；六、《调情理》；七、《致中和》；八、《励勤俭》；九、《存诚敬》；十、《应帝王》。但我们以下都不打算按照原书的项目逐一讨论下去，因为枝枝节节的讨论是没有意义的，我们将提出原书中的几个根本观点来加以分析。

一、"人的生活方法"

　　上文说，《新世训》这本书是直接接触着在此时此地每个人应该如何生活的问题，这话也许不能算是恰当的。因为照本书著者自己的意思，本书并不是讲在现在中国社会中的人的生活方法，而是讲"人"的生活方法，这就是：在任何时代、任何社会中的共通的生活方法。所以冯先生说：

> 我们……所说底生活方法是"生活"方法，凡生活底人都必须多少依照之，想求完全生活的人，都必须完全依照之，不管他是个老年人或少年人，中国人或外国人，古人或今人。犹之逻辑学上所讲底思想方法，凡思想底人都必须多少依照之，想有正确底思想底人都必须完全依照之，不管他是一个老年人或少年人，中国人或外国人，古人或今人。（第十二、十三页）

就冯先生对于生活方法的这种基本了解，我们不免首先要问：这样的生活方法是否可能，是否足以指导现实的生活，实现"完全的生活"？

冯先生回答我们这疑问说："人的生活也有其本然底规律，任何人都必多少依照它，方能够生活。例如在人的生活的物质方面，无论古今中外，人都必须于每日相当时间内吃饭，相当时间内睡觉，在这一方面，有本然底规律，人必多少都依照这些规律。"（第二页）但关于"这一方面"的人的生活有其本然底规律，那是谁也不会来打算否认的。在说到这一方面的人的生活时，是把人当做"生理的人"、"自然的人"来看待的。而关于这一方面的生活方法也是属于生理学、生物学所处理的范围的。所以冯先生自己接着就说："人的生活的这方面，并不是我们讨论所及。我们于此所谓生活或人的生活，是就人的生活的精神的或社会的方面说。"（第二页）那么这是很清楚的，冯先生所讨论以及我们在这里准备来讨论的是当做"社会的人"来看待的人的生活，也就是人的生活的社会的方面。所谓人的生活的精神的方面，在我们看来，是可以包括在"社会的人"的概念中的，因人的精神生活是在其社会生活中发展起来的。"人的生活的物质方面"虽可有"本然的规律"，但我们不能据此而推论到"人的生活的社会底方面"也同样有着本然的规律。那也是非常明显的。

第一，冯先生把"人的生活的物质方面"和"人的生活的社会方面"对比着看，其实是不对的，因为社会生活也是一种物质生活，不过所对付的不是自然的物质，而是社会的物质。但社会的环境和自然的环境不同，是经常在巨大的变动中的。冯先生以为无论社会怎样变动，总是一个社会，由此他所了解的社会是抽象的社会，而不是具体的社会。譬如他以为，道德是社会组织中必要的规律，但并不是说某一种社会的组织规律，而是说，社会无论怎样变化，都有共通的社会组织规律。把这种社会观用在生活方法上来，实在是更难用得通的。因为生活方法就是如何应付社会环境，如何应付社会中的一切人与事的关系的问题。假如把人所应付的对象看做抽象的社会，那么这种生活方法怎样帮助我们来应付现实的社会环境呢？冯先生在说明他所谈的生活方法与宋明道学所谈的之间的不同时，所说的一段话是很堪玩味的：

> ……一种社会内底人的生活方法与别种社会内底人的，不尽相同。不过这些分别，前人没有看出，所以他们所讲的生活方法，有些是在某种社会内底人的生活方法，而不是人的生活方法，现在我们打算讲人的生活方法，所以与他们所讲，不尽相同。（第五页）

假如冯先生所讲与前人所讲的不同正是如此，那么冯先生能看出前人所讲的生活方法中有些只是当时的人的生活方法，这确是一个比前人进步的地方（而直到今日许多复古论者连这点也死不承认）；但同时却也退了一步，就是假如前人——用冯先生自己的话说——除了"人的生活方法"以外，还谈及了适应当时社会的特别的生活方法，而冯先生则只讲了抽象的生活方法，而没有一个字讲到在现代中国社会内的人的生活方法。关于这一点在冯先生自己所用的文字上也表现出了矛盾。一面冯先生说："能完全照着生活方法（这显然是指"人的生活方法"——引者）生活下去的人，即是圣人。"（第八页）这无异于说，只要按"人的生活方法"，而无须按照在现代中国社会内的人的生活方法，就能成为现代中国社会内的圣人，但这怎么讲得通呢？而另一方面，冯先生义说："在某种社会内的人尽某种底人伦，即是圣人。"（第二十二页）这句话岂不是对前一句话的否定？正因为在某种社会内要尽"某种"人伦，那么人在某种社会生活内也必须按照某种生活方法。抽象地讲人伦，讲人的生活方法，对于人的社会生活的实践就只是一句空话，一个空洞的公式了。

第二，既然如上述，人在生活中还要发展其精神的生活，那么人就是有意识的、自觉的生活，那就是绝不能同于无自觉的自然物。人的主观与自觉的最高表现就是人对世界的看法——也就是世界观——而只就生活本身的范围说，就是人生观。一个人对世界保持某种看法，他就用某种方法来对待世界。他对人生保持某种的看法，他就用某种方法来对待人生。所以我们以为，一般的方法论不能脱离世界观，生活的方法论也不能脱离人生观。不确定对人生采取什么态度，也就不能确定生活的方法。但冯先生不承认这说法，他要我们注意生活方法与修养方法的不同：

> 如把修养方法当成一种手段看，则在不同底人生观中，人所要求得底目的不同，因此其修养方法自然亦异。……所谓修养方法，可随人的人生观不同而异。但我们于此所讲底生活方法，则不随人的人生观而异。因为我们所讲的生活方法是"生活"方法，凡是生活底人都须用之。（第十六页）

把人生观、修养方法与生活方法，这样分割开来的说法其实是说不通的。冯先生的论证方法是人无论抱怎样的人生观，都同样是生活着，既在生活着，就都同样用"生活方法"。但这只是一种形式上的论证。其实，抱着不同的人生观就不能不是在不同地生活着，用不同的态度和方法来对待一切人与事，其生活方法也就是不同样的。修养方法，在我们看来正是生活方法的具体表现。譬如冯先生说："佛家以人生为苦而欲解脱"，那么"以人生为苦"是佛家的人生观，"欲解脱"就是他们的生活方法的基本内容，而"出家吃斋，打坐参禅"等就是他们的修养方法了。但若承认生活方法和人生观相联系着，那就谈不到"本然"的规律了，因为所谓"本然"正表示不容主观意识插足其间的意思。既说是讨论人的生活的精神方面，而又否定了主观意识在人生中的作用，将如何解释呢？既然承认有各种不同的人生观，而又认为不同的人生观不妨碍共同的生活方法——就是以为，一个以人生为苦而欲解脱的人会和一个以人生为乐而执着于生活的人是用共同的生活方法的，那么这种生活方法的内容，除了生理的、自然的意义以外，还能有多少呢？

所以，很明白的，脱离了具体的社会实践，脱离了基本的人生观，而讨论人的一般的生活方法，这就只能触到在生活中的抽象的形式问题。在前面引过的冯先生的话中，他把"逻辑学所讲的思想方法"来做他的生活方法的比喻，可说是很恰当的，因为这所谓逻辑正是指形式逻辑而言。形式逻辑所讨论的本是思想所表现在语言上的形式的正确与否，而毫不牵涉到思想的内容的真实与否。形式逻辑的思想方法正是脱离了思想的内容（思想所处理的客观现实）而讲思想的形式，是脱离了世界观而讲思想方法。形式逻辑的思想方法是非问题我们不在此地讨论，但纵然我们承认思想的形式问题可以和思想的内容问题分别开来处理，然而生活的形式问题和生活的内容问题无论如何也分割不开来的。谁也不能说，我在生活中只要在形式上做到正确，在内容上如何则可以不问。但是冯先生在《新世训》中所提出的生活方法，却极有可能成为生活的空洞形式。因为构成生活的内容的就是具体的社会实践和人生观，而这些都被他从生活方法中抽象掉了。所以冯先生自己也说：
"能尽乎人的形式者，即是圣人。"（第二十二页）

旧的道德规律之所以为人不满就因为它只是些空洞的形式。人们可以把好的内容装进去，也可以把坏的内容装进去。《庄子》的《盗跖》篇中就有个故事说：

> 盗跖之徒问于跖曰："盗亦有道乎？"跖曰："何适而无道有耶？夫妄意室中之藏，圣也；入先，勇也；出后，义也；知可否，知也；分均，仁也。五者不备而能成大盗者，天下未之有也。"

而在《新世训》中几乎用同样的口吻说："所谓盗亦有道者，其'道'正是其生活方法也。……一个绑票的土匪，掳人勒赎，亦必'言而有信'。不然，以后即没有人去赎票了。"（第二十八页）《胠箧篇》的作者是因为看到在抽象的道德教条下即使可以为贤，但也可以纵恶，所谓"为之仁义以矫之，则并与仁义而窃之"，所以主张"攘弃仁义"，还于混混沌沌的生活——什么生活方法也不要。他的主张虽不对，但是"逻辑"上还能讲得通，但是《新世训》的作者却据此而以为可以证明这些教条正是人在生活中"所都多少依照底""本然底规律"，而依从这些规律，就可得到"完全底生活"，成为完全的"圣人"——这是何等的奇怪的逻辑呢！

正因为冯先生对于生活方法的基本看法是这样的，所以虽然确定了他的生活方法论是讨论人的社会生活，而且努力把"人的生活方法……与我们眼前所见的生活底事联接起来"（第七页），以之指导现在中国人的生活，但是在他的生活方法论中，我们却常常遇到人的社会性与自然性的矛盾，现实与理想的矛盾，抽象形式与实践生活的矛盾，主观与客观的矛盾，纠结着成为解不了的死结——而这些正是我们在认真研究冯先生的理论时所不能不指出来的。

二、何谓"理性"

在《新世训》中所提出的生活方法的第一个项目就是"尊理性"。这的确是一个庄严的发端。在我们今日所处的时代中，正是理性和反理性斗争的时期。有人鼓励着反理性的热情，来造成迷信式的信仰；有人诱发着兽性的物欲，来造成盲目的追随。在这时候，我们更应该给予理性以高度的尊重。我们也以为，生活决不能受非理性主义的支配，在健全的生活中必须放逐非理性、反理性的成分。

但是什么叫做理性呢？冯先生告诉我们说：

> 所谓理性有二义：就其一义说，是理性底者是道德底；就其另一义说，是理性底者是理智底。……人之所以异于禽兽者，在其有道德底理性，有理智底理性。有道德底理性，所以他能有道德底活动。有理智底理性，所以他能有理智底活动。（第二十至二十三页）

假如理性的内容确可以分成这两部分，那么比起旧理学家之只注重人的道德的理性来，《新理学》的作者之同时注重理智的理性，是一个进步，但是倘仅把道德与理智看做是理性中并存的两个不同部分，问题是没有解决的。我们必须进一步问：理智与道德之间的关系是怎样的呢？

我们并不是主张取消道德，并不以为在生活中不应该有任何道德观念。但我们认为，任何道德律令都须经理智的审查，才能进入理性的境地。在经过这种审查之后，道德的理性自然同时就是理智的理性，于是理性内部才能构成完整的统一体，而与其敌人——反理性主义——壁垒森严地对立着。而假如不经过这种审查，事实上就会容忍僵死的道德律令混杂到理性的领域以内来，也就是容忍反理性的成分存在于理性之中，而不能不向反理性的敌人妥协。因此，《新世训》作者自己也不能不觉得他所讲的理性并不是一个完整的统一体，其中可能发生冲突。他向自己提出了这个问题，但其答案是难以令人满意的：

> 我们所讲的生活方法，注重人的道德底活动，亦注重其理智底活
> 动，或可问，如此二者有冲突时，则将如何解决？于此，我们说，专
> 就人的道德底活动及其理智底活动说，此二者有无冲突，虽是问题，
> 但即令其可有冲突，但在我们所讲底生活方法中，则不会有问题。因
> 为我们所讲底生活方法是不与道德的规律冲突底。（第二十七页）

由此可见，冯先生解决道德与理智之间的可能的冲突的方法其实就是：
把道德规律看做是不变的定在物，而认为"生活方法""必须是不违反道德
规律的"，既然按照生活方法而生活就是理智的活动，于是理智的活动就不
致于违背这种规律。——在此，很明显的，道德与理智不仅是平等对待的，
而且前者高出于后者，对于理智有着约束的力量了。道德规律完全在理智的
审视能力以外！所以我们可以看到在《新世训》全书中，虽然开宗明义是
"尊理性"，但在所有应该提到理性的地方，却只是提到道德。

在这里我们必须指出，问题的发生是由于我们和冯先生对于道德的看
法不同。冯先生以为，所谓生活方法不与道德规律冲突并不是后者约束前者
的意思，而是天然的互相适合。因为冯先生是把其实常常在社会组织中是强
制力量并且随着社会变化而不断变更其形式与内容的道德，看做是社会组织
中的本然的规律的。对于这种道德观，我们想在将来评论《新事论》时详细
讨论。但是就在冯先生的道德观中也仍承认除了"因社会之有而有底道德"
（就是不因社会变动而变动的永远的道德）以外，还有"因某种社会之有而
有底道德"，不过他似乎以为某一种社会死亡而代以另一社会时，"因某一社
会之有而有"的特殊的道德也就自然而然地死亡了。因此一切问题都不会发
生。其实文化的发展绝不如此简单。人类意识的产物之嬗递绝不会像生物界
的新陈代谢那样地自然。旧时代的道德纵然已不适合于新时代的生活，但它
在新时代中仍常葆有一定的强制能力。在前一时代也许它可以说是合于理性
的，但在这一时代却可能因其不能适合于现实的社会生活，所以不能不被认
为是非理性，甚至反理性的了。那么倘要根据现实的社会生活来判断某种道
德规律之是否合于理性，那就只能靠理智的审查。纵然某些旧道德规律，在
新时代中，可以用新的内容来充实之，因而能符合于新的现实，仍可被认为
是理性的，但这也只有通过理智力量才能够做到。所以倘若放弃了理智对于
道德的审查力量，甚至使理智服从于道德规律，其结果，将只足以让非理性

的规律猖獗！

所以我们以为，不但要"尊理性"，而且要尊理智。而这所谓尊理智又必然同时包含着——借用冯先生的话——"重客观"（第一至三页）的意思，正因为社会环境经常会发生巨大的变动，所以理性的生活，就必需经常顾及周围环境的变动。虽然冯先生讲"重客观"，是用以说明"守冲谦"的道理，和我们这里所讲，微有不同。但要"重客观"就要必然尊理智，因为只有理智才能揭露客观的现实的真相；而要尊理智也必须"重客观"，否则理智成为悬空的东西，没有准绳了。必须是重客观而尊理智，然后我们才能真正做到"尊理性"。因为不仅道德需经过理智的审查，而且对于一切主观的产物——感情、欲望、意志、信仰等都应该承认理智有加以审查的权力，因此，所谓理性，在我们看来，正确的解释就是理智的综合。只有这样地了解理性，才能克服理性内部的道德与理智的二元论，或任何形态的二元论或多元论，以及由之而产生的理性和非理性的二元论。

虽然我们认为冯先生的"尊理性"说有如上所述的缺点，但是在这里我们也应该指出，正因为冯先生的生活论是以尊理性为前提的，而对于理性的内容，虽然把理智与道德做了不合理的颠倒，但在他的主观的了解中，道德只是指社会生活中的一些"本然的规律"，所以冯先生在这里所着重的仍旧是人的社会生活方面或社会的人，这是人文主义的观点，而这正是冯先生的生活方法论中的合理的核心。所以他说："一个人若照着人之所以为人，人之所以异于禽兽者，去做，即是'做人'。"（第十九页）他也反对旧道学家的看法，以为"圣贤"并不是"社会特别的一种人"（第八页），而只是最能"照着人之所以为人""去做"的"人"。一切反理性主义者则必然都是反人文主义的，他们或者以僵死的道德规律（被看为是超于社会上的先天律令）来统治人生，或者鼓动单纯的感情与欲望来造成盲目的意志和信仰，而其为压制理性，压制人性——作为社会的人的人性，则是一样的。所以他们是只承认一面有超于人上的圣贤，一面有下于人的奴隶，而人之所以为人是被否定了的。把这被否定了的人再建起来正是冯先生的光辉企图。

但是冯先生的尊理性论，既然因为有着如上所述的缺点，而不免打开了向反理性主义妥协的后门，所以冯先生的人文主义也很难立得定脚跟。冯先生所谓"人之所以为人"，其所指的"人"是抽象的社会一般的人，而不是具体的某一社会中的某种人；这样的"人"是无从令人索解的，而用这样的抽象的"人性论"怎样能战败反理性主义的人性论呢？于是冯先生就回过头去向"天人合一论"找援兵了。

三、情与理

现在我们来研究《新世训》中"调情理"的主张。

我们是主张在生活中重客观而尊理智的。但是重客观并不包含着绝灭主观的意思，尊理智也不包含着以理智来取消感情、意志、信仰与道德观念的意思。我们以为，在健全而完善的生活中，人是以重客观为前提，而在理智的光下使感情、意志、信仰、道德观念这一切都互相和融而像春雨下的百草一样一致地欣欣向荣。但是冯友兰先生则一面，如我们所已看到的，在"尊理性"论中，以道德来凌驾于理智之上；一面，如我们所将看到的，在"调情理"论中，又以理智来取消感情——这就是根据了道家学说而来的"以理化情"说。

道家之主张"无情"是可以理解的。道家主张人的生活应该回到天然状态，因此主张一切人为的东西都可不要，人与天可以合而为一。他们所主张的生活方法正是出发于这种天人合一论，所以他们可以主张无情。他们描写他们所理想的圣人——至人说：

> 圣人不谋，恶用知？不斲，恶用胶？无丧，恶用德？不货，恶用商？四者，天鬻也。天鬻者，天食也。既受食于天，又恶用人！有人之形，无人之情。有人之形，故群于人；无人之情，故是非不得于身。（《庄子·德充符》篇）

由此可见，道家所主张的无情论是一定要和"无为"、"绝圣"、"弃知"这些主张相联系着的。他们不仅因为"多情为累"而主张无情，亦且因为"多知为败"而主张无知。所以按照古典的道家的说法，"以理化情"是应该解释作让人之情消泯于自然之理中，而并不是熟知自然之理以达到无情。因为在人的生活完全化入于自然界中的时候，所谓"知之有无，情之有无"，都是不成问题的了。但倘若不主张绝灭一切人为，而独主张无情，则在理论上是讲不通的，在实际上，则更无从实行。冯先生固然并不主张绝灭一切人为，但是他主张：

> 对于宇宙及其间底事物，有完全底了解者，则即可完全底无情。（第一二二页）
>
> 对于理有了解者，则对于事不起情感。对于事不起情感，即不为事所累。（第一二四页）
>
> 不为事所累者，并不是不作事，只是作事而不起情感。……道家的圣人，完全无情，所以无入而不自得。（第一二六页）

实在是很可令人惊异的。而且冯先生对于"圣人"的解释本来是说"如人照着人所应该底去作，即是人。人之至者是圣人"（第二十页）。这可说是人文主义的"圣人观"，其实比道家所论合理得多。而道家所说的"圣人不死，大盗不止"，正是指的这种"圣人"。但是冯先生为什么不能坚持人文主义的精神，一转而对于道家所理想的圣人表示心向往之呢？人文主义的"圣人"和"天人合一论"的"圣人"是并不齐价来的，难道还需要细论么？

了解了事物的道理，就不会对事物有感情，这说法对于自然现象是用得通的，对于社会现象却是用不通的。社会现象因为有自觉的人参加在其中，所以我们对于任何社会现象，都可以有是非的判断。我们对于一个人的行为、一次战争、一种社会制度，都可以判断其是对的还是错的，但是对于一朵花、一片云、一次暴风雨，却不能判断其是对的还是错的。对于自然现象，我们运用我们的努力，目的只能是为了充分了解其真相，其来踪去迹，而冷静地去对付它。在这方面，以理化情是可行的，因为对自然现象动感情是不必要的，是因不理解自然现象而发生的（诗的感情自然是另一件事）。但对于人事——社会现象，我们既然可以有是非的判断，自然就会有爱憎的情感。对于社会现象，我们的理解越深，越是了解其真相、其来踪去迹之后，则我们的是非观念也越是分明，而爱憎也越是深刻了。倘在这方面也主张以理化情，则不仅取消爱憎的感情，而且取消了是非的判断，是把社会现象和自然现象等量齐观了。

人们对于真理本不仅是在理智上相信，而且因为有坚信，所以就爱真理；对于真理的敌人也不仅是在理智上反对，而且因为反对，所以就憎恨敌人。孔子说："吾未见好德如好色者也"；又说："知之者不如好之者，好之者不如乐之者"。这正是说人们对于德应该有热爱，光是"知之"是不够的，还要用"好之"、"乐之"的感情来加以充实。所以"以理化情"纵然能做到，也不是值得向往的。我们只要在理智统率下去除琐碎、狭小、无意义和虚伪的感情，而发展博大、深厚、真实的感情。这种感情不但不会妨害理智，而且会使理智格外充实；不但不会妨碍做事，而且会使做事格外有力；不但不是人生的累，而且会使人生的内容丰富而光辉。

冯先生又以为可以用唯物史观来做以理化情说的根据。他认为，照"真正了解物质史观或经济史观的人"的看法，"人的行为，是为他的经济的环境所决定的"（第一二九页），所以我们对于任何人的行为好坏不必有爱憎的感情，因为任何人都不必为自己的行为负责；甚至对于敌人应该"虽抵抗之而不恨之"，"如修路工人之对付大石，虽必打碎之，但不必恨之"（第一三〇页）。——但这只是从机械的经济决定论中可能推得的结论，而不是历史的唯物论所可负责的。因为经济环境的影响表现到人的行为上，其间仍是通过了人的主观意识的。我们深刻地理解了日本帝国主义为什么侵略中国，那正帮助了我们判断这种侵略行为是错误的，是非正义的，于是我们就更憎恶它。我们固然不恨拦路的大石——因为那是自然的物质——但不能不恨要加以抵抗的敌人。冯先生引用庄子的"虽有忮心者，不怨飘瓦"的说法，以为可以把人的行为看成瓦的偶然飘落一样——人打破了我的头，我不必怨人；我打破了人的头，人也不该怨我。——但这种自然主义的看法和把人的生活从社会的精神的方面来看的基本观点是相冲突的。所以以理化情说表面上看来似乎是尊重理智，但实际上并不尊重理智，而是在自然主义的精神下消灭感情，也消灭理智。因为既然人生完全受自然法则所决定，则用理智来指导行为也是无意义的了。

但冯先生究竟不是在根本上站在自然主义的观点上，所以他在主张完全无情时已不能不露出许多破绽。他说："一个人若能没有无益底感情，可少受许多累，多做许多事"（第一二六页），又以谢安为例称赞他说："谢安处理大事，没有无益底喜惧。"（第一二七页）所谓"无益底感情"，其所举生活中的实例也只是提到对警报的惧怕，而这只是一种最琐碎、无意义的感情罢了。——惧怕本来就是低级的自然性的感情。但是为什么不能举像"先天下之忧而忧，后天下之乐而乐"、"孤臣危涕，孽子堕心"那样的博大深厚的感情呢？有着这种感情的人，固然也可说是背负着重累，但历史上许多伟大的人物所以是伟大的，岂不就是因为他们有着负起这种重累的勇气么？并且纵然不是这样深广的感情，也并不一定就可因其为无益而加以轻视。《论语》上说："颜渊死，子哭之恸。从者曰：子恸矣。曰：有恸乎？非夫人之为恸而谁为！"这种感情的真实表现，其实是比之庄子"鼓盆而歌"更为人性的，也更是合理的。在这点上也正表现了孔子的人文主义与庄子的自然主义的对立。

并且，倘真是"无益底感情"，要加以去除，仅以"以理化情"的办法也还是不够的。我们还需注意到把低级的感情提升到更高的感情的可能与必要。因为感情愈益提升就能够和理智的内容愈益接近，这样才能真正解决理智与感情间的矛盾，而使人生成为真正的完全的人生。历史上的殉道者之所以能视死如归，不为一般人的贪生怕死的感情所牵累，难道仅因为他们"看破"了生死的道理，而无所用情的缘故么？他们固然没有了贪生怕死的感情，但却代替之以一段人间最深厚博大的感情，而这种感情才使他们能够无留恋地为真理而死。但假如是用自然主义的观点来化除一切人间的感情，他们又怎样能为人类而死，为真理而死呢？——从道家的学说中是产生不出殉道者的！因为照道家的全身保性论的看法，为爱真理而殉道，正是受了感情的累。但对于这样的看法不仅我们不能同意，恐怕冯先生也不会同意的吧？

所以冯先生也不能不觉得完全采取道家的"以理化情"说是不可能的，于是他退一步采取了宋明道学家之"有情而不为情所累"说（见第一三六页以下）。但一切问题仍然没有解决。因为，如前所说，即使情对于生活是一种累，但也不一定是无益的累。假如感情是"累"，知识又何尝不是"累"？那么我们也同样可以说，"有知而不为知所累"。这样，我们就可以主张，对外物纵可有知，但不必对于任何外物有所坚持；对事情纵可有情，但不必对于任何事情有所执着。而事实上冯先生正是这样主张的，他说，感情纵然可有，也只应该片刻存在，既过之后，便当"冰消雾释"，而主张对于一切事情抱着"事不干己"的态度，以达到"有情而无我"的境地。——从这里发展出来的生活是怎样一种超凡脱俗的生活啊！在下一节里我们将继续讨论下去。

但到这里，冯先生的人文主义的立脚点却已开始"冰消雾释"了。固然这种"以理化情"说对于盲目的意志与信仰的鼓吹似乎是一服清凉剂，为了避免以先天的道德律令来束缚人的一切行为，这也似乎可以是一个安全的逋逃薮，但因为它其实却是走入了非人文主义的另一极端。己身不正，怎样能正人？冯先生既以道德归并理智，使理智不能指导人生，而在那一端开了走向反理性主义的后门；又因主张以理化情而使人生还之为自然，使理智无从指导人生，而在这一端开了走向反理性主义的另一个后门，这正是因为不能在重客观、尊理智的原则下确立彻头彻尾的理性主义与人文主义，而在生活方法论上所必然陷入的矛盾。

四、"无为"与"无我"

道家既然主张无知、无情，以为是非是没有标准的，爱憎只是斫丧性命的"累"，所以他们当然认为在生活中，是没有什么值得争取与追求的。他们所主张的生活方法就是尽可能使自己不去干涉外界的事物，同时也使外界的事物不来干涉自己的生活，所谓"圣人处物，不伤物，不伤物者，物亦不能伤也"（《庄子·知北游》篇）。那么这正是对一切事物采取旁观者的态度，正如热闹的大街上的闲人，对于周围的一切是无所用心的一样。这就是所谓"虚己以游世"。道家以为"人能虚己以游世，其孰能害之？"（《庄子·山木》篇）此之谓"逍遥游"。

《新世训》中的生活方法虽然并不和道家主张完全一致，但上述的道家的生活方法论中的基本精神在《新世训》中是可以找到的。所以在《新世训》中也列着"为无为"一项作为生活方法中的一个重要项目。所谓"无为"，照冯先生解释，就是"无所为"的意思。实际上道家也并不主张绝对无为，其所谓"无为"也正意味着"无所为"。但何以"无所为"可以叫做"无为"呢？冯先生所给的解释还不充分。我们以为把"无所为"叫做"无为"是可以的，因为"无所为"就是"无目的"的意思，而人的行为和自然界的运动之间的差别就在于后者是本然的运动，是非目的性的，前者则因为人是有主观意识的缘故，是有目的性的。倘在人的行为中取消了目的性，则和自然界的运动没有什么不同。所以"无所为"就可以说是"无为"。但是在人的生活中，除了极度的白痴以外，只有婴儿时期是近乎自然的，所以道家和冯先生对婴儿生活都表示羡慕。冯先生说："小孩的游戏，最有无所为而为的精神……他做某种事，皆是顺其自然，没有矫揉造作，所以他做某种事，是无所为而为，亦即是无为。"（第六三页）这正是说，小孩子在游戏时是最无目的性。但成人，既已成为社会的和自觉的人，怎样能回到这种天然的生活呢？而且纵然这是可能的，难道这种生活就是好的生活么？

冯先生根据道家"率性而为"之说主张人随着他的兴趣所在而做事，就是"为所为"，"无所为而为"。

> 才是天生底，所以亦可谓之为性。人的兴趣之所在，即其才之所在，亦即普通所谓"性之所近"。人随他的兴趣去作，即是发展其才，亦即是道家所谓率性而行。若一个人对于某方面底事，本不感觉兴趣，或甚感觉无兴趣，但因别的原因，而偏要作此方面底事，此即不是率性而行，是矫揉造作。（第六九页）

在此，冯先生把一切方面的"才"都归于天授，而这却是并无充分根据的假定。但这假定在冯先生这里是必要的。因为道家的主张"为无为"，完全不计及"为"的结果如何，而冯先生则还不能完全脱离人文主义，因而要计及从"为"中所达到的成就。所以他不能不假定天授的才，而认为有了某方面的才，则做某方面的事，就自然而然地会达到一定的成就；反之，假如没有某方面的才，则虽在某方面努力去做，也达不到任何成就，——这样，他的兴趣本位的无为论才说得通。因此，才由天赋的假定既然未必站得住，冯先生的全部理论也就极难站稳。并且纵然这假定可以成立，冯先生也没有敢断言每一个人都一定有某一方面的先天的才，假如有人在任何方面都没有"才"（或所有的只是像吃酒那样的无意义的才），那么依照冯先生的主张，这些人做任何事都不免于"矫揉造作"，就不配做任何事，或只能做一些社会所强迫他的义务工作了。冯先生曾说，社会中"有些事是显然不容易使人感觉兴趣底，如在矿井里做工等"（第六五页）。那么这类工作倒好让这些什么"才"也没有的人作——世间当然没有天生"在矿井里做工"的才的人。社会的分工虽因此可以确定，但是冯先生的"率性而为"说，只能专为"得天独厚"的人说，不是任何人都能依照着做的了。既然不是任何人都能依照着做的，这就和冯先生对生活方法的基本观念相违背了。这样看来，所谓"为无为"，就冯先生的理论体系本身说，也就是站不住的，不能算是一种"生活方法"。

更进一步看，冯先生虽不认为，行为之有无成就是无关重要的事，但他以为人们在行为中预先对于其所将达到的成就及其效果有所存心是不必要的,而且是对行为的进行有害的,——从这里产生一种绝对的反功利主义。原著以作诗为例:有诗才的人之作诗只是"他的诗才的自然之发展",即是"无所为而为",而没有诗才的人"因羡慕诗人之可得名誉或富贵而作诗,所以他作诗是有为而为。他作诗是矫揉造作,所以他作诗是有为"(第七〇页)。但是为名誉或富贵而作诗,这只是目的不正当,不能据以认为目的在行为中是不必要的。我们也反对个人的功利主义,但是人既是社会的人,则可以而且我们以为应该是一个社会的功利主义者。也以作诗来为例,我们以为纵然这人是"天生"的诗人,因"性之所近"而作诗,但他作诗仍可以是因某种社会的目的而作诗,这种目的之存在不会妨碍他的诗才,而且或许正因执着于这种目的,他的诗才是更有价值的。我们可以用冯友兰先生之写他的"贞元三书"来做例子,我们当然可以承认冯先生在写这些书的方面是有"天才"的,但他也说:"我国家民族方建震古烁今之大业,譬之筑室,此三书者,或能为其壁间之一砖一石欤?"(本书《自序》)——这正表明了他在写这书时是有目的的,是有所为的。这目的的存在没有损害冯先生的工作,反而因为这种目的,我们对他的工作更多一分尊重。假如他写这些书只是"无所为而为",我们也不会尊重它们而来仔细地讨论了。这种在生活活动中社会的目的之存在正因为人是社会的动物的缘故。道家只从自然意义来看人生,而自然的运动是无目的的,所以人生活动当然被认为是不应有目的的了。我们既然要从社会方面来看人生,我们当然可以主张在生活中贯彻着社会的目的。所以从现实的观点来看,为无为论也是站不住的,不能算是合理的生活方法。

冯先生自己也觉得道家在这方面的说法不能完全行得通,于是他又用儒家的"就道德方面说"的"无所为而为"来补充前说。这就是说,人们在生活中还有一部分事情是在道德上应该做的,做其所应该做的事,也不必计较功利。这所谓应该做的事,照冯先生的意思,似乎可以分作两部分:一部分就是"显然不容易使人感觉兴趣底,如在矿井里做工等"(第六五页),另一部分是"正其谊不谋其利,明其道不计其功"所指那一类事(第七五页)。对于后一部分的事,"不计其功"诚然是可说的,但也是说不计较此事对个人的利害,并非不计较此事对社会的利害;只是说不计较其事在自己手里的成败,并非不计较其事在社会的范围内的成败。所以就这一部分的事情说,

"为无为"是说不通的，因为这并不是"无所为而为"。就前一部分的事情说，那就连"不计其功"也说不通了。难道冯先生以为在矿井里做工，只要每分钟紧张地出力做工，不必顾到工作的效果么？而且也不应该计较工作时间是否损害自己的健康、工资是否能使自己一家人吃饱这一类个人的利害问题么？前面我们在论"尊理性"时，曾说到冯先生在全书中许多地方应该说到理性时，只涉及道德，此地就是一例。在这里所谓应该做的事，只是用道德来判定，而不是用理性来判定的。

最后，我们还应该指出，纵然我们能实行了冯先生的凑合道家思想与儒家思想而成的"为无为"的生活方法，结果还是如冯先生所说的："一个人一生中所做的事大概可以分为两部分。一部分是他所愿意做者，一部分是他所应该做者。合乎他的兴趣者，是他所愿意做者；由于他的义务者，是他所应该做者。""愿意做"与"应该做"、"兴趣"与"义务"的矛盾并未因"为无为"而解决。这种矛盾就是道德和情感间的矛盾。既然冯先生未能解决情感与理智的关系问题，并且又把道德看做超越理智的，则道德和情感在生活中就不免发生强烈冲突。宋明多数理学家对这种冲突是主张以"应该"的标准压倒"愿意"的标准，道家的主张则相反。冯先生在这里是偏向道家路线的，他之承认在生活中的"应该做者"这一部分似乎不过是为了迁就现实社会的不得已的办法。所以他说："在道家所说底理想底生活中，一个人只做他所感觉有兴趣底事，在道家所说底理想底社会里，所有的人都只做他所感觉有兴趣底事。如果这种生活，这种社会，事实上可以得到，这诚然是最理想底。"（第七二页）现实上的矛盾就从"理想"中得到了解决！

于是冯先生的生活方法，在这里也就成为教人怎样从生活中超脱出来的方法，怎样从此岸渡到彼岸去的方法，怎样从社会超越到自然界去的方法。在《守冲谦》篇中，冯先生说：

> 宇宙是无穷，把自己的眼界推到与宇宙同大，亦是一种"游心于无穷"。在这样大底眼界中，无论怎么大底事业学问，都成为渺小无足道底东西了。这些渺小无足道底东西，自然不足介于胸中。（第一一八页）

若说，人的眼界应该放宽以祛除自骄自满的心理，这是我们所同意的，但人的眼界无论怎样放宽，也仍只能用"人间世"的眼睛看人事。冯先生所说的这守冲谦的修养方法的最高点，其实已经不是"生活"的方法，而是超越生活的方法，乃至是取消生活的方法了。再和前面已讨论过的"完全无情"与"有情而不为情所累"的主张联系起来看，我们就更可以明白按照冯先生的生活方法，我们所得到的方法不是别的，正是道家的"逍遥游"。

前一节我们只论到"无情说"在冯先生的理论上的矛盾和在事实上的不可能，现在我们可以再进一步看。冯先生的无情有两方面意义：第一是"对于事物有了解底人，应付事物，可以自己无情"；第二是"一个人若能循理而动，则别人对之，亦可无情"（第一三一页）。这就是说，人与人之间，不必有什么感情，不必有任何爱憎，对于人事，也不必有什么感情，不必有什么喜怒。完全无情的状态，谓之"恬愉"。其解释是："圣人无情，其心中如无波浪底水。庄子说：'圣人心如止水'，正是说此状态，此状态是静底，可以说是恬。此状态使人有一种静的乐。此静底乐即所谓愉。"（第一三四页）你若不能理解这种恬愉的乐，那么可以从婴儿生活中得到实例，"当小孩子时候的游戏——冯先生说——是人的生活中底最快乐底一部分"（第六四页）。这所谓快乐就是指恬愉之乐。其实用小孩子做例尚不妥当，因为十几岁上下的小孩子已经对人对事会爱憎喜怒了，古典的道家是用婴儿来理解的。老子说："我独泊兮其未兆，如婴儿之未孩。"你从吃奶的孩子身上，或熟睡之时，的确似乎可以发见一种静底乐。但是人的生活进入了婴儿状态，那是一种什么生活呢？

真正的现实生活是应该爱人，憎人，也让人爱，让人憎的。子贡问孔子说："乡人皆好之，何如？"孔子说："未可也。""乡人皆恶之，何如？""未可也；不如乡人之善者好之，其不善者恶之。"（《论语·子路篇》）爱某一些人，也为这一些人所爱；憎某一些人，也为这一些人所憎，这才是真实的也是真快乐的生活。

生怕有情即为情所累，因而纵不能绝对无情，也努力要做到"有情而不为情所累"，这种主张实在是害怕现实生活之累，害怕因对人对事有一定的态度，即有所坚持与执着，害怕旁人对自己有一定的态度，即可能发生冲突。所以冯先生认为要做到有情而无累，就必须"有情而无'我'，亦可说是，虽有情而情非'我'有"（第一三六页）。而这样的情就能在心中片刻消释，"如太空中虽一时有浮云，但浮云一过，太空仍是空空洞洞底"（第一三七页）。一个人倘能在生活中间取消了"我"的自觉成分，就自然对一切事情无所执着，也就自然能从生活的此岸跳跃到彼岸去了。所谓"忘乎物，忘乎天，其名为忘己。忘己之人，是之谓入于天"（《庄子·天地》篇），就正是这样的境界。

但是这跳跃毕竟只能是心理上的，因为实际的生活总是固定在现实的此岸。这个矛盾是无论道家，无论以儒家来修正道家的冯先生所解决不了的。实际上生活在此岸，却在心理上跳跃到彼岸，对生活采取观照态度；实际上是社会的人，却想用自然的眼睛来看人世，对一切人事采取不关心的态度；实际上是自觉的人，却以无我的态度来应付人事，在一切行为中采取"无所为而为"的态度。这难道就是冯先生向生活在这一个激烈的大时代的中国人所指示的生活方法么？难道在这时代中，我们为了得到合理的生活，首先就应该学会对于环绕着我们的一切事变，尽量地采取不关心的态度么？

五、理想与现实

我们已经知道，冯先生在论"为无为"时，曾经把"理想的生活"和"理想的社会"连带着谈，那就是说：只有在道家的理想社会中，才能完全实现道家的理想生活。这是不错的。道家对社会的理想对不对，那是另一问题，我们现在无须来讨论人类所可能建立的完善社会到底是怎样的。但是我们也承认：只有在理想的完善社会中，人才能过一种理想的完善生活。那么也就很明白，假如想把只有在理想的完善社会中才可能的理想的完善生活，实施于并非理想完善的社会中，那就不能不处处遇到障碍。或说，在并非理想完善的社会中，人纵不能完全实现理想的完善生活，但也可以采取用以达到理想的完善生活的那种生活方法，来使自己的生活渐渐进于理想的完善，并使社会渐渐进于理想的完善。假如把冯友兰先生的许多主张都从这样的意义上来解释，我们不能不表示更多一点敬意。但我们也仍不能不指出他把理想的完善社会中的生活方法实行于并非理想完善的社会中，不仅是不可能的，而且也不能发生改善不完善的社会的作用。事实上，为了把不完善的社会改进到完善的社会，那就不能不需要另一套生活的方法，依据这种生活方法的生活比起在理想的完善社会中的生活来，也许只能说是较不完善的，但却不能不说是在不完善的社会中的最完善的生活——这是现实的完善生活。

人到底不可能按照理想的完善生活的方法，而只能按照现实的完善生活的方法来生活；只有在理想的完善社会已经变成了现实的社会时，理想的完善生活的方法也才能变成现实的生活方法。

譬如说，我们也可以相信，在遥远的将来的人类社会中，可能是所有的人都根据自己的兴趣而做事，许多在现在社会中被认为无兴趣的事——如在矿洞里工作——也因科学技术和社会组织的改进之故而成为是有兴趣的。所有的人都可以完全不必为自己的个人利害打算，因为社会自然能使人人满足，而且甚至可以不必太计较社会的功利，因为社会组织的完善已能使一切人的工作共趋于一定的社会目的。那么，冯先生的"为无为"的生活的理想只有在那种社会里才能成为生活的现实。由此可见，冯先生的"为无为"的生活方法从理想的意义上看，纵然是值得尊敬的；但从现实的意义上看，却仍无异于叫人的生活超脱现实，逃避现实；而这种生活方法之并不能帮助非理想的社会进入理想的社会，是更不待说了。

冯先生所主张的"行忠恕"的生活方法也可以这样来看。照冯先生的解释："己之所欲，亦施于人，是忠。己所不欲，勿施于人，是恕。"（第三五页）假如在一个社会中，所有的人都能以这种方法待人，这社会的确是一个好的社会。但这样的好社会在现在还是理想而不是现实。

冯先生自己指出执行忠恕之道的一种困难说："或可说：讲忠恕之道者，都以为人的欲恶是相同底。如人的欲恶是不相同底，则此人之所欲，或为别人之所恶。如此人推其所欲，施于别人，则别人适得其恶，岂不大糟？"（第四六页）是的，这是一个困难。冯先生自己对这困难的解释却不能令人满意。他说："凡关于人底学问，都是以人的大致相同为出发点。生理学及医学以为人的生理是大致相同底。心理学以为人的心理是大致相同底。若在这些方面，每人各绝不相同，则即不能有生理学、医学及心理学。"（第四六页）但是生理学、医学及心理学都是把人当做一个自然的动物来处理的，而关于生活方法的学问却不能不把人当做一个社会的动物来处理。前者与后者，不属于同一类的学问，不能相提并论。倘以"口之于味，有同嗜也；目之于色，有同美也"，来证明人在社会的行动中欲恶也是同的，那就是"不知类"。人在生理的行动中的欲恶即使也有相互差异，却如冯先生所说的是"大同小异"，好比人人都好吃美味是"大同"，有人好吃鱼、有人好吃熊掌是"小异"。但是在社会的行动中的欲恶，以全社会的范围来说，现在都还不仅没有"大同"，而且有大异。

正因现实的社会还不是在大同世界中，所以在人与人之间还有着许多不理想的关系。有侵略者，也有被侵略者；有高高在上的统治者，也有哀哀无告的小民；有重利盘剥的高利贷者，也有还不了债的穷人……以忠恕之道劝告侵略者、统治者、高利贷者，固然出发于善良的心地，但其奈于事实无补何？而且坏人未始不可以在某些行为上利用冯先生的"忠恕之道"。人们可以说，我自己喜欢人逢迎，所以我也逢迎人；我自己喜欢金钱，所以我也用金钱收买人……而假如向被压迫被欺凌的人讲忠恕之道，难道是教他们用忠恕之道对付敌人么？冯先生曾说，在某种社会中要尽某种人伦，所谓人伦本来只指父子兄弟朋友这一类的，但是"四海之内，皆兄弟也"毕竟还只是个理想。在这个战斗的时代中，不能不公开承认敌人也是"人伦"中的一种，而且是重要的一种，因为生活在现代社会中，人是不能不除了学会怎样对待朋友外，更要学会怎样对待敌人的方法。冯先生解释忠恕之道说："一个人对待朋友的时候，对于每一事他只须想，他所希望于朋友者是若何，则当下即可得一行为的标准。"（第四一页）这正是说明忠恕之道是只能实行于朋友之间的。而很显然的，在敌对的关系中，我们却绝不可能从我所希望于敌人者是若何得到对待敌人的行为标准。我们是希望敌人投降，而我们自己则永远坚持立场；我们是要一面消灭敌人，一面要保存和发展自己。这正是在现实社会中所必要的非忠恕之道。或说，对待敌人也仍是可以实行忠恕之道的。真理与正义倘若其实是在敌人方面，我们就愿意放弃自己的立场，投降敌人；真理与正义是在我们方面，我们也就可以要求敌人放弃立场，投降我们。这样说，固然可以讲得通。但是在这里决定行为标准的，显然并不是忠恕之道，而是真理与正义了。于是冯先生所说的"忠恕之道的好处，即行忠恕之道者，其行为的标准，即在一个人的自己的心中，不必外求"（第四〇页）。"己之所欲，亦施于人；己所不欲，勿施于人。此欲与不欲，正是一般人日常所有底欲或不欲"（第四二页）就说不通，而冯先生所主张的作为生活方法的忠恕之道也就行不通。

人与人之间除了相亲的关系外，还有敌对的关系。有敌对关系，不能不有斗争。不过冯先生以为"提倡人与人斗争者是讲不通的"，"可以提倡者，只能是团体与团体间底斗争，不能是团体内底人与人的斗争"（第一〇四页）。但是既承认有团体与团体间的斗争，也就不能不承认这团体内的人与另一团体里的人之间的斗争。对汉奸的斗争固可以说是爱国者的团体与汉奸的团体间的斗争，但，譬如说在上海那样的地方，过去几年内就直接地露骨表现着爱国者与汉奸之间的人的斗争。在现实的社会中，团体与团体间的斗争、真理与伪理间的斗争、正义与非正义的斗争、理性与反理性的斗争都不能不具体表现为人与人间的斗争，这是人在现实社会的生活中所回避不了的。

在社会中还有反理性，有非正义，有伪理，这自然表示这社会还未至理想的完善了。在人的社会生活中还不得不包含着斗争，还不得不一面以忠恕之道对待朋友，一面以坚决的斗争对付敌人，这种生活确也不能说是理想的完善。但假如理想的生活是没有在人与人之间的斗争的，那么为了得到这种理想的生活和作为这种理想的生活之根据的理想的社会，人们却不能不采取斗争的手段，这正像人们有时不得不用战争的手段来达到世界和平的目的一样，在表面上看去似乎是自相矛盾，然而却是现实的、合理的。

理想与现实的矛盾是存在于现实社会中，人们就不能不用这种表面上看去是矛盾的方法来处理生活。这种矛盾的方法的基本出发点就是：一面承认现实，一面追求理想。承认现实就是要使生活适应于现实，追求理想就是使生活向理想推进。但是这又并不是说，把生活划分为二部分，一部分是承认现实，一部分是追求理想（冯先生的划分"应该做"与"愿意做"就是这样的），而是说：这两者是同一生活中的两方面，在每一生活行动中，同时是承认现实，同时是追求理想。

我们可以看到这样的两种人。一种是所谓空想家。他们只知道追求理想，从来不打算承认现实。但因为他们抹杀现实而追求理想，却无能力认真改革现状，在实践上就只得向现实投降。另一种人是只肯承认现实而不敢追求理想，因为他们无理想，所以他们把现实中的一切既成要素都看做是不可触犯的理想，那就更是直接为现状保镖了。道家思想属于前一类型，儒家思想属于后一类型。儒家思想在其人文主义基础上建立了为身份等级制辩护的道德规律与理论，所以两千年来成为封建社会的保护神，那是不待细说的，像《新世训》中从《大学》上来说明忠恕之道的"所恶于上，毋以使下，所恶于下，毋以事上"等语，正是封建等级制的合理化的说明。至于道家思想，虽然像是极高超的理想主义，但是向其反对方向的移行也是非常明白的。因为道家生活的出发点是"绝圣弃知"、"返璞归真"，所以主张要"毋以人违天"，要"率性而为"，所以要"从水之道不为私"，"以鸟养鸟"。但是生活到底不是专对"水"、"鸟"这种自然物，还要对付人。理论上是人与天合一，实际上还要过"人间世"的生活，也就不得不讨论如何应付人间世的问题。而根据其一贯的逻辑，就自然只能主张："形莫若就，心莫若和。……彼且为婴儿，亦与之为婴儿；彼且为无町畦，亦与之为无町畦；彼且为无崖，亦与之为无崖。达之入于无疵。"(《庄子·人间世》篇) 这就是说，在外形上一切随和旁人，旁人怎样，你就怎样应付他，但求无过，使人无疵可寻。纵然还有"心莫若和"的保留，但是在事实上已和从俗附世的人并无不同，是向丑恶的现实投降，并且加以支持了，是一种最可悲的市侩主义了。

这就是儒道可以携手的原因。在千余年来的封建社会中，在主要的生产手段担当者的实际生活里面，二者常常是可以兼而有之的。我们现在在冯友兰先生的书中看到儒家思想与道家思想的合作，也不算新奇的事。从儒家借来了其道德观念，从道家借来了其对于生活的自然主义的看法或理想，拼在一起，虽然不过加上了新的意义，对二者的本质是改变不了多少的。而若以为从这里面可以产生现代中国人的理想的生活方法，亦何异于缘木求鱼呢？

我们要承认现实，但并不是承认现实就是不变的真理，而是在承认现实中追求真理，也就是深入到现实中，改革现实，而达到理想。我们要追求理想，但并不是把理想来当做渡过苦难的现实生活时用以自慰的蜜糖，也不是要一步跨过现实去捉捕不可触的青鸟。我们要认真地、切切实实地生活在现实中间，承认现实中的苦难和从现实达到理想的艰苦的距离，因此就要一面忍受这一切苦难，一面用合于现实的武器来击退这一切苦难。只有采取这样的态度才真能解决现实与理想的矛盾，也才能够建立可能的合理的生活方法——这种生活方法是可能的，因为它是不脱离现实的社会的；这种生活方法是合理的，因为它是现实向理想前进的斗争武器。假如"彼岸"确是好的理想，那么我们也只有以"此岸"的物质条件做基础来制造舟楫，横渡过去，才能真正达到彼岸；倘若只是在心理上跳跃到了彼岸，而对此岸采取旁观态度，结果不过是让我们的现实生活永远在此岸，而永远保留着现实与理想之间的距离和矛盾。

六、余 论

到以上为止，本文可算是结束了，但是还有一个问题也还值得提一下，所以就再来拖一条尾巴。

这个问题是关于《应帝王》这一篇的。《新世训》全书十篇中，末尾一篇《应帝王》在性质上是特殊的，因为这不是讲一般人的生活方法，而是讲"当首领，尤其是当大首领的方法。"（第一八五页）所以我们也不妨特别来谈一下。

冯先生是赞成民治主义的。在论"致中和"的生活方法时，他曾说：

> 致中和应用在政治社会哲学方面，即是民治主义。《中庸》说，"万物并育而不相害，道并行而不相悖。小德川流，大德敦化，此天地之所以为大也"。在一个民治主义底社会里，人的生活，即有这种情形。我们可以说："此民治主义之所以为大也。"（第一五四页）

而在这里，冯先生所提出来的"和"的概念也的确是一个很美好的概念。所谓"和"是指不同的许多成分可以合成一起，另成一物，正如不同的声音，合为一段音乐。冯先生以为这"可以说是现在所谓辩证法的意思"（第一四五页）。这却不然，因为辩证法思想不仅止于此，但是这确是民治主义的极好描写。因为民治主义精神正是要承认不同甚至相反的许多要素的并存，承认"万物并育而不相害，道并行而不相悖"。

既然这样，那么，冯先生对于"做领袖的方法"，也就应该是根据民治主义的精神来讨论的。在民治主义社会和在专制主义社会中，做"首领"的方法当然不可能是相同的。但是在这里冯先生也和讨论人的生活方法的一样，把具体的社会环境撇开了提出其抽象的"首领"观念。抽象的人还可以从其自然中去找，但"首领"却绝没有自然性的"首领"。所以表面上是谈一般的抽象的，实际上却是把封建专制时代的东西搬运了来，这在《应帝王》一篇中表现得特别显著。

这不仅因为冯先生借用了"帝王"这名词，而且因为在内容上，他承认，大致是法家及一部分道家的意思。而法家道家所讨论的，当然只能是封建专制时代的领袖。我们知道，在专制主义的制度下，人们对于一个好帝王的最高希望，只能是"无为而无不为"，希望他自己无为，一切使臣下为之，因为他自己倘有为，则必为所欲为，而成为胡作非为了。而"率土之滨，莫非王臣"，在下者的一切所为都是为了帝王而"为"的，所以帝王就能"无为而无不为"。但这种看法和民治主义制度是完全不能相符合的。因为在民治主义社会中，并没有"御天下"的帝王，而只有上下之间的精密的分工。在上者非无为，只是其所担负的一部分工作，在下者不，也不可能"无不为"，因为人民才是国家主权的所有者。

像这样的张冠李戴，就使得冯先生对于孙中山先生的主张，也做了很奇怪的解释。他说：

> 孙中山先生说，在政治里，权能要分开，有权者用有能者，命其做事。譬如坐汽车者是有权者，开汽车者是有能者。……中山先生所说，正是以上所说底意思。做首领是有权者，他的下属是有能者。做首领底人如坐汽车底，他的下属如开汽车底。……（第一八九页）

这是很明白的事，孙中山先生的权能分开说是在民治主义精神上的，而在这里却被用专制主义社会中的法家主义来加以"修正"了；在中山先生的原著中是很明白地说权能分开是民众有权，政府有能，而在这里，却被修正为在上者有权而在下者有能了。中山先生确也用过坐汽车的例子。但他是把民众当作坐汽车的，政府当作开汽车的，而冯先生却恰恰拿来翻了一个身——这一个颠倒大概不能看做是一件小事情吧？

既然冯先生是一个民治主义的赞成者，而且也发表了关于民治主义的很好的意见，我们在这里拖上这一条尾巴大概也不能算是多余的吧？

1942 年 7 月 25 日写完于桂林旅次

原载《文化杂志》（桂林）第二卷第六期，1942 年 7 月

与冯友兰先生论人

周宪文

一

一年半来，足迹未出建阳城，因也写了不少幼稚录。最近奉准休假进修，遂又仆仆道路。旅中无事，翻阅旧作，发现自己曾经开出了许多"支票"，还未兑现——即在我这一年半来所写得稿件中间，常说"详容另文叙述"的话。可是这些所谓的"另文"，直到现在，都还未曾叙述出来——此刻，生活虽然尚未安定，可是已经开出的"支票"，倒是急于要"兑现"的。不过，因为急于要"兑现"，故就不免东拼西凑，所以内容之芜杂，这是毋待别人指责的。

现在既然准备"兑现"，先得说明"支票"的内容。

最近，我写过一篇文字，叫做《人心不古论》。在这篇文字里，就开出了不少的"支票"。其中之一，就是与冯友兰先生论人的。我曾引述冯先生在其大著《新事论》的《赞中华》篇上的一段话说："人都是人，不是神。此即是说，没有人是绝对完全的，没有人是完全合乎人的定义底。但亦没有一个事物能完全合乎它的定义。人既是实际的事物，他总有缺点。在时间上或空间上，离我们远底人，亦有他们的缺点，他们所做底事亦有缺点。不过这些缺点，异时异地底人，因为距离远底缘故，不容易看见。因为距离远的原因，人看异时异地底人或事，都只看见其大体轮廓，其详细则看不清楚。如其大体轮廓无大缺点，人即以为其是完全底。人对于其同时同地底人或事则是深知其详底。因深知其详的缘故，不但看不见其大体轮廓的无大缺点，如果其大体轮廓是无大缺点，而且简直看不见什么是其大体轮廓。如所谓见树不见林者。在这种情形下，一个人看其同时同地的事，自然只见其是不完全底了。"

接着我提出了不同的意见说："在我以为人就是人，要是变成了神，他就不像人。真实的世界，就变成了虚无的天堂。所以，人的本身是没有什么缺点可说的。他可说绝对完全的，完全合乎人的定义的。今人所谓人的缺点，这正是人的特点。亦即人之所以为人。因为人之为人，不能单独生存，所以人与人之间，必有所接触。既有所接触，就有所抵触，在有色眼镜之下，就有一部分被人看成人的缺点。异时异地的人，大家不接触，因就少抵触。这不单是因为距离远就不容易看到他的缺点。至于人对于其同时同地底人或事，所以容易看出对方的所谓缺点，那也不如冯先生所说是因为深知其详的缘故，而是为了由接触而产生的抵触。"

末了我就开出"支票"，而谓"关于此点，说来话长，如有机会，当另文就正"（以上引文均见拙作《人心不古论》）。

现在就是机会，就是另文就正的机会，也就是"支票兑现"的机会。

以上是说"本文之所由作"。

二

根据上节引文，显然可见，我与冯先生的看法，是不同的。冯先生说"人都是人，不是神"。又说："没有人是绝对完全的，没有人是完全合乎人的定义底。"我的意见，恰恰相反。我以为："人就是人，人是绝对完全的，即完全合乎人的定义的。"至于我的理由，除在上文已经说过者外，现在提出几点，记之如下（左，原文为竖排）。

第一，首先就要讲到定义的问题。通常所谓定义，是指界说而言。即"为言以阐其义，使适如其界，无漏无逾"，故名。这显然是先有事物，后有定义。定义的目的，就是简单的文句，说明事物的特性，使适如其界，无漏无逾。因此，如果事物与定义不符，这是由于定义不足以说明事物，并非事物不适于定义。这是定义的不完全，不是事物的不完全。但照冯先生的说法，适得其反。这是事物的不完全，并非定义的不完全。这是事物不适于定义，不是定义不适于事物。宇宙事物，复杂万千，我们对于某一事物，要有一个完全的定义，这原是一件难事。所以定义与事物不符，往往有三。说得过分一点，也不妨说，宇宙间没有一个定义是与事物完全符合的，但这是定义不符于事物，不是事物不符于定义。至于这一现象的纠正——即使定义符合于事物，就有待于科学的进步。但科学无论如何进步，总不能叫事物符合于定义。现在冯先生说没有人是完全合乎人的定义，在我以为这至多只能说"目前世界上没有一个关于人的定义，是完全合乎人的"。这两种意见显然是相反的。

第二，讲到目前世界上关于人的定义，恕我浅见，所知不多。一般辞书，说"人为万物之最灵者"，原出"人为万物之灵"的成语。这解释，或者可以说稍欠切实。至于冯先生呢？说"人是有理想的动物"（见冯著《新事论》的《赞中华》篇，以下引语均同）。虽然冯先生未曾说明这就是人的定义，但一则除此以外冯先生没有下过其他更切实的定义；二则我以为把人解为"有理想的动物"，那也已经够切实，至少要比"人为万物之最灵者"的定义，来得切实。所以我就以冯先生之言——人是有理想的动物——为人的定义，根据这一定义，冯先生认为"没有人是完全合乎人的定义"，但我以为"没有人是不完全合乎人的定义"。（此所以我同意冯先生把人解作有理想的动物）圣人以修身治国为他的理想，固然完全合乎人的定义；小人以一攫千金为他的理想，同样合乎人的定义。所以圣人是人，小人也是人。因为他们都完全合乎人的定义。至多以为圣人的理想好，我们说是好人；小人的理想坏，我们说他是坏人。但好人是人，坏人也是人，推而至于男人是人，女人也是人，大人是人，小孩也是人。普天之下，芸芸众生无一不是人。无一个不完全合乎人的定义。因为凡是一个人，无论如何，总有他的理想，至于其理想的好坏或大小，那是另一问题，那是与人的本身，即与人的定义无关的。

第三，接着就要说的，我们常听人说，张三这个人是有理想的，李四这个人是没有理想的。这话换一方式说，就是张三是有理想的人，李四是没有理想的人，有理想的人是人，那无问题，没有理想的人也是人，这似乎与人是有理想的动物这一定义不相符合。如果有人提出这一疑问那就完全出于误解。误解了事物的层次（关于此点可见冯先生著《新事论》的《明层次》篇）。大体说来，李四之为人，固然没有理想，但这所谓理想的有无，是对张三比较而言。如以李四与其他动物比较，则李四仍旧是有理想的，即李四仍旧是有理想的动物。所以李四虽然不像张三那样有理想，但李四还是人。我们常以"醉生梦死"四字来形容人的没有理想，现在即使李四就是这样一个"醉生梦死"的人，但我们也可相信李四在醉生梦死之余，多少亦有一些理想。其实，严格说来，醉生梦死的本身，也就是一种理想。想做事是理想，不想做事也是理想。所以醉生梦死的李四，即所谓没有理想的李四，如与其他的动物比较，他还是一种有理想的动物，还是一个完全合乎人的定义的人。

三

第四，顺便必须指出的，是有理想的与理想的不同。冯先生在谓人是理想的动物之下，接着就说"就客观方面说，理想是事物完全底典型。就主观方面说，理想是人对事物的完全底典型的知识"，这两段话，单独可以成立，联合起来，就有问题，因所谓"有理想的"这只要有理想，不问这理想是好是坏（不论是要修身治国，是要一攫千金或要醉生梦死），这已见前述，兹不复赘。至谓"理想的"，这一般是指好的而言，亦即指完全的而言。照冯先生的说法，就是完全的典型。因为冯先生把"有理想的"与"理想的"偶尔混同了，所以冯先生觉得没有人完全合乎人的定义。其实这是说没有人完全合乎理想的。亦可以说没有人是合乎"完全底典型"。更可说没有人是完全好的或完全的。这就前面的举例来说，圣人与小人，固然都是人，但可以说圣人是完全合乎人的理想的，小人则否。圣人是合乎人的完全底典型的，小人则否。圣人是完全好的或完全的，小人则否。不过，小人虽然不及圣人，虽然不完全合乎人的理想，不合乎人的"完全底典型"，不是完全好的或完全的，但他还是人，还是合乎人的定义，因为他有理想，即有一攫千金的理想。

第五，再进一步，即使说圣人是完全合乎人的理想的，是合乎人的"完全底典型"的，是完全好的或完全的，但这也不是就圣人的人而言的，这还是就圣人的思想行为来说的。换句话说，这是说圣人的思想行为是完全合乎理想的，是合乎"完全底典型"的，是完全好的或完全的。（至于其标准如何，那是另一问题）至就圣人的人来说，这与小人并无不同。圣人有四肢五官，小人也有四肢五官；小人要吃饭，圣人也不能老是饿着肚子。不过一个（圣人）是填满了肚子，运用四肢五官想做修身治国的事，一个（小人）则吃饱了饭运用四肢五官做一攫千金的事。这同样是说不论圣人与小人，两者都是人，两者完全合乎人的定义，中间丝毫没有不同的地方。之所以一为圣人，一为小人，这是由于他们的思想行为的关系，与其为人也无关，即与人的定义无涉。

第六，总而言之，冯先生偶尔把"有理想的"与"理想的"混同了，既谓人是有理想的动物，因此就把人解作是理想的动物。而此所谓理想，据冯先生说，是"事物的完全底典型"（客观的）或是"人对事物的完全底典型的知识"（主观的）。但怎样才算是"完全底典型"呢？冯先生终于没有说出。其实这是不可能说出的。所以冯先生只好说："没有人完全合乎人的定义。"其实，在冯先生这一混同（即把有理想的混同为理想的）之下，不但说不出人的定义，就是宇宙万物没有一个定义可以说得出来的。比方说狗，照冯先生这一说法，完全合乎狗的定义的狗，这也应当是"完全底典型"的。再比如说笔，照冯先生这一说法，完全合乎笔的定义的笔，也应当是"完全底典型"的。因此，正如冯先生所说，不但没有人是完全合乎人的定义，亦没有一个事物能完全合乎它的定义。这在冯先生的理论上，可说是一贯的。（纵使不可能说出任何一个定义来）可是在这一贯的理论之下，就要发生一个大问题。因为人既不能完全合乎人的定义，他就不是人，难道是狗吗？更难道是笔吗？且不论狗与笔，这照冯先生的解说，也是不完全合乎他的定义。到头来，宇宙间，人非人，狗非狗，笔非笔，充满了不可计数的莫名其妙的东西——这是东西，这照冯先生的说法，也是不能完全合乎他的定义的——这是必然的理论，但这个结论太奇特了。

四

第七，抑有进者，照冯先生的说法，不但没有人完全合乎人的定义，更不但没有一件事物是完全合乎他的定义，就是冯先生所假想的神，也是不能完全合乎他的定义。冯先生说"人都是人不是神，所以没有人完全合乎人的定义"。意思之间，假定人变成了神，人就可以完全合乎人的定义。其实，如照冯先生的说法，人既变成了神，仍旧是不能完全合乎人的定义。因为我们相信多神教，那么神就是人的化身。地上有各式各样的人，天上有各式各样的神。有善神，有凶神；有男神，有女神；有老神，有小神。其不能完全合乎神的定义，这与人之不能完全合乎人的定义是一样的。所以冯先生说的神，一定是指唯一的神。这假定就是上帝。但什么是上帝的完全的定义呢？到头来，恐怕只好根据《圣经·旧约》说："是在六天之内创造宇宙万物的神。"如果这一定义是绝对完全的，那么绝对完全的人的定义，势必更像上帝一样，在六天之内，创造宇宙万物。反过来说，能在六天之内创造宇宙万物的人，才算是完全合乎人的定义的人。这当然没有一个人能合乎这一定义的，更说不到完全。但是观乎冯先生所说的人缺点，又是不在他能不能于六天之内创造万物，则可知绝对完全的人的定义，又是另有所在。其实，上帝所以被称为完人（也可说是完全合乎人的定义的人），还不是因为上帝能于六天之内创造宇宙万物，而是因为上帝是唯一的。假定宇宙间同时有两位上帝，这中间就大有问题。现在世界上既有若干万万的人，所以即使人变成了神，照冯先生的说法，他仍不会合乎人的定义的。

第八，我想冯先生的议论，当不至于如此。他所谓社会上或历史上（即不论古今——作者）没有人是完全合乎人的定义，这不是书本排印的错误，那恐怕只说不论古今世界上未尝有过一个十全十美的人。换句话说，即未尝有过一个所谓完人。这看冯先生说："人既是实际的事物，他总有缺点，他所做底事，亦总有缺点。"似乎我的推论，还近情理。果然，这就不是人的问题，即不是人的定义的问题，而是人的思想行为的问题，即所谓好人与坏人的问题。世之所谓完人，就是顶好的人，也可说是完全的人。但这所谓完全是指人的思想行为而言，并非指人的本身来说。而且事实上，今之所谓完人，乃上帝之别称，世界上只有圣人，并无完人，所以我们尽可有完人与圣人的定义，但同时一定还有人的定义。假定完人圣人都是人，那就人来说，这与常人没有不同。其实同样一个人，怎样才算是完人？怎样才算是圣人？这就主观的观点出发，仍旧是见智见仁的。又就客观的观点出发，那也有时代意义的。古之圣人与今之圣人，标准就不见得完全相同。冯先生说没有人完全合乎人的定义。这一所谓人的定义，也许，就没有完人或圣人的定义，但绝不是人的定义。我们可以说，世界上没有完人（除了上帝）少有圣人，但是我们不能否认芸芸众生都是人。

第九，末了要由关于人的定义的问题讲到关于人好坏的问题。冯先生认为："人既是实际的事物，他总有缺点，他所做底事，亦总有缺点。"在我以为人是没有缺点的。人所做的事，也是没有缺点的。有之，那也不是缺点，而是特点。这些特点，在好的方面说，就是优点。在坏的方面说，才成缺点。但这所谓好坏，是由人与人的关系而言的。亦就是人与人接触的结果。关于所谓好坏的问题，我曾写过一篇叫做《说好》的文字，已经讲得很多，此处不再重述。现在只想随便举个例子，加以说明。比方说，兹有一某甲，喜欢随手取物，这可说是某甲这个人的缺点，也可以说是某甲这个人所做事的缺点。所以如此说法，还是因为某甲的随手取物，是影响到别人的关系，亦即人与人相接触的结果。假定普天之下，只有某甲一个人，他虽然随手取物，因为并不影响别人，故也说不上好坏。这只能说某甲有随手取物的特点（习惯）而已。所以一个有随手取物的习惯的人，如果离开我们远了（不论就时间或空间而言），与我们接触不到，即他所取的物，并不是我们的，我们也就不觉得这是坏的。所以"必亲受之"，而始有坏的感觉发生。有时我们听到某甲有随手取物的习惯，虽然不曾亲受，亦发生坏的感觉，这必由于曾经亲受的联想。总而言之，人的本身是没有什么缺点的，人所做事的本身也没有什么缺点的。冯先生所谓"异时异地的人不容易看见对方的缺点"，又所谓"一个人看其同时同地的事自然即见到其是不完全底了"，真正的原因，都是由于人与人的接触所发生的抵触。这是我的意见，而与冯先生根本不同的。（本节所述，也就是过去之所谓性善性恶的问题）

读《新原人》

杨中慎

一

　　冯芝生先生在《新原人》一书里论境界的一章中开头便说："人对于宇宙人生底觉解的程度可有不同。因此宇宙人生对于人所有底某种不同底意义即构成人所有底某种境界。"在这一段话里冯先生究竟告诉了我们些什么呢？从这里面我们可能获得的是些什么样的启示呢？第一，我们知道宇宙人生意义的构成是由于人有觉解。第二，我们懂得宇宙人生意义的深浅，是因为对他发生了觉解的人的觉解有程度高低不同的缘故。更确切的说，便是对宇宙人生觉解程度高的，则其意义深；反之，则其意义浅。关于觉解，在《新原人》里已经说得非常详尽，自然不容我们再赘一辞。在这里，我所做的事，恐怕就只有把我读完了这几句话所引起的对于《新原人》的了解记录下来。原因是我觉得这几句话，不但在冯先生的伟构里有他的重要性，甚至，就是和整个的自孔孟以来的中国哲学都有着极为密切的关系。

　　宇宙人生凭了人的觉解而发生意义。但这个意义仅是对对宇宙人生产生觉解的人而有的。换句话说除了对宇宙有觉解的人生而外，这个意义真是毫无意义，宇宙只是一个，凡是生活着的人对他皆有权利产生觉解。在同一时间内，如果一切具有权利的人，对宇宙人生皆产生觉解，那里因为觉解程度的不同，他的意义也就有各色各样的差异了。大家所共据的一个唯一的宇宙人生，在同一时间之内，竟因各人对他所产生的觉解有程度上的参差，而有许多的意义。反过来讲，岂不是在同一时间之内，这里有若干个对宇宙人生发生不同觉解的人，这唯一的宇宙人生在这里便存在着若干不同的意义吗？很明显的，在这种情形之下，宇宙人生的意义，实在就是人对他的创造了（也可以说是实现）。我们特定的指某一时间之内在某一个人所觉解的那唯一的宇宙人生，正是表示宇宙人生所包含的意义的深广。一般人，尤其是庸俗之流，宇宙人生所透露给他的意义简直是抵不过海边的一粒沙子。因此，他所生活着的意义，也只是那么渺小！

宇宙人生的意义虽然十分丰富，宇宙人生的意义虽然永远摆在那里，创造宇宙人生对于我的意义的可是必须在我。由我创造这意义。然则在这意义之创造的时候，就必得自我开始了。创造宇宙的意义，显然纯粹在我，则对于"我"的掘发便是对于宇宙人生意义的掘发。根据《新理学》，绝对的人的标准应该只有一个。他的唯一性恰好像宇宙人生之为唯一的然。唯一的宇宙人生，因为在一般不完全的认识下，他的唯一性，于是被糟蹋得破碎不堪了。普通人所谓的人，只袭有绝对"人"的一部分，因此他不能认识宇宙的整体，创造宇宙人生的最高意义。换句话说，他的觉解程度不够，对面在一个唯一的宇宙人生之下，他不得不放弃许多，而只好让那些所能够把握得住的，在他的了解里遗留下来。所以在同一时间之内，对唯一的宇宙人生会存在着那么多不同的意义。真正说来，宇宙人生既然有他的唯一性，则其意义，亦必有他的唯一性。可惜这意义又是非绝对完全的人不能窥见其全了。在认识宇宙人生的时候，认识者的本身一方面给宇宙人生创造各种不同的意义；另一方面就在创造宇宙人生以各种不同的意义的时候，还同时说明了认识者自身的不完全。试设想甲与乙皆同是人，如果甲与乙皆实现了人之所以为人者的人应有的标准而为绝对的人，甲与乙所见的世界将能有什么样的区别？宇宙人生的意义靠了人来发掘，因为人的本身未能实现完全宇宙人生的意义，所以才有四分五裂的呈现在不完全的人的认识里。幸而有一天人之所以为人者完全的被实现，则那个宇宙人生的最高意义方得整个的复原。就在宇宙人生的意义完全呈现出来的那一天，世界人才算出现过一个完人。正如《新原人》里所说："人的真我，必在道德境界中乃能发展，并在天地境界中乃能完全发展。"宇宙人生的真义，因此也只有完人才能实现，也只有完人才能够完全实现。也就是靠了对宇宙人生意义实现的完全，人成为完人。好像《新原人》里所说的真我：一方面须在道德境界与天地境界中发展，他方面道德境界与天地境界的完成，又须要真我的实现，所以完人的实现，与对宇宙人生的掘发，二者实在是相依为命的事情。在完人，宇宙人生的真义，对他才能完全显现。也因为对宇宙人生的真义尽了完全显现之功，完人成为完人。从这个角度去看宇宙人生，从这个角度去看人，像负有"为天地立心，为生民立命，为往圣继绝学，为万世开太平"的责任的哲学家，便不得不运以睿智而原人了。所谓原人者，即是原人之所以为人，所谓原人之所以为人者，即在把普遍意义上的人转向并安排在人之所以为人者的标准上。现在是战时，全世界每一个角落，在不同的地方，人类正拼命地进行着相互杀戮的悲剧。为了这么样的杀戮，人类还宁肯，而且事实上地牺牲了一切。然而，人类自身究竟缺少了什么？又为的是什么呢？于是我更知冯先生所苦心追求者了。

一二

冯友兰在《新原人》里自己解释说："自然境界及功利境界是黑格尔所谓自然的产物。道德境界及天地境界是黑格尔所谓精神创造。"不消说冯先生也承认只有在道德境界及天地境界中，人才算实现了人之所以为人者。道德境界及天地境界既然为宇宙人生真义显现的场合，那么真我的完成，实在就是人自身的精神创造了。为什么我们说他是人自身的精神创造呢？

在通常的情形之下，一般人所谓的此人彼人，他的意义，也许只等于说此马彼马，或此鸡彼鸡。在人的这个名词里他们并未看见许多，而不折不扣把人列为动物中之一门。虽然，在人自身，亦何尝不自诩甚高。不过，人自身所自诩为的高，其真义，无非在骄傲人为这世界的统治者罢了。然而人为这世界的统治者，对于人之所以为人者，又有什么必然的关系呢？在人统治了这个世界的事实里，绝对分析不出人之所以为人者的因素来。相同的，人之所以为人者，亦很难以统治这个世界为其必要的条件。历史上确实出现过一段巨兽统治一切的时代，这个时代虽然早已过去，现在虽然无从设想这样的事会有重演的一天，但是无论如何，他总可以帮助我们说明：人之所以为人者，绝不在人统治这个世界的这一事实上了。何况就在今天，碰巧又临着人残酷的统治着人的时代呢？在这样的局面，我们将如何去分辨谁是人，谁又不是人呢？因此，只就大同于动物的本能说人，结果人仍然得屈辱在普通动物的意义里。正仿佛牛马似的，仍然得不自觉的凭着本能的活动而悠悠的度着岁月，老让人之所以为人者的标准寂寞的摆在那里，如果人还希望追求人的尊严，而且还准备维护这样的尊严，则在人的自身，应该不安于仅仅是一个动物，应该有别于其他的动物。在人的自身，于是有从事于发掘人之所以为人的必要。从事于人之所以为人者的发掘，必须开始在我。故他是内在的"反身而诚"的工作，而属于持之在己的精神创造。在《新原人》里，彻底完成了这种创造的人才能算是真人。就是全人格，就是从来儒家有理想的圣人，就是我们于以上所说的，可以实现宇宙人生之意义的整体，以及宇宙人生之最高意义的人。

彻底完成了这种创造的人才能算是真人。这句话确实值得玩味。在从事精神创造的时候，我们所凭借的是知识，是觉解。知识与觉解由于为学所着工力的差别，而有程度上深浅的不同。故知识对精神创造的程度，亦随此而各异。这种差异，构成了各色各样不同程度的人，构成了《新原人》为人所安排的各种境界。同时构成了善，也构成了恶；构成了是，也构成了非。但真正实现了人之所以为人者的人，却是"离开善，也离开恶，离开是，也离开非"（因为平常所谓善恶和是非都是相对的说法）的如上面所说的全人格，而为人之典型。虽然，在我们看来，其行为又是"无往而不是，无往而不善"的，具有超善恶之特质的。用《新原人》里的话说，那便是：他已经由功利境界过渡到道德境界或天地境界中了。在同一特定的时间之内，知识的差异对于精神创造可能形成各色各样的程度，而构成不同深度各色各样的人，这是一方面。另一方面从事精神创造的个人，随着为学所着的工力的不同，知识的增减，个人的人生深度在不同的时间亦有程度上的差异。甚至这种差异，还可以划分出明确的阶段。在《论语》里有一节记述孔子的自白，他说："吾十有五而志于学，三十而立，四十不惑，五十而知天命，六十而耳顺，七十从心所欲不逾矩。"便是一个极好的实例。从一段话里我们懂得了为什么《新原人》里的《论学养》的一篇这般强调知识的重要性，同时也使我们领会到精神创造的终结，显然就是所谓圣的境界的完成。孔子曾经谦逊地说过："若圣与仁则吾岂敢！"这样"从心所欲不逾矩"的"不勉而中，不思而得"的境界，便应该是圣者所在的仁的境界了。

凭了知识，而完成真我，于是人类有借重教育的必要。但是教育的功能并不普遍的对每一个人必然有效（因为这是下学而上达的工夫），故许多人们虽同在实现真我的途程中迈进，而他们所实现的程度便万有不同了。如果在今天我们也像某些人一样的，肯定人与人间有什么差异，那么这种差异必然是存在于人为了实现真我而从事精神创造的途程中的。人与人间是有差异的。可是这样的差异，却不在血肉之躯赋予上的异同，而是真正的决定在所实现的"我"究竟到了什么样的程度。一切种族的经济的原因，对于我的实现，是绝对没有影响的。所以人与人间的差异，也必不能以之为衡量的标准。说到精神创造发展的过程时，使我想到孔子为甚独赞颜子好学，为什么说"回也其心三月不违仁"，对于别的门徒，为什么又只许他们为"其余则日月至焉已矣"的等等问题来。同时颜子"所好何学"，我也想从这些问题里，去探出他的源头。

三

在《论语》里，仁是道之完成的表现。有子说："君子务本，本立而道生。孝弟也者，其为仁之本与？"有子此处所谓的道，虽然明明指的是仁，但就我们所知的道的意义说，仁未必全同于道。孟子曰："君子之于物也，爱之而弗仁；其于民也，仁之而弗亲。亲而仁民，仁民而爱物。"这便是我们所要说的意思。君子日常所接触到的对象可有不同，故君子由不同的对象所引起的对不同的对象所发生的反应亦有不同。爱仁或亲则是表现在各种不同的对象上的道。所以爱仁或亲所表现的，不过是道的一部分，而不是道的全体。爱仁或亲所能表现的既不是道的全体，可知爱仁或亲皆不能全同于道。关于此点，引孟子的解释便容易明了了，他说："仁也者，人也。合而言之，道也。"儒家所理想的人格是圣人，因此儒家所要求的，是社会上的每一个人成为圣人，圣人为人之标准，实现了这个标准的为实际的圣人。从事于这个标准之完成为志于道。有子说："本立而道生。"他的意思，着重在道生于何的这一点上，道之所生的地方，便是志于道者所应努力从事的去处。儒家要求社会上的每一个人完成人的标准，故儒家所倡实之道，也就是一切人所应该共由的路。从这一点去看道，则道正好相同于冯先生在《新原人》一书中所提出的精神创造了。

我们说爱仁或亲是表现在各种不同之对象上的道，是说如果有具体的对象可能让道表现，则他所表现出来的是爱是仁或是亲，而绝不是一个空空洞洞的道。这样则道的本身，便唯有静态之一面了。孔子曰："士志于道，而耻恶衣恶食者，未足与议也"。假如他只说"士志于道"，他的意思无非是说人应该从事于精神创造而已。他说"士志于道，而耻恶衣恶食者，未足与议也"，则他所说，便不止此。他更表示了：道的本身虽然唯有静态的一面，但能有具体的对象以供他表现的时候，他却不止于仅是静态的一面。他还有动态的一面。此动态的一面，就是他之完成的表现，就是所谓的爱仁或亲，等等。有子以孝悌为志于道者的基本条件，足以说明儒家的着重点之所在，也足以说明仁在儒家精神中之地位。所谓仁有广狭二义。就其狭义说，仁与爱亲有等级之分；就其广义说，仁应该就是道的完成的表现。可知道与仁之所以往往混为一谈，并不是毫无来由的了！

我们说从事于人之标准之完成的精神创造为志于道，则志于道者，必首先是了解了什么是"道"的人。如果一个人对于"道"之所指全无所知，而我们勉强的说他在"志于道"，便是再无稽没有的话了。因此一个人在未知道什么是"道"之前，他不仅不知道应如何走向精神创造之路；恐怕连精神创造的那一回事情，他也必十分茫然。这一类人但凭了本能而庸庸碌碌的度着岁月。对于这一类的人，孔子就简直叫他为小人。子曰："君子而不仁者有矣乎！未有小人而仁者也。""道"之于小人，实在是太过隔膜了。故在他们，"闻道"才是从事人之标准之完成的精神创造的起点，而且是一个不可或缺的起点。必如此，我们才知人所追求的究竟该是什么，必如此，他们的生活才可能打定一个一定的方向。所以孔子说："朝闻道，夕死可矣！"

站在从事精神创造之创造者的本身说，有志于精神创造，为志于道。之所以走向创造之路，而且从事于创造为适道。而在道的一方面，如说道已在人，则其意便等于说此从事于精神创造之创造者，已经获得了道。此获得了道者，在《论语》里称为有道。孔子曰："君子食无求饱，居无求安，敏于事而慎于言，就有道而正焉。"所谓有道指的必定是有道者。因为唯有人才能发为行为，又唯有有道的人，所发为的行为，才能是可以与一般人就正的行为。有道者所发为的行为必然为仁，以其所发为的行为必然为仁，可知有道者所在的境界，必然是仁的境界。这个意思我们可以把它说得更明白些，就是：因为道已在他，故他为有道者。他所表现在具体对象上的行为，必是有道者的行为，其行为必然为仁。他所表现的行为为仁，在于他是有道者的缘故。所以我们说他所在的境界必为有道者的仁的境界。生活在仁的境界里的人，其所发为的行为必然为仁，所以说他的行为又是无往而不是。因为他的行为无往而不是，所以孔子特别推许这样的人为"可与权"的人。但是他之所以为"可与权"者，则由于他能始终如一的固执他之所在的境界。

故能为"可与权"者，必先是"可与立"者。子曰："可与共学，未可与适道。可与适道，未可与立。可与立，未可与权。"大概就是表示的这个程序吧！有道者的境界，为仁的境界，在《新原人》里，这样的境界，不是天地境界便是道德境界。至少，他是不至低于道德境界的。

对于之所以走向道的人，当其所发为的行为为仁的时候，则因他们的行为，可许他们所据有的境界为仁的境界。可是他们虽可能据有仁的境界，他们却不能坚持这样的境界，因此，一旦他们所发为的仁的行为消失了，则他们所据有的仁的境界，也必随之消失。根据《论语》，这一类的人应该列入孔子所谓的"其余则日月至焉而已矣"的其余的人。这些人不是有道者，自然也不是圣人。虽然他们又确比较志于道者高出一筹。所以孔子说："可与共学，未可与适道。"《朱子集注》引程子的话说："可与共学，知所以求之也。""可与共学"之可与者，既为志于道者。则可与适道之可与者，不成问题应该是"其余"的人了。这一类的人，虽然较志于道者高出一筹，但他们究竟未能把握着崇高的生活境界，所以虽偶尔也发为仁的行为，却不能永远的保持住这样的行为。因此孔子才警惕他的门徒说："知及之，仁不能守之，虽得之，必失之。"因此他们没有崇高的生活境界，所以他们发为的行为，虽然可以为仁，但不见得能够一定为仁。他们所发为的行为，既然不能一定为仁，则他们之发为行为，当然远不如生活在有着"不勉而中，不思而得"之特质的圣域里的人来得自若了。所以孔子又说："可与适道，未可与立；可与立，未可与权。"

孔子谓颜渊说："用之则行，舍之则藏，惟我与尔有是夫！""用之"和"舍之"是两种不同的行为。惟在"用之"之后，才能有所"舍之"。故"用之"和"舍之"虽是两种不同之行为，可是两种永远连接在一块儿的行为。"用之"，必有所用，此所用者，因在圣人，而圣人又为有道者，故必为道。"舍之"，必有所舍，此所舍者，因在圣人，故必为圣人所用之道。"用之则行"，必有所行。此所行者，因在圣人，故必为仁。"舍之则藏"：一方面必有所藏，此所藏者，应为圣人所行之仁。另一方面又必有藏仁之所在，此藏仁之所在，不消说就是圣人所据有的崇高的境界了。圣人生活在他所据有的境界里，因有对象而发为行为，其行为所行者为仁。对象消失，于是所行之仁，复又默化于他所据有的境界之中，因此而说圣人的境界是仁的境界，从这一点来看，也是很不错的。圣人所据有的境界在"用之"、"行之"的时候，固然可以表现出他是有道者，就是在"舍之"、"藏之"的时候，对于他之为有道者，也没有什么妨碍。其境界是保持住的。"舍之"、"藏之"，不过是失掉了表现道的实际的对象罢了。孔子尝以道统自命，曰："文王既没，文不在兹乎！"又尝许颜回为其继承人，曰："回也，其心三月不违仁。"如果道在颜子，颜子又有行为表现，则颜子所行为仁无疑。然颜子未必随时能有行为表现。故孔子曰："回也，其心三月不违仁。"颜子有不违仁之心，据有圣人所在的崇高境界。这种成就是颇不容易的。所以孔子谓颜渊曰："惟我与尔有是夫！"

在《论语》里孔子常把从事于精神创造而已踏入"适道"这一阶段的人列为"君子"之流，曰："圣人吾不得而见之矣。得见君子斯可矣。"是君子然后能学为圣人，然后能成为圣人。故君子必是知所以学者。子曰："君子食无求饱，居无求安，敏于事而慎于言，就有道而正焉。"君子之为学，唯有向圣人学。可是向圣人学些什么呢？孔子没有具体而切实的表示出来，他说："就有道而正焉。"而他又只能说："就有道而正焉。"这倒不是圣人故意卖弄玄虚：圣人由不同的对象，而产生不同的行为。所产生的行为虽然不同，但在圣人，无非是表现在不同的对象上的道罢了。因为这个缘故，道的意义之深和行道的范围之广，以及由此种深广对于有道者所赋予的意义，便可不言而喻了。

关于道的意义之深，和行道的范围之广，不消说孔子是深知的，颜子也是深知的。看他们对于道的歌颂对于道的象征便够明白了。在他们好像是除了歌颂，除了象征而外，在道的面前，他们都只有"余欲无言"。颜子喟然叹曰："仰之弥高，钻之弥坚，瞻之在前，忽焉在后。"《朱子集注》曰："仰弥高不可及。赞弥坚不可入。在前在后恍惚不可为象。此颜子深知夫子之道无穷尽无方体而叹之也。""仰之弥高，钻之弥坚"，这是颜子于道之本然的描写。故朱子注为："仰弥高不可及。赞弥坚不可入。"颜子把道的本然描写得如此艰深，如此庄严，却于道之为动态的一方面，图画成窈幽而不可以捉摸。甚至于"瞻之在前，忽焉在后"的令人抓不到迹象。道一面"是不可及，和不可入"，另一面是"无穷尽，无方体"。亦乎这就是孔子之所以教人"就有道而正焉"的缘故了罢！道之本然是静态的，但当他表现在实际的对象上的时候，他又不止于仅是静态的。孔子对道譬喻得最好：子在川上曰："逝者如斯夫？不舍昼夜！""逝者如斯夫"，水流，流向所流向的地方；

再由所流向的地方，向所流向的地方流去，于是它在所流经的每一个地方表现着自己。同时它又在那表现过自己的每一个地方消失，立刻消失！然而就在各地消失的一瞬间，它已经又在另一个地方表现了自己。如果用颜子的话来说，那便是："瞻之在前，忽焉在后"的在每一秒钟里他逝去，更在每一秒钟里他创生。它表现着自己，它不舍昼夜的表现着自己！虽然孟子说："源泉混混，不舍昼夜，盈科而后进，放乎四海，有本者如是，是之取尔。"原来他是有所本的！有所本必因本已立。本既已立，那么根据有子所谓的"本立而道生"，则他应该是有道者了。由于他是有道者，所以他表现在不同的对象上，皆能泛应曲当。孟子又说："观水有术，必观其澜，日月有明，容光必照焉。水之为物也，不盈科不行，君子之志于道也，不成章不达。"孔子那么寥寥可数的几个字，就寄寓了如孟子所说的这么一番深意，道之不容易说，或不可能说，又该是可想而知的事了。

道虽然是不容易说，或不可能说，但有道者，所用为道，所行为仁。有道者所表现在具体的对象上的行为虽然为仁，但有道者所能表现的对象究竟有限，因此，我们说道是永远表现不完的。子曰："人能宏道，非道能宏人。"大概就是从这个意义出发的。有道者所表现在具体的对象上的道虽然有限，但只要有具体的对象可能让他表现，他即不愿在任何的一个上放松。因为道是表现不完的，所以有道者生活着一天，对于道，他就不得不"战战兢兢，如临深渊，如履薄冰"的在具体对象上去表现一天。从这里，他完成了他的全人格；也是从这里，他创造了宇宙人生的意义。

原载《哲学评论》第九卷第二期，1944 年

评冯友兰先生底艺术论

洪毅然

一、引言——真与实

冯友兰先生《新理学》第八章，与《新事论》第八篇，都是论艺术的。前者是冯先生的艺术哲学之原理，后者是冯先生对艺术运动之方案。

冯先生对艺术运动的方案，导源于其艺术哲学之原理；而其艺术哲学之原理，则为冯先生的整套哲学体系所导出。故如朱光潜先生所说：要批评冯先生的艺术论，即不能不审查他的出发点——他所根据的哲学。

冯先生的哲学整个建筑在所谓"实际"与"真际"之分别的基础上，并认为"真际"可以外于"实际"而独立。实则，"真"与"实"非二，"理"与"物"不离。凡百事物，皆为二者之矛盾的统一。冯先生不解此故，所以，他的艺术哲学及其对于艺术运动之方案，逐处皆表现出"离真实"之谬误。

二、技与道

冯先生的艺术哲学之第一命题为"以可觉者，表示不可觉者"，试问可觉者与不可觉者，若非为矛盾的统一，怎能有此？

我们亦认为艺术是"使人于觉者之时，仿佛亦见其不可觉者；"即承认"技进乎道"之说，是可说的。但冯先生又说："进于道之艺术，不表示一事物之个体之特点，而表示一事物所以属于某类之某性之特点。"因而冯先生对于"只表示某一事物之特点，而不表示某一类事物所有某性之特点"的艺术之评价，为"只是技，而不能进于道"。

于此，可论者有二点：第一，所谓一事物所以属于某类之某性，能否有外于其事物之价值？冯先生以画马为例，既谓"马之神骏之性……必藉一马表示之"，可见一事物所以属于某类之某性，不能外于其事物之个体。因而，凡能表示一事物之个体之特点者，多少亦总能表示一些其事物所以属于某类之某性之特点。甚而凡表示某一事物之个体，即表示其事物之某性。所以，我以为只表示某一事物之特点，而不表示某一类事物所有某性之特点的艺术，实际是没有的。反之亦然。

第二，既没有只表示一事物之个体，而不表示某事物之某性的艺术，则当然亦没有只是技，而不能进于道之艺术。这因为未进于道之"技"，只是"技"，不体现于技之"道"，只是"道"，两者皆不是艺术。凡艺术，皆为技进乎道之创造；凡艺术，皆为即物表性者。艺术既然是艺术，其所表现者，即物即性，即性即物。盖因世间本无无性之物，亦无无物之性也。

马之性，必见之于马。马之某种性，必见之于马之某种特征。画马，即表其马性。画马之某种特征，即表示马之某种性。表马性，必画马。表马之某种性，必画马之某种特征。

是故不表示一事物之个体之特点，而欲表示一事物所以属于某类之某性之特点，实不可能！冯先生根据其"真际"可以外于"实际"而独立之说，以说此不可能之事，适足证明其说之虚妄不着实际。

冯先生说道："是实者必然无妄，是真者未必不虚"。冯先生讲"最哲学的哲学"而论及艺术，可见"不着实际"实在是他的本意。然则，不顾实际而徒作逻辑之戏论，其可乎？其不可乎？

三、本然样子

同样是由于"离真实"之谬误，冯先生有所谓艺术的"本然样子"之说。

冯先生说："在艺术外讲艺术，同艺术亦是一类物，亦有其理。此理可称为本然艺术。"换言之，冯先生之所谓艺术的"本然样子"，即艺术之所以为艺术之"理"。

诚然，艺术是有其所以为艺术之"理"的，但此"理"绝非外于实际的艺术而独立。而冯先生认为艺术的"本然样子"却是独立。于实际的艺术以外的所谓"不是作品的作品"，或所谓"无字天书"。并认为各种实际的艺术皆是以此"不是作品的作品"或"无字天书"为其创作与批评之标准。然则，根据"无字天书"，如何作出有字的书呢？冯先生却无所解释。其实，此问题不特是冯先生不能解释的，而且是谁也不能解释的。盖因本无所谓"无字天书"之故。

冯先生对艺术的"本然样子"之另一解为"极"。"极"者"无限"也。准此，即所谓艺术的"本然样子"，即艺术所以为艺术之一种恰合的"极限"。那么，一切未能恰合其"极"之艺术，均不是真艺术，而只是艺术之近似的模仿。可是，绝对地恰合其"极"之艺术不可能有，盖因艺术的"本然样子"原不可见。（"理"如可见，即已非"理"）既不可见，则又何能依照之以为创作及批评之标准呢？于此点，冯先生说："才人乃能见之"。但才人怎能见之？冯先生亦仍无所解释。

似乎冯先生于此重重难点均未抹杀，所以他于论诗时说："近于此标准者，是好诗；合于此标准者，是最好的诗。"可见冯先生亦未主张必须绝对地恰合其"极"者方得为艺术，否则为非艺术。然而，既然艺术之近似的模仿亦仍得为艺术，那么，艺术之所以为艺术的"理"或"极"之所谓"本然样子"，尚有何意义？

我们承认，艺术之所以为艺术，诚有其所以然之"理"或"极"，但它不是外于实际的艺术而独立存在的。如必谓艺术有"本然样子"，则其"本然样子"即其"实然样子"。艺术就是艺术，凡艺术，一律为艺术之"本然"与"实然"之矛盾的统一体。"本然艺术"绝非外于实际的艺术而独立。实际的艺术以外无"本然艺术"其物之存在。人不可能吃桃的果实、李的果实以外的抽象的"果实"，人也不可能鉴赏绘画艺术、音乐艺术以外的空头的艺术。冯先生将抽象的艺术之"理"置于具体的艺术之物以外，而使其互相对立，且认前者为后者所依照之"样子"，其结果，必然否定艺术之存在。因为"无声之乐"，"无字之文"，一类"至乐"与"至文"，实际是不存在的。以不存在者为存在之标准，原为一切烦琐主义哲学之通病，冯先生的艺术哲学不幸亦未能免。

四、美

其次为关于美之主客观的关系，及其是否绝对的问题。

冯先生说过："我们不能说，某种长度之光波，即为红色；亦不能说，人的眼之某种感觉，即为红色。"诚然，诚然！红色不即是某种长度之光波，亦不即是人的眼之某种感觉，然此二者皆同为构成红色之条件。可冯先生却只说："若完全离开主观，即不能有红色"；且引申之以论"美"，亦只说"若完全离开主观，不能有美"。

并且，冯先生说："凡依照美之理者，人见之必以为美。"

于此点，冯先生有意忽略了构成美之客观条件亦是不可缺少的之事实。

实则，"美"之所以为"美"，诚然不能离开主观之感觉，但感觉必有感觉之对象。是亦正如红之为红，必待人的眼之某种感觉而后始有，然无某种长度之光波之刺激，人眼之感觉自亦无由构成。是故冯先生有意忽略美之构成条件中客观的根据是不对的。进一步，冯先生坚持"凡依照美之理者，人见之必以为美"之说，而使"美"绝对化，竟谓"对于美之色盲之不以一美底事物是美，无害于一美底事物之是美"，尤为错误！

在这里冯先生是又将"美之理"当成一纯粹抽象而独立于具体的美的事物以外之绝对的东西了。事实上，美既为主观与客观之综合，美乃为相对的。一美的事物对于解其美者说固是一美的事物，但对于不解其美者说则是一不美的事物。世间既无一无往而不被人视之以为美之绝对的美底事物，亦无一无往而不美的纯粹抽象的一"美之理"。一切"理"皆是具体的，"美之理"当然也是具体的。冯先生谓"美之理"外于美的事物而独立，且以前者为后者之模型而成为绝对的，亦为其"离真实"之哲学的又一种表现。

五、心赏与心玩

此外对于艺术活动中审美经验之分析，冯先生说是一种"心赏"或"心玩"。但对于"心赏"或"心玩"之性质的解释，冯先生却一则说"必带有感情"；再则曰"是旁观底，超然底"。实为矛盾。

依我想：说艺术家于其创作过程中，除欲将自己所赏玩者，以某种

"术"而使他人亦得赏玩之外，无他要求可说；艺术家自己之赏玩之活动或鉴赏者之赏玩之活动本身，未与其他要求——或其他活动之成分相涵容，相交织，相渗透者，则不可也。盖因人本为一有机的整体，凡人所有"知"、"情"、"意"任何一种之心态，乃皆本为互相涵容，互相交织，互相包摄，互相渗透着的。说艺术的审美经验之"情"的活动，为一独立自足而与其他绝对孤立绝缘之理论，朱光潜先生根据克洛采的美学亦尝说此。但是，除非美感经验不带有感情之成分，否则，美感经验即不可能是"旁观底，超然底"。盖因真正绝对旁观与超然的纯粹形相的直觉，实并非为美感而只为快感。要快感进而为美感，自必带有情感之成分。而其情感之本身，即为感觉之价值，益以"联想"、"交替"诸心理条件之结果。可见一带有情感，即不可能是"旁观底，超然底"了。

诚然，写一怨情诗之诗人之写作活动，必在其经验怨情之后而不能恰在当时，否则只有痛哭流涕之不暇而不能写作。但，"暂将自己置于旁观地位"那样的"心理的距离"（朱光潜语）是可能有的吗？

试问，人若真已将自己置于旁观之地位（哪怕确只是暂时的），则其前一时间之我（当事者的我）与其后一时间之我（旁观者的我）如何相通？如不可通，创作即不可能。如可通，则其当事人的人格，与其旁观者的人格，必然互相涵容，互相交织，互相包摄，互相渗透乃可，信若斯，则又安能将其自己置于旁观之地位？

六、吃饱饭　没事干

艺术的活动对于人生其他活动既不是"旁观底"与"超然底"，当然冯先生说艺术是"吃饱饭，没事干"干出来的，也是错误。

冯先生把艺术只当作是人生之点缀，即所谓"花样"！因而其功用也仅在于使人"得到愉快"而已。是可谓"蔽于文而不知用"。

七、现代化与欧化

最后，冯先生对于我国今日艺术运动之方案为：主张现代化，而反对"守旧"与"欧化"。表面上看来这主张是完全正确的，因反封建之理由，

"现代化"是必需的；因为反法西斯帝国主义之理由，"欧化"是要不得的。但，冯先生却忽略了我国今日一切文化之所谓"现代化"之本质，本有部分的欧化之意思。一则既因为我们今日文化现代化之要求原为"欧风东渐"所促起，且其"现代化"之目的原在"世界化"或"国际化"之实现。是故冯先生将"欧化"与"现代化"完全割裂，其意图在防范"国际性"之害于"民族性"之发扬。然而，艺术的"国际性"果真有害于其"民族性"之发扬吗？以冯先生形式逻辑的头脑度之，其答案当然是肯定的。为防范艺术的"国际性"或将有害于其"民族性"之发扬，而因噎废食地彻底反对"欧化"之主张，实仍为化装了的国粹主义的主张。依我想："欧化"如不是"全盘欧化"，而乃为批判的"欧化"（即与"中国化"相配合的"欧化"）的话，实在并不值得反对。为什么？盖因不如此而但由"国民艺术"之路是很难达"艺术大同"之理想的。

八、余论——几个名词的误用

冯先生误以"题材"为"一艺术作品所拟表示之某性"，似未辨明"题材"与"主题"之分别。实则"题材"只是"借以表示某性者"，"主题"则为"所拟表示之某性"。

其次，冯先生将"讽刺画"与"速写画"视为同类，似以"速写画"指"漫画"，殊不知"速写画"与"漫画"不容相混，"速写画"乃"略画"耳。

最后，冯先生对于"普罗文学"与"平民文学"的区别也未辨明，而说"普罗文学即与平民文学无异"，实则"普罗文学"乃"无产阶级的文学"，"平民文学"则仅只是"非贵族文学"而已。

原载《大学》第二卷第九期，1943 年 9 月

与冯友兰先生论中国哲学之精神

傅统先

一

美国有一位哲学教授——艾德曼先生（Irwin Edman）——说："哲学教授是研究哲学的，哲学家是研究生活的。"他的意思是说，假使我们仅把历史上许多哲学家所讨论过的问题重新加以整理、解释，以求出一个更合乎逻辑上融贯性的系统，这只能称为哲学教授；而哲学家应该体验人生，评价人生，使人生更富于意义。根据这个标准讲起来，我们可以说，冯先生在中国是一位最好的哲学教授。因为冯先生是继承中国思想家传统的态度，"以述为作"，他只要对于许多传统的哲学问题有所申述，以求出一个新的理论体系，而不要从实际人生中有所体验，以求出一种新的生活态度和理想。

关于冯先生哲学体系的发展，我们可以从他近来的著述中看出一个线索。在他的《中国哲学史》中，他尚在寻求自己的体系。在这里面，他先是客观的追溯中国哲学的发展，让历史上的哲学家们自己说明自己的体系，然后冯先生就在这种整理和阐明中求索自己的路线。他的《新理学》就是他自己所建立的体系，这里面他说明了哲学的性质，构成了一套玄学的系统，他替宋明的理学灌注了新的血液，充分的发展了他的逻辑的融贯性。他在他的《新事论》中把自己的体系应用到社会文化的发展方面，在他的《新世训》中把自己的体系应用到生活方法方面。最近在他的《新原道》里面，他又把自己的体系应用来说明中国哲学的发展，解释各种大哲学派别的理论，并且表示自己哲学系统在整个中国哲学史上的地位。

冯先生的哲学体系是深受西洋逻辑的实证主义的影响。根据这个学派的解释，哲学所研究的只应限于逻辑的范畴，凡在逻辑范畴领域以外的事情，哲学是不加闻问的。这正是冯先生所说的："哲学对于实际只形式地有所肯定，而不是事实地有所肯定。换言之，哲学只对于实际有所肯定，而不特别对于实际有所肯定。"（《新理学》十页）但是冯先生和逻辑的实证主义在对于哲学的目的和题材方面颇有不同。根据维特根斯坦（Wittgenstein）的说法："哲学的目的在于逻辑的澄清思想。它不是一种理论而是一种活动。哲学的结果不在生产若干哲学命题，只是使命题清楚而已。"而冯先生却在完成他的"内圣外王之道"，却在希望，"对于我国家民族方建震古烁今之大业"有所贡献，他有"文王既殁，文不在兹乎"这种济世救人的热忱。在哲学的题材方面，逻辑的实证主义发展到极高峰，除了数理逻辑之外，只好研究语言的组织。而冯先生所讲的仍是理、气、道体、大全、道德、史势、艺术、鬼神、圣人，不过只抽绎其形式而遗弃其内容而已。冯先生自己还说过一点，那就是西洋在"利用新逻辑学的进步，以拟推翻形上学"，而冯先生在经过现代的新逻辑学对于形上学的批评，以成立新的形上学。

所以冯先生的哲学乃是"接着中国哲学的各方面的最好的传统，而经过现代的新逻辑学对于形上学的批评，以成立的形上学。"（《新原道》一一三页）现代（在）我们就根据他的近著《新原道》来和冯先生讨论中国哲学的精神以及在中国哲学进展中冯先生体系的地位。

二

在我们没有讨论之前，我们愿意先把冯先生的《新原道》做一个简单的介绍。冯先生写这本书的目的是想申述："中国哲学主流之进展，批评其得失，以见新理学在中国哲学中之地位。"他说，中国哲学史所研究的主题就是如何统一"高明"和"中庸"的对立。假使一个人要成功（为）圣人，要达到最高的境界，他是否必须离开社会，或甚至于必须脱离人生？在中国有些哲学家只注重人伦日用而不讲最高的境界，这便是"世间的哲学"，冯先生称之为"道中庸"的哲学。有些哲学家以为欲得到最高底境界，须脱离尘俗，超越人生，这便是"出世的哲学"，冯先生称之"极高明"。冯先生说："中国哲学有一个主要底传统，有一个思想的主流。这个传统就是求一种最高的境界。这种境界是最高底，但又是不离乎人伦日用底。这种境界是即世间而又出世间底。这种境界及这种哲学，我们说它是'极高明而道中庸'。"冯先生就根据这个"极高明而道中庸"的标准来说明中国哲学发展的趋势，以及各家哲学的得失。

孔孟是讲"中庸"的道理，仁义礼智，都是就人伦日常而讲的。但是其间并非没有"高明"之处，因为孔子说："吾十有五而志于学，三十而立，四十而不惑，五十而知天命，六十而耳顺，七十而从心所欲不逾矩。"此地，冯先生说，孔子知天命，顺天命，乐天，这都是"高明"的境界，不过这个天是"主宰之天"，还不能脱离宗教色彩，有点图画式的思想，所以不甚"高明"。从这一点讲起来，孟子比孔子已经"高明"一点，因为孟子讲到了"浩然之气"，这种气是"塞于天地之间"，"上下与天地同流"的。但是孟子所谓"天地"的抽象程度尚无法断定，可是可以确定他还是没有达到最高的标准。所以孔孟的思想可说是"道中庸"而尚未"极高明"。

杨子为我，是"充塞仁义"，墨子兼爱，也只是功利，都不合乎"高明"的标准。名家便是"超乎象外"，只讲共相而不顾殊相，他们是合乎"极高明"的标准，可是"他们尚未能充分利用他们的对于超乎形象底知识，以得到一种生活"，因此，他们对于"道中庸"是不够的。

名家虽已超乎象外，但是他学仍然有名，道家于有名之外，又说无名。老子说："道可道，非常道；名可名，非常名。无名，天地之始；有名，万物之母。"庄子说："道不可闻，闻而非也。道不可见，见而非也。道不可言，言而非也。"所以老庄的境界是"极高明"的，但是他们还不合乎"极高明而道中庸"的标准，因为根据这个标准，"高明"和"中庸"的对立是已经统一了，而道家仍主张有方内和方外的"两行"，这是还没有做到"统一"的功夫。

《易传》和《中庸》的作者接着儒家的传统，注重"道中庸"，但同时他们也有"高明"的境界。《乾卦·文言》云："夫大人者，与天地合其德，与日月合其明，与四时合其序，与鬼神合其吉凶。先天而天弗违，后天而奉天时。"《中庸》云："天命之谓性，率性之谓道，修道之谓教。"他们所说底圣人都是"庸德之行，庸言之谨"，这可以说是"道中庸"最好的程度，但是就其高明的境界而言，虽比孔孟已能超乎形象还没有到最高的程度。

汉代的学者太注重于实际而没有做抽象的思想，他们所讲的天是限于形象之内的，他们所讲的宇宙是一个有机的结构，这都是图画式的思想。所以他们的境界不高，极不合乎"高明"的标准，中国哲学的精神的进展至此受到逆转。

魏晋的学者对于超乎形象始有清楚的认识。他们是"玄之又玄"的。在先秦道家哲学中有和无是对立的。"天地万物生于有，有生于无。"但是向秀、郭象便把"有""无"的对立统一起来了，因为他们以为道等于无，所谓"有生于无"即是说万物各自生出。在先秦道家哲学中又有"天"和"人"的对立。《庄子》说："天在内，人在外。"但照向、郭的意思，鸟建巢，是出于自然；人造房子，亦是出于自然，故人为即是天然。僧肇在佛学中也统一了动与静的对立，有与无的对立，有知与无知的对立，有为与无为的对立。他们所说的圣人的境界是"居动用之域，而止无为之境。处有名之内，而宅绝言之乡。寂寥虚旷，莫可以形名得，若斯而已矣"。他的境界是"止无为之境"、"宅绝言之乡"，但他的行为是"居动用之域"、"处有名之内"。在中国哲学史上"高明"和"中庸"第一次得到了统一。虽然魏晋学者的心目中"高明"和"中庸"是统一的，但是他们仍然以为"高明"和"中庸"是两件事体，不过两不相碍而已。

禅宗更进一步，把"高明"和"中庸"打成一片。"高明"就是"中庸"，"中庸"就是"高明"。照禅宗的说法，圣人的境界就在平常人的境界中，不过和平常人所见到的境界却不相同。圣人虽做平常所做的事，但不粘滞于此等事，不为此等事所累。在圣人的境界中，山还是山，水还是水，但人已不是旧日的，从凡入圣的人了。"极高明"即是"道中庸"。

既然"高明"和"中庸"是一件事，那么何以出家的人才有妙道，而"事君事父"便不是妙道呢？宋明的道学家就是要再进一步，打破这一道难关。明道说："居处恭，执事敬，与人忠。此是彻上彻下语。圣人元无二语。"圣人所做的事，就是平常人所做的事，不外是从洒扫应对，以至于尽性知命。不过这些事是圣人做的，便成为妙道。这妙道不只出家人有，在家人于"事父事君"一样有。这个"极高明而道中庸"的程度较之禅宗是更进一步了。

清朝人很像汉朝人，不喜玄想，所以中国哲学精神的进展到了此间又受到逆转，一直到冯先生的时代才又入了正路。这个正路便是由冯先生的《新理学》中所表现出来。这里，他使他的体系尽量达到"极高明"的极限。他说："我们只就哲学讲哲学。哲学本是空虚之学。哲学可以使人得到最高境界的学问，不是使人增加对实际的知识才能底学问。"他又说："新理学——底几个重要观念不能使人有积极底知识，亦不能使人有驾驭实际底能力。但理及气的观念可使人游心于'物之初'。道体及大全的观念可使人游心于'有之全'。这些观念可以使人知天、事天、乐天，以至于同天，可以使人的境界不同于自然、功利，及道德诸境界。"这就是冯先生所谓最合乎"极高明而道中庸"的哲学。中国哲学精神的进展已至其最高峰了。

三

以上是冯先生对于中国哲学之精神的见解。对于这种见解的批评，我们预备分为两方面。第一方面是就冯先生的体系本身去求他的弱点，第二方面是说明我们和冯先生对于哲学有着根本的不同。现在我们先讲第一方面。

冯先生对于逻辑的分析和融贯有非常深刻的素养，冯先生的文字简练正确是合乎申述哲学体系的。这两层是任何读他《新理学》的人所不能不承认的。但是在他的《新原道》里面，我们觉得其用词的正确和逻辑的谨严似乎远不及他的《新理学》。其困难似乎是在于他一方面是想用自己的体系去说明中国哲学的发展，另一方面又想客观的讲述中国各家的哲学。用冯先生自己的口吻来讲，冯先生的主观系统和中国哲学的客观进展还是"两行"，不是"一行"。他用词的不够正确和逻辑的不够谨严可以从三点来说明。第一，他论中国哲学主流的发展似乎尚缺乏一贯的线索；第二，他所用的"极高明而道中庸"这一标准，其意义不够确定；第三，他以为凡对立的统一都是"高明"和"中庸"的统一，或和这种统一是属于一类的，这是不逻辑的归类法。现在再把这三点加以说明。

第一，冯先生是想从历史发展的事实上求得中国哲学主流进展的趋势。但是这一层他在他的《中国哲学史》中相当的做到了，但在《新原道》中却完全没有做到。他没有说明何以在中国哲学史上会由儒、墨、名家而老庄，而《易》、《庸》，又何以会由先秦哲学而至汉儒晋玄，再何以会由汉儒晋玄而在佛学上有禅宗，在宋明有道学。其间冯先生是用"极高明而道中庸"这一概念来做线索的。他说孔、孟、杨、墨是道中庸而不极高明，老、庄、《易》、《庸》是极高明而不道中庸。汉儒是道中庸而不极高明。但晋玄则做到了"极高明而道中庸"，只可惜"高明"和"中庸"还是两行，禅宗便把"高明"和"中庸"完全统一，视为一行。只可惜这还统一得不彻底，因为只有出家人统一了，在家人还未统一，宋明道学家便更进一步，把这个统一应用到"事君事父"去了。但冯先生还觉得他们有点"拖泥带水",他自己把这些都"炉火纯青"了,达到"极高明而道中庸"的新统。但是我们要知道这只是逻辑上的程序(Logical Order)而不是历史发展上的进展(Historical Progress)啊!

第二,他对于"极高明而道中庸"这句话并没有给我们一个明确的意义。困难似乎是一则在于他想在中国哲学史中求得一个统一的公式,于是便不得不把各种不同意义装在同一个公式里去;二则在于他想用旧瓶装新酒,(用旧的词句来代表新的意义),这原来是可以的,譬喻旧瓶虽然写着"花雕",我们仍不妨在里面装高粱,使我们一举起花雕的瓶子就知道里面是装的高粱。假使这里面一会儿装高粱,一会儿装五加皮,一会儿又装竹叶青,这就容易发生含义不清的弊病。冯先生自己说:

> 世间与出世间是对立底。理想主义的与现实主义的是对立底。这都是我们所谓高明与中庸的对立。在古代中国哲学中,有所谓内与外的对立,有所谓本与末的对立,有所谓精与粗的对立。汉以后哲学中,有所谓玄远与俗务的对立,有所谓出世与入世的对立,有所谓动与静的对立,有所谓体与用的对立。这些即是我们所谓高明与中庸的对立,或与我们所谓高明与中庸的对立是一类底。(《新原道》三页)

此外,我们把冯先生所谓"高明"和"中庸"的对立列举如下:

(甲)"高明"底或属于这一类底	(乙)"中庸"底或属于这一类底
"经虚涉旷"	"和光同尘"
"内圣"	"外王"
"思"(抽象的)	"想"(图画式的)
"出世间"	"入世间"
"超乎象外"	"限于象内"
"形而上"	"形而下"
"游于方外"	"游于方内"
"无"	"有"
"非心非佛"	"即心即佛"

根据冯先生的界说："这种境界是最高底，但又不离乎人伦日用底。这种境界就是世间而出世间底。这种境界以及这种哲学，我们说它是'极高明而道中庸。'"那么我要请问："假使这些即是高明和中庸"，那么出世间、内圣、思、超乎象外、形而上，……这些是否彼此相等（identical）？入世间、外王、想、限于象中、形而下，……这些是否彼此相等？假使它们是相等的，那么冯先生便可以同时把它们和"高明"相等。但是我们认为这些并不是相等的。这些概念各有不同的含义，各有其不同的方面。冯先生说它们虽不同但仍可以属于"高明"一类的。假使如此，那么"内圣"的高明，必不同于"思"的高明，必不同于"超乎象外"的高明，必不同于"形而上"的高明。因此，我们不能以"高明"统括这些概念，更不能以不高明、高明、极高明，去说明各种方面不同的概念上去。在我看起来，冯先生所谓"极高明"有六种不同的含义。（一）宇宙论上的意义，它指超越自然界的一种境界，如"超乎象外"；（二）本体论上的意义，它是指一种"形上学"（metaphysical）的实体，如"玄之又玄"，道家所谓"道"、"无"等；（三）有知识论上的意义，它是指超经验的（transcendental）境界，如名家的"指"，冯先生所谓"理"、"真际"等；（四）有心理学上的意义，它是指超越感觉的思维，如冯先生所谓非图画式的"思"；（五）有逻辑上的意义，它是指那种对于实际不加肯定或否定的纯形式的类的概念；（六）有人生论上的意义，它是指人生最高的一种境界，如"内圣"、"出世间"等。

在西洋哲学中 Idea 一词也有同样含混的弊病，例在柏拉图的系统中它是指本体上的实体，在知识论中它是指超验的纯理性，在心理学上它是指实际心理活动的内容，在人生论上它是指人生的理想。因为这个名词的模糊不清，所以西洋哲学史上有一个趋势，就是不愿再用 idealism 一词。现在冯先生用"极高明"一词去代替这些方面不同的境界，所以无怪乎他有时把"极高明"当做是逻辑上的概念，有时又当做是伦理学上出世间的境界，有时又当做是知识论上的共相，有时又当做是心理上的思考。因为这些属于不同的方面，各有其不同的 status，假使要把它们统归纳到一类里面去，这似乎是违反了逻辑上归类的原则了。

第三，因为冯先生把几个不同类的东西归纳一类里去，于是他便进一步把中国各家哲学所研究的不同的方面视为同一方面的发展而只求其发展的程度不同而已。例如孔、孟、杨、墨，在我们看起来，大部分是解决社会问题和人生问题的，当然同时也会想到一些人生的理想。《老子》大部分是讲做人方法的，不过同时他很注意本体论的问题；《庄子》大部分是讲知识论（如他的《齐物论》、《秋水篇》等），可是他讲这些仍然是替他人生观下注脚。名家大部分是讲知识论的，不过他们的目的是"有意立异"，并非存心解决人生问题。《易传》很复杂，一部分是讲宇宙的构成，一部分是讲伦理的关系，一部分是巫卜之言。《中庸》是一本关于修身的哲学背景的书。关于《易》、《庸》部分，我觉得冯先生故意强调其所谓"极高明"的成分（虽然他说这仍不合"极高明"的标准），而忽视了其中讲人伦修养的成分。汉儒是分析宇宙的构造和发展，目的还是以"人副天数"的方法来说明人生。魏晋的玄学家是顺着老庄的哲学来谈玄学的，可是佛教徒却是主要的讲"超凡入圣"的道理，根本是宗教。宋明的道学家大部分是讲本体论的，归根是谈人生修养的。冯先生自己是用逻辑范畴来讲形而上学的，可是他还不舍得"内圣外王之道"。因此我们知道中国各家的哲学所用的功夫各不相同。孔孟的不"极高明"和老庄名家的"极高明"不是程度上的差别，根本一个是牛头，一个是马嘴。玄学家统一有是、天人、方内方外的对立，佛学家统一真如与生灭法、常与无常、涅槃与生死等的对立，和统一"极高明"与"道中庸"的对立，其所统一的方面都是不同的，统一了那些对立，并不等于统一了"极高明"与"道中庸"的对立。

四

以上我们是就冯先生自己的体系而论，颇觉其中有内在的弱点。现在我们再进一步谈我们和冯先生在根本态度方面不同的地方。第一，我们以为冯先生对于哲学本身看得太狭，只注意其纯理性部分而不顾其与生活的关系，虽可说是"脱尽人间烟火气"，但是我总觉得他太"高明"了。读冯先生的书使我们想到了康德的《纯粹理性批判》，可是他只是说明纯理性的限度，而在他的《实践理性批判》中阐明了意志的重要。冯先生主张哲学对于实际不做积极的肯定或否定，这一点我们是可以承认的，因为哲学所讲的是人类知识中的最高原则，例如他只利用"凡人皆有死"这一判断，而不必去证明张三是否死了，或者李四是否还活着。但是哲学并不对具体的事实有所肯定或有所否定，但是这并不是说哲学对于具体的事实，特别是对于我们生活态度不能根据最高原则而有所评价，有所指示。换句话说，我们不认为哲学只是纯粹理性的玩意，我们也不承认哲学对于实际应有所肯定或否定，但是我们觉得哲学应对于人生发生关系和作用，哲学可以讲"应该"的问题，应把它所研究的内容和人生发生关系。根据冯先生的术语来讲，我们觉得冯先生的体系是"极高明而不道中庸"，其高明的程度较之中国传统哲学的任何"极高明"还要高明，但其"道中庸"的地方较之中国传统哲学上的任何"道中庸"都不够"道中庸"。

第二，我们对于冯先生对于中国哲学精神的意义，不敢十分赞同。冯先生以为中国哲学的主题是"极高明而道中庸"的，或者说得确定一点，是"即世间而出世间"的，但是我们以为中国哲学的精神是以出世间的态度而做入世间的行为，是以消极的态度去积极的应世的。在中国传统哲学家的心目中没有或至少为思想而思想的，他们是希望从思想的功夫上去指示生活。所谓"太上有立德，其次有立功，其次有立言"。我们认为中国哲学的主流的发展不是向着冯先生所谓"极高明而道中庸"的路上走，而是把具体针对人生和社会问题的理论逐渐加以抽象化。例如孔子讲仁义、讲正名都是解决当时社会问题，孟子的仁义就加了一种"浩然之气"的色彩，朱熹的理和气已成为了形上学的东西，一直到冯先生它们便完全成为了纯形式的概念了。其实，冯先生对于道学家理论的解释比向、郭，更为抽象；向、郭对于庄子的解释比庄子本人所讲的又要玄妙得多，而庄子对于老子的看法又要理论化一点，而老子本身的说明不过是对于人生社会所做的一种体验而已，老庄并不想说得好像向、郭和冯先生那样的"玄虚"。但是在中国哲学的传统上无论在思想上说得怎样玄妙，他们的主题总不离于对于人生社会有所评价，有所建议。

第三，因为冯先生的出发点不同，所以当他申述中国哲学发展的时候他特别夸大各家"极高明"的地方而无视于他们的"道中庸"方面。例如道家教人如何以消极的态度去适应社会，《中庸》和《易传》中讲人伦的关系，宋明的修养功夫，冯先生在他的《新原道》里面根本未曾提及。我们认为这是冯先生故意想加重中国哲学的"高明"处。

第四，冯先生讲到对立的统一，这是对的。特别最后冯先生讲到知与行的对立的统一，境界与行动对立的统一，这是对的。不过他仅注重在概念上的统一。我们认为知与行的统一不应仅在"知"上统一，更应在"行"上统一。知与行的对立仅在形式概念上的统一，这仍不是最高的境界。它们一定要在实际上统一，才是最高的境界。否则冯先生只做到"极高明"而未做到"道中庸"。

最后，冯先生以为他所讲的是内圣外王之道，我们对此深不敢赞同。我们以为冯先生既然不讳言其"无用之用"，就不妨无用到底，可不必谈内圣外王之道。因为既言内圣外王之道，那么内圣是讲个人的修养，外王是说个人的社会功业。思考到了最精纯的地步，只能使思想清晰，这和我们对于人生社会是另一条道。人生社会可以有其最高原则，但这种最高原则绝不同于最抽象的纯形式的思考。其中还要有体验，有透视。冯先生说："只有圣人，最宜于做王。所谓王指社会的最高底首领。最高底首领并不需要亲自做什么事，亦不可亲自做什么事。"那么我们请问：最理想的王是否应和冯先生一样只做形式的整理而不顾实际呢？有人说："半部《论语》治天下。"这是很危险的事。我们以为内圣是体会修养、思想，外王是工作、行动、事业。所谓内圣外王之道就是怎样做到体会修养思想能够和工作事业活动打成一片。能打成一片的便能为王，仅能"极高明"的只能为玄学家或哲学教授而不能为王，不能为哲学家。最理想的王应该如荀子所说的君子，他说："君子之学也，入乎耳，著乎心，布乎四体，行乎动静，喘而言，蠕而动，可以为法则。"用冯先生的术语来说，这个王在他的一举一动都是"极高明"，这"极高明"不仅是在思想上或书本上！

原载《平论》半月刊 1946 年第 12 期

论冯友兰《新原道》的禅宗章

刘汉甫

在抗战大时代中，清华大学教授冯友兰先生，随校南迁，于流离颠沛之际，完成了他创立的一个哲学的新系统。其代表的名著则为《新理学》（商务印书馆版）。我们如果列举中国现代富于学术性而且有普遍影响的哲学著作，自然要推《新理学》为当选。其能得到本国文化机关特种奖金，实非偶然。所以冯先生确是中国现代哲学家中极有希望的一个。

《新理学》系统后来经过冯先生扩充修正，陆续写出《新原人》、《新原道》、《新知言》三书，增益了内容的明晰性，以奠定《新理学》在国内及世界的地位。冯先生就成功而为这一派新系统的开山祖师。

在中国学术的传统，凡一个思想家认为自己的思想已经达到成熟时期以后，必然有一套藏山传后的著作，垂空文以自见。盖虽人生不朽之业三，而立言即居其一。所以在意识方面，当然认为是应该如此，何况抗战大时代的环境又那么艰巨而困苦。人穷则呼父母，物穷则呼天。这一类事实，就启发了这时代的思想家们，为天地立心，为生民立命，为往圣继绝学，为万世开太平，承百家之流，会古今之变，以成一家之言。所以"新理学"一派著作就是在如此时代环境条件之下产生出来的东西。这就是"新理学"一派人生哲学所要求的"尽人之伦"、"尽人之职"所应有的义务。

《新理学》是讲纯粹哲学的，不是讲实际应用的。作者在自序里说"此书虽不着实际，而当前有许多实际问题与此书所论不无关系"。所讲的虽只是理、气、道体、大全等四组基本观念。然而我们从客观而论，仍是属于哲学分类第一项目的形上学的宇宙本体论。就形上学本身讲，是不切实际的。但仍有其无用之用，可能与实际不无关系。凡一个思想家著书立说，共志不止在于藏山，还要传之其人以及当世，才可能为万世开太平之局。这一点就是可能与实际不无关系。因是冯先生才继而著作《新原人》，以说明"新理学"在实际方面的应用。其所讲的已到了人生的自然、功利、道德、天地四种境界。自然和功利这两种境界，已经是老早存在的事情。唯有道德和功利这两种境界，仅是人生一般的理想，而非自然存在的恩物，必需要靠学养教育的努力，才能永恒常驻于这种境界。于此我们从客观而论，《新原人》是属于哲学分类第二项目的人生价值论，已经实际接触到人性的善恶问题。

那么"新理学"一派系统，既然具有哲学第一项目，形上学的宇宙本体论，更进一步又有第二项目的人生价值论，已经达到具体而微、百尺竿头的地位。在思想的发展过程应该到认识论发表的时候了。《新原道》——一名《中国哲学之精神》——就在这一期间产出。所以冯先生在本书自序里说："此书之作，欲盖欲述中国哲学主流之进展，批评其得失，以见《新理学》在中国哲学中之地位。所以先论旧学，后标新统，异同之故明，斯继开之迹显，庶几世人可知新理学之称为新，非徒然也。近年以来，对于哲学，时有新解，亦藉此书传之当世。故此书非惟《新理学》之羽翼，亦旧作《中国哲学史》之补编也。书凡十章，'新统'居一，敝帚自珍，或贻讥焉。然孔子曰：'文王即没，文不在兹乎？'孟子曰：'圣人复起，必从吾言。'即老氏之徒，懦弱讥谦，亦曰：'知我者希，则我者贵。'何其高自期许耶？盖学问之道，各崇所见，当仁不让，理固然也。"于此可以明了此书著作的动机，在于说明"新理学"一系的理论立场，再以这一系理论"所见"的观点来批评中国古代哲学各派的得失。

凡是一个哲学派系底成立，必然有其所见，因此便有当仁不让、各崇所见的态度。我们就以"新理学"一系的主张成见而论。陈寅恪先生对之有过很好的启示："凡新儒家之学说，似无不有道教或与道教有关之佛教为之先导，如天台宗者佛教宗派中道教意义最富之一宗也……至道教对输入之思想，如佛教摩尼教等，无不尽量吸收，然仍不忘其本来民族之地位，既融成一家之说以后，则坚持夷夏之论，以排斥外来之教义。此种思想上之态度，自六朝时亦已如此。虽似相反，而实足以相成，从来新儒家即继承此种遗业而能大成者。窃疑中国自今日以后，即使能忠实输入北美东欧之思想，其结局当亦等于玄奘唯识之学，在吾国思想史上，既不能居最高之地位，且亦终归于歇绝者。其真能于思想上自成系统，有所创获者，必须一方面吸收输入外来之学说，一方面不忘本来民族之地位，此二种相反而适相成之态度，乃道教之真精神，新儒家之旧途径，而二千年来吾民族与他民族思想接触史所昭示者也。"(《冯著〈中国哲学史〉审查报告之三》)所以《新原道》一类著作的基础，在形上学方面是倾向于"为天地立心"的唯心论。而在人生哲学方面又倾向于"并不以人生或世界是空"的实在论。其所见，即以此为根据。

本文所欲论者，为《新原道》的禅宗章。我们亦是有其自己的所见的，但是不愿以自己的所见去形容别人的所见，作为论证的基础。因为不为论敌所承认其许的前提，即使有所讨论，则各是其所是，而各非其所非，可以陷于反复批评，循环论辩而无结果之局，这一类论辩，是没有多大意义的。所以本文即以"新理学"一派思维逻辑为辩证的基础。至于入室操戈，乃新儒家之恶习，非我们所欲深论的了。

现在提出《新原道》禅宗一章作为本文讨论的根据，禅宗一章全文约八千言，大体只是做一般的论述。唯在末后两行有如下批评的话："禅宗更进一步，统一了高明与中庸的对立。但如果担水砍柴，就是妙道，何以修道成人，仍须出家？何以事父事君不是妙道？这又须下一转语。宋明道学的使命，就在再下这一转语"。我们在一气读过了禅宗全章之后，忽然接着看见这一段末后的批评，真有点莫名其妙的骇异。因为这一段是与上文所论述者文气不相连接，而且在逻辑上更是矛盾互见。检讨禅宗章全文各段论述，既没有修道的人，非出家不可的主张，更没有提出事父事君不是妙道的论据。反而屡次提起至死尚不出家，事父事君的典型者庞居士。如原书页九六所引"庞居士偈云：'神通并妙用。'担水及砍柴，平常人作之，只是担水砍柴。圣人做之，即是神通妙用。"众所周知，庞居士既然是只为修道并不出家的人，又是禅宗《古尊宿语录》的人物。而所说的担水与砍柴，只是一宗人生伦常日用的活动。以通途逻辑推论其意义已经涵蕴了事父事君的活动在内。而庞居士不忙去出他的家而忙于修他的道，其意义就在于此。这是何等明晰的事。而冯先生在禅宗章末段特地肯定何以修道的人仍需出家，何以"事父事君"不是妙道；强调请出宋明道学负担下一转语的使命。真是毫无事实和逻辑的根据。

以庞居士为证，既否定了事父事君不是妙道这一命题。我们遍检作为冯先生批评禅宗论据的《古尊宿语录》，亦没法寻出这一命题意义所在。反而在"居士传"和"传灯录"一般史料里寻出许多典型的忠臣孝子。并且在冯先生常常引用的六祖《坛经》第三章《决疑品》里得到如下的论定："师言：若欲修行，在家亦得，不由在寺。在家能行，如东方人心善。在寺不修，如西方人心恶。但心清净，即是自性西方。韦公又问：在家如何修行，愿为教授。师言：吾与大众，作无相颂。但依此修，常与吾同处无别。若不作此修，剃发出家，于道何益。颂曰：心平何劳持戒。行直何用修禅。恩则亲养父母。义则上下相怜。……菩提只向心觅。何劳向外求玄。"这就是中国禅宗圣者六祖否定"修道的人。仍须出家，事父事君不是妙道"的说法，刚刚与冯先生肯定的"何以修道底人，仍需出家？何以事父事君，不是妙道"相反。其实冯先生所肯定的禅宗修道者，简直是一群脱离现代生活的山林隐逸之士，而又能够负起中国哲学主流的使命，拥有普遍的信仰，和伟大的力量，那真是历史上一宗不可思议的奇迹。这一种毫无事实根据的奇迹，只是冯先生的创见，而为我们所不能同意的。

然则冯先生何以如此穿凿附会呢？我们可以在冯先生旧著《中国哲学史》附录那几篇审查报告里，得到一些说明的答案。陈寅恪先生在"审查报告"里说："凡著中国古代哲学史者，其对于古人之学说，应具了解之同情，……始能批评其学说之是非得失，而无隔阂肤廓之论。……但此种同情之态度，最易流于穿凿附会之恶习。……然若加以联贯综合之搜集，及统系条理之整理，则著者有意无意之间，往往依其自身所遭际之时代，所居处之环境，所熏染之学说，以推测解释古人之意志。由此之故，今日之谈中国古代哲学者，大抵即谈其今日自身之哲学者也；所著之中国哲学史者，即其今日之哲学史者也。其言论愈有条理统系，则去古人之真相愈远，此弊至今日之谈墨学而极矣。今日之墨学者，任何古书古字，绝无依据，亦可随其一时偶然兴会，而为之改移，几若善博者能呼驴成驴，喝雉成雉之比；此近日中国号称整理国故之普通状况，诚可为长叹息者也。"我们若把这报告内"墨学"一词，易而为"禅宗章"三字，用作于《新原道》上，又是一篇极精彩的审查报告。因为冯先生著作《新原道》，尤其是禅宗章，所取的态度，实是如此穿凿附会，绝无依据，随其偶然兴会而为之改移的呼驴成驴，喝雉成雉的善博者。

我们再看金岳霖先生在审查报告之二所说："我们可以根据一种哲学主张来写中国哲学史，我们也可以不根据任何一种主张而仅以普通形式来写中国哲学史。胡适之先生的《中国哲学史大纲》就是根据于一种哲学主张而写出来的。我们看那本书的时候，难免一种奇怪印象，有的时候简直觉得那本书的作者是一个研究中国思想的美国人；胡先生于不知不觉间所流露出来的成见，就是美国人的成见。在工商实业那样发达的美国，竞争是生活的常态，多数人民不免以动作为生命，以变迁为进步，以一件事体完了为成功。而思想与汽车一样，也就后来居上，胡先生既有此成见。……所以在他兼论中西学说的时候，就不免牵强附会。哲学要成见，而哲学史不要成见。哲学既离不了成见，若再以一种哲学主张去写哲学史，等于以一种成见去形容其他的成见，所写出来的书无论从别的观点看起来价值如何，总不是一本好的哲学史。"我们就知道冯先生所以要写《新原道》，为的是要做《新理学》系统底羽翼，以取得在中国哲学的地位。所以其态度与写《中国哲学史》本篇时大不相同。这是主观的，那是客观的，这是根据一种哲学主张而写的哲学史。因此无论从别的观点看来价值如何，总不是一部好的哲学史。根据冯先生的进展原则，时代愈后的学说愈有价值之说，在这样情形之下是很难讲得通的。幸而冯先生在进展原则里还发见历史逆流的例外。那么《新原道》实可称为本篇的逆流无疑。我们若把金岳霖先生审查报告里"胡适之"一词易而为"冯友兰"，又可能适用于《新原道》的审查报告。

哲学有一类是有实质而无形式的，亦有一类只有形式而不代表任何实质的。前者是禅宗不立文字不可说的第一义，后者是《新原道》一类著作所谓"说出一种道理来的道理"。就"说出来的道理"讲是形式主义的，就"一种道理"讲是有实质作背景的。《新原道》是讲哲学的书而非哲学的书，换言之，即是讲哲学的形式的，本书于自序里已有所声明。从哲学或哲学史讲，"禅宗"都是属于实质主义而非形式主义的。根据一种形式主义的哲学主张去写实质哲学，已经是困难的事。何况以讲哲学形式的书去讲实质哲学，其为错误，已经是必然的了。

禅宗不可说的第一义是什么，而说得出道理来的第二义乃至第几义又是什么？我们在冯先生所著《新知书》禅宗的方法一章里得到如下的轮廓："以上所讲底，都是形上学正底方法。本章以唐宋时代的禅宗为例，以说明形上学的负底方法，禅宗虽出于佛家的空宗。但其所用底方法，与空宗中有些著作所用底方法不同。……禅宗自以为他所讲底佛法，是超佛越祖之谈。其所谓超越二字，甚有意思。他们以佛家所有底各宗为'教'，而以其自己为'教外别传'。他们亦是从一较高观点以看佛家各宗的，对于实际有所肯定底理论。他们所讲底佛法，严格地说，不是教'外'别传，而是教'上'别传。所谓上，就是超越的意思。所谓超佛越祖之谈，禅宗中人，称之为第一义或第一句。临济'义玄'云：若第一句中得，与祖佛为师；若第二句中得，与人天为师；若第三句中得，自救不了。(《古尊宿语录》卷四) 但超佛越祖之谈，是不可谈底，第一句或第一义，是不可说底。文益禅师语录云：问如何是第一义？师云：我向汝道是第二义。佛果禅师语录云：师陞座。焦由和尚白槌云：法筵龙象众，当观第一义。师乃云：适来未陞此座，第一义已自现成。如今槌下分疏，知他是第几义也。……第一义不可说，因为第一义所拟说者不可说。第一义所拟说者不能说是心，亦不能说是物，称为什么即不是。即称为不凭什么亦不是。如拟说第一义所拟说者，其说必与其所拟说者不合，所以禅宗说'有拟义即乖'，所以第一义不可说。如拟说第一义所拟说者，其说必不是第一义，至多也不过第二义，也许不知是第几义。这些说都是戏论，僧问马祖，和尚为什么说即心即佛？曰：为止小儿啼。曰：啼止时将如何？曰：非心非佛。(《古尊宿语录》卷一) 百丈说：说道修行得佛，有修有证，是心是佛，即心即佛'是死语'；不许修行得佛，无修无证，非心非佛'是生语'。所谓生是活的意思，这些语是生语，或活语，因为这些语并不对于第一义所拟说者有所决定。说非心非佛，并不是肯定第一义所拟说者是非心非佛。说非心非佛，只是说，不能说第一义所拟说者是心是佛。凡对于第一义所拟说者有所肯定底话，皆名为'戏论之粪，亦名粗言，亦名死语'。执着这种戏论之粪，名为运粪入，取消这种戏论之粪，名为运粪出。(俱百丈语，见《古尊宿语录》卷二) 凡对第一义所拟说者作肯定，以为决定是如此者，都是所谓死语。作死语底人，用禅宗的话说，都是该打底。……普通所谓唯心论或唯物论者肯定所谓宇宙本体或万物的根原是心或物，并以为决定是如此。这些种说法，都是所谓死语。持这些种论者，都应受六十棒。他们作如此底肯定，应受三十棒。他们又以为决定是如此，应更受三十棒。……第一义虽不可说，超佛越祖之谈，虽不可谈，但总须有方法以表显之。不然则即等于没有第一义，没有超佛越祖之谈。'不言之教'亦是教。既是教，总有使受教底人可以受教底方法，禅宗底人，对于这种方法，有很多底讨论。这些方法都可以是以负底方法，讲形上学底方法。……如何为得到第一义？知第一义所拟说为得到第一义。此知不是普通所谓知识之知，是有对象底。能知底知者，是禅宗所谓'人'。所知底对象是禅宗所谓境。有境与人的对立，方有普通所谓智识。第一义所拟说者'拟议即乖'，所以不能是知的对象，不能是境。所以知第一义所拟说者之知，不是普通所谓知识之知，而是禅宗所谓悟，普通所谓知识之知，有能知所知的分别，有人与境的对立。悟无能悟所悟的分别，无人与境的对立，所以知第一义所拟说者，即是与之同体，此种境界玄学家谓之'体无'。体无者，言其与无同体也。佛家谓之'入法界'。《新原人》中谓之同天。"（《新知言》页八六至九六）冯先生对于禅宗第二义乃至第几义说得如此详细，大意是在于说明形上学"负底方法"。不知禅宗所以要讲"负底方法"在于不可说中不得已而产生的讲理说道的方法，并非以第二义乃至第几义的形式主义为究竟的对象，而是勉强作为形容不可说的第一义的教学工具。如果受教者由形式主义而悟得第一义之时，则第二义乃至第几义即成为戏论之粪。所谓"得意者忘言，得鱼者忘筌"。如果悟得第一义者仍然坚持第二义不忍释手，这所谓骑驴不肯下。根据如上论述，则冯先生对于禅宗第一义的实质境界既无所了知，而对于第二义乃至第几义亦自救不了。所以才说出毫无事实根据的"何以修道底人，仍需出家？何以事父事君，不是妙道"的戏论。然而即此禅宗第二义乃至第几义戏论之粪，已足使冯先生认为是中国哲学最优良传统的主流。而这一主流居然启示冯先生成为一家之言的"新理学"系统的开山祖师。由此推论，则禅宗不可说第一义的究竟对象，乃是居于中国哲学的何等地位，岂不是很明显的事。尚要待宋明道学替他下一转语吗！

其实禅宗从不可说的第一义乃至说得出的第几义，绝无事父事君与无父无君对立的问题存在。所谓禅宗主张无父无君也者，只是新儒家入室操戈的梦话。冯先生战时在重庆有一次演讲，已经由新儒家事父事君的范围，进展到高呼"为国家尽忠，为民族尽孝"的口号。然而儒家正统派的理想究竟在于"人人不独亲其亲，不独子其子"的大同世界，将来定有进展"为世界尽忠，为人类尽孝"之一日。我们期望冯先生能"廓万古之心胸"，"先立乎其大者"，则新儒家的事父事君与无父无君的对立问题不再需要将来从时代进展的"新新理学"家替冯先生现在的逆流再走入正路。

我们也知道冯先生对于禅宗典籍曾经下过一番钻研的苦功。然而为了"所见"之蔽，以致成为买椟还珠的喜剧。历来新旧理学家在表面上似乎是反禅宗，其实则是一部分禅宗理论的延续者。有人说：他们是不着袈裟的和尚，实非厚诬。冯先生能把禅宗的艰深语录，译成明白显豁头头是道的理论话，这一种文字般若的"说通"工作，在学术上自有其千秋者在，我们希望冯先生能于百尺竿头更进一步，做一番离言绝虑第一义的亲证，以达到"宗通"的境界。则在中国现代哲学家中自有其前途，不只徒然以文字见称的理论家了。

原载《圆音月刊》第二期，1947 年 4 月

玄虚不是中国哲学的精神

——评冯友兰《新原道》

杜国庠

冯友兰氏发刊他的近著《新原道》，又叫它作《中国哲学之精神》，大谈其所谓"内圣外王之道"，企图借以建立一个新道统。自以为他的哲学"后来居上"，"真正接着中国哲学的传统"，足以代表"中国哲学的精神的最近底进展"，他虽不讳其"新理学"是"无用底""空虚之学"，但却认它有"无用之用"，也可称为"大用"。故虽喜玄谈，但仍未忘世务。于是又刊布《新原人》以标榜所谓最高的境界——"天地境界"（神秘主义的宇宙人生观。——笔者），说"担水砍柴"，"事父事君"就是"经虚涉旷"（即玄虚。——笔者）。认为能够这样，便是圣人，不管他的社会地位和职业。《新原道》这本书，则"欲述中国哲学主流之进展，批评其得失，以见《新理学》在中国哲学之地位。所以先论旧学，后标新统。异同之故明，斯继开之迹显。庶几世人可知新理学之称为新，非徒然也。"（《新原道·自序》）其所以以中国哲学史论的姿态出现，殆欲借历史的"叙述"，以证明该他继承正统，（他不说继承，而是说"接着"。——笔者）。正因为道统观念在作祟，故不免歪曲史实，厚诬古人。而且这种经虚涉旷的思想也代表着目前中国一般爱弄玄虚的先生们的思想倾向。这种思想，对于中国今后和平建国的事业，对于青年为学做人的进修，都是有害无利的。

我们认为中国哲学的精神，不是"经虚涉旷"，而是"实事求是"；认为我们为学做人的需要，也是"实事求是"的精神。玄学是反科学的，歪曲事实，有损学者的风度，贻误青年的学业，尤应纠正。

冯氏认为中国哲学的主流，是"超世间底"。所谓"超世间底"，就是"即世间而出世间底"。又替它造了一个术语，叫做"极高明而道中庸"。他说：

> 有许多人说，中国哲学是世间底哲学。这话我们不能说是错，也不能说是不错。（《新原道》第二页）

要说"是错"，无奈史实铁案如山；要说"是不错"，自己又实在喜欢玄学，不高兴这样说。于是他便说：

> 中国哲学有一个主要底传统，有一个思想的主流。这个传统就是求一种最高底境界，这种境界是最高底，但又是不离乎人伦日用底。这种境界，就是即世间而出世间底。这种境界以及这种哲学，我们说它是"极高明而道中庸"。（《新原道》第二页）

"极高明而道中庸"，据他自己的声明，是"借用《中庸》中底一句话"。但这句话又"不必与其在《中庸》中的意义相同"。

其实是"本店自造"的术语。（冯氏著作充满这种作风，或许也是道统观念在作祟，这就便于影射。读他的书，此等处尤须留心。——笔者）这句话，就是冯氏用来"叙述"的"标准"（第四页）。关于这一"极高明而道中庸"的标准本身的问题，留待另一机会探讨。这里所要说的是：这个标准，绝不是由于客观地研究中国哲学史所概括出来的特征，而是由于他自己的形而上学所要求而杜撰出来的。他的新理学，本是一种玄而又玄的空虚之学，但他又未能忘情于"无用之用"的"大用"。不如是就不能"接着"他所见的"各重要学派"的"传统"。故虽偏爱玄虚，也得略谈世务。中间那个"而"字，就充分透露了那种"移花接木"的消息，当他在"叙述中国哲学史中各重要学派"的时候，"接"不拢的，就得歪曲附会，使它符合自己既定的标准；实在无可附会的，便行舍弃，甚至抹杀了整个历史时代的哲学，以保持其所谓"主流"。其所谓主流，明明是玄学的，却偏偏要冒称"中国哲学"。于是就得变换其辞：初则说"在表面上看，中国哲学所注重底是社会，不是宇宙"；继而说"专就中国哲学中主要传统说，我们若了解它。我们能说它是世间底，固然也能说是出世间底"（第二页）。不惜伸缩其观察的范围。然而局部还是拗不过铁面无情的史实，因而露出破绽。

　　试举例吧。比方说孔子，向来都称他为圣人。按照冯氏《新原人》所杜撰的境界次序说，圣人是属于"天地境界"的人，有最高的境界的，于是他就引了《论语》"吾十有五而志于学"一章来说明孔子的境界。硬拿孔子"五十而知天命，六十而耳顺，七十而从心所欲不逾矩"三句话，去比附他的所谓"知天、事天、乐天"的"天地境界"三个阶段。无奈孔子的所谓"天命"的"天"是主宰的天，实在太明显了。所以，他又只得说："所谓天命亦可解释为上帝的命令。此似乎是孔子的意思。如果如此，则孔子所谓知天命，有似于我们《新原人》中所谓知天。"（第一十四页）"似乎是"，"有似于"，已经够勉强了。接着又"增字说经"，硬说"顺是顺天命，顺天命有似于我们于《新原人》中所谓事天"。七扯八拉地凑成"若果如此，孔子最后所得底环境（怕是"境界"二字之误植。——笔者），亦是'有似于'天地境界"（第一十五页）的结论。"有似于天地境界"，自然不是天地境界了。但他又说："'五十而知天命'……孔子至此又知于社会之上，尚有天。于是孔子的境界，又将超过道德境界。""将超过道德境界"，可见尚处于道德境界中，"将超过道德境界"而又是"有似于天地境界"，这究竟是怎样的境界？究竟属于哪一境界？（冯氏在《新原人》中把所谓境界顺次分为自然、功利、道德和天地四种境界，本属于武断的杜撰，周谷城在《民主世界》第二卷第一期已批评其难通，证以此例良信。）如果把孔子的所谓"天命"，解作"天命之谓性"的天命，不更合于历史的事实，更合于儒家的传统吗？然而这种解释就不符合他的"标准"。

　　关于孟子，他的说法也是游移附会的，比如他解释了孟子论浩然之气一章之后说："孟子所谓'塞乎天地之间'，'上下与天地同流'，可以说表示同天的意思。""我们可以说：孟子所说底境界，比孔子所说到底高。……孟子所说到底境界，则可以说是同天的境界。我们说：'可以说是'，因为我们还没有法子可以断定，孟子所谓'天地'的抽象程度。"（第一十七至一十八页）其实孟子深受稷下黄老学派的宋（钘）尹（文）一派的影响，其所谓"浩然之气"，就是宋尹学派的所谓"灵气"，也是道家的所谓本体，决计不是抽象的，所以孟子所谓"天地"，也决计不是纯形式的抽象，这是明白不过的。

　　"孔孟是早期儒家的代表。"冯氏把他们的"知天、事天、乐天、同天"附会得不亦乐乎之后，却又说："儒家于实行道德中，求高底境界。这个方向，是后来道学的方向，不过他们所以未能分清道德境界与天地境界（本来就没有这种区分），其故亦是由此。"（第一十八页）这话却近史实。儒家既然是"于实行道德中，求高底境界"，可就不是什么"经虚涉旷"的了，可见冯氏所谓中国哲学的主流是"即世间而出世间底"这一见解，在他自己挑选出来"叙述"的第一章，就碰了壁，虽经过了他的牵强附会，到底史实并没有那样地听话，随他去自由伸缩。难怪他对于先秦后期儒家的大师——荀子，连提也不敢提了。因为荀子虽也受了宋尹学派的影响，但他却批判地接受了他们的自然天道观（《天论篇》和《解蔽篇》都充分表现了这一点。——笔者），而没有孟子那种神秘的因素，提到了反而碍手碍脚，连附会也没有可能。（这就证明了玄虚不是中国哲学的精神。）于是乎先秦儒家的发展史就不得不遭到被腰斩的命运了。

这种腰斩的手法，一样地也施于先秦名家的发展史。名家一章（第三章）几乎全部用去叙述惠施和公孙龙的学说，尤其是热烈地捧着公孙龙。理由是，公孙龙的哲学及其方法，正是冯氏新理学直接的蓝本之一，其重要意义不下于朱熹的。冯氏说："新理学又是'接着'宋明道学中底理学讲底。"其实，也是"接着"公孙龙的学说讲的。他那种"过河拆桥"的方法，显然是《公孙龙子》的翻版。一说："宋明道学，没有直接受过名家的洗礼，所以他们所讲底，不免著于迹象。"（第一一二页）又说："它（《新理学》）说理有同于名家所谓'指'。"（第一一三页）这里所谓"名家"，主要是指公孙龙说的。

就客观的史实说：先秦名辩成就最大的，毋宁是荀子和《墨辩》（《经》上下，《经说》上下，《大取》和《小取》六篇）的作者们（墨家后学）。他们都属于战国末叶的学者，生在新社会即封建社会诞生的前夜，所以有可能吸收和发展名家前辈的积极因素。例如荀子，他提出了心的"徵知"的作用，解决了公孙龙所谓"指"的"自藏"而互相孤立的问题。所以说："心有（又）徵知。徵知，则缘耳而知声可也，缘目而知形可也。然而徵知必将待天官之当薄其类然后可也。"（《正名篇》）于是人可能同时见石之白，知石之坚而认识整个的坚白石，就得到了说明。荀子又指出了名的构成因素：（一）客观的因素，如说"制名以指实"，"知有所合谓之智"。这是承认外物存在的。（二）主观的因素，如说："凡物同类同情者，其天官之意物也同，故比方之，疑（拟）似之而通，是以共其约名以相期也。"这是强调主观有辨别事物"同异"的能力的。(三)社会的因素,如说"名无固宜。约之以命,约定俗成谓之宜"。所谓"约定俗成",指出了名是社会的产物这道理。——这些,对于先秦名学都有重大的贡献。再就《墨辩》来说,它的关于认识论的见解,关于概念和判断的见解都有许多重大的贡献;不但为公孙龙所不及,就是荀子的创获也是远不及他们(请参看拙作:《关于〈墨辩〉的若干考察》,收在拙著《先秦诸子的若干研究》集中)。但是荀子和《墨辩》作者是带有唯物论倾向的,当然不会适合冯氏的脾胃。所以在名家一章提及他们,只有:"墨经与荀子反对名家,是与名家立于同一层次而反对之",寥寥二十几个字而已。

尽管冯氏对于公孙龙那么推崇,公孙龙的学说和他的新理学的关系那么密切,然而冯氏关于公孙龙的叙述,还是不大忠实,一样地把自己的观念硬套在公孙龙学说上面。例如冯氏说:"他(公孙龙)发现了西洋哲学史所谓'共相',他称共相为指。"又说:"公孙龙于是发现了一个超乎形象底世界,凡名所指底共相都在其中,而在其中共相,却未必皆有名以指之。"(第三十五页)这是冯氏自己的见解,不是公孙龙的意思。公孙龙的《坚白论》,不是明明这样说吗?"其不坚石物而坚,天下未有若坚而坚藏。"又说:"有自藏也,非藏而藏也。"谢希深对这句话解释得最好:"彼皆自藏,非有物藏之也。故曰:'天下皆独而正'"。既然"指"——"自藏","皆独而正",就不会被藏于什么"世界"之中,就是说,不能说"在这个超形象的世界之中'藏'有所有的共相的"。在现存《公孙龙子》六篇中,我们实在找不出一点表现"指"所构成为,或隐藏于,什么世界的根据,而且他的"自藏",互离,"皆独而正"的理论,也和任何世界的观念不相容。可见冯氏的说法和公孙龙毫不相干。只因为他自己幻想了一个所谓"理世界",便硬把它派在公孙龙名下以壮声势而已。所谓"而在其中共相,却未必皆有名以指之"云云,也是同样的手法。因为指必与物为指,表现为"物指",然后可指,而"指"与"物指"在公孙龙有明显的区别。

冯氏自以为他的哲学,"是'接着'宋明道学中底理学讲底",所以名其书为《新理学》。以为中国哲学的主流在宋明理学以后便中断了。明清之交的黄(梨洲)顾(亭林)王(船山)颜(习斋)以及清代的戴东原等的哲学,在他,除了要替宋儒辩护之时一指斥之外,便再不愿意提到他们。其故有二:一是他的哲学见解,既不是"经虚涉旷"的,便不配称哲学。所以他说："有些哲学，注重人伦日用，讲政治，说道德，而不讲或讲不到最高的境界。……这种哲学，或不真正值得称为哲学。"（第一页）我们说他"偏爱玄虚"，一点也没有冤枉了他，只这便是一个证明。二是他的建立新道统的企图。这留在下面说。大概明清之交以来的学者，他都看不顺眼，所以这个时代宁愿让它空白。却又客观地说是中国哲学的精神的进展，受了逆转，好像责任还需那些学者去负似的。不信吗？请让他自己来说：

> 清朝人很似汉人，他们也不喜作抽象底思想，也只想而不思。他们喜欢"汉学"，并不是偶然底。中国哲学的精神的进展，在汉朝受了一次逆转，在清朝又受了一次逆转。清朝人的思想，限于对道学作批评或修正。他们的修正，都是使道学更不近于高明。他们的批评，是说道学过于玄虚。我们对于道学底批评，则是说它还不够玄虚。
>
> 中国哲学的精神的进展，在汉朝受了逆转，经过了三四百年，到玄学始入了正路。中国哲学的精神的进展，在清朝又受了逆转，又经过了二三百年，到现在始又入了正路。我们于本章以我们的新理学为例，以说明中国哲学的精神的最近底进展。（第一一二至一一三页）

是的，明清之交以来的思想家，差不多都是反理学的，不仅"限于对道学作批评或修正"而已。他们"反"的动机，出发点及径路容或不同，但终于"反"则是一致的。比如黄梨洲，原在撑持道学的残垒，但因挽救王学的流弊而侧重"工夫"，结果走到了道学的否定。像顾亭林，则开始便提出经学以与理学对立，而意识地反对理学。像王船山，先站在六经的立场上去发展它的理论，而发展的结果，终于超越它的范围，自然也和理学相反。颜习斋早年曾经笃信理学，并一一尝试过程朱陆王的方法。由于理学经不起现实的考验，因而彻底反对理学而提出习行的主张。他如费燕峰，则曾萃全力以击破"道统之说"。戴东原反对理学，至谓"人死于法，犹有怜之者，死于理，其谁怜之"！……诸如此类的学说，冯氏怎能看得顺眼？

我们上面说，冯氏有"建立新道统的企图"。这话也不是随便说的，这里得先略述旧道统说的历史及其特征。按旧道统说，可以说是暗示于孟子，提倡于韩愈，而完成于朱熹的。韩愈为了对抗道释，写了一篇《原道》，中间说："尧以是传之舜，舜以是传之禹，禹以是传之汤，汤以是传之文武周公，文武周公以是传之孔子，孔子传之孟轲，轲之死，不得其传焉"；而隐然以继承孟子的道统自居。但是朱晦庵却不买账，他不承认韩愈继承孟子的道统。他说："中庸之书……孟子没而不得其传焉。……至于本朝（宋）濂溪周夫子始得其所传之要，以著于篇。河南二程夫子又得其遗旨而发挥之，然后其学布于天下。"（《中庸集解序》）朱晦庵是私淑二程的，把周程接上孟子的正统，当然自己也有份了。果然，他的愿望没有落空，孙奇逢著《理学宗传》，竟把他（朱子）去上继周程张子而下开阳明了。一幕钩心斗角的丑史，真亏他们排演得出！

旧道统学的特点，在于一方面恣意地造成自家的宗派，另一方面却一笔抹杀了汉唐以来许多儒者的劳绩。二者都是歪曲史实去替自己的宗派捧场，都是对于真正的学术有害的。但既名为"统"，而又没有历史的根据，这就很难使人心服。所以过去反理学的人，就能从这个漏洞入手，指出汉唐儒者对于六经学术的贡献，而切实地给他们以严重的打击。费燕峰就集中全力做了这一工作。

毕竟时代不同，我们的新道统论，比着古人确是聪明得多。虽然一样地在建立道统，说新理学是接着宋明理学讲的，并以《新原道》的标题暗示接着《原道》，但并不是简单地"形象地"说谁"以是传之"谁，也不拘囿于儒家的小天地，而把视野扩展到整个中国哲学的范围，并且率直地以自己的新理学为例，"说明中国哲学的精神的最近底进展"。可是，就作风说，这还是旧道统论者的老作风：一样地歪曲了史实，一样地抹杀了前人的劳绩，把近代学术史最有价值的二三百年的哲学一笔勾销，反归罪于清朝人"不喜欢做抽象的思想"。也不想想何以清朝人很似汉人，偏偏不喜欢做抽象的思想？有了什么历史根据？这也"不是偶然的"，道统思想，本来与所谓法统思想原是一对孪生兄弟，同是社会没落的社会阶层所产生的思想。如果单说它是玄学的精神的进展，倒也罢了，因为不敢正视现实的人，本来是惯于形式地思考事物的，要是说成中国哲学的精神的进展，就得提出抗议了。

《庄子·天下》篇说："后世之学者，不幸不见天地之纯，古人之大体，道术将为天下裂。"说这句话，虽不免有点唯心的臭味，但却充分透露了阶级分裂的社会必然将产生不同思想的真理。客观的史实所示也是如此。便如，在道学正盛的南宋，与朱晦庵同时的杨诚斋，即以人事说《易》，反对其"空言性命为元，其究窒乎亨之用"，而斥之为异端。陈同甫也从正面反对："道德性命之说"以"尽心知性""相欺相蒙，以尽废天下之实"，而"终于百事不理而已"。客观的史实所示：思潮的发展，确如社会阶级的代兴一样，唯物论与观念论也迭为盛衰，时有偏倚，或继承或批判，交识而成一条总流。其间实有一脉之潜通，但无道统的独霸。就拿《新原道》所叙述的为例，它说："汉人的著作""所表现的思想，却不能'超以象外'（即玄虚。——笔者），道家的哲学是最注重超以形象的。但汉代道家所讲的，也都限于形象之内。"（这又是玄学不是中国哲学的精神的又一好例。）这一个共同的特点，就是汉代思想的"主流"。可见它不是决定于思想本身而是决定于当代的历史。继后而有魏晋的玄学，唐代的禅宗，宋明的道学，这些都是所谓"经虚涉旷"的，但同时也有相反的实事求是的思想。及至有明末叶，王学势衰，明清之交，黄、顾、王、颜都重"致用"。前清朴学大盛，戴氏哲学也痛斥宋学的玄虚，控诉"人死于理，其谁怜之"。这些都是实事求是的。冯氏自己也得承认清朝人很似汉人，"他们喜欢'汉学'，也不是偶然底。"于此，我们不能说，这一时代，思想没有"主流"，就是冯氏至多也只能说："这种哲学，或不真正值得称为哲学"。可是哲学的总流，不是可以那么简单地以玄学为主流的眼光去追踪的。冯氏既知道"他们（清朝人）喜欢'汉学'，也不是偶然底"，就该知道，汉人的思想都不能"超以象外"也不是偶然的，更该知道，这只有向它所由产生的社会的历史去追求其所以然的根源，才能得到正确的答案。孟子不早就说过这样的话了吗？"诵其诗，读其书，不知其人可乎？是以论其世也。"我想孟子的话，应该通得过吧！

　　冯氏说："中国哲学的精神的进展，在汉朝受了逆转……到玄学始入了正路。……在清朝又受了逆转，到现在始又入了正路。"而由他"以新理学为例""说明中国哲学的精神底最近的进展"看来，"到现在始又入了正路"这句话，就等于"到了新理学始又入了正路"的委婉的表现。新理学可以说是属于玄学一类的，而玄学何得僭称中国哲学之精神？然而，它竟被贴上了中国哲学之精神这一商标，那就是冯氏的建立新道统的企图在作怪。因为要建立一个新道统，不如此歪曲附会，凑成一个统系，便不足以表示它的源远流长，也便不成其为"新统"呀！他说他"各崇所见"；我说他用心良苦。

原载《群众周刊》第十卷第二十四期，1945 年 12 月

玄虚不是人生的道路

——再评冯友兰《新原道》

杜国庠

在《玄虚不是中国哲学的精神》那篇文中，我们批评冯友兰氏的《新原道》以玄学传统僭称中国哲学的精神，不合中国哲学的史实；并指出其附会曲解前人思想以符合自己主张，完全是由于欲建立一个新道统的企图。因此，我们说，他所用以叙述"中国哲学主流之进展，批评其得失"的"标准"——所说"极高明而道中庸"者，是他的主观的产物，他的所谓"新形上学"的产物，不是客观地研究了中国哲学所得来的标准。他一方面"游心"于玄虚，另一方面又不忘情于"世务"。于是在人生观上杜撰地把人的"境界"分为四等，即："自然境界，功利境界，道德境界，天地境界"，而以天地境界为最高（见冯友兰：《新原人》）。他认为圣人的境界，就是天地境界。它是"中国哲学所求底最高境界，是超人伦日用而又即在人伦日用之中"，故"在天地境界中底人""担水砍柴"，"事父事君"，就是"经虚涉旷"。他称之为"极高明而道中庸"。这样地"而"它一下，便觉得轻松地把"高明"与"中庸"的对立统一了（不离世务而又游心玄虚）。可是在叙述上却是影射着全部中国哲学史说：

> 世间与出世间是对立底。理想主义底与现实主义底是对立底。这都是我们所谓高明与中庸的对立。在古代中国哲学中，有所谓内与外的对立，有所谓本与末的对立，有所谓精与粗的对立；汉以后哲学中，有所谓玄远与俗务的对立，有所谓出世与入世的对立，有所谓动与静的对立，有所谓体与用的对立。这些对立或即是我们所谓高明与中庸

的对立，或与我们所谓高明与中庸的对立是一类底。在超世间底哲学及生活中，这些对立都已不复是对立。其不复是对立，并不是这些对立，都已简单地被取消。而是在超世间底哲学及生活中，这些对立虽仍是对立，而已被统一起来，"极高明而道中庸"，此"而"即表示高明与中庸，虽仍是对立，而已被统一起来。如何统一起来，这是中国哲学所求解决底一个问题。求解决这个问题，是中国哲学的精神。这个问题的解决，是中国哲学的贡献。（《新原道》第三页）

这里，我们首先就要来检查一下：中国哲学是不是在"求解决这个问题"？

为了保持同一讨论对象起见，最好就以《新原道》所叙述的范围的史实去检查它。冯氏说："专就中国哲学中主要传统说，我们若了解它，我们不能说它是世间底，固然也不能说它是出世间底。……我们可以说，中国哲学是超世间底……是即世间而出世间［底］。""这个传统就是求最高底境界。这种境界，是最高底，但又不离乎人伦日用底。"（第二页）这里所谓"最高底"，应该是指他所谓"极高明"方面，即指"经虚涉旷"的方面说。但是，他在另一地方，又说："孔孟是早期儒家的代表，儒家于实行道德中，求高底境界。儒家方向，是后来道学的方向。"（第十八页）"于实行道德中，求高底境界"，这种境界的高，在儒家实践的哲学体系说来，总该不同于冯氏的"经虚涉旷"的高吧。孔子言"天命"，冯氏自己也承认："所谓天命亦可解释为上帝的命令。此似乎是孔子的意思。"（第十四页）孟子论"浩然之气"，算作不免有点玄虚，有些神秘，但他说过："圣人，人伦之至也"。可见孟子是要"于实行道德中，求高底境界"，也只求人伦的极致，也不能说是"经虚涉旷"的境界。至于道学家，他们都是意识地反对"沦于空寂"的，如何能是"经虚涉旷"？他们（孔孟及后来的道学家们）根本就没有"这个问题"，便谈不到"求解决"了。或许冯氏要说，那是"从表面看"的。他说："照字面讲"，这句话（"圣人，人伦之至也"）是说，"圣人是社会中的道德完全底人"。然而接着就说"这只是在表面上看而已"，表示不取这样的"讲"法。如果有人要争持通常的理解，他早就在那里预先布好了一道防线——"我们若了解它"。你不同意，只是表示你不"了解"罢了。

关于杨墨，冯氏这样地说："专就初期道家说，他们是自私底。……他们的境界是功利境界。他们的学说，不合乎高明的标准。"（第二十一页）"杨朱就是其中的领袖"，自然也是不合乎高明的标准的。既"不合乎高明的标准"，只剩下"道中庸"的半边，"而"也用不着"而"了。墨子呢？据冯氏说："我们可以说，墨家只讲到功利境界。……墨家的学说，不合乎高明的标准。"（第二十七页）墨家也只有"道中庸"的半边。因此，杨墨也不会以统一"高明与中庸的对立"为问题的。

他说，名家"他们从批评形象以得到超乎形象。惠施从'天地一体'推到'泛爱万物'。公孙龙'欲推是辩以正名实而化天下'。他们自以为也是讲'内圣外王之道'。不过我们可以说，他们尚未能充分利用他们的对于超乎形象者底知识，以得到一种生活"（第三十五页）。这就证明了，即使依冯氏所见，他们（施、龙）也并不在"求解决""高明与中庸的对立"的问题。

在《老庄》一章中，冯氏说："老子所发现底""守雌"、"守辱"等是"全生避害的方法"。这就是杨朱"贵生"的学说的继续。"庄子独与天地精神往来"，而又"不谴是非，以与世俗处，这是方内与方外的两行"。让它们"两行"，便用不着"而"，即使庄子看到"高明与中庸的对立"这个问题，他也只是以"不解决"解决之。以"不解决"解决之，就没有冯氏所谓"求解决"。

> 《易》本是筮占之书，其本来底性质与现在底《牙牌神数》等书是一类底。……例如……占得下下，下下，上上，其占辞是："三战三北君莫羞，一匡天下霸诸侯"，……此占辞是一个套子，凡先凶后吉底事，都可以套入这个套子。《易》中底辞句，本来也是如此，后来讲《易》底人，因套子而悟到公式。……每一公式，皆表示一道，或许多道。总《易》中底公式，可以完全表示所有底道。《易传》就是如此说。（第五十三页）

所谓《易》的"套子"、"公式"，原是古人为了解决人事的疑难而设的，把它说成象数，减少迷信的成分，这是《易传》作者的进步。他们把它说得包罗万象，仍不免是卜筮者玄术的惯技。比方说，"寂然不动，感而遂通天下之故"，原是对于龟蓍的赞词，兼有玄术的用意与因素。后者道学者流，断章取义，截去"天下之故"四字，以对抗二氏的本体论，实则这种走私的说法，是不足以"服人之心"的。《系辞》云："易者，象也"，"易简而天下之理得矣"。这里所谓"理"，不是"超以象外"之理，而是象数之理、事物之理，与冯氏的所谓"理"，毫无相同之处。所以，冯氏也认其"尚未完全合于'极高明'的标准"。本来，不属于一类的事物，根本就没有所谓合与不合。既欠"高明"一项，也就没有"对立"和"求解决"的问题。至于《中庸》一书，它所注重的，在于"凡为天下国家有九经"，"中也者天下之大本也，庸也者天下之达德也"，这些都是儒家"修、齐、治、平"那一套。它推崇孔子，几乎把孔子装成天神，无非是"按往旧造说谓之五行"（荀子语）的思孟学派的神秘作风，所以冯氏总结其第五章云："由此哲学（《易》、《庸》）所得到底生活，还是不能十分'经虚涉旷'。"（第六五页）非不能也，是不求也。

至于汉儒，据说汉人的思想"都不能'超以象外'"，本就不合冯氏的标准，但因为《淮南子》属于道家，"董仲舒是继承子思及孟子一派底儒家"，而且他的"正其谊不谋其利，明其道不计其功"的见解，也还和冯氏只重动机不问效果的道德观相符合，所以幸被提及，而专以"疾虚妄"的立场著书的王充，就没有这种幸运。这样，在汉人，"高明与中庸的对立"，也成不了问题。

魏晋玄学，是冯氏最赞赏的，也是他的新道统的先河。他们大抵都"能清言，善名理"。冯氏说，"善名理，就是能'辨名析理'，……就是专就名而分析理，不管实际，不管事实。此亦是所谓'专决于名而失人情'"（第七十六至七十七页）。这种见解，和冯氏是一路的。所以他很推崇王弼、向、郭的玄学，特别是向、郭的《庄子注》，认为"他们（向、郭）是继续先秦道家，实则修正先秦道家"。"王弼对于道家底一个修正……是将有情与无情（即所谓"圣人之情应物而无累于物者也"）的对立，统一起来。这个对立，与高明与中庸的对立，是一类底。"（第八〇页）而"向、郭对先秦道家底修正，其要点在于取消'有'与'无'的对立。取消'天'与'人'的对立，统一'方内'与'方外'的对立"（第八〇页）。然而，"取消"对立，并不是解决了问题。其实魏晋玄学之所以流于"经虚涉旷"，自有其逃避现实的社会历史根源，不能单求诸思想本身，更不能求诸个人性格。其中，有托而逃（阮籍，"本有济世志，属魏晋之际，天下多故，名士少有全者，籍由是不与世事，遂酣饮为常"。——《阮籍传》），和冒充风雅的（如王孝伯言"名士不必须奇才，但使常无事，痛饮酒，熟读离骚，便可称名士"。——《世说新语·任诞》篇），且不去说它。即以清谈的领袖而论，也大抵是喜玄远，厌俗务，所谓"迂诞浮华，不涉世务"（《颜氏家训·涉务》篇）一路的。例如王弼，据何劭《王弼传》云："弼在台日浅，事功亦雅非所长，益不留意焉。"又云："初与王黎荀融善，黎夺其黄门郎，于是恨黎，与融亦不终。"可见所谓"圣人之情应物而无累于物"的话，不过说说而已，根本就不是有意识地在"求解决问题"。又如王衍，官至尚书令司徒司空，也以"宅心物外，名重于时"，自己口不言钱，但其妻郭氏却"聚敛无厌"。《晋书·王衍传》说："衍将死，顾而言曰：'呜呼，吾侪虽不如古人，向若不祖述浮华，戮力以匡天下，尚不至今日'。"这不是由衷的供状吗？对于这种人，哪里有什么"高明与中庸的对立"需"求解决"呢？

这样看来，在中国哲学史上，真正把所谓"高明与中庸的对立"当做问题去"求解决"的，恐怕只有极少数极少数的人物，如禅宗的一二古德主张"担水砍柴，无非妙道者"，但是他们未曾不可说是受了中国哲学的"实事求是"的精神的影响。何况他们这种说法，还是以真如本体为根据，不尽同于冯氏的形式主义的说法呢？于此可见，冯氏所谓"求解决这个问题，是中国哲学的精神"，也不符合中国的史实，更说不上是中国哲学的主流。

其次，我们要检查冯氏所谓"这个问题的解决，是中国哲学的贡献"，看看是不是"解决"了。他这句话中的所谓"中国哲学"，毋宁说，指的是他自己的"新理学"。因为他对于"中国哲学史中底各重要学派的学说"既多有不满，又说："对于这个问题底解决，可以说'后来居上'"，复"以新理学为例"，"说明中国哲学的精神的最近底发展"。而且，中国哲学的精神，并不以"这个问题"为问题，已如上面所说。所以，这里要以他的"新理学"为例，不但为了方便，也还切合实际。现在先看他的"新理学"的体系是怎样的体系，是怎样形成的；然后看他怎样地提出问题和解决问题（其实，他的哲学体系的形成和他解决"这个问题"的方法，是同一事情的两方面）。还是让他自己来说吧：

在中国哲学史中，先秦的道家，魏晋的玄学，唐代的禅宗，恰好造成了这一种传统（"不著形象，超乎形象"的传统。——笔者）。新理学就是受这种传统的启示，利用现代新逻辑学对于形上学底批评，以成立一个完全"不着实际"底形上学。

但新理学又是"接着"宋明道学中底理学讲底。所以于它的应用方面，它同于儒家的"道中庸"。它说理有似名家所谓"指"。……它说气有似于道家所谓道。……它说了些虽说而没有积极地说什么底"废话"，有似于道家，玄学，及禅宗。所以它于"极高明"方面，超过先秦儒家及宋明道学，它是接着中国哲学的各方面的最好底传统，而又经过现代的新逻辑学对于形上学的批评，以成立底形上学。它不着实际，可以说是"空"底。但其空只是其形上学的内容空，并不是其形上学以为人生或世界是空底。所以其空又与道学（当是"道家"的误植。——笔者），玄学，禅宗的"空"不同。它虽是"接着"宋明道学底理学讲底，但它是一个全新底形上学。至少说，它为讲形上学底人，开了一个全新底路。（第一一三页）

从这段引文里，我们可以概括地说：冯氏的哲学是道家、佛家和儒家哲学的混合产物。实际是以玄学为首脑而装上了一条儒家实践哲学的尾巴。他一方面接受了名家公孙龙的哲学方法，利用所谓"现代的新逻辑学"，批评了先秦的道家、魏晋的玄学、唐代的禅宗，及宋明的理学，使这个玄虚的——"不著形象，超乎形象"的"传统"，益发玄虚，而获得了"四个空底观念"——所谓"理、气、道体及大全"的观念，说是"它于极高明方面超过了先秦儒家及宋明道学"。另一方面，它却又"接着宋明道学中底理学"，硬把儒家所谓"人伦日用"的实践哲学接上去，说是"于它的应用方面"，它同于儒家的"道中庸"，又用这去批评禅宗所谓"担水砍柴，无非妙道"还不彻底。正因为它是各方"接着"的缘故，所以便不免有些接不拢的弱点，在方法论上，尤表现得明显。所谓"极高明"，即唯恐其不玄虚，所谓"道中庸"，则又不能不踏实。故虽用"而"字诀把"高明"和"中庸"拴在一起，实际还是解决不了问题。这里还得略加申说。

就从它的所谓"极高明"方面说起吧。冯氏批评宋明道学，认为"尚有禅宗所谓'拖泥带水'的毛病"，就是说它不够"玄虚"。于是"逻辑"地朝着"经虚涉旷"方面走，以求其彻底玄虚，就是只"对于实际作形式底解释"，以求获得几个"形式底观念"，达到了"虽说而没有积极地说什么底'废话'"的地步。他说：

在新理学的形上学的系统中，有四个主要底观念，就是理、气、道体及大全。这四个都是我们所谓形式底观念。这四个观念，都是没有积极底内容底，是四个空底观念。在新理学的形上学的系统中，有四组主要底命题。这四组主要的命题，都是形式命题。四个形式底观念，就是从四组形式底命题［得］出来底。（第一一四页）

这样地"逻辑"地把观念的内容抽空，只剩下一个空"套子"似的"公式"。因此，他认为——在中国哲学中，无论哪一派哪一家，都自以为是讲"内圣外王之道"，但并不是每一家所讲的都合乎"极高明而道中庸的标准"（第三页）。也因此，他自以为"新理学是最玄虚的哲学，但它所讲底，还是'内圣外王之道'。而且是'内圣外王之道'的最精纯底要素"（第一二三页）。他这样地抽去了道学之类的神秘的"本体"的内容，但却又陷入了另一个神秘的泥坑（这留后面再说）。新理学既是"内圣外王之道的最精纯底要素"，那么，只要你想学做"圣人"，你就得学会他那一套"最玄虚的哲学"——新理学。因为，依他说，"圣人是在天地境界中底人"。他又把天地境界分为"知天，事天，乐天，同天"逐级升高的四个阶段。人要做到至圣，就要能够处于同天的境界。他说：

在天地境界中底人的最高底造诣，是，不但觉解其是大全的一部分，而并且自同于大全。如庄子说："天地者，万物之所一也，得其所一而同焉，则死生终始，将如昼夜，而莫之能滑，而况得丧祸福之所介乎？"得其所一而同焉，即是自同于大全也。一个人同于大全，则"我"与"非我"的分别，对于他即不存在。道家说："与物冥"。冥者，冥"我"与物间底分别也。儒家说："万物皆备于我"。大全是万物之全体，"我"自同于大全，故"万物皆备于我"。此等境界，我们谓之为同天。此等境界，是在功利境界中底人的事功所不能达，在道德境界中底人的尽伦尽职所不能得底。得到此等境界者，不但是与天地参，而且是与天地一。得到此等境界，是天地境界中底人的最高底造诣。亦可说。人惟得到此等境界，方是真得到天地境界。知天事天乐天等，不过是得到此等境界的一种预备。（《新原人》第九十六页）

在冯氏看来，人要"真得到天地境界"，即达到同天境界，就必须先"知天"，要知天，就必须了解新理学那四个观念——所谓"理、气、道体及大全"。因为所谓"天"就是"大全"，而"理，气，道体"等，也可以说是"大全"的一种"预备"观念。所以说："新理学中底几个重要观念……理及气的观念，可使人游心于'物之初'，道体及大全的观念，可使人游心于'有之全'，这些观念，可以使人知天，事天，乐天，以至同天。这些观念可以使人的境界不同于自然、功利及道德诸境界。"（第一二二页）

但是，怎样才能在同天境界呢？冯氏的方法就是用"思"还是应用理智做逻辑的思辨。他说：

> 或可问：人是宇宙的分子。即对于宇宙人生有觉解者，亦不过觉解其是宇宙的分子。宇宙的分子，是宇宙的一部分，部分如何能同于全体？
>
> 于此我们说：人的肉体，七尺之躯，诚只是宇宙的一部分。人的心，虽亦是宇宙的一部分，但其思之所及，则不限于宇宙的一部分，人的心能作理智底总括，能将所有底有，总括思之。如此思即有宇宙或大全的观念。由如此思而有大全。既知有大全，又知大全不可思。知有大全，则似乎如在大全之外，只见大全，而不见其中的部分。知大全不可思，则知其自己亦在大全中。知其自己亦在大全中，而又只见大全，不见其中底部分，则可自觉其自同于大全。自同于大全，不是物质上底一种变化，而是精神上底的一种境界。所以自同于大全者，其肉体虽只是大全的一部分，其心虽亦只是大全的一部分，但在精神上他可自同于大全。（《新原人》第九十六至九十七页）

伟哉思也！只要思一下子，就可"在精神上""自同于大全"，就可在同天境界！这种"精神胜利法"，实在太廉价了。但是不成，依他（冯氏）说，"大全不可思"，"不可思议底亦是不可了解"的，就是说，大全"不可为了解的对象"。因为"大全无所不包，真正是'与物无对'，但思议中底大全，则是思议的对象，不包此思议，而是与此思议相对底。所以思议中底大全，与大全必不相符。……所以对于大全，一涉思议，即成错误"。（《新原人》第九十八页）于此就需要所谓"逻辑"的戏法。说什么"既知有大全，又知大全不可思……"云云。但是还不成。因为"知有大全",则这个大全是"知的对象",它确是在"知之外",因而自己(至少是"知",即所谓"神")也确"在大全之外"。这就不能说"似乎如在大全之外"。如果"知其自己亦在大全中",又怎能"只见大全,不见其中底部分"?又怎能说"则可自觉其自同于大全"?因为如谈"理智",则虽"在精神上",部分也不能同于全体。或许冯氏也感觉到此点,所以索性承认:同天的境界,本是所谓神秘主义的。所以再三的申明:"不可思议底,不可了解底,是思议了解的最高义得获。哲学底神秘主义是思议了解的最后底成就,不是与思议了解对立底。"(《新原人》第九十八至九十九页)以"理智底总括"始而以"神秘主义"终,这是理智的破产,也是所谓"逻辑学"的破绽。所以我们说:"他这样地抽去了道学之类的神秘的'本体'的内容,但却又陷入了另一个神秘的泥坑。"

冯氏又引佛家的"证真如"和道家的"得道"为证,说"'证真如'的境界以及'得道'的境界,都是所谓同天的境界"(《新原人》第九十七页)。但是佛家的所谓"真如"与道家的所谓"道",都是就所谓"本体"说的。所以在"理论"上到了"证真如"和"得道"的境界,精神与本体合一,便算"证""得"了。虽然实际没有那样的本体,话还说得过去。而在"实践"上,他们可以玩弄精神去"证""得",正如颜习斋所谓:"今使竦起静坐不扰以事为,不杂以旁念,敏者数十日,钝者三五年,皆能洞照万象如镜花水月;做此功至此,快然自喜,以为得之矣。"(《存人编》)这种仿佛迷离的自己催眠训练得来的境界,自可以自欺欺人,自"以为得之"。但在主张纯"形式底观念"的冯氏,又怎能援引他们来相比拟?即以儒家而论,就是说过"万物皆备于我"的孟子,关于仁,也还说"亲亲而仁民,仁民而爱物"。与孔子所说的仁为"爱人"一致。"仁民"与"爱物"有别,不是笼统地说"仁",而是推己及人,由近而远的。由这种"推己及人"的想法,也可能发生"痛痒相关的情感"。张横渠所谓"民我同胞,物我与也",还有孔孟的余风。其所谓"乾称父,坤称母","尊高年所以长其长,慈孤弱所以幼其幼"之类,犹是利用这种家人长幼的观念,去引起其人的"痛痒相关的情感"。至于程明道所谓"仁者浑然与物一体"的说法,早已深受二氏(道、释)本体说的影响,而把"仁"看成仿佛二氏所谓"道"或"真如"的东西。不是孔孟的所谓"仁"。这样地了解"仁"尚可勉强地说"仁者浑然与物一体"。

但在冯氏，其所谓"理智底总括"所得来的"大全"这一观念，则只是一个"空底观念"。既无"内容"，又怎能使人"思"它一下，便发生"情感"呢？所以，附会也没有用处，形式的观念，终归不可能引起热烈的感情的。

冯氏似乎也看到了这一点，所以他说："哲学虽有如此底功用（即"可以使人知天，事天，乐天，以至同天"的功用。——笔者），但只能使人知天，可以使人到天地境界，而不能使人常住于天地境界。欲常住于天地境界，则人须对如此底哲学底见解，'以诚敬存之'。"（《新原人》第一一七页）这种神秘主义的境界，除了利用宗教性的信仰的办法"以诚敬存之"之外，也就难得"常住"了。他在另一地方也露了马脚说："如用一名以谓大全，使人见之可起一种情感者，则可用天之名。"（《新理学》第三十八页）原来如此！

于此可见，他那些单有空形式底观念，一涉及实际，就会讲不通，行不通的。"高明与中庸的对立""这个问题，原来依旧"！

再次，冯氏的所谓最玄虚底哲学——新理学，不但无力指导人生，而且也无力促进科学。这是它所用的方法，即所谓"过河拆桥"的方法，必然的结果。冯氏说："'过河拆桥'是大不道德的事。但讲哲学则非如此不足以达到'玄之又玄'的标准。"所谓"过河拆桥"的方法，是怎样的呢？依他自己说："哲学始于分析，解释经验，换言之，即分析解释经验中之实际底事物。"又说："哲学中之观念、命题及推论之系形式底逻辑底者，其本身虽系形式底逻辑底，但我们之所以得之，则靠经验。我们之所以得之虽靠经验，但我们既已得之之后，即见其并不另需经验以为证明。其所以如此者，因此种观念、命题及推理对于实际并无所主张，无所肯定，或最少主张，最少肯定。"（《新理学》第十二至十三页）即是空无内容。譬如经验是桥，由分析解释经验而得到"形式底"观念等，就像过了河而到达彼岸。"既已得之之后，即见其并不另需经验以为证明"，就像已过了河无须再用桥便把桥拆掉了。其始"仍是以事实或实际底事物，为出发点"。其终，则是"哲学可以说是不切实际不管事实"的。（《新理学》第十二页）这就是所谓"过河拆桥"的方法。这种方法，是公孙龙的衣钵真传。这种方法，行得通吗？是行不通的，因为把桥拆了，就断绝了两岸的交通。在哲学，就是割断了它和实际（事物）的联系，"不管事实"，就没有实际的检证，用他的话说，就是"不另需经验以为证明"。不经实际事物的检证，即所谓"已经得之"者，是否合于真理，便大有问题。哲学史昭示我们，凡是进步的哲学，未有不吸取以前的哲学的、自然科学的以及历史本身的发展之一切理想的内容的。"不着实际"、"不管事实"，这样，哲学就没有发展，没有进步，翻过来说，如果没有进步的哲学做指南，科学也不能有它应有的进步。历史之所以能成为科学，就是得到唯物辩证法的指导的结果。这是一个最好的反证。冯氏自然不肯相信这个事实的。但是，伟大的思想家们都凭借它去获得对于社会发展的洞见，并把握了历史发展的规律而完成了许许多多的革命伟业。这些史实，总是无法抹杀的。

这且不去说它，我们这里要说的，就是能够指导科学的哲学，必定是概括了以前科学的成果，而且不断地在吸收着它们的新成果的哲学。这样，哲学就不能"不管事实"，不能"不着实际"，要管事实，要着实际，它的方法就得从实际概括得来，才能与实际的规律和谐一致，经得起实际的考验，这样的哲学方法，同时也就是科学的方法，这才真正是"一行"，不是"两行"。

然而新理学的方法怎样呢？它是"空底"无"内容"的，因而它对于科学是无能的，是和科学的方法相反的。关于此点，冯氏自己也只得承认（但却是用了自鸣得意的语气说）："哲学是可以使人得到最高境界底学问，不是使人增加对于实际底知识及才能底学问。老子作为道与为学的分别。讲哲学或学哲学，是属于为道，不是属于为学。"（第一二一页）又说："哲学可能使人于洒扫应对中尽性至命，亦可能使人于开飞机放大炮中，尽性至命。但不能使人知怎样洒扫应对，怎样开飞机放大炮。就此方面说，哲学是无用底。"（第一二一页）但是他却不觉得是由于自己那种"过河拆桥"的哲学方法不行，却硬归咎于"哲学的知识与科学的知识不是'同一层次之内'"。他说："科学底知识，虽是广大精微，但亦是常识的延长，是与常识在同一层次之内底。"（《新原人》第二十二页）又说："哲学与科学的不同，在于哲学底知识，并不是常识的延长。不是与常识在同一层次上底知识。"（《新原人》第二十四页）这样地，他的玄学与世务的矛盾，终于发展成为他的新理学与科学的矛盾了。于是他武断说："凡哲学（其实只是玄学——他的新理学——笔者）都是'失人情'底。因为一般人所有底知识，都是限于形象之内，而哲学的最高底目的，是要发现超乎形象者，哲学必讲到超乎形象者，然后才能合乎'玄之又玄'的标准。"（第三十七页）其实哲学并不是

"失人情"的，真正的哲学也不需要讲到"'玄之又玄'的标准"。他这样说只是因为他自己的哲学方法是和科学方法相反的玄学方法。治哲学是一套方法，治科学又是另一套方法（这由他赞同老子"为学日益，为道日损"的说法看来，是显然的）。所以，他的所谓"极高明"与"道中庸"，毕竟是"两行"不是一行。故虽"而"了，但仍不能使它们统一，就是说冯氏的新理学，对于他所见的"高明与中庸的对立"的问题，也并没有解决，所以也便没有什么"贡献"的了。

实在说来，"这个问题"之所以成为问题，是由于冯氏固持着"玄之又玄"的观点。这个观点既拆了桥，便和实际隔绝，因而便与实际"对立"了。如果舍去这个"经虚涉旷"的观点，采取实事求是的精神，则由科学到哲学，由常识到理论，由人生观到宇宙观，总说一句，由为学到做人都可以以一贯的科学的方法从事，这种"对立"是不存在的。比方说，人们以实事求是的精神，研究自然，一样地可以认识自然是伟大的，知道了其中各部分的联系，便可根据物质运动的法则，去征服自然，使它替人类服务。人们以同样的精神研究社会，一样地可以知道社会是进化的，知道了它的发生和发展的途径，便可应用社会的运动的规律，去改造社会，使它更适于人类的繁荣。……这样地得来的知识，这样地得到宇宙观人生观，对于人们做人做事上的帮助，总比"最哲学底哲学"有力。有内容的知识，自然能够使人的服务的情感更热烈，使人奋斗的意志更坚强，丝毫用不着那种"以诚敬存之"的宗教式的修养方法，因为人们在为学做人的过程中，便已同时是在修养了底。冯氏自己不是也这样地说过了吗？

> 我们于《新理学》中说，凡物的存在，都是一动，动息其物即归无有。人必须行动。人的境界，即在人的行动中。这是本来如此底。（《新原人》第四一页）

"人的境界，即在人的行动中。"这至少含有"人在行动中"，可以形成维持乃至变更他的"境界"。社会中具体的人，阶级不同，行动因之不同，境界也因之不同。即使承认冯氏那样的境界层次的说法，在同一境界层次中，也可能有相反的见解，而在历史过程中，某种见解（例如道德见解）也必然有它的变化发展。但是"玄而又玄"的观点限制了冯氏，使他把人看成了抽象的人，即是"人之所以为人"的人，把人的社会历史的性质抽"空"了。同样地把事物的运动，也看成了只是"一动"，"实际的存在是无极实现太极的流行，谓之道体。"（第一一七页）把运动的辩证性阉割了，变成为动只是动，流行只是流行的抽象的观念了。可是这种"玄之又玄"的观点，连他自己的一点比较积极的见解，也受了妨碍而不能发展下去。

关于冯氏所谓"理"和"气"两个"想当然"的观念，这里不想多费篇幅。一来，已经有人批判过了；二来，本文不打算对于他的体系做整个的批判。这里还想再就他的方法上指出两个弱点。

第一，冯氏认为"最哲学底哲学"，必须是"经虚涉旷"，必须讲到"不著形象"，"超乎形象"的，所以主张该用"思"，不该用"想"，每每以"图画式的想法"轻人，不知人是生活于物质世界中，任何抽象的思想都有它的物质世界中的形象的根据，是不能彻底地"超乎形象"的。试问冯氏的新理学，何以必须"始于分析解释经验"？试问他的"过河拆桥"的哲学方法，何以必须有"桥"？何以就知识方面说，若无某种事物，我们不能知"有某种事物之所以为某种事物者"；不能知有某理？甚至他所谓"实际"之"际"，所谓"道体"之"道"、之"体"；所谓"理世界"之"世界"，等等，几乎没有不由物质世界的形象转化而来的。又比方说，他用"先""后"的字样，常声明不是时间的先后，而是就逻辑上说的。但是，"逻辑"，本来说是"历史的"（时间的）演化。如果没有时间的"先""后"，我们就不会有逻辑的"先""后"！有了具体的事物，我们才有抽象的观念。这不也"是本来如此底"吗？须知所谓"现代的逻辑学"，也非有语言或符号不可的。

第二，冯氏有时也以逻辑的姿态，在玩着文字的花样。举例说吧，他说：

> 有某种事物必有某种事物之所以为某种事物者。这就是说："有某种事物，涵蕴有某种事物之所以为某种事物者"。……"有某种事物"之有，新理学谓之实际底有，是于时空中存在者。"有某种事物之所以为某种事物"之有，新理学谓之真际底有，是虽不存在于时空而又不能说是无者。……
>
> "有某种事物，涵蕴有某种事物之所以为某种事物者"。从此命题，我们又可推出两命题。一是：某种事物之所以为某种事物者，可以无某

种事物而有。一是：某处事物之所以为某种事物者，在逻辑上先某种事物而有。（第一一四至一一五页）

于这引文里，在所谓"有某种事物必有某种事物之所以为某种事物者"，或在"有某种事物，涵蕴有某种事物之所以为某种事物者"，之中，第一个"有"字，即"有某种事物"之"有"字，是表示存在的意思的"有"字。第二个"有"字，即"必有……"或"涵蕴有……"的"有"字，则是表示领有的意思的"有"，它与第一个"有"字，意思不同。在这里，第二个"有"字表示着"某事物之所以为某事物者"为有字的主语（某种事物）的属性，和它不可分离的。如果可以分离就不能说是"某种事物之所以为某种事物者"。所以，实际上，"某种事物之所以为某种事物者"的有无，必然要以"某种事物"之有无（即存在与否）来决定。但是，冯氏却利用两个"有"字的字形相同。第一步把"必有"变成"涵蕴有"。第二步，把"涵蕴"和"有"分离，把"有"字冠于"某种事物之所以为某种事物者"之上，使它采取"有某种事物"的句式。第三步，就分开来说，"有某种事物"之"有"如何如何，"有某种事物之所以为某种事物者"之"有"如何如何。第四步，便推出了"某种事物之所以为某种事物者，可以无某种事物而有"。第五步（这是最后的一步），便达到了"某种事物之所以为某种事物者，在逻辑上先某种事物而有"这一命题。于是他所企图建立的"理世界"的一切准备工作，统统完毕，只待"总括"一下，便可揭幕，这种偷天换日的手法，是文字的游戏，也是"逻辑"的玩弄！

最后关于这种宇宙人生观在实际上的弊害，还得指出两点：第一，他说："圣人不能专凭其是圣人，即能做事；但可以专凭其是圣人，即能做王。而且严格地说，只有圣人，最宜于做王。所谓王，指社会的最高底首领。"因为"当最高首领者，无须自为，所以不需要什么专门底知识与才能"。"当最高首领的人，所需要底是'廓然大公'底心，包举众流底量，只有在天地境界中的人，最能如此。"（第一二三页）我们说，当最高首领的人，固然需要"廓然大公的心，包举众流底量"，但尤需要的，还是"知人善任"。知人善任，并不是"不学无术"的人所能做到的。不学无术，虽有"大公"和"雅量"，未始不可流于容恶庇奸。而且实际上擅权窃国的大奸巨憝，未有不被其狐群狗党誉为"圣明神武，首出庶物"的。"专凭其是圣人最宜于做王"，这种说法，势将助纣为虐，而误尽天下苍生。

第二，冯氏这种宇宙人生观，教人安分守己，勿以贫贱得失介意，"即其所居之位，乐其日用之常"，一样地也可做到圣人。便是在精神上麻醉被压迫者，而松懈其斗志，直接地替压迫者维持其腐败残酷的统治，间接地阻碍了社会的革新。在这一点，正与"圣人专凭其是圣人，最宜于做王"的说法，一抑一扬，赴弦应拍。在统治者固然会觉其悦耳动听。但试问一般正在争民主谋翻身的老百姓，到今天，还需要这种帮闲哲学吗？

原载《群众周刊》第十一卷第一期，1945 年 12 月

《新原人》与《新原道》

张申府

《新原人》，冯友兰著。三十二年六月，重庆商务印书馆出版。四加二九二页。定价国币四元五角。

《新原道》（一名《中国哲学之精神》），冯友兰著，中国哲学丛书乙集之二。三十四年四月，重庆商务印书馆出版。四加一二三页。定价国币二元二角。

《新原人》与《新原道》是著者在抗战时期所作，继《新理学》、《新事论》、《新世训》之后的第四、第五本著作。都属所谓贞元之际所著书。现在抗战虽已过去，但照国家目前局面看来，著者这类著作似乎还可以写下去。在内容上，也希望他多表现些元的方面，少述说些贞的方面，虽然元的方面应该是什么现在正是问题。

著者从二十七年以来这些著作，开始是未被注意，继而是受到最广泛的重视与讨论。在《新原人》的各章初在三十一年在《思想与时代》月刊上发表时，正当盛时，仍受到多方面的称道。以后到了书出版时，就已变得冷淡了。《新原道》更加不甚得到理会，至少就所谓大后方而论。

但是，无论如何，还应说著者是中国这次对日抗战八年间在哲学上最有成就者，至少拿表现了出来的说。在世界大战期间哲学本来普遍衰落。哲学并不是对人类无用。但一到了人类打起仗来，哲学可就失了作用了。大概战争与哲学最不相容。现代的战争没有科学是不能打的。但是不论古今中外，战争对于哲学似乎都感觉无所用之。假使说人人都有哲学，事事都用得着哲学，但是如果根据哲学来发动战争，那就不是太把哲学误用滥用了，就是那种哲学已经走入邪途了。进一步看，要把战争打胜却也非用不着哲学，至少某一种的哲学；但是这样地用哲学，比利用科学来从事战争，实在尤其可惜。

哲学家对于实际战争的态度，以罗素为例，也是辩证的。对于第一次世界大战，曾经坚决反对过。对于第二次世界大战却是站在民主战线方面来积极赞助了。这都是对的。以此为推，可以想象，对于以后的战争必将要更坚决更进一步地来反对。彻底反对战争应该是今日全世界哲学家对于人类的一个根本任务。一切科学家、文学家、艺术家、宗教家也应一同来担负这个任务。反战不能止于一句空话。从种种方面，从人类性质、社会关系、社会组织、科学、哲学、文艺、艺术对于人类社会的影响，来研究、来寻求消弭战争的有效途径，便是今日一切部门的学者都不可怠忽的责任。

上边这两段话，不仅仅表明在这个最不宜于哲学的战争时候，而著者却写了这许多哲学书，确乎难得；也在表明著者所讲的哲学也是有益于反战的一种，就令著者自己也许不这样说。

以《新原人》而论，它的根本意思实很简单。它不外说，人的特性是觉解，自觉的了解。觉解所得，因觉解程度的不同，遂有四种不同的境界。最高的境界是所谓天地境界，也就是圣人的境界，也可说是天人合一的境界。这是全书的根本意思，全书十章都是围绕这个而写，也是为了这个而写。表明这种境界，实现这种境界，当然有益于反战。人到了物我之隔已泯，人我之界不立，机心尽革，杀机自可不动。但如何实现这种最高境界，这似乎也是哲学所应有事，本书却还说明得不够。其实但令各种境界的人各得其所，互相了解，相安无事，也就是达到了人类社会的和平。这有赖于各科科学，各色人等的合作努力，只有哲学也不为功。但是哲学以辨为方法，以通为归宿，领导的职分倒也不可放弃。哲学的辨与通的本领能够发挥尽致的一天，必是人类间的战争已经消弭，或是已经到了完全可以消弭的时候了。

对于著者这几年这几本著作虽然有不少议论，不少指责。但究竟他有一个不可埋没的长处。那就是他要尽量做到分析的方法。他的书的一度流行未尝不是主要由于此，由于这种方法与文辞的缜密。但著者究竟是一位中国哲学史家。因此他所讲的接近这一方面的，也就最好。因此最初出的一本《新理学》至今在五书中仍是最好的一本。其次便要数最近出的这本《新原道》了。两书的关系也最为密切。至于著者对于中国哲学史的解释是不是都对，那是另一问题，非详论不究。

《新原道》与《新理学》一样，也是除绪论外全书十章。但它与《新理学》不同的是它更是历史的。《新理学》乃以中国历来哲学中最根本最重要的名物为纲，而辨析各种旧来的说数，就以表见著者自家的见解。《新原道》则顺着历史的时序、本着"极高明而道中庸"的标准，叙说分辨下来，最后也归终于著者自家的见解。两书关系，与此书用意，著者自序中说得明白，他说："此书所谓道，非《新理学》中所谓道。此书所谓道，乃讲《新理学》中所谓道者。《新理学》所谓道，即是哲学。此书讲《新理学》所谓道，所以此书非哲学底书，而乃讲哲学底书。此书之作，盖欲述中国哲学主流之进展，批评其得失，以见新理学在中国哲学中之地位。所以先论旧学，后标新统。异同之故明，斯继开之迹显。庶几世人可知新理学之称为新，非徒然也。近年以来，对于旧学，时有新解。亦藉此书，传之当世。故此书非惟为《新理学》之羽翼，亦旧作《中国哲学史》之补编也"。其自珍如此。但是把道字用得更滥了。

关于中国哲学主流是怎样的，著者在本书卷首绪论中也说得明白，就是它是"超世间的"。"所谓超世间的意义是即世间而出世间"。这是一种最高的境界。这种境界就是中国哲学主流之所求。这种境界以及这种哲学，著者说它就是"极高明而道中庸"。而照这种哲学，哲学之所讲就是《庄子·天下篇》中所说的"内圣外王之道"。极高明而道中庸，即世间而出世间，这都是评者常喜说的相反相成。我也常说，相反的相成常是好的，极高明而道中庸，即世间而出世间，就是两个最显赫的实例。做到这种相成，解决这个相成的问题，照著者说，是中国哲学的精神。"这个问题的解决是中国哲学的贡献。"

中国哲学在周之末世也许可说已做到这个了。但在中国人生上是不是已做到了这个呢？那就差得太远。普通常说，中国哲学不长于讲宇宙，因此欠少博大精深的宇宙理论系统；因此更没有科学产生。中国哲学说是偏于谈人生，但其实完全落了空，人生一点也不长进。常说"过犹不及"。但是不肯过，结果遂长此不及！"与境为乐"不能说不好。但中国过去一些哲学家却常是耽于自己的幻想。在国家民穷财尽、兵荒马乱的时候，而徒自觉"道通天地有形外，思入风云变态中。富贵不淫贫贱乐，男儿到此自豪雄"，正是陷入此等幻境中。说宋儒达到中国哲学一种极境，其实是由于一种偏好。

《新原道》末章著者述他自己的系统，对《新理学》中那一套做了番较系统的说明。著者自认为《新理学》是最玄虚的哲学，但它所讲的还是"内圣外王之道"，而且是"内圣外王之道"最精纯的成分。当然一个人对于自己怎样说都可以。著者自述，在新理学的系统中有四个主要观念（概念?）与四组为这四个观念所从出的主要命题，都是形式的，即无所谓的。四个观念即：理，气，道（或道体），及大全。四组命题即：一、有物必有则；二、有理必有气；三、无极而太极；四、一即一切，一切即一。其中第二组命题，至少就所谓"有理必有气"而言，在著者的系统，实不无问题。第四组命题无甚必要，至少与别的组不类。大全的概念也不必用得着。因此，著者这个系统未尝不可缩成三个概念，如：理，气，道；与一句话，即：无极而太极。太极即理，无极即气，而道即"而"。这似乎正是著者在新理学中之所持。

这个系统站住站不住呢？那就不能不说它未免太空了。空可；太空却不可。灵空是不限于实际，不拖泥带水。太空就无物了。道理是可以不限于实际，尤其不可陷于实际；但却不可以太不着实际，脱离实际，与实际了不相干。

著者系统根本所在本在于理。著者盖把理当于今所谓共相。但要把理与共相弄清楚，必先知理与共相都不止一种，否则运而论之必无当于事理。著者很重视公孙龙。这是难怪的，因为公孙龙是辩家，即逻辑家。著者的系统就是尝试拿一部分新逻辑来把旧玄学加以整理。他把周季公孙龙等的"指"也认为就是共相。这是舍近取远了。其实周季所谓指，当下就是，指就是指，正当于今之所谓记号。这由《庄子》书中所说天地一指也，万物一马也，可以充分证知。指马比言，马就是今俗言之马，这由《礼记·投壶》所说为胜者立马，可以充分证知。许多理都是记号，都不出言语文字中，虽然不是一切理都是记号，都不出言语文字中。许多理确并不在一个物上，但完全离开物与言语文字，理也只有一个想当然耳。

著者最后说，哲学是无用之学。但"哲学能使人成为圣人。这是哲学的无用之用。如果成为圣人是尽人之所以为人，则哲学的无用之用，也可称为大用"。此意大是。我也尝说，哲学在使人哲。又如前说，哲学的方法应是辩，哲学的归宿则是通。在战争中固然很少人会用哲学；但要反战，哲学却大有用场。试想，人人都成圣人，人人都哲了，人人都能辩，能通了，世界还会有战争么！

这本《新原道》与《新事论》、《新世训》、《新原人》不同，未见分章发表过；但一部分是由著者两年前在《哲学评论》上刊布的一篇长文缩节而成。

按：著者的《新理学》初于二十七年八月有石印本。铅印本二十八年五月出版。《新事论》二十九年五月出版。《新世训》出版于同年七月。附记于此，以备参考。

原载《图书季刊》新第七卷第一、二期，1946 年 6 月

评《新知言》

张岱年

这是冯芝生先生"贞元之际所著书"第六种（前五种是《新理学》、《新事论》、《新世训》、《新原人》、《新原道》），是一本讨论哲学方法的书。这本书的主旨，在于经过对于维也纳派的批判，而建立新的形式主义的形而上学方法论。所谓新理学，主要是形式主义的哲学。维也纳派认为，形上学的命题，都是没有可证实性的，即无证实之可能的，所以是无意义的，因而形上学不能是关于事实的学问。冯先生则以为真正的形上学，并不讲实际之内容，而仅是对于经验做形式的释义，不做积极的释义，所以对于实际无所肯定，或仅做最少肯定，如此形上学的命题便不需要证实，而形上学与科学完全没有冲突之可能。冯先生以为唯心论与唯物论都对于实际有很多的肯定，所以都不是真正的形上学。真正的形上学不讨论关于心物的问题。"形式底"与"积极底"是本书中一个最主要的区别。所谓"积极的"当是英文Positive 之译语，在哲学中普通译为"实证的"。所谓"形式的"，照冯先生自己的解释，即是"没有内容底"，是"空底"。（页一〇）

第一章"论形上学方法"，认为"真正形上学的方法有两种：一种是正底方法，一种是负底方法。正底方法是以逻辑分析法讲形上学，负底方法是讲形上学不能讲；讲形上学不能讲，亦是一种形上学的方法"（页九）。此章中以钟会的话"闻所闻而来，见所见而去"，与程伊川的话"起于起处"为譬喻，表示形上学命题之性质。冯先生以为人的知识可分为四种：第一种是逻辑算学，是对于命题套子或对于概念分析之知识。第二种为形上学，是对于经验做形式底释义。第三种是科学，对于经验做积极底释义。第四种为历史，乃对于经验底记述底知识。这是一个很有特见的方法。冯先生更认为真正的形上学，是"一片空灵"，以为这是真正形上学的标准。

　　第二章"柏拉图的辩证法",述柏拉图与亚里士多德之形上学方法。认为柏拉图的贡献在于"他发现我们可对于事物作形式底分析"(页二二);而亚里士多德对于柏拉图的批评"大多是由于不明,或者是不赞成柏拉图的哲学中底形式主义的成分"(页二三)。

　　第三章"斯宾诺莎的反观法",述笛卡儿、斯宾诺莎的形而上学方法,以及休谟对于形上学的批评。这章中有一段关于西洋哲学之很精辟的话:"在西洋中世纪,哲学是宗教的婢女,更确切一点说,是耶教的婢女。西洋近代哲学,虽说是已从耶教中解放出来,但其为婢女的习惯,仍未完全脱掉。在西洋近代哲学中,形上学所讨论底几个主要问题,仍是耶教教会中所讨论底几个主要问题。这些问题就是上帝存在,灵魂不灭,意志自由。"(页三三)这真是一个很正确而精锐的观察。

　　第四章"康德的批判法",述康德与海格尔的方法,认为康德为形上学立了一个新方法,即形上学的负底方法。亦即用负底方法讲形上学,这是对于康德哲学的一个新的看法。

　　第五章"维也纳学派对于形上学的看法",述维也纳学派对于形上学的批评及其主张取消形上学的理由。冯先生认为维也纳派对于形上学的批评,对于西洋传统形上学之大部分是适当的。但真正的形上学,则不在维也纳派的批评范围之内,而非维也纳派的批评所可取消。维也纳学派"确能取消坏底形上学",然而"与真正底形上学无干,而且对于真正底形上学,有显正摧邪的功用"(页五七)。

　　第六章"新理学的方法",述新理学之形上学系统及其在方法方面之特色。新理学的形上学,有四组主要命题。这四组命题,"或是,或几乎是,重复叙述的;就一方面说,这些命题都是包括甚广,就又一方面说,又都对于实际没有或甚少肯定"(页五八)。新理学的形上学对于实际的唯一肯定,即是有实际;除了肯定有实际之外,对于实际并无肯定。

　　这四组主要命题便是:

　　(一)"凡事物必都是什么事物,是什么事物,必都是某种事物。某种事物是某种事物,必有某种事物之所以为某种事物者。"(页五九)

　　(二)"事物必都存在。存在底事物必都能存在。能存在的事物必都有其所以能存在者。"(页六一)

　　(三)"存在是一流行。凡存在都是事物的存在。事物的存在,都是其气

实现某理或某某理的流行。总所有的流行，谓之道体。一切流行涵蕴动。一切流行所涵蕴的动，谓之乾元。"（页六四）

（四）"总一切底有，谓之大全。大全就是一切底有。"（页六五）

这一章是全书的中心，然而可以商榷之点也较多。在这个短评中，我们不能做详尽的分析，我仅指出四点：

（1）所谓"形式底"一词，似乎是冯先生新理学的一个最基本的词字。形上学的工作，是对于经验做形式底释义，亦即做形式的分析与总括。然而所谓"形式底"，究竟是何意义？此书中似乎解释得太少，仅仅说"形式底"即是"没有内容底"，"空底"。这是不够的。我以为所谓形式底一词之意义，尚大有分析之余地。

（2）第一组命题中"是什么事物，必都是某种事物"，这个"种"字甚为重要。我们说"凡事物必都是某种事物"，这一命题实涵蕴"事物有种类之不同"一命题的。如后一命题不真，则前一命题也不能真。然而"事物有种类之不同"似乎是一个需要证实的经验命题。

（3）第二组命题中"存在底事物必都能存在"，这个"能"字是什么意义？似乎有详细分析的必要。由"能存在"一转而为"有其所有以能存在者"。如能字意义不明，则"所有以能存在者"亦不是一个全然、明晰的观念。

（4）第三组命题中"存在是一流行"，冯先生似乎是认为是一个分析命题，然而普通所谓存在一词中似乎并不会有流行的意思。如谓此所分析是"存在的动作"，所以其中涵蕴流行。然而"存在的动作"一词，意义似乎不大清楚。假如我们说："一切存在的事物，皆有其存在的动作"，这句话似乎不甚适当。我们只能说："凡存在的事物，都存在着。"然而"存在着"似乎并不含有流行之意，它可以静者恒静地存在着。所谓流行，当是变动历程之意。我以为存在是流行，似乎应当是一需要事实证实的经验命题；假如经验中的事物不是常在变化流转之中，这句话是不能讲的。

第七章"论分析命题"，批评西洋传统哲学与维也纳派关于分析命题的说法，而提出一个理性主义的新说。这一章，我认为是全书最精彩的一章，其中对于维也纳派的辩论，分析入微，明澈犀利，可谓精辟无伦。由此章看，也可以见冯先生在逻辑分析法之应用上，实已达到火候纯青的境界。这种莹澈的分析文字，在国内哲学界，实是不可多得的。

维也纳派大师卡纳普以为，"这玫瑰是物"，"这部书讲非洲"，都是不应该说的语句，而应该改为"玫瑰之名是一个物名"，"这部书包括有非洲之名"。这种说法虽出自一个专重分析的哲学家之笔，实际是粗疏的、武断的。冯先生以为"玫瑰是物"，与"玫瑰之名是一个物名"，可以互相翻译，但翻译后原语句并不因翻译而取消。因为玫瑰是一物，所以玫瑰之名是一物之名。"玫瑰是一物"一语，并不能取消。"这部书讲非洲"与"这部书包括有非洲之名"，二句不能互相翻译。"讲非洲底书是一部地理书，但包括非洲之名底书，并不一定是地理书。若没有这种分别，卡纳普这本书中，即包括有非洲之名，岂不也成了讲地理底书了。"（页七一）这些，都是切中肯綮的辩诘。冯先生认为，卡纳普的办法，只是避免问题，不是解决问题，问题仍在那里。这也是极精审的评论。

冯先生自己对于分析命题的解释是，分析命题都是理的命题，而不是空言语命题。理是"永恒底"，所以分析命题是"必然底普遍底真"。分析命题的特点，就是它的必然性与普遍性。我们如承认"必然地普遍地真底分析命题"，就需要承认有"永恒底理"。这是永恒底理的一个证明。这个证明，却不免是循环论证。似乎仍需要更进的讨论。

第八章"约定说"，批评维也纳派的约定说。维也纳派以为，分析命题之为真，靠其中所包括底符号的定义，此种命题，不过表示人们自己的一种约定。冯先生对于此说提出两个问题：一、所谓予符号以定义，究竟是什么意义？二、如分析命题的是真，只是靠其中底符号的定义，则说分析命题是必然地真，究竟是什么意义？由此二问题，指出维也纳派学说之困难。冯先生的分析，甚为深刻而精细。冯先生与维也纳派之主要不同在于：维也纳派的观点是唯名论的，只承认经验事实与人造的符号，冯先生的观点是理性主义的，于经验事实与符号之外，尚承认有永恒的理，分析命题都是显示永恒的理的命题。这一章的问题，主要是关于逻辑与算学之性质的问题，冯先生可以说成立了一个关于逻辑算学之理性主义的新释。

第九章"禅宗的方法"，以唐代禅宗为例，说明形上学的负底方法。其实禅宗的思想与冯先生的学说，并不相同。禅宗是以不可思议为究竟的唯心论，冯先生的哲学则是形式主义的理性论。这章中有一段很幽默的话道："普通所谓唯心论者或唯物论者肯定所谓宇宙的本体或万物的根源是心或物，并以为决定是如此。这些说法，都是所谓死语。持这种论者，都应受六十棒。他们作如此底肯定，应受三十棒。他们又以为决定是如此，应更受三十棒"（页八九）。这可谓禅宗之当头棒喝的办法之扩大的应用。不过这个似乎要看棒在谁手。假如棒是在唯物论者手中或唯心论者手中，受棒打的也许是讲非心非物的人。由此也可见，棒喝法只是表示思想权威的办法，其实未必是启发真知的方法。

第十章"论诗"，讨论诗与形上学之关系。冯先生以为，"有止于技底诗，有进于道底诗"。"以可感觉者表示可感觉者"，是"止于技底诗"。"若能以可感觉者表显不可感觉只可思议者，以及不可感觉亦不可思议者"，是"进于道底诗"（页九八）。"就止于技底诗及有些哲学家的形上学说，诗可比于形上学。"（页九九）所谓"进于道底诗"，并不是普通所谓哲学诗或说理诗。进于道的诗，亦可以说是用负底方法讲形上学。冯先生又认为，"哲学家可用长篇大论底方式，或用名言隽语底方式以表达其意思。这是两种表达意思的方式。前者可称为诗散文底方式，后者可称为诗底方式"（页一〇二）。这些都是很好的见解。这一章的文笔极为"空灵"，是一篇富于文学意趣的文章。

我们可以将冯先生的学说与维也纳派的见解做一比较：维也纳派取消了传统的形上学，冯先生也认为传统形上学的大部分是应取消的，如唯心论与唯物论的形上学，都在应该取消之列。在这一方面，两家学说是很相近的。但是，冯先生更认为，除了应该取消的形上学之外，尚有真正形上学，即形式主义的形上学。这形式主义的形上学之最主要的学说，是认为在实际世界之外，尚有真际世界。真际之中，有很多永恒的理。所谓分析命题，即是对于真际中之永恒的理之分析。在这方面，两家学说，实如冰炭之不相容。维也纳派所讲是唯名论，冯先生所讲则是理性主义的实在论。

维也纳派对于形上学的攻击，虽然有力，却并非完全适当。冯先生所讲的"不着实际"的形式主义的形上学，亦未免过于空虚。我以为形上学仍然是要讲实际的，讲论实际而不陷于无意义的形上学，仍然并非不可以有。形上学之性质与方法，尚待重新厘定。

对于冯先生所揭示的形式主义的理论，我虽然不能完全赞同，然而对于冯先生的系统的严整，分析的缜密，文章的明莹，治学态度之笃实，我唯有赞叹钦服。就系统之宏大、条理之明晰、方面之众多、影响之广远来说，冯先生的学说实在是现代中国哲学的一个高峰。

在《新理学》与《新世训》诸书中，冯先生常用以旧瓶装新酒的办法。这种方法有一好处，便是令人有亲切之感；但也有其弱点，即是容易引起误解。《新世训》的末章，讲做首领的态度，标题为《应帝王》，于是有人说这是要做帝王师。《新原道》的末章，讲新系统，标题为"新统"，于是有人说这是建立新道统。这都是可笑的误解，然而这种误解却很容易流行。这本书用旧名词不多，在这一方面，这本书可以说比前几本为进一步。

三十六年八月三日于清华大学

原载《大公报》1947 年 10 月 25 日

后　记

2004 年至 2006 年，我受南阳师范学院派遣，赴北京大学燕南园三松堂跟随蔡仲德先生和冯钟璞先生做《冯友兰先生年谱长编》的整理和增订工作。在整理和增订年谱的同时，我按照《冯友兰先生年谱初编》提供的线索，收集并研读民国期间有关研究冯友兰的文章。在研读中，我发现，民国时期，人们研究冯友兰及其思想的文章很有价值，它们基本上奠定了后来对冯友兰哲学思想研究的格局和路数，其中有不少文章的深度和高度迄今还没有被超过。后来这些文章除了少数被转载或重印以外，大部分没再问世。还有不少作者在 1949 年以后从学界和文坛消失了。于是我就想把这些资料收集起来、整理出来。2006 年夏天，我把这一想法告诉陈战国先生和聂振弢先生，得到他们的首肯和支持。他们建议把民国至今，所有研究冯友兰的文章都收集起来，做成"冯学研究资料总纂"。因为这件事情工作量特别大，需要大量的人力、物力和财力，后来并没有落实。鉴于 1949 年以后大陆地区研究冯友兰的文章在很多图书馆里都能找到，没有必要进行收集和重印。我就以个人之力收集民国和海外以及 1949 年以后港台地区研究冯友兰的资料，分为《民国学者论冯友兰》、《港台学者论冯友兰》和《海外学者论冯友兰》三大部分。自 2006 年 9 月开始，我先后在中国国家图书馆、中国第二历史档案馆、中国社会科学院图书馆、北京大学图书馆、清华大学图书馆、武汉大学图书馆、南京大学图书馆、上海市图书馆、陕西省图书馆和云南省图书馆查阅、拍照和复印民国期间研究冯友兰的资料。截至 2012 年 10 月，民国期间冯友兰研究资料的收集、录入和整理工作基本完成，共收得文章一百一十六篇，逾八十万字，名曰《民国学者论冯友兰》。由于经费和篇幅限制，本书从中选取六十篇，计六十余万字出版。海外和港台地区有关研究冯友兰的资料也在收集中，《海外学者论冯友兰》和《港台学者论冯友兰》

正在编辑之中。

　　该书从开始选题到最后出版，人民出版社哲学室李之美学妹给予极大帮助和支持。没有她的鼎力襄助，此书不可能问世。在此表示衷心感谢！

　　民国期间冯友兰研究资料虽属近现代文献，但正处于文言白话交替之际，和现代流行的汉语相差很远，阅读、录入和整理起来，多费踌躇。加之当时正是国家内忧外患之际，经济十分紧张，报章杂志的纸张和印刷质量都很差，很多字迹模糊，难以辨认。所查《大公报》、《中央日报》为景本，《群众》周刊、《大学》月刊等虽为原件，也字小漫漶，难从辨认，模糊不清之处，触目皆是。这样，讹夺错简，亦所难免。我虽已尽力，然限于学力和精力，错误大概依旧不少，敬希读者教正。

王仁宇

于南阳卧龙岗雪竹堂

2018 年 10 月